臺灣學者中國史研究論叢

禮俗與宗教

林富士　主編

中國大百科全書出版社

總編輯:徐惟誠　　　社　長:田勝立

圖書在版編目(CIP)數據

禮俗與宗教/林富士主編.—北京:中國大百科全書出版社,2005.4

(臺灣學者中國史研究論叢:11/邢義田,黃寬重,鄧小南主編)

ISBN 7－5000－7279－1

Ⅰ.禮… 　Ⅱ.林… 　Ⅲ.①風俗習慣—中國—文集②宗教—中國—文集　Ⅳ.①K892-53②B928.2-53

中國版本圖書館 CIP 數據核字(2005)第 024990 號

中國大百科全書出版社出版發行

(北京阜成門北大街 17 號　郵政編碼:100037　電話:010－68315609)

http://www.ecph.com.cn

北京市智力達印刷有限公司印刷　新華書店經銷

開本:635 毫米×970 毫米　1/16　印張:26.75　字數:411 千字

2005 年 4 月第 1 版　2005 年 4 月第 1 次印刷

印數:1－5000 冊

ISBN 7－5000－7279－1/K·450

定價:45.00 元

目　　録

出 版 説 明

　　《臺灣學者中國史研究論叢》是數十年來臺灣學者在中國史領域代表性著述的匯編。叢書共分十三個專題,多角度多層面地反映海峽對岸中國史學的豐碩成果,如此大規模推介,在大陸尚屬首次。

　　叢書充分尊重臺灣學者的表達習慣和文字用法,凡不引起歧義之處,都儘可能遵照原稿。由於出版年代、刊物、背景不同,各篇論文體例不盡相同,所以本叢書在格式上未強求統一,以保持原作最初發表時的風貌。各篇論文之后都附有該論文的原刊信息和作者小傳,以便讀者檢索。

　　在用字方面,既尊重原作者的用法,又充分考慮到海峽兩岸不同的用字和用詞習慣,對原稿用字不一致的情況進行了一些處理。

　　錯誤之處,在所難免,敬請方家指正。

論叢編委會

2005 年 3 月

總　　序

邢義田

　　爲了增進海峽兩岸在中國史研究上的相互認識，我們在中國大百科全書出版社的支持下，從過去五十年臺灣學者研究中國史的相關論文選出一百七十八篇，約五百三十萬言，輯成《臺灣學者中國史研究論叢》十三册。

　　十三册的子題分別是：史學方法與歷史解釋、制度與國家、政治與權力、思想與學術、社會變遷、經濟脈動、城市與鄉村、家族與社會、婦女與社會、生活與文化、禮俗與宗教、生命與醫療、美術與考古。這些子題雖不能涵蓋臺灣學者在中國史研究上的各方面，主體應已在内，趨勢大致可現。

　　這十三册分由研究領域較爲相近的青壯學者一或二人擔任主編，負責挑選論文和撰寫分册導言。選文的一個原則是只收臺灣學者的或在臺灣出版的。由於是分別挑選，曾有少數作者的論文篇數較多或被重複收入。爲了容納更多學者的論文，主編們協議全套書中，一人之作以不超過四篇、同一册不超過一篇爲原則。限於篇幅，又有不少佳作因爲過長，被迫抽出。這是選集的無奈。另一個選錄原則是以近期出版者爲主，以便展現較新的趨勢和成果。不過，稍一翻閱，不難發現，各册情況不一。有些收錄的幾乎都是近十餘年的論文，有些則有較多幾十年前的舊作。這正好反映了臺灣中國史研究方向和重心的轉移。

　　各册導言的宗旨，在於綜論臺灣中國史研究在不同階段的内外背景和發展大勢，其次則在介紹各册作者和論文的特色。不過，導言的寫法沒有硬性規定，寫出來各有千秋。有些偏於介紹收錄的論文和作者或收錄的緣由，有些偏於介紹世界性史學研究的大趨勢，有些又以自己對某一領域的看法爲主軸。最後我們決定不作統一，以保持導言的特色。這樣或許有助於大家認識臺灣史學工作者的多樣風貌吧。

此外必須説明的是所收論文早晚相差半世紀，體例各有不同。我們不作統一，以維持原貌。有些作者已經過世，無從改訂。多數作者仍然健在，他們或未修改，或利用這次再刊的機會，作了增删修訂。不論如何，各文之後附記原刊數據，以利有興趣的讀者進一步查考。

半個多世紀以來，海峽兩岸的中國史研究是在十分特殊的歷史境遇下各自發展的。大陸的情況無須多説。[1] 臺灣的中國史研究早期是由一批 1949 年前後來臺的文史和考古學者帶進臺灣的學術園地如臺灣大學、師範大學（原稱師範學院）和中央研究院的。[2] 從 1949 到 1987 年解除戒嚴，臺灣學界除了極少數的個人和單位，有將近四十年無法自由接觸大陸學者的研究和考古發掘成果。猶記在大學和研究所讀書時，不少重要的著作，即使是二十世紀二三十年代已經出版的，都以油印或傳抄的方式在地下流傳。出版社也必須更動書名，改換作者名號，删除刺眼的字句，才能出版這些著作。在如此隔絕的環境下，臺灣史學研究的一大特色就是走在馬克思理論之外。

臺灣史學另一大特色則是追隨一波波歐美流行的理論，始終没有建立起一套對中國史發展較具理論或體系性的説法。記得六十年代讀大學時，師長要我們讀鄧之誠、柳詒徵、張蔭麟或錢穆的通史。幾十年後的今天，大學裏仍有不少教師以錢穆的《國史大綱》當教本。[3] 中國通史之作不是没有，能取而代之的竟然少之又少。説好聽一點，是歷史研究和著作趨向專精，合乎學術細密分工和專業化的世界潮流；説難聽點，是瑣細化，少有人致力於貫通、綜合和整體解釋，忽略了歷史文化發展的大勢和精神。

這一趨向有内外多方面的原因。二十世紀五六十年代臺灣學者之中，並不缺融會古今、兼涉中外的通人。然而初來臺灣，生活艱

---

[1] 可參逯耀東《中共史學的發展與演變》，臺北：時報文化公司，1979 年；張玉法《臺海兩岸史學發展之異同（1949～1994）》，《近代中國史研究通訊》18（1994），頁 47～76。

[2] 在日本統治臺灣的時期，臺灣唯一一所高等學府是臺北帝國大學。臺灣收復後，日籍研究人員離臺，仍在臺大的教員有楊雲萍、曹永和、徐先堯等少數人。但他們的研究此後並没有成爲主導的力量。請參高明士、古偉瀛編著《戰後臺灣的歷史學研究，1945～2000》，臺北：國家科學委員會，2004 年，頁 3。

[3] 參高明士、古偉瀛編著《戰後臺灣的歷史學研究，1945～2000》，頁 6。

困，爲了衣食，絕大部分學者無法安心治學著述。加上形格勢禁，爲求免禍，或噤而不言，不立文字；或退守象牙之塔，餖飣補注；或遠走海外，論學異邦。這一階段臺灣百廢待舉，學校圖書普遍缺乏，和外界也少聯繫。新生的一代同樣爲生活所苦，或兼差，或家教，能專心學業者不多。唯有少數佼佼者，因緣際會，得赴異國深造；七八十年代以後陸續回臺，引領風騷，才開展出一片新的局面。

除了外部的因素，一個史學內部的原因是早期來臺的學者有感於過去濫套理論和綜論大勢的流弊，多認爲在綜論大局之前，應更審慎地深入史料，作歷史事件、個人、區域或某一歷史時期窄而深的研究，爲建立理論立下更爲穩固的史實基礎。早在二十世紀二三十年代，陶希聖經歷所謂社會史論戰之後，即深感徒言理論之無益，毅然創辦《食貨》月刊，召集同志，爬梳史料。本於同樣的宗旨，1971年《食貨》在臺灣恢復出刊，成爲臺灣史學論著發表的重要陣地。來臺的歷史語言研究所在傅斯年的帶領下，也一直以史料工作爲重心。

這一走向其實正和歐美史學界的趨勢相呼應。二十世紀之初，除了馬克思，另有史賓格勒、湯恩比等大師先後綜論世界歷史和文明的發展。此一潮流在第二次世界大戰以後漸漸退去，歷史研究趨向講求實證經驗，深窄專精。以檔案分析見長的德國蘭克（L. V. Ranke）史學，有很長一段時間成爲臺灣史學的一個主要典範。中央研究院歷史語言研究所先後整理出版了《明實錄》和部分明清檔案，後者的整理至今仍在進行；中央研究院近代史研究所在郭廷以先生的率領下，自1957年起整理出版了《海防檔》、《中俄關係史料》、《礦務檔》、《中法越南交涉檔》、《教務教案文件》等一系列的史料；臺灣大學和政治大學則有學者致力於琉球寶案和淡新檔案的整理和研究。基於以上和其他不及細說的內外因素，臺灣的歷史學者除了錢穆等極少數，很少對中國史作全盤性的宏觀綜論。[4]

二十世紀七八十年代是臺灣史學發展的關鍵年代。外在環境雖然荊棘滿佈，但已脫離初期的兵荒馬亂。經濟快速起飛，學校增加，設備改善，對外交流日益暢通，新的刺激源源而入。以臺大爲例，

---

〔4〕 參張玉法，前引文，頁76。

七十年代初,研究圖書館啓用,教師和研究生可自由進入書庫,複印機隨後開始使用,大大增加了隨意翻書的樂趣和免抄書的方便。六七十年代在中外不同基金會的資助下, 也不斷有中外學者來校講學。猶記大學時聽社會學家黃文山教授講文化學體系。他曾應人類學巨子克魯伯(A. L. Kroeber)之邀, 任哥倫比亞大學客座學人,也曾翻譯社會學名家素羅金(P. A. Sorokin)的《當代社會學》、《今日社會學學說》和李約瑟(J. Needham)的《中國科學與技術史》等名著。聲名如雷, 聽者滿坑滿谷。研究所時, 則聽以寫《征服者與統治者: 中古中國的社會勢力》(*Conquerors and Rulers: Social Forces in Medieval China*)著名的芝加哥大學歷史教授艾柏哈(Wolfram Eberhard)講中國社會史。

除了正式的課程, 校園內演講極多。二十世紀七十年代以後,言論的尺度稍見放寬, 一些勇於挑戰現實和學術的言論、書籍和雜誌紛紛在校園內外, 以地上或地下的形式出籠。以介紹社會科學爲主的《思與言》雜誌自 1963 年創刊, 曾在校園內造成風潮。心理學、社會學、人類學、政治學和經濟學等社會科學幾乎成爲歷史系學生必修的課程, 儘管大家不一定能會通消化。走出充滿科學主義色彩的教室, 於椰子樹下, 月光之中, 大家不是爭論沙特、老、莊,就是膜拜寒山、拾得。邏輯實證論、存在主義、普普藝術和野獸派,風靡一時, 無數的心靈爲之擺蕩在五光十色的思潮之間。屢禁屢出的《文星》雜誌更帶給青年學子難以言喻的刺激和解放。以個人經驗而言, 其衝擊恐不下於孫中山出洋, 見到滄海之闊、輪舟之奇。臺灣內外的形勢也影響著這時的校園。"文化大革命"、反越戰、萌芽中的婦女解放和政治反對運動, 曾使校園內躁動不安, 充滿虛無、飄蕩和萬流競奔的景象。

這一階段臺灣史學研究的主流風氣, 除了延續史料整理的傳統,無疑是以利用社會科學、行爲科學的方法治史, 或以所謂的科際整合爲特色。在研究的主題上有從傳統的政治史、制度史轉向社會史和經濟史的趨勢。這和 1967 年開始許倬雲主持臺大歷史系, 舉辦社會經濟史研討會, 推動相關研究;陶希聖之子陶晉生在臺大歷史研究所教授研究實習, 支持食貨討論會, 有密切的關係。1978 年張玉法出版《歷史學的新領域》,1981 年康樂、黃進興合編《歷史學與社會科學》，可以作爲這一時期尋找新理論、探索新方向努力的象徵。

　　二十世紀八九十年代以後，社會學大師韋伯（Max Weber）和法國年鑒學派的理論大爲流行。1979 年創刊的《史學評論》不但反省了史學的趨勢，也介紹了年鑒學派、心態史學和其他新的史學理論。從 1984 年起，康樂主持新橋譯叢，邀集同志，有系統地翻譯韋伯、年鑒學派和其他歐美史學名著。這一工作至今仍在進行。約略同時，一批批在歐美教書的學者和留學歐美的後進，紛紛回臺，掀起一波波結構功能論、現代化理論、解構主義、後現代主義、思想史、文化史和文化研究的風潮。1988 年《食貨》與《史學評論》先後停刊，1990 年《新史學》繼之創刊。1992 年黃進興出版《歷史主義與歷史理論》，1993 年周樑楷出版《歷史學的思維》，2000 年古偉瀛、王晴佳出版《後現代與歷史學》。臺灣史學研究的理論、取向和題材從此進入更爲多元、多彩多姿的戰國時代。仔細的讀者當能從這套書的不同分冊窺見變化的痕跡。[5]

　　曾影響臺灣中國史研究甚巨的許倬雲教授在一篇回顧性的文章裏說：“回顧五十年來臺灣歷史學門的發展軌跡，我在衰暮之年，能看到今天的滿園春色，終究是一件快事。”[6] 在 2005 年來臨的前夕，我們懷著同樣的心情，願意將滿園關不住的春色，獻給海峽對岸的讀者。

2004 年 12 月

---

〔5〕　請參本叢書《史學方法與歷史解釋》彭明輝所寫《導論：方法、方法論與歷史解釋》；王晴佳《臺灣史學五十年：傳承、方法、趨向》，臺北：麥田出版，2002 年。

〔6〕　許倬雲《錦瑟無端五十弦——憶臺灣半世紀的史學概況》，收入中央研究院歷史語言研究所編《中央研究院歷史語言研究所七十五周年紀念文集》，臺北：中央研究院歷史語言研究所，2004 年，頁 14。

導　言[*]

林富士

一、引　言

在中國歷史學界，中國宗教史研究一直不太受人重視。二十世紀初期，雖然也有陳寅恪、陳垣等人致力於佛、道教的歷史研究，但整體而言，至少到 1980 年代爲止，投入宗教史研究的歷史學者可說相當稀少，其成就也無法和歐美、日本的同行相提並論，甚至也不如中國其他學科的研究成果。[1]整個二十世紀的中國史學界，傑出的歷史學家之中，甚少有人是以中國宗教史爲其專業領域，經典性的著作之中也很少是以宗教爲主題。

臺灣的歷史學界也是如此。不僅以宗教爲主的研究成果在整體歷史研究中的地位居於邊緣，各大學歷史系、所也很少有相關的課程，連中學教科書中也絕少有和中國宗教相關的内容。[2]

造成這種局面的緣由非常複雜，不是三言兩語就可以説清楚。不過，究其關鍵，似乎和二十世紀中國學術典範、思想潮流的轉變有關。而在轉變的過程之中，若干學術、文化界的領袖的言論，似乎有深遠而長久的影響，梁啓超（1873～1929）便是最具代表性的人物之一。[3]

1920 年代,梁啓超在中國學術界大力鼓吹"新史學",先是在天津

---

* 臺灣的歷史學者研究中國宗教史的人數雖然不算太多，但以一己之力，短時間之内也不易將所有人的履歷和著作目錄收集齊全，至於要找全或閲讀所有論著則更加困難。而本套叢書之編印，又事出突然，所允許之撰稿時日甚短，實無暇全面性地搜羅材料，因此，本文只能以我個人的研究心得爲主，輔以我較爲熟悉的同事、友人之著作（限目前仍任職於學術或教育單位者），隨機而概略地舉例説明。遺漏甚多，頗覺愧疚，尚盼同道海涵。2004 年 10 月 20 日寫於臺北。
[1] 以中國佛教史來説，湯用彤的研究到目前爲止仍然佔據經典性的位置，但他所受的學術訓練主要還是在哲學。
[2] 詳見彭明輝《臺灣史學的中國纏結》（臺北：麥田出版，2002），頁 113～260；林富士《臺灣中學教育體制中的"宗教教育"》，收入輔仁大學宗教學系主編《宗教教育：理論、現況與前瞻》（臺北：五南圖書出版公司，2001），頁 191～210。
[3] 詳見彭明輝《臺灣史學的中國纏結》，頁 1～65。

南開大學講授"歷史研究法",[4]其後,從 1925 年起又在北京的清華大學再度講授"中國歷史研究法",唯這一次的內容大異於前,故梁氏自稱是"補"或"廣""中國歷史研究法"。這一次的課程因梁氏臥病,故時講時輟,直到他在 1929 年病逝,預定的內容仍未全部講完。不過,其已講過的部分仍在其門生姚名達的整理下於 1930 年刊佈,名爲《中國歷史研究法補編》。[5]而在這本遺著之中,梁氏便提出了他對於中國宗教史研究的一些看法。

因此,倘若要檢討中國史學界研究中國宗教史的歷程與得失,勢必要對梁啓超的觀點詳加檢視。

首先,值得注意的是,梁氏是將宗教史放在"文化史"的範疇來談,和語言、文字、神話、學術思想、道術(哲學)、史學、自然科學、社會科學、文學、美術同屬"人類思想的結晶"。[6]不過,梁氏對於能否研究中國宗教史,顯得有些遲疑,他説:

> 在中國著宗教史——純粹的宗教史——有無可能,尚是問題。宗教史裏邊,教義是一部分,教會的變遷是一部分。教義是要超現實世界的,或講天堂,或講死後的靈魂,無論哪一宗教都不離此二條件。其次,宗教必有教會;沒有教會組織,就沒有宗教的性質存在。根據這兩點來看,中國是否有宗教的國家,大可研究。[7]

由於抱持這樣的觀點,以有無"超現實世界的""教義"和"教會"作爲標準,梁氏反對其師康有爲在當時所倡導的"孔教"運動,否定儒家是一種宗教。[8]他認爲"古代思想只有墨家略帶宗教性",但因沒有天堂及死後世界的觀念,因此,仍不能算是宗教。[9]

總之,梁氏認爲"中國土產裏既沒有宗教",因此,"著中國宗教史主要的部分,只是外來的宗教了"。[10]他所説的"外來的宗教",基本上是指佛教、摩尼教和基督教(包括景教、耶穌教、天主教等)。但是,

---

〔4〕 其授課內容隨即改寫爲《中國歷史研究法》一書於 1922 年出版。
〔5〕 詳見梁啓超《中國歷史研究法補編》(臺一版;臺北:臺灣商務印書館, 1966)姚名達《跋》。
〔6〕 梁啓超《中國歷史研究法補編》,頁 192～193。
〔7〕 同上,頁 197～198。
〔8〕 同上,頁 198。
〔9〕 同上,頁 198。
〔10〕 同上,頁 199。

他更進一步指出,外來宗教之中,只有佛教"有很多精彩的書",值得研究。然而,他還是覺得,佛教也不適合作爲中國宗教史主要的研究對象,他説:

> (佛教)應該擺在哲學史裏抑宗教史裏還是問題。爲著述方便起見,擺在哲學史更好;因爲佛教的理性很强,而且中國哲學所感受,哲學方面爲多。佛教到中國以後,多少派別,當然應該擺在哲學史。……其中純粹帶宗教性而且很强的只有净土宗,但也很難講。又佛教的禪宗,勉强可以説是中國自創的一派,然很近哲學,……據我看,做學派研究,解釋要容易些。[11]

因此,他歸結説道:

> 中國宗教史只能將某時代某宗派輸入,信仰的人數,於某時代有若干影響,很平常的講講而已。雖或有做的必要,卻很難做得有精彩。[12]

不過,梁氏也没有忘記,中國還有一個"道教",對此,他的態度顯得有點奇怪,他説:

> 就中國原有的宗教講,先秦没有宗教,後來只有道教,又很無聊。道教是一面抄襲老子莊子的教理,一面採佛教的形式及其皮毛,湊合起來的。做中國史,把道教叙述上去,可以説是大羞恥。他們所做的事,對於民族毫無利益,而且以左道惑衆,擾亂治安,歷代不絕。講中國宗教,若拿道教做代表,我實在很不願意,但道教醜雖很醜,做中國宗教史又不能不叙。他於中國社會既無多大關係,於中國國民心理又無多大影響,我們不過據事直書,略爲講講就够了。[13]

從這段文字來看,他一方面覺得道教"很醜",和中國社會無多大關係,對於"中國國民心理無多大影響",令他覺得"羞恥",可是,另一方面,他還是承認"做中國宗教史又不能不叙"道教,至於爲什麽,他不曾交代。

既然如此,那麽,中國宗教史似乎没什麽好研究的。不過,梁氏還是認爲,"做中國宗教史","有一部分可寫得有精彩"。這個部分,就是"祭

---

[11] 梁启超《中國歷史研究法補編》,頁199。
[12] 同上,頁200。
[13] 同上,頁200。

祀”，尤其是貫穿祭祀的核心觀念“報”，以及祭祀的對象“神”。[14] 他説：

> 你若是把中國人供祀的神，根究他的來歷，大抵没有不是
> 由人變來的。我們看他受祀範圍的廣狹，年代的久暫，和一般
> 民衆祀他的心理，做成專篇，倒是宗教史裹很有精彩的一部分。
> 所以可以説中國人實在没有宗教，只有崇德報功的觀念。

除此之外，他認爲“中國人對於外來宗教的一般態度”，也“很值得一
叙”。[15] 而他最後的結論是：

> 做中國宗教史，依我看來，應該這樣做：某地方供祀某種
> 神最多，可以研究各地方的心理；某時代供祀某種神最多，可
> 以研究各時代的心理，這部分的叙述纏是宗教史最主要的。
> 至於外來宗教的輸入及其流傳，只可作爲附屬品。此種宗教
> 史做好以後，把國民心理的真相，可以多看出一點；比較很泛
> 膚的叙述各教源流，一定好得多哩。[16]

由此可見，對於梁啓超而言，研究中國宗教史應該以中國人所奉祀的
“神”爲主要對象，藉以理解中國人的“心理”（心態）。

梁任公對於中國“宗教”以及中國宗教史研究的看法和建議，幾乎
是對中國歷史學界下達了研究中國宗教史的禁制令。而在 1949 年之
後，因爲有不少歷史學者從中國大陸移居臺灣，不僅任職於學術研究
機構，也任教於公、私立大學，因此，他們的史學觀念便開始支配臺灣
的歷史學界。

不過，臺灣的情形畢竟和中國大陸有一些差異。最晚從 1980 年
代開始，投入中國宗教史研究的年輕與中生代的學者便日益增多，宗
教史研究雖然依舊不是歷史研究的主流，但是，卻逐漸令人不敢輕視。
這樣的發展主要是因爲，在臺灣社會中各種宗教團體和教派林立，資
源豐厚，信徒衆多，任何人都無法輕忽他們的存在。事實上，宗教蓬勃
發展的現象和衍生的各種問題，也長期吸引人類學家和社會學家的注
目，並進行不少重要的學術研究工作。[17] 這似乎也迫使歷史學者不
得不面對宗教的課題。

---

〔14〕 梁啓超《中國歷史研究法補編》，頁 200～201。
〔15〕 同上，頁 204。
〔16〕 同上，頁 205。
〔17〕 詳見張珣、江燦騰合編《當代臺灣宗教研究導論》（北京：宗教文化出版社，2004）。

其次,從 1980 年代起,不少在歐美接受史學訓練的留學生陸續回到臺灣,似乎也帶回了一些較新的思維。因爲,在歐美的史學研究中,宗教史一直是一個相當重要的領域,也有若干經典性的作品問世。[18] 對他們而言,研究宗教史並非什麼突兀之事,也不是毫無典範可資遵循或挑戰。也因此,從 1980 年代起,一些比較年輕的歷史學者開始加入一些研究"宗教"的學術社群,[19] 並且在大學開設相關課程,或是譯介一些國外的宗教史研究論著,同時,也逐漸有研究生選擇宗教史爲其專業領域。

經過了二十年左右的努力,成果雖然還不足以傲人,但是,至少歷史學者在臺灣研究宗教的學術社群中逐漸擁有發言權,而且,若干研究經驗似乎也有值得其他地區研究中國宗教史的學者參考的地方。

二、中國宗教史的研究對象

以中國宗教史的研究對象來說,梁任公認爲一些外來的宗教及本土的道教都不值得研究,或是應該放在哲學與學術思想的範疇中去談,而且也不應該將儒家視爲一種宗教。然而,臺灣的歷史學者卻揚棄了有無"教會"的判準,將一些"組織性的"(institutional)和"擴散性的"(diffused)宗教等量齊觀。[20] 不僅探討有教團、教會組織的佛教、[21] 道教、[22] 基督教、[23] 伊斯蘭教等宗教,[24] 也研究那些没有特定組織的巫覡、民間信仰、官方祀典等。[25] 即連備受

---

[18] 如:Carlo Ginzburg, *The Cheese and the Worms: The Cosmos of A Sixteenth – Century Miller*, translated by John and Anne Tedeschi (New York: Dorset Press, 1989); Jacques Le Goff, *The Birth of Purgatory*, translated by Arthur Goldhammer (Chicago: The University of Chicago Press, 1986); Keith Thomas, *Religion and the Decline of Magic* (New York: Charles Scribner's Sons, 1971); Peter Brown, *The Cult of the Saints: Its Rise and Function in Latin Christianity* (Chicago: The University of Chicago Press, 1981).

[19] 例如,早期有"東方宗教討論會",晚近則有"臺灣宗教學會"。

[20] 詳見 C. K. Yang, *Religion in Chinese Society* (Berkeley, Los Angeles, London: University of California Press, 1970), pp. 20~21.

[21] 如:黃敏枝、康樂、劉淑芬、顏娟英、陳弱水、柯嘉豪(John H. Kieschnick)、蔣義斌、顏尚文、周伯戡、黃運喜、江燦騰等。

[22] 如:丁煌、胡其德、莊宏誼、林富士、康豹(Paul Katz)等。

[23] 如:黃一農、祝平一、古偉瀛、查時杰、林美玫等。

[24] 如:張中復。

[25] 如:蒲慕州、劉增貴、林富士、李建民、莊吉發、胡其德、沈宗憲、蔡相煇等。

爭議的"儒教"，也有人深入探究。[26] 不僅如此，非漢民族統治中國時所帶來的傳統信仰，如蒙古、女真、滿族的薩滿教（shamanism），也受到重視。[27] 而從宋代之後，在中國社會不斷出現的一些混合型的"新興宗教"，[28] 如白蓮教、八卦教、天理教、羅教、齋教等，也有人投入研究。[29]

總之，在研究對象的取捨方面，臺灣學者採取了較爲寬廣的標準，相當接近社會學家楊慶堃對於中國宗教的界定。[30]

三、中國宗教史的研究課題

在擴增研究對象的同時，研究課題通常也會隨之增加。

一般來說，研究宗教，不外乎由其四大構成要素：人（組織）、儀式（方術）、信仰（教義）和經典（神話、傳說）入手，或是由其外緣關係（如：政治、社會、經濟、文化、生態等）著眼，而宗教史研究則還必須注意其時代的變遷和空間的分佈。在臺灣學者的研究成果之中，這種全面性的研究雖然很少見，但是，上述的幾個面向幾乎都有學者做過探索。

以人和組織來說，探討的課題便包括：巫者，[31] 道士與道教組織，[32] 僧尼，[33] 基督教的傳教士和教會，[34] 以及一些新興宗教的領袖等。[35]

---

[26] 如：黃進興、李世偉。

[27] 如：莊吉發、胡其德等。

[28] 也有人稱之爲"教派宗教"、"秘密宗教"、"民間宗教"。

[29] 如：王見川、莊吉發、李世偉、宋光宇、陳華等。

[30] 詳見 C. K. Yang, *Religion in Chinese Society*, pp. 1～27.

[31] 如：林富士《漢代的巫者》（臺北：稻鄉出版社，1999）。

[32] 如：丁煌《臺南世業道士陳、曾二家初探：以其家世、傳衍及文物散佚爲主題略論稿》，《道教學探索》3（1990），頁 283～357；林富士《疾病與"修道"：中國早期道士"修道"因緣考釋之一》，《漢學研究》19：1（2001），頁 137～165；莊宏誼《明代道教正一派》（臺北：臺灣學生書局，1986）。

[33] 如：John H. Kieschnick（柯嘉豪），*The Eminent Monk : Buddhist Ideals in Medieval Chinese Hagiography*（Honolulu：University of Hawai'i Press, 1997）；江燦騰《太虛大師前傳（1890～1927）》（臺北：新文豐出版公司，1993）。

[34] 如：古偉瀛《朝廷與教會之間：中國天主教史中的南懷仁》，收入《王任光教授七秩嵩慶論文集》（臺北：文史哲出版社，1988），頁 161～202；查時杰《中國基督教人物小傳》（臺北：中華福音神學院，1983）；查時杰《民國基督教史論文集》（臺北：宇宙光出版社，1994）。

[35] 如：宋光宇《游彌堅與世界紅卍字會臺灣省分會》，《臺北文獻》直字第 122 期（1997），頁 189～202；宋光宇《一貫真傳（1）：張培成傳》（臺北：三揚出版社，1998）；王見川《臺灣的齋教與鸞堂》（臺北：南天書局，1996）。

　　以儀式和方術來說,探討的課題有:佛教的葬儀和儀軌,[36]巫覡的巫術與儀式,[37]道教的房中術、丹道、齋醮,[38]新興宗教的醫療儀式等。[39]

　　以信仰和教義來說,梁啓超所強調的"神"也不曾被忽略,尤其是其中的"人鬼"、"厲鬼"信仰,[40]以及道教的神仙信仰,[41]更備受關注。此外,如孔廟的祭祀對象,[42]死後世界等,[43]也都有人留意。

　　以經典和神話、傳說而言,不僅若干道教、佛教的經典都有精細的研究[44]

---

[36] 如:劉淑芬《佛頂尊勝陀羅尼經和唐代尊勝經幢的建立——經幢研究之一》,《中央研究院歷史語言研究所集刊》67:1(1996),頁145～193;劉淑芬《林葬——中古佛教露尸葬研究之一(一)、(二)、(三)》,《大陸雜誌》96:1～3(1998),頁22～31;25～43;20～40;劉淑芬《唐代俗人的塔葬》,《燕京學報》新7(1999),頁79～106;劉淑芬《墓幢研究——經幢研究之三》,《中央研究院歷史語言研究所集刊》74:4(2003),頁673～763。

[37] 如:林富士《漢代的巫者》;林富士《"巫叩元絃"考釋——兼論音樂與中國的巫覡儀式之關係》,《新史學》7:3(1996),頁195～218。

[38] 丁煌《〈正一大黃預修延壽經籙〉初研》,收入龔鵬程主編《海峽兩岸道教文化學術研討會論文(下冊)》(臺北:臺灣學生書局,1996),頁755～801;林富士《略論早期道教與房中術的關係》,《中央研究院歷史語言研究所集刊》72:2(2001),頁233～300;莊宏誼《明諸帝與道教正一派之符籙齋醮》,《中國歷史學會史學集刊》18(1986),頁113～136;莊宏誼《太極原理與養生》,《輔仁宗教研究》2(2000),頁159～187;莊宏誼《道家觀點:清修與雙修》,收入孟東籬等著《關於性的最高觀點》(臺北:圓神出版社有限公司,1998),頁203～238。

[39] 如:宋光宇《王鳳儀的性理講病》,收入氏著《宋光宇宗教文化論文集》(宜蘭:佛光人文社會學院,2002)上冊,頁215～241。

[40] 如:林富士《孤魂與鬼雄的世界——北臺灣的厲鬼信仰》(臺北:臺北縣立文化中心,1995);林富士《六朝時期民間社會所祀"女性人鬼"初探》,《新史學》7:4(1996),頁95～117;林富士《中國六朝時期的蔣子文信仰》,收入傅飛嵐(Franciscus Verellen)、林富士編《遺跡崇拜與聖者崇拜》(臺北:允晨文化實業公司,2000),頁163～204;蔡相煇《臺灣的王爺與媽祖》(臺北:臺原,1989);Paul Katz(康豹),*Demon Hordes and Burning Boats: The Cult of Marshal Wen in Late Imperial Chekiang* (Albany: SUNY Press, 1995).

[41] 如:Paul Katz(康豹),*Images of the Immortal: The Cult of Lü Dongbin at the Palace of Eternal Joy* (Honolulu: University of Hawaii Press, 1999);林富士(Lin Fu-shih),"The Idea of Immortality in the T'ai-p'ing ching",發表於美國亞洲研究協會(Association for Asian Studies)第五十屆年會(Washington, D.C.: Washington Hilton and Towers,1998年3月26日至29日)。

[42] 如:黃進興《優入聖域:權力、信仰與正當性》(臺北:允晨文化實業公司,1994);黃進興《聖賢與聖徒》(臺北:允晨文化實業公司,2001)。

[43] 如:蒲慕州《墓葬與生死——中國古代宗教之省思》(臺北:聯經出版事業公司,1993);《追尋一己之福:中國古代的信仰世界》(臺北:允晨文化實業公司,1995);劉增貴《天堂與地獄:漢代的泰山信仰》,《大陸雜誌》94:5(1997),頁1～13。

[44] 如:林富士《試論〈太平經〉的主旨與性質》,《中央研究院歷史語言研究所集刊》69:2(1998),頁205～244;丁煌《國立中央圖書館藏明宣德本〈上清靈寶濟度大成金書〉初研》,收入鄭志明編《宗教與文化》(臺北:臺灣學生書局,1990),頁61～100;蔣義斌《鳩摩羅什譯〈大品經〉〈妙法蓮華經〉中的深心》,收入釋恆清主編《佛教思想的傳承與發展:印順導師九秩華誕祝壽文集》(臺北:東大,1995),頁291～306;蔣義斌《〈大智度論〉的净土觀》,收入藍吉富主編《印順思想:印順導師九秩晉五壽慶論文集》(新竹:正聞出版社,2000),頁221～244;周伯戡《讀僧叡〈小品經序〉》,《臺灣大學歷史學系學報》23(1999),頁157～198。

一些新興宗教的經典(尤其是所謂的"善書"),[45]以及和巫覡信仰息息相關的一些文本,[46]也都有人進行研究。

至於其外緣關係,臺灣學者曾處理過的課題包括:各個宗教之間的互動;[47]宗教與政治的關係;[48]宗教的社會功能與社會活動;[49]宗教與經濟之間的關係;[50]宗教與文化(思想、科技、藝術、文學、音樂、醫學等)發展之間的互動關係。[51]

此外,就時間的縱軸來說,從先秦到現代,幾乎每個時代都有研究者。[52]至於在空間的分佈方面,中國本土當然是探索的主要對象,不過,

---

〔45〕 如:宋光宇《解讀清末在臺灣撰作的善書〈覺悟選新〉》,《中央研究院歷史語言研究所集刊》65:3(1994),頁673~723;宋光宇《清代臺灣的善書與善堂》,收入漢學研究中心編《民間信仰與中國文化國際研討會論文集》(臺北:漢學研究中心,1994),頁75~94;王見川《臺灣的齋教與鸞堂》。

〔46〕 如:莊吉發譯注《尼山薩蠻傳》(臺北:文史哲出版社,1977)。

〔47〕 如:林富士《試論六朝時期的道巫之別》,收入周質平、Willard J. Peterson 編《國史浮海開新錄:余英時教授榮退論文集》(臺北:聯經出版事業公司,2002),頁19~38;蔣義斌《宋儒與佛教》(臺北:東大出版公司,1997)。

〔48〕 如:康樂《從西郊到南郊——國家祭典與北魏政治》(臺北:稻禾出版社,1995);康樂《轉輪王觀念與中國中古的佛教政治》,《中央研究院歷史語言研究所集刊》67:1(1996),頁109~143;康樂《沙門不敬王者論——"不爲不恭敬人說法戒"及相關諸問題》,《新史學》7:3(1996),頁1~48;丁煌《漢末三國道教發展與江南地緣關係初探:以張道陵天師出生說、江南巫俗及孫吳政權與道教關係爲中心之一般考察》,《歷史學報(成大)》13(1987),頁155~208;古偉瀛《清末對基督教的政策》,收入《第二屆中國政教關係國際學術研討會論文集》(臺北:淡江大學歷史系,1991),頁51~67;"The Shaping of the Late Qing's Policy toward Christianity," in *Historiography of the Chinese Catholic Church, Nine-teenth and Twentieth Centuries* (Leuven: China–Europe Institute, 1994), pp. 105~124.

〔49〕 如:黃敏枝《宋代佛教社會經濟史論叢》(臺北:臺灣學生書局,1989);劉淑芬《北齊標異鄉義慈惠石柱——中古佛教社會救濟的個案研究》,《新史學》5:4(1994),頁1~50;宋光宇《二十世紀中國宗教團體的社會慈善事業:以世界紅卍字會爲例》,《臺大文史哲學報》45(1997),頁1~70。

〔50〕 如:莊吉發《民間秘密宗教的經費來源與經費運用》,收入氏著《真空家鄉:清代民間秘密宗教史研究》(臺北:文史哲,2002),頁449~490;黃敏枝《宋代佛教社會經濟史論叢》;宋光宇《霞海城隍祭典與臺北大稻埕商業發展的關係》,《中央研究院歷史語言研究所集刊》62:2(1991),頁291~336;宋光宇《宗教傳播、商業活動與文化認同:一貫道在新加坡的傳播與發展》,收入氏著《宋光宇宗教文化論文集》下冊,頁417~464。

〔51〕 如:林富士《"巫叩元絃"考釋——兼論音樂與中國的巫覡儀式之關係》;林富士《中國六朝時期的巫覡與醫療》,《中央研究院歷史語言研究所集刊》70:1(1999),頁1~48;林富士《疾病終結者:中國早期的道教醫學》(臺北:三民書局,2001);黃一農《湯若望與清初西曆之正統化》,收入吳嘉麗、葉鴻灑主編《新編中國科技史》下冊(臺北:銀禾文化事業公司,1990),頁465~490;黃一農《天主教徒孫元化與明末傳華的西洋火炮》,《中央研究院歷史語言研究所集刊》67:4(1996),頁911~966;顏娟英《盛唐玄宗朝佛教藝術的發展》,《中央研究院歷史語言研究所集刊》66:2(1995),頁559~678。

〔52〕 例如,先秦至兩漢有蒲慕州、劉增貴、林富士等;魏晉南北朝有康樂、林富士、顏尚文、劉淑芬等;隋唐五代有劉淑芬、柯嘉豪、丁煌等;宋遼金元有胡其德、黃敏枝、沈宗憲、劉佳玲等;明清有康豹、宋光宇、江燦騰等;現代有宋光宇、康豹、江燦騰、林富士、王見川、李世偉等。

因爲自身生活環境的關係,在臺灣的一些從中國大陸移來的宗教,如:佛教、道教、巫覡信仰,以及明清時期才誕生的新興宗教,也格外受到注目。[53]

四、中國宗教史的研究角度

臺灣學者在研究課題的選擇方面,可以說毫不設限,非常多樣,幾乎涵蓋了宗教的各種面向。不過,和其他學科的研究者相較之下,仍顯得有點偏好宗教的外緣關係。這種偏好,一方面和中國宗教本身的特質有關,另一方面則和臺灣"新史學"的浪潮有關,[54] 使臺灣的學者採取了一些新的研究角度和途徑。

(一)禮制與風俗的角度

當年梁任公一方面說中國沒有土產的宗教,另一方面卻又說中國宗教史若研究"祭祀"會相當精彩,這看似矛盾,但其實指出了中國宗教一個相當重要的特質或面向,那就是無論有沒有組織性的宗教,中國社會一直有以"祭祀"爲核心或主要表徵的宗教活動,而這種活動的運作,主要是透過各種層級的政府組織,或是各種規模和性質的社會組織(如家庭、村落、行會、宗親會等)。雖然可以說是欠缺組織,但也可以如楊慶堃所說,不是沒有,而是"擴散"(diffuse)至各種組織之中。[55] 因此,研究中國宗教史,也可以從國家或統治階層所制定的禮制,[56] 以及民衆

---

[53] 如:林富士《孤魂與鬼雄的世界——北臺灣的厲鬼信仰》;林富士《臺灣童乩的社會形象初探(二稿)》,發表於中央研究院歷史語言研究所、中央研究院亞太研究計劃主辦,"巫者的面貌"學術研討會(臺北:中央研究院歷史語言研究所,2002 年 7 月 17 日);林富士《清代臺灣的童乩:以〈臺灣文獻叢刊〉爲主要材料的初步探討》,發表於中央研究院歷史語言研究所九十三年度第八次講論會(臺北:中央研究院歷史語言研究所,2004 年 5 月 3 日);宋光宇《天道鉤沉:一貫道調查報告》(臺北:元祐出版社,1983);宋光宇《宗教與社會》(臺北:東大書局,1995);康樂、簡惠美《信仰與社會——北臺灣的佛教團體》(臺北:臺北縣立文化中心,1995);江燦騰《臺灣佛教百年史之研究(1895~1995)》(臺北:南天書局,1997);王見川《南德化堂的歷史:臺灣現存最古老的龍華派齋堂》(臺南:臺南德化堂,1995);康豹《臺灣的王爺信仰》(臺北:商鼎文化出版社,1997);李世偉《日據時期臺灣儒教結社與活動》(臺北:文津出版社,1999)。

[54] 詳見王晴佳《臺灣史學五十年(1950~2000):傳承、方法、趨向》(臺北:麥田出版,2002);彭明輝《臺灣史學的中國纏結》;林富士《歷史人類學——舊傳統與新潮流》,收入《學術史與方法學的省思》(臺北:中央研究院歷史語言研究所,2000),頁 365~399;林富士《從除魅到牽亡:中央研究院歷史語言研究所人類學組的學術歷程》,收入許倬雲等《中央研究院歷史語言研究所七十五周年紀念文集》(臺北:中央研究院歷史語言研究所,2004),頁 89~118。

[55] 詳見 C. K. Yang, *Religion in Chinese Society*, pp. 1~27.

[56] 包括"祀典"、"家禮"、"喪禮"等。

"約定俗成"的各種風俗入手,[57]探討其宗教信仰。[58]

(二)日常生活與物質文化的角度

既從"禮俗"的角度探討宗教,便免不了也會從日常生活(daily life)和物質文化(material culture)的角度入手。例如關於宗教對於生命、生育、死亡的詮釋和規範,[59]宗教對於性、夢、疾病的理解與態度,[60]宗教對於沐浴、飲食、居住、旅行等日常生活的規範,[61]宗教對於念珠、如意、書、橋、椅子、浴室、糖、茶等物品的使用與推廣等,[62]臺灣學者也有一些研究。

(三)信徒的角度

同樣的,從"禮俗"的角度著眼,宗教研究的主體便不必是"傳教者"或宗教專家。[63] 換句話說,我們可以將注意力轉移到:是什麼樣人在接受某種信仰? 基於什麼樣的動機? 他們如何詮釋"傳教者"所提倡或主導的儀式? 他們面對多種宗教時又如何選擇或改信? 事實上,"信徒"往往促使各種宗教在中國社會中融混,並且左右他們的勢力消長。在這方面,臺灣學者的研究雖然不多,但至少在巫覡和佛教信仰方面,已有一些初步的成果。[64]

---

[57] 尤其是葬俗、巫俗等。

[58] 如:蒲慕州《墓葬與生死——中國古代宗教之省思》;蒲慕州《追尋一己之福:中國古代的信仰世界》;劉增貴《中國古代的沐浴禮俗》,《大陸雜誌》98:4(1999),頁 9~30;劉增貴《漢代畫象闕的象徵意義》,《中國史學》10(2000),頁 97~127;劉增貴《秦簡〈日書〉中的出行禮俗與信仰》,《中央研究院歷史語言研究所集刊》72:3(2001),頁 503~541。

[59] 如:杜正勝《從眉壽到長生——中國古代生命觀念的轉變》,《中央研究院歷史語言研究所集刊》66:2(1995),頁 383~487;李建民《馬王堆漢墓帛書"禹藏埋胞圖"箋証》,《中央研究院歷史語言研究所集刊》65:4(1994),頁 725~832;李建民《中國古代"掩骴"禮俗考》,《清華學報》3(1995),頁 319~343。

[60] 如:Fu-shih Lin(林富士), "Religious Taoism and Dreams: An Analysis of the Dream-data Collected in the *Yün-chi ch'i-ch'ien*," *Cahier d'Extrême-Asie*, 8(1995), pp. 95~112;林富士《試論〈太平經〉的疾病觀念》,《中央研究院歷史語言研究所集刊》62:2(1993),頁 225~263;林富士《東漢晚期的疾疫與宗教》,《中央研究院歷史語言研究所集刊》66:3(1995),頁 695~745;林富士《略論早期道教與房中術的關係》,《中央研究院歷史語言研究所集刊》72:2(2001),頁 233~300。

[61] 如:康樂《素食與中國佛教》,收入周質平、Willard J. Peterson 編《國史浮海開新錄:余英時教授榮退論文集》(臺北:聯經出版事業公司,2002),頁 39~95;劉增貴《中國古代的沐浴禮俗》;劉增貴《秦簡〈日書〉中的出行禮俗與信仰》;蒲慕州《追尋一己之福:中國古代的信仰世界》。

[62] 如:John H. Kieschnick(柯嘉豪), *The Impact of Buddhism on Chinese Material Culture*(Princeton: Princeton University Press, 2003)。

[63] 也就是道士、僧尼、神父、牧師之類的人物。

[64] 如:林富士《漢代的巫者》;林富士《中國六朝時期的巫覡與醫療》;劉淑芬《五至六世紀華北鄉村的佛教信仰》,《中央研究院歷史語言研究所集刊》63:3(1993),頁 497~544。

五、中國宗教史的研究途徑

(一)人群學的方法

研究信徒,勢必無法採取傳統的傳記式的研究方法,不能只用少數或單獨的個案來談。因此,歐美史學界所倡導的"人群學"(prosopography)的研究方法或概念便頗爲適用。[65]

我們可以將同一信仰的一些人視爲一個"社會群體"(social group),分析其性別、年齡、教育、職業、社會階層、婚姻狀態、經濟收入等背景資料,歸納出這個群體的特質。這種方法,不僅可用於信徒,也可用於傳教者,如:僧人、道士和巫者。[66]

(二)歷史人類學的途徑

許多宗教在中國社會中不僅存在很久,而且在目前還相當活躍,即使不在中國大陸,也可見於所謂的海外"華人社會"(包括臺灣)。因此,人類學家所專擅的"田野工作"(fieldwork)便成爲研究宗教史可用的利器之一。例如,宗教的儀式,往往必須透過田野工作中的實地考察,才能比較準確地解讀一些科儀書中的簡略規範。尤其是本身沒有經典,又欠缺相關文字記錄的巫覡儀式,更必須透過田野工作,才能利用殘存於歷史文獻中的隻字片語"重建"古代巫者的活動。

不過,人類學家通常不利用既有的歷史文獻。只描述、分析"現況",不太關切時代的變遷。只集中於一個小小的聚落或區域,不太注意該地之外的情形。而臺灣歷史學者的田野工作畢竟和人類學家有些不同,他們另外開創出一條所謂的"歷史人類學"(historical anthropology)的途徑,亦即結合了歷史文獻和田野材料,既做當下的考察,也追溯源流和變遷。既"微觀"地探查某些地點的現象,也"宏觀"地視察較大區域的整體面貌。[67] 有些時候,甚至只是利用這樣的概念,對於"古代"的宗教進行"文獻世界"的"田野考察"。這樣的研究,不僅

---

〔65〕 詳見 Lawrence Stone, *The Past and the Present Revisited* (London and New York: Routledge & Kegan Paul, 1987), pp. 45~73.

〔66〕 如:蒲慕州《神仙與高僧:魏晉南北朝宗教心態試探》,《漢學研究》8:2 (1990),頁 149~176;Fu-shih Lin (林富士), "Chinese Shamans and Shamanism in the Chiang-nan Area During the Six Dynasties Period (3rd-6th Century A. D.)," Ph. D. dissertation, Princeton University (Princeton, 1994).

〔67〕 詳見林富士《歷史人類學——舊傳統與新潮流》。

曾用於臺灣及海外華人社會,[68] 也用於中國大陸的宗教研究。[69]

(三)比較研究的觀點

凡是涉及"古今之變"的研究,便免不了會帶有"比較"的意涵,而歷史研究更是以此爲特質。不過,"比較"不僅限於考察同一事物在時間長河中的流變,有時候,也可以探討同一時期若干不同事物之間的差異,甚至是不同時期的若干事物之間的異同。在中國宗教史這個領域中,運用這種"比較"研究的觀點,似乎可以處理相當多精彩的課題。

例如,梁任公早年所提及的,中國人對於"外來宗教"的態度,就是"比較"研究可以發揮效能的課題。因爲,無論是容接或排斥,都涉及中國人舊有的文化、思維、宗教信仰與外來宗教之間的異同比較。事實上,不少學者都進行過這一類的研究,尤其是佛教和道教的比較,或是儒釋道三教"論衡"、"合一"的研究,便格外引人注目。

除此之外,如中國本土的道、巫之間的異同,[70] 佛教在印度本土及在東亞世界和各地宗教傳統之間的競爭與融混的模式差異,[71] 基督教入華之後和中國儒家的"禮制"之間的衝突和調和,[72] 巫覡信仰在北亞及東亞地區所表現的共同特徵及地方差異,[73] 不同的社會階層對同一宗教信仰的各種接受模式,[74] 乃至同一宗教內部對於若干

---

[68] 如:林富士《孤魂與鬼雄的世界——北臺灣的厲鬼信仰》;林富士《臺灣童乩的社會形象初探(二稿)》;林富士《清代臺灣的童乩:以〈臺灣文獻叢刊〉爲主要材料的初步探討》;宋光宇《宗教傳播、商業活動與文化認同:一貫道在新加坡的傳播與發展》。

[69] 如:Paul Katz(康豹),*Demon Hordes and Burning Boats: The Cult of Marshal Wen in Late Imperial Chekiang*.

[70] 如:林富士《試論六朝時期的道巫之別》。

[71] 如:康樂《潔淨、身份與素食》,《大陸雜誌》102:1(2001),頁 15～46;John H. Kieschnick(柯嘉豪),*The Impact of Buddhism on Chinese Material Culture*.

[72] 如:黃一農《明末中西文化衝突之析探:以天主教徒王徵娶妾和殉國爲例》,收入臺灣大學歷史學系編《世變、群體與個人:第一屆全國歷史學學術討論會論文集》(臺北:國立臺灣大學歷史學系,1996),頁 211～234;黃一農《明末清初天主教的"帝天説"及其所引發的論爭》,《故宮學術季刊》14:2(1996),頁 43～75;黃一農《忠孝牌坊與十字架——明末天主教徒魏學濂其人其事探微》,《新史學》8:3(1997),頁 43～94;黃一農《南明永曆朝廷與天主教》,收入《中梵外交關係史國際學術研討會論文集》(臺北:輔仁大學歷史學系,2003),頁 79～118。

[73] 例如,從 2001 到 2003 年,在中央研究院的資助之下,林富士及四位臺、韓的學者,共同執行一項名爲"巫者的面貌:以韓國、臺灣及中國大陸之巫者爲主的比較研究"的計劃,比較三地巫者的異同,藉以分析東亞"巫俗"(shamanism)的主要特色(http://www.ihp.sinica.edu.tw/~linfs/saman/)。此一計劃之執行成果,除了每年以學術討論會的方式發表之外,預計將於 2005 年出版論文集。

[74] 如:蒲慕州《追尋一己之福:中國古代的信仰世界》;Paul Katz(康豹),*Images of the Immortal: The Cult of Lü Dongbin at the Palace of Eternal Joy*.

事物的不同看法等,[75] 都是可以以"比較"的觀點探索的課題。

(四)"文本"（text）與"文本性"（textuality）

任何一種課題的歷史研究大概都必須利用"史料",宗教史的研究也不能例外。而在各種材料之中,宗教本身的經典當然最爲重要。不過,由於研究課題和研究角度的關係,臺灣的學者在史料的運用方面,顯得非常靈活。除了宗教典籍之外,諸如考古、器物、圖像、墓葬、碑刻、古文書、古文字、檔案、醫籍、文學作品,以及傳統的歷史文獻都在利用之列,而且,有些還利用了田野工作時所獲得的材料。

更重要的是,在面對各種"文獻"材料時所抱持的態度,部分學者和傳統的史家似乎有點差異。例如,有人便形容自己運用傳統史料像是在文獻中作"田野",將各種文獻視爲"報告人以文字展現的社會記憶",是一種"文本"（text）或"表徵"（representation）。[76] 有人則特別強調所謂的"文本性"（textuality）,亦即注意"文本"的製作動機、過程,以及被人接受的程度和方式。[77]

六、結　語

從二十世紀以來,無論是在中國還是在臺灣,中國宗教史的研究者在歷史學界一直是少數分子,整體來看,研究成果比起歐美、日本地區稍嫌薄弱。這樣的情形一方面和士大夫"不語怪力亂神"的文化傳統有點關連,但更重要的影響,恐怕是二十世紀初葉以來,在中國知識和文化界中興起的那一股崇拜"科學",反對"宗教"（迷信）的新文化思潮,梁啓超便是其中的代表性人物之一。而他對中國宗教史研究若干看法,似乎有巨大的影響力。數十年間,除了少數精英之外,可以說是群賢束手,絲毫不敢跨入中國宗教史的研究領域,致使年輕一代的中國內地及臺灣的歷史學者,必須透過外人的著作才得以明瞭久存於自己土地上的宗教現象,以及仍相當興

---

〔75〕　如:林富士《試論中國早期道教對於醫藥的態度》,《臺灣宗教研究》1:1（2000）,頁107～142。

〔76〕　王明珂《羌在漢藏之間:一個華夏邊緣的歷史人類學研究》（臺北:聯經出版事業公司,2003）。

〔77〕　Paul Katz（康豹）, *Images of the Immortal: The Cult of Lü Dongbin at the Palace of Eternal Joy.*

盛的宗教活動。

　　所幸，從 1980 年代以來，海峽兩岸都開始有較多的歷史學者展開一些基礎性的研究。而以臺灣最近二十年左右的成果來看，無論是研究的對象和課題，還是研究的角度、方法和觀點，都充分顯示，中國宗教史仍是一個豐沃而有待開發的領域。而且，即使我們不是這個領域的先驅者，但是，只要努力，仍然可以有一些開創性的研究，值得"外人"參考。

漢代之信仰生活

蒲慕州

　　行乞的教士和卜者去到富人之家，讓對方相信，他們經由祭祀和頌咒的方法，已經累積了豐富的由神明之處得到的力量，只要用輕鬆的祭典就可以消除和治療一個人或者他祖上的任何罪行。如果有人想要傷害一個敵人，只要花一點小錢就可以善惡均害，因爲他們擁有咒詛和巫術，可以控制神明而遂其目的。[1]

　　瞧這些混球們所行的祭典！他們帶着野餐盒、酒瓶，不是給神明，而是爲了他們自己。檀香和麥餅已經足够神聖了——神明的確得到了這些，在火上燎祭。他們也放上尾骨和膽囊給神明，因爲那些都不能喫。然後他們吞喫了所有其餘的祭品。[2]

就社會結構而言，由於戰國末年以來長期戰亂所造成小農經濟的破壞，[3] 氏族結構的解體，以致民間社會的組織產生了變化。漢代農村的基層組織爲里，里上有鄉，而鄉上才是中央政府直接控制的縣。就生活的實質狀況而言，農民生活的世界其實主要是在鄉里之中，中央政府的力量和意識形態只能間接地對農民生活發生影響。在這農民的生活世界中，田間的耕作佔有主要的地位，而耕作與季節的循環又有密切的關係。[4] 由於天道自古以來可說是不變的，一些與自然秩序相關的習俗，在新的環境中遂仍然持續存在。除了自然秩序之外，人生周期如出生、婚姻、病變、死亡等等，其基本的形態亦

---

[1] Plato, *Republic* Ⅱ, 364b – c. Quoted from E. Hamilton & H. Cairns eds., *The Collected Dialogues of Plato*, Princeton: Princeton University Press, 1963, p. 611.

[2] Menander, *Dyskolos*, pp. 447 ~ 453. Quoted from D. G. Rice & J. E. Stambaugh eds., *Sources for the Study of Greek Religion*, Missoula: Scholars Press, 1979, p. 109.

[3] 參見杜正勝《編户齊民》（臺北：聯經出版事業公司，1990），頁 398 ~ 423；楊寬《戰國史》（上海人民出版社，1980）第七、八章。

[4] 參見 Cho-yun Hsu, *Han Agriculture*, Seattle: University of Washington Press, 1980.

相去不遠。這些都使得一些自古以來即存在於社會中的信仰習俗,在經歷了社會政治上的大變動之後,仍然有繼續發展的機會。從秦簡《日書》中,我們已經可以約略窺見民間信仰的豐富內容,漢代的材料則從更廣闊的各方面,讓我們對這些活動有比較詳細的瞭解。

一、與自然秩序有關之信仰活動

在古代人的世界中,與自然秩序有關的信仰活動佔有中心的位置。先秦時代,與農業周期有關的宗教活動爲官方和民間所共同實行,這也是漢代民間信仰與官方祭典最主要發生重疊的部分。在漢代,以時日的運行、季節的輪替爲主軸所發展出來的宗教活動在文獻中有比較豐富的記載。根據《後漢書》、《禮儀志》及《祭祀志》,我們可以大致整理出漢代官方及民間一年四季中所共同舉行的各種祭典活動,純官方的祭典活動如郊祀、上陵、封禪等則不多論。[5]

不過,有些節日的內容看來似乎與平民生活沒有直接關係,但是這些節日常常有其長遠的傳統,是根植於農業社會之中的。漢代官方儀節中有關四時祭祀的活動之目的,是一方面肯定農業生產在社會中的重要地位,另一方面也在建立一個以政府爲主導的社會秩序。例如"耕",在漢代爲以皇帝爲首,百官從之的象徵性儀式,爲的是要借此儀式的效力而保證一年農作的收成。典禮中祀先農,也就是神農氏,《後漢書·禮儀志》說:"正月始耕。晝漏上水初納,執事告祠先農,已享。耕時,有司請行事,就耕位,天子、三公、九卿、諸侯、百官以次耕。力田種各耰訖,有司告事畢。是月令曰:'郡國守相皆勸民始耕,如儀。諸行出入皆鳴鐘,皆作樂。其有災眚,有他故,若請雨、止雨,皆不鳴鐘、不作樂。'"注引《漢舊儀》:"春始東耕於藉田,官祠先農。先農即神農炎帝也。祠以一太牢,百官皆從。大賜三輔二百里孝悌、力田、三老帛。種百穀萬斛,爲立藉田倉,置令、丞。穀皆以給祭天地、宗廟,群神之祀,以爲粢盛。皇帝躬秉耒耜而耕,古爲甸師官。"[6] 這儀式可以上溯到商

---

[5] 有關漢代的官方宗教節慶的詳細討論,可參見 Derk Bodde, *Festivals in Classical China*, Princeton: Princeton University Press, 1975。本文於此書中已經討論過的祭祀活動基本上不再重複,若有提及,主要是從民間信仰的角度去談問題。

[6] 《後漢書·禮儀志》,頁 3106。

代，在周代有更多的材料可以説明其爲當時官方舉行的儀式，[7] 所以它的舉行無疑是要肯定農事的重要性。而由"郡國守相皆勸民始耕"的説法看來，政府欲爲全民生活作息的主導的意圖是很明顯的。實際上，"耕"的施行不只是一種象徵性的儀式，根據崔寔《四民月令》，正月"可種春麥、䅽豆，盡二月止，可種瓜、瓠、芥、葵……"[8] 可見它有其農業生產上的背景。官方的儀式是根據農業生活的實際情況而發展出來的。

以四季運行爲基礎的節日，其基本的意義應該是作爲植物生長循環的象徵。在漢代，由於陰陽五行思想的影響，官方文獻中對於這些節日的意義的解釋大都以陰陽五行爲原則。最表面的影響則是舉行春夏秋冬四季季首的儀式、衣服顏色及祭祀方位的配合。至於民間的活動，由於一些記載如《四民月令》等仍然是知識分子的作品，陰陽五行思想的影響亦多少不可或免。不過若考慮陰陽五行思想所本的原則本與古代人生活的宇宙空間有密切的關係，我們也不能否認，民間信仰中有陰陽五行觀念的原則，是一件正常的事。

（一）歲首

歲首的計算方式自先秦至漢迭有變更，學者已有論述。[9] 漢代，依《後漢書·禮儀志》的記載，歲首時官方的活動包括了朝會、宴樂等，其中似乎没有明顯的宗教儀節。[10] 在民間，歲首的慶祝方式看來是比較嚴肅而虔誠的，主要的活動包括了向祖先獻祭，家中年幼者向年長者頌壽祝福等。後漢崔寔在他的《四民月令》中有如下的記載：

> 正月之旦，是謂"正日"，躬率妻孥，絜祀祖禰。前期
> 三日，家長及執事皆致齊。及祀日，進酒降神。畢，乃家
> 室尊卑，無小無大，以次列坐於先祖之前，子、婦、孫、

---

〔7〕　丁山《甲骨文所見氏族及其制度》，附見於陳夢家《殷墟卜辭綜述》　（臺北，1975），頁 37 ~ 40。《詩經·周頌·噫嘻》；《國語·周語上》；《禮記·月令·孟春紀》；《令鼎》，《兩周金文辭大系圖録考釋》第六册（科學出版社，1958），頁 30；孫作雲《讀噫嘻》，《詩經與周代社會研究》（北京：中華書局，1966），頁 165 ~ 184。Derk Bodde, *Festivals in Classical China*, pp. 223 ~ 242.

〔8〕　石聲漢《四民月令校注》（北京：中華書局，1965），頁 13。

〔9〕　Derk Bodde, *Festivals in Classical China*, pp. 45 ~ 74.

〔10〕　《後漢書·禮儀志》，頁 3130：每（月朔）歲首〔正月〕，爲大朝受賀。其儀：夜漏未盡七刻，鐘鳴、受賀。及贊，公、侯璧，中二千石、二千石羔，千石、六百石雁，四百石以下雉。百官賀正月。二千石以上上殿稱萬歲。舉觴御坐前。司空奉羹，大司農奉飯，奏食舉之樂。百官受錫宴饗，大作樂。

曾，各上椒酒於其家長，稱觴舉壽，欣欣如也。[11]

（二）正月上丁

官方年曆在正月上丁之日舉行"祠南郊、北郊、明堂、高廟、世祖廟"的祭祀，稱爲五祀。五祀完畢之後，上陵祭拜各代帝王。[12] 這是歲首以來主要的祭祀天地和祖先的活動，相當於百姓在歲首所行之禮。不過在上丁這天，民間也仍然有祭祀的活動："百卉萌動，蟄蟲啓戶。乃以上丁，祀祖於門，導陽出滯，祈福祥焉。"[13] 從這段文字看來，上丁的祭祀主要在祈求神靈在農業季節開始的時候能帶動陽氣，導出陰滯之氣，以便有一好的收成。這農業上的意義在官方儀式中，除了也許在祭天地於南北郊中有所表現之外，並不明顯。與上丁相似的，農民在上丁之祀的前後又有正月上亥的祭祀："祠先穡及祖禰，以祈豐年。"[14] 這裏明白地說出祀祠祈求豐年的對象，一是先穡，也就是農神；一是祖先。農民宗教信仰的重心即在此。

（三）二月祠太社

二月中某日，農家必須祠太社；祠畢次日，又必須上塚，不過上塚的日期必須是吉日，否則應另卜筮以擇吉日：

> 祠太社之日，薦韭卵於祖禰。前期，齊、饌、掃、滌，
>
> 如正祀焉。其夕又案塚簿，饌祠具。厥明，於塚上薦之。
>
> 其非塚良日，若有君命他急，筮擇塚祀日。[15]

所謂的塚良日，應是擇日之書中某種爲上塚而設計的一套吉日系統。當祀太社之日的次日與此套吉日系統不合時，就要以卜筮之法再選擇一個可以上塚的吉日，《日書》中即有不少關於某日適合祭祀的例子。[16] 祭祀太社，其意義顯然是以農村社會的宗教中心，也就是太社，作爲祈福的場所，這可以被認爲是農民自農業周期開始以來一連串的祈福活動的延續：由各家在自己家門的祭祀，發展到村落社會的集體祈福，不過各家的祖先在這次祭祀中並沒有被忽略。在祭祖時供以韭卵，應該是取二者所具的象徵意義：韭菜爲容易生長得

---

〔11〕 石聲漢《四民月令校注》，頁1。

〔12〕 《後漢書》，頁3106。

〔13〕 石聲漢《四民月令校注》，頁7。

〔14〕 石聲漢《四民月令校注》，頁7。

〔15〕 石聲漢《四民月令校注》，頁19。

〔16〕 《雲夢睡虎地秦墓》，北京：文物出版社，1981年，簡731，732，735，736，739。

茂盛的菜蔬，卵則象徵生殖力，薦韭卵，則是祈求農家的豐收。[17]

（四）三月上巳

根據《後漢書·禮儀志》，三月上巳之日必須舉行"祓禊"的儀式："是月上巳，官民皆絜於東流水上，曰洗濯祓除去宿垢疢爲大絜。絜者，言陽氣布暢，萬物訖出，始絜之矣。"[18] 這祓禊儀式的意義和源流爲何？曾是學者討論的問題。葛蘭耐（M. Granet）和 Derk Bodde 都認爲這儀式可以上溯到周代，並且以爲《詩經·溱洧》中所描述的就是祓禊的情景。[19] 葛蘭耐甚至認爲這儀式是一個男女相配的山川祭典或性的儀禮。[20] Bodde 在肯定葛蘭耐的說法後，又認爲在漢代這儀式主要反映的是驅除不祥鬼物和不潔穢氣的信仰。[21] 葛蘭耐認爲《詩經》中的《溱洧》以及其他篇章是反映了祓禊的儀式，並且這儀式又是一種以男女擇偶爲主的性的儀節。這種說法，其實與他對高禖的解釋同出一轍，是參考了現代西南少數民族的風俗，加上他對《詩經》中材料的高度想像力的解釋而得到的。誠然，現代尚存的少數民族有類似的男女相互自由求偶的節日，[22] 但《詩經》中的材料是否可以如他那樣的予以自由聯想和解釋，卻是有疑問的。我們不妨看看《溱洧》的本文：

> 溱與洧，方渙渙兮；士與女，方秉蕑兮。女曰觀乎，士曰既且。且往觀乎，洧之外。洵訏且樂，維士與女。伊其相謔，贈之以勺藥……[23]

這段文字說的是，在初春的時候，士女去野外踏青，贈芍藥以示情意的情景。[24] 根據《韓詩章句》對這首詩的解釋："三月桃花水之

---

[17] 有關太社的進一步討論，見下文。

[18] 《後漢書》，頁 3111。

[19] Granet, *Festivals and Songs of Ancient China*, pp. 147 ff.；Bodde, *Festivals in Classical China*, pp. 273 ff.

[20] Granet, *Festivals and Songs of Ancient China*；中譯可參見張銘遠譯《中國古代的祭禮與歌謠》（上海文藝出版社，1989），頁 126～127；152～153。

[21] Bodde, *Festivals in Classical China*, pp. 276～280.

[22] 如 W. Eberhard, *The Local Cultures of South and East China*, Leiden：Brill, 1968, pp. 33～43，也認爲祓禊的儀式是現代西南少數民族的男女自由尋求配偶的節日的早期形式。

[23] 《毛詩正義》卷四之四，頁 12。

[24] 參見莊申《禊俗的演變》，收入宋文薰等編《考古與歷史文化》（下）（臺北：正中書局，1991），頁 113～144；特別是頁 118～122 有關此詩之討論。

時，鄭國之俗，三月上巳於溱洧兩水之上，執蘭招魂續魄，拂除不祥。"[25]《韓詩章句》作者薛漢爲東漢時人，他所説的鄭國之俗是否能代表《詩經》中的社會情況？我們不能完全確定，但也許可以作爲一項參考。至於這情景是否能被解釋成一種大規模的男女相匹配的儀式？文中没有任何直接證據。葛蘭耐可能是受了鄭玄箋的影響："男女相棄，各無匹偶，感春氣并出，託采芬香之草，而爲淫洗之行。"再加上他對應用民族志材料的信心，以及對《詩經》中其他材料的平面式解釋，而得到這樣的結論。

　　不論如何，在漢代，被禊的活動基本上只具有去除不祥穢氣的意義，如許慎在《説文》中所説："被，除惡祭也。"王先謙在《後漢書集解》中已將漢代所有相關資料都予以討論，[26] 而 Bodde 的研究基本上證實了王先謙的説法。[27] 照《後漢書·禮儀志》的説法，這被除惡穢的儀式是官方和民間一同實行的。爲何在三月上巳？勞榦的解釋是，根據建除家的説法，巳日爲"除日"，合於"被除"之義。[28] 爲何在三月？可能是因爲這時河川方始解凍，人們可以有足夠的水源和較暖的天氣來進行潔净的工作。但三月的河水在中國北方（而不是在中國西南地區）應該仍是相當寒凍的，因而這以東流之水而進行的被禊儀式，不太可能是人在水中舉行，而只是取河水來用而已。葛蘭耐在討論《溱洧》和其他詩句並且認爲是上巳的情景時，似乎没有注意到時間的因素。他説："他們提起裙子，捲起衣裳，渡過淺灘，有時也用葫蘆渡河，遇到水深流急的情況，有車的人便使用車，但是，當車軸和幔布被水浸濕時，也使人感到幾乎不安……他們沿著斷崖、河堤、攔河壩，或者在中流，在河中的沙洲和暗礁上相互追蹤。有時，他們也對釣魚感興趣，另外就是採集濕地上的花，或水草、燈心草、睡蓮、蘭、艾、浮萍，葵和芳草等。"[29] 這段描述中有哪些地方與三月的時間不合，也就是其問題之所在了。

---

[25]《藝文類聚》四引。

[26]《後漢書集解·禮儀志上》，頁 9b～10b。

[27] Bodde, *Festivals in Classical China*, pp. 276～280.

[28] 勞榦《上巳考》，《中央研究院民族學研究所集刊》第 29 期（1970），頁 243～262；特別是頁 248～249 對"巳日"的解釋。

[29] 張銘遠譯《中國古代祭禮與歌謠》，頁 127。

（五）六月夏至

《後漢書‧禮儀志》詳細地記載了與夏至以及仲夏之月（五月）有關的宗教活動。主要的文字如下：

> 仲夏之月，萬物方盛。日夏至，陰氣萌作，恐物不楙。其禮：以朱索連葦菜，彌牟［朴］蠱鍾。以桃印長六寸，方三寸，五色書文如法，以施門戶。代以所尚爲飾。夏后氏金行，作葦茭，言氣交也。殷人水德，以螺首，慎其閉塞，使如螺也。周人木德，以桃爲更，言氣相更也。漢兼用之，故以五月五日，朱索五色印爲門戶飾，以難止惡氣。日夏至，禁舉大火，止炭鼓鑄，消石冶皆絕止。至立秋，如故事。是日浚井改水，日冬至，鑽燧改火云。[30]

這段描述並沒有提到官方是否有特別的祭典，而其中所說的用朱索五色印的習俗，則很明顯的是和一般人民生活有關。應劭在《風俗通義》中也提到這習俗：

> 夏至著五彩，辟兵，題曰游光。游光，屬鬼也，知其名者無溫疾。五彩，避五兵也。案：人取新斷織繫戶，亦此類也。謹案：織取新斷二三寸帛，綴著衣衿，以己織縑告成於諸姑也。後世彌文，易以五彩。又永建中，京師大疫，云屬鬼字野重，游光。亦但流言，無指見之者。其後歲歲有病，人情愁怖，復增題之，冀以脫禍。今家人織新縑，皆取著後縑二寸許，繫戶上，此其驗也。

> 五月五日，賜五色續命絲，俗說以益人命。

> 五月五日，以五彩絲繫臂，名長命縷，一名續命縷，一名辟兵繒，一名五色縷，一名朱索，辟兵及鬼，命人不病溫，又曰，亦因屈原。[31]

從應劭的解釋看來，在東漢時人們在夏至所做的一些活動的原始意義爲何，已經是不甚清楚的事了。《後漢書‧禮儀志》的解釋是用陰陽五行的學說，沒有提到鬼怪及辟兵的問題，而只是說用朱索和桃印來止"惡氣"，這又可以作爲官方和民間對於同一節日根據其各自立場而產生不同解釋的例子。《後漢書‧禮儀志》將夏至這一段列入

---

[30] 《後漢書》，頁3122。
[31] 王利器《風俗通義校注‧佚文‧辨惑》（北京：中華書局，1981），頁605。

記録，似乎並不是因爲此時有任何盛大祭典，而是由於夏至在農業周期中有其重要地位，因爲這是當陽氣由極盛到衰，陰氣則由衰轉盛的關鍵。[32] 由於熱氣産生各種疫疾，而人們又相信惡鬼能召致疾病，因而自然就會試採取各種防止惡氣侵入的手段，包括五彩絲和桃木印等驅邪的物件。至於《禮儀志》中所説的"夏至，禁舉大火，止炭鼓鑄，消石冶皆絶止。"則可能是官方學者引申陰陽五行的理論而發明的平衡陽氣過盛的辦法，[33] 就如同上章所討論到的董仲舒有關求雨的理論一樣。

至於《四民月令》中所記載的，卻是相當的簡略："夏至之日，薦麥、魚於祖禰。厥明，祠。前期一日，饌具、齊、掃，如薦韭、卵。"[34]

（六）六月伏日

"伏日"一詞最早出現於《史記·秦本紀》中："（德公）二年，初伏，以狗禦蠱。"[35] 可見此時人們已經認爲初伏的日子是有蠱氣侵害的。漢代，伏日似爲一休息之日，人們在此日留在家中，以免受惡氣侵襲。[36]《漢書》記載東方朔伏日早歸的故事；[37] 伏日前後爲夏日最炎熱的時段，這休息的做法應有其實際的考慮。《後漢書·禮儀志》中雖没有記載伏日是否爲一宗教性節日，但應劭《漢官儀》中提到，東漢時伏日官府不辦公，[38]《風俗通義》中則提到，由於氣候的關係，在漢中、巴、蜀、廣漢等地的地方官可以自行決定伏日："户津，漢中、巴、蜀、廣漢，自擇伏日。"[39] 這些材料可以説明，伏日爲一夏季的假日。但是人們也有一定的宗教性活動，如《四民月令》所説："薦麥、瓜於祖禰。齊、饌、掃、滌，如薦麥、魚。"[40]

至於在伏日以狗禦蠱，其原始的意義可能是用狗血來驅逐惡鬼。以動物血有某種滌蕩惡氣的觀念來源應該很早，除了狗之外，羊和

---

[32] 討論參見 Bodde, *Festivals in Classical China*, pp. 289～316。

[33] Bodde, *Festivals in Classical China*, p. 311。

[34] 《四民月令校注》，頁 41。

[35] 《史記》卷五，頁 184。

[36] Bodde, *Festivals in Classical China*, pp. 317～325。

[37] 《漢書》卷六五，頁 2846。

[38] 應劭《漢官儀》卷二，頁 9a（《平津館叢書》册 5）。

[39] 王利器《風俗通義校注·佚文·辨惑》，頁 604。

[40] 石聲漢《四民月令校注》，頁 49。

鷄是常被提到用作犧牲以逐除惡物的動物。[41] 《山海經》中也常提到以鷄狗羊豬爲祭神的祭品。[42] 可見以動物爲犧牲來辟凶趨吉的觀念在社會中有相當深的基礎。應劭在《風俗通義》中曾經用陰陽五行的觀念解釋用犬磔禳的理由：

> 謹按：月令："九門磔禳，以畢春氣。"蓋天子之城，
> 十有二門，東方三門，生氣之門也，不欲使死物見於生門，
> 故獨於九門殺犬磔禳。犬者金畜，禳者卻也，抑金使不害
> 春之時所生，令萬物遂成其性，火當受而長之，故曰以畢
> 春氣。功成而退，木行終也。[43]

這種解釋顯然是理性化之後的結果。但從前面所引的材料看來，用動物磔禳的習俗並沒有被陰陽五行學說所代替。

（七）八月祭太社

《四民月令》記載，八月中某日要祭太社：

> 筮擇月節後良日，祠歲時常所奉尊神……是月也，以祠
> 泰社，祠日，薦黍、豚於祖禰。厥明，祀塚，如薦麥魚。[44]

爲何在此時祠泰社？文中雖無明言，但可推測與農產收穫有關。二月時祀太社是爲了祈求豐收，半年之後的八月再度祀太社，則應當是向祖先及神明謝恩。其中所提到的月節，可能指的是當月的節日，即二十四節氣中的"白露"。[45]

（八）十一月冬至

冬至在農民年曆上的重要性在於此時爲陰氣盛極而衰，陽氣衰極而盛的關鍵。冬至以後，日光漸長，爲陽氣漸盛的指標。官方的一些宗教活動主要在發揮陰陽五行的理論：

> 立冬之日，夜漏未盡五刻，京都百官皆衣皁，迎氣於
> 黑郊。禮畢，皆衣絳，至冬至絕事。冬至前後，君子安身
> 靜體，百官絕事，不聽政，擇吉辰而後省事。絕事之日，

〔41〕《呂氏春秋》卷三，頁3b，高誘注："磔犬羊以禳。"《風俗通義校注》，頁376："東門鷄頭可以治蠱，由此言之，鷄主以禦死辟惡也。"
〔42〕袁珂《山海經校注》（臺北：洪氏出版社，1981），頁79，84，129，136，163（鷄）；19，105（狗）；32，113（羊）；79，84（豬）。
〔43〕王利器《風俗通義校注》卷八，頁377。
〔44〕石聲漢《四民月令校注》，頁60。
〔45〕石聲漢《四民月令校注》，頁60。

夜漏未盡五刻，京都百官皆衣絳，至立春……故使八能之
士八人，或吹黃鐘之律間竽；或撞黃鐘之鐘；或度晷景，
權水輕重……[46]

至於民間的活動，根據《四民月令》，則爲向玄冥之神及先祖謝恩祈
福："冬至之日，薦黍、羔，先薦玄冥于井，以及祖禰。"[47]

（九）十二月大儺

《後漢書·禮儀志》記載了十二月底的大儺活動：

> 先臘一日，大儺，謂之逐疫。其儀：選中黃門子弟年十歲
> 以上，十二以下，百二十人爲侲子。皆赤幘皁制，執大鼓。方
> 相氏黃金四目，蒙熊皮，玄衣朱裳，執戈揚盾。十二獸有衣毛
> 角。中黃門行之，冗從僕射將之，以逐惡鬼於禁中。夜漏上
> 水，朝臣會、侍中、尚書、御史、謁者、虎賁、羽林郎將執事，皆
> 赤幘陛。乘輿御前殿。黃門令奏曰："侲子備，請逐疫。"於是
> 中黃門倡，侲子和，曰："甲作食凶，胇胃食虎，雄伯食魅，騰簡
> 食不祥，攬諸食咎，伯奇食夢，强梁、祖明共食磔死寄生，委隨
> 食觀，錯斷食巨，窮奇、騰根共食蠱。凡使十二神追惡凶，赫
> 女軀，拉女幹，節解女肉，抽女肺腸。女不急去，後者爲糧!"因
> 作方相與十二獸舞。讙呼，周徧前後省三過，持炬火，送疫出端
> 門；門外騶騎傳炬出宮，司馬闕門門外五營騎士傳火棄雒水中。
> 百官官府各以木面獸能爲儺人師訖，設桃梗、鬱檑、葦茭畢，執
> 事陛者罷。葦戟、桃杖以賜公、卿、將軍、特侯、諸侯云。[48]

這儀式的主要目的爲驅逐一年之中在室內所積蓄的惡鬼穢氣，與三月
上巳的祓禊在觀念上有相似之處。Derk Bodde 認爲這儀式描繪的是
自然世界生物死亡與再生的循環，經由這儀式的舉行，就可以保證來
年的豐收。[49] 從上引文獻看來，這儀式似乎主要是一個官方的活動，
但是它本身可能早就在民間流傳，《論語》就記載孔子觀儺的故事，[50]
而儺原本可能是一種驅惡逐鬼的儀式，其根源有可能上溯至商代。[51]

---

〔46〕 《後漢書·禮儀志》，頁 3125。
〔47〕 石聲漢《四民月令校注》，頁 71。
〔48〕 《後漢書·禮儀志》，頁 3127～3128。
〔49〕 Bodde, *Festivals in Classical China*, p. 117.
〔50〕 《論語注疏》卷一〇，頁 9："鄉人儺，朝服而立於阼階。"
〔51〕 陳夢家《商代的神話與巫術》，《燕京學報》第 20 卷(1936)。

《周禮》中提到大儺的主角"方相氏"的職司："方相氏掌蒙熊皮，黃金四目，玄衣朱裳、執戈、揚盾，帥百隸而時難，以索室毆疫。大喪，先柩；及墓，入壙，以戈擊四隅，毆方良。"[52]由《周禮》這段陳述看來，方相氏的功能主要是逐除疫疾不祥鬼物，其工作的時間是"時難"，也就是《月令》中在季春、仲秋、季冬時舉行的"儺"，甚或有其他時間，其工作的內容則是在室內或墓壙內舉行驅逐的儀式，並不是限定在歲末。《周禮》這段材料到底應屬何時代？我們並無法確定，但應不晚於戰國。到了漢代，這種逐疫的儀式才演變爲在歲末舉行的大儺。張衡《東京賦》中說："爾乃卒歲大儺，毆除群癘，方相秉鉞，巫覡操列。侲子萬童，丹首玄制，桃弧棘矢，所發無臬，飛礫雨散，剛癉必斃。"[53]顯然大儺在當時的京都是一個相當盛大的節日，官民百姓均得以參與，其舉行之地點也不在室內或墓地。王充在《論衡》中也談到當時民間在歲末時所舉行的"解逐之法"："解逐之法，緣古逐疫之禮。昔顓頊氏有子三人，生而皆亡。一居江水爲虐鬼，一居若水爲魍魎，一居歐隅之間，主疫病人。故歲終事畢，驅逐疫鬼，因以送陳迎新內吉也。"[54]王充的解釋"因以送陳迎新內吉"很可以說明"大儺"的性質及功能，以及爲何在歲末舉行的原因。有些學者則企圖從漢代的一些圖像材料之中來說明大儺在當時舉行的實況。[55]又有人認爲墓室壁畫中有所謂的"方相氏"的圖像，隨葬明器之中也有逐疫的方相氏的塑像。[56]總之，大儺的儀式應該可以說是當時社會上下均極爲看重的一項宗教活動。

（十）臘

一年中最後一次的大節爲"臘"。根據許慎的說法，臘爲冬至後的第三個戌日。[57]《後漢書》記載："季冬之月，星迴歲終，陰陽以

---

〔52〕 《周禮注疏》卷三一，頁 12。

〔53〕 嚴可均輯《全上古三代秦漢六朝文·全後漢文》（臺北：世界書局，1982）卷五三，頁 5。

〔54〕 劉盼遂《論衡集解·解除》卷二五，頁 245～246。

〔55〕 孫作雲《評沂南古畫像石墓發掘報告》，《考古通訊》1957 年第 6 期，頁 77～87；楊景鷳《方相氏與大儺》，《中央研究院歷史語言研究所集刊》第 31 本（1960 年），頁 123～165。

〔56〕 小林太市郎《漢唐古俗と明器土偶》（京都，1947）；李建民《中國古代游藝史》（臺北：東大圖書公司，1993），頁 239～243。

〔57〕 段玉裁《說文解字注》（臺北：藝文印書館，1966）四篇下，頁 29。

交，勞農大享臘。"[58] 這是説明臘的意義在慶祝一個農業周期的完成，同時期待新周期的再臨。這種情況其實在《詩經‧豳風‧七月》中已經有所描述："十月滌場，朋酒斯饗，曰殺羔羊，躋彼公堂，稱彼兕觥，萬壽無疆。"[59] 此處的十月相當於夏曆的十二月。《四民月令》中對此有一段詳細的描述：

> 十二月日，薦稻、雁。前期五日，殺猪，三日，殺羊。
> 前除（期）二日，齊、饌、掃、滌，遂臘先祖五祀。其明
> 日，是謂"小新歲"，進酒降神……其明日，又祀，是謂
> "蒸祭"。後三日，祀家事畢……休農息役，惠必下洽。[60]

臘的節慶前後持續十餘日，超過歲首的慶祝活動，不可謂不隆重了。

（十一）其他與農業有關之信仰活動

以上所談一年四季中的宗教活動，均以農民田間生活的周期為中心。除了這些有規律的活動之外，還有一些與農業活動有關的信仰，其中相當重要的是祈雨止雨。上章中已經提到董仲舒的祈雨，值得注意的是，董仲舒所描述的祈雨活動，雖是從官方的角度出發，但是其中也有地方民眾的參與：

> 春旱求雨，令縣邑以水日禱社稷山川，家人祀户，無
> 伐名木，無斬山林……令民閣邑里南門，置水其外，開邑
> 里北門，具老豭猪一，置之於里北門之外，市中亦置豭猪
> 一，聞鼓聲，皆燒豭猪尾，取死人骨埋之……[61]

祈雨是一項古老的宗教活動，自商代以下就有不少個例可循。在前一章中我們也提到早期的請雨儀式"大雩"見於《論語》和《荀子》之中，這些應該是民間所行的儀式，並且也與陰陽五行的思想尚未發生關係。《漢書‧藝文志》中有《請雨止雨》二十六卷，[62]應該是比較更詳細的有關祈雨法的記載，可見董仲舒請雨之法並非他的獨創。桓譚在《新論》中也説："劉歆致雨，具作土龍，吹律，及諸方術，無不備設。"[63] 可見劉歆也曾實行類似的請雨儀式。而

---

[58] 《後漢書》，頁3127。
[59] 《毛詩注疏》卷八之一，頁22。
[60] 石聲漢《四民月令校注》，頁74。
[61] 董仲舒《春秋繁露‧祈雨》卷一六，頁7a。
[62] 《漢書》卷三〇，頁1772。
[63] 桓譚《新論‧離事》；《全後漢文》卷一五，頁3。

"止雨"的活動當然也循著同一套思想邏輯。董仲舒提到人民在活動時必須關里門，可見活動本身是在基層社會中舉行的。活動中燒猪尾及埋死人骨的事，尤其像是一種古老的民間巫術的遺跡。

除了請雨止雨之外，《漢書·藝文志》中又有一些可能與農業生活中民間信仰有關的作品，如《泰壹子候歲》二十二卷，《子贛雜子候歲》二十六卷，《五法積貯寶臧》二十三卷，《神農教田相土耕種》十四卷，《昭明子釣種生魚鱉》八卷，《種樹臧果相蠶》十三卷，《相六畜》三十八卷等，都被列在數術類"雜占"或"形法"之部。這些作品的內容雖早已佚失，但很可能是一些夾雜了巫術的爲農民日常作業中所參考的行事手册之類的作品。類似的作品尚可從秦簡《日書》中的《五種忌》、《土忌》，或《馬禖》等篇章得知一二。[64] 這種情況與下文要談的醫書中雜有巫術成分的情形是相似的。

二、與生命循環有關之信仰活動

生老病死爲人生命循環必經之路程，而婚姻爲延續整體社會人群生命的正常管道，因而環繞著這些主題有一些信仰活動隨之而起。王充説："世俗信禍祟，以爲人之疾病死亡及患被罪戮辱懽笑皆有所犯。起功移徙祭祀喪葬行作入官嫁娶，不擇吉日，不避歲月，觸鬼逢神，忌時相害，故發病生禍，絓法入罪，至於死亡，殫家滅門，皆不重慎，犯觸忌諱之所致也。"[65] 這段話反映出，在王充生活的時代，一般人日常生活中有一些普遍爲人崇信的習俗，王充對它們的反駁恰可説明這些習俗在社會中是廣爲人所接受的。

（一）生子

關於人之出生，自古以來就有各種時日禁忌的信仰。子女出生的日期通常人雖不能控制，但是人仍想知道子女將來的發展。雲夢秦簡《日書》中有許多關於生子女在不同時日所可能發生的後果，又專有一篇《生子》，預測子女將來的命運。[66] 這類的信仰在漢代當然仍存在。西漢時代，在銀雀山漢墓出土的竹簡中有"陰陽時令占侯"之類的簡，其中有一類被稱爲"三十時"的，簡文內容與

---

〔64〕 《睡虎地秦墓竹簡》，頁 184, 196, 227。
〔65〕 劉盼遂《論衡集解·辨祟》卷二四，頁 487。
〔66〕 討論見蒲慕州《睡虎地秦簡日書的世界》。

《日書》中的《除》極爲相近，中即有一簡爲有關生子之時日者：

> ……不生，唯（雖）生□（無）子，入之七日，西風
> 始下□（葉）艾（刈）德禾，不可入人民六畜。[67]

一項比較特殊的有關生子的信仰習俗是所謂的"妨父母"的禁忌，即人們認爲在某些日子出生的子女會對父母不利。王充說："諱舉正月五月子。以爲正月五月子，殺父與母。不得已舉之，父母禍死。"[68]《風俗通義》也記載：

> 俗說：五月五日生子，男害父，女害母。故田文生而
> 嬰告其母勿舉，且曰："長與戶齊，將不利其父母。"[69]

田文，即戰國時代齊孟嘗君，也是五月五日生的，曾險遭遺棄。[70] 應劭雖提到五月五日生子的禁忌，但是沒有說出爲何此日爲禁忌的理由。倒是王充給了一個當時流行的說法："夫正月歲始，五月盛陽，子以生精熾熱烈，厭勝父母，父母不堪，將受其患，傳相仿效，莫謂不然。"這種理由在雲夢秦簡《日書》中是沒有的。這點亦可說明類似的信仰以不同的面貌流傳在民間。除了正月、五月，或五月五日之外，又有一些其他的日子是生子禁忌的。文獻記載中有二月生子不祥，或者與父母同月生不祥等等。《後漢書》記載張奐在河西地方爲官時，當地人民就有不舉二月五月生子及與父母同月生子的習俗。[71] 遠在敦煌邊區的人民也有類似的禁忌。[72]

除了某些生日會妨父母外，小兒出生的某些異常狀況有時也成爲禁忌。應劭在《風俗通義》中舉了一些例子："不舉并生三子。俗說：生子至於三，似六畜，言其妨父母，故不舉之也……不舉寤生子。俗說：兒墮地便能開目視者，謂之寤生；舉寤生子，妨父母。"[73] 這類的禁忌，乃至於婦人乳子不吉的說法，[74] 也許都與早期社會中生子所造成的

---

〔67〕 吳九龍《銀雀山漢簡釋文》（北京：文物出版社，1985）簡0273，頁22。

〔68〕 劉盼遂《論衡集解·四諱》卷二三，頁470。

〔69〕 王利器《風俗通義校注·佚文·釋忌》，頁561。

〔70〕 其故事見《史記》卷七五，頁2352。

〔71〕 《後漢書》卷六五，頁2138～2144。

〔72〕 羅振玉《流沙墜簡》，《羅雪堂先生全集續編》第七冊，頁2812。魏晉南北朝以下，類似的信仰習俗仍然流傳在民間，如《宋書》卷四五，頁1365；《北史》卷一四，頁535 等。

〔73〕 王利器《風俗通義校注·佚文·釋忌》，頁560～561。

〔74〕 劉盼遂《論衡集解·四諱》卷二三，頁468。

父母的心理及生理危機有相當的關係，表現出人們對於生育子女的重視。[75]

前述與生育相關的信仰基本上是被動的，人最多只能設法避免在某些月份懷孕，但不能完全控制生產的日期。此外，人們也希望能主動的去影響子女的命運，其中有所謂的"禹藏法"。這是在小兒出生之後將其胞衣（胎盤）依照一定的方位和地點予以埋藏。西漢早期馬王堆墓葬出土一份"禹藏圖"，上面就記載了應如何依小兒出生的月份選定埋胞的地方，以便讓小兒得到高壽。[76] 這是基於古代天下感應式的宇宙觀，相信方位和星宿具有與人生命運相關的神秘力量，而小兒的胞衣又被認爲是和人的生命有一體的關係，因此將胞衣依一定的方位埋藏而不予隨意拋棄，可以讓小兒的生命與宇宙的神秘力量發生相互關聯，進而得到保護。

與懷孕生子有關的信仰尚不止於此。例如有關孕婦的飲食，就有一些禁忌，如不可食用兔肉，因爲那會令小兒得兔唇；[77] 不可食薑，因爲會令小兒長出如薑似的多餘的手指。[78] 在這些基本上爲醫書的作品中有這類的記載，說明了此時社會人們的觀念中仍有某些感應巫術思想的遺存。類似的信仰在當時應該相當普遍，而在經過知識分子理論化之後，也以天下感應的方式留存下來，如《月令》中所説：

> 仲春之月……先雷三日，奮鐸以令于兆民曰，雷且發聲，有不戒其容止者，生子不備，必有凶災。[79]

這種禁忌所反映出的是同類相感的觀念，同類的事不但是相類似的事物，如兔肉或薑，也可以是比較抽象的原則或特質，如人的行爲或道德等。《月令》的主旨當然是在發揮天人感應的宇宙觀，馬王堆

---

〔75〕 《漢書·藝文志》房中家有《三家內房有子方》十七卷，可見當時人求子者已有相當多的經驗。至於有關漢代生子不舉現象之討論，見李貞德《漢隋之間的生子不舉問題》，《中央研究院歷史語言研究所集刊》第 66 本第 2 分。

〔76〕 《馬王堆漢墓帛書》第四冊，頁 26，134～139。討論見李建民《馬王堆漢墓帛書"禹藏埋胞圖"箋證》，《中央研究院歷史語言研究所集刊》第 65 本第 4 分，頁 725～832。

〔77〕 《馬王堆漢墓帛書》第四冊，頁 136。相同的禁忌在後代一直存在，如張仲景《金匱要略》卷下，《張仲景全書》（上海，1929）第五冊，頁 12，14；張華《博物志》（《廣漢魏叢書》本）卷一〇，頁 1。

〔78〕 同上。

〔79〕 《呂氏春秋》卷二，頁 2。

帛書及其他材料中有關孕婦飲食的禁忌，則可説是這種宇宙觀在世俗生活中的應用。從現代生理學和醫學的角度而言，這些有關生產飲食的禁忌與孕婦及胎兒體質成長的關係尚難建立，應該是屬於信仰的範疇。它們雖與醫學知識混雜在一起，其間巫術與醫藥的分別仍然是可以辨認的，下文將再論及。

（二）婚姻

成婚爲人生大事，與傳宗接代有最直接的關係，在大多數社會中均爲重要的人生關鍵。中國古代與婚姻相關的信仰與生子相似，大致以時日爲吉凶的主要依據，若以睡虎地秦簡《日書》爲例，則除了某些特定的日子宜娶妻，如"癸丑、戊午、己未，禹以取涂山之女日也，不棄，必以子死。戊申、己酉，牽牛以取織女而不果，不出三歲棄若亡。"[80]之外，又有娶妻吉的"牝月"和不吉的"牡月"："十二月、正月、七月、八月爲牡月；三月、四月、九月、十月爲牝月。牝月牡日取妻吉。子寅卯巳酉戌爲牡日，丑辰申午未亥爲牝日。"[81]其所關心的問題，則包括了妻子的性格、婚姻的久暫、生育子女的能力、對父母家庭的影響等等。[82]漢代的情況應該相去不遠。銀雀山漢簡中亦不乏與婚姻相關的文字，足以印證秦簡《日書》中所談是社會中普遍的問題：

> ……以嫁女取婦冠帶劍入六畜可以徙□（爲）宮室蓋室屋環□（爲）之□傷也卒歲[83]

> ……可築垣牆宮室不可爲嗇夫嫁女取婦以居官不久必有天央（殃）以此亡遺必再其所[84]

> ……之可以嫁女不可取婦=蚤（早）操令下六可爲宮室嫁女取婦禱祠入六畜入之三日奏林鐘天必[85]

不過這些都是一般性擇吉日的占辭，更詳細有關婚姻各方面的卜辭和信仰內容則較缺乏。《史記·日者列傳》中司馬季主説："且夫卜筮者……嫁子娶婦或以養生。"[86]《龜策列傳》中則有以卜筮決定娶

---

〔80〕《雲夢睡虎地秦墓》，簡 894 反，893 反。

〔81〕《雲夢睡虎地秦墓》，簡 884 反，885 反。

〔82〕參見蒲慕州《睡虎地秦簡日書的世界》。

〔83〕吳九龍《銀雀山漢簡釋文》簡 0244，頁 20。

〔84〕吳九龍《銀雀山漢簡釋文》簡 0296，頁 24。

〔85〕吳九龍《銀雀山漢簡釋文》簡 0306，頁 25。

〔86〕《史記》卷一二七，頁 3219。

嫁的例子。[87] 鄭衆在注《禮記》時也說當時百姓嫁娶時以占卜擇日,[88] 王充在《論衡》中同樣地批評當時人婚嫁時卜筮擇日的習俗。這些批評對一般百姓而言自然是無大效果的,王莽時 "令……昏以戊寅之旬爲忌日,百姓多不從。"[89] 可見百姓自有其遵行的時日禁忌,即使是皇帝的命令也不能改變。《四民月令》有 "(二月)是月也,擇元日,可結昏。" 以及 "(八月)是月也,可納婦。"[90] 則似乎是另有所本,不過因爲《四民月令》的寫作目的原本以農作生活和節慶爲主,婚姻的考慮可能並非重點所在。

(三) 疾病與醫療

疾病之所以會與信仰發生關係,不外乎因爲人們對於疾病的起因和治療沒有完全的知識和把握。在商代,人們將一些疾病的原因歸諸祖神的爲祟,[91] 到了春秋時代,已經有比較理性的疾病觀,如鄭子產就不認爲疾病與鬼神有何關係,[92] 晉醫和以爲蠱疾爲 "淫溺惑亂之所生也",亦不是鬼神的作用。[93] 以《黃帝内經》爲代表的戰國末年以來的醫學思想將陰陽不調視爲疾病發生的主要原因,雖不無神秘思想在其中,仍然是一種朝向理性思考的發展。但是在另一方面,信巫不信醫的情況在社會中仍然是相當普遍的,《呂氏春秋》說:"今世上卜筮禱祠,故疾病愈來……巫醫毒藥逐除治之,故古之人賤之也,爲其末也。"[94] 我們雖無法確定是否 "古之人賤之",但此語至少反映出當時人之重視巫醫。睡虎地《日書》中有關疾病的篇章,一方面顯示出當時人對於疾病的起因有一些根據經驗而得到的答案,如說人之得病是由於各種肉類,另一方面也歸咎於死去的祖先作祟。[95]

實際上,《呂氏春秋》或《韓非子》的分別 "巫" 和 "醫" 在當時社會中可能仍然是少數堅持理性思考的知識分子的觀念。對於

---

〔87〕《史記》卷一二八,頁 3249～3250。

〔88〕《禮記注疏》卷一三,頁 9。

〔89〕《漢書》卷九九中,頁 4138。

〔90〕 石聲漢《四民月令校注》,頁 20,61。

〔91〕 胡厚宣《殷人疾病考》,《甲骨學商史論叢初集》(濟南:齊魯大學,1944)。

〔92〕 昭公元年。見《春秋左傳注疏》卷四一,頁 23。

〔93〕《春秋左傳注疏》卷四一,頁 28。

〔94〕《呂氏春秋‧盡數》卷三,頁 5a。

〔95〕 參見蒲慕州《睡虎地秦簡日書的世界》。

一般人而言，"巫"和"醫"不分並不是由於他們心中雖然對這兩者的性質不同有一清楚的概念，但爲了求實際的功效而兩者並用。事實可能是，他們認爲巫術和醫術是同樣性質的活動。在湖北秦代墓葬出土簡牘中，可以見到以巫術咒語治病的例子，如治齲齒的法子："已齲方：見東陳垣，禹步三步，曰：皋，敢告於東陳垣君子，某病齲齒，苟令某已，請獻驪牛子母，前見地瓦，操，見垣有瓦，乃禹步，已。即取垣瓦貍（埋）東陳垣止（址）下，置牛上，乃以所操瓦蓋之，堅貍之。所謂牛者，頭蟲也。"[96] 在這段文字中，可見到人們用禹步的法術及咒語向某個地方性的神祇"東陳垣君子"求請治病。但在同一批簡文中，亦有非巫術的醫方："治痿病：以羊矢（屎）三斗，烏頭二七，牛脂大如手，而三温煮之，洗其□，已痿病亟甚。"[97]

巫者爲執行醫術者，不獨古代爲然，[98] 在漢代亦復如是。巫者在漢代社會中的普遍，西漢有《鹽鐵論》中賢良文學之證："世俗飾僞行詐，爲民巫祝，以取釐謝，堅額健舌，或以成業致富，故憚事之人，釋本相學，是以街巷有巫，閭里有祝。"[99] 東漢則有王符《潛夫論》的批評："又婦人不修中饋，休其蠶織，而起學巫祝，鼓舞事神，以欺誣細民，熒惑百姓妻女。"[100] 由這些批評中，我們也可以得知巫祝之流行有其經濟上的理由，爲巫祝者有利可圖，自然會誇大其神術之效用。而一般人生活中最大的經常性威脅就是疾病，巫者之能在社會中生存，自然也有某些治病的能力。漢末五斗米道的廣受人們歡迎，與此道之能够治病有很大的關係。[101]

由馬王堆漢墓出土帛書《五十二病方》中的材料來看，以現代觀點來判斷爲理性的醫學知識與非理性的巫術仍然交互爲用。例如簡單的止血方法，一條方法爲"止血出者，燔髮，以安（按）其痏……"，另一條則爲"傷者血出，祝曰：'男子竭，女子戴。'五畫地□之。"[102]

---

〔96〕 湖北省荆州市周梁玉橋遺址博物館編《頭沮秦漢墓簡牘》，頁129。
〔97〕 同上。
〔98〕 周策縱《古巫醫與六詩考——中國浪漫文學探源》（臺北：聯經出版事業公司，1986），頁71～165。
〔99〕 《鹽鐵論·散不足》（臺北：臺灣中華書局，1971）卷六，頁4。
〔100〕 《潛夫論·俘侈》（臺北：臺灣中華書局，1971）卷三，頁9。
〔101〕 參見林富士《漢代的巫者》（臺北：稻鄉出版社，1988）。
〔102〕 《馬王堆漢墓帛書》册四，頁27。

前一條以髮灰止血的方法應該是有其實際上的效果,[103] 但以巫祝之法止血則恐怕只有在與其他方法並用時才會有效。再如治疣之法,《五十二病方》中提到七種治療的方法,其中六項明顯的爲巫術療法,如"以月晦日之丘井有水者,以敝帚騷(掃)尤(疣)二七,祝曰,今日月晦,騷尤北。入帚井中。"[104]

那麼是哪些惡靈導致疾病?這一些病方中,疾病本身似乎就被認爲是一種惡靈,可以由巫術驅逐,如上例以疣爲一可以掃除的個體。當然,惡鬼附身招致疾病是常有的想法,例如在小兒瘛癲時的治法,就是以咒語威脅爲祟的惡靈:"嬰兒瘛者,目繲邪然……因唾匕,祝之曰:'噴者慮(劇)噴……取若門左,斬若門右,爲若不已,磔薄(膊)若市。'因以匕周抿嬰兒瘛所,而洒之栝(杯)水中,候之,有血如蠅羽者,而棄之於垣。"[105] 這爲祟的惡靈可能是所謂的"魅":"魅,禹步三,取桃東枳(枝),中別爲□□□之倡而笄門户上各一。"[106]

這些惡靈有時又與上帝或天神有某些關係,或者天神會因人的要求而干涉其爲害:"以辛巳日古(辜)曰:'賁,辛巳日'三;曰:'天神下干疾,神女倚序聽神吾(語),某狐又非其處所,已;不已,斧斬若。'"[107] 或者上帝本來不是令其爲害於人的:"唾曰:'歕,桼'三,即曰:'天啻(帝)下若,以桼(桼)弓矢,今若爲下民疣,涂(塗)若以豕矢。'以履下靡(磨)抵之。"[108] 從這些材料中我們可以知道,當時民間相信人的疾病禍福和天神上帝作爲有相當直接而具體的關係,凡造成疾病者均可能是某種精靈爲祟,而這些精靈最終必須受天帝所管轄。但天神或上帝對人的禍福疾苦並不負直接的責任,因爲他所派下來到人間的鬼靈如"漆"等爲祟人間,人們必須主動的行巫術以驅逐,天神並不保證靈鬼行爲的正當性。如果說巫祝欺詐百姓,以爲萬物均有鬼神控制,這種觀念其實

---

[103]　《本草綱目》(北京:人民衛生出版社,1975)冊四卷五二,頁2927～2933。

[104]　《馬王堆漢墓帛書》冊四,頁39。

[105]　類似的例子如治癲法,《馬王堆醫書考注》,頁199～200。

[106]　《馬王堆漢墓帛書》冊四,頁74。

[107]　《馬王堆漢墓帛書》冊四,頁50。

[108]　《馬王堆漢墓帛書》冊四,頁68。參見李零《中國方術考》(北京:人民出版社,1993),頁310～318。

是社會中普遍存在的，不可能爲巫祝的捏造。問題是，雜醫學與巫祝信仰的《五十二病方》與《足臂十一脈灸經》、《陰陽十一脈灸經》、《脈法》等較爲純醫學的作品，以及《黃帝》、《老子》等道法家作品同出於馬王堆墓中，《五十二病方》與這些醫學作品之間的關係如何？既然它們同出於一墓，我們没有理由假定它們是預備給有不同社會身份的人所用的。那麼我們是否能説《五十二病方》之類的文獻所代表的信仰的普及性不只於“無知百姓”，在上層社會也一樣爲人所接受？這種論點假設墓主並不能分辨巫術性醫療方式與理性醫學的差別，或者即使他能分辨，仍然願意相信兩者均爲有效的治療方式。另一方面，我們是否能説《五十二病方》並不能代表“民間”或者“通俗”的態度，因爲它畢竟是以文字寫下，又出於一個貴族墓中？這樣的問題在文獻不足的古代是無可避免的，也正凸顯出研究民間文化所常遭遇的困難。類似的情況也可以在古希臘時代發現，譬如，以理性爲主的醫學作品，如《論神聖之疾病》（*The Sacred Disease*）主張疾病的產生是由於自然和物質的原因，與神明無關。[109] 但與這種觀點同時並存的是各類巫術療法，而在這些巫術療法中，卻也不乏一些憑經驗而發展出的有效的治療方式，所謂巫醫並用，在有關 Epidaurus 地方的醫神 Asclepius 崇拜的銘文中可以很清楚地看出，神明的治病方式不但包括“神聖的接觸”，也包括一些有用的食物和藥物。[110] Asclepius 崇拜無疑爲民間信仰的一環，但其所提供的醫療方式也包括了一些合理的因素。這也就是説，“民間巫醫”所提供的醫療不一定是完全欺人之術，反之，所謂的理性醫學其實也有許多未經驗證的妄念。[111] 就中國的情況來説，若説《足臂十一脈灸經》、《陰陽十一脈灸經》、《脈法》等與 Hippocratic 學派的作品（如 *The Sacred Disease*）相近，則《五十二病方》的例子似乎更近於 Asclepius 式的療法。我們當然不能確知它是否能反映墓主本人的信仰，但由它被寫成一種實用手册的情況看來，它應當

---

[109] J. Chadwich & W. N. Mann tr., *Hippocratic Writings*, Harmondsworth: Penguin Books, 1987, pp. 237~251.

[110] G. E. R. Lloyd, *Magic, Reason and Experience*, Cambridge: Cambridge University Press, 1979, pp. 40~41; James Longrigg, *Greek Rational Medicine*, London & New York: Routledge, 1993, pp. 24~25.

[111] G. E. R. Lloyd, *Magic, Reason and Experience*, pp. 20~25; 56~57.

是供人們在日常生活中所使用的。雖然巫者仍是人們所依賴以求施行某些醫療法術的對象，但《五十二病方》之類的手冊的存在，説明當時的人也很可能自行照上面的方式去行逐疫的儀式。因而我認爲此文獻很可能顯示民間信仰是如何滲入人們的生活之中，這些人甚至也包括了上層社會階級，不論他們是否自覺到這種情況。

（四）喪葬

與喪葬有關的信仰在漢代社會中佔極重要的地位。關於人從斷氣至入殮以及入葬之間的一些處理過程，前人早已有詳細的討論,其根據主要是《儀禮》中的《士喪禮》、《既夕禮》,《禮記·王制》等傳統文獻,然多偏重於上層社會的情況。[112] 漢代一般百姓之喪禮實況,文獻記載多爲片斷,然可以經由與考古材料相互比較而得到一些印象。[113]

根據東漢章帝時代的一批木簡,我們可以得知當時喪葬習俗之一斑。在死者病危時,家人會先爲其祈禱,等到死亡之後,再向各類大小神明祈求保佑死者。這些神明包括竈君,水上,社,男殤,司命,獄君,郭貴人等等,其中水上可能是河神,男殤女殤前此未見,可能是管理未成年而死者之神,後二者看來似乎爲地方性的小神君。同時,祈禱完畢,將禱告内容寫在木簡上,作爲死者持去向"天公"報到的券書。所謂券書,應爲一種證書,證明以上的祈禱祠祀的確曾經舉行過。所謂的天公,到底是何方神聖? 此名出現於西漢墓出土之一神靈名位牘上,有學者考證其可能爲主生死之籍的天翁,總之,是死後官僚世界中之重要管理者。[114]

在各種葬禮的準備工作均完成之後,人們必須選擇舉行埋葬儀式的時日。《禮記》中所説的"天子七日而殯,七月而葬;諸侯五日而殯,五月而葬;大夫士庶人三日而殯,三月而葬"只是一種理論性的以別身份爲主的等級制度,其不能反映實際情況,是很明顯的。[115] 漢人可以爲了許多不同的原因而選擇下葬的時日,如王充所

〔112〕 如馮友蘭《儒家對於婚喪祭禮之理論》,《燕京學報》第 3 卷（1928）,頁 343～358;陳公柔《士喪禮既夕禮中所記載的喪葬制度》,《考古學報》1965 年第 4 期,頁 287～302;張柏忠《鳳凰山一六七號墓所見漢初地主階級喪葬禮俗》,《文物》1976 年第 10 期,頁 47～56;楊樹達《漢代婚喪禮俗考》,頁 72～131。

〔113〕 楊樹達《漢代婚喪禮俗考》。

〔114〕 陳松長《香港中文大學文物館藏簡牘》,頁 99。

〔115〕 楊樹達《漢代婚喪禮俗考》,頁 132～147。

說：「葬曆曰，葬避九空地臽及日之剛柔，月之奇耦。日吉無害，剛柔相得，奇耦相應乃爲吉良，不合此曆，轉爲凶惡。」[116] 這「日之剛柔」，據《淮南子·天文訓》的說法，是「凡日，甲剛乙柔，丙剛丁柔，以至於癸。」[117] 所以是依天干的排序而來的。秦簡《日書》中有葬日：「子卯巳酉戌，是胃男日；午未申丑亥辰是胃女日，女日死，女日葬，必復之，男子亦然。凡丁丑不可以葬，葬必參。」[118] 這雖是依地支的排序而定日之男女，基本上是本於相同的思想模式而成立的，即死之日與葬之日必須男女相配，剛柔相濟。而當人們一時找不到合適的日子，他們有時寧願等一段相當長久的時間。這些也是王充批評的對象：「死者累屬，葬棺至十，不曰氣相污，而曰葬日凶。」[119] 除了有日禁之忌之外，由於漢人必須爲死者尋一風水佳的墓地，往往花費甚多時間，也可能是造成遲葬的原因。如袁安在父死之後爲了訪求合適的葬地而出外遊歷，據說「道逢三書生，問安何之，安爲言其故，生乃指一處云，葬此地，當世爲上公。須臾不見，安異之。於是遂葬其所佔之地，故累世隆盛焉。」[120] 這是占卜有效的例子。但《後漢書》所載吳雄的故事中則反映出另一種情況。吳雄少時由於家貧，母死後無力爲母親覓一風水好的葬地，於是「營人所不封土者，擇葬其中，喪事趣辨，不問時日，醫巫皆言當族滅，而雄不顧。及子訢孫恭三世廷尉，爲法名家。」[121] 這類故事正面的意義顯示當時社會中有人可以不必顧及禁忌而仍然得到好運，但反面意義則顯示出當時社會上多數人仍然是遵行禁忌的，這可能是爲何吳雄的故事會被保留下作爲一個特例的原因。

三、與日常生活有關之信仰活動

除了與農業生產和生命循環有關的信仰之外，相應於日常生活中所必須應付的各種問題，人們常借著各類的信仰習俗來尋求解決，

---

[116] 劉盼遂《論衡集解》卷二四，頁477。

[117] 《淮南子》卷三，頁14b。

[118] 《雲夢睡虎地秦墓》簡759~760，又類似者見簡885反，1003；又見於《天水放馬灘日書》，見何雙全《天水放馬灘秦簡甲種日書釋文》，《秦漢簡牘論文集》，頁7~28。

[119] 劉盼遂《論衡集解》卷二四，頁489。

[120] 《後漢書》卷四五，頁1522。

[121] 《後漢書》卷四六，頁1546。

以下分食衣住行等諸方面討論。

（一）食

在秦簡《日書》中我們已經看到，人們對於進食的時日有一些特別的禁忌，甚至連喫藥也必須選擇一個吉日始能進食。[122] 應劭在《風俗通義》中則記載，當時人相信"臨日月薄蝕而飲，令人蝕口。"他的解釋是"日，太陽之精，君之象也，日有蝕之，天子不舉樂。里語：不救蝕者，出遇雨。恐有安坐飲食，重懼也。"[123] 這類禁忌，如同前面已經提到的孕婦飲食的禁忌一樣，基本上是根據天人感應的理論而成立的。與食直接相關的神明，則是民間每一家所祀的灶神，前引《禮記・祭法》中已經提及。

（二）衣

在睡虎地秦簡《日書》中，常有一些某日適合"製衣"的記載，甚至有專門與衣有關的篇章，[124] 可見至少自戰國以來人們對於穿衣、製衣等活動都有一定程度的禁忌習俗。到了東漢時代，有關衣服的禁忌仍然流行。王充《論衡》中就提到"裁衣之書"："凶日製衣則有禍，吉日則有福。"[125] 至於何日爲凶日，何日爲吉日，王充沒有提到，但卻提到與之相關的"沐書"，其中有"子日沐，令人愛，卯日沐，令人白頭。"[126] 這些有關裁衣、沐浴的禁忌既然有"書"，其內容應該不止於王充所談到的這兩點而已，王充的説法在自甘肅武威邊塞出土的簡牘文獻中也得到印證。[127]

（三）住

與住有關的信仰主要可分造房屋的時日的選擇，以及房屋的方位等風水問題。《漢書・藝文志》中有《堪輿金匱》十四卷、《宮宅地形》二十卷，明顯可知是屬於風水堪輿之術。而根據王充《論衡・四諱篇》所説，"俗有大諱四：一曰諱西益宅，西益宅謂之不祥，不祥必有死亡。"[128] 王充並且引《左傳》中亦有西益宅不祥的

---

〔122〕 《武威漢簡》，頁138。
〔123〕 王利器《風俗通義校注・佚文・釋忌》，頁563。
〔124〕 參見《雲夢睡虎地秦墓》，簡755；蒲慕州《睡虎地秦簡日書的世界》。
〔125〕 劉盼遂《論衡集解・譏日篇》卷二四，頁480。
〔126〕 同上，卷二四，頁479。
〔127〕 《武威漢簡》，頁138。
〔128〕 劉盼遂《論衡集解》卷二三，頁465。

說法，來說明這種禁忌的來源甚爲久遠。應劭《風俗通義》中亦有與王充相類的說法：

> 宅不西益。俗說：西者爲上，上益宅者，妨家長也。
>
> 原其所以西上者，禮記：“南向北向，西方爲上。”[129]

而至少在戰國末年時，這種風水觀念在民間已經相當流行，如睡虎地秦簡《日書》中就有專門說明居住房屋的方位、高下，以及與房屋相關的各種建築物，如困、倉、池、井等的相對位置所應該遵守的各種原則，[130] 可以說已經是相當複雜的風水思想。

銀雀山漢簡《三十時》中亦有多處與建築房屋相關的文字，如“……潰溝漆（洫）波池，不可以爲百丈千丈城，必弗有也。不可築宮室，有憂得。”[131] 這裏不但房屋宮室的建築有時日禁忌，築城亦必須遵守。

《堪輿金匱》的内容現已不得而知，根據王充的批評，我們可以知道當時有《移徙法》，是以歲星的方位作爲遷移吉凶的指標，又有《周公卜宅經》，也是爲人們搬家擇宅之用的，他介紹其原則是：“移徙法曰，徙抵太歲凶，負太歲亦凶。抵太歲名曰歲下，負太歲名曰歲破，故皆凶也……移徙之家禁南北徙者，以爲歲在子位；子者破午；南北徙者，抵觸其衝，故謂之凶。”[132] 又有《圖宅術》，這《圖宅術》的原則是：“宅有八術，以六甲之名，數而第之。定名立，宮商殊別。宅有五音，姓有五聲。宅不宜其姓，姓與宅相賊，則疾病死亡，犯罪遇禍。”“商家門不宜南向，徵家門不宜北向。則商金南方火也，徵火北方水也，水勝火，火賊金，五行之氣不相得，故五姓之宅，門有宜嚮，嚮得其宜，富貴吉昌，嚮失其宜，貧賤衰耗。”[133] 這是以五行思想爲主的風水信仰，同時，與房屋的凶吉相關的問題不只是方位本身，還牽涉到屋主姓氏的聲音是否與房宅的方位相合。

王充又提到當時有《堪輿曆》，“曆上諸神非一，聖人不言，諸子不傳。”[134] 顯然這種《堪輿曆》中的“聖人不言，諸子不傳”的“諸神”是一些民間信仰中的神明，所謂“不見經傳”者。《堪輿

---

〔129〕 王利器《風俗通義校注·佚文·釋忌》，頁 562。
〔130〕 參見《雲夢睡虎地秦墓》，簡 882 反～873 反；蒲慕州《睡虎地秦簡日書的世界》。
〔131〕 吳九龍《銀雀山漢簡釋文》，頁 23。
〔132〕 劉盼遂《論衡集解·難歲篇》卷二四，頁 492～494。
〔133〕 劉盼遂《論衡集解·詰術篇》卷二五，頁 499～502。
〔134〕 劉盼遂《論衡集解·譏日篇》卷二四，頁 481。

曆》既爲“曆”，應該是爲擇日之用，與王充在另一處所説的“工伎之書，起宅蓋屋必擇日”[135] 同爲與建造房屋有關的禁忌。應劭《風俗通義》中亦提到當時民間傳説“五月蓋屋，令人頭秃。”[136] 這些應該都是當時社會上流行的禁忌的一小部分。

在實際的例子方面，《史記‧蒙恬傳》中記載蒙恬自殺之前曾説到他因建長城而有罪：“起臨洮，屬之遼東，地塹萬餘里，此其中不能無絕地脈哉?”[137] 可見秦漢之際已有地脈這種風水觀念。《後漢書‧袁安傳》中記載袁安求葬父之地時的事固然爲傳説，亦足以反映出當時流行的風水觀念。而吳雄的故事則爲一違反流行風水觀念的事，他不但不擇葬地的風水，亦不擇吉日，在當時一定是相當不合常情的舉動，因而才會使得“醫巫皆言當族滅”。這也可以反證當時社會中風水擇日的觀念是相當深固的。

（四）行

在古人的世界中，出門在外，是一件相當危險的事，這與當時人所生活的物質環境有密切關係。人要如何在路上不遇到魑魅魍魎、毒蛇猛獸，甚至盜寇兵災，除了自己小心，也只有設法求神問卜一番。[138] 睡虎地《日書》中有一段《行祠》，要人在出門前先祭祀一番：“東行南（按：應作東南行），祠道左，西北行，祠道右。”[139] 除此之外，當然也得擇日，所以有各種預測。

銀雀山漢簡中亦有關於行的禁忌，其簡文殘斷，但其性質與秦簡《日書》相類，則可確定：

> ……可迎時徙以戰……
>
> ……者死可以遠徙巷人稱……
>
> ……□立廷不可嫁女取（娶）婦禱祠可以徙草秋生者
>
> 皆殺其末不引……[140]

前引《禮記‧祭法》鄭注中，行神、山神和司命一樣都是漢代民間所崇祀的對象。《史記‧龜策列傳》也列舉了卜筮的項目，其中有：

---

[135] 劉盼遂《論衡集解‧譏日篇》卷二四，頁480。

[136] 王利器《風俗通義校注‧佚文‧釋忌》，頁564。

[137] 《史記》卷八八，頁2570。

[138] 參見江紹原《中國古代旅行之研究》（上海：商務印書館，1937）。

[139] 《雲夢睡虎地秦墓》，簡1040。工藤元男《埋もれていた行神》。

[140] 吳九龍《銀雀山漢簡釋文》（北京：文物出版社，1985），頁114，226。

"卜求當行不行"、"行者行、來者來"[141] 等占辭，所以人們不但定時祭祀行神，在出門時還要占卜以求吉日。

實際上，當時社會各階層都相信，在出門旅行時擇一吉日是必要的，最常爲人所提及的有關出行的禁忌就是所謂的"反支"。凡遇反支日，所有的旅行活動，包括官方的事務，都必須停止。[142] 如王符在《潛夫論》中所説："孝明皇帝嘗問：今旦何得無上書者？左右對曰：反支故。帝曰：民既廢農遠來詣闕，而復使避反支，是則又奪其日而冤之也。乃敕公車受章，無避反支。"王符的重點雖爲揭露政府行事效率不彰，也可看出反支的禁忌爲一有長遠傳統的習俗。至少，可以上溯到戰國時代，因爲秦簡《日書》中已有反支的説法。[143] 所謂的"歸忌"，如《後漢書·郭躬傳》中的"還觸歸忌"，[144] 或者《論衡》中所説的"未必還以歸忌"，[145] 應該都是與反支類似的禁忌。

從上面的討論可以看出，基本上，與日常生活有關的各類信仰泰半與時日之禁的系統有相當密切的關係，也就是將各種活動的宜忌與否建立在某些固定的與時日的對應關係之上。所謂《歲月之傳》、《日禁之書》等等，應該是日常生活中信仰活動的主要參考書籍，而各種占卜之術無疑也隨時爲人們的問題提供解答。我們只要看《龜策列傳》中所列出的卜問項目，就可以對這類方術在當時人生活中起的作用有一基本的瞭解：

> 卜求當行不行……
>
> 卜往擊盜，當見不見……
>
> 卜往候盜，見不見……
>
> 卜聞盜來不來……
>
> 卜遷徙去官不去……
>
> 卜居官尚吉不……
>
> 卜居室家吉不吉……

---

〔141〕《史記》卷一二八，頁3241，3243。

〔142〕《漢書》卷七二，頁3714，張竦爲賊所殺，李奇注曰："竦知有賊當去，會反支日，不去，因爲賊所殺。"又見《顏氏家訓·雜藝》。

〔143〕《雲夢睡虎地秦墓》，簡743反，742反。討論見饒宗頤、曾憲通《雲夢秦簡日書研究》（香港中文大學，1982），頁17～18。

〔144〕《後漢書》卷四六，頁1546。

〔145〕劉盼遂《論衡集解·辨祟篇》卷二四，頁490。

卜歲中禾稼孰不孰……

卜歲中民疫不疫……

卜歲中有兵無兵……

卜見貴人吉不吉……

卜請謁於人得不得……

卜追亡人當得不得……

卜獵得不得……

卜行遇盜不遇……

卜天雨不雨……

卜天雨霽不霽……[146]

在武威漢簡中有一組日忌簡册，其內容亦為日常生活中所應注意之各類事項，如"甲毋宅不居必荒、乙毋內財不保必亡……戊毋度海後必死亡、己毋射侯還受其央……午毋蓋房必見火光、未毋飲藥必得之毒、申毋財衣不煩必亡、酉毋召客不鬧若傷、戍毋內畜不死必亡、亥毋內婦不宜姑公。"[147] 這日忌的原則即是以天干地支所對應的時日為建構之基礎。

四、地方性之習俗和信仰

除了以上這些可以預測的與四時運行和生命循環以及日常生活有關的信仰之外，民間信仰中還有許多特殊的或地方性的因素，是使得各地民間信仰的面貌產生差異性的重要原因。如楚地的風俗好巫鬼，是眾所周知的，漢代時仍然如此。[148] 不過，地域性文化的差異是否與某種信仰習俗的形成有必然的關係，又是不容易判斷的。

一些地方性的信仰和禁忌，有的是出於民間傳說，如太原地區的"寒食節"，就是民間忌諱介子推的"神靈不樂舉火"而發展出來的。介子推的故事見於《左傳》僖公二十四年，早已為人所熟知，其為人所崇拜，最早的記載是桓譚的《新論》："太原郡民以隆冬不火食五日，雖有疾病緩急，猶不敢犯，為介子推故也。"[149] 《後漢

---

[146] 《史記》卷一二八，頁 3241～3242。

[147] 陳夢家《武威漢簡補述》，《漢簡綴述》（北京：中華書局，1980），頁 285～286。

[148] 見文崇一《楚文化研究》（臺北：臺灣東大圖書公司，1990），頁 173～234；《漢書》卷二八，頁 1666。

[149] 《全後漢文》卷一五，頁 4。

書》中有比較詳細的説明：

> 太原一郡，舊俗以介子推焚骸，有龍忌之禁。至其亡
> 月，咸言神靈不樂舉火，由是士民每冬中輒一月寒食，莫
> 敢煙爨，老小不堪，歲多死者。（周）舉既到州，乃作弔書
> 以置子推之廟，言盛冬去火，殘損民命，非賢者之意，以
> 宣示愚民，使還温食。於是衆惑稍解，風俗頗革。[150]

實際上，介子推的故事原本並無自焚的部分，而根據近來某些學者的研究，寒食的起源可能與古代“改火”習俗有關，由於改火自然會有“寒食”的情況發生，後來人們忘了寒食的原因，而將介子推的故事附會成寒食的起源。[151] 不過，也有不同的意見，認爲寒食與改火沒有直接而必然的關聯。[152] 不論此俗的起源如何，至少在漢代時人民對介子推的崇拜基本上是來自對他的義行的感念，其反映出的是對“英雄賢者”的靈魂的一種崇拜的心理，雖在太原地區比較盛行，也見於南部地方。

人死後神化，成爲民間祭祀之對象，又有《史記‧封禪書》中所提到的“杜主”廟的例子：“杜主，故周之右將軍，其在秦中，最小鬼之神者。”[153] 這是源於春秋時代杜伯之鬼射周宣王的故事，可見一個民間信仰的形成常有其歷史上的因緣，而由杜伯之祠的形成爲“秦中最小鬼之神者”，顯然尚有其他“較大”之鬼也受到人們的祭祀。如漢文帝之時劉章因功封城陽王，死後民間爲立祠，《後漢書‧劉盆子傳》記載：“軍中常有齊巫鼓舞祠城陽景王，以求福助。”[154]《琅琊孝王京傳》：“國中有城陽景王祠，吏人奉祠，神數下言，宮中多不便利。[155] 這城陽景王之祠的分布範圍，據應劭説是“自琅琊、青州六郡，及渤海都邑鄉亭聚落，皆爲立祠。造飾五二千

---

[150] 《後漢書》卷六一，頁2024。

[151] 裘錫圭《寒食與改火——介子推焚死傳説研究》，《古代文史研究新探》（南京：江蘇古籍出版社，1992），頁524～554。

[152] 參見 Donald Holzman, "The Cold Food Festival in Early Medieval China," in *Harvard Journal of Asiatic Studies* 46,1 (1986): pp. 51～59. Holzman 討論了這節日在歷代爲人民所實行的情況，並且檢討東西學者對此節日的研究與各種解釋，結論是我們只能依據最早的證據，即介子推的爲人民所崇拜主要是由於人民紀念其義行。其他企圖將此節日解釋爲太陽崇拜或《周禮》所提到的“改火”的説法，都沒有直接可靠的證據。

[153] 《史記》卷二八，頁1375。

[154] 《後漢書》卷一一，頁479。

[155] 《後漢書》卷四二，頁1451。

石車，商人次第爲之，立服帶綬，備置官屬，烹殺謳歌，紛籍連日，轉相誑曜，言有神明，其譴問禍福立應，歷載彌久，莫之匡糾。"[156] 由應劭的描述，不但可知城陽景王爲一重要的地方性祀祠，也可以稍見這類祀祠的內容。這祀祠後雖經改革（詳下），餘烈仍延續到晉代。《搜神記》記載："元康五年三月，臨淄有大蛇……逕從市入漢陽城景王祠中。"[157]

此外，一些有功於民的地方官吏在死後也常常成爲民間祀祠的對象。史載西漢時的石慶、[158] 胡建、[159] 段會宗、[160] 文翁、[161] 朱邑、[162] 召信臣[163] 等人，以及東漢時的鄧訓、[164] 岑彭、[165] 祭肜、[166] 荀淑、[167] 王渙、[168] 許荊、[169] 周嘉、[170] 姜詩[171] 等，均或在地方治理上有成績，或有軍功以安民，因而受到民衆的感恩而爲之立祠廟，歲時祭祀。然而這種形態的祀祠並不能完全涵蓋所有的情況，如下文所論，有些爲個人所立的祠祀之所以成立，是由於人們相信其個人的某些神術可以爲祈福禳災的對象。

地方性的信仰最普遍的形式是所謂的"社"。上文簡表中兩次提到祠太（泰）社，雖然都是官方的祭祀，但顯然也是相當重要的民間祭祀活動，始爲《四民月令》所提及。在古代，社、稷爲一國最重要的祠典，自是不待言而明。《禮記·祭法》："王爲群姓立社爲大社，王自立社曰王社，諸侯爲百姓立社曰國社，諸侯自立社曰侯社，大夫以下成群立社曰置社。"[172] 這可能反映的是戰國時代的情況，

---

〔156〕 王利器《風俗通義校注》卷九，頁 394。

〔157〕 干寶《搜神記》（臺北：里仁書局，1982）卷七，頁 99。

〔158〕 《漢書》卷四六，頁 2197。

〔159〕 《漢書》卷六七，頁 2912。

〔160〕 《漢書》卷七〇，頁 3031。

〔161〕 《漢書》卷八九，頁 3627。

〔162〕 《漢書》卷八九，頁 3637。

〔163〕 《漢書》卷八九，頁 3642。

〔164〕 《後漢書》卷一六，頁 612。

〔165〕 《後漢書》卷一七，頁 661～662。

〔166〕 《後漢書》卷三〇，頁 746。

〔167〕 《後漢書》卷六二，頁 2049。

〔168〕 《後漢書》卷七六，頁 2470。

〔169〕 《後漢書》卷七六，頁 2472。

〔170〕 《後漢書》卷八一，頁 2676。

〔171〕 《後漢書》卷八四，頁 2784。

〔172〕 《禮記注疏》卷四六，頁 11，12。

而社的存在應可上推至商代。[173] 甲骨文中土即社，社所祭祠的即爲土地，即萬物生殖之基本力量。在漢代，官方所立之社至縣爲止，“令縣常以春二月及臘祠稷”，縣以下“民里社各自裁以祠。”[174] 實際上，當時漢政府有諸多祀祠，社的祭祀雖照例舉行，如正月天郊“夕牲”之儀中，同時祭明堂、五郊、宗廟、太社稷、六宗，[175] 但似乎並不特別突出。《漢書·郊祀志》提到王莽時始立官稷，臣贊注云：“高帝除秦社稷，立漢社稷，禮所謂太社也，時又立官社，配以夏禹，所謂王社也。見漢祀令。而未立官稷，而此始立之。世祖中興，不立官稷，相承至今也。”[176] 倒是在民間的社祀與人們的生活有較密切的關係，而民間社祀中所祀的，也已經不完全是原始的土地或祖先，而有各種可能性。《漢書·欒布傳》記載在他死後，“燕齊之間皆爲立社，號曰欒公社。”[177] 是人死後可以成爲社神的例子，也顯示出所謂的“社”其實與一般的神祠並無太大差別，這種情形，與其他人死後爲立祠奉祀的例子相似（詳下文）。一般的社神，被稱爲社公，如《後漢書·費長房傳》：“遂能醫療衆病，鞭笞百鬼，及驅使社公。”[178] 亦有稱爲社鬼者[179]，後世民間土地公之崇拜當即爲社祀之流裔。[180] 近年出土漢代文獻中，甚至有以家族之姓氏爲社名者，如香港中文大學所藏“序寧”簡中有“田社”，即田氏家族之社。同批簡中又有“官社”，應即官方所立之社。[181]

費長房在後世被視爲仙者，如葛洪在《神仙傳》中即有他的傳

---

[173] 陳夢家《殷墟卜辭綜述》，頁 582～584；池田末利《古代中國の地母神仁關すゐ一考察》，《中國古代宗教史研究（一）》，頁 89～107。

[174] 《漢書》，頁 1212。參見勞榦《漢代社祀的源流》，《中央研究院歷史語言研究所集刊》第 11 本（1943），頁 49～60；寧可《漢代的社》，《文史》第 9 輯（1980），頁 7～13。凌純聲《中國古代社之源流》，《中央研究院民族學研究所集刊》17（1964），頁 1～44，列舉十幾種有關社之原始意義之説法，最後認爲社是一個社群最原始祭神鬼的壇壝所在，凡上帝、天神、地祇及人鬼，無所不祭。小南一郎《社の祭祀の諸形態とその起源》，《古史春秋》4（1988），頁 17～37，亦再檢討各種説法，認爲不同形態的社可能有其不同的源頭。

[175] 《後漢書·禮儀志上》，頁 3105。

[176] 《漢書》卷二五下，頁 1269。

[177] 《漢書》卷三七，頁 1981。

[178] 《後漢書》卷八二下，頁 2744。

[179] 《漢書·王莽傳》卷九九下，頁 4190。

[180] 勞榦《漢代社祀的源流》。

[181] 陳松長《香港中文大學文物館藏簡牘》，頁 105，107。

記。仙人自然在民間有其崇拜者，漢代文獻中即有"仙人祠"，有些尚且具官方身份。[182] 根據應劭《風俗通義》：

> 俗說孝明帝時，尚書郎河東王喬，遷爲葉令，喬有神術，每月朔常詣臺朝，帝怪其來數而無車騎，密令太史候望，言其臨至時，常有雙鳧從東南飛來；因伏伺，見鳧舉羅，但得一雙舄耳。使尚方識視，四年中所賜尚書官屬履也。每當朝時，葉門鼓不擊自鳴，聞於京師。後天下一玉棺於廳事前，令臣吏試入，終不動搖。喬曰："天帝獨欲召我。"沐浴服飾寢其中，蓋便立覆，宿夜葬於城東，土自成墳，縣中牛皆流汗吐舌，而人無知者，百姓爲立祠，號葉君祠。牧守班祿，皆先謁拜，吏民祈禱，無不如意，若有違犯，立得禍。明帝迎取其鼓，置都亭下，略無音聲。但云葉太史候望，在上西門上，遂以占星辰，省察氣祥，言此令即僊人王喬者也。[183]

應劭所根據的"俗說"不一定可靠，因爲他認爲其實葉君祠的起源是春秋時代的葉公子高的故事。[184] 實際上，王喬和葉公子高的故事原本可能是兩個不同的傳說，但因兩者同在葉縣，百姓遂將兩者混爲一談。無論如何，王喬的故事可以讓我們得知民間信仰形成的模式，卻是無疑的。相似的例子，如王莽時許楊有術數，曉水脈，又似有神佑，汝南太守鄧晨於都宮"爲楊起廟，圖畫形像，百姓思其功績，皆祭祀之。"[185] 又如汝南高獲，"素善天文，曉遁甲，能役使鬼神……卒於石城，石城人思之，共爲立祠。"[186] 這些死後爲人所立祠的有道術之士，應該就是各地"仙人祠"的一類來源。

這爲個人立祠的習俗是中國民間宗教的一項特色，其背後的心態則是對某些死者所具有的神力的信仰。這神力可能來自不同的源頭：有些是可以爲民表率的個人的道德力量（介子推），有些是他們的社會政治地位以及一些可紀念的有益於民的作爲（城陽景王），有些則是由於他們的法術（王喬、許陽、高獲），又有一些似乎只是由

〔182〕《漢書》卷二五下，頁 1250，1258；卷二八上，頁 1585。
〔183〕王利器《風俗通義校注》卷二，頁 81～82。《後漢書》卷八二，頁 2712。應劭說的"俗說"正是范曄所採用的說法。
〔184〕王利器《風俗通義校注》卷二，頁 85～86。
〔185〕《後漢書》卷八二上，頁 2710。
〔186〕《後漢書》卷八二上，頁 2711。

於某種不尋常的事件，如杜伯，他的事蹟之唯一可稱道的就是爲他自己復仇。不過從另一方面而言，一個爲人崇拜的祠祀之所以著名，與那被崇拜的人本身的關係也許尚不如與那些崇拜者更爲密切。例如上章中提到的爲漢武帝所崇信的"長陵女子"，其實原來只是一個普通百姓，她之所以成爲一個"神靈"，主要是崇拜她的人——武帝本身的地位的關係。若我們看《禮記》中有關官方祠祀之所以成立的理由："夫聖王之制祭祀也，法施於民則祀之，以死勤事則祀之，以勞定國則祀之，能御大菑則祀之，能捍大患則祀之……及夫日月星辰，民所瞻仰也，山林川谷丘陵，民所取財用也，非此族也，不在祀典。"[187] 則可以很清楚的看到，官方祀祭所強調的是政治性的功業，而民間祠祀所在乎的是比較個人性的益處。值得注意的是，這些個人崇拜的例子並不必都是所謂"神化"，因爲，如第四章曾提到，在中國古代信仰中，所謂的"神"和"鬼"之間的界線並不總是很清楚的，一個人的鬼可能比其他的鬼更有力量，因而被認爲是"神"，也就是有"靈"。在新出秦漢時代簡牘文書中，也可以見到一些看來是一鄉一邑之人所祀之神君類，如周家臺三十號秦墓中出土病方中所提到的"東陳垣君子"，[188] 似爲一座墙的神。又或如"序寧"簡中的"郭貴人"和"獨君"，看來均爲地方小神。[189]

民間信仰的形成，除歷史人物故事的演化之外，更有由於人們在一時一地的誤解和輕信一些非常現象而造成的，《風俗通義》有一例證：

> 謹按：汝南鮦陽有於田得麏者，其主未往取也，商車十餘乘經澤中行，望見此麏著繩，因持去，念其不事，持一鮑魚置其處。有頃，其主往，不見所得麏，反見鮑君，澤中非人道路，怪其如是，大以爲神，轉相告語，治病求福多有效驗，因爲起祀舍，衆巫數十，帷帳鐘鼓，方數百里皆來禱祀，號鮑君神。其後數年，鮑魚主來歷祠下，尋問其故，曰："此我魚也，當有何神。"上堂取之，遂從此壞。傳曰："物之所聚斯有神。"言人共獎成之耳。[190]

---

〔187〕《禮記注疏》卷四六，頁13，14。
〔188〕湖北省荆州市周梁玉橋遺址博物館編《關沮秦漢墓簡牘》，頁129。
〔189〕陳松長《香港中文大學文物館藏簡牘》，頁102，106。
〔190〕王利器《風俗通義校注》卷九，頁403。

此故事顯示，一項民間信仰之形成，有時並不需要長久的發展或神話故事的渲染，其模式頗如近代民間仍時常崇拜之"石頭公"。當然，地方巫祝的利用民眾心理而謀取利益，其基本問題與上章所提到官方祠祀系統中所牽涉到的某些祀官的經濟利益是類似的。一當某個祠祀建立之後，就會有利益團體圍繞著它而求生存，並且設法延續下去。實際上，在先秦時代，民間的社祀就有巫者傍依著社而存在，如墨子有云："舉巫醫卜有所，長具藥，宮之，善爲舍。巫必近公社，必敬神之，巫卜以請守，守獨智巫卜望氣之請而已，其出入爲流言，驚駭恐吏民，謹微察之。"[191] 上舉有關鮑魚的故事看來雖荒謬，卻可能是一種相當典型的民間祠祀的形成模式。《風俗通義》中另有一關於"李君神"的祠祀的記載，其形成過程與"鮑君神"如出一轍。[192] 所以民間祠祀的形成不一定是基於古老的傳說，但常可能是源於一時一地民眾所持的宗教心態。

五、怪祥和符兆之觀念

認爲世間一些奇怪的現象具有預兆的性質，是自春秋以來的材料中就不斷出現的主題，我們在第三章中已曾論及，這類信仰的基礎是所謂的感應的觀念。漢代時這類觀念中的一支在儒家思想中發展成爲一套符應的説法，[193] 也使得對預兆的解釋成爲研究古代經典的重要部分，董仲舒的天人感應的説法是這種觀念發展上重要的分水嶺，學者已有論述。[194] 對本書所關切的主題而言，我們注意的不是天人感應和符應讖緯的思想如何影響到儒家學説或者漢代的政治，[195] 而是這種對符兆的信仰實際上在人們的心中具有如何的重

---

〔191〕 孫詒讓《墨子閒詁》卷一五，頁340。

〔192〕 王利器《風俗通義校注》卷九，頁405。

〔193〕 參見陳槃《秦漢間之所謂"符應"論略》，《中央研究院歷史語言研究所集刊》第16本（1947），頁1~67。

〔194〕 徐復觀《兩漢思想史》卷二，頁295~438；Michael Loewe, *Chinese Ideas of Life and Death* (London: Allen & Unwin, 1982), pp. 80~90. Jack L. Dull, *A Historical Introduction to the Apocryphal (Ch'an-wei) Texts of the Han Dynasty*, pp. 26~42; B. Schwartz, *The World of Thought in Ancient China*, pp. 372, 378~379；安居香山《讖緯思想の綜合的研究》（東京：圖書刊行會，1984）；安居香山、中村璋八《緯書の基礎的研究》（東京：國書刊行會，1986）；陳槃《古讖緯研討及其書錄解題》（臺北：國立編譯館，1991）。

〔195〕 如李漢三《先秦兩漢之陰陽五行學説》；Jack Dull, *A Historical Introduction to the Apocryphal.*

量？那些讖緯文書可能是有心者爲了達到某種政治目的而製造出的，怪祥的事件也可能是欺人誤謬之談，但這些文書和報導實際上對政治或社會造成具體的影響，則顯示他們是根基於一種深植於人們心中的思維形態。光武帝之所以能够借符應讖緯之助而成功，顯示不只是各軍事領袖本人相信讖緯，他們的追隨者基本上也都能認同讖緯思想。[196]

也有學者認爲，《漢書》、《後漢書》等正史中所記載的符兆之所以被記載下來，主要是由於政治的原因，即記錄者想要利用這些符應來作爲對人君的警示，或者，若是瑞兆，則是阿諛人君的工具。[197] 無論如何，這些記載可以讓我們得以認識當時社會中各種符兆的類型。

《漢書》與《後漢書》之《五行志》中許多記載，均具有民間傳說中怪祥的特性。它們又可以分爲一些不同的類別，首先是與天象有關的現象，例如日蝕、月蝕、淫雨、乾旱、大寒、冰雹，等等。其次又有與土地有關的自然災害：山崩、大水、地震、大火，等等。又其次有不正常的動植物相：畸形的樹木、花草、蝗蟲、狼食人、犬豕交、巨魚、牛瘟、男化女、兩頭子等等。最後，人們所行的某些不尋常的行爲，譬如某種突然流行服飾的出現（服妖），或者人們放蕩不檢的行爲等等，都可以被認爲是某種預兆。對於這些預兆的解釋，主要乃是以陰陽五行思想爲其基礎，雖然這些解釋常常是牽強附會，許多所謂的預兆和其效驗之間的關係僅僅是時間的先後而已。對於這些，我們所要問的倒不是這些解釋是否有説服力或者合乎邏輯，而是這些記錄是否反映出當時人們的宗教心態？

舉例而言，昭帝元鳳元年九月：

> 燕有黄鼠銜其尾舞王宮端門中，王往視之，鼠舞如故。
> 王使吏以酒脯祠，鼠舞不休，一日一夜死。近黄祥，時燕

[196] Jack Dull, *A Historical Introduction to the Apocryphal*, pp. 186ff.

[197] H. Bielenstein, "An Interpretation of the Portents of the Ts'ien-Han-shu," *BMFEA* 22 (1950): pp. 127～143; idem, "Han Portents and Prognostications," *BMFEA* 56 (1984): pp. 97～112; W. Eberhard, "The Political Function of Astronomy and Astronomers in Han China," in *Chinese Thought and Institutions*, ed. John K. Fairbank, Chicago: University of Chicago Press, 1957, pp. 33～70; Rafe de Crespigny, *Portents of Protest in the Later Han Dynasty: The Memorials of Hsiang K'ai to Emperor Huan*, Canberra: Australia National University Press, 1976.

燕王旦謀反將死之象也。其月，發覺伏辜。京房《易傳》
曰："誅不原情，厥妖鼠舞門。"[198]

這段故事顯示出：對於自然界的某些異常行爲，人們會懷著戒慎恐
懼的心情去面對，甚至政府人員會以祭祀行動以求某種保護。而
《五行志》所說的"近黃祥，時燕刺王旦謀反將死之象也。"則是事
後的解釋，也顯示當時人對於許多自然現象具有相當高的警戒心，
對其中異常現象也有記錄的習慣。以燕刺王的例子來說，《五行志》
中尚有一些其他的怪祥，也被用來作爲他謀反將死的徵兆。[199] 如果
《五行志》的構成是將一些有記錄的異常自然現象搜集後再對照著已
發生的人事現象而予以因果關係的解釋，這些異常自然現象之所以
能被保存下來，至少在一些例子上而言，是經由民間的媒介。如：

> 成帝鴻嘉三年五月乙亥，天水冀南山大石鳴，聲隆隆
> 如雷，有頃止，聞平襄二百四十里，塒雞皆鳴，石長丈三
> 尺，廣厚略等，旁著岸脅，去地二百餘丈，民俗名曰石鼓。
> 石鼓鳴，有兵。[200]

這類的資料應該是先經由民間的傳述、保存，後來才被選爲與人事
相應的異象。當然，即使在當時，也有一些人並不以爲這類的異兆
是沒有問題的。《後漢書·五行志》中有一段記載：

> 永康元年八月，巴郡言黃龍見。時吏傅堅以郡欲上言，
> 內白事，以爲走卒戲語，不可。太守不聽，嘗見堅語云：
> "時民以天熱，欲就池浴，見池水濁，因戲相恐：'此中有
> 黃龍。'語遂行人間。聞郡欲以爲美，故言。"時史以書帝
> 紀。桓帝時政治衰缺，而在所多言瑞應，皆此類也。[201]

從這段故事，不但可以看出所謂的瑞應祥兆有許多是地方官吏爲了
討好朝廷而不分事實真僞即呈報以邀功，也反映出其實當時社會中
所流行的心態是"寧可信其有"，有意的以訛傳訛。

從上面所列舉的預兆的類別來看，我們至少可以確定當時社會
中有一種對不正常的現象的好奇與訝異，至於某一件據說是異象的

---

〔198〕　《漢書·五行志》卷二七，頁1374。
〔199〕　如烏鵲相鬥，《漢書》卷二七，頁1415；豕出圂，壞都竈，《漢書》卷二七，頁
　　　　1436。
〔200〕　《漢書》卷二七，頁1341。
〔201〕　《後漢書》頁3344。

事件是否必須有某種解釋，則是另一個問題。當然，並不是每一件
預兆和異象都能夠被證明爲源於一般人民的宗教心態，但至少在有
些例子中，其"民間"或"通俗"的源頭是無可懷疑的。這些例子
或者可以從其他的材料得到輔證，或者其事件本身的特質足以說明
其來源。除了上面的例子外，又如平帝時朔方太守向朝廷報告的一
件異事：

> 元始元年二月，朔方廣牧女子趙春病死，斂棺積六日，
> 出在棺外，自言見夫死父，曰："年二十七，不當死。"太
> 守譚以聞。京房《易傳》曰："'幹父之蠱，有子，考亡
> 咎。'子三年不改父道，思慕不皇，亦重見先人之非，不則
> 爲私，厥妖人死復生。"一曰至陰爲陽，下人爲上。[202]

這件事被認爲是一種兆象，雖然這兆象指的到底是什麼？我們並不
知道。事件本身似乎不是太守譚自己捏造的，而且他本人可能也相
信此事具有某種預兆的意義。但若他不將此事上告朝廷，也許就不
會被認爲是有特別的意義。至於那些將這故事報告給太守知道的民
衆，我們無法確知他們是否也認爲此事爲兆象，但不能否認他們至
少認爲此事是有重要性的。但即使如此，我們可以推測他們心中所
考慮的和學者們如京房者流所想的是很不一樣的。對於最初報導這
故事的人而言，不論是否他們的捏造，其重要性可能並不在它爲一
種道德性的預兆，而在人死可以復生，以及人的壽命有一定的數字
這兩種觀念上。類似的故事在《後漢書·五行志》中也有記載。[203]

再舉另一個例子，成帝時：

> 泰山山桑谷有蠹焚其巢。男子孫通等聞山中群鳥蠹鵲
> 聲，往視，見巢燃，盡墮地中，有三蠹鷇燒死。樹大四圍，
> 巢去地五丈五尺。太守平以聞。蠹色黑，近黑祥，貪虐之
> 類也。《易》曰："鳥焚其巢，旅人先笑後號咷。"泰山，
> 岱宗，五嶽之長，王者易姓告代之處也。天戒若曰，勿近
> 貪虐之人，聽其賊謀，將生焚巢自害其子絕世易姓之禍。
> 其後趙蜚燕得幸，立爲皇后，弟爲昭儀，姊妹專寵，聞後
> 宮許美人、曹偉能生皇子也，昭儀大怒，令上奪取而殺之，

---

[202] 《漢書》卷二七，頁1473。
[203] 《後漢書》，頁3348。其中李娥的事蹟在民間流傳，被干寶收入《搜神記》中。

皆併殺其母。成帝崩，昭儀自殺，事乃發覺，趙后坐誅。
此焚巢殺子後號咷之應也。一曰，王莽貪虐而任社稷之重，
卒成易姓之禍云。京房《易傳》曰："人君暴虐，鳥焚其
舍。"[204]

這鳥焚其巢的事件可能是真有其事，雖然我們不知鳥如何能够"焚
其巢"？對於那些去山中看這件事的人而言，此事可能僅是一件奇怪
的事，而這件事如果對他們而言還有些意義，也不可能是如《漢書》
中所記載的那種學者所給的宮廷政治的解釋。何況，即使是學者們
自己也不能有一致的意見。

民間信仰、官方與學者對符兆的解釋之間的差異，很可以從下
面的例子看出：

哀帝建平元年正月丁未日出時，有著天白氣，廣如一
匹布，長十餘丈，西南行，歡如雷，西南行一刻而止，名
曰天狗。傳曰："言之不從，則有犬禍詩妖。"到其四年正
月、二月、三月，民相驚動，歡嘩奔走，傳行詔籌祠西王
母，又曰"從目人當來"。[205]

哀帝建平四年正月，民驚走，持稿或椒一枚，傳相付
與，曰行詔籌。道中相過逢多至千數，或被髮徒踐，或夜
折關，或乘車騎奔馳，以置驛傳行，經歷郡國二十六，至
京師。其夏，京師郡國民聚會里巷仟佰，設張博具，歌舞
祠西王母。又傳書曰："母告百姓，佩此書者不死。不信我
言，視門樞下，當有白髮。"至秋止。

是時帝祖母傅太后驕，與政事，故杜鄴對曰："《春
秋》災異，以指象爲言語。籌，所以紀數。民，陰，水類
也。女以東流順走，而西行，反類逆上。象數度放溢，妄
以相予，違忤民心之應也。西王母，婦人之稱，博弈，男
子之事，於街巷仟佰，明離闌內，與疆外。臨事盤樂，炕
陽之意。白髮，衰年之象，體尊性弱，難理易亂。門，人
之所由，樞，其要也。居人之所由，制持其要也。其明甚
著。今外家丁、傅並侍帷幄，佈於列位，有罪惡者不坐辜

─────────────

〔204〕《漢書》卷二七，頁1416。
〔205〕《漢書·天文志》卷六，頁1311～1312。

罰，亡功能者畢受官爵。皇甫、三桓，詩人所刺，《春秋》所譏，亡以甚此。指象昭昭，以覺聖朝，奈何不應!" 後哀帝崩，成帝母王太后臨朝，王莽爲大司馬，誅滅丁、傅。一曰丁、傅所亂者小，此異乃王太后、莽之應云。[206]

由這一段文字，我們可以看出，天象異常的現象，不但引起官方天文學者的重視，因而被記錄下來，在民間也造成相當大的騷動。這情況顯示出當時社會中，上下階層均具有相同的心態，相信天象的異常與人事的變動或發展有直接的對應關係。然而，官方學者所關心的與民眾所關心的是不同的問題。我們看到，民眾對西王母的崇拜已經到達相當狂熱的地步，主要是爲了要求個人的長生不死；但官方學者的解釋卻完全以官方宗教和道德的範疇作準則：他們只能將事件的意義與國家的福祉、朝廷的政局，以及皇室的安危相聯繫。民間信仰強烈的、突發的個人性因素與學者或官方冷靜的分析形成鮮明的對照。

以上的討論顯然只觸及了漢代民間宗教活動的一小部分，譬如說，民間信仰中所觸及的，不只是有關生死鬼神之事，也反映出一些心理及社會問題。例如《風俗通義》中有一故事：

> 汝南汝陽西門亭有鬼魅，賓客宿止，有死亡，其屬厭者，皆亡髮失精，尋問其故，云："先時頗已有怪物，其後，郡侍奉掾宜祿鄭奇來，去亭六七里，有一端正婦人，乞得寄載，奇初難之，然後上車，入亭，趨至樓下，吏卒檄……亭卒上樓掃除，見死婦，大驚，走白亭長。亭長擊鼓會諸廬吏，共集診之，乃亭西北八里吳氏婦新亡，以夜臨殯，火滅，火至失之；家即持去。奇發行數里，腹痛，到南頓利陽亭加劇，物故，樓遂無敢復上。"[207]

像這樣的故事，不但說明當時人的鬼怪觀念，也透露出他們的社會

[206] 《漢書》卷二七，頁 1476～1477。有關西王母的討論極多：方詩銘《西王母傳說考》，《東方雜誌》第 42 期 14 號（1946），頁 34～43；朱芳圃《西王母考》，《開封師範學院學報》1957 年第 6 期；B. Karlgren, "Legends and Cults in Ancient China" *BMFEA* 18 (1946)：199～366；M. Loewe, *Ways to Paradise*, pp. 86～126；R. Fracasso, "Holy Mothers of Ancient China: A New Approach to the Hsi-wang-mu Problem," *T'oung Pao* LXXIV (1988): pp. 1～46；Wu Hung, *The Wu Liang Shrine: The Ideology of Early Chinese Pictorial Art*, Stanford: Stanford University Press, 1989, pp. 108～141.

[207] 王利器《風俗通義校注》卷九，頁 425。

中對於單身婦女的行為所具有某些不安的心態。此問題牽涉到對於
當時社會心態的全面性檢討，當專門研究，此處暫不深論。同時，
筆者在此並不打算對所有的材料進行一全面的檢視，我的主要目的
是在描繪出民間信仰活動各方面的特質及其範圍。在此初步的工作
之後，可以更進一步討論神仙思想和死後世界觀的問題。

※ 本文原載氏著《追尋一己之福：中國古代的信仰世界》，臺北：允晨文化實
　業公司，1995 年。
※ 蒲慕州，美國約翰霍浦金斯大學博士，中央研究院歷史語言研究所研究員。

權力與信仰:孔廟祭祀制度的形成

黄進興

　　本文基本上是項"文獻考古"的工作,擬透過偌多蕪雜、真僞難辨的史料,重建漸爲今人所淡忘的祭祀制度,尤其旨在呈現它原初的形成過程。其研究進路,擬結合思想史"觀微知著"與制度史"言必有據"的特點,希冀免於陷入"死在字下"與"懸空窮理"兩難的格局。

　　傳統上,孔廟祭祀有別於一般民間信仰。唐初以來,即爲"國之大祭",歷代列爲國家祭祀要典,官方色彩至爲鮮明。唐初以後,孔廟祭祀制度趨於定型,於此之前,則變化多端、起伏不定。唯有仔細剖析此一階段,方能顯現孔廟的原初性格,以及隨之而來不斷蛻化的因素。居中,權力與信仰交互滲透的現象,則爲矚目之焦點。

　　一、引言

　　二、從私廟到官廟

　　三、王莽與孔廟祭祀

　　四、讖緯與東漢孔廟碑文

　　五、訪求聖裔與孔廟外地化

　　六、周公乎? 孔子乎?

　　七、結論

一、引言:"兹惟我國家之盛事,非獨爾一家之榮。"

　　清代所遺留的闕里孔廟,廟屋有 466 間,佔地約 320 餘畝,是歷代擴修的成果。論其面積之大,氣魄之雄偉,僅次於皇帝宮苑;但孔子初殁時"祠宇不過三間"。[1] 孔子埋葬之所——"孔林",據稱亦"塋不過百畝,封不過三版",[2] 然抵雍正年間,佔地則達三千餘畝。孔家世襲聖裔居家理事之所——"孔府",其構作宏偉與富麗堂皇,亦可想而知。這些榮耀,歸根究柢,皆源自人君對孔子之教的倚重,遂有澤及子

---

〔1〕　首都博物館編《孔子:紀念孔子誕辰 2540 周年》(東京:株式會社見聞社,1989),頁85。

〔2〕　孔繼汾《闕里文獻考》(乾隆二七年)卷一一,頁1上。

孫之舉。

然而,浩蕩皇恩原非獨厚孔氏一系,卻攸關理國治教。試以明武宗爲例,以闡明之。正德四年(1509),孔族推舉曲阜知縣,導致族人失睦。大明皇帝武宗,因是敕孔氏人家曰:

> 我太祖高皇帝,崇重爾祖之道。即位之初,首命訪求大宗之裔,襲封"衍聖公";既又擇其支裔之良者,授曲阜縣知縣,世守其職,著在令典,累朝遵行。茲惟我國家之盛事,非獨爾一家之榮也。[3]

孔子嫡裔,世代爲闕里家廟主祀者,自漢代以下,封爵不一;宋仁宗改稱"衍聖公"。明武宗時,朝班一品,列文臣之首[4]。孔裔世職曲阜知縣,漢末已具先例(魯從事);唐開元二十七年(739),更詔孔嗣出任鄉官(州長史),代代勿絕[5]。要之,天下州縣皆用流官,獨曲阜用孔氏世職宰治,"蓋以大聖之子孫,不使他人統攝",以示殊榮[6]。明朝沿用此制不變。

觀此,孔裔領受朝廷封爵、任官,其優榮恩遇遠非他人可擬。明武宗竟仍視作國家當行之盛事,非止孔氏一家之殊榮。此一評斷,意味豐涵,淵源有自,頗值深入探討。

授爵、封官,甚或賜田、免役,有些措施皆於孔氏族人及身而止;更重要的是,孔子祀禮通行全國,影響所及尤爲廣遠。武宗之父孝宗,就曾著意點出祭孔的特殊性。他說道:

> 古之聖賢,功德及人,天下後世立廟以祀者多矣。然內而京師,外而郡邑,及其故鄉靡不有廟;自天子至於郡邑長吏通得祀之,而致其嚴且敬,則惟孔子爲然[7]。

單就明代呂元善的估計,當時天下孔廟即有1560餘處[8]。可說做到"自京師以達於天下之郡邑,無處無之之境地"[9]。

---

〔3〕 孔繼汾《闕里文獻考》(乾隆二七年)卷九,頁6下。
〔4〕 同上,卷一八,頁1下~2上。又張廷玉《明史》(臺北:鼎文書局,1980)卷七三,頁1791。
〔5〕 孔元措《孔氏祖庭廣記》卷九,《叢書集成初編》(上海:商務印書館,1993),頁89。唯清乾隆年間,廢曲阜知縣孔世職。參見孔繼汾《闕里文獻考》卷一八,頁7上~9下。
〔6〕 孔繼汾《闕里文獻考》卷一〇,頁1下~2上。
〔7〕 同上,卷三三,頁30上~30下《孝宗御製孔子廟碑》。
〔8〕 呂元善《聖門志》卷一上,《叢書集成初編》(上海:商務印書館,1933),頁18。
〔9〕 孔繼汾《闕里文獻考》卷三三,頁29下。

　　孔廟之廣佈全國，當然是爲了奉行朝廷教化政策；如果對孔廟發展史稍作回顧，即不難發現；自始至終，孔廟實爲官方由上而下所極力推行的祭祀制度。

　　在傳統中國，孔子之教既是政教的指導原則，且是社會的凝聚力。關於這一點，連身爲異族統治者的雍正皇帝（1678～1734）都有深刻的體認。他在宣諭禮部時説道：

> 《禮運》曰："禮達而分定。"使非孔子立教垂訓，則上下何以辨？禮制何以達？此孔子所以治萬世天下，而爲生民以來所未有也。[10]

雍正不只肯定"孔子之教在明倫紀、辨名分、正人心、端風俗"所起的作用，且歸結"在君上尤受其益"。[11] 雍正的《上諭》適扼要地説明了人君提倡孔廟祀典的底蘊。[12]

　　其實，雍正對孔廟的重視固別用心，卻是古今"願治之君"共同的表徵。前此，明憲宗在《明憲宗御製重修孔子廟碑》即坦承："孔子之道在天下如在布帛菽粟，民生日用不可暫闕。"[13] 他又説：

> 自孔子以後，有天下者無慮十餘代，其君雖有賢否智愚之不同，孰不賴孔子之道以爲治？其尊崇之禮愈久而愈彰，愈遠而愈盛。[14]

此處所言及的"尊崇之禮"指的即是孔廟禮儀。明憲宗於此不啻呼應了元成宗之語："孔子之道，垂憲萬世。有國家者，所當崇奉。"[15] 毋怪清雍正亦一再表明："孔子之道，垂範古今。朕願學之志，時切於懷。"[16] 顯見入主中土的君主，毋論華夷之別，對遵行孔廟祭祀傳統的重要性多深有所悉。其實，這些近世君主之所以推行孔廟祀典不遺餘力，適反映了孔廟祭祀傳統與現實政權緊密的互倚關係。而這正是歷史上政教彼此互動的結果。

　　爲了適切掌握以上所呈現的文化論述，拙文必得回溯、並剖析

〔10〕 龐鐘璐《文廟祀典考》（臺北：中國禮樂學會，1977）卷一，頁12下。
〔11〕 同上，卷一，頁12下。
〔12〕 請參閱拙著《清初政權意識形態之探究：政治化的道統觀》，《中央研究院歷史語言研究所集刊》第58本第1分（1987），頁105～132。
〔13〕 孔繼汾《闕里文獻考》卷三三，頁29下～30上《憲宗御製重修孔子廟碑》。
〔14〕 同上，卷三三，頁29下。
〔15〕 孔貞叢《闕里志》（萬曆年間）卷一○，頁39上。
〔16〕 孔繼汾《闕里文獻考》卷三二，頁2下《世宗御製重修闕里孔子廟碑》。

孔子如何由生時"無尺寸之地,微一旅之衆",演變成身後"修仁義者取爲規矩,肆强梁者莫不欽崇"的景象,最後更納入國家祀典,變成"居尊於南面,廟兒長存"的禮制。[17]

二、從私廟到官廟:"漢祖致祀,天下歸心。"

根據《左傳》所述,魯哀公十六年(前479),夏四月己丑,孔子卒,哀公爲之誄,以"尼父"稱之。[18] 然而《左傳》記述簡要,對孔子身後並無著墨。

所幸三百餘年後,司馬遷(前145~前89)歷魯,曾目睹仲尼廟堂車服禮器,他對孔子身後事有番記載。他寫道:

> 孔子葬魯城北泗上……弟子及魯人往從塚而家者百有餘室,因命曰"孔里"。魯世世相傳以歲時奉祠孔子家,而諸儒亦講禮鄉飲大射於孔子塚。孔子塚大一頃。故所居堂弟子内,後世因廟藏孔子衣冠車書,至於漢二百餘年不絶。[19]

據此,可以獲悉最初的"孔廟"立於孔子故宅。

至於該廟是否如南宋孔子四十七代孫——孔傳所云:"魯哀公十七年,立廟於舊宅,守陵廟百户。"[20] 則頗值存疑。按孔傳視此爲"歷代崇奉"之始,但細加推敲,孔傳之語係依《史記·孔子世家》追加衍生之辭,純屬臆測。

首先,《孔子世家》未曾道及立廟時間,而在孔傳之前,亦乏記載。孔傳生於孔子之世千餘年之後,竟能斷言"魯哀公十七年立廟於舊宅",直匪夷所思。

其次,依周代禮制:天子七廟,諸侯五廟,大夫三廟,士一廟,庶人祭於寢(即不得立廟)。[21] 司馬遷於《孔子世家》稱孔子爲

---

[17] 孔元措《孔氏祖庭廣記》卷一一,頁133。

[18] 洪亮吉《春秋左傳詁》(北京:中華書局,1987)卷二〇,頁882~883。

[19] 司馬遷《史記》(臺北:泰順書局,1971)卷四七,頁1945。

[20] 孔傳《東家雜記》(臺灣商務印書館《文淵閣四庫全書》本)卷上,頁6下。此説頗爲流行,值得檢討,例如:南宋魏了翁(1178~1237)在《瀘州重修學記》即接受此一説法;另外金代孔元措在《孔氏祖庭廣記》亦沿襲了上述之説。參見魏了翁《鶴山集》(臺灣商務印書館《文淵閣四庫全書》本)卷四五,頁8下;又孔元措《孔氏祖庭廣記》(上海商務印書館《叢書集成初編》本)卷三,頁21。

[21] 孫希旦《禮記集解》(北京:中華書局,1989)卷一三,頁343。

"布衣"（喻庶民），恐係文采之辭；意欲突顯孔子至德，上齊"世家"。[22] 孔子固無封土，然於《論語》之中，兩次明言："吾從大夫之後。"[23] 中年又曾出任魯司寇，晚雖去職無官守；似不可以庶民待之。依《禮記·王制》所述："大夫廢其事，終身不仕，以士禮葬之。"[24] 是故從各方面言，孔子身後皆有立廟的資格。

此外，魯哀公誄孔子，子贛既直斥哀公"生不能用，死又誄之，非禮也。"[25] 因此孔門弟子願否接納哀公爲孔子立廟，不無疑問。若再推敲《孔子世家》行文："弟子及魯人往從塚而家者百有餘室"，其意應爲景仰之舉，非爲官遣。即使晚出的《孔子家語》，其敘述亦無兩樣。[26] 但由希顏君上崇奉的孔傳看來，則變成"守陵廟百戶"了。

職是之故，清初孔繼汾，雖爲孔子六十九代孫，遠較晚出，其記述反爲信實。他説：

> 先聖之没世，弟子葬於魯城北泗上。即葬，後世子孫
> 即所居之堂爲廟，世世祀之。然塋不過百畝，封不過三版，
> 祠宇不過三間。[27]

按孔子之子——伯魚，先孔子死（哀公十二年），[28] 因此孔子爲弟

---

〔22〕 司馬貞的《史記索隱》、張守節的《史記正義》皆對孔子名係"世家"有所説詞。見《史記》卷四七，頁1905。按孔子雖無侯伯之位，但並不意謂非爲"大夫"。

〔23〕 朱熹《四書章句集注》（北京：中華書局，1983）之《論語集注》卷六，頁124；卷七，頁155。明人朱國楨於《湧幢小品》有段評語，謂湛甘泉稱孔子爲"庶聖"不當。他説："湛甘泉稱孔子曰'庶聖'，謂庶中之聖也。其語生拗無意趣，且爲魯司寇，原非庶人。"朱氏之評深獲我心同然。參見朱國楨《湧幢小品》（《筆記小説大觀》）卷一六，頁2上。

〔24〕 孫希旦《禮記集解》卷一三，頁368。

〔25〕 洪亮吉《春秋左傳詁》卷二〇，頁883。

〔26〕 王肅注《孔子家語》（臺灣商務印書館《文淵閣四庫全書》本）卷九，頁12上。其書云"自衆群弟子及魯人處墓如家者，百餘家，因名其居曰'孔里'焉。"《孔子家語》傳統上視爲王肅僞作，此段行文與《史記》如出一轍。另外，胡仔《孔子編年》（臺灣商務印書館《文淵閣四庫全書》本）卷五，頁19下。孔子生鯉，年50，先孔子死。司馬遷《史記》卷四七，頁1946。因此孔子爲弟子所葬，確有實據。《四庫全書總目提要》説："自周秦之間，讖緯雜出，一切詭異神怪之説率托諸孔子，大抵誕謾不足信。仟獨依據經傳，考尋事實，大旨以《論語》爲主，而附以他書，其採掇頗爲審慎。"胡仔與孔傳同時人，但《孔子編年》則無"魯哀公17年立廟"記載。《四庫全書總目提要》（臺北：臺灣商務印書館，武英殿本）卷五七，頁2上~2下。

〔27〕 孔繼汾《闕里文獻考》卷一一，頁1上。

〔28〕 司馬遷《史記》卷四七，頁1946。胡仔《孔子編年》卷三，頁19下。

子所葬，不無道理。值得注意的是，該廟應是"家廟"，或後世所稱
"祠堂"之屬，與今之"孔廟"性質迥異。

可是另方面，由於孔子生前有教無類，聲名遠播，"孔子塚"及
"家廟"均立成公眾瞻仰、祭拜或舉行儀式之所。《史記》就言道：
諸儒講禮、鄉飲、大射於孔子塚，而魯世世相傳以歲時奉祠孔子塚。
三國時，魏諸臣所集類書《皇覽》對"孔子塚"有詳瞻的記載。此
書形容：

> 孔子塚去城一里。塚塋百畝……塚前以瓴甓爲祠壇，
> 方六尺，與地平。本無祠堂。[29]

而曾目睹"孔子廟堂"的司馬遷另云：

> （孔子）故所居堂弟子内，後世因廟，藏孔子衣冠琴車
> 書，至於漢二百餘年不絕。高皇帝過魯，以太牢祠焉。諸
> 侯卿相至，常先謁然後從政。[30]

合而誦之，時人祭孔極可能兼行"墓祭"與"廟祀"之禮。[31] 所以
《皇覽》才會記述"孔子塚"前有祠壇，而無祠堂了。可見其時
"孔子塚"與"孔子廟堂"均是祭孔之所。但"塚"究竟因亡者即
地而設，無法複製。"廟"卻可依樣仿造，無此忌諱。此一特質，方
便孔廟日後大肆拓殖，通祀天下。

總之，迄秦漢之際，孔門聲勢定然不容忽視，否則素以賤儒見
稱的高祖，必不致於過魯，以太牢重祀孔子。[32] 於此之前，生當戰
國末季的韓非就說："世之顯學，儒、墨也。儒之所至，孔丘
也。"[33]《呂氏春秋》亦記載到："（孔、墨）皆死久矣。從屬彌衆，
弟子彌豐，充滿天下。"又云："王公大人從而顯之，有愛子弟者隨
而學焉，無時乏絕。"[34] 毋怪秦始皇坑殺諸生時，長子扶蘇以"諸

---

[29] 南朝宋裴駰《史記集解》所引。見《史記》卷四七，頁1946。

[30] "故所居堂弟子内"向有多解，參見王叔岷《史記斠證》（臺北：中央研究院歷史
語言研究所，1982）第6冊，頁1790~1791。唯閻若璩解"孔子塚"應作"孔子
家"，恐與《皇覽》所述不符。《皇覽》明載："孔子塚去城一里，塚塋百畝。"

[31] 先秦古人"墓祭"或"廟祀"的問題，參較呂思勉《讀史札記》（臺北：木鐸出版
社，1983），頁275~277；又楊鴻勛《關於秦代以前墓上建築的問題》，收入是氏
《建築考古學論文集》（北京：文物出版社，1987），頁143~149。

[32] 《史記》中即記載："沛公（劉邦）不好儒，諸客冠儒冠來者，沛公輒解其冠，溲
溺其中。與人言，常大罵。未可以儒生説也。"《史記》卷九七，頁2692。

[33] 陳奇猷校注《韓非子集解》（臺北：河洛出版社，1974），頁1080。

[34] 陳奇猷校釋《呂氏春秋校釋》（臺北：華正書局，1985）卷二，頁96。

生皆誦法孔子，今上皆重法繩之，臣恐天下不安"[35] 諫之。可見孔子後學不可勝數，高祖初定天下，必不致看輕此股力量。至於他過魯之後，"諸侯卿相至，常先謁然後從政"，則只能説是上行下效之情，毋足爲奇。

漢初，人主崇尚的實際是黄老、刑名之術。儒學雖曾因叔孫通之流，略備朝儀之用，尚非朝廷思想主流[36]。武帝固以獨尊儒術，罷黜百家爲後世所稱道，但於祭孔禮儀卻毫無建樹。武帝末，魯恭王竟以廣宮室爲名，壞孔子舊宅，而後雖致"孔壁得書"，傳爲文化奇譚；[37]但此舉究爲孔廟之厄，毋怪後儒深引爲恥[38]。簡而言之，西漢之時，孔子地位大概只能説是尊而不貴；孔子之祀尚未出於闕里。

然而其時，孔廟已由"私廟"漸次轉化爲"官廟"的性質。其關鍵即在於奉祀者領有朝廷世襲的爵稱。孔子之後，第八代孫——孔謙，相魏安釐王，封"魯文信君"；第九代孫——孔鮒，秦始皇併天下，以鮒博通六藝，召爲"魯文通君"，拜爲少傅。此爲孔子後裔享有爵封之始。[39]但此爲録賢，非爲奉祀。直迄漢高祖過魯，高祖封孔子九代孫——孔騰爲"奉嗣君"，方爲孔家奉祠後裔領有官方身份之始；但既未食邑，亦未襲封。[40]

孔子十代孫——孔忠，文帝徵爲博士，然是否受封"褒城侯"頗有疑問；總之，孔騰以下爵封並無承續[41]。迄十三代孫孔霸：因爲"帝師"之故，元帝特賜爵"關內侯"，食邑八百户，號"褒成君"，徙名數（户籍）於長安。後因孔霸上書求奉祭先聖，元帝方令以所食邑祀孔子，還其長子（孔福）名數於魯。[42]而後，孔子十四

〔35〕 司馬遷《史記》卷六，頁258。
〔36〕 同上，頁121，3117。
〔37〕 班固《漢書》（臺北：鼎文書局，1987）卷三〇，頁1707。
〔38〕 莊季裕《雞肋篇》卷中，頁44上。
〔39〕 孔元措《孔氏祖庭廣記》卷一，頁5。
〔40〕 孔傳《東家雜記》卷上，頁33下。又《孔子家語》亦載。孔貞叢《闕里志》卷二，頁19上。
〔41〕 同上，卷二，頁19上~19下；又《漢書》卷八一，頁3352。唯張守節《史記正義》引《括地志》謂："漢封夫子十二代孫忠爲褒成侯：生光，爲丞相，封侯。"（見《史記》卷四七，頁1944。）記載訛誤。按：孔忠爲十代孫。孔光爲十三代孫孔霸之四子。孔霸方受封關內侯，號"褒成君"。又以考據核實著稱的《闕里文獻考》亦不載孔忠受封"褒成侯"。
〔42〕 班固《漢書》卷八一，頁3352；孔繼汾《闕里文獻考》卷五，頁1上~1下。

代至十六代雖俱嗣侯，猶拜"關内侯"，仍爲尊帝師之故。至平帝，方改封"褒成侯"，專奉先聖之祭。[43] 自是孔子後裔世世封爵，且爵位與日俱增。[44]

總結以上所述，自秦以前，魯人歲時奉祀孔子，其主鬯之人、圭田之制弗可得考。漢初，始以宗子奉祀。元帝時，始有封户。平帝時，始有國邑。

三、王莽與孔廟祭祀："制定則天下自平。"

成帝綏和元年（前8）二月，孔子另系後裔——孔吉受封"殷紹嘉侯"，以奉成湯之後。三月且進爵爲公，地百里。依詔書的解釋：緣"成湯受命，列爲三代，而祭祀廢絶"，故考求其後，封孔吉爲"殷紹嘉侯"，以"存二王之後，所以通三統"。[45] 其實，此爲長遠以來推尊孔家的策略運用。時人僅因成帝久無繼嗣，即以存三代之後責，以存人立己；而孔子適自居殷人之後，儒生即因時際會以"移花接木"的手法，增益祀孔的名目。[46] 清儒秦蕙田頗能洞悉此中真情，他評道："紹嘉侯之封雖曰'繼殷之後'，其實亦是奉孔子。"[47] 宋人馬端臨亦將此事載之"祠祭褒贈先聖先師"門内，[48] 可見古今諸儒不無同解。

但立孔子一系爲"殷後"，並非順理成章；這連當時建言甚力的梅福都得百般迴護。他説：

> 孔子故殷後，雖不正統，封其子孫，以爲殷後，禮亦宜之。[49]

梅福既知孔子並非殷後正統，又勉強爲之；其欲推尊孔家，實至顯

---

〔43〕 孔貞叢《闕里志》卷二，頁19上~19下。

〔44〕 後周靜帝大象二年，孔子嫡裔即改封"鄒國公"，食邑一千户。見陳鎬《闕里志》（弘治年間修，朝鮮本）卷二，頁23上。

〔45〕 班固《漢書》卷一〇，頁328。

〔46〕 《漢書》卷六七，頁2924~2927。武帝時，始封周後姬嘉爲"周子南君"，至元帝時，尊"周子南君"爲"周承休侯"，位次諸侯王。唯殷後，推求子孫，絶不能紀。匡衡議以孔子世爲湯後，不見採納。梅福復言，綏和元年，始見採信，封孔子世爲"殷紹嘉公"。

〔47〕 秦蕙田《五禮通考》（臺灣商務印書館《文淵閣四庫全書》本）卷一二一，頁6上。

〔48〕 馬端臨《文獻通考》（北京：中華書局，1986）卷四三，考405。唯馬氏誤載建武13年封孔均子爲"褒成侯"，實爲建武14年。

〔49〕 班固《漢書》卷六七，頁2925。

然。他的意圖在奏詞中，表白無遺。他説：

> 今仲尼之廟不出闕里，孔氏子孫不免編户，以聖人而
> 歆匹夫之祀，非皇天之意也。今陛下誠能據仲尼之素功，
> 以封其子孫，國家必獲其福，又陛下之名與天亡極。[50]

文中的"素功"意謂"素王之功"。"素王"一詞爲當時稱孔子"有德無位"，集著述大成之用語，自董仲舒（前179～前104）以下大爲流行。[51] 孔子盛德偉業，澤及子孫。梅福等感念不已，遂寄望帝室優遇孔家後裔。誠如梅氏所建言：

> （陛下）追聖人素功，封其子弟，未有法也，後聖必以
> 爲則。[52]

這無異坦承以孔子爲殷後，奉祀成湯實爲空前創舉。

此外，在平帝元始元年（公元1），王莽執政之時，復有兩項措施與孔廟密切關連。其一，晉封孔子十六代孫——孔均（本名莽，避王莽名改均）爲"褒成侯"，食邑二千户，這與王莽一貫籠絡儒生的改革攸關。前此，王氏已刻意尊事名儒孔光，以收拾天下人心。[53] 而後，又起明堂、辟雍，爲學者築舍萬區；立古文經，網羅

---

〔50〕 班固《漢書》卷六七，頁2925。

〔51〕 "素王"一詞原出《莊子·天道》："以此處上，帝王天子之德也；以此處下，玄聖素王之道也。"郭象注："有其道爲天下所歸，而無其爵也，所謂素王自貴也。"成玄英疏："老君、尼父是也。"見王叔岷《莊子校詮》（中央研究院歷史語言研究所專刊，1988）上册，頁473，474。《史記·殷本紀》亦載有"伊尹言素王及九主之事"。司馬貞《索隱》按"素王者，太素上皇，其道質素，故稱素王。"見《史記》卷三，頁94。董仲舒於《春秋繁露》謂"孔子立新王之道"。（見董仲舒《春秋繁露》〔臺北：世界書局，1975〕，《玉杯》，頁17）董氏於上武帝"對策"之中，則直稱"孔子作《春秋》，先正王而係萬事，見素王之文焉。"班固《漢書》卷五六，頁2509。大略其時，"素王"已用來稱謂孔子及其德業。《淮南鴻烈·主術訓》亦載有"孔子……專行教道，以成素王，事亦鮮矣。"（《淮南鴻烈集解》〔北京：中華書局，1989〕卷九，頁312～313）而後，則漸專指孔子。如《論衡·超奇篇》謂："孔子作《春秋》，以示王意。然則孔子之《春秋》·素王之業也。"（王充《論衡》〔臺北：世界書局，1975〕卷一三，頁282）鄭玄《六藝論》："孔子既西狩獲麟，自號素王，爲後世受命之君，制明王之法。"（皮錫瑞《六藝論疏證》〔皮氏《經學叢書》〕，頁32上）徐幹《中論》亦云："仲尼爲匹夫而稱素王。"（徐幹《中論》〔《四部叢刊初編》本〕上卷，頁20上）以孔子爲"素王"更散見讖緯之書，見孫星衍《孔子集語》（臺北：世界書局，1970）卷一五；又姜義華等《孔子：周秦漢晉文獻集》（上海：復旦大學出版社，1990）卷四。以孔子爲"素王"，其涵義之異解可參較皮錫瑞《六藝論疏證》，頁32上～33上，與康有爲《孔子改制考》（北京：中華書局，1988）卷八。

〔52〕 班固《漢書》卷六七，頁2925。

〔53〕 同上，卷九九上，頁4044～4045。

飽學之士。對王氏這番作爲，班固有頗爲深入的解説。他解釋道：
"莽意以爲制定則天下平，故鋭思於地理，制禮作樂，講合六經之
説。"[54]

其時，孔子裔侯有二："紹嘉"奉殷後，"褒成"奉孔子後，東
漢光武中興，二者尚襲爵如故。"褒成"之後，自此綿延不絶。"紹
嘉"之後，光武十三年，改封"宋公"以爲漢賓，已寓貶抑之意，
後則不知所終。迄三國魏黄初年間，朝廷制命孔羨爲"宗聖侯"，以
奉孔子家祀的碑文中但云："追存二代三恪之禮，兼紹宣尼褒成之
後"壹語，足見孔子裔侯復回歸單線承襲。[55]

其二，王莽擅權之際，於平帝元始元年追謚孔子曰"褒成宣尼
公"。此爲後世尊崇孔子之始。[56] 王氏此舉令孔廟官廟化更形突顯，
但其意圖則昭然若揭。明代的丘濬爲此坦率斥道：

> （夫）平帝之世，政出王莽奸僞之徒。假崇儒之後，以
> 收譽望，文奸謀。聖人在天之靈，其不之受也必矣。[57]

元始五年（公元5），王莽篡漢，王氏欲拜"褒成侯"孔均爲太
尉，孔氏以疾辭不就，遂還魯失爵。[58] 總之，王莽篡漢固屬曇花一
現，隨即煙消雲散；但其尊孔之舉卻影響深遠。東漢光武帝，於建
武五年（公元29），戎馬倥傯，戰事未曾底定之際，即封孔安"殷
紹嘉公"[59] 同年，還幸魯，使大司空祀孔子，開創後世帝王遣官祀
闕里的先例。[60] 十三年，改封孔安爲"宋公"，十四年復封孔子後
孔志爲"褒成侯"。[61] 這在在顯示政治上，光武雖推翻了王氏政權，
尊孔一事卻全盤接受，唯恐落人於後。

終東漢之季，帝王幸闕里漸趨尋常。除了開國之君光武之外，
另有明帝、章帝和安帝過魯詣闕里，親祠孔子並及七十二弟子。[62]

〔54〕　班固《漢書》卷九九中，頁4140。
〔55〕　孔繼汾《闕里文獻考》卷三〇，頁4下～5上。孔貞叢《闕里志》卷二，頁19上。吉生
　　　　何齊，何齊生安皆襲封，宋公嗣絶；又見馬端臨《文獻通考》卷四三，考405；又王世貞
　　　　《弇山堂別集》（北京：中華書局，1985）卷三九，頁707～708。
〔56〕　班固《漢書》卷一二，頁351。
〔57〕　丘濬《大學衍義補》（臺灣商務印書館《文淵閣四庫全書》本）卷六五，頁6下。
〔58〕　孔繼汾《闕里文獻考》卷五，頁1下。
〔59〕　范曄《後漢書》（臺北：鼎文書局，1983）卷一上，頁38。
〔60〕　同上，卷一上，頁40。又秦蕙田《五禮通考》卷一二一，頁7下～8上。
〔61〕　范曄《後漢書》卷一下，頁61～63。孔安爲孔吉之子，孔志爲孔均之子。
〔62〕　同上，卷二，頁118；卷七九，頁2562；卷五，頁238。

其中，元和二年（公元85）章帝幸闕里，與孔子後裔——孔僖有番對話，頗能反映人君祀孔的政教意涵。

先是，章帝以太牢祠孔子及七十二弟子，並作六代之樂，大會孔氏子孫，命儒者講《論語》。孔僖因自陳謝，遂有下述的交談：

> 章帝曰：“今日之會，寧於卿宗有光榮乎？”對曰：“臣聞明王聖主，莫不尊師貴道。今陛下親屈萬乘，辱臨敝里，此乃崇禮先師，增輝聖德。至於光榮，非所敢承。”帝大笑曰：“非聖者子孫，焉有斯言乎！”[63]

孔僖以“崇禮先師，增輝聖德”一語道破章帝祀孔的潛在用心。至此，章帝亦只得大加贊賞，以自求排解。要之，章帝與孔僖的對話不只生動地反映了人君祀孔的心態，並且透露了孔門子弟自尊自貴的精神。

然而在祭祀制度上，明帝的措置，影響特爲深遠，尤須留意。他除首開祀孔子弟子之例，[64] 且於永平二年（公元59）養三老、五更於辟雍，令郡、縣、道行鄉飲酒於學校，皆祀聖師周公、孔子。[65] 按地方庠序祀周公，已見前例：西漢景帝時，文翁爲蜀守，興學，曾修禮殿以祀周公。[66] 唯闕里之外，明文規定國學郡縣祀孔

---

〔63〕 范曄《後漢書》卷七九上，頁2562。

〔64〕 明帝永平十五年（公元72），幸孔子宅，祠孔子及七十二弟子已開後世祠孔子及七十二弟子於闕里，爲後世祀孔子弟子之先例。丘濬謂安帝延光三年（124），祀孔子及七十二弟子於闕里，爲後世祀孔子弟子之始。不確。見丘濬《大學衍義補》卷六五，頁7上。清儒秦蕙田、龐鐘璐皆從丘氏意見誤置年代。參見秦蕙田《五禮通考》卷一二一，頁9上；龐鐘璐《文廟祀典考》（臺北：中國禮樂學會，1977）卷二，頁4上。

〔65〕 范曄《後漢書·禮儀上》，頁3108。

〔66〕 西漢文翁始修周公禮殿見《益州太守高眹修周公禮殿記》，收入洪适《隸釋·隸續》（北京：中華書局，1985）卷一，頁13上~14上。其詳細討論參閱施蟄存《水經注碑錄》（天津：天津古籍出版社，1987）卷一○，頁387~400。文翁之事見班固《漢書》卷八九，頁3625~3627。其立石室之事見常璩《華陽國志》（成都：巴蜀書社，1985）卷三，頁325。另酈道元《水經注疏》（南京：江蘇古籍出版社，1989）卷三三，頁2753~2754。唯酈氏之文大概根據常氏之作撰成。按周公禮殿應始自文翁，非漢末高眹。唐代賀遂亮撰的《益州學館廟堂記》可能失察。其殘文見陸增祥《八瓊室金石補正》，收入《石刻史料新編》（臺北：新文豐出版公司）卷三五，頁1上~5下。高眹重修的周公禮殿“壁上圖畫上古盤古李老等神，及歷代帝王之像，梁上又畫仲尼及七十二弟子、三皇以來名臣。”其後壁畫屢經重妝別畫，已無舊跡。見黃休復《益州名畫錄》，收入於安瀾編《畫史叢書》（上海：上海人民美術出版社，1982）卷下，頁39。故後世所見皆非高眹時所繪原畫。至於文翁石室毀於火，當時有無壁畫必須存疑。故顧炎武所見絕非原畫。參較顧炎武《原鈔本顧亭林日知錄》（臺北：文史哲出版社，1979），頁429。此外，所有文廟涉及釋氏東來以前，已有孔子像設或圖繪之説均需重加檢討。

子，則始自明帝永平二年。[67]

其實，釋奠先聖、先師世禮絕非遲迄東漢方才有之。杜佑《通典》根據《禮記》即說：　「周制，凡始立學，必釋奠於先聖先師。」[68]《禮記・文王世子》又載：「凡學，春官釋奠於其先師，秋冬亦如之。」[69] 唯此處的「先聖」、「先師」向無定指，遂引發後儒多端臆測。

漢儒鄭玄（127～200）釋「先聖」爲「周公若孔子」（意謂：周公或孔子；若周公、孔子）；[70] 唐孔穎達（574～648）疏鄭氏解爲「以周公、孔子皆爲先聖；近周公處祭周公，近孔子處祭孔子。」[71] 又鄭氏釋「先師」則「若漢，《禮》有高堂生，《樂》有制氏，《詩》有毛公，《書》有伏生」。[72] 鄭氏身處經學當令的時代，[73] 其對「先聖」、「先師」所作之疏解，與其說給予二者適切的正解，毋寧是反映了該時學術教育的狀況。宋儒魏了翁即評道：

> 夫周公、孔子非周魯之所得而專也……所謂各祭其先師，秦漢以來始有之，而《詩》、《書》、《禮》、《樂》各有師，不能以相通，則秦漢以來，爲士者斷不若是之隘也。[74]

其他如：宋人劉彝解「先聖」與「先師」作：

> 周有天下，立四代之學。虞庠則以舜爲先聖，夏學則以禹爲先聖，殷學則以湯爲先聖，東膠則文王爲先聖。[75]

而「先師」則是「各取當時左右四聖成其德業者爲之」，此恐屬憑空懸臆之詞。反觀清儒奉命纂修《欽定禮記義疏》對此二詞所作之解較近情實，它解釋道：

---

〔67〕　孔繼汾《闕里文獻考》卷一四，頁2上。
〔68〕　杜佑《通典》（北京：中華書局，1988）卷五三，頁1471。孫希旦《禮記集解》卷二〇，頁560。
〔69〕　孫希旦《禮記集解》卷二〇，頁559。
〔70〕　鄭玄等《禮記注疏》（臺北：世界書局，摛藻堂《四庫全書薈要》本）卷二〇，頁13上。
〔71〕　同上，卷二〇，頁13下。
〔72〕　同上，卷二〇，頁12上。鄭氏引《周禮》謂：「'凡有道者、有德者，使教焉，死則以爲樂祖，祭於瞽宗。'此之謂先師之類也。若漢，《禮》有高堂生……《書》有伏生，億可以爲之也。」鄭氏引文見孫詒讓《周禮正義》（北京：中華書局，1987）卷四二，頁1720。並請參考孫氏於古人絭先聖、先師、先賢之疏解。
〔73〕　皮錫瑞《經學歷史》（臺北：鳴宇出版社，1980）第四章。
〔74〕　轉引自秦蕙田《五禮通考》卷一一七，頁4下～5上。
〔75〕　同上，卷一一七，頁5下。

鄭(玄)於先師惟以漢人比,於先聖言周公若孔子……所
謂先聖、先師大約係能教之人,未必是帝王;且地異而時不
同,未必定某爲先聖,某爲先師,如劉氏(彝)說也。[76]
"地異而時不同"是《禮記義疏》作者據以駁斥劉氏的理據;然而更重
要的是,他點出"鄭(玄)於先師惟以漢人比"此一事實。同樣地,鄭氏
生於明帝詔令國學郡縣祀聖師周、孔之後不到一世紀,其所作"先聖"
之解,似亦爲該時情狀。換言之,明帝永平二年,朝廷始明定周公、孔
子並爲"先聖"。至鄭氏之時,應無多大變化。[77]

東漢明帝詔祀先聖周公,實承繼王莽以來提升周公地位的餘波。
前此,王莽自比周公攝政,於周公其人其事刻意仿效。而後將相傳
爲周公之作——《周官》立爲官學,倚之爲施政藍圖。[78] 平帝元始
元年(1),除恢復孔裔封侯,並封周公後公孫相如爲"褒魯侯",食邑
兩千戶,奉其祀。[79] 距周公始受封之魯國,絕祀已久。原來魯國,
周公傳迄頃公共三十四世。頃公二十四年(前249),楚考烈王滅
魯。頃公亡,遷於下邑,爲家人,魯廟廢,絕祀。[80] 是故,王莽之
舉令周公重獲奉祀,意義非比尋常。[81]

---

〔76〕《欽定禮記義疏》(臺北:臺灣商務印書館《文淵閣四庫全書》本)卷二八,頁26下。

〔77〕明帝永平二年,朝廷明定國學郡縣祀"聖師"周公、孔子。此處的"聖師"應是複
合名詞,如"聖人"、"聖王",而非如清人廖平所云:東漢以周公爲"先聖"、孔
子爲"先師"。廖氏之解恐受唐初一度以周公爲"先聖"、孔子爲"先師"之啓示;
(廖平《知聖篇》收入李耀仙主編《廖平學術論著選集》〔成都:巴蜀書社,1989〕
第一冊,頁547)理由如下:(一)與東漢鄭玄之註解不符。(如正文)(二)與孔
廟碑文不符。尤其是《孔廟置守百石孔龢碑》(立於桓帝永興元年),言及"辟雍
禮未行祠先聖師,侍祠者孔子子孫"。數稱"祀孔"爲"先聖之禮"。唯《魯相韓
敕造孔廟禮器碑》載有"祠孔子以太牢,長吏備爵,所以尊先師,重教化也。"此
處或爲行文之宜,非與"先聖"對比。東漢事例或不一,"先聖"、"先師"仍無確
指:此二碑文參見洪适《隸釋‧隸續》(北京:中華書局,1985)卷一。《晉書》
乃唐貞觀末年所修,其衍"聖師"爲"先聖先師周公孔子",恐受唐初一度施行聖
周師孔制啓示,非必是明帝實況。參閱《晉書》卷二一,頁670。

〔78〕舉發王莽與劉歆以權力與經學(古文說)相互爲用最力的當屬康有爲的《僞經
考》。見氏著《僞經考》(臺北:臺灣商務印書館,1974),特別是第六卷。反駁康說,並
辯白劉氏經學並非全然爲王氏篡權鋪路,則見錢穆《兩漢經學今古文平議》(香港:
新亞研究所,1958,《劉向歆父子年譜》,頁1～163)。劉師培曾剖析王氏施政與
《周官》之關係,參見氏著《西漢周官師說考》,收入《劉申叔先生遺書》(臺北:
華世出版社,1975)。

〔79〕班固《漢書》卷一二,頁351;卷八一,頁3365。

〔80〕司馬遷《史記》卷三三,頁1547。

〔81〕王莽新朝續封周公後姬就爲"褒魯子",孔子後孔鈞爲"褒成子"。班固《漢書》
卷九九中,頁4105。

此外，元始中，王莽秉國，尊信鼓吹古文經甚力的劉歆，使得今文經無法專擅官學的地位。王氏纂漢之後，劉歆更被尊爲國師。[82] 換言之，古文經合法傳授的官學地位首告確立。[83] 這種趨勢即使於王氏新朝政權崩解之後，古文經因政治之故，暫時無法立學朝廷，但學術風尚一時並未改變，蓋其時經學取向已逐漸步上今、古文兼容並蓄的坦途。[84] 無可諱言的，於王莽、劉歆一班人權傾一世之時，古文經的影響佔盡優勢。這攸關周公、孔子地位之消長，清末的今文學家康有爲在回顧這一段歷史時，即將此一變化的訊息，慨然道出：

> 自劉歆以《左氏》破《公羊》，以古文僞傳記攻今學之口說，以周公易孔子，以述易作，於是孔子遂僅爲後世博學高行之人，而非復爲改制立法之教主聖王，只爲師統而不爲君統，詆素王爲怪謬，或且以爲僭竊，盡以其權歸之人主。於是天下議事者引律而不引經，尊勢而不尊道，其道不尊，其威不重，而教主微。[85]

將孔子視作改制立法之教主聖王，顯然是康氏政改理念的投射，未必符合歷史實情。但康氏道破今、古文之異存於"以周公易孔子，以述易作"卻十分值得重視。因爲一如"舊說（古文）《詩》、《書》、《禮》、《樂》、《易》皆周公作，孔子僅在明者述之之列"，如是"孔子僅爲後世之賢士大夫，比康成（鄭玄）、朱子尚未及。"[86] 康氏以古文學家評斷孔子僅止"修康成之道，述周公之訓"，即比鄭氏、朱氏還不如，當屬誇張之詞。但此一評語忠實地反映了經學家眼中，"今文"祖孔子，"古文"祖周公，不止判然有別，且迭有高下之分。[87]

---

〔82〕 班固《漢書》卷三六，頁 1967~1972。

〔83〕 同上《漢書》卷九九上，頁 4069。載有："是歲（元始四年），莽奏起明堂、辟雍、靈臺，爲學者築舍萬區，作市、常滿倉，制度甚盛。立《樂經》，益博士員，經各五人。徵天下通一藝教授十一人以上，及有逸《禮》、古《書》、《毛詩》、《周官》、《爾雅》、天文、圖讖、鐘律、月令、兵法、《史籀》文字，通知其意，皆詣公車。"《平帝紀》載此事在元始五年。同書，卷一二，頁 359。

〔84〕 廖平《今古學考》張氏《適園叢書》卷上，頁 23 上~26 下。又錢穆《東漢經學略論》，收入氏著《中國學術思想史論叢》（臺北：臺灣東大圖書公司，1977）第三冊，頁 44~52。

〔85〕 康有爲《孔子改制考》卷八，頁 195。

〔86〕 同上，卷一○，頁 243。

〔87〕 今文、古文宗旨之異，參見廖平《今古學考》卷上，頁 8 下~11 上。

　　另位與康氏學術交涉頗爲錯綜複雜的廖平，亦持同樣的觀
點。[88] 廖氏不約而同地言道：

> 以《六經》分以屬帝王、周公、史臣，則孔子遂流爲
> 傳述家，不過如許（慎）、鄭（玄）之比，何以宰我、子
> 貢以爲賢於堯舜，至今天下郡縣立廟，享以天子禮樂，爲
> 古今獨絕之聖人？[89]

廖氏甚而斷言：“《六經》傳於孔子，與周公無干。”[90] 康氏、廖氏
之析論並非無的放矢：在他們之前，魏源即採古文家説法，謂“學
校所崇《五經》，《易》、《詩》、《書》、《禮》，皆原本於周公而述定
於孔子。”[91] 而要求增祀周公於天下學宮；在他們之後，尊崇古文
的劉師培則信誓旦旦“孔子訂《六經》，述而不作”[92]。其實，這種
針鋒相對的觀點並非始於近世，遠古早已有之。

　　今、古文之爭源遠流長，甚至可上溯至兩漢之際。東漢初年，
設立《左氏傳》時，范升即以“《左氏》不祖孔子”堅決反對立學，
且再三申訴《五經》之本始自孔子”[93]。西漢末年，劉歆之《移太
常博士書》亟亟欲立古文經的憤慨之詞，已可略窺其時今、古文水
火不容，互相傾軋的狀況。[94] 而該時今、古文敵對之關係一時不只
難以化解，且頗有激化的傾向。譬如，廖平對當時文獻的解讀，極
其敏鋭。他分析到：

> （劉）歆《移書》猶以經歸孔子；以後報怨（博士），
> 援周公以與孔子爲敵，遂以《易》爲文王、周公作，《春
> 秋》爲魯史，《儀禮》出於周公，《書》爲歷代史筆，《詩》
> 國史所存，捃摭仲尼，致使潔身而去。[95]

劉氏若是如此，其追隨者可想而知。是故，漢代今文學家爲了抵制
古文經的勢力，與隨之而至日益擴張的周公形象，不無可能進行孔

〔88〕　廖平與康有爲彼此之間思想頗有糾葛，其互動關係非本文關注的課題。
〔89〕　廖平《知聖篇》，收入李耀仙主編《廖平學術論著選集》，頁175。
〔90〕　廖平《古學考》（臺北：開明書店，1969），頁4。廖氏又説：“《六經》由孔子一人
　　　　手定，無與於周公。”同書，頁3。
〔91〕　魏源《魏源集》（北京：中華書局，1976），頁154。
〔92〕　劉師培《劉申叔先生遺書》，《左盦集》卷二，頁3上。
〔93〕　范曄《後漢書》卷三六，頁1228～1229。
〔94〕　班固《漢書》卷三六，頁1968～1971。
〔95〕　廖平《古學考》，頁20。

子造像運動，甚或訴諸神話，以相對的抬高孔子的地位。這就涉及董仲舒以下，今文學家甚或與今文關係密切的讖緯之説，如何將孔子裝扮成"有德無位"的"素王"，甚或"爲漢立制"的"先知"。

四、讖緯與東漢孔廟碑文："孔子近聖，爲漢定道。"

《四庫全書總目提要》曾賦予讖緯一個簡要的定義，它説："讖者，詭爲隱語，預決吉凶。緯者，《經》之支流，衍及旁義。"[96] 讖緯之説常托諸孔子，神怪其言，後世遂將二者混而爲一。總之，古文學家不屑讖緯之説，反之，今文學家喜採讖緯之説；這已是經學史不爭的事實。[97] 今文學與讖緯之説的關係甚至可以發展至如影隨形的地步。前已述及西漢今文大儒董仲舒，以"素王"尊稱孔子，這是先秦所未有的現象。[98] 推其意，董氏所以尊孔子爲"素王"，首托改制之義；董氏説：

> （孔子）西狩獲麟，受命之符是也。然後托乎《春秋》正不正之間，而明改制之義。一統乎天子，而加憂於天下之憂也，務除天下所患，而欲以上通五帝，下極三王，以通百王之道。[99]

董氏力倡"三代改制"，顯是爲漢廷制法張目；然其述及孔子《春秋》要旨，仍不偏廢"百王之道"以待後聖。這種普遍意涵，在其門生司馬遷的意識中，仍未改變；司馬氏於《太史公自序》説道：

---

[96] 紀昀《四庫全書總目提要》（臺北：臺灣商務印書館《文淵閣四庫全書》）卷六，頁60下。

[97] 大致而言，古文學家鄙視讖緯之説，今文學家則反是。此爲兩漢經學史公認之事實。參見劉師培《劉申叔先生遺書》，《左盦外集》卷五，頁6下~7上；又周予同《周予同經學史論著選集》（上海：上海人民出版社，1983），頁九。最典例的例子，例如光武帝問桓譚、鄭興讖事，二者皆以"臣不讀讖"、"臣不爲讖"答之。按桓氏，鄭氏皆主古文。語見《後漢書·桓譚傳》與《鄭興傳》。又章帝建初元年（公元76），賈逵上書曰："（至）光武皇帝，奮獨見之明，興立《左氏》、《穀梁》，會二家先師不曉圖讖，故令中道廢。"而賈氏附會圖讖，以與古文，由是《左氏》、《穀梁春秋》、《古文尚書》、《毛詩》四經遂行於世。《後漢書》有見於此，《論》曰："桓譚以不善讖流亡，鄭興以遜辭僅免，賈逵能附會文致，最差貴顯。世主以此論學，悲矣哉！"見《後漢書·賈逵傳》。

[98] 緯書與今文學關係之密切，學者並無異辭。然其先後互動關係，則無定論。劉師培主張：董仲舒受緯書影響，而有素王改制論。見《劉申叔先生遺書》，《左盦外集》卷五，《論孔子無改制之事》。反之，主張緯書受董仲舒之影響則有日人安居香山，見氏著《緯書的基礎的研究》（漢魏文化研究會，1966），第四章。

[99] 董仲舒《春秋繁露·符瑞第十六》，頁126~127。

> 仲尼悼禮廢樂崩，追修經術，以達王道，匡亂世反之
> 於正，見其文辭，爲天下制儀法，垂《六藝》之統紀於後
> 世。[100]

既然是"通百王之道"、"爲天下制儀法"，就非專爲一家一姓所設。
然而這種對孔子之道普遍的闡釋與推衍，於讖緯之中特殊化、現實
化了。

首先，讖緯起於何時，學者頗有爭議；然於其風行漢世哀、平
以下的事實，則皆無異辭。[101] "讖"、"緯"之出或有先後之分，性
質上卻名異實同。[102] 《後漢書·方術列傳序》對讖緯之流行與統治
者之喜好有極扼要的論述，它這樣記載道：

> 漢自武帝頗好方術……後王莽矯用符命，及光武尤信
> 讖言，士之赴趣時宜者，皆騁馳穿鑿，爭談之也。故王梁、
> 孫咸名應圖籙，越登槐鼎之任，鄭興、賈逵以附同稱顯，
> 桓譚、尹敏以乖忤淪敗，自是習爲內學，尚奇文，貴異數，
> 不乏於時矣。[103]

《隋書·經籍志》言及讖緯之興衰，亦肯定地說："起王莽好符命，
光武以圖讖興，遂盛行於世。"[104] 所謂"內學"、"符命"、"圖讖"
皆讖緯之事。元始四年，王莽奏立圖讖之學，令後者取得官學地位，
得以暢行無阻。[105] 鑑諸往後，王氏頻頻利用圖讖以奪權，足證讖緯
之學適可迎合這些野心家攫取或鞏固政權的目的。[106]

除此政治作用之外，讖緯基本的呈現形式是"配經"的。按今
文學主張，"五經祖於孔子"，因此讖緯之說往往托諸孔子。當時力
主古學的桓譚（前23～公元50）即坦然指出：

〔100〕 司馬遷《史記》卷一三〇，頁3310。
〔101〕 參閱劉師培《劉申叔先生遺書》，《左盦外集》卷五，頁5下。劉氏謂："讖緯蓋起
於秦漢之間，至哀、平之際而益盛，東漢以降更無論矣。"顧頡剛氏則謂："零碎的
讖固然早已有了，但其具有緯的形式，以書籍的體制發表之的，決不能早於王莽柄
政的時代。"見顧著《漢代學術史略》（臺北翻印，無出版日期），頁188～189。近
人比較有系統的探討則見陳槃《古讖緯研討及其書錄解題》（臺北：國立編譯館，
1991），頁99～177。
〔102〕 陳槃《古讖緯研討及其書錄解題·讖緯命名及其相關之諸問題》，頁141～177。
〔103〕 范曄《後漢書》卷八二上，頁2705。
〔104〕 魏徵《隋書》（臺北：史學出版社，1974）卷三二，頁941。
〔105〕 范曄《後漢書》卷一二，頁359。
〔106〕 王莽、劉秀等利用讖緯以奪權之事各見《漢書》、《後漢書》本傳。

《讖》出《河圖》、《洛書》,但有兆朕而不可知。後人妄復加增,依托稱是孔丘。[107]

東漢末年的荀悅(148~209)亦言:

世稱《緯書》,仲尼之作也。臣悅叔父故司空爽辨之,蓋發其偽也。有起於中興之前,終、張之徒作乎?[108]

明代的黃省曾就"有起於中興之前,終、張之徒作乎?"注云:"起於哀平"[109]。實據其盛行之日言之。[110] 必須點出的,此適值王莽柄政,陰謀篡位之際,亦是周公聲譽復起之時。總之,桓氏、荀氏等對讖緯是持著批判的態度,然於其時並不起作用。[111] 這從王莽、公孫述、劉秀以及其他政客可以輕易利用符命、圖讖號召群眾以奪權,就足以反映讖緯深獲民心的狀況。[112]

無論如何,桓氏、荀氏的批評透露了讖緯廣泛假托孔子之名以行世的現象。唯值得一提的,在原始典籍中,例如記載孔子一生志事最信實的《論語》,孔子是以博學多聞、體現全德的謙謙君子出現。孔氏不止"罕言利與命與仁",[113] 且"不語怪、力、亂、神"。[114] 即使遲至《禮記》中的孔氏仍舊堅持"素隱行怪,後世有述焉,吾弗爲之"的一貫作風。[115] 但在讖緯裏,孔子的道德形象爲神乎其神"預言家"所掩蓋了。[116]

是故,讖緯的作者爲了博得群眾的信仰,必得轉化上述互異的孔子形象,以建立預言的權威。首先,他們對於孔子何以有讖緯之

〔107〕 桓譚《新論》(臺北:臺灣中華書局,1976)卷三,頁6下。
〔108〕 荀悅《申鑑》(臺北:世界書局,1975),《俗嫌第三》,頁18。
〔109〕 同上,頁18。
〔110〕 紀昀《四庫全書總目提要》卷三二,頁53下。
〔111〕 桓譚、荀悅之外,最著名批判圖讖當屬王充,見氏著《論衡集解》卷二六,頁519。王氏云:"案神怪之言,若在讖記,所表皆效圖書。'亡秦者胡',河圖之文也。孔子條暢增益以表神怪,或後人詐記以明效驗。"
〔112〕 例如,漢魏之際,曹丕亦利用讖文篡權。參閱陳槃《孝經中黃讖解題改寫本》,《中央研究院歷史語言研究所集刊》第59本第四分(1988),頁891~897。直迄隋煬帝即位,乃徹底禁絕讖緯之書,爲史所糾者至死,自是多散亡,無其學。見《隋書·經籍志》卷三二,頁941。
〔113〕 朱熹《四書章句集注·論語集注》卷五,頁109。
〔114〕 同上,《論語集注》卷四,頁98。
〔115〕 鄭玄注《宋本禮記鄭注》(臺北:鼎文書局,1972)卷一六,頁2下。
〔116〕 另參較顧頡剛《春秋時的孔子和漢代的孔子》,收入氏編《古史辨》(臺北:萬年青書店翻印)第二冊,頁130~139。

作，自有一番說詞。讖緯的信徒說：

> 孔子既叙《六經》，以明天人之道，知後世不能稽同其
> 意，故別立緯及讖以遺來世。[117]

於此，孔子已預言後世不能領略其叙《六經》之深意，並預置讖緯與《六經》之迴旋空間（配經的關係）。此外，他們將孔子敷上神秘的色彩，以利"增益其所不能"。譬如說孔子迥異常人，能"吹律定姓"；[118] 又道"孔子母徵在，夢黑帝而生，故曰'玄聖'"；[119] 這完全套用了古代聖王誕生的"感生說"以示孔子非同凡響，生具聖人之資。[120] 而孔子之形象亦變得怪誕不經——"長十尺，大九圍；坐如蹲龍，立如牽牛；就之如昂，望之如斗。"[121] 順此，孔子"斗脣，舌理七重，吐教，陳機，授度"，[122] 而其胸竟然有文，曰："製作定世符運。"[123] 就毋足爲奇。

總之，讖緯之中於孔子諸多瑞徵的描述，只不過爲了烘托孔子"素王改制"的神聖性。尤其是符應潮流，爲漢立制方面著墨特多。歷官王莽、光武的蘇竟曾謂："孔丘秘經，爲漢赤制，玄包幽室，文隱事明。"[124] 蓋爲此而發。其語"秘經"，即緯書之謂；[125] 而孔子作緯，爲漢家之制；漢承火德尚赤，故云"赤制"。[126]《春秋感精符》謂："墨孔生，爲赤制。"[127] 即是例證。在讖緯之中，此類爲現實服務的預言屢見不鮮。其他例如：《春秋緯演孔圖》謂：

---

[117] 魏徵《隋書》卷三二，頁941。

[118] 安居香山、中村璋八編《重修緯書集成》（東京：明德出版社，1971）卷三，《樂緯》，頁111。

[119] 安居香山、中村璋八編《緯書集成》（漢魏文化研究所，1964）卷四上，《春秋演孔圖》，頁5。

[120] 安居香山、中村璋八《緯書的基礎研究》（漢魏文化研究會，1966），頁164~168。

[121] 安居香山、中村璋八《緯書集成》卷四上，《春秋演孔圖》，頁5。

[122] 安居香山、中村璋八編《重修緯書集成》（東京：明德山出版社，1973）卷五，《孝經鉤命決》，頁72。

[123] 安居香山、中村璋八編《緯書集成》卷四上，《春秋演孔圖》，頁5。以讖緯之文爲素材，勾勒出孔子神奇的形象，可參閱周予同的《緯讖中的孔聖與他的門徒》，收入周著《周予同經學史論著選集》，頁292~321。

[124] 范曄《後漢書》卷三〇上，頁1043。

[125] 同上，卷三〇上，頁1043。

[126] 同上，卷二九，頁1025。孔子雖受命，不當位，僅爲"素王"，爲漢家製作。故謂此。與蘇竟同時之人，郅惲曾上書王莽亦云："漢歷久長，孔爲赤制。"王氏大怒，猶以惲據經讖，難即害之。

[127] 安居香山、中村璋八《緯書集成》卷四上《春秋演孔圖》，頁9。

聖人不空生,必有所制,以顯天心。丘爲木鐸,制天

下法。[128]

又道:

麟出,周亡,故立《春秋》,制素王,授當興也。[129]

上述引文與下文"玄丘制命,帝卯行也。"[130] 合而誦之,即知"當
興"者意指劉姓天下。

析言之,《春秋》經由董仲舒發揮撥亂反正,改制之義以來,於
群經之中脱穎而出。讖緯之屬的《孝經鈎命決》載有孔子之語:"吾
志在《春秋》,行在《孝經》。"[131] 旨在突顯孔教裏邊,《春秋》與
《孝經》在義理與實踐方面所獨具的重要性。按漢廷原標榜以孝治
國,故"漢制使天下誦《孝經》,選吏舉孝廉"[132]。《孝經》因是受
到重視是可以理解的。

有了上述的文化背景,即可明瞭鄭玄對《禮記·中庸》頗爲獨
特的疏解。於注釋《中庸》"唯天下至誠,爲能經綸天下之大經,立
天下之大本"時,鄭氏如此下筆:

"至誠",謂孔子也;"大經",謂六藝而指《春秋》

也;"大本",《孝經》也。[133]

於此,鄭氏所作的其實是以具體的經書指涉,來取代義理的闡
釋;[134] 這無意間道出當時學術的風尚,意即,在鄭氏的時代,《春
秋》與《孝經》所象徵的核心地位,其他經書無法與之等量齊觀。
這一點與孔廟碑文若合符節。

《孔廟置守廟百石孔龢碑》,立於桓帝永興元年(153),爲現存
最古之孔廟碑文;言及朝廷之所以爲孔子立廟,始揭孔氏"作《春

[128] 安居香山、中村璋八編《緯書集成》卷四上《春秋演孔圖》,頁9。中間有缺字以
《玉函山房輯佚書》補全。參閱宋均注《春秋緯演孔圖》(臺北:文海出版社《玉
函山房輯佚書》),頁4下。
[129] 安居香山、中村璋八編《緯書集成》卷四上《春秋演孔圖》,頁9。
[130] 同上,卷四上,《春秋演孔圖》,頁10。同頁云"卯金刀,名爲劉,中國東南出荆
州,赤帝後,次代周。"漢家繼統之轉變與"符應"說的關係可參閱陳槃先生《秦
漢之間之所謂'符應'論略》,收入《古讖緯研討及其書錄解題》,頁1~98。
[131] 安居香山、中村璋八編《重修緯書集成》卷五《孝經鈎命決》,頁70。
[132] 范曄《後漢書》卷六二,頁2051。
[133] 鄭玄注《宋本禮記鄭注》(臺北:鼎文書局,1972)卷一六,頁13。
[134] 試比較朱熹之注,朱氏即援義現解之,毫無名目指涉。見朱熹《四書章句集注·中
庸章句》,頁38~39。

秋》、制《孝經》"之功，次方及孔氏"删述《五經》、演《易繫辭》"之事。[135] 此一排列，寓意深遠，未嘗不可爲之佐證。

然以改制之義度之，仍以《春秋》居群經首要。東漢王充（公元27～97?）的立論即是一個絶佳的證言，他道：

> 夫五經亦漢家之所立，儒生善政大義皆出其中。董仲舒表《春秋》之義，稽合於律，無乖異者。然則《春秋》，漢之經；孔子製作，垂遺於漢。[136]

王氏謂"《春秋》，漢之經"，無異表示《春秋》最能滿足漢人現時的需要。王氏素以破除讖緯妄説聞名，語及孔子援《春秋》爲漢立制卻毫無異詞。可見《春秋》作爲漢人的理論基石，已成時人的共識與信仰。是故，讖緯裏邊攸關《春秋》的述作最爲豐富，[137]絶非偶然。

究其實，讖緯與孔子形象之蜕化是相輔相成的。一方面，讖緯的造作者借孔子之名，取得發言的正當性，從中表達既定的政治訊息。反之，孔子之形象，不斷於讖緯之中獲得現時的意涵，以致能與時俱進，歷久彌新。現今倖存的東漢孔廟碑文正是此一發展的縮影。前已引述的《孔廟置守廟百石孔龢碑》即稱頌：

> 孔子大聖，則象乾坤，爲漢製作。[138]

稍後所立的《魯相韓敕造孔廟禮器碑》（建於桓帝永壽二年〔156〕）亦言道：

> 孔子近聖，爲漢定道。自天王上下，至於初學，莫不驂思，歎仰師鏡。[139]

該碑文末復雜引讖緯之説，例如"顔育空桑，孔制元孝"、"前闓九頭，以斗言教，後制百王，獲麟來吐，制不空作"與"至孔乃備，聖人不世，期五百載，三陽吐圖，二陰出讖，制作之義，以俟知奥。"等等之語。[140]

---

〔135〕 洪适《隸釋·隸續》卷一，頁15上。缺字以《闕里文獻考》補之。參照孔繼汾《闕里文獻考》卷三三，頁1上。立於靈帝建寧二年的《魯相史晨祠孔廟秦銘》。對於這幾本經書的排列亦相同，詳見後文引文。

〔136〕 王充《論衡集解》卷一二，頁249。

〔137〕 明人孫穀云："言緯者始主《春秋》，諸書徵引，殊不別疏，皆曰《春秋緯》。以故緯之篇，《春秋》爲多。"見孫氏《古微書》（臺北：臺灣商務印書館《文淵閣四庫全書》本）卷六，頁1上～1下。又參關安居香山《緯書の成立とその展開》（東京都：國書刊行會，1984），頁221,225～226。

〔138〕 洪适《隸釋·隸續》卷一，頁15上～15下。

〔139〕 同上，卷一，頁18上。

〔140〕 同上，卷一，頁18下。

立碑更遲的《魯相史晨祠孔廟奏銘》（立於靈帝建寧二年〔169〕）除了重複上述之主題，謂：「孔子乾坤所挺，西狩獲麟，爲漢製作」，更明白徵引緯書的《孝經援神挈》曰：「玄丘制命，帝卯行。」[141] 又徵引《尚書考靈曜》道：「丘生倉際，觸期稽度爲赤制，故作《春秋》以明文命。綴紀撰書，修定禮義。」[142] 碑文尾端竟至全然套用讖緯用語以總結孔子之志業，它如是敘述道：

> 昔在仲尼，汁光之精。大帝所挺，顏母毓靈。承弊遭衰，黑不代倉……獲麟趣作，端門見徵，血書著紀……主爲漢制，道審可行。乃作《春秋》，復演《孝經》，刪定《六藝》，象與天談，鈞河摘洛，卻揆未然，巍巍蕩蕩，與乾比崇。[143]

宋人歐陽修、洪适均因碑文徵引讖緯，譏刺撰者荒誕不經。例如：洪氏譏諷碑文「顏育空桑，不經之甚」，且斥責撰者「乃以鈞河摘洛而頌尼父，鄙哉！」[144] 歐陽氏亦斥漢儒狡陋，謂：「孔子作《春秋》，豈區區爲漢而已哉！」[145] 此些評論如出一轍，均是不解當時實情所致。

孔廟碑文倘若稍加剖析，則其所涉及之對象，以《孔廟置守廟百石孔龢碑》爲例，請置「守廟百石卒史」固始自孔子十九世孫麟廉，但其認可則歷經地方官吏（郡國魯相）、朝廷（三公）以及最後天子之「制曰：『可』。」的層層批示。[146] 可見東漢孔廟碑文在顯示讖緯所塑造的孔子形象，已變成漢人所以尊崇孔廟的根源。因此西漢末年，縱使古文經興起，亦只能提升周公的地位，而未能動搖孔子的重要性。

此外，這些碑文亦提供了孔廟沿革極佳的記錄。迄桓帝永興元年，吾人獲悉孔子聖裔——褒成侯，僅是四時來祠，事已即去，遂致廟有禮器，無常人掌領，故有置百石卒史之請。故孔家圖比照辟雍祠先聖之禮，其時辟雍侍祠者孔子子孫太宰、大祝令各一人，皆備爵；太常丞監祠、河南尹給牛羊豕雞各一、大司農給米祠。仿此，闕里孔廟該有專人典主守廟，春秋饗禮，出王家錢，給犬酒。結果獲旨允行。[147]

---

〔141〕 洪适《隸釋·隸續》卷一，頁 25 下。
〔142〕 同上，卷一，頁 25 下。
〔143〕 同上，卷一，頁 26 下。
〔144〕 同上，卷一，頁 19 下，27 上。
〔145〕 歐陽修《歐陽修全集》（臺北：世界書局，1961）之《集古錄跋尾》卷二，頁 1109。
〔146〕 洪适《隸釋·隸續》卷一，頁 14 下～17 下。
〔147〕 洪适《隸釋·隸續》卷一，《孔廟置守廟百石孔龢碑》，頁 15 上～15 下。

　　然而距此不過十餘年，靈帝建寧元年(168)，魯相史晨到官，行秋饗禮，卻發現無公出酒脯之祠，即自用俸錢祀孔。史氏爲此上疏朝廷云：

> 臣以爲素王稽古，德亞皇代。雖有襃成世享之封，四時來祭，畢即歸國。臣伏見臨辟雍之日，祠孔子以太牢、長吏備爵，所尊先師，重教化也……而(孔聖)本國舊居，復禮之日，闕而不祀，誠朝廷聖恩所宜特加。[148]

其回覆爲皇帝詔依社稷，出王家穀，春秋行禮以禠祀。[149] 有趣的是，魯相史晨發現辟雍祀孔禮重，闕里祀孔反而禮輕，此一本末倒置的現象，使得朝廷祀孔子之政治目的，不言而喻。

　　桓帝永興元年至靈帝建寧元年相差不遠，但闕里祀孔已殘缺不全，其間恐因桓、靈之際，災亂頻仍，朝廷無暇兼顧所致。所幸新任魯相史晨所舉春饗禮，留存完好的記錄，從中可以知悉該時祀孔的盛況；史晨以建寧元年四月十一日到官，乃以令日，拜謁孔子，因春饗，修辟雍禮，與會者包括各級地方官吏與孔家代表；其中守廟百石孔讚顯爲永興元年議立典守孔廟之職。參與盛典者達九百七人，雅歌吹笙，奉爵稱壽，相樂終日。[150]

　　然而此一祭典並無法挽回孔家衰頹之命運，隨著大漢帝國之崩解，於獻帝初年，孔氏國絕失傳。[151]

五、訪求聖裔與孔廟外地化：
"非但洙泗湮淪，至乃饗嘗乏主。"

　　在孔廟祭典裏，孔氏聖裔扮演著不可或缺的奉祀角色。孔系的斷絕必然使得祀孔難以爲繼。職是之故，政權之興衰、孔家之榮枯與祀孔之存續誠息息相關，難以分割。

　　所不同的是，劉氏王朝在歷史上固一去不返，而孔氏聖裔卻似千年火鳳凰得應時重現。黃初二年(221)，魏文帝履位之初，"訪求"孔氏後裔。得孔氏二十一代孫孔羨，拜議郎。其詔書曰：

> 昔仲尼資大聖之才……遭天下大亂，百祀墮壞，舊居之

---

[148]　洪适《隸釋・隸續》卷一《魯相史晨祠孔廟奏銘》，頁25上~25下。
[149]　孔繼汾《闕里文獻考》卷一四，頁2上。
[150]　洪适《隸釋・隸續》卷一《史晨饗孔廟後碑》，頁27下~28上。
[151]　范曄《後漢書》卷七九上，頁2563。

廟,毀而不修,褒成之後,絶而莫繼,闕里不聞講頌之聲,四時
不睹蒸嘗之位,斯豈所謂崇禮報功,盛德百世必祀者哉![152]

緣此,以議郎孔羨爲"宗聖侯",邑百户,奉孔子祀。其實,魏晉以
降,孔裔常有封爵而無胙土,其所食邑亦隨時升降,然僅限百户、兩百
户而已。[153] 譬如:北周宣帝,追封孔聖至"鄒國公",但"邑數準
舊"。[154] 較之漢時食户動輒千户,不啻天壤之別。

魏文帝除了詔封孔羨爲"宗聖侯",復令魯郡修起舊廟,置"百石吏
卒"以資守衛;於其外又廣爲室屋以居學者。故孔廟所存碑文録有"莘
莘學徒,爰居爰處"之贊語。[155] 這已初具後世"廟學制"之雛形。簡言
之,"宗聖侯"之立,適值三國鼎立、群雄割據的局面,其邑地雖小,然觀
《魏修孔子廟碑》,猶以"大聖"、"玄聖",尊稱孔子,故魏制大體仍可視
爲漢制之延續。[156]

魏文帝復起孔廟,距漢末方三十餘年,孔廟已廢絶若此;而後逾是
時修時毀。兩晉南北朝,鼎祚迭移,戰亂頻繁,民生困頓,有司自顧不
暇。北方淪入胡人之後(曲阜隸屬魯郡,屬北方),斯文存續艱難。況
且漢末以來,玄、釋風行,儒術不復獨尊天下。上位者"抑揚孔、墨,留
連釋老"非爲罕聞。[157] 人君縱使有意倡作仁義之學,亦因"世尚莊、
老,莫肯用心儒訓。"[158] 難以賡續。值此儒教式微之際,孔廟祭祀欲求
不絶如縷,已屬大不易。

西晉之亂,闕里被寇,廟貌荒殘。迄東晉孝武帝太元十年(385),
有朝臣路經該處,目睹"孔廟庭宇傾頓,軌式頹弛",感慨"萬世宗匠忽
焉淪廢",至不覺涕流。其實自北方湮没,迄東晉孝武帝時,闕里荒廢

〔152〕陳壽《三國志》(臺北:鼎文書局,1983)卷二,頁77~78。
〔153〕晉武帝泰始三年(267),改封二十二代孫孔震爲"奉聖亭侯",食邑兩百户。北齊文宣
帝詔封孔子後裔"崇聖侯",僅食邑一百户而已。各舉孔繼汾《闕里文獻考》卷五,頁2
下;李百樂《北齊書》(臺北:國史研究室,1973)卷四,頁51。孔氏家譜輒誇大其詞,舉
凡"百户"均吹噓爲"千户"。見孔元措《孔氏祖庭廣記》卷二,頁6~7。
〔154〕令狐德棻《周書》(臺北:國史研究室,1973)卷七,頁123。
〔155〕陳壽《三國志》卷二,頁78。《三國志》記"置百户吏卒",據《魏修孔子廟碑》改正爲
"置百石吏卒"。見洪适《隸釋·隸續》卷一九,頁12下。洪适據碑文謂"黃初元年",
非"黃初二年",不確。參較施蟄存《水經注碑録》卷六,頁260~261;又朱彝尊《曝書
亭集》(臺北:世界書局,1964)卷四七,頁564;則作"百石卒史"。
〔156〕洪适《隸釋·隸續》卷一九,頁12上~13下。
〔157〕許嵩《建康實録》(北京·中華書局,1986)卷一七,頁691。
〔158〕沈約《宋書》(臺北:鼎文書局,1980)卷一四,頁363。

將及百年。[159] 孔廟之頹敗若此,孔氏子孫之際遇可想而知。

此一時期,孔氏譜系不止紊亂,且流離失散,自魏文帝立二十一代孫,迄隋煬帝訪求孔"苗裔",立三十二代孫爲"紹聖侯"。[160] 孔氏家譜世系記載屢與正史不符:家譜所系聖裔,正史不見登錄;反之,當時正史所載聖裔,家譜不見系次亦有之。[161] 之所以致此,極可能孔氏家族依南、北政權對立,而呈南、北宗分繼的現象,以致記載互有牴牾。[162] 且因朝代更替過速,兵災不斷,常有斷裂之虞。例如:元嘉十九年(442),緣於闕里飽經寇亂,黌學殘毀,宋文帝除於先廟地恢復營造,依舊給祠置令,以便四時饗祀;特下詔:"奉聖之胤,可速議繼襲。"[163] 永明七年(489),南齊武帝於興立孔廟之詔書裏,亦感嘆"非但洙泗湮淪,至乃饗嘗乏主。"因詔令"奉聖之爵,以時紹繼。"[164] 太平二年(557),梁敬帝緣"奉聖之門,胤嗣殲滅",而下詔:"外可搜舉魯國之族,以爲奉聖後。"[165] 即使降至唐初,仍需藉著"博求其後",方能尋得孔子哲嗣以"存亡繼絕"[166]。這都是顯示孔裔存續岌岌可危,若無人君刻意訪求,恐早已名實俱亡了。

於此,不禁有疑問浮現,意即,於議立孔廟之餘,人君何以汲汲覓

---

[159] 沈約《宋書》(臺北:鼎文書局,1980)卷一四,頁366。

[160] 魏徵《隋書》(臺北:史學出版社,1974)卷三,頁72。

[161] 例如:東晉至宋繼襲次序,正史(《晉書》、《宋書》)與家譜記載有所抵觸。參較《孔氏祖庭廣記》卷一,頁6~7;《闕里志》卷二,頁20上~20下。

[162] 有關此段期間,孔氏家譜記載,第二十二代迄第二十六代聖裔與正史互有出入。尤其晉武帝泰始三年(267),改封二十二代孫孔震爲"奉聖亭侯",迄宋文帝元嘉十九年(442),二十六代孫孔鮮襲爵,相距一百七十餘年,所傳僅四世,大有疑問。參見孔繼汾《闕里文獻考》卷五,頁2下~3下。孔繼汾認爲:二十八代孫孔靈珍於北魏孝文帝太和十九年(495)受封"崇聖侯",追溯其先祖,登載於孔氏家譜,故造成與正史不符之處。身爲孔氏"後裔",孔繼汾無法承孔氏一系有分裂失傳之事實。可是就史實而言,孔氏一系極可能因南北分裂,呈南北宗分繼的狀態,並且間有失傳。這從下文所引的詔書可以獲知。除了此一時期外,南宋時,孔氏亦有類似現象。參較程敏政《篁墩文集拾遺》(臺北:臺灣商務印書館《文淵閣四庫全書》),頁1上~4下。程氏主張:孔裔封爵不當歸諸闕里之宗(小宗),卻當歸諸隨宋人南渡之衢族(大宗)。孔氏六十三代孫孔貞棟曾撰文駁斥之,然語及宋代之前,亦只能承認:"五季以前無論已。"見孔貞棟《聖裔考辨》,收入孔貞叢《闕里志》卷二,頁37下~39上。

[163] 沈約《宋書》卷五,頁89。

[164] 蕭子顯《南齊書》(臺北:鼎文書局,1980)卷三,頁56。

[165] 姚思廉《梁書》(臺北:鼎文書局,1980)卷六,頁147。

[166] 唐高祖武德二年,博求孔子後。見劉昫《舊唐書》卷一,頁9。武德九年,封孔子後德倫爲褒聖侯。見歐陽修《新唐書》卷一五,頁373。武德九年詔令見《大唐贈泰師魯國孔宣公碑陰》。孔元措《孔氏祖庭記》卷一〇,頁125。

立孔聖後裔？本來原初的孔廟（闕里）具有雙重性格，其一即爲家廟性質，所以傳統上孔子後裔在奉祀儀典中即爲必備的血緣角色。是故，爲了宣示祀孔的正當性，"延續"或"訪求"孔氏聖裔自然成爲人君的當務之急。

另方面，儒家，就社會宗教信仰言，固難與道、釋抗衡；然以治國之術言之，其所倡導之人倫典範卻是治化之本，有國者不容忽視。宋文帝即謂："宣尼之篤訓，貢士任官，先代之成準。"[167] 可見儒教與朝廷用人取士關聯密切。稍前述及的梁敬帝，於立孔廟，並求奉聖後裔的詔書中：以"立忠立孝"、"制禮作樂"來推許孔聖，從中不難窺其真意。[168] 宋孝武帝則毫不掩飾儒教於救亡圖存的實用價值。他言道：

> 國難瀕深，忠勇奮屬，實憑聖義，大教所敦。永惟兼懷，無忘待旦。可開建廟制……厚給祭秩。[169]

由於孔子所代表之儒教，有上述治國之實效，以致人君常以祀孔的營爲，來強化其政權之意理基礎。

此一時期，人主復啓立孔廟於京師的風氣。先是永嘉之亂，曲阜所屬的豫州闔境没入胡人石勒手中。[170] 闕里孔廟一時化爲烟塵。太元十一年（386），東晉孝武帝詔封孔靖之爲"奉聖亭侯"，奉宣尼祀。[171] 並於南方京畿首立宣尼廟，專供祀孔之所。[172] 此不意促成孔廟向闕里之外拓殖的契機。唯從時人研議宣尼廟宜"依亭侯之爵"或"依古周公之廟，備王者儀"，莫衷一是的情狀度之；其時孔廟祀典仍混沌未明，亟待定位。[173] 這種摸索過程似乎直至南齊永明三年（485），因朝廷論定"皇朝屈尊弘教，待以師資，引同上公，即事惟允。"方暫告段落。依此，孔廟釋奠禮"設軒縣之治，六佾之舞，牲

---

〔167〕　沈約《宋書》卷五，頁 83。

〔168〕　姚思廉《梁書》卷六，頁 147。

〔169〕　沈約《宋書》卷六，頁 116。

〔170〕　房玄齡《晉書》（臺北：鼎文書局，1980）卷一四，頁 442。其時，曲阜屬魯縣，爲豫州轄下。

〔171〕　同上，卷九，頁 235。

〔172〕　許嵩《建康實錄》卷九，頁 283。《晉書》不載立宣尼廟。

〔173〕　蕭子顯《南齊書》卷九，頁 143～144。王儉引述東晉孝武帝時，"范寧欲（宣尼廟）依周公之廟，備王者儀"；此語並不能作爲當時設有周公廟的證據。查王涇《大唐郊祀錄》（《指海叢書》）卷一〇，頁 9 上。載有范寧原議，其云："《禮》曰：'大德不官，當爲師則不臣。'古周公之廟，備王者之儀。夫子之葬，兼三代之禮，明出常均之外也。"蓋謂"古周公廟"也。

牢器用，悉依上公”。[174]

此外，永明七年（489）二月，南齊武帝，興學，立孔廟於京畿（建康）；[175] 同年（太和十三年，489）秋七月，北魏孝文帝，亦於京師（平城）立孔廟，[176] 此可能爲對應之舉。進而，北魏孝文帝復於太和十九年（495），行幸魯城，親祠孔子廟。又爲孔子起園柏，修飾墳隴；[177] 詔封孔裔靈珍爲“崇聖侯”。[178] 較之即位之初，於孔聖後裔優禮有加。[179]

無獨有偶的，孔廟外地化的現象，隨着南、北政權的分峙，日趨顯著。北齊立，天保元年（550），文宣帝即詔封“崇聖侯”邑一百户，以奉孔子之祀，並下令魯郡以時修治廟宇，務盡褒崇。[180] 太平二年（557），梁敬帝則下詔議立奉聖之後，並繕廟堂。[181] 其實，梁朝開國君主——武帝，於立國之初（天監四年，505）已立孔廟於京師（建康）；梁敬帝所行只不過是復振之而已。[182]，此外，北周雖

〔174〕 蕭子顯《南齊書》卷九，頁 144。
〔175〕 同上，卷三，頁 56。從《建康實錄》所引《地志》，可知南齊孔子廟位於京畿。見許嵩《建康實錄》卷九，頁 283。
〔176〕 魏收《魏書》（臺北：鼎文書局，1980）卷七下，頁 165。清儒秦蕙田以北魏孝文帝太和十三年爲京師立孔廟之始，誤之甚。明儒丘濬以爲太和十六年，告諡孔廟，爲始有宣尼廟之文，亦誤。按東晉孝武帝太元十一年，已於南方京畿立“宣尼廟”。比較，秦蕙田《五禮通考》卷一二一，頁 19 下；丘濬《大學衍義補》卷一五，頁 7 下 ~8 下。《魏書》所附《校勘記》，將“平城孔廟”，誤作“洛陽孔廟”。《魏書》卷一八一，頁 2757。（同“北京中華書局點校本”）按太和十六年二月告諡孔廟，孝文帝仍在平城。太和十七年九月，巡幸洛陽，周巡故宮，發現荒毀不堪，有待經營。其時之前，洛陽何有孔廟之設？
〔177〕 魏收《魏書》卷七下，頁 177。
〔178〕 孔貞叢《孔氏祖庭廣記》卷一，頁 7。
〔179〕 北魏孝文帝延興三年（473），詔以孔子二十八世孫孔乘爲“崇聖大夫”，才給十户以供洒掃。（見魏收《魏書》卷七上，頁 138 ~ 139）按宋明帝泰始二年（466），宋師棄守，遂失淮北西州及豫州淮西地。魯郡因是落入北魏手中。（沈約《宋書》卷八，頁 160。）因此北魏孝文帝延興二年（472）致祭孔子的詔書中方言：“頃者淮徐未賓，廟隔非所，致令祠典寢頓，禮章殄滅。”詔書中更透露孔廟有遭褻瀆，鳩占雀巢的景象。書中言道：“遂使女巫妖覡，遙進非情，殺生鼓舞，倡優媟狎，豈所以尊明神、敬聖道者也。自今已後，有祭孔子廟，制用酒脯而已，不聽婦女合雜，以祈非望之福。犯者以違制論。”（《魏書》卷七上，頁 136）宋文帝元嘉十九年（442），下詔犯者修復闕里孔子廟，已知孔廟十分破敗，但因世故妨道，未克實行。宋孝武帝孝建元年（454），再詔開闕里廟制，同諸侯之禮。（《宋書》卷五，頁 89 ~90；卷六，頁 115 ~116）魯郡位於宋、魏交戰之地，闕里孔廟常罹兵災，故保存不易。
〔180〕 李百藥《北齊書》（臺北：國史研究室，1983）卷四，頁 51。
〔181〕 姚思廉《梁書》卷六，頁 147。
〔182〕 同上，卷二，頁 42。

雄據華北，然闕里所在的魯郡，並非轄域之內。武帝建德六年
（577），北周滅北齊，魯郡納入版圖；宣帝卻於大象二年（580），
決定別立孔廟於京師（長安），並追封孔聖爲"鄒國公"，立後承
襲。[183] 相對的，至德三年（585），南方於歷經梁季湮微之後三十餘
年，陳後主下詔改築舊廟，以便以時祭奠。[184] 由上所述，南、北朝
君主之相互競立孔廟、尋覓聖裔，充分顯示孔廟祭祀制度所發揮的
"象徵力量"（symbolic power），定然裨益安邦定國之計。尤其北魏
孝文帝、北周宣帝京城立廟優先於闕里，更突顯孔廟之政治
作用。[185]

其實，孔廟外地化不止見諸京師。且緣"廟學制"的形成，不止中
央官學，在地方學校亦有分立的現象。[186] 自東漢明帝永平二年，詔國
學郡縣祀孔子以降；人主、有司釋奠孔子便屢見不鮮。例如，三國時，
魏齊王正始二年（241），帝初通《論語》、五年（244）講《尚書》通、七年
（246）講《禮記》通，均使太常釋奠，以太牢祠孔子於辟雍。[187] 晉武帝
泰始三年（267），又詔太學及魯國，四時備三牲以祀孔子。[188] 東晉升
平元年（357），穆帝講《孝經》通，親釋奠於中堂（其時權以中堂爲太
學）。穆帝之外，成帝、孝武帝皆曾親行釋奠之禮。[189] 凡此種種，但云
"釋奠"，未嘗言"廟"。

東晉孝武帝太元十年（385），尚書令謝石以學校陵遲，上疏興復國
學於太廟之南。其西立有"夫子堂"，畫孔子及十弟子像。[190] 不知是

[183] 令狐德棻《周書》（臺北：國史研究室，1983）卷六，頁100；卷七，頁123。
[184] 姚思廉《陳書》（臺北：鼎文書局，1980）卷六，頁113。又《曲阜孔廟建築》作
者失察，屢將南方孔廟誤作闕里孔廟；譬如，南齊武帝永明七年詔書、陳後主至德
三年詔書中所提的孔廟，均指南方而言。參較南京工學院建築系、曲阜文物管理委
員會合著《曲阜孔廟建築》（北京：中國建築工業出版社，1987），頁412。
[185] 唐初亦有此現象。高祖武德二年，先立國子學之孔廟。太宗貞觀十一年方修宣尼廟
於兗州。劉昫《舊唐書》卷一，頁9；卷三，頁48。
[186] 高明士學兄推測北魏孝文帝太和十三年立孔廟於京師，應是立於"中書學"。梁武帝
天監四年，立孔廟，恐亦設置國子學堂內。參閱高明士《唐代的釋奠禮制及其在教育
上的意義》，《大陸雜誌》61卷5期（1980），頁22。此外，較早東晉孝武帝太元十年所
立之國學，甚或太元十一年所立之宣尼廟，以文字所敘地理位置，與國子學或舊有太
學毗鄰而居。參見許嵩《建康實錄》卷九，頁277,283。
[187] 陳壽《三國志》卷四，頁119～121。
[188] 房玄齡《晉書》卷一九，頁599。
[189] 房玄齡《晉書》卷一九，頁599。
[190] 許嵩《建康實錄》卷九，頁277。

否即指太元十一年所立之"宣尼廟"？[191] 或而後廟移之況？至少,東
晉安帝時,已見"國子聖堂"聯稱,似(孔子)聖堂寓居國子學之內。[192]
要之,自魏文帝於闕里孔廟之外,廣爲學屋,已啓"依廟立學"之先例。
迄東晉孝武帝時,即見臣僚上表,中載有"興復聖祀,修建講學"之
請。[193] 宋元嘉十九年(442)修復孔廟的詔書之中,亦見"並下魯郡修
復學舍,採召生徒"之辭。[194] 觀此,興廟立學遂成慣例,"廟學制"於是
粗具雛形。此一建制影響所及,上達中央官學(如太元十年所立之國
學),下迄地方學校之規劃,均呈現"廟學相依"的格局。北齊文宣帝天
保元年,下詔"郡學於坊內立孔顏廟";[195] 唐貞觀四年(630),太宗進而
下詔州縣皆立孔廟。[196] 使得"廟學制"從闕里孔廟"依廟立學"之先
例,躍入地方普遍"依學立廟"的榮景。從此,孔廟與學校(不論中央或
地方)環環相扣。元人馬端臨有見於此,說道:

> 古者入學,則釋奠於先聖先師,明聖賢當祠之於學也。

> 自唐以來,州縣莫不有學,則凡學莫不有先聖之廟矣。[197]

實有見於此。孔廟遂是兼有正統文化宣導者,與國家教育執行者的雙
重功能。申言之,京師立廟,有別於原初孔廟,政治意圖特爲突顯;但
爲維持奉祀之正當性,聖裔設立仍不可或缺。是故,不免染有家廟的
殘餘性格。相對的,地方孔廟純是遂行國家政教措施,而無此顧慮。
這終使得孔廟完全脫離家廟性質,正式溶入國家祭祀系統,成爲官廟
的一環。

六、周公乎? 孔子乎? "日没日出,寧有二日?"

循理說,孔廟祭祀制度正是定型於唐朝;但唐初,孔廟祭祀卻詭譎
萬分,起伏不定。其故即領享正位的對象屢有更動,導致孔子、周公互

---

[191] 許嵩《建康實錄》卷九,頁283。要之,《晉書》載太元十年元月,國子學生因風放火,焚
　　　屋百餘間。是故,太元十年春,尚書令謝石才會有興復國學於太廟之南之請;此與咸
　　　康三年(337)所立舊有之太學,以秦淮水爲隔。若此,太元十一年所立之宣尼廟則在
　　　故學之址,或鄰近。唯太元十年所立之國學,其西之夫子堂,爲同時之作,或而後廟移
　　　之所? 無從考考。參閱《晉書》卷二七,頁807;許嵩《建康實錄》卷七,頁190。
[192] 房玄齡《晉書》卷二七,頁8290。
[193] 沈約《宋書》卷一四,頁366。
[194] 同上,卷五,頁89。
[195] 潘相《曲阜縣志》(乾隆三九年刊本)(臺北:學生書局,1968)卷二一,頁11下。
[196] 歐陽修《新唐書》卷一五,頁373。
[197] 馬端臨《文獻通考》卷四三,頁411。

有更替。這就旁及周公祭祀的問題。

按周公旦，周武王弟，輔翼武王，用事居多。伐紂事成，對於少昊之虛——曲阜，是爲魯公。周公不就封，留佐武王。其後武王卒，成王年少，遂襄贊成王，使其子伯禽代就封於魯。周公卒，成王葬周公於畢，從文王。[198] 唯魯有太廟，主周公之祭祀，即周公廟。[199] 魯頃公二十四年，楚考烈王滅魯，魯竟絕祀，此事前文已有論述。

另外，別有一處奉祀周公。原來成王營王城，有遷都之志，故賜周公許田，以爲魯國朝宿之邑，後世因而立周公別廟。[200] 魯桓公元年（前711），鄭國托辭奉祀周公，以祊田礽易得許田。[201] 周公固爲魯國之祖，然鄭國是否持續奉祀，大有疑問。漢人認定桓公卒爲人所弒，即肇自桓公易許田，不祀周公，廢祭祀之罰。[202]

而後僅見西漢蜀守文翁興學，修禮殿以祀周公。由於史料僅此一見，因此學校祀周公究出自文翁一人之意，或爲通例？則無從判別。降至王莽，朝臣喻爲今之周公，王氏亦以周公自況；[203] 周公後裔遂得封侯，以祀周公。唯新朝政權瓦解之後，東漢光武只復封孔子後裔，周公後則終不見復立。明帝永平二年，令祀聖師周公、孔子，但僅行於學校之所，無關周裔奉祀之廟。漢末，曾出現"周公不師孔子，孔子亦不師周公"之論調，[204] 此一微言是否即爲時風易勢的訊息，殊堪留意。

三國時期，魏文帝立意修復魯郡孔子舊廟，亦不及周公之廟。其時適逢朝臣論辯孔子後裔"宗聖侯"應否賜予命祭之禮，從中透露周、孔身後不同的際遇，主張"宗聖侯"已具命祀的崔林説：

> 今周公已上達於三皇，忽焉不祀，而其禮經亦存其言。今獨祀孔子者，以世近故也。以大夫之後，特受無疆之祀，禮過古帝，義逾湯、武，可謂崇明報德矣，無復重祀於非族也。[205]

---

〔198〕　司馬遷《史記》卷三三，頁 1515～1522。張守節《史記正義》引《括地志》云："周公墓在雍州咸陽北十三里畢原上。"

〔199〕　公羊高《春秋公羊傳注疏》（臺北：臺灣商務印書館《文淵閣四庫全書》卷一四，頁 9上～9下。

〔200〕　司馬遷《史記》卷四，頁 150，注（二）。

〔201〕　洪亮吉《春秋左傳詁》卷五，頁 209。

〔202〕　班固《漢書》卷二七上，頁 1343。

〔203〕　同上，卷七七，頁 3262。云："太師孔光、大司徒馬宮等咸稱莽功德比周公。"卷八四，頁 3482。注（三）云："莽自比周公，故依效其事。"

〔204〕　楊勇《世説新語校箋》（臺北：明倫出版社，1970），頁 128。

〔205〕　陳壽《三國志》卷二四，頁 681。

"以世近故也"作爲孔子領受重祀的原因,此一解釋是否公允,有待深考;[206]然其時周公之祀廢而不舉,卻是不爭之事實。

降至東晉,從成帝時人范堅與馮懷的書間對答,可知"漢氏以來,釋奠先師唯仲尼不及公旦",[207]顯見周公仍未領祀。

北魏太和十六年(492),孝文帝詔祀歷代帝王:"唐堯於平陽,虞舜於廣寧,夏禹於安邑,周文於洛陽。"[208]此處的"周文"即是"周文公"之略。[209]緣周公曾營成周雒邑,故孝文帝以周公傳世洛陽,象徵有周一代,與古聖賢王分祀。此舉"治統"意義遠逾"道統"。而後,孝文帝遷都洛陽,其能臣李沖喻之"修周公之制,定鼎成周",[210]未嘗不解其寓意。此所以周公廟別在洛陽之故。

周公奠定有周一代基業,其豐功偉業史不絕書;孔子心儀其人其事,致以恢復周道爲己志,晚年竟以不夢周公爲憂。[211]後世以"周公、仲尼之道"並稱,不爲無據。[212]唯周公東魯之廟,遲到北宋大中祥符元年(1008),宋真宗幸魯,方追封周公爲"文憲王",立新廟;[213]其距廢廟不舉已達一千數百年之久。其遭遇與闕里孔廟不可同日而語。

周公祭祀趨於衰頹似大勢底定,唯一逆轉即發生於唐朝初年。武德二年(619),高祖令國子學立周公、孔子廟各一所,四時致祭。[214]依詔書析言之,其祭周公所持理由如下:

> 爰始姬旦,匡翊周邦,創設禮經,尤明典憲。啓生人之耳目,窮法度之本源,化起《二南》,業隆八百,豐功茂德,冠於終古。[215]

高祖爲開國君主,其祭周公似取後者創業之功,並溯治道之源。

---

[206] 陳壽《三國志》卷二四,頁 682。裴松之即不贊成崔林此解。

[207] 李昉《太平御覽》(臺北:新興書局,1959)卷五三五,頁 3 上～3 下。

[208] 魏收《魏書》卷七下,頁 169。

[209] 參較《魏書》卷一〇八之一,頁 2750。另外錢大昕《二十二史考異》(京都:中文出版社,1980)卷二八,頁 544。

[210] 魏收《魏書》卷五三,頁 1183。

[211] 孔子曾説:"周監於二代,鬱鬱乎文哉!吾從周。"又説:"甚矣吾衰也!久矣吾不復夢見周公。"朱注云:"孔子盛時,志欲行周公之道,故夢寐之間,如或見之。至其老而不能行也。則無復是心,而亦無復是夢矣,故因此而自嘆其衰之甚也。"見朱熹《四書章句集注·論語集注》卷二,頁 65;卷四,頁 94。

[212] 同上,《孟子集注》卷五,頁 260。

[213] 脱脱《宋史》(臺北:鼎文書局,1980)卷七,頁 139。

[214] 潘相《曲阜縣志》卷四,頁 7 上。

[215] 劉昫《舊唐書》卷一八九上,頁 4940。

唯周公與孔子時稱"二聖"，並無軒輊之意。[216] 武德七年（624），高祖幸國子學，親臨釋奠，以周公爲先聖，孔子配。復引道士、沙門有學業者，與博士雜相駁難，久之乃罷。[217] 適見儒學於唐初仍未穩居朝廷主導意識。後世儒者以高祖"反引佛、老二氏，與吾徒相辯論"，謂之"失禮"，未免苛責太過。[218]

貞觀二年（628），太宗罷祀周公，升孔子爲先聖，以顏回配。[219] 蓋取左僕射房玄齡、博士朱子奢之建言。他們建議云：

> 武德中，詔釋奠於太學，以周公爲先聖，孔子配享。
> 臣以周公、尼父俱稱聖人，庠序置奠，本緣夫子。故晉、宋、梁、陳及隋大業故事，皆以孔子爲先聖，顏回爲先師，歷代所行，古人通允。[220]

此中要緊的是，二者道出：（一）釋奠於學，本爲孔子之故；（二）大業之前，皆孔子爲先聖，顏回爲先師。按諸史實，房、朱二氏所言不差。周公歷史上固稱"上聖"、"至聖"，實政治意涵居多，[221] 故魏晉以降，釋奠於學，皆以孔子爲尊。故太宗詔從之，遂有以上之更動。貞觀四年（630），太宗下詔州、縣學皆作孔子廟。[222] 這是官方由上至下推行孔廟最徹底的舉動。貞觀九年（635），秘書監顏師古議郡國立廟之非禮，爲朝廷所採納。[223] 此處的"廟"似非專指孔廟而言，唯示意朝廷控制地方立廟之決心；於孔廟地方普及化之趨勢並無妨礙。咸亨元年（670），即復見州、縣修孔子廟之詔令。[224]

高宗永徽中（650～655），不知何故，復以周公爲"先聖"，孔子爲"先師"；[225] 居間徒生波折。顯慶二年（657），太尉長孫無忌、

---

[216] 劉昫《舊唐書》卷一八九上，頁4940。
[217] 同上，卷二四，頁916。
[218] 秦蕙田《五禮通考》卷一一七，頁26上～26下。
[219] 歐陽修《新唐書》卷一五，頁373。
[220] 王溥《唐會要》（京都：中文出版社，1978）卷三五，頁635～636。
[221] 周公稱"聖"，意指居攝事蹟居多。例如：班固《漢書》卷七七，頁3262，稱"上聖"。范曄《後漢書》卷四○上，頁1330～1331，稱"先聖"。同書，卷二九，頁1012，稱"至聖"。房玄齡《晉書》卷四七，頁1325，稱"聖人"。同書卷九九，頁2586，稱"大聖"。沈約《宋書》卷六八，頁1796，稱"上聖"。
[222] 歐陽修《新唐書》卷一五，頁373。
[223] 潘相《曲阜縣志》卷二二，頁3下。
[224] 劉昫《舊唐書》卷五，頁94。詔書云："諸州縣孔子廟堂及學館有破壞並先來未造者，遂使生徒無肄業之所，先師闕奠祭之儀，之致飄露，深非敬本。宜令所司速事營造。"
[225] 歐陽修《新唐書》卷一四，頁374。

禮部尚書許敬宗等進言，首先道出永徽與貞觀之制有所違異：[226]

> 按新禮：孔子爲先聖，顏回爲先師。又準貞觀二十一
> 年，以孔子爲先聖，更以左邱明等二十二人與顏回俱配尼
> 父於太學，並爲先師。今據永徽令，改用周公爲先聖，遂
> 黜孔子爲先師，顏回、左邱明並爲從祀。[227]

此處所言之"新禮"即貞觀二年所定之禮，孔廟祭祀，禮有等差，"配
享"猶停正殿，"從祀"則退居兩廡。漢魏以來，"聖"則非周（公）即孔
（子），"師"則偏善一經；高下之分，昭然若判。依此"永徽令"對孔子
以下之貶抑，至爲顯然。

有關"永徽令"頒發之淵源，史乏明言；其轉變似突如其來。唯後
世今文學家往歸罪劉歆以下古文學家長遠之影響，此說能否確立，猶
待詳考。[228] 唯鄭玄之學左右孔子地位之升降，確有蛛絲馬跡可循。
審視長孫氏的進言，彼等持以改正"永徽令"的理據即是："依《禮記》
之明文，酌康成（鄭玄）之奧説"。[229] 觀其所引《禮記》所載之"先聖"、
"先師"之解，全係採自鄭氏；[230] 是故，"酌康成之説"的"酌"字，似充

---

[226] 《舊唐書》、《通典》以禮部尚書許敬宗領名，《新唐書》、《唐會要》則以太尉長孫
無忌領名。參見《舊唐書》卷二四，頁918；《通典》卷五三，頁1480；《新唐書》
卷一五，頁374；《唐會要》卷三五，頁636。

[227] 王溥《唐會要》卷三五，頁636。

[228] 例如：廖平説："（劉歆）牽引周公以敵孔子，古文家説以經皆出周公是也。後人習聞其説，遂
以周公、孔子同祀學官，一爲先聖，一爲先師，此其誤也。"見廖平《古學考》，頁30。又康有爲
説："然如舊説（古文）《詩》、《書》、《禮》、《樂》、《易》皆周公作，孔子僅在明者述之之列，則是
説豈非實録哉？漢以來皆祀孔子爲先聖也，唐貞觀乃以周公爲先聖，而黜孔子爲先師。"唐
"貞觀"年號疑爲"武德"、"永徽"之誤。見康有爲《孔子改制考》卷一○，頁243。皮錫瑞亦
云："太史公謂：'言六藝者折衷於孔子，可謂至聖。'……後漢以降，始有異議，不盡以經爲孔
子作。《易》則以爲文王作《卦辭》，周公作《爻辭》；《春秋》則以《凡例》爲出周公；《周禮》、
《儀禮》皆以爲周公手定……唐時，乃尊周公爲先聖，降孔子爲先師。配享、從祀與漢韓敕、
史晨諸碑所言大異。"見皮氏《經學通論·序》（臺北：臺灣商務印書館，1980），頁1。後漢以
來，"孔子志在《春秋》"之説盛行，《春秋》一經特爲突出，前文略有所述。晉時，杜預反謂：
"（《春秋》）蓋周公之志，仲尼從而明之……其發凡以言例，皆經國之常制，周公之垂法，史書
之舊章，仲尼從而修之，以成一經之通體。"見左丘明《春秋左傳注疏》（臺北：臺灣商務印書
館《文淵閣四庫全書》），杜預《序》，頁14下~17上。唐時，劉知幾（661~721）推衍其説，謂：
"《春秋》之作，始自姬旦，成於仲尼。丘明之《傳》，所有筆削及發凡例，皆得周典。"見劉氏
《史通通釋》（臺北：里仁書局，1980）卷一四，頁418。皮氏謂杜氏此等謬説致使孔子黜爲先師，
止配享周公，不得南面專太牢之祭，並預啓劉氏非聖無法。參見皮氏《經學歷史》，頁82~84。

[229] 王溥《唐會要》卷三五，頁636。

[230] 長孫無忌所徵引的《禮記》及鄭注如下："謹按《禮記》云：'凡學，春，官釋於其先師。'
鄭元（玄）注曰：'官謂《詩》、《書》、《禮》、《樂》之官也。先師者若《禮》有高堂生，《樂》
有制，《詩》有毛公，《書》有伏生，可以爲師者。'又《禮記》曰：'始立學，釋奠於先聖。'
鄭元注曰：'若周公、孔子也。'"

"陪襯",實爲"主導"之義。換言之,顯慶改制的論據,實採鄭氏之辭。

顯慶二年,長孫氏所力爭的,簡言之,即是"改令(永徽)從詔(貞觀)"。他們以"進"孔子,"出"周公的策略,達成釐清文廟祭統的性質。他們辯稱:"成王年幼,周公踐極,制禮作樂,功比帝王,所以禹、湯、文、武、成王、周公爲六君子。"[231] 是故,論其鴻業,周公合同王者祀。長孫氏對周公績業的陳述,清楚地反映了儒者對"治"、"道"分疏。前此,晉時,范堅與馮懷的對答已顯示如是之區別。《太平御覽》記載了此段對談:

> 范堅書問馮懷曰:"漢氏以來,釋奠先師唯仲尼不及公旦,何也?"馮答曰:"若如來談,亦當憲章堯、舜、文、武,豈唯周旦乎?"[232]

可見治統、道統涇渭分明,周公不納入道統祭祀,已漸成共識。漢明帝時,雖有周公、孔子並爲"聖師"之祀。三國以下,唐之前,則文廟祀統獨不見"先聖"周公蹤影。[233]

顯慶二年,長孫氏的建言終獲得人君的首肯。於是孔子復升"先聖",周公乃依別禮,歸王者之統,配享武王。[234] 至此,孔子穩居文廟享主之首的地位,明列國家祀典之中,未曾動搖。

七、結論:唐宋升祀,永錫蔭祚

唐玄宗時,官修的《唐六典》明列國家祀典有四:一曰祀天神,二曰祀地祇,三曰享人鬼,四曰釋奠於先聖、先師。[235] 末項的"釋奠"禮,細分則包括孔宣父與齊太公之祀;此在《唐六典》、《大唐開元禮》的禮儀階序上皆同列"中祀",形式上雖無差異,實質上頗

---

[231] 王溥《唐會要》卷三五,頁636。

[232] 李昉《太平御覽》卷五三五,頁3上~3下。

[233] 魏晉南北朝中的北周太祖素以"黜魏、晉之制度,復姬旦之茂典"爲標榜,其後代子孫亦以提升孔廟爲己任,邈論他人。參見令狐德棻《周書》卷七,頁123;卷四五,頁806。

[234] 王溥《唐會要》卷三五,頁637。

[235] 李林甫等《唐六典》(北京:中華書局,1992)卷四,頁120。王涇的《大唐郊祀錄》撰於孔宣父、齊太公追諡爲"王"之後,因此其稱呼略有微異。王氏曰:"凡祭祀之禮,天神曰祀,地祇曰祭,人鬼曰享,文宣王、武成王曰釋奠。"見王涇《大唐郊祀錄》(《指海叢書》)卷一,2上~2下。

有先後、輕重之別。[236]

考諸史籍，古並無恒祭太公之文，貞觀中，始於蹉溪置祠。[237]
玄宗開元十九年（731），令兩京與天下諸州各置「太公尚父廟」，
以漢留侯張良配饗。[238] 從此釋奠禮兼及齊太公。初時，象徵武人之
神的「太公廟」，以仿效代表文廟的孔廟爲主。例如：開元二十七年
（739），孔子追謚爲「文宣王」；肅宗上元元年（760），隨追贈太公
望爲「武成王」，饗祭之典，一同「文宣王」。[239]「太公廟」又仿照
孔廟從祀制，以張良爲「亞聖」，復選歷代良將「十哲」。一時文、
武兩廟亦步亦趨，無分軒輊。

然唐初以下，士人文化興起，包括科舉制度的落實，終使得孔
子廟凌駕太公廟。[240] 其間太公廟雖偶因兵革之興，受到重視，但難
挽大勢所趨。[241] 其實，肅宗時代此一差別已見端倪：肅宗一度因歲
旱罷中、小祀，太公廟遂不祭，而文宣之祭，至仲秋猶祀之於太
學。[242] 其輕重之別，判然兩分。在祭祀範圍，誠如韓愈所云：「自
天子至郡邑守長通得祀而遍天下者，唯社稷與孔子爲然。」[243] 反之，
「太公廟」非天下通祀，主祭者至高僅爲上將軍；然而祭孔者可上抵
天子至尊，其祭祀範圍域內無遠弗屆，絕非太公祭祀可比。唐德宗
貞元四年（788）兵部侍郎李紓以「武成王廟」（即前「太公廟」）
崇敬過禮，上疏朝廷祈求改正，其中有段奏辭最能代表士人意識。
李氏言道：

> 文宣垂訓，百代宗師，五常三綱，非其訓不明，有國
> 有家，非其制不立，故孟軻稱，有生人以來，一人而已。

---

〔236〕 李林甫等《唐六典》卷四，頁120。其曰：「凡祭祀之名有四……其差有三：若昊
天上帝、五方帝、皇地祇、神州、宗廟爲大祀，日、月、星、辰、社稷、先代帝
王、岳、鎮、海、瀆、帝社、先蠶、孔宣父、齊太公、諸太子廟爲中祀，司中、司
命、風師、雨師、衆星、山林、川澤、五龍祠等及州縣社稷、釋奠爲小祀。」另見
蕭嵩等《大唐開元禮》（臺北：臺灣商務印書館《文淵閣四庫全書》本）卷一，頁
1上～1下。

〔237〕 王涇《大唐郊祀錄》卷一○，頁14上。

〔238〕 劉昫《舊唐書》卷八，頁196～197。

〔239〕 杜佑《通典》卷五三，頁1484。

〔240〕 可略參較金諍《科舉制度與中國文化》（上海：上海人民出版社，1990）。

〔241〕 歐陽修《新唐書》卷一五，頁380。

〔242〕 同上，卷一五，頁376～377。

〔243〕 韓愈《韓昌黎文集校注》（臺北：華正書局，1975）卷七，頁283。

由是正素王之法，加先聖之名，樂用宮懸，獻差太尉，尊
師崇道，雅合正經。且太公述作，止於《六韜》，動業形於
一代，豈可擬其盛德，均其殊禮哉![244]

當時朝臣泰半附和李氏之見，激進者甚而主張去"武成"追封及王
位。時因兵興，僅依李紓之請。[245] 但李氏之議事實上預示了"武成
王廟"難以挽回的命運；洪武二十年（1387）明太祖終究以呂尚人
臣"稱王不當"，廢"武成王廟"祭祀。[246] 至此，"釋奠"禮復回
歸爲一。

於本文部分，我們呈現並分析了孔廟如何從私人性質的家廟，演
變成官廟；且進一步遍佈天下州縣，最後變成國家常祀祭典的定制。

宋末元初的儒者——熊鉌曾説:"遵道有祠，爲道統設也。"[247] 這
裏的"祠"即意指"孔廟"；孔子則爲道統之源。熊氏的論斷，極爲切中
肯綮；決非儒生片面自貴之辭。明成祖在其《御製重修孔子廟碑》裏的
言辭，即可作爲熊氏之語最佳的印證。明成祖説道:"乃曲阜闕里在
焉，道統之系實由於兹"，並坦認重視孔廟祭祀實有祖宗傳承（開國皇
帝，太祖）的淵源。[248] 析言之，這些後世儒生與人君對孔廟的理念，實
來自孔廟漫長演變的積澱。

從漢至唐，孔廟的形成過程之中，孔子形象由一介有教無類的夫
子，逐漸蜕化成"帝王師"，最後匯歸爲"萬世道統之宗"。相對地，孔
廟祭祀即是官方針對此一蜕化形象不斷的調適與制度化。朝廷尊崇
孔廟，人君與儒生首推其功，其相互爲用，自不待多言。是故，從孔廟
發展的軌跡審視之，統治階層實位居主導勢力；因此有別於民間信仰，
孔廟自始至終、徹頭徹尾展現了官方的性格。

另方面，原初的闕里孔廟具有公、私雙重特性。於公方面，它是全
國孔廟之基型，其重要性甚至凌駕京師孔廟。誠如明憲宗所叙"祀典
自京師以達於天下郡邑，無處無之，而在闕里者尤加之意"。[249] 可知

〔244〕　杜佑《通典》卷五三，頁1484。
〔245〕　此一論爭各方文字收入王涇《大唐郊祀録》卷一，頁17上～23下。
〔246〕　黄彰健校《明實録》（臺北：中央研究院歷史語言研究所），《太祖實録》卷一八
　　　　三，頁3上。詳細討論見拙著《道統與治統之間：從明嘉靖九年（1530）孔廟改制
　　　　談起》，《中央研究院歷史語言研究所集刊》第61本第4分（1990），頁917～941。
〔247〕　熊鉌《熊勿軒文集》（上海：商務印書館,1936)卷四,頁48。
〔248〕　孔繼汾《闕里文獻考》卷三三,頁28下《明成祖御製重修孔子廟碑》。
〔249〕　同上,卷三三,頁29下《明憲宗御製重修孔子廟碑》。

京師孔廟的政治宣示作用,究竟無法取代闕里孔廟在文化層面所孕育的象徵意義。

於私方面,闕里孔廟仍不脫濃厚的家廟性質。人君爲了取得祭孔的正當性,只得透過議立或訪求,刻意塑造"萬世一系"的世襲聖裔,以便維續祭祀禮儀。而歷史上人君祀孔,或許有個人因素滲雜其中;但尤具意義的是,統治者對政教祭祀傳統的積極參與,顯示權力與信仰相互的滲透。元代的曹元用最能反映此中情結,他言道:

> 孔子之教,非帝王之政不能及遠;帝王之政,非孔子之教不
> 能善俗。教不能及遠,無損於道;政不能善俗,必危其國。[250]

身爲人君的明孝宗,其言辭對以下的分析之提供了極貼切的注解,首先,他肯定孔子爲"萬世帝王師","凡有天下之君遵之,則治;違之,則否。"[251] 另外,他表示對祀孔傳統深刻的認識,他説:

> 自漢祖過魯(之;疑爲衍文)祀之,後多爲之立廟。
> 沿及唐宋英明願治之君屢作,益尊而信之。孔子之廟遂遍
> 天下……雖金元入主中國,綱常掃地之時,亦未嘗或廢。
> 蓋天理民彝之在人,有不能自泯也。[252]

"萬世帝王師"屬於人主信仰部分,"爲之立廟"則是權力所在;二者交互滲透則變成"英明願治之君"具有履行祀孔的義務了。

在孔廟祭祀制度的發展中,除了自然災害(闕里孔廟着火、年久失修等)、人爲兵禍、世系斷裂之外,有兩種意理糾結阻止了或威脅到孔廟正常的拓展。

首先,即是"道統"與"治統"概念混淆不清。唐初,周公、孔子互爲先聖,就是最好的例證。周公固曾制禮作樂,佐治天下,然其身份極爲特殊,誠如其自語:"我文王之子,武王之弟,成王之叔,我於天下亦不賤矣。"[253] 以孟子的話形容之,即"貴戚之卿"。[254] "貴戚之卿"則非一般士子所能企及。反觀孔子乃一"布

---

〔250〕 孔貞叢《闕里志》卷一〇,頁40下。天曆二年(1329)《遣官祭闕里廟碑》。
〔251〕 孔繼汾《闕里文獻考》卷三三,頁30下。
〔252〕 同上,卷三三,頁30下。
〔253〕 司馬遷《史記》卷三三,頁1518。
〔254〕 朱熹《四書章句集注·孟子集注》卷一一,頁324。孟子對"貴戚之卿"的定義是"君有大過則諫,反覆之而不聽,則易位。""異姓之卿"則是"君有過則諫,反覆之而不聽,則去。"

衣”，集古代文化之大成；其學而優則仕，仕則爲“異姓之卿”，不失爲天下儒生效法的偶像。況且周公的文化製作，憑藉的是血緣的政治特權；孔子卻是已身著述、私家講學，其涵義極爲不同。於周、孔之別，韓愈頗有見地，他在《原道》中説：“由周公而上，上而爲君，故其事行；由周公而下，下而爲臣，故其説長。”[255] 韓愈所處的時代（786～824）適逢孔廟趨於定型，其言論恰爲“道統”、“治統”之分做了即時的辯解。

其次，於孔廟定制之時，代表武人之神的太公廟亦起而效行之，成爲釋奠禮儀有力的競爭對手。本來“國之大事，唯祀與戎”，[256] 文武原不偏廢。然唐代以下，士人文化抬頭，歷代多有重文輕武的傾向，導致武廟漸至衰頽，或廢、或代而行之；在國家祭典遠不及文廟之盛。[257]

總之，唐代以下，若説孔廟“獨尊”釋奠禮，大概非過甚之詞。[258] 其通祀天下與敬禮之尊，其他國家祀典無可比擬。[259] 唐代固曾追封周公爲“褒德王”，[260] 宋代又一度追謚“文憲王”，但皆就地而祀，非通行全國。於宋代，蜀地的“周公禮殿”竟只祭拜孔子，而無周公像；[261] 周、孔二者境遇炎涼可知。元代，雖曾於岐山之陽，立“周公廟”，致祭時如歷代聖君名臣，有牲無樂。唯明洪武年間，王褘發現岐山周公廟已淪爲道觀。至謂：“凡廟之儀，與冠冕佩服之制，皆粗鄙不合禮。又正殿前有戲臺，爲巫覡優伶之所集，而殿中列以俗神野鬼之像，尤極淫怪。”[262] 嘉靖年間，陶欽臯尋訪曲阜周公廟，賦詩中復有：“周公廟側黍離離”、“蕭條鐘鼓已多時”諸句，適透露周公廟衰頽已久。[263] 清康熙

---

〔255〕韓愈《韓昌黎文集校注》卷一，頁10。

〔256〕洪亮吉《春秋左傳詁》卷一一，頁467。

〔257〕參見陶希聖《武廟之政治社會的演變》，《食貨月刊》復刊第2卷第5期，1972年8月，頁1～19。

〔258〕明、清之世，有梓潼、文昌之祭，興起民間，比附文廟，然時受壓制，其典禮未可與孔廟比隆。參閱陶希聖《梓潼文昌神之社會史的解説》，《食貨月刊》復刊第2卷第8期，1972年11月，頁1～9。

〔259〕唐代時天下通祀社稷與孔子，然敬禮之尊，孔子超過社稷。見韓愈《韓昌黎文集校注》卷七，頁283。

〔260〕劉昫《舊唐書》卷二四，頁9上。

〔261〕洪适《隸釋·隸續》卷一，頁14下。

〔262〕王褘《王忠文公集》，（上海：商務印書館《叢書集成初編》，1933）卷六，頁15。

〔263〕孔祥林注《曲阜歷代詩文選注》（濟南：山東人民出版社，1985），頁117。

時,周公後代東野沛然,不忍祖宗祠宇潦倒破敗,求助朝廷,觀其奏詞竟頗凄涼。東野氏奏道:

> 臣祖周公,以元聖之德,製作經緯,固與孔子並列久矣。今祠宇頹壞,拜謁寂寥,主鬯僅以青衿,祭田不及百畝,不惟不能並尊於孔子,且不得比於顏、曾、孟、仲。乞念傳道之功,稍加優隆。[264]

東野氏言及周公廟凋零不堪,不止無法與孔廟比隆,且不及孔子門生之祭,語必非假;然他卻未及理出周、孔祀典懸殊之癥結所在:意即"當今學堂,專祀孔子,若周公,則學人終身未嘗一拜"[265]。

※本文原發表於 1993 年香港中文大學人類系所舉辦的"文化中國"國際會議,承蒙中央民族學院牟鐘鑑教授評論,謹此致謝。於撰寫期間,我特別感謝余英時教授,以及我的同事杜正勝、邢義田、王汎森、劉淑芬、于志嘉諸位先生的賜教。

※ 本文原載氏著《優入聖域:權力、信仰與正當性》,臺北:允晨文化實業公司,1994 年。

※ 黃進興,美國哈佛大學博士,中央研究院歷史語言研究所研究員。

---

[264] 孔繼汾《闕里文獻考》卷一八,頁 4 上。
[265] 廖平《六變記》,收入李耀仙主編《廖平學術論文選集》,頁 547。

中國六朝時期的巫覡與醫療

林富士

在六朝時期的中國社會中，巫者是主要的醫療者之一。其病人並不局限於某一地域、族群、性別、年齡層、社會階層、宗教團體，其所能診治的疾病也不限於特定的種類。至於其對疾病原因的解釋（包括：亡魂作祟、鬼魅作祟、鬼魂憑附、鬼擊、鬼神責罰、觸犯禁忌），以及所採用的治療方法或診察手段（包括：性療法、政治療法、厭勝法、禱解法、禳除法、探命之術），則大多承襲漢代巫術療法的傳統。

然而，在醫療市場上，巫者必須和醫者、道士、僧人競爭。在疾病觀和醫療法上，巫、醫、道、僧都各有其特色和專長，不過，他們之間也有一些共通性，而這些共通性似乎是自先秦、兩漢以來即已發展成熟的巫覡的醫療傳統。

一、引　言

中國的醫學與巫覡文化之間可說有著非常密切的關係。舉例來說，在有關中國醫學起源的論述中，便有學者認爲，醫學係脫胎於巫術，而最早的醫者就是巫。[1] 雖然也有些學者不贊同"醫源於巫"的說法，但大多數的醫學史家對於上古時期巫者（或巫醫）與醫藥的關係卻也不得不有所交待。不過，一般的醫學史著作大多認爲，從春秋戰國時起，巫醫分離，專業醫者出現，醫者在醫巫鬥爭

---

〔1〕 詳見俞樾《俞樓雜纂》卷四五《廢醫論》，收入氏著《春在堂全書》（清光緒二十五年刻本）（臺北：中國文獻出版社，1968 年翻印）冊三，頁 2103~2108；劉師培《左盦外集》卷八《古學出於官守論》，收入《劉申叔先生遺書》（臺北：華世出版社，1975 年翻印），頁 1726~1727；陳邦賢《中國醫學史》（上海：商務印書館，1937），頁 6~11；周策縱《古巫醫與"六詩"考：中國浪漫文學探源》（臺北：聯經出版事業公司，1986），頁 71~165；嚴一萍《中國醫學之起源考略（上）》，《大陸雜誌》2 卷 8 期（1951），頁 20~22；馬伯英《中國醫學文化史》（上海：上海人民出版社，1994），頁 138~215；鄭曼青、林品石編著《中華醫藥學史》，臺北：臺灣商務印書館，1982 年，頁 7~10。

中取得了勝利，中國醫學從此擺脫巫術（鬼神信仰）的糾纏，得以
獨立發展。或許是因爲這個理由，他們對於戰國之後巫者的醫療活
動，以及醫學與巫術之間的關係，便幾乎絕口不提。[2]

　　然而，若干研究卻指出，在春秋戰國之後（至少在兩漢時期），
巫者仍是中國社會裏不可或缺的療病者，以鬼神信仰爲根基的巫術
療法也仍盛行於各個社會階層，[3] 而中國的傳統"醫學"也一直無
法完全去除巫術的成分。[4] 因此，春秋戰國以後的中國醫學史，似
乎不宜將巫覡的醫療活動和其知識傳統排除在外。本文即擬以六朝
時期（三至六世紀）的文獻爲主要根據，證明巫者在當時社會中仍
扮演着醫療者的角色，分析其主要的療病方法和對於疾病的看法，
並略述其與當時整體醫療文化之間的關係。

二、六朝巫覡療病事例

　　從秦漢以來，掌控書寫工具與記事權力的知識分子和官僚階層，
對於巫者基本上都抱持着一種輕賤或敵對的態度，在他們的著述中

〔2〕　詳見 K. Chimin Wong(王吉民) and Lien-teh Wu(伍連德)，*History of Chinese Medicine*，
　　　　second edition (Shanghai：National Quarantine Service, 1936)，pp. 12～14；傅維康《中國
　　　　醫學史》(上海：上海中醫學院出版社，1990)，頁 23～26；史蘭華等編《中國傳統醫學
　　　　史》(北京：科學出版社，1992)，頁 10～18，37～38；范行準《中國醫學史略》(北京：中
　　　　醫古籍出版社，1986)，頁 1～20；趙璞珊《中國古代醫學》(北京：中華書局，1983)，頁
　　　　1～8；Paul U. Unschuld, *Medicine in China：A History of Ideas* (California：University of
　　　　California Press, 1985)，pp. 17～50；李經緯、李志東《中國古代醫學史略》(石家莊：河
　　　　北科學技術出版社，1990)，頁 14～52；俞慎初《中國醫學簡史》(福州：福建科學技術
　　　　出版社，1983)，頁 1～43；姒元翼《中國醫學史》(北京：人民衛生出版社，1984)，頁 1～
　　　　14；賈得道《中國醫學史略》(太原：山西人民出版社，1979)，頁 5～17；郭成圻主編《醫
　　　　學史教程》(成都：四川科學技術出版社，1987)，頁 45～63；陝西中醫學院主編《中國
　　　　醫學史》(貴陽：貴州人民出版社，1988)，頁 1～16；北京中醫學院主編《中國醫學史》
　　　　(上海：上海科學技術出版社，1978)，頁 1～10；甄志亞主編《中國醫學史》(上海：上海
　　　　科學技術出版社，1984)，頁 1～17。王樹岐、李經緯、鄭金生《古老的中國醫學》(臺
　　　　北：緯揚文化，1990)，頁 21～23。
〔3〕　詳見林富士《漢代的巫者》(臺北：稻鄉出版社，1988)，頁 63～67，114～118；林富士
　　　　《試論漢代的巫術醫療法及其觀念基礎》，《史原》16(1987)，頁 29～53；金仕起《古代
　　　　解釋生命危機的知識基礎》，臺灣大學歷史學研究所碩士論文(1994)；金仕起《古代醫
　　　　者的角色——兼論其身份與地位》，《新史學》6.1(1995)，頁 1～48。
〔4〕　例如，席文(Nathan Sivin)便曾指出，咒術療法在傳統中國醫學中一直佔有特定的地
　　　　位；詳見 N＝セビン(N. Sivin)著、大塚恭男譯《中國傳統の儀禮の醫療について》，收
　　　　入酒井忠夫編《道教の總合的研究》(東京：國書刊行會，1977)，頁 97～140。其次，李
　　　　建民也指出，傳統中國醫學仍將鬼神視爲崇病的主要病因之一；詳見李建民《崇病與
　　　　"場所"：傳統醫學對崇病的一種解釋》，《漢學研究》12.1(1994)，頁 101～148。

也很少正面提到巫者的活動。[5] 因此，要證明巫者在六朝時期的中國社會仍扮演着醫療者的角色並不容易，不過，仍有一些零星的材料記載了巫者的療病活動。以下即概略按年代先後，逐一述論相關的事例，以作爲進一步析論的依據。

事例 1（252 年左右）

第一個事例出自劉義慶（403～444）的《幽明錄》，病者是吳大帝孫權（222～252 年在位），原文寫道：

> 孫權病，巫啓云："有鬼著絹巾，似是故將相，呵叱初不顧，徑進入宮。"其夜，權見魯肅來，衣巾悉如其言。[6]

這段文字看起來像是一則荒誕的鬼故事，但以孫權晚年崇信巫覡、術士的情形來看，[7] 當其生病之時，令巫者旁侍、視疾，應該是情理之事。而由文中提及魯肅的鬼魂，可知這件事應該發生在魯肅（172～217）死亡之後，甚至可能就是孫權（182～252）病死之年（252）。[8]

事例 2（約在 258～264 年之間）

孫權之後，吳景帝孫休（258～264 年在位）生病時，也曾求助於巫覡，干寶（286？～336）《搜神記》載云：

> 吳孫休有疾，求覡視者，得一人，欲試之。乃殺鵝而埋於苑中，架小屋，施床几，以婦人屐履服物著其上。使覡視之，告曰："若能説此塚中鬼婦人形狀者，當加厚賞，而即信矣。"竟日無言。帝推問之急，乃曰："實不見有鬼，但見一白頭鵝立墓上，所以不即白之。疑是鬼神變化作此相，當候其真形而定。不復移易，不知何故，敢以實上。"[9]

---

[5] 詳見林富士《漢代的巫者》，頁 27～36；Fu-shih Lin, "Chinese Shamans and Shamanism in the Chiang-nan Area During the Six Dynasties Period（3rd-6th Century A. D.）" Ph. D. dissertation, Princeton University（Princeton, 1994），第六章論 "士大夫對巫覡之指責"（The Denouncement of Shamans and Shamanism by Literati Officials）的部分。

[6] 李昉（925～996）《太平廣記》標點本（北京：人民文學出版社，1959）卷三一七，頁 2515 引《幽明錄》。

[7] 有關孫權晚年的宗教信仰，及其崇信巫覡的情形，詳見宮川尚志《六朝時代の巫俗》，收入氏著《六朝史研究·宗教篇》（京都：平樂寺書店，1964），頁 336～365。

[8] 魯肅死於東漢獻帝建安二十二年（217），孫權自太元元年（251）十一月 "寢疾"，次年（252）四月即逝世；詳見陳壽（233～297）《三國志》點校本（北京：中華書局，1959）卷四七《吳主傳》，頁 1148～1149；卷五四《魯肅傳》，頁 1272。

[9] 汪紹楹校注干寶《搜神記》（北京：中華書局，1979）卷二，頁 26。按：裴松之注《三國志》也引述這段文字，除孫休寫作景帝及若干文字略有出入外，内容並無差異，但卻説引自《抱朴子》；詳見陳壽《三國志》卷六三，頁 1427 注文。

這則故事主要在於説明巫覡果真具有"視鬼"的能力,但仍明白指出,孫休召喚"覡視者"(當時又叫做"見鬼者"、"見鬼人",或只稱"覡")是爲了診視他的病情。[10]

事例3(約在290~300年之間)

第三個事例的主角是西晉惠帝(290~306年在位)的皇后賈后(258?~300)和她的女兒河東公主。《晉書》寫道:

> 后遂荒淫放恣,與太醫令程據等亂彰内外。洛南有盜尉部小吏,端麗美容止,既給厮役,忽有非常衣服,衆咸疑其竊盜,尉嫌而辯之。賈后疏親欲求盜物,往聽對辭。小吏云:"先行逢一老嫗,説家有疾病,師卜云宜得城南少年厭之,欲暫相煩,必有重報。於是隨去,上車下帷,内簏箱中,行可十餘里,過六七門限,開簏箱,忽見樓闕好屋。問此是何處,云是天上,即以香湯見浴,好衣美食將入。見一婦人,年可三十五六,短形青黑色,眉後有疵。見留數夕,共寢歡宴,臨出贈此衆物。"聽者聞其形狀,知是賈后,慚笑而去,尉亦解意。時他人入者多死,惟此小吏,以后愛之,得全而出。及河東公主有疾,師巫以爲宜施寬令,乃稱詔大赦天下。[11]

這段文字主要在説明賈后的"荒淫",文中老嫗所説的"家有疾病,師卜云宜得城南少年厭之"可能也只是誘騙小吏的托詞,並無法證明賈后真的生病,因而聽從"師卜"之言而行"厭勝"的療病法。但賈后也有可能真有疾病,而師卜所建議的這種以"少年厭之"的法術,似乎是一種房中術(詳下文)。無論如何,文末所記載的,河東公主有病,賈后因"師巫"的建議而"稱詔大赦天下"一事應該不假。聯結前後二事來看,賈后似乎延納了一些巫者在宮中,並在醫療事務上徵詢他們的意見。[12]

事例4(約在296~313.年之間)

這個事例的主角是西晉末年廬江地區的術士韓友。韓友係於晉

---

[10] "視鬼"是六朝江南地區巫者的主要技能和職事之一;詳見 Fu-shih Lin, "Chinese Shamans and Shamanism in the Chiang-nan Area During the Six Dynasties Period (3rd-6th Century A. D.)," 第五章討論"視鬼"(Seeing the Spirits)的部分。

[11] 房玄齡(578~648)等著《晉書》點校本(北京:中華書局,1974)卷三一《后妃列傳》,頁964~965。

[12] 《晉書》卷三一《后妃列傳》亦載:"賈后又信妖巫,謂太后必訴冤先帝,乃覆而殯之,抱諸厭劾符書藥物。"(頁956)

惠帝元康六年（296）舉賢良，死於晉懷帝永嘉末年（313 年左
右），[13] 以擅於卜筮療病聞名。在他的傳記中保留了二則巫者療病
失敗的例子，《晉書》載言：

> 韓友字景先，廬江舒人也。爲書生，受易於會稽伍振，
> 善占卜，能圖宅相塚，亦行京費厭勝之術。龍舒長鄧林婦
> 病。積年，垂死，醫巫皆息意。友爲筮之，使畫作野猪著
> 卧處屏風上，一宿覺佳，於是遂差……劉世則女病魅積年，
> 巫爲攻禱，伐空塚故城間，得狸鼉數十，病猶不差。友筮
> 之，命作布囊，依女發時，張囊著窗牖間，友閉戶作氣，
> 若有所驅。斯須之間，見囊大脹如吹，因決敗之，女仍大
> 發。友乃更作皮囊二枚，沓張之，施張如前，囊復脹滿，
> 因急縛囊口，懸着樹二十許日，漸消，開視有二斤狐毛，
> 女遂差。[14]

由這段文字可以知道，龍舒長鄧林的妻子病危之時，曾求救於“醫巫”，
當所有醫者和巫者都束手無策後，[15] 才轉而求助於韓友。其次，舒縣
（今安徽舒城）[16] 劉世則的女兒得了鬼魅之病，一開始也是求救於巫
者，無效之後，才改由韓友醫療。而根據記載，韓友最後都成功的治好
了這兩位女病人，證明他的醫術比巫（和醫）都高明。

事例 5（333 年）

接下來的一位病患，也是女性，也是在巫者束手無策之後，改
尋他法才得以痊癒。王琰（454？～520？）的《冥祥記》在一則宣
揚佛法的故事中寫道：

> 晉張應者，歷陽人。本事俗神，鼓舞淫祀。咸和八年，移
> 居蕪湖。妻得病。應請禱備至，財產略盡。妻，法家弟子也，
> 謂曰：“今病日困，求鬼無益，乞作佛事。”應許之。往精舍中，
> 見竺曇鎧。曇鎧曰：“佛如愈病之藥。見藥不服，雖視無益。”
> 應許當事佛。曇鎧與期明日往齋。應歸，夜夢見一人，長丈

〔13〕 同上，卷九五《藝術列傳》，頁2477。
〔14〕 同上，頁2476。文中有關劉世則女病魅之事，也可見於《搜神記》卷三，頁40。
〔15〕 文獻中常見“醫巫”或“巫醫”一詞，其含義或指“醫者與巫者”，或指“以巫術療病之
　　　醫”，或指“行醫之巫者”。在此，或當指“醫者與巫者”而言。
〔16〕 本文凡有關地理位置之考訂，除特別註明外，皆根據譚其驤主編《中國歷史地圖集》
　　　（上海：地圖出版社，1982），爲免累贅，不一一詳註。

餘,從南來。入門曰:"汝家狼藉,乃爾不淨。"見曇鎧隨後,
曰:"始欲發意,未可責之。"應先巧眠覺,便炳火作高座,及鬼
子母座。曇鎧明往,應具説夢。遂受五戒。斥除神影,大設
福供。妻病即閒,尋都除愈……[17]

這則故事發生於東晉成帝咸和八年(333)的蕪湖(今安徽蕪湖)。文
中對於張應的身份並不曾明説,但從若干蛛絲馬跡來看,他或許就是
個巫者,因爲,文中説他"本事俗神,鼓舞淫祀",當其妻得病之後,他又
"請禱備至",而他的妻子卻認爲這種療病法是在"求鬼",無益於愈
病,勸他改"作佛事",最後,張應更因佛認爲他家"狼藉"、"不淨"而
"斥除神影",改信佛教,他的妻子也因而痊癒,而文中所用的一些詞
語,如"俗神"、"鼓舞"、"淫祀"、"請禱"、"求鬼",以及於家中設"神
影"(或神像),都是六朝時期江南地區巫覡信仰的主要特質,[18] 此外,
張應的故鄉歷陽(今江蘇和縣),在當時也是巫風鼎盛之地,[19] 因此,
張應極有可能是個巫者,至少,他一開始用來治療他妻子的方法,應是
遵循巫覡的傳統,以請禱求神(鬼)爲主。

事例 6(在 317 ~ 420 年之間)

六朝僧侶常宣揚佛法在醫治疾病上的神奇力量,有許多的醫療
故事,便因此被收納在佛教典籍裏,[20] 上一則就是例證,接下來的

---

[17] 道世(死於公元 683 年)《法苑珠林》(《大正新修大藏經》,no. 2212)卷六二,頁 756
中~756 下,引《冥祥記》。按:類似的故事内容另可見於法琳(572~640)《辯正論》
(《大正新修大藏經》,no. 2110)卷七,頁 538 上,注引荀氏《靈鬼志》。不過,二者之間
文字有若干出入,主要的差別是,關於張應的宗教信仰,一説是"事俗神,鼓舞淫祀",
另一則説是"魔家"。此外,張應往精舍中所見的僧人,一説是竺曇鎧,另一則説是竺
曇鏡。至於這二則故事彼此之間的關係則不易斷定。

[18] 詳見 Fu-shih Lin, "Chinese Shamans and Shamanism in the Chiang-nan Area During the Six
Dynasties Period (3rd-6th Century A. D.)"第三章討論"巫覡儀式之主要元素"(Ele-
ments of Shamanistic Rituals)部分。

[19] 歷陽地區,大約自三國時期起,便是巫者活躍之地,當地至少有兩座由巫者掌控的祠
廟,其中之一是著名的"石印三郎祠";詳見 Fu-shih Lin, "Chinese Shamans and Shaman-
ism in the Chiang-nan Area During the Six Dynasties Period (3rd-6th Century A. D.)"第三
章討論"祠廟"(Shrines)的部分。

[20] 有關佛教在六朝社會的醫療活動及其疾病觀念,參見 Paul Demiéville, *Buddhism and
Healing*, translated by Mark Tatz (1937; Lanham MD: University Press of America,
1985);道端良秀《中國における佛教醫學》,收入氏著《中國佛教史全集》第三卷
《中國佛教思想史の研究》(東京:書苑,1985),頁 290~318;林富士《東漢晚期
的疾疫與宗教》,《中央研究院歷史語言研究所集刊》66. 3 (1995)頁 695~745,
731~740;薛惠琪《六朝佛教志怪小説研究》(臺北:文津出版社,1995),頁 75~
76, 90~91, 105~108, 114~116。

這則荀氏《靈鬼志》中的故事也頗類似，原文寫道：

> 晉南郡議曹掾姓歐，得病經年，骨消肉盡，巫醫備至，無復方計。其子夜如得睡眠，夢見數沙門來視其父。明旦，便往詣佛圖，見諸沙門，問佛爲何神？沙門爲說事狀，便將諸道人歸，請讀經。再宿，病人自覺病如輕。晝得小眠，如舉頭見門中有數十小兒，皆五綵衣，手中有持幡仗者、刀矛者，於門走入。有兩小兒在前，徑至簾前，忽便還走，語後衆人："小住小住！屋中總是道人。"遂不復來前。自此後，病漸漸得差。[21]

故事主旨在於宣揚僧人誦讀佛教經典的神奇法力，證明佛法足以療病（辟除病鬼）。不過，這則故事也間接指出，當時佛教尚未非常普及，故有病人之子到佛寺問僧人"佛爲何神"之情事，而故事中的病人，南郡（郡治江陵，即今湖北江陵）的歐姓人士（任職議曹掾），得病之初，其尋求治療的方式，仍是一般所謂的"巫醫備至"。這也就是說，根據《靈鬼志》的作者荀氏（大約存活於東晉末年，亦即公元五世紀上半葉時人）的記載[22]，當時（東晉時期）佛教雖然已經有一套治病的儀式，並極力宣揚佛法的醫療能力，但一般人罹病之時，似乎仍會遵循舊法，尋求巫者和醫者的救助。

事例 7（376～396 年）

從上述幾個事例來看，巫者在公元三四世紀的中國社會中，似乎仍如往昔，以醫治疾病爲其主要職事之一，儘管在一些故事當中，他們都被描寫成失敗的醫療者，但在當時，其實也有些巫者係以擅於療病著稱，劉義慶（403～444）的《幽明錄》便載云：

> 大元年中，臨海有巫李，不知所由來，能卜相作水符，治病多愈，亦禮佛讀經。語人云："明年天下當大疫，此境尤劇。又二紀之後，此邦之西北大郡，殭屍橫路。"時汝南周叔道罷臨海令，權停家，巫云："周令今去不宜南行，必當暴死。"便指北山曰："後二十日，此山應有異，則其事

---

[21] 道世《法苑珠林》卷九五，頁 987 下，引荀氏《靈鬼志》。

[22] 《靈鬼志》的作者荀氏，生平已無可考，不過，根據其故事內容可以知道，荀氏曾於東晉安帝義熙年間（405～418）擔任南平國郎中，應是東晉末年的人物；參見王國良《魏晉南北朝志怪小說研究》（臺北：文史哲出版社，1984），頁 332；李劍國《唐前志怪小說史》（天津：南開大學出版社，1984），頁 337～340。

彰也。"後十餘日,大石夜頹落百丈,碎磕若雷,庾楷(死於公元402 年)為臨海太守,過詣周,〔設〕(殷)饌作伎至夜,庾還舫中,天曉,庾自披屏風,呼:"叔道何癡不起?"左右撫看,氣絕久矣。到明年,縣内病死者數千。[23]

這則故事的背景是東晉孝武帝太元年間(376~396)的臨海郡臨海縣(今浙江臨海),文中這一位李姓的巫者係以卜相聞名,並擅於以符水治病。此外,他還成功的預知了前臨海縣令周叔道的死亡,以及疾疫的流行。事實上,根據《晉書》的記載,孝武帝太元四年(379)三月,東晉境内確曾發生"大疫",[24] 可見這則故事並不是完全憑空杜撰。不過,這名巫者是否真的也"禮佛讀經",則有待考量。[25]

事例 8(403 年)

巫者在六朝社會中常扮演著醫療者的角色,但是,有些人卻對其療病的能力深感懷疑,尤其是一些官吏,不僅不信,有時還會借機殺害巫者。比如,劉義慶的《幽明錄》便載云:

〔索〕元在歷陽,疾病,西界一年少女子姓某,自言為神所降,來與元相聞,許為治護。元性剛直,以為妖惑,收以付獄,戮之於市中。女臨死曰:"卻後十七日,當令索元知其罪。"如期,元果亡。[26]

文中所提到的索元是燉煌人,當時任征虜將軍、歷陽太守,曾於東晉安帝元興元年(402)隨桓玄起兵攻向京師。不過,在元興二年(403),當桓玄準備要篡奪帝位時,索元已不在人間。[27] 而文中的

---

〔23〕 李昉等編《太平御覽》(臺北:新興書局,1959 年翻印)卷七三五,頁 4 下~5 上,引劉義慶(403~444)《幽明錄》。

〔24〕 詳見房玄齡等《晉書》卷九《孝武帝紀》,頁 229。

〔25〕 這則故事的記錄者劉義慶為南朝宋的皇室成員,也是一名虔誠的佛教徒,其志怪作品《宣驗記》便專門記錄佛法靈驗的故事,而其《幽明錄》雖然記載各式各樣的神奇怪異之事,但仍有許多故事係以宣揚佛法為其主要旨趣。因此,這一則故事中的李姓巫者,除了巫者傳統的技能(如卜相、符水療病、預言)之外,雖然也有可能會"禮佛讀經",但是,這也有可能是劉義慶私自添加的字句,他或許不願在其著作中過度頌揚一名巫者的神技,而暗指這名巫者亦為佛教信徒。有關劉義慶之生平及其著作,參見李劍國《唐前志怪小説史》,頁 356~372。

〔26〕 劉義慶著、劉孝標注、余嘉錫箋疏《世説新語箋疏》(臺北:華正書局,1984 年翻印)下卷上《傷逝第十七》,頁 647 劉孝標注引。

〔27〕 詳見《世説新語箋疏》下卷上《傷逝第十七》,頁 647;《晉書》卷九九《桓玄傳》,頁 2590~2594。

這一名女子，既能"爲神所降"，應該是一名女巫，[28] 她可能想借醫療當時的歷陽（今江蘇和縣）太守索元以顯揚其神力，可惜索元卻不相信鬼神附體、女巫治病之事，並指其爲"妖惑"而將她入獄，並戮死於市中。然而，根據故事所載，這名女巫似乎真有法術，確切指出索元的死期，而且很可能是因她施術或怨魂回來復仇而亡。總之，這則故事提醒我們，當時也有些人並不願意讓巫者治病。

事例9（420～422年）

當時的官吏，除了索元之外，武昌太守張春對於巫者的療病能力也抱持着懷疑的態度，劉義慶的《幽明錄》載云：

> 宋高祖永初（420～422）中，張春爲武昌太守時，人有嫁女，未及升車，忽便失性，出外毆擊人乘〔云〕（玄）："己不樂嫁俗人。"巫云是邪魅，乃將女〔至〕江際，擊鼓，以術祝治療。春以爲欺惑百姓，制期須得妖魅。後有一青蛇來到巫所，即以大釘釘頭。至日中，復見大龜從江來，伏前，更以赤朱書背作符，更遣〔去〕入江。（立）至暮，有大白鼉從江中出，乍沉乍浮，向龜隨後催逼，鼉自恣死，冒來先入幔，與女辭訣。女慟哭云：失其〔姻〕（因）好。自此漸差。或問巫曰："魅者歸於何物？"巫云："蛇是傳通，龜是媒人，鼉是其對。"所獲三物，悉示春。春始知靈驗。[29]

由此可見，武昌（今湖北鄂城）太守張春一開始也認爲巫者的説法是在"欺惑百姓"，並要巫者在一定的期限之内證明其説法，否則就要加以治罪。所幸，這則故事中的巫者成功的捕獲"妖魅"，治癒爲妖魅所惑的少女，並贏得張春的信服，否則將不免和上一則故事中的女巫一樣，被人刑戮於市。此外，由這則故事，我們也比較能清楚的知道巫者對於疾病的解釋和治療的方式（詳下）。

---

〔28〕自先秦以降，中國巫者的基本特質之一便是能讓鬼神附體；詳見林富士《漢代的巫者》，頁15～26,56～57；Fu-shih Lin, "Chinese Shamans and Shamanism in the Chiang-nan Area During the Six Dynasties Period（3rd-6th Century A. D.）"第二章討論"巫之定義"（A Definition of the Shaman and the *Wu*）的部分暨第五章討論"鬼神附體"（Possession）的部分。

〔29〕李昉等《太平御覽》卷九三二，頁7上。按：此一故事又見於《法苑珠林》卷三一，頁526下引，唯文字略有出入。

事例 10（424 年）

一般文獻雖然屢屢提及巫者在社會中扮演醫療者的角色，卻很少記載其療病的方法，所幸在志怪材料中，仍有一些故事較爲詳細的描述了巫者的療病儀式，上一則故事便是個好例證，此外，王琰的《冥祥記》也記載了一名女巫施行"探命之術"的儀式過程，其文云：

> 宋齊僧欽者，江陵人也，家門奉法，年十許歲時，善相占云："年不過三六。"父母兄弟甚爲憂懼，僧欽亦增加勤敬，齋戒精苦。至年十七，宋景平末（424），得病危篤，家齋祈彌勵，亦淫祀求福，疾終不愈。時有一女巫云："此郎福力猛盛，魔魅所不能親，自有善神護之。然病久不差，運命或將有限。世有探命之術，少事天神，頗曉其數，當爲君試效之。"於野中設酒脯之饋，燒錢經七日七夕，云："始有感見，見諸善神方爲此郎祈禱，蒙益兩算矣，病必得愈，無所憂也。"僧欽於是遂差，彌加精至，其後二十四年而終，如巫所言，則一算十二年矣。[30]

王琰（約 454～520?）是個極爲虔誠的佛教徒，其《冥祥記》是南朝許多宣揚佛教信仰的志怪作品中的代表作。[31] 這則故事的主題也是在於強調信奉佛教者必得善神護祐，並可以延年益壽。不過，這個故事無意中也透露，當時（宋景平末年，也就是 424 年）江陵地區（今湖北江陵）的佛教徒，病危之時，除了將希望寄託於佛教的齋戒和祈禱之外，還是會兼採源遠流長的"淫祀求福"之法，也就是一般民間所用的，以祭祀解除疾厄之道。而當佛法和一般的"淫祀"都不曾見效之後，病者齊僧欽的家屬似乎轉而求助於女巫。這一名女巫於是利用所謂的"探命之術"，探知有"善神"正爲齊僧欽祈禱，並使其得以延命"兩算"（二十四年），齊僧欽也因而痊癒。這種"探命之術"雖不曾針對疾病加以治療，卻是一種探查病

---

[30] 道世《法苑珠林》卷六二，頁 757 下引。

[31] 有關王琰的生平及其《冥祥記》之介紹，參見李劍國《唐前志怪小說史》，頁 414～419；王國良《魏晉南北朝志怪小說研究》，頁 328；Donald E. Gjertson, "The Early Chinese Buddhist Miracle Tale," *Journal of the American Oriental Society* 101. 3 (1981), pp. 287～301（pp. 293～294）；莊司格一《冥祥記について》，《集刊東洋學》22 (1969)，頁 41～65。

愈機率的方法。至於其儀式過程，下文將再做討論。

事例 11（約在 420～422 年之間）

南朝宋時（420～502），佛教已深入中國民間社會，但佛教徒罹病之時，除了求助諸佛、菩薩之外，似乎也不排斥巫者的救助，上一則故事中的齊僧欽和其家人便是明顯的例子。除此之外，王琰的《冥祥記》還記載了一則女尼的家人求助於巫者的故事，其文云：

> 宋尼釋曇輝，蜀郡成都人也，本姓青陽，名白玉，年七歲，便樂坐禪。每坐，輒得境界，意未自了，亦謂是夢耳。曾與姊共寢，夜中入定，姊於屏風角得之，身如木石，亦無氣息。姊大驚怪，喚告家人，互共抱扶，至曉不覺。奔問巫覡，皆言鬼神所憑。至年十一，有外國禪師畺良耶舍者來入蜀，輝請諮所見，耶舍者以輝禪即有分，欲勸化令出家。時輝將嫁，已有定日……刺史甄法崇，信尚正法，聞輝志業，迎與相見……乃許離夫家，聽其入道。元嘉十九年（442），臨川康王延致廣陵。[32]

這一則故事主要在說明成都（今四川成都）女尼釋曇輝出家的經過，其中值得我們注意的是，她七歲那年，曾因禪坐入定，導致“身如木石，亦無氣息”，引起其家人的驚恐。有趣的是，當時她的家人並不曾求助於醫者或其他禪師，而是“奔問巫覡”，可見碰到這種緊急事故之時，即使是佛教徒有時也會以巫者爲其優先的求助對象。

事例 12（約在 483～498 年之間）

巫者在中國社會中基本上扮演着交通鬼神、替人祈福解禍的角色，但其具體的技能和職事內容，則常常因時代、地域和巫者個人背景的差異而有所變化。[33] 其中，有些巫者即以醫療爲其專業，比如，南朝齊（479～520）諸暨（今浙江諸暨）的一名女巫便是以此爲業，並得以致富。蕭子顯（489～537）《南齊書》記載其故事云：

> 又諸暨東洿里屠氏女，父失明，母痼疾，親戚相棄，鄉里不容。女移父母遠住（絟）〔苧〕羅，晝樵采，夜紡

---

〔32〕道世《法苑珠林》卷二二，頁 453 上～453 中。

〔33〕有關漢至六朝期間巫者之技能與職事，詳見林富士《漢代的巫者》，頁 55～98；Fu-shih Lin, "Chinese Shamans and Shamanism in the Chiang-nan Area During the Six Dynasties Period (3rd－6th Century A. D.)" 第五章討論 "巫者之宗教角色與功能"（The Shaman's Religious Roles and Functions）的部分。

績，以供養。父母俱卒，親營殯葬，負土成墳。忽聞空中
有聲云："汝至性可重，山神欲相驅使。汝可爲人治病，必
得大富。"女謂是魅魅，弗敢從，遂得病。積時，鄰舍人有
中溪蜮毒者，女試治之，自覺病便差，遂以巫道爲人治疾，
無不愈。家產日益，鄉里多欲娶之，以無兄弟，誓守墳墓
不肯嫁，爲山賊劫殺。縣令于琳之具言郡，太守王敬則不
以聞。[34]

這是"正史"中的一則"孝義"故事，但對中國巫覡研究而言，卻
有無比的重要性，因爲屠氏女成爲女巫的過程，正是研究薩滿
（shaman）的學者所稱的"成巫"或"啓悟"（initiation）儀式。基
本上，屠氏女是個社會邊緣人，父母殘疾，家境貧困，不容於親戚、
鄉里，而在父親雙亡之後，還必須獨自擔負埋葬的工作，其處境之
艱困，心理壓力之大，可以想見。在此情形之下，她突然聽到了山
神的召喚，要賜給她爲人療病的能力，並要她擔任其靈媒。起初，
屠氏女不敢接受，卻因而得病，這也就是一般所謂的"巫病"（sha-
manic illness），亦即神對其靈媒人選所做的試煉，也是成巫過程中相
當重要的一個階段。一名被選中的巫者，在"巫病"的狀態中，只
有讓自己成爲一名醫療者才能痊癒。而痊癒之後，自然能成爲一名
合格的巫者，同時也兼具醫療疾病的能力。近代許多人類社會的靈
媒（薩滿：巫覡）事實上都經過這樣的過程。[35] 就這一點來說，中
國的巫覡文化和世界其他各地的"薩滿文化"（shamanism）之間是
有其共同的特質。

　　無論如何，屠氏女在久病不愈的情形下，試着聽從山神的指示，

---

〔34〕 蕭子顯（489～537）《南齊書》點校本（北京：中華書局，1972）卷五五《孝義列
傳》，頁960。按：這個故事又見於唐代李延壽《南史》點校本（北京：中華書局，
1973）卷七三《孝義列傳》，頁1817，文字略有簡省。

〔35〕 薩滿（Shaman）或巫者的"啓悟"（initiation）或"成巫"儀式以及其和"巫病"
（shamanic illness）之間關係，深受學者所重視，相關著作不少，較著名之作品有：
Mircea Eliade, *Shamanism: Archaic Techniques of Ecstasy*, translated by Willard R. Trask
(Princeton: Princeton University Press, 1972), pp. 23～144; I. M. Lewis, *Ecstatic Reli-
gion: A Study of Shamanism and Spirit Possession*, second edition (London and New York:
Routledge, 1989), pp. 59～89; Joan Halifax, *Shaman: The Wounded Healer* (New
York: The Crossroad Publishing Company, 1982), pp. 16～21; Michael Taussig, *Sha-
manism, Colonialism, and the Wild Man: A Study in Terror and Healing* (Chicago and
London: The University of Chicago Press, 1987), pp. 447～467。

替其鄰人治病，也因而解除了自己的病痛。從此之後，她便成爲一名"以巫道爲人治疾，無不愈"的成功女巫，甚至因而致富，使一些原本不願和她爲伍的鄰里都想娶她爲妻，最後可能因擁有太多財富，再加上獨居山林，以致遭遇山賊殺害。在她死後，諸暨縣的縣令于琳之便將她的事蹟上奏，希望朝廷能表揚她的"孝義"，可是，當時的會稽郡太守王敬則（483～498年任職）卻不肯轉呈到京師，這是頗值得玩味的，因爲王敬則（428？～498）的母親也是個女巫。[36] 總之，屠氏女在生前，確以其治療疾病的能力改善了她的經濟狀況和生活處境，甚至提升了她在鄉里中的地位。

事例 13（498 年）

南朝有許多皇帝都是巫覡的信徒，[37] 不過，其中似乎只有齊明帝蕭鸞（494～498年在位）在生病時曾求助於巫者，《南齊書》載其事云：

> 〔明帝〕性猜忌多慮，故巫行誅戮。潛信道術，用計數，出行幸，先占利害，南出則唱云西行，東遊則唱云北幸。简於出入，竟不南郊。上初有疾，無輟聽覽，秘而不傳。及寢疾甚久，敕臺省府署文簿求白魚以爲治，外始知之。身衣絳衣，服飾皆赤，以爲厭勝。巫覡云："後湖水頭經過宮內，致帝有疾。"帝乃自至太官行水溝，左右啓："太官若無此水則不立。"帝決意塞之，欲南引淮流。會崩，事寢。[38]

---

[36] 詳見蕭子顯《南齊書》卷二六《王敬則傳》，頁479～488。有關王敬則的生平，及其對屠氏女事蹟的態度，詳見 Fu-shih Lin, "Chinese Shamans and Shamanism in the Chiangnan Area During the Six Dynasties Period（3rd－6th Century A. D.）"第二章"六朝巫者的故事"（Accounts of Chinese Shamans of the Six Dynasties）中之"故事八：王敬則之母"及"故事十二：屠氏女"。

[37] 南朝皇帝崇信巫覡者，見於文獻記載的至少有：（1）宋"元凶"劉劭（453 年在位）；（2）宋孝武帝劉駿（454～464 年在位）；（3）宋前廢帝劉子業（465 年在位）；（4）宋明帝劉彧（465～472 年在位）；（5）齊鬱林王蕭昭業（465～472 年在位）；（6）齊明帝蕭鸞（494～498 年在位）；（7）齊東昏侯蕭寶卷（499～501 年在位）；（8）梁元帝蕭繹（552～555 年在位）；詳見 Fu-shih Lin, "Chinese Shamans and Shamanism in the Chiang-nan Area During the Six Dynasties Period（3rd-6th Century A. D.）"第五章討論"巫者的信徒及支持者"（Clients and Patrons of the Shaman）的部分。

[38] 蕭子顯《南齊書》卷六《明帝本紀》，頁92。按：這段故事又見於李延壽《南史》卷五《齊本紀》，頁146 文字略有简省。

由這段記載可以知道，齊明帝的言行舉止深受巫覡道術的左右，而他在病重之時，以"白魚"爲藥、以紅色的服飾作爲"厭勝"，或想以堵塞流經宮殿和官署的後湖水以求愈病，大概都是環繞在其身旁的巫覡的意見。不過，堵住後湖水的建議，後因明帝駕崩（498）而不曾進行。

事例 14（約在 506 年前後）

以上所舉的故事，其地域背景幾乎都是在中國南方（尤其是江南一帶），這似乎顯示，在公元四五世紀的中國北方，很少有巫者從事醫療工作。[39] 無論如何，到了公元六世紀，在中國北方，我們逐漸可以看到較多和醫療活動有關的巫者，例如，李百藥（565～648）的《北齊書》便載云：

> 竇泰，字世寧，大安捍殊人也。本出清河觀津冑，祖羅，魏（386～534）統萬鎮將，因居北邊。父樂，魏末破六韓拔陵爲亂，與鎮將楊鈞固守，遇害。泰貴，追贈司徒。初，泰母夢風雷暴起，若有雨狀，出庭觀之，見電光奪目，駛雨霑灑，寤而驚汗，遂有娠。期而不產，大懼。有巫曰："渡河湔裙，產子必易。"便向水所，忽見一人，曰："當生貴子，可徙而南。"泰母從之。俄而生泰。及長，善騎射，有勇略。泰父兄戰歿於鎮，泰身負骸骨歸尒朱榮。以從討邢杲功，賜爵廣阿子。神武（高歡）之爲晉州（528），請泰爲鎮城都督，參謀軍事。累遷侍中、京畿大都督，尋領御史中尉。泰以勳戚居臺，雖無多糾舉，而百僚畏懼。
>
> 天平三年（536），神武西討，令泰自潼關入。四年（537），泰至小關，爲周文帝所襲，衆盡没，泰自殺。[40]

---

[39] 公元四五世紀之時，不見中國北方的巫者從事醫療的活動，可能是筆者對六朝史料的搜尋與閱讀尚未完備所致。但就目前所見來說，這個現象仍值得注意。因爲，這種現象或可反映出中國的巫覡文化存在著南北的差異，而這種差異可能是沿襲自先秦兩漢以來的地域特色，也有可能是時代的新發展（北方加入胡人的薩滿文化，南方有土著民族的巫祝信仰），甚至二者兼而有之。不過，這個現象也有可能純粹是因爲南方有較多的文獻保留下來所造成的，這也就是說，當時北方的巫者也是以醫治疾病爲其主要職事之一，但不曾被記錄，或是記錄其行事的文獻已不復存在，以致所有巫者治病的事例只見於南方。總之，這個問題尚待更進一步探討。

[40] 李百藥（565～648）《北齊書》點校本（北京：中華書局，1972）卷一五《竇泰傳》，頁 193～194。又見李延壽《北史》點校本（北京：中華書局，1974）卷五四《竇泰傳》，頁 1951～1952。二者文字沒有任何差異。

這是北魏大將竇泰（死於 537 年）的傳記，其中涉及他誕生的神奇過程，而值得注意的就是，當竇泰的母親懷孕足月，卻"期而不產"，大感恐懼時，是因一名巫者建議，才採取"渡河溮裙"的方法，因而順利產下竇泰。可見當時北方的婦女於生育之事，遇有危難時，會求助於巫者。

至於竇泰出生的時間和地點則不易確定。不過，其父、兄死於破六韓拔陵之亂，事在北魏孝明帝正光五年（524），[41] 當時竇泰雖已成年，但似乎還很年輕，當無任何功名，後來投靠尒朱榮，立下戰功，才得以封爵，而且要到高歡在孝明帝武泰元年（528）任晉州刺史時，[42] 才因高歡的提拔而得以擔任鎮城都督，參謀軍事。以此推斷，竇泰在其父兄陣亡那年，也許只有十八歲左右，而其生年則是在公元 506 年左右，最早也不會早於公元 500 年。至於其出生地點，或許就是其父親戍守的邊鎮統萬（始建於 413 年），即今內蒙古和陝西交界處的白城子，北距內蒙古的烏審旗 180 里，南距陝西靖邊 110 里，東距陝西榆林 240 里，約在陝西省橫山縣西北百里之處。城北有黑水（又叫那林河、烏水），城南有奢延水（又叫朔方水、無定河），竇泰之母當年可能面臨要南渡或北渡的選擇，後來因有人指點才往南，所渡之河應該就是當時的奢延水。[43]

事例 15（513 年）

巫者雖然也能提供病者醫療的方法和服務，但有些病者似乎只仰賴巫者替其診斷病因，至於治療的工作則另尋他人，南朝著名的文士沈約（441～513）就是個例證。姚思廉（557～637）的《梁書》載其事云：

---

〔41〕 詳見李延壽《北史》卷四《魏本紀》，頁 150。這也就是著名的"六鎮之亂"。有關北魏之軍鎮及六鎮之亂，詳見嚴耕望《中國地方行政制度史》乙部《魏晉南北朝地方行政制度史》三版（臺北：中央研究院歷史語言研究所，1990），頁 691～797；唐長孺、黃惠賢《試論魏末北鎮鎮民暴動的性質》，《歷史研究》1964.1，頁 97～114；康樂《從西郊到南郊——國家祭典與北魏政治》（臺北：稻鄉出版社，1995），頁 88～98；王仲犖《魏晉南北朝史》（上海：上海人民出版社，1979），頁 563～568。

〔42〕 詳見李百藥《北齊書》卷一《神武帝紀》，頁 3～4。

〔43〕 有關北魏統萬城的位置，參見陝北文物調查徵集組《統萬遺址調查》，《文物參考資料》1957.10，頁 52～55；陝西省文管會《統萬城城址勘測記》，《考古》1981.3，頁 225～232；譚其驤主編《中國歷史地圖集》冊四，頁 54～55。按：有關統萬城遺址所在位置的考證，係由隱名之審查人賜告相關論文，特此申謝。

初,高祖〔梁武帝〕有憾於張稷,及稷卒,因與〔沈〕約言之。約曰:"尚書左僕射出作邊州刺史,已往之事,何足復論。"帝以爲婚家相爲,大怒曰:"卿言如此,是忠臣邪!"乃輦歸內殿。約懼,不覺高祖起,猶坐如初。及還,未至床,而憑空頓於戶下,因病,夢齊和帝以劍斷其舌。召巫視之,巫言如夢。乃呼道士奏赤章於天,稱禪代之事,不由己出。高祖遣上省醫徐奘視約疾,還具以狀聞。先此,約嘗侍讌,值豫州獻栗,徑寸半,帝奇之。問曰:"栗事多少?"與約各疏所憶,少帝三事。出謂人曰:"此公護前,不讓即羞死。"帝以其言不遜,欲抵其罪,徐勉固諫乃止。及聞赤章事,大怒,中使譴責者數焉,約懼遂卒。[44]

這段記載主要在説明沈約(時爲侍中)因被梁武帝(502~548年在位)責罵,憂懼生病而亡的經過。其中,值得注意的是,沈約生病之後,夢見"齊和帝以劍斷其舌",於是找來巫者"視之"(看病),但當巫者"證實"其夢境爲真(即其病乃齊和帝作祟所致)之後,他卻轉而尋求道士的幫忙,替他"奏赤章於天",辯説齊和帝禪位於梁武帝一事(事在502年)不是他的主意,大有喊冤求饒之意。在這同時,梁武帝也派遣了專業的醫者徐奘前去診視沈約的病情和治療情形,而當武帝得知他請道士"奏赤章"企圖撇清自己和禪代一事的關係之後,大爲憤怒,接連派遣中使前去譴責,沈約也因此憂懼而死。無論如何,沈約之病似乎可説是由"巫、道、醫"三者共同診治。這雖然不常見於記載,但在當時的社會中,也許並不稀奇。

事例16(518年)

接下來,故事的場景又回到北方。北魏末期,除了邊鎮守將之家曾尋求巫者的救助之外,都城洛陽的外戚之家似乎也曾有過類似的舉措。魏收(505~572)《魏書》便載云:

國珍年雖篤老,而雅敬佛法,時事齋潔,自強禮拜。至於出入侍從,猶能跨馬據鞍。神龜元年四月七日,步從

---

[44] 姚思廉(557~637)《梁書》點校本(北京:中華書局,1973)卷一三《沈約傳》,頁242~243。按:這則故事又見於李延壽《南史》卷五七《沈約傳》,頁1413,唯文字略有出入。

所建佛像，發第至閶闔門四五里。八日，又立觀像，晚乃
肯坐。勞熱增甚，因遂寢疾。靈太后親侍藥膳。十二日薨，
年八十……先是巫覡言將有凶，勸令爲厭勝之法。國珍拒
而不從，云吉凶有定分，唯修德以禳之。臨死與太后訣云：
"母子善治天下，以萬人之心，勿視大臣面也。"殷勤至於
再三。[45]

根據這段記載，北魏靈太后的父親胡國珍（439～518）是個非常虔
誠的佛教徒，孝明帝神龜元年（518），他已經是個八十歲的老翁，
且位居司徒公、侍中，但爲了禮佛，在四月七日那天，親自從其家
步行到閶闔門，次日是佛誕（四月八日），他又終日站立"觀像"，
到了晚上才肯坐下休息。如此勞頓，再加上年事已高，終致病倒。
而值得注意的是，在他臥病之後，靈太后曾"親侍藥膳"，可見當時
曾採取一般的醫藥治療。此外，根據記載所說"先是巫覡言將有凶，
勸令爲厭勝之法"一語來看，當時其家人似乎也曾徵詢巫者的意見，
只是胡國珍認爲"吉凶有定分，唯修德以禳之"，因此不肯採行巫者
建議的"厭勝之法"以辟除病厄。

事例 17（約在 516～520 年之間）

除了婦人和老人之外，北魏的巫者還曾對一名時任相州刺史的
武將奚康生（468～521）的疾病進行診察。魏收《魏書》載云：

〔奚康生〕後除相州刺史，在州，以天旱令人鞭石虎畫
像；復就西門豹祠祈雨，不獲，令吏取豹舌。未幾，二兒
暴喪，身亦遇疾，巫以爲虎、豹之祟。[46]

奚康生任相州刺史是在北魏宣武帝死，孝明帝即位之後（即 516
年），但後來又"徵拜光祿勳，領右衛將軍"，再遷"河南尹"，孝
明帝正光二年（521）三月，他已任河南尹[47]，因此，擔任相州刺
史的期限不會早於公元 516 年，也不會晚於公元 520 年。故而，奚
康生在相州（今河北磁縣南方近漳河處）爲了乾旱不雨而鞭石虎畫

〔45〕 魏收（505～572）《魏書》點校本（北京：中華書局，1974）卷八三《外戚列傳》，
頁 1834～1835。又見於李延壽《北史》卷八〇《外戚列傳》，頁 2688，唯文字略有
簡省。
〔46〕 魏收《魏書》卷七三《奚康生傳》，頁 1631～1632。又見李延壽《北史》卷三七，
《奚康生傳》，頁 1361，唯石虎在《北史》中寫作石季龍。
〔47〕 詳見魏收《魏書》卷七三《奚康生傳》，頁 1632～1633。

像、取西門豹神像的舌頭之事，應發生於公元 516 至 520 年之間。他本人"信向佛道，數捨其居宅以立寺塔"，可説是個虔信的佛教徒[48]，因此，對於民間祀拜的石虎和西門豹並無敬意是可以理解的，然而，當其二子暴斃，自己又"遇疾"之時，他似乎又轉而求助於巫者，尋求解釋。不過，巫者也有可能是應其家人所請，或是聽聞此事之後，自己加以解釋。

事例 18（約在 531～533 年之間）

巫者在北朝境内的足跡，不僅及於北方的邊境之地和都城，還曾出現於東方的海島。李延壽的《北史》載云：

> 神武初起兵，范陽盧曹亦以勇力稱，爲尒朱氏守，據薊。神武厚禮召之，以昂相擬，曰："宜來，與從叔爲二曹。"曹慍曰："將田舍兒比國士。"遂率其徒自薊入海島。得長人骨，以髑髏爲馬皁；脛長丈六尺，以爲二矟。送其一於神武，諸將莫能用，唯彭樂强舉之。未幾，曹遇疾，恫聲聞於外。巫言海神爲祟，遂卒。其徒五百人皆服斬衰，葬畢潛散。[49]

神武就是高歡（496～547），其起兵擊滅尒朱氏之事起於北魏節閔帝普泰元年（531），終於北魏孝武帝永熙二年（533）[50]。盧曹爲尒朱兆陣營中的猛將，時任安州刺史。[51] 他不肯投降高歡，便率領其部下自薊（今北京市西南）逃入海島。後來，盧曹罹病，巫者便指出，他的病是海神作祟所引起。而被盧曹拿來做兵器的"長人骨"可能被認爲是海神的骨頭。只不知這一名巫者究竟是當地的土著，或是隨盧曹入海的薊地之巫。

事例 19（540 年）

北朝巫者服務的對象並不限於一般的官吏之家，皇宮之内也有他們的容身之處，比如西魏文帝（535～551 年在位）的悼皇后（525～540）於生產之時，便有巫醫在側。李延壽（612？～679？）的《北史》載其事云：

> 文帝悼皇后郁久閭氏，蠕蠕主阿那瓌之長女也。容貌端

〔48〕 魏收《魏書》卷七三《冦康生傳》，頁 1633。
〔49〕 同上，卷三一《高允傳》，頁 1150。
〔50〕 詳見李百藥《北齊書》卷一《神武帝紀》，頁 6～9。
〔51〕 同上，卷二二《盧文偉傳》，頁 320。

嚴,夙有成智。大統初,蠕蠕屢犯北邊,文帝乃與約,通好結
婚,扶風王孚受使奉迎……四年(538)正月至京師,立爲皇
后,時年十四。六年(540)后懷孕將產,居於瑤華殿,聞上有
狗吠聲,心甚惡之。又見婦人盛飾來至后所,后謂左右:"此
爲何人?"醫巫傍侍,悉無見者,時以爲文后之靈。產訖而崩,
年十六,葬於少陵原。[52]

悼皇后郁久閭氏原是蠕蠕的長公主,西魏文帝基於"和親"的考量,派
人迎她到京師(長安),立她爲皇后,並因此逼使其原先之皇后(文皇后
乙弗氏)遜位,出家爲尼,其後,更進一步迫使文皇后自殺。[53] 後來,
悼皇后在大統六年(540)"懷孕將產"時,曾看見一名盛裝打扮的婦人
來到其面前,然而隨侍在側的"醫巫傍侍"卻沒有人看見,不過,經由悼
皇后的描述,其他人都認爲那是被迫自殺的文皇后的鬼魂返回復仇,
而悼皇后果然在產後就去世。無論如何,根據這段記載,當時皇后待
產之時,似有"醫巫"在旁助產。

事例 20(548 年之前)

就上述幾個事例來看,北朝的巫者幾乎都只是進行診察病因和病
情的工作,或建議辟除病厄之道,很少真正對病者進行治療的工作。
而南朝的病者似乎比較常接受巫者的醫療,若干巫者治病的方法和過
程也因而得以見諸記錄。比如,李延壽的《南史》便載云:

[袁]君正美風儀,善自居處,以貴公子早得時譽。爲豫
章內史。性不信巫邪,有師萬世榮稱道術,爲一郡巫長。君
正在郡小疾,主簿熊岳薦之。師云:"須疾者衣爲信命。"君正
以所著襦與之,事竟取襦,云"神將送與北斗君"。君正使檢
諸身,於衣裏獲之,以爲亂政,即刑於市而焚神,一郡無敢行
巫。[54]

由這段記載可以知道,當時南朝梁的豫章郡內(郡城南昌,即今江西南
昌)應有不少巫者,巫風甚盛,萬師榮則是其中最有聲望的巫者,若是
當地的巫者之間曾經形成一個集團,則萬師榮應是該集團的首領(巫
長)。因此,當豫章內史袁君正(死於 549 年)罹病之後,其主簿熊岳便

---

〔52〕 李延壽《北史》卷一三《后妃列傳》,頁 507。
〔53〕 同上,頁 506～507。
〔54〕 李延壽《南史》卷二六《袁君正傳》,頁 716。

推薦萬師榮替他治病。袁君正雖然"不信巫邪",卻也不拒絕,不過,後來發現這名巫者竟敢吞沒他的衣服(作爲施法治病之用),便以"亂政"的罪名,刑殺巫者萬師榮於市,連萬師榮所奉祀的神(神像)也被焚除。據說,從此之後,郡內"無敢行巫"(也許是指不敢以巫爲業),不過,袁君正後來便遷任吳郡太守,並在侯景之亂初起之時(梁武帝太清二年,即 548 年),率兵赴京師勤王,於京師陷後(549)才返回吳郡,然回郡之後,立刻遭受侯景部屬的攻擊而投降,隨而病死。[55]

事例 21(562 年)

北朝歷代政府,或是基於其部落的文化傳統,往往讓巫者在其部族和國家祭典中扮演重要的角色,雖經北魏孝文帝(471 ~ 499 在位)一連串的禮制改革,但巫覡的傳統仍沿而未絕,[56] 因此,北朝宮廷中往往可見巫者活動的蹤跡,在事例 19 中,可知西魏皇后於生產之時,有巫者旁侍在側,而北齊的宮中似乎也有巫者照護后妃。《北齊書》載云:

> 孝昭帝崩,太后又下詔立武成帝。太寧二年(562)
> 春,太后寢疾,衣忽自舉,用巫媼言改姓石氏。四月辛丑,
> 崩於北宮,時年六十二。[57]

文中這位太后就是高歡的元配,神武明皇后婁后婁昭君(501 ~ 562)。北齊武成帝太寧二年(562)春天,當她在京師鄴(今河北磁縣附近)的北宮罹病之時,由於有異象發生(衣忽自舉),便徵詢巫媼的意見,以改姓爲"石氏"厭禳,不過,當年四月還是過世了。文中這名巫媼可能平時便常駐宮中,而不是當太后生病之後才臨時從民間徵召而來。

事例 22(574 年)

北周之制大致沿襲北魏、西魏而與北齊相類,其宮廷后妃疾病之時也有巫者參與診療,令狐德棻(583 ~ 666)等人所編寫的《周書》便載云:

> 建德三年,文宣太后寢疾,醫巫雜說,各有異同。高

---

〔55〕 李延壽《南史》卷二六《袁君正傳》。有關侯景之亂的經過,詳見王仲犖《魏晉南北朝史》,頁 446 ~ 456。

〔56〕 參見宮川尚志《六朝の巫俗》,頁 350 ~ 360;康樂《從西郊到南郊》,頁 165 ~ 206。

〔57〕 李百藥《北齊書》卷九《神武婁后傳》,頁 124。又見於李延壽《北史》卷一四《后妃列傳》,頁 517。

祖御內殿，引僧垣同坐，曰："太后患勢不輕，諸醫並云無
慮。朕人子之情，可以意得。君臣之義，言在無隱。公爲
何如？"對曰："臣無聽聲視色之妙，特以經事已多，準之
常人，竊以憂懼。"帝泣曰："公既決之矣，知復何言！"尋
而太后崩。[58]

這是北周武帝建德三年（574）發生於長安皇宮之事。當時武帝之母
文宣太后（即周文帝之叱奴皇后）病重，宮廷之"醫巫"對其病情
的判斷相當紛歧，武帝於是召來當時擔任遂伯中大夫的名醫姚僧垣
（499～583），詢問他的意見，姚僧垣斷其必死，果然，文宣太后不
久之後便病逝。由此可見，當時北周后妃之疾病，也是由巫者和醫
者一起負責照料。

事例 23（587 年）

公元 581 年，楊堅平定中國北方的反亂，也正式了結北周宇文氏
二十四年（557～581）的政權，建國號爲隋，並逐步向統一中國的歷史
大業邁進。隋於開國之初，在制度上基本上承續北朝的傳統，職官方
面主要承襲北齊之制，[59] 其中，值得注意的是，太常寺所轄的太醫署
設有"祝禁博士"，太卜署設有"男覡、女巫"之員額，並於開皇十四年
（594）於各地設名山大川之"祠"，由巫者掌管。[60]

後來，隋煬帝（605～618 年在位）更增置後宮之"女官"，"準
尚書省，以六局管二十四司"，其中，尚食局之司藥便是"掌醫巫藥
劑"。[61] 由此可知，巫者在隋代的官僚體制中佔有一席之地，其主
要職掌，除了祭祀之外，似乎就是和醫療有關的工作，至於其具體
事例，則《隋書》載有巫者薛榮宗之事云：

未幾，爽寢疾，上使巫者薛榮宗視之，云衆鬼爲屬。

---

〔58〕 令狐德棻（583～666）等《周書》點校本（北京：中華書局，1971）卷四七《藝
術列傳》，頁 842。又見於李延壽《北史》卷九〇《藝術列傳》，頁 2978，唯文字較
爲簡省。

〔59〕 參見陳寅恪《隋唐制度淵源略論稿》，收入氏著《陳寅恪先生論集》（臺北：中央研究院
歷史語言研究所，1971），頁 1～104。

〔60〕 詳見魏徵（580～643）等《隋書》點校本（北京：中華書局，1973）卷七《禮儀志》，頁 140；
卷二八《百官志》，頁 776。

〔61〕 同上，卷三六《后妃列傳》，頁 1107。

爽令左右驅逐之。居數日，有鬼物來擊榮宗，榮宗走下階
而斃。其夜爽薨，時年二十五。[62]

文中之病者爲衛昭王楊爽（563～587），剛於文帝開皇七年（587）
被徵調到京師長安任納言，不料，到任不久後便罹患重病，文帝於
是派巫者薛榮宗前去診視。這名巫者斷定爲一群厲鬼作祟所致，楊
爽便令其左右趕鬼。可是，數日之後，巫者薛榮宗卻反而被“鬼物”
擊斃，而楊爽也隨之病死。

此外，隋煬帝也於大業二年（606）派巫者診視其皇太子楊昭
（574～606）之病，[63] 不過，這已超越六朝的時間斷限（約公元三
至六世紀，或222～589年），故不在本文討論之列。

以上二十三個事例，有九則係出自志怪，其中，干寶（286？～
336）的《搜神記》有一則（事例2），劉義慶（403～444）的《幽
明錄》有四則（事例1、7、8、9），王琰（六世紀初）的《冥祥
記》有三則（事例5、10、11），荀氏（公元五世紀上半葉）的《靈
鬼志》有一則（事例6）。其餘十四則全都出自“正史”，其中，房
玄齡（578～648）等人所編的《晉書》占二則（事例3、4），蕭子
顯（489～537）的《南齊書》有二則（事例12、13），姚思廉（557
～637）的《梁書》有一則（事例15），李百藥（565～648）的
《北齊書》有二則（事例14、21），魏收（505～572）的《魏書》
有二則（事例16、17），李延壽（612？～679?）的《北史》有二則
（事例18、19），李延壽的《南史》有一則（事例20），令狐德棻
（583～666）等人所編的《周書》有一則（事例22），魏徵（580～
643）等人所編的《隋書》有一則（事例23）。

就故事的時代背景來說，公元三至四世紀有七則，公元五世紀
有六則，公元六世紀有十則。至於地理背景，南方有十四則，包括
建康四例（事例1、2、13、15）、廬江郡的舒縣（今安徽舒城）一
例（事例4）、蕪湖（今安徽蕪湖）一例（事例5）、南郡（郡治江
陵，即今湖北江陵）二例（事例6、10）、臨海（今浙江臨海）一例
（事例7）、歷陽郡（今安徽和縣）一例（事例8）、武昌郡（今湖北

---

〔62〕 同上，卷四四《衛昭王爽傳》，頁1224。

〔63〕 同上，卷五九《煬三子列傳》，頁1436。又見李延壽《北史》卷七一《隋宗室諸王
列傳》，頁2474。

鄂城）一例（事例9）、成都（今四川成都）一例（事例11）、諸暨
（今浙江諸暨）一例（事例12）、豫章郡（郡城南昌，即今江西南
昌）一例（事例20）；北方有九例，包括洛陽（今河南洛陽）二例
（事例3、16）、長安（今陝西西安）三例（事例19、22、23）、鄴
（今河北磁縣附近）二例（事例17、21）、統萬（今陝西、內蒙古交
界處的白城子）一例（事例14）、渤海灣中的海島一例（事例18）。

　　就三四百年的歷史長度來說，二十三個例證在數量上是相當不足
的，而材料來源也只限於志怪和正史二類，且其中若干作者（如劉義慶
和王琰）都有強烈的佛教信仰，因此，借由這些例證所建構出來的歷史
圖像自然會有所偏失。不過，這些事例大致也能證明，在六朝時期，無
論是在中國北方或是南方，無論是在都城或是邊地，都有巫者從事診
察或治療疾病的工作。此外，這些事例也讓我們有機會知道當時尋求
巫者醫治的病人（或其家屬）的社會背景，以及巫者對於疾病的解釋和
其使用的醫療方法。以下便就此再做進一步的探討。

三、病者的社會背景及其對巫覡醫療法的態度

　　上述二十三個事例，對於病者的背景及其就醫過程的記載，雖然
不如後代醫者的"醫案"或現代醫院的"病歷"那麼詳細，但是，有些仍
無意間透露了病者的居住地（如前所述）、性別、年齡、婚姻狀態、社會
階層、宗教信仰、疾病的名稱、診療的效驗，以及病者（或其家屬）對於
巫覡療法的態度。

　　以性別來說，女性的病者有十一人（事例3、4、5、9、11、14、19、21、
22；其中事例3和事例4都有二位）。男性的病人則有十二人（事例1、
2、6、8、10、13、15、16、17、18、20、23）。

　　以年齡來說，明確可知的有八例：孫權七十一歲（事例1）、齊僧欽
十七歲（事例10）、釋曇輝七歲（事例11）、沈約八十一歲（事例15）、胡
國珍八十歲（事例16）、西魏悼皇后十六歲（事例19）、北齊太后婁昭君
六十二歲（事例21）、楊爽二十五歲（事例23）。自幼至老，分別是七、
十六、十七、二十五、六十二、七十一、八十、八十一歲。

　　以婚姻狀態來說，確知其爲已婚的男子有九人（事例1、2、6、13、
15、16、17、20、23），已婚的女子有七人（事例3、4、5、14、19、21、22），未
婚的男子有一人（事例10），未婚的女子有四人（事例3、4、9、11）。

　　以社會階層來說,有三名皇帝:吳大帝孫權(事例1)、吳景帝孫休
(事例2)、南朝齊明帝蕭鸞(事例13);有五名后妃和公主:西晉賈后(事
例3)、西晉河東公主(事例3)、西魏悼皇后(事例19)、北齊太后婁昭君
(事例21)、北周文宣太后(事例22);有三名朝廷的高官顯貴:梁左光祿
大夫、侍中、太子少傅沈約(事例15)、北魏侍中、司徒公胡國珍(事例
16)、隋衛昭王、納言楊爽(事例23);有四名中高級的地方政府首長:東
晉歷陽太守索元(事例8)、北魏相州刺史奚康生(事例17)、北魏安州刺
史盧曹(事例18)、梁豫章太守袁君正(事例20);有三名中下級的地方官
員或其配偶:西晉廬江郡龍舒縣長鄧林之妻(事例4)、東晉南郡議曹掾
歐姓人士(事例6)、北魏統萬邊將之妻(事例14);另有六名則應是一般
百姓:西晉舒縣的劉世則之女(事例4)、東晉蕪湖的張應之妻(事例
5)、南朝宋武昌的某家女(事例9)、南朝宋江陵的齊僧欽(事例10)、
南朝宋成都的釋曇輝(事例11)、南朝齊諸暨屠氏女之鄰人(事例12)。

　　以宗教信仰來說,應爲巫俗之信仰者有五人:吳大帝孫權(事例
1)、吳景帝孫休(事例2)、賈后(事例3)、南朝齊明帝蕭鸞(事例13)、
北齊太后婁昭君(事例21);確知其爲虔誠之佛教徒者也有五人:東晉
張應之妻(事例5)、南朝宋齊僧欽(事例10)、南朝宋成都釋曇輝(事
例11)、北魏侍中胡國珍(事例16)、北魏相州刺史奚康生(事例17)。

　　以疾病的名稱或病狀來說,明白見於記載的,只有七則:一爲舒縣
劉世則之女"病魅"(事例4);二爲南郡歐姓議曹掾"得病經年,骨消肉
盡"(事例6);三爲武昌某家女"失性",得"邪魅"之病(事例9);四爲
成都釋曇輝(本名青陽白玉),坐禪入定之後,"身如木石,亦無氣息"
(事例11);五爲女巫屠氏女之鄰人"中溪蜮毒";六爲統萬邊將竇樂之
妻懷孕"期而不產"(事例14);七爲沈約病時,"夢齊和帝以劍斷其舌"
(事例15)。其餘則大多只寫道:"病"、"疾病"、"寢疾"、"有疾"。

　　以治療的效驗來說,有五例顯示,巫者療病多愈或病人經由巫者
的治療或診視之後便獲痊癒(事例7、9、10、12、14);有八例顯示,巫者
的治療無效,病人或因而轉求他法,甚或死亡(事例4、5、6、13、19、21、
22、23);另有七例則指出,雖經由巫者診斷出病因,但或因不曾要求或
拒絕巫者的治療而死亡(事例1、8、15、16、17、18、20)。比較特殊的
是,有一例爲巫者誤將佛教徒的"入定"狀態誤判爲鬼神"憑附"(事例
11),另一例則是巫者爲了治療一名因屬鬼作祟而罹疾的病者而被鬼

擊斃,病者也隨之死亡(事例23)。

由以上所述來看,六朝巫覡的病人似乎並不局限於某一地域、性別、年齡、社會階層、婚姻狀態和宗教信仰的人群。此外,巫者所能診治的疾病也不限於某一特定的種類,而其效驗則因人而異。

至於上述這些病人(或其家人)對於巫覡醫療(包括診視和治療)的態度,有兩點特別值得一提。首先,大多數人生病之時,通常都會求救於巫者,只有極少數人拒絕巫者的治療(事例8、16)而即使是佛教徒,罹病之時,其家人往往也會尋求巫者的診治(事例5、10、11、16、17)。其次,病者(或其家屬)同時或先後尋求巫者和醫者的救助,似乎是相當普遍的現象(事例4、5、6、10、15、16、19、22),[64]可見巫者不是當時唯一的醫療者,必須和專業的醫者,以及宗教界的僧尼、道士和術士(如韓友)競爭(詳下文)。

四、巫覡的疾病觀與治療法

雖說上述二十三個事例對於巫者診療過程的記載大多過於簡略,但仍有一些事例提及巫者對於疾病原因的解釋,有一些則比較清楚的記載了巫者治療方法,使我們得以知道巫覡醫療的一些特性。

(一)巫者對於疾病原因的解釋

以對於疾病原因的解釋來說,六朝巫者幾乎都將生病的原因歸諸於鬼神作祟,若細加區分,則可以分成六種:一為亡魂(主要是屬鬼)為祟;二為鬼魅(物怪)作祟;三為鬼神憑附;四為鬼擊;五為鬼神責罰;六為觸犯禁忌。

亡魂為祟的例子共有四則(事例1、15、19、23)。其中,孫權之病似乎是由魯肅的鬼魂所引起,不過,和一般亡魂作祟的情形不同的是,魯肅並不是無後乏嗣或橫死冤死的"屬"鬼,[65]且和孫權之間情誼深

---

[64] 六朝時期病者兼用巫醫的情形,除了具體的事例之外,一般文獻中,巫醫連稱、並舉的現象,似乎也可作為旁證。詳見《晉書》卷一一《天文志》,頁297;卷三一《后妃列傳》,頁960;卷九五《藝術列傳》,頁2476,2478;卷一〇二《劉聰載記》,頁2672。《北史》卷一三《后妃列傳》,頁490,507;卷八九《藝術列傳》,頁2921~2922;卷九〇《藝術列傳》,頁2978;卷九八《蠕蠕列傳》,頁3258。《隋書》卷一九《天文志》,頁539;卷七八《藝術列傳》,頁1763。《魏書》卷一〇三《蠕蠕列傳》,頁2298。《南史》卷五《齊本紀》,頁156。《周書》卷四七《藝術列傳》,頁842。

[65] 有關"屬"的涵義,詳見林富士《孤魂與鬼雄的世界》(臺北:臺北縣立文化中心,1995),頁14~17。

厚,並無任何仇怨(事例1)。而沈約之病,巫者斷其爲齊和帝的亡魂作祟,則是標準的冤魂化作厲鬼,返回復仇的故事(事例15),因爲齊和帝(488~502)中興二年(502)被迫禪位於梁武帝一事,首謀之一便是沈約,[66]而在禪代之後,勸梁武帝逼迫齊和帝自殺的,也是沈約,[67]二人之間有極大的仇怨。其次,西魏悼皇后於生育之時所受到的驚嚇(聽到狗吠聲、獨自看到盛飾的婦人形象)以及產難("產迄而崩"),似乎被歸諸於文皇后乙弗氏的亡魂作祟,而乙弗氏正是因悼皇后的逼迫而自殺,因此這也算是一種怨靈作祟(事例19)。至於隋衛昭王楊爽之病,巫者認爲是"群鬼爲厲"所致,則已明顯指出,這是厲鬼爲祟,至於這些厲鬼和楊爽之間是否有仇恨則不可知,有可能是楊爽任武將時,四處征伐殺戮所致的兵死之鬼(事例23)。

鬼魅(物怪)作祟的例子有二則,病者都是未出嫁的少女。其一爲舒縣劉世則之女,因"病魅積年"而延巫治療,發現作祟的"魅"有數十隻狸和鼉,後來又經術士韓友診治,又找出一種巫没能劾治的魅,也就是狐,劉世則之女才告痊癒(事例4)。其二爲武昌某家女,出嫁前突然發狂("失性"),走出户外毆擊人、車,宣稱自己不喜歡嫁給俗人("不樂嫁俗人"),巫者斷其爲"邪魅"作祟,後來並召來作祟的三種物魅:蛇、龜、鼉,令其不得再加糾纏,該名少女因而逐漸恢復健康(事例9)。這二個例子所提及的魅(物怪)包括了狐、狸、鼉、龜、蛇,基本上都是動物,其侵擾的對象也都是女性。[68]

巫覡的特有技能之一是召降鬼神,使之憑附在自己身上,開口説話,成爲人神之間的媒介。[69] 但這是由巫者所主動掌控的"憑附"現

---

[66] 詳見蕭子顯《梁書》卷一三《沈約傳》,頁233~234。
[67] 詳見李延壽《南史》卷五《齊本紀》,頁160。
[68] 就志怪的材料來看,六朝的"魅"(物怪;精怪),除了這二則故事所提及的狐、狸、鼉、龜、蛇之外,還包括:狗(犬)、狼、鹿、猴、豬、鼠、獺、魚、鷄、鶴、鵠、燕、白鷺、鴨、鵝、樹木、玉石、蟬、螻蛄、蟻、蚯蚓、蜘蛛、蚱蜢、枕、屐、掃帚、杵……這些"魅"往往化作人形而和異性的人類發生性關係,其侵擾的對象則有男有女。有關這項課題,筆者擬另撰《六朝的魅》詳加討論,初步的研究,參見李豐楙《六朝精怪傳説與道教術思想》,收入靜宜文理學院中國古典小説研究中心主編《中國古典小説研究專集3》(臺北:聯經出版事業公司,1981),頁1~36;顏慧琪《六朝志怪小説異類姻緣故事研究》(臺北:文津出版社,1994),頁104~114。
[69] 詳見林富士《漢代的巫者》,頁20~22,57;Fu-shih Lin, "Chinese Shamans and Shamanism in the Chiang-nan Area During the Six Dynasties Period (3rd-6th Century A. D.)"第五章"巫者之宗教角色及其功能"(The Shaman's Religious Roles and Functions)中"憑降鬼神"(Possession)的部分。

象,是人神之間的一種溝通模式,而一般人被鬼神"附身"則往往是被動的、不情願的,而且,也會被其他人視爲一種疾病。[70] 在事例 11 之中,成都的釋曇輝在"禪坐入定"之後,因爲"身如木石,亦無氣息",而被巫覡診斷爲"鬼神所憑"。這雖然是誤診,但也説明,當時巫者確實將被鬼神附體當作是一種疾病(病因)。

另有一例則應該是所謂的"鬼擊"。在事例 23 中,巫者薛榮宗前去診視楊爽的病因,斷定爲"衆鬼爲厲"所致,楊爽因而命其左右(薛榮宗應該也在行列之內)"驅逐"厲鬼。但是,逐除厲鬼的工作似乎失敗了。幾天之後,薛榮宗便被鬼物擊斃,同一天晚上,楊爽也隨之過世。這雖然也可説是厲鬼作祟的情形,但因其作祟的方式是以"擊打"令人生病或死亡,因此,在六朝文獻中,往往別爲類,稱之爲"鬼擊"(詳下文)。

此外,有二個事例似乎可稱之爲"神罰",即得罪鬼神而被責罰,因而致病或死亡。在事例 17 中,相州刺史奚康生是因鞭打石虎的神像(畫像),並令人割取西門豹神像的舌頭而被二神譴祟,兩個兒子因而暴斃,他自己也罹病。事例 18 的安州刺史盧曹則是將海神的髑髏做成馬皁,將脛骨做成兩支長槊,因而被海神責罰,生病而死。

最後,還有一個觸犯禁忌的例子。在事例 13 中,巫覡便以"後湖水頭經過宮內"解釋南朝齊明帝久病不愈的原因,這是一種宅第(地理)上的禁忌。

(二)巫者的療病方法

至於巫者用來療病的方法,大致也可以分爲六種:一爲性療法;二爲政治療法;三爲厭勝法;四爲禱解法;五爲禳除法;六爲探命之術。

---

[70] 一般的宗教社會學家、宗教人類學家傾向於將"鬼神附身"(spirit possession)的現象區分爲"自主的"(voluntary)和"非自主的"(involuntary),或是"可控制的"(controlled)和"不可控制的"(uncontrolled)二大類型,後者通常被認爲是一種疾病;參見 Erika Bourguignon, "World Distribution and Patterns of Possession States," in Raymond Prince, ed., *Trance and Possession States* (Montreal: R. M. Bucke Memorial Society, 1968), pp. 3~34; I. M. Lewis, *Ecstatic Religion: A Study of Shamanism and Spirit Possession*, pp. 48~49, 57; Ruth-Inge Heinze, *Trance and Healing in Southeast Asia Today* (Bangkok, Tailand: White Lotus Co., Ltd., 1988), pp. 2~3; Janice Boddy, "Spirit Possession Revisited: Beyond Instrumentality," *Annual Review of Anthropology* 23 (1994): pp. 407~434; Fu-shih Lin, "Chinese Shamans and Shamanism in the Chiang-nan Area During the Six Dynasties Period (3rd~6th Century A. D.)"第四章"巫與鬼神之溝通模式"(Patterns of Communication Between Shamans and Spirits)中"憑降鬼神"(Possession)的部分。

以性爲治療之法僅有一例。在事例 3 中，賈后是否真的罹疾無法確知，但文中的老嫗用以賂誘小吏入宮的説詞卻值得注意。那名老嫗説其主婦有疾病，需要"城南少年厭之"，而入宮之後，所謂的"厭勝"之術在此其實就是房中之事（"共寢"）。或以爲這是賈后"宣淫"的藉口，然而，以性療病，確是巫覡（和方士）的傳統，葛洪（283～363）的《抱朴子》便載道：

> 或曰："聞房中之事，能盡其道者，可單行致神仙，並可以移災解罪，轉禍爲福，居官高遷，商賈倍利，信乎？"抱朴子曰："此皆巫書妖妄過差之言，由於好事增加潤色，至令失實……夫陰陽之術，高可以治小疾，次可以免虛耗而已。其理自有極，安能致神仙而卻禍致福乎？"[71]

由此可知，就葛洪的理解，當時的"巫書"特別强調房中術的各種神奇功效，而葛洪雖不盡以爲然，卻仍肯定其治療疾病的功效。因此，賈后身邊之巫覡會提出以"少年"來治病的建議，看似飾詞，但在當時，恐怕並不會令人覺得過於奇異。

"政治療法"也和賈后身邊的巫者有關。當時，賈后的女兒河東公主"有疾"，巫者的醫療建議是"宜施寬令"，賈后接受了建議，"稱詔大赦天下"（事例3）。乍看之下，這也有點突兀，但是，這和兩漢以來所流行的疾病觀念也是相吻合的，當時人認爲，帝王（或政府）若是政治措施不當、不良，便會使吏民生病，甚至引起大規模的疾病之災，[72]因此，賈后採用巫者的建議，以"大赦"來治療河東公主的疾病，在當時人的觀念裏應該不難理解。

"厭勝"可以説是巫覡常用的療法，但一般史籍卻很少闡明這種療法的意涵和其具體内容，像《魏書》僅載巫者於胡國珍病重之時，勸其"爲厭勝之法"，卻不曾交待其具體做法（事例16），唯南朝齊明帝病危之時，或因聽從巫者的建議，"求白魚以爲治"，"身衣絳衣，服飾皆赤，以爲厭勝"，又打算堵塞流經宮中的後湖水（事例13），凡此三事（喫白魚、穿戴紅色的服飾、塞後湖水）似乎都是"厭勝"療法的内容。因此，

---

〔71〕 葛洪（283～363）著、王明校釋《抱朴子内篇校釋》增訂本（北京：中華書局，1985）卷六《微旨》，頁128～129。

〔72〕 詳見林富士《試論〈太平經〉的疾病觀念》，《中央研究院歷史語言研究所集刊》62.2（1993），頁225～263。

像巫者勸寶樂之妻"渡河澗裙"以解除難產之厄(事例14),以及北齊
的太后生病之時用巫媼之言而"改姓石氏"(事例21),應該也都是所
謂的"厭勝"之術。

　　同樣的,"禱解"(祝禱;請禱)之法,應該也是巫者慣用的療病方
法,不過,較具體的事例則只有二個。其中,事例5的記載比較簡略,
只說張應"本事俗神,鼓舞淫祀",其妻"得病",張應於是"請禱備至,
財產略盡",至於其"請禱"的儀式則不見記載,只知其家中供奉有神
像。事例20的記載雖較爲詳細,但也只提及巫者萬世榮使用了病者
的衣服(襦),作爲療病儀式時送給"北斗君"的"信命"(信物、禮物),
至於其詳細的儀式過程則不清楚。

　　至於巫者所用的"禳除"(召劾;祝除;禳解)之法,則有比較詳細
的描述。事例4提及劉世則之女"病魅積年,巫爲攻禱"時,便說巫者
"伐空塚故城間,得狸鼉數十",可知是在魅(狸和鼉)藏身的空塚和故
城之間進行召劾、獵取鬼魅的儀式。事例9對於巫者用來治療這種鬼
魅病的禳解之法,描述更爲清楚。首先,巫者將得了"邪魅"病的少女
帶到江邊,然後"擊鼓,以術祝治療"。不久之後,便有一頭青蛇來到巫
者面前,巫便以大釘釘住蛇頭,到了日中時分,又有一頭大龜從江中上
岸,來到巫者之前,巫者便"以赤朱書背作符",然後令大龜回到江中。
到了傍晚時分,便有一隻大白鼉從江中現身,被先前的那只大龜催逼
向前,來到巫者面前,進入巫者陳設的布幔之中,與病者辭別。從此之
後,少女便逐漸痊癒。而據巫者說,蛇是"傳通",龜是"媒人",鼉是
"其對"(少女的配偶),然則三者都是魅。這個事例也告訴我們,巫者
在這項療病儀式的過程中,曾設置了施法所需的"儀式空間"(似乎是
使用布幔),[73]使用了鼓、釘、符和祝(咒語),作爲其召喚、驅使、

────────────

〔73〕 值得一提的是,北方民族的巫者(薩滿;shaman)於進行儀式之時,往往搭建"帳篷",像
　　 北魏時期蠕蠕的女巫便是在大澤中"施帳屋",以進行齋潔、升天之儀式;詳見魏收《魏
　　 書》卷一〇三《蠕蠕列傳》,頁2298。此外,道士在舉行儀式(尤其是齋醮)時,也會搭
　　 建壇壇。不知南方巫者以布幔圍成的"祭祀場所",和北方民族巫者的"帳篷"以及道
　　 士的祭壇之間有何異同。有關北方民族巫者的"帳篷"之研究,參見 A. F. Anisimov,
　　 "The Shaman's Tent of the Evenks and the Origin of the Shamanistic Rite," in Henry
　　 N. Michael, ed., *Studies in Siberian Shamanism* (Toronto: University of Toronto Press,
　　 1963), pp. 84~123. 有關道教的"壇",詳見宋龍飛《重蓋峨峨,飛檐轙轙:醮壇彩棚的
　　 搭建與裝飾》,收入氏著《民俗藝術探源》(臺北:藝術家出版社,1982),頁269~285;
　　 Kristofer Schipper, *Taoist Body*, translated by Karen C. Duval (Berkeley: University of Cali-
　　 fornia Press,1993), pp. 91~99.

劾治鬼魅的法器。此外，事例 7 所提及的李姓巫者，能 "作水符" 以治病，所用的大概也是這一類的符祝、劾治之法。而事例 23 的巫者薛榮宗和楊爽，以 "驅逐" 之法來對付厲鬼，應該也算是同一類型的 "禳解" 之法。

除此之外，事例 10 中的"探命之術"，也有儀式過程的簡要描述。首先，女巫在野地裏陳設了"酒脯之饋"，然後開始"燒錢"，連續七天七夜之後，女巫才開始有所"感見"，看見諸"善神"正替病者（齊僧欽）祈禱，最後，諸神替他爭取到額外的二十四年的壽命，因此，女巫斷言病者必將無妨，不必憂心，而齊僧欽果真就此痊癒。嚴格來説，這不是一種"治療"的方法，但也可説是一種醫療的措施，其目的在於診察病人的病情（或現代醫學所謂的"預後"）。無論如何，這則事例告訴我們，這種法術的儀式空間是在野地，祭品則是酒和脯（肉干），而巫者能 "感見"鬼神世界的情景，主要的關鍵似乎在於連續七天七夜燒"錢"（可能是"紙錢"），[74] 這有助於我們瞭解古代巫者交通鬼神的方法，而且可以和臺灣社會中巫者（"童乩"、"尪姨"）的類似儀式相比較。[75]

五、結　論

經由上述的探討，我們似可斷言，巫者在六朝時期的中國社會中仍扮演着醫療者的角色，而且，其病人並不局限於某一地域、族群、性別、年齡層、社會階層、宗教團體，其所能診治的疾病也不限於特定的種類。至於其對疾病原因的解釋（包括：亡魂作祟、鬼魅作祟、鬼魂憑附、鬼擊、鬼神責罰、觸犯禁忌），以及所採用的治療方法或診察手段

〔74〕 研究中國宗教史的學者，一般都將宗教儀式中焚燒紙錢的起源追溯至公元六世紀末，但《冥祥記》所載的這個故事所提及的"燒錢"，若是指燒紙錢而言，則這種儀式的歷史便可向前推至公元五世紀初。有關紙錢的研究，詳見 Ching-Lang Hou, *Monnaies d'offrande et la nation de trésorerie dans la religion chinoise*（Paris：Collège de France, Institut des Hautes Etudes Chinoises, 1975）；Anna Seidel, "Buying One's Way to Heaven：The Celestial Treasury in Chinese Religions," *History of Religions* 17. 3/4（1978），pp. 419～431；Hill Gates, "Money for the Gods," *Modern China* 13. 3（July 1987），pp. 259～277.

〔75〕 臺灣巫俗有所謂的"落地府"（"關三姑"；"關落陰"；"落獄府"）和"進花園"，都是病者請童乩（或尪姨、法師）施術，前往地府查明病因，並消弭病源；參見吳瀛濤《臺灣民俗》（臺北：衆文圖書公司，1992），頁 169～170；鈴木清一郎著、馮作民譯《臺灣舊慣習俗信仰》（《臺灣舊慣・冠婚葬祭と年中行事》〔臺北：臺灣日日新報社，1934〕）（臺北：衆文圖書公司，1979），頁 68～69；吉元昭治《道教と不老長壽の醫學》（東京：平河出版社，1989），頁 132～139.

（包括：性療法、政治療法、厭勝法、禱解法、禳除法、探命之術），則大多承襲漢代巫者及巫術療法的傳統。[76] 而巫者在面對佛、道這二個新興宗教的競爭之下，能夠在六朝的社會裏佔有一席之地，似乎和其能提供醫療的服務大有關係。周朗（425～460）便曾針對當時的政治、社會情境向宋孝武帝（454～464 年在位）提出建言，其中有關巫俗的部分，他寫道：

> 凡鬼道惑眾，妖巫破俗，觸木而言怪者不可數，寓采而稱
> 神者非可算。其原本是亂男女，合飲食，因之而以祈祝，從之
> 而以報請，是亂不誅，爲害未息。凡一苑始立，一神初興，淫
> 風輒以之而甚，今修隄以北，置園百里，峻山以右，居靈十房，
> 靡財敗俗，其可稱限。又針藥之術，世寡復修，診脈之伎，人
> 鮮能達，民因是益徵於鬼，遂棄於醫，重令耗惑不反，死夭復
> 半。今太醫宜男女習教，在所應遣吏受業，如此故當愈於媚
> 神之愚，懲艾媵理之敝矣。[77]

由此可見，周朗係將巫風之熾盛歸諸於醫藥之不發達，人民在疾病之時，只好求助於巫者，因此，他認爲，要改良社會崇信巫覡的風俗，只有强化醫學教育，使一般人能接受專業醫者的服務，不過，他的建議不僅沒有被接受，甚至還觸怒了崇信巫覡的孝武帝，因而自動去職。[78] 總之，宗教如何利用醫療以傳佈其信仰和吸引信徒，應是值得深究的課題。[79]

然而，從以上的討論，我們也發現，當時有些病者（主要是官吏）相當排斥巫覡的醫療，而一般人生病時，似乎也不是純賴巫者

---

[76] 有關漢代巫者及巫術療法的研究，詳見林富士《漢代的巫者》，頁 63～67；林富士《試論漢代的巫術醫療法及其觀念基礎》，頁 29～53；林富士《東漢晚期的疾疫與宗教》，頁 716～724。

[77] 沈約（441～513）《宋書》點校本（北京：中華書局，1974）卷八二《周朗傳》，頁 2100～2101。

[78] 周朗的建議，諸如建全 "太醫"（官醫）的醫學教育，訓練更多的專業醫者，使一般民眾都能享受醫療服務等，要到宋代，在儒家學者和政府的努力下，才初步付諸實現。有關宋代儒者和政府在建立醫事體制上的成就，參見馬伯英《中國醫學文化史》，頁 444～523；Paul U. Unschuld, *Medical Ethics in Imperial China: A Study in Historical Anthropology* (Berkeley: University of California Press, 1979)；陳元朋《宋代的儒醫——兼評 Robert P. Hymes 有關宋元醫者地位的論點》，《新史學》6. 1 (1995)，頁 179～203；陳元朋《兩宋的 "尚醫士人" 與 "儒醫"——兼論其在金元的流變》，國立臺灣大學歷史學研究所碩士論文（臺北：國立臺灣大學，1996）。

[79] 有關宗教發展與疾病醫療之間的關聯，應是中國宗教史及醫療史上的大課題，有待全面而深入的探究，初步研究，詳見林富士《東漢晚期的疾疫與宗教》，頁 715～743。

的救助，兼用巫醫是常見的情形，而且，在治療無效之後，或在用巫（醫）治療的同時，求助於佛教的僧人或是道教的道士，似乎也逐漸成爲一種新的就醫的行爲模式。換句話說，在六朝社會中，巫覡其實是與醫者、道士、僧人共同擔負起醫療的工作。梁武帝（502～548年在位）時，郭祖琛便曾"輿櫬詣闕上封事"，說道：

> 臣見疾者詣道士則勸奏章，僧尼則令齋講，俗師則鬼禍須解，醫診則湯熨散丸，皆先自爲也。臣謂爲國之本，與療病相類，療病當去巫鬼，尋華、扁，爲國當黜佞邪，用管、晏。[80]

這段話的主旨雖然有論治國之道，但其療病的譬喻卻恰好反映出當時人尋求醫療救助時的四種選擇：道士、僧尼、俗師（巫覡）[81] 和醫者。同時，他也指出，這四種人所使用的療法各有其特色，即道士用"奏章"（上章悔過）；僧尼用"齋講"（齋戒講經）；巫覡用"解除鬼禍"；醫者則用"湯熨散丸"（針灸和藥物）。道、佛、巫、醫在醫療上的特色，是否如郭祖琛所說，值得進一步探究。不過，在強調其差異性之時，似乎也不能忽略其共同性。

以巫和醫來說，就本文的事例來看，巫者對於病因的解釋大多歸於鬼神作祟所致，而在醫學典籍中，我們也可以找到類似的概念。例如，巢元方（550～630）的《諸病源候總論》（完成於610年）中所提到的"鬼邪"、"鬼魅"、"中惡"、"卒死"、"卒忤"（"客忤"）、"鬼擊"、"卒魘"、"尸病"、"注病"（主要是"鬼注"、"邪注"和"注忤"）、"猫鬼"、婦人"與鬼交通"、婦人"妊娠鬼胎"等，都是以鬼神、物魅、精怪、妖邪之作祟作爲致病的主因。[82] 即使是因宅室的地理位置觸犯禁忌而得病

---

[80] 李延壽《南史》卷七〇《循吏列傳》，頁1720～1721。

[81] 文中之"俗師"是否專指巫覡而言還有待商榷，不過，就文章的脈絡和上下文義來看，若說郭祖琛此處所指斥的"俗師"主要是指巫覡而言，應無大誤，因"鬼禍須解"的疾病觀念和醫療方式和本文研究所見的巫覡醫療文化的特質，恰相吻合。其次，其下文曾明言"療病當去巫鬼"，可見上文所說之"俗師"應與"巫"有關。除此之外，六朝文獻中，巫者有時又被稱爲"巫師"（《法苑珠林》卷六二，頁756上～756中引《幽明錄》；《真誥》〔《正統道藏》第637～640册〕卷一一，頁9下）或"師巫"（《晉書》卷三一《后妃列傳》，頁965；《南史》卷五《齊本紀》，頁155；《周氏冥通記》〔《正統道藏》第152册〕卷一，頁13上），因此，以"俗師"稱巫覡似乎並不突兀。

[82] 詳見巢元方《巢氏諸病源候總論》（臺北：宇宙醫藥出版社，1975）卷二《風病諸候下》，頁14～16；卷二三《中惡病諸候》，頁1～4；卷二三《屍病諸候》，頁7～11；卷二四《注病諸候》，頁1～15；卷二五《蠱毒病諸候》，頁4；卷四〇《婦人雜病諸候》，頁2,12。

的説法（事例13），在醫書中也有所記載，例如：《諸病源候總論》論"土
注"便云：

> 夫五行金木水火土，六甲之辰，並有禁忌……人有居
> 住穿鑿，地土不擇，便利觸犯禁害。土氣與人血氣相感，
> 便致疾病。[83]

此外，像葛洪的《肘後備急方》也記載了"中惡"、"客忤"、
"鬼擊"、"魘寐不寤"、"五尸"、"尸注"、"鬼注"這類和鬼神作祟
有關的疾病及其療法，[84]而《神農本草經》中，辟除或殺除"鬼
魅"、"惡鬼"、"精物"、"老物"、"殃鬼"、"温鬼"、"蚑"（小兒
鬼）、"鬼"、"鬼氣"、"鬼精"、"邪物"、"邪鬼"、"百鬼精物"的
藥物更多達五十餘種。[85]至於療法方面，醫書雖然是以藥物、針
灸、食療為主，但是，禁咒、符令、厭勝之法卻仍可見於醫學著作
中。[86]至於性的療法，丹波康賴（912～995）《醫心方》（成書於
984年）卷二八《房内》引述多種唐前著作（如《玉房秘訣》、《素
女經》、《玄女經》、《玉房指要》、《洞玄子》），也大多主張正確的性
愛可以療病，[87]其中，和本文若干事例（如事例4和9）可以相印
證的就是《玉房秘訣》所載的"斷鬼交"之法，其文云：

> 《玉房秘訣》云，采女云：何以有鬼交之病？彭祖曰：
> 由於陰陽不交，情慾深重，即鬼魅假像與之交通，與之交
> 通之道，其有自勝於人。久交則迷惑，諱而隱之，不肯告
> 〔人〕，〔自〕以為佳，故至獨死而莫之知也。若得此病，
> 治之法，但令女與男交，而男勿寫（案：即瀉）精。晝夜
> 勿息，（用）困者不過七日必愈。若身體疲勞，不能獨御
> 者，但深按勿動，亦善也。不治之，煞（案：即殺）人不
> 過數年也。欲驗其事實，以春秋之際，入於深山大澤間，
> 無所云為，但遠望極思，唯念交會陰陽，三日三夜後，則

---

〔83〕 同上，卷二四《注病諸候》，頁14。
〔84〕 參見李建民《崇病與"場所"》，頁111。
〔85〕 同上，頁109～110，暨頁145～148，"附錄二：《本草經》所載治療崇病藥物表"。
〔86〕 例如，孫思邈《千金翼方》（臺北：宏業書局，1991）卷二九、三〇《禁經》，便
很有系統的著錄六朝以來巫現和道教的禁咒、符令療法。
〔87〕 參見馬繼興《〈醫心方〉中的古醫學文獻初探》，《日本醫史學雜誌》31.3（1985），
頁326～371。

身體翕然寒熱，心煩目眩，男見女子，女見男子，但行交
接之事，美勝於人，然必病人而難治。怨曠之氣，為邪所
凌，後世必當有此者。若處女貴人苦不當交、與男交以治
之者，當以石流黃數兩，燒，以熏婦人陰下身體，並服鹿
角末方寸匕，即愈矣。當見鬼涕泣而去。一方：服鹿角方
寸匕，日三，以差為度。[88]

由此可知，本文所引事例中的"病魅"、"邪魅"也許就是《玉房秘訣》所
說的"鬼交"病，而其療法除了用藥之外，還可以用"性交"之法。

其次，巫與道在疾病觀念和醫療方法上的近似性，在一些道教經
典（如《太平經》和《抱朴子》）中便表露無遺。二者雖然也有所差異，
但大致來說，道與巫都傾向以"中邪"、"惡政"、鬼神譴祟、觸犯禁忌
（如"犯土"）來解釋病因，也都主張以"善政"、"房中"、祭祀禱解、符咒
諸法來療病。[89] 其中，像《赤松子章歷》（大約成書於公元五或六世
紀），[90] 便載有"解咒詛章"、"消怪章"、"禳災卻禍延年拔命卻殺都
章"、"卻三災章"、"疾病醫治章"、"疾病困重收減災邪拔命保護章"、
"扶衰度厄保護章"、"謝土章"、"言功安宅章"、"斷瘟毒疫章"、"斷魁

---

[88] 丹波康賴（912～995），《醫心方》（北京：人民衛生出版社，1995 年翻印）卷二八
《房內》"斷鬼交第廿五"，頁 651～652。

[89] 有關道教醫學的討論，參見李豐楙《〈道藏〉所收早期道書的瘟疫觀——以〈女青鬼
律〉及〈洞淵神咒經〉系為主》，《中央研究院中國文哲研究集刊》3（1993），頁 417～
454；李豐楙《行瘟與送瘟——道教與民眾瘟疫觀的交流與分歧》，漢學研究中心編《民
間信仰與中國文化國際研討會論文集》（臺北：漢學研究中心，1994），頁 373～422；林
富士《試論〈太平經〉的疾病觀念》，頁 230～244,250；吉元昭治《道教と不老長壽の醫
學》，頁 6～59，中文譯本見楊宇譯《道教與不老長壽醫學》（成都：成都出版社，1992），
頁 23～55；胡孚琛《魏晉神仙道教》（北京：人民出版社，1989），頁 167～180,266～
302；鐘肇鵬《道教與醫藥及養生的關係》，《世界宗教研究》1987.1，頁 39～49；Nathan
Sivin, *Chinese Alchemy: Preliminary Studies* (Cambridge, Mass: Harvard University Press,
1968)；Michel Strickmann, "On the Alchemy of T'ao Hung-ching," in H. Welch and
A. Seidel, eds., *Facets of Taoism: Essays in Chinese Religion* (New Haven and London: Yale
University Press, 1979), pp. 123～192；Michel Strickmann, *Magical Medicine: Therapeutic
Ritual in East Asian Traditions*, unpublished book (1989)；Judith M. Boltz, "Taoist Thera-
peutics in the *Shui-hu chuan*," paper presented at the annual meeting of the American Orien-
tal Society (Boston, 1981)；Judith M. Boltz, "Opening the Gates of Purgatory: A Twelfth-
century Taoist Meditation Technique for the Salvation of Lost Souls" in M. Strickmann ed.,
Tantric and Taoist Studies in Honour of R. A. Stein, vol. Ⅱ (Brussels: Institut belge des hau-
tes études chinoises, 1983), pp. 487～511；Judith M. Boltz, "Taoist Rites of Exorcism,"
Ph. D. diss., University of California (Berkeley, 1985).

[90] 參見任繼愈主編《道藏提要》（北京：中國社會科學出版社，1991），頁 443～444。

泉章”、“謝五墓章”、“解五墓章”、“謝先亡章”、“保胎章”、“催生章”、
“保嬰童章”、“斷亡人復連章”、“疾病謝先亡章”、“生死解殃洗蕩宅舍
章”、“大醮宅章”、“開通道路章”、“拔河章”、“大塚訟章”、“久病大厄
金紫代形章”、“收魘夢章”、“新亡遷連開通道路收除土殃斷絕復連
章”、“新亡灑宅逐注卻殺章”,[91] 都是以符咒、獻祭、祈禳的方式來治
療或預防種種能作祟而令人生病的亡魂、精怪和鬼神。此外，道士對
於“鬼魅”病、“邪”病的認識，也和巫没有太大的不同，例如，
馬樞(522~581)《道學傳》便云：

> 宋顧歡善道術，弟子鮑雲綬門前有一株木，大十餘圍，
> 上有精魅。歡印木，木即枯死。

> 白山村多邪病。村人告訴求哀。歡往村中為講老子纂
> 地獄。有頃，見狐狸、黿、鼉自入獄中甚衆。疾者皆愈也。

> 又有病邪者問歡。歡曰：“家有何書？”答曰：“唯有
> 《孝經》。”歡曰：“可取《仲尼居》置病人枕邊，恭禮之，
> 自差。”而後病者果愈。[92]

不過，值得注意的是，道教在醫療上，仍時時勸其信徒，不可尋求
巫者（甚至醫者）的救助，並頻頻强調信奉道法、“悔過”（“首過”）
和“善行”的重要性。[93]

　　至於巫和佛教在醫療工作上也存在着競爭的關係，有些佛教徒

---

[91]　詳見《赤松子章歷》(《正統道藏》第335~336册《道藏通檢》no. 651)卷三，頁8下~14
　　　上、17下~19下、20下~31下；卷四，頁1上~2下、7上~18下；卷五，頁11上~16
　　　下、19上~34下；卷六，頁2下~11上、18上~21下。按：本文所引《道藏》諸書，共編
　　　號一則根據《正統道藏》(上海：商務印書館，1923~1926，影印涵芬樓本)原有之序號，
　　　另則根據 Kristofer M. Schipper, ed., *Concordance du Tao-Tsang: titres des ouvrages*(《道藏
　　　通檢》)(Paris: Ecole Francaise d'Extrême-Orient, 1975)的編號。

[92]　陳國符《道藏源流考》增訂版（北京：中華書局，1963）“附錄七”：《〈道學傳〉
　　　輯佚》，頁469。

[93]　有關六朝道教之醫療文化及其與巫覡之關係，參見小林正美《六朝道教史研究》
　　　（東京：創文社，1990）《東晉·劉宋期の天師道》，頁189~216；陳國符《道藏源
　　　流考》“附錄四”：《南北朝天師道考長編》，頁311~330, 360~369；Rolf A. Stein,
　　　"Religious Taoism and Popular Religion from the Second to Seventh Centuries," in
　　　H. Welch and A. Seidel, eds., *Facets of Taoism*, pp. 53~81；Peter Nickerson, "Intro-
　　　duction" to *The Great Petition for Sepulchral Plaints*, in Stephen R. Bokenkamp, *Early
　　　Daoist Scriptures* (Berkeley: University of California Press, 1997), pp. 230~260. 按：
　　　六朝道教的醫療文化是一個相當重要的課題，不過，截至目前為止，還没有學者作
　　　過深入而完整的研究，我個人則正進行一項為期三年、題為“中國中古時期的道教
　　　與醫療文化之關係”的研究計劃，希望在不久的將來能陸續發表探索的結果。

便拒斥巫覡的療法（事例5、16），北朝顏之推（約531～603）在其
"家訓"中便説：

> 吾家巫覡禱請，絶於言議；符書章醮亦無祈焉，並汝
> 曹所見也。勿爲妖妄之費。[94]

這主要是針對延請巫覡或道士治病而言。此外，在佛經中，也有類似
的訓戒，例如東漢末年安世高所譯的《佛説阿難問事佛吉凶經》便説：

> 若有疾病，了不念佛，便呼巫師，卜問祠祀，請乞邪
> 神，天神離遠，不得善護，妖魅日進，惡鬼屯門，令之衰
> 耗，所向不諧。[95]

然而，當時佛教對於疾病的看法和所採用的療法，雖然也有其獨
特之處，[96]但仍和巫覡有一些共同點。例如，在六朝時期譯出（或寫
出）的《咒齒經》、《咒目經》、《藥咒經》、《咒毒經》、《咒小兒經》、《龍樹
咒術》、《咒温疫氣經》（被列入"疑經"）、《血氣神咒經》（被列入"疑
經"）都是強調咒術療法的佛教醫典。[97] 其次，一些大約於公元五六
世紀時在中國本土創製的佛教"疑經"（或叫"僞經"），[98]包括《灌頂
經》、《護身命經》、《決罪福經》、《咒魅經》和《七千佛神符經》，也都認
爲惡鬼、邪鬼、厲鬼、鬼魅、魍魎、精怪以及一般鬼神作祟或責罰於人，
都是疾病（或死亡）的原因，而其對治之道，或用咒、或用符、或持誦佛
經、佛名，大致和巫覡的禱解和禳除之法相同，只是二者所祈求的對象
有所差異，[99]而菩提流支（大約活躍於508～537年）所譯的《護諸童

---

[94] 顏之推（約531～630）著、王利器集解《顏氏家訓集解》（北京：中華書局，1980）
　　　卷一《治家第五》，頁68。
[95] 安世高譯《佛説阿難問事佛吉凶經》（《大正新修大藏經》卷一四，頁492），頁753上。
[96] 參見陳竺同《漢魏南北朝外來的醫術與藥物考證》，《暨南學報》1.1（1936），頁59～
　　　105；道端良秀《中國における佛教醫學》，頁296～315；大日方大乘《佛教醫學の研
　　　究》（東京：風間書房，1965）第三章《佛教醫學の特色》，頁453～640。
[97] 詳見陳竺同，上引文，頁69；道端良秀，上引文，292～293。
[98] 有關佛教"疑經"（"僞經"）的研究，參見牧田諦亮《疑經研究》（京都：京都大學人文科
　　　學研究所，1976）；Robert E. Buswell, Jr., ed., *Chinese Buddhist Apocrypha* (Honolulu: U-
　　　niversity of Hawaii Press, 1990)。
[99] 詳見《灌頂經》（《大正新修大藏經》卷二一，頁1331）卷二，頁501上；《護身命經》（《大正
　　　新修大藏經》卷八五，頁2865），頁1325上～1325下；《決罪福經》（《大正新修大藏經》卷八五，
　　　頁2868）卷上，頁1329上～1329下；《咒魅經》（《大正新修大藏經》卷八五，頁2882），頁1383
　　　中～1384中；《七千佛神符經》（《大正新修大藏經》卷八五，頁2904），頁1446上～1446下。
　　　有關這些經典的初步討論，詳見 Fu-shih Lin, "Chinese Shamans and Shamanism in the Chiang-
　　　nan Area During the Six Dynasties Period (3rd – 6th Century A. D.)"第六章討論"佛教與巫的
　　　競争策略"(Buddhist Strategies for Competing with Shamans)的部分。

子陀羅尼經》,其主要內容也是在於以咒語對抗各種導致兒童生病或夭折的鬼怪。[100] 此外,王琰的《冥祥記》有一則故事則記載了關於毀壞、污辱佛教經像者的悲慘下場,其文云:

> 宋劉齡者,不知何許人也,居晉陵東路城郢,頗奉法,於宅中立精舍一間,時設齋集。元嘉九年三月二十七日,父暴病亡。巫祝並云:家當更有三人喪亡。鄰家有道士祭酒,姓魏名巨,常爲章符,誑化邨里,語齡曰:"君家衰禍未已,由奉胡神故也。若事大道,必蒙福祐,不改意者,將來滅門。"齡遂揭延祭酒,罷不奉法。巨云:"宜焚去經像,災乃當除耳。"遂閉精舍戶,放火焚燒,炎熾移日,而所燒者,唯屋而已,經像旛幰,儼然如故,像於中夜,又放火赫然。時諸祭酒有二十許人,亦有懼畏靈驗,密委去者。巨等師徒,猶盛意不止;被髮僞步,執持刀索,云斥佛還胡國,不得留中夏,爲民害也。齡於其夕,如有人毆打之者,頓仆於地,家人扶起,示餘氣息,遂委攣躄不能行動,道士魏巨,其時體內發疽,日出二升,不過一月,受苦便死。自外同伴,並皆著癩。其鄰人東安太守水丘和傳於東陽無疑,時亦多有見者。[101]

這則故事主旨雖在於宣揚佛教的信仰和其神、佛的威力,但遭受神罰而致病的觀念,其實與道、巫並無差異。不過,文中提及道士魏巨之同伴受罰之後,都得"癩"病一事,值得一提,因此病(或即麻瘋病)在中國中古社會似乎頗爲流行,且被佛典指爲最重、最難醫治的"天刑"、"業罰"之病。[102]

總之,六朝時期,巫、醫、道、僧在醫療事務上有着競爭和敵對的關係,在疾病觀和醫療法上,也都各有其特色和專長,但是,他們之間也有一些共通性,而這些共通性似乎是自先秦、兩漢以來

---

[100] 詳見《護諸童子陀羅尼經》(《大正新修大藏經》卷一九,頁 1028A),頁 741 中～742 下。

[101] 《法苑珠林》卷六二,頁 760 下引《冥祥記》。

[102] 參見石川力山《玄沙三種病人考——禪僧の社會意識について——》,收載鎌田茂雄博士還曆記念論集刊行會編《鎌田茂雄博士還曆記念論集·中國の佛教と文化》(東京:大藏出版株式會社,1988),頁 437～456 (頁 440～444)。唐長孺《讀史釋詞》,收入氏著《魏晉南北朝史論拾遺》(北京:中華書局,1983),頁 274～276 "群厲"。

即已發展成熟的巫覡的醫療傳統。由此看來，巫覡在六朝醫療文化
體系中所佔據的位置，不可輕忽。

※ 本文原載《中央研究院歷史語言研究所集刊》第 70 本第 1 分，1999 年。
※ 林富士，美國普林斯頓大學博士，中央研究院歷史語言研究所研究員。

道教的"沐浴"探究

丁　煌

一、序　論

"沐浴"本是人類的潔身行爲,也就是洗髮澡身,意義和動機均單純。殷周以下,"沐浴"與巫教祭禮儀俗相融匯,使得"沐浴"的意義、內容、觀念和行爲,駸趨複雜化。

道教的"沐浴"有多種的意義,各具不同目的的行爲及方法、儀式。學者有謂道教的"沐浴"宗教觀念與儀式,乃習自於釋氏之徒,事實未必盡然。拙文試從歷史的宏觀立場上,粗略探究此一課題的大輪廓。至於諸項微觀的考察結果,有待來日,闢立叢論,予以抒發。

修道之士於祭祀前齋戒沐浴,此人所周知,但道教的"沐浴"不僅於此,在被度亡魂的煉度科儀中,亦爲往生者引攝其靈魂,沐浴超度使升仙界的"沐浴"、"解結"儀式,則爲"沐浴"的宗教意象化行爲之表徵。煉養家於"沐浴"各有詮釋,意義、方法及內容均不同,如按摩全身,稱"乾沐浴"或"乾浴",或指吞津咽液,漑潤腑臟,"真氣熏蒸,神水灌漑爲沐浴",或謂爲洗心滌慮爲沐浴等,外丹家則以卯酉之時,用鉢研細丹藥,謂之沐浴。《丹房須知》:"丹訣曰:卯酉爲沐浴,諸家皆鉢研三千遍。此法至妙,非至人不能造也。"可爲證,凡此種種,不一而足。本文僅就"沐浴"潔身之原義,考察道教的濯髮灑身的法儀作用、價值問題與其歷史傳承問題爲着眼之焦點,其餘暫不涉及。

二、"沐浴"與巫教祭祀禮俗的結合

"沐"與"浴",本爲二義。漢代許慎《説文解字》釋"沐":"濯髮也。"釋"浴":"灑身也。"以今日俗話來説"沐"和"浴",就是洗頭(髮)澡身,通常連續進行,因而二字結合成一詞。周人沐用潘(泔,淅米汁也)、浴用湯(熱水)。洗面以潘,濯足以湯。尋常沐浴用水,不甚考究,甚至還出現"宮人共用王之沐浴"的場景。祭祀與大喪,則有不同。沐浴用水,均經特殊處理,以香薰草藥加之,文獻不乏記載,例如祓、禊(皆祭名)與釁(沐)浴,《周禮·春官·女巫》載:"女巫掌歲時祓除釁(沐)浴",鄭玄注:"歲時祓除,如今三月上巳,如水上之類;釁浴謂以香薰草藥沐浴。"即是例證。東周鄭國(今河南新鄭)風俗,每逢三月上巳,男女皆至溱水和洧水去招魂,以蘭草祓除不祥。臨別,男贈女以香草(芍藥)。《詩經·鄭風·溱洧》:"溱與洧,方渙渙(水盛貌)兮,士與女,方秉蕑(音間,蘭也)兮。女曰:'觀乎?'士曰:'既且'。'且往觀乎洧之外,洵訏且樂'。維士與女,伊(同咿,笑聲)其相謔,贈之以芍藥",這是禊(音系)的早期文獻記載。

南郢、沅、湘之間的楚,乃屬香草圖騰崇拜的民族。其俗好巫,信鬼神,重祠祀。於祭沐濯潔浴,尤爲虔敬。屈賦中,每得見之,如《九歌·雲中君》:"浴蘭湯兮沐芳,華采衣兮若英。靈連蜷兮既留,爛昭昭兮未央。"又如《漁父》:"屈原曰:吾聞之,新沐者,必彈冠;新浴者,必振衣。安能以身之察察,受物之汶汶乎?"沐浴後,身軀的芳潔,一如屈大夫的懿德高品,不容蒙受污垢。

唐代杜佑《通典》記載,周代以香草煮以爲鬯,以浴尸之制。水是神秘的、清潔的,我國古代巫醫用多種的芳草藥材,置入水中,爲人療病(今世稱爲"水療法")。沐浴而禊祓,可潔身保健、除災求福,這個觀念和行爲,源自商周的巫覡。此一風習,爲道教和部分地區的民俗所傳承著。

東漢以迄唐宋間,道士極重視潔身的沐浴(身、心、口三業皆然),實非襲自佛教。殷周以下,巫化的醫藥漸發達,如《山海經》所載每山每水,先必述祭祀儀式,然後及於有關醫藥等文字。其時,特重祭祀,所謂:"國之大事,唯戎與祀",潔整的要求爲禮儀所嚴守。沐浴,成爲宗教神聖儀式中,不可分割的一部分,《禮記·曲禮》:"齋戒以告鬼神",《孟子·離婁》:"雖有惡人,齋戒沐浴,則可以祀上帝",我國古代凡遇祭祀,皆沐浴更衣,實行齋戒,歷來禮書祀典記錄贍詳。

三、道教的"沐浴"與巫俗間的關係

先秦巫教祭祀的沐浴蘭湯、香湯之俗,猶爲東漢至唐宋間道教所繼承,如《太上素靈經》云:"太上曰:兆之爲道,存思《大洞真經》,每先自清齋沐浴蘭湯。"又《太上靈寶度人上品妙經》云:"道言:行道之日,皆當香湯沐浴。"皆可證明。若不沐浴,乃有嚴重的災禍,或"魂魄奔落,爲他鬼所拘",或"故氣前來,三宮穢污",結果是死、是病或遭受邪祟所侵,不一而足。道經於此,多有記載,僅錄數則附次。《黃籙簡文經》云:"奉經威儀:登齋誦經,當沐浴已精進,若神氣不清,則魂爽(三魂之第二魂)奔落";《紫虛元君內傳》云:"夫建志內學養神求仙者,常當數沐浴,以致靈氣玉女降祥。不沐浴者,故氣前來,三宮穢污";《仙公請問經》云:"洿(穢也),不以香水洗沐,則魂魄奔落,爲他鬼所拘錄。"誘逼以鬼神災祥之間,讓人選擇要實施聖潔的儀式行爲,承襲著巫覡舊風。

奉道者沐浴,要擇吉日良時,就方位(東向),按一定的法儀,如叩齒、書符及念咒。以爲如是,不獨可以健身,亦能令人無厄、無訟、避兵、不憂畏、長壽、除過、進道、辟惡炁、解殃穢、真炁入等奇驗,甚至天人、玉女、太一帝皇隨香炁而降於沐浴者面目間焉。洋溢濃厚的巫術氣氛,有如屈原賦中"秋蘭兮蘪蕪,羅生兮堂下。"(《九歌·少司命》)的夢盼,竟然成真。

四、道教"沐浴"的法儀與禁忌

修道者沐浴之先,有不少準備工作與應注意的禁忌。如沐浴於室,"不得妄輕入江河中浴"(《老君說一百八十戒》)。浴室及齋室,要灑掃,並以香湯水使浴室香净。浴室"勿近圊溷(廁)、勿逼井竈、勿侵堂壇、勿用穢地,故廁、牢獄、尸柩堂居,皆不可用。"

沐浴者,不得食酒、肉、魚臊、五辛(葱、韭、蒜、薤之類)、乳酪等,並謹奉戒律。《沐浴身心經》云:"沐浴內净者,虛心無垢;外净者,身垢盡除,存念真一,離諸色染,證入無爲,進品聖階。"沐浴者要注重內修齋法,使內心無思無欲,外觀無言無行,主靜。道教的內齋法,似由心齋發展而來。《莊子·人間世》中,載孔子告顏淵以心齋之語:"回曰:回之家貧,唯不飲酒,不茹葷者數月矣。若此則可以爲齋乎?曰:是祭祀之齋,非心齋也。回曰:敢問心齋。仲尼曰:若一志,無聽之於耳而聽之以心,無聽之以心而聽之以氣。聽止於耳;心止於符。氣也者,虛心而待物者也。唯道集虛。虛者,心齋也。"心齋就是保持精神的虛靜,不接外物的狀態。心齋坐忘,遺形忘體,即內齋。奉道者進行齋戒沐浴,要作這種心慮的控制。

　　調湯（調理沐浴用水），是一項重要工作。要準備一、上善水，二、火薪，三、香藥，四、浴衣，五、澡豆，六、净巾，七、蜜湯。道書稱此七事爲七福，因能成七果。所謂七果：即一者常生中國爲男子身；二者身相具足；三者身體光明，眼瞳徹視；四者髭髪紺青、圓光映項；五者唇朱口香，四十二齒；六者兩手過膝；七者聰竟慧通，了三洞經法。

　　香湯，是調制過加入各種藥料的芳香沐浴水。可以請人調制，道書上稱善調香湯之人，功德無量。調制香湯用竹葉、桃枝、柏葉、蘭香等分内水中，煮十數沸。布囊濾之，去滓，加五香用之，最精。五香者，青木香、零陵、白芷、桃皮、柏葉。道家以爲青木香，華葉五節，五五相結，故避惡氣，檢魂魄，制鬼。煙，至靈跡。（《太丹隱書洞真玄經》）又燒青木、薰陸、安息膠於寢室頭首之際者，以開通五濁之臭，絕止魔邪之炁。以竹葉十兩，桃皮削取白四兩，以清水一斛二斗，於釜中煮之，令一沸出。適寒温，以浴形，即萬痾消除，又辟濕痹瘡癢之疾。“天下遊，既返，未嘗不以此水以自蕩也。至於世間符水祝漱外舍之近術，皆莫比於此方也。若浴者，蓋佳；但不用此水以沐耳。”《三皇經》云：“凡齋戒沐浴，皆盥汰五香湯。五香湯法，用蘭香一斤，荆花一斤，零陵香一斤，青木香一斤，白檀一斤，凡五物，切之以水二斛五斗，煮取一斛二斗，以自洗浴也。此湯，辟惡，除不祥炁，降神靈。用之以沐，並治頭風”。又依《太上七晨素經》的記載，每月一日、十五日、二十三日，一月三取三川之水一斛（三川水，取三江口水，或取三井水亦佳。）鷄舌、青木香、零陵香、薰陸香、沈香五種，各一兩，搗内水中，煮之。水沸，便出盛器之中。安著床上，書《通明符》，著中，以浴。未解衣，先東向，叩齒二十四通。思頭上有七星、華蓋、紫雲覆滿一室，神童散香在左，玉女執巾在右，畢；取水含仰漱左右三通，祝曰：“三光朗照，五神澄清。天無浮翳，地無飛塵。沐浴東井，受胎返形。三練九戒，内外齋精。玉女執巾，玉童散靈。體香骨芳，上造玉庭。常保元吉，天地俱並。畢，脱衣東向，先漱口三過，次洗手面，然後浴也。浴畢，轉西向，陰祝曰：浣濁除塵，洗穢返新。改易故胎，永受太真。事訖，取符，沈著井中。

　　道士沐浴調湯，所用之水，取好水，如“三江口水”、“三井水”。《洞真太上黄素四十四方經》中載，採取白芷草根及青木香，合以東流水煮取其汁，以沐浴於身。辟諸血屍惡炁，可和香燒之，以致神明。若無青木香，亦可單用白芷。《金房度命上經》中説取“北泉水”。《洞神經·第十二》云:"上元齋者,用雲水三斛、青木香四兩、真檀七兩、玄參二兩,四種合煮。一沸,清澄,適寒溫,先沐後浴。"總之要用上流清澈水和好的井水,甚至用雲水,所謂"上善水",以附老子書中"上善莫若水"之意。

道士行道、修齋或建醮之時,其個人及內外道場人人都要沐浴。內外均令香凈。《太帝散華理髮內法》中規定:凡道士理髮將髻及沐頭將散髮之時,先叩齒七通,乃祝,曰:太帝散華,玄歸大神。今日元吉,理髮沐塵,辟惡除患,長生神仙。畢,乃髻之。竟,又叩齒七通,都畢。可令人終身不病,耳目聰明,頭腦不痛。又《澡穢除凶七房祝法》稱:"凡道士浴身及洗手面之時,先臨水叩齒三通,乃祝曰:四大開朗,天地爲常。玄水澡穢,辟除不祥。雙童守門,七靈安房。雲津鍊灌,萬炁混康。內外利貞,保茲黃裳。祝畢,又叩齒三通,乃洗手面。常能行之者,使人神明、血凈、辟諸凶氣。"

道教重修攝,以爲"沐浴無常不吉,夫婦同浴不吉,新沐浴及醉飽、遠行歸還、大疲倦,並不可行房室之事;生病切,慎之""新沐浴訖,不得露頭當風,不幸得大風刺疾""凡腳汗,勿入水,作骨痹,亦作遁疾""凡熱泔洗頭冷水灌,成頭風""凡旦起,勿以冷水開目洗臉,令人目澀、失明、饒淚""凡行途中,觸熱,逢河勿洗面""新沐浴訖,勿當風髻,勿以濕髻臥,使人患頭風,眩悶、髮禿、面腫、齒痛、耳聾。濕衣及汗衣,皆不可著,久令髮瘡疾患風""千過梳髮,髮不白;朝夕啄齒,齒不齲。爪(手足指甲)不數截,筋不替""凡人常以正月一日、二月二日、三月三日、四月八日、五月一日、六月二十七日、七月十一日、八月八日、九月二十一日、十月十四日、十一月十一日、十二月三十日,但常以此日,取枸杞菜煮,作湯沐浴,令人光澤不病不老""晨夕梳頭滿一千,梳大,去頭風,令人髮不白。梳訖,以鹽花及生麻油搓頭頂上,彌佳。如有神明膏搓之,甚佳。且欲梳洗時,叩齒一百六十,隨有津液,便咽之。訖,以水漱口,又更以鹽末揩齒,即含取微酢清漿半小合許,熟漱。取鹽湯吐,洗兩目。訖,以冷水洗面,不得遣冷水入眼中。此法,齒得堅凈,目明無淚水,永無齲齒。平旦,洗面時漱口訖,咽一兩咽冷水,令人心明凈,去胸臆中熱""又臥起,先以手內著厚帛,拭四面及耳後,周匝熱溫溫如也。順髮摩頂良久。摩兩手以治面目,久久令人目自明,邪氣不干。都畢,咽液三十過,導內液咽之,又欲數按耳左右,令無數。

令耳不聾,鼻不塞……"、"禁飽食沐浴"、"體上有汗,當須少米粉摩,令汗解。燥然後始得見風日,不然傷人"、"向午陰風起,不可沐髮,令人心虛、饒汗、多夢及頭風也"等沐浴宜忌,以現代醫學知識論,頗合乎衛生保健之道。

道士"沐浴五香,當飲蘭桂之液",或食"青精飯",或絕粒,食氣飲漿而已。《三洞奉道科》曰:"凡梳頭,先洗手面,然後梳之,皆不得使人見。"又櫛髮之先必叩齒三通,而咒,《秘要訣法》云:"凡欲櫛髮,先叩齒三通,咒曰:上清朱雀不得動作,勿離吾身,勿受邪惡。六丁七星,邪魔分形,敢有當我北帝不停,急急如律令。畢,閉目存想,髮神蒼華字太元,如嬰兒之形,在己髮上,然後解櫛之,當令三、五百遍爲佳。然經中唯須一千五百遍,畢,成髻,兩手握固於膝上,閉目微咒曰:泥丸玄華,保精長存,左爲隱月,右爲日根,六合清練,百神受恩,急急如律令。""又凡梳頭髮及爪,皆埋之,勿投水火、正爾拋擲。一則敬父母之遺體。二則有鳥曰鵂鶹,夜入人家,取其爪髮,則傷魂。(若能勤行,增算六百二十)訖,即入靖或殿堂朝禮。便於寢臥之處焚香,左右叩齒二十四通,存思如圖。下床躡履之際,三稱'大吉,得所願'微言,言不可使人聞卻。當存斗星在上,斗合於頂。指於前,閑和其心,始虛靜恬然。心動必思立功濟物也。"

沐浴後,净服,燒香,入室精思勤懇,不營他事。齋戒、沐浴、焚香時,或用神杖。"神杖用九節向陽竹,取擇別有法。凡用之齋戒沐浴焚香,再拜。訖,叩齒三十六通,思五帝值符吏各一人,衣隨方色,有五色之光流焕杖上。五帝、玉女各一人合衛杖左右。微祝曰:太上之仙,元始上精。開天張地,甘竹通靈。直符守吏,部御神兵。五色流焕,朱衣金鈴。輔翼上真,出幽入冥。招天天恭,攝地地迎,指鬼鬼滅,妖魔束形。靈符神杖,威制百方。與我俱滅,與我俱生。萬劫之後,以代我形。景爲吾解,神昇上清。承符告命,靡不敬聽。畢,引五方氣,二十四咽,止。以杖指天,天神設禮。以杖指地,地祇司迎,以杖指東北,萬鬼束形。"

凡道士必修齋,"爲學不修齋直,冥如夜行不持火燭。齋直應是學道之首。夫欲啓靈告冥,建立齋直者,宜先散齋,不使宿穢,自死腥消除,肌體清潔,無有玷污,然後可得入齋;不爾,徒加洗沐,自死穢在肌膚之內,湯水亦不能除。"若道士聞惡氣,必定要沐浴。"聞惡氣者,必有殗穢之事，急更沐浴、燒香、掃除寢室，此是帝君戒勸於人也。若聞血氣者及無故見聚血者，兵凶也。急遁人間，急守三元，帝君求救，自藏。齋三月，禍方止也。此皆是帝君先告人吉凶，以令畏懼戒其禍耳。”於月晦、朔之日及甲寅、庚寅、庚申之日，祝滅“三尸”，“至其日，常當沐浴、净服、燒香，入室精思，勤懇不營他事。”

若經大喪，一年殗期。喪，四十日殗限内，不得入靖、朝真。限滿，沐浴然可朝真。《真誥》載《解穢湯方》，用竹葉十兩、桃白皮四兩，以水二斗，煎取一兩，沸。適寒温，先飲一盞，次澡浴，兼以水摩髮，穢自散也。陶弘景以爲用此法“既除殗穢，又避濕、痹、瘡，且竹清素而内虛，桃即折邪而辟穢，故用此二物，以消形中之滓濁。”見屍及喪車，速存火，從己心中直出，往燒之，令火赫然與屍柩等並爲灰燼，便想烈風吹之。又閉目内視，令火自焚，舉體潔白，見穢氣自滅及解矣。忽於街衢道中，見諸穢，尤要此法也。並書《神水清明符》，叩齒三通，三度稱合明天帝，目閉口閉，氣書之，置水中，以刀子左攪水三匝，想北斗七星在水中，咒曰：“北斗七星之精降臨此水中，百殗之鬼速去萬里！如不去者，斬死付西方白童子，急急如律令！”咒訖，即含水噴灑，穢氣都散。當噴之時，存正一真官，朱衣，頭戴籙中九鳳之冠，口中含水噴灑，穢亦自解。又按《三元隱謝解穢内法》，若道士見死尸血穢之物，“當以朱砂一銖，散内水中，因以洗目漱口並洗手足。畢，入室正寢，交手心上，叩齒二十七通，心拜四方，乃微祝曰：三元上道，太一護形，司命公子，五神黃寧，血尸散滅，凶穢沈零，七液灌注，五臟華生，令我神仙，長亨利貞。祝畢，因疾閉兩目，並氣自持，使内外冥合，不相聞見。良久，覺身中小熱，爲候。竟，又叩齒七下，咽液三過，都畢，誦此三元隱謝解穢之内法也。”

道士每月一日、十五日、三元日（正月十五日、七月十五日、十月十五日）、庚申日、甲子日、本命日、三會日（正月七日、七月七日、十月五日）、八節日（立春、春分、立夏、夏至、立秋、秋分、立冬、冬至）並須朝真（禮尊神），若其日過值戊辰、戊戌、戊寅，即不須朝真，道家忌此日辰。凡入靖朝禮，預先一日不食五辛，酥、乳酪能常斷尤佳。若未能常斷，但修行日，慎勿食之。可以桃竹湯沐浴。至其日，五更，以潔净衣服，執簡、香爐至靖。而“每入靖，當以水漱口，洗穢氣。出靖，漱口，以閉三宮故氣。出靖户之時，亦不得反顧，顧則忤真，克致不誠。入靖户，不得與外人言語及不得腳踏門限,敕禁至重。"道教又有多種齋醮,道士皆當沐浴。又"清虛真人曰:每至甲子,必當沐浴。"《真誥》云:"南岳夫人曰:浴不厭數,患人不能耳。數,則湯練屍臭而真炁來人。"《金房度命上經》:"修度命迴年之道,每以六癸之日,取北泉之水一斛,就本命日,取白芷、桃皮、柏葉各一斤,合煮,令沸。正中而浴,臨浴之時,向本命叩齒九通,思玉童三人執巾在左,玉女二人擎香在右,紫雲華蓋覆到前後,微祝曰:天地洞精,洗穢除塵。煉化九道,反形太真。百關納靈,節節受新。清虛監映,內外敷陳。日吉時良,度命迴年。玉童玉女爲我執巾,玄靈紫蓋冠帶我身,使我長生天地同根。畢,便浴。浴訖,還入室。東首而臥,取粉自飾,通身令匝,仍摩兩掌令熱,拭面二七,又微祝曰:天朗炁清,我身已精。塵穢消除,九孔受靈。使我變易,還反童形。引骨更生,體映玉光,面發金容。"道教之重潔淨,道士沐浴其數頻繁,在古代其儀法之講究,於衛生保健、醫藥及宗教與群衆的人格教育等諸方面,提供了不少的良好的啓發作用。道經上有云:"夫每經一殟,皆須沐浴。修真致靈,特宜清净;不則多病,侍經真官計人罪過。"是承繼著巫教齋戒沐浴的觀念。

道教於沐浴,甚重視吉日良時,固定的行道日(齋醮、傳度等節期)外,又定了一些時日良辰,宜行沐浴。若然,當有益於其人。如:正月十日人定時(晚上九至十一點亥時)沐浴,令人齒堅,除過無極;二月八日黃昏時沐浴,令人輕健;三月六日人時(下午五至七點酉時)沐浴,令人無厄,除過三千;四月四日昳時(昳,音耋。日蹉跌而下,謂未時。)沐浴,令人無訟;四月十三日夜半時沐浴,除過二十;五月一日日中時沐浴,令人身光,昳時沐浴,除過二十;五月二十九日巳時;六月二十七日食時(上午七至八點辰時)沐浴,令人輕健,昳時沐浴,除過六百六十;七月七日日中時沐浴,除過七百三十;七月二十五日早食時沐浴,令人進道;八月二十二日晡時沐浴,令人無非禍;人時沐浴,除過七十;九月二十日鷄三鳴晡時沐浴,令人辟兵,除過九百六十;十月十八日鷄初鳴時(清晨一至三點丑時)沐浴,令人長壽;十月二十八日平旦時沐浴,頭白返黑,壽同仙人,除過無極;十一月四日鷄鳴時沐浴,除過二十三;十一月十五日過夜半時沐浴,令人長壽;十二月十三日夜半時巳時,此皆當天炁月宿東井時與神仙合,此日蘭湯沐浴,得玉女侍房;十二月三十日夜半沐浴除過三千等,如此一再鼓吹沐浴,特突顯道教之重清净,亦反映其時之人，忽視自身澡潔之習。

五、道教沐浴用藥的考察

道教沐浴時調制"香湯"、"蘭湯"，亦即將各種芬芳藥料，調作成溫熱的沐浴用水。其作用，不僅在潔身，盡除垢膩，除能養顏美膚健身外，又借澡净體垢啓發對内心清潔，虛静以待神靈來降的影響。清净而神氣清朗，有助於道士之行道、修道、證道。

商代甲骨文，已出現一些與沐浴有關字，如□、盥，洗手也。□，沬，洗面也。□、□，沐也，洗頭髮。□，湔，洗也，濯足。□，温，大盆中浴也。殷周人洗面，沐浴用"潘"，即淅水泔汁，用"湯"沐身、洗足，有相當嚴格的區分。考古所得之實物，有不少與沐浴有關的器物。《事物紀原》中，記載"高辛氏使造爲湢。"（湢，就是浴室。）事雖難以詳徵，但《禮記》已有"外内不共井，不共湢浴"之文字，説明浴室之造，不晚於周。

古文獻的記録，先秦時代巫醫已認識不少植物、礦石、水泉、動物，並且熟悉其性，或用之於療疾，如竹、白芷、蘭、桃、荆、柏、雄黄、棗、桂、蘼蕪、蓍、礜等，在《山海經》、《楚辭》、《詩經》裏，可以看到相關記録或廣泛運用的情形。巫教對這些藥物化的應用，更推廣在聖潔的宗教儀式中，使得沐浴用藥普遍化。道教成立後，承襲此一文化，更繼續發展。陶弘景、孫思邈對《本草》方藥的研究，在道教及醫藥史上的影響最爲突出。葛洪、魏華存、陸修静對醫藥養生之術，也極精擅。古代道士能掌握醫藥諸技，實非偶然。

蘭、竹、白芷、桃莖白皮、柏葉、零陵香、青木香、荆花等皆可入藥。香湯沐浴法與導引、按摩、服氣、辟穀、煉丹、房中、符咒諸術，均有悠久的源流。在道教徒心目中，佔有一定的重要地位，不容輕忽。道士潔髮澡身的沐浴法，實已融匯了導引、按摩、服氣、辟穀、符咒和湯藥諸技法，形成其特殊的宗教聖潔儀禮和慣行。

蘭與芷，早爲國人所喜愛，其名久著詩文。屈原賦中，屢所詠頌，並引作借譬，如《離騷》："扈江離與辟芷兮，紉秋蘭以爲佩"、"余既滋蘭之九畹兮，又樹蕙之百畝"、"步余馬於蘭皋兮，馳椒丘且焉止息"、"時曖曖其將罷兮，結幽蘭而延佇"是也。其餘作品，亦多得見之。楚民族以芳草薦供神鬼，且調作蘭湯以沐浴。

《山海經》所記南方草木名最多。袁珂教授以其書爲楚國一系傳説爲主。筆者以爲楚民族,恐爲早期最能掌握香湯調製技術的民族。蘭湯在《神農本草經》中,被引入"養命以應天"的上藥,又云:"蘭草味辛平,主利水道,殺蟲毒,辟不祥。久服益氣輕身,不老,通神明。一名水香,生地澤。"其久爲巫者道流及常民所喜,固所當然。據近人研究,白芷雖傘形科多年生草本植物,全株草含有多量的揮發性油,"這種揮發油,就是白芷所以能够芳香,所以能够辟邪、去三尸蟲的秘密所在。"陶弘景《名醫別録》記載白芷的生長和採摘情況:"白芷,生河東川谷下澤。二月、八月採根,曝干。"《植物名實圖考》言之更詳:"白芷,滇南生者,肥莖綠縷,頗似茴香,抱莖生枝,長尺有咫,對葉密擠,鋸齒槎枒,齟齬翅起,澀紋深刻,梢葉開瓣,白花黄蕊外湧,千百爲簇,間以緑苞,根肥白如大拇指,香味尤竄。"香湯用白芷,可用全草,亦可用根,因其根"香味尤竄"。

桃木的辟除邪鬼作用,自來爲人深信。孫思邈《千金翼方》卷四《桃莖白皮》條:"味苦辛,無毒,除邪鬼中惡。腹痛,去胃中熱。"香湯用"桃皮",即"白莖桃皮",乃薔薇科植物桃樹,消去拴皮後的樹皮,其皮含有柚皮素、香橙素等,故氣味芳香,具有較强的健神醒腦作用。至於辟除邪鬼,實是"殺諸瘡蟲",止息痧氣、腹痛,蟲去痛止,自無邪鬼。

柏葉是柏科植物柏木的枝葉。孫思邈《千金要方》卷三《柏葉》條:"柏葉……輕身益氣,令人耐寒暑,去濕痹止饑。四時各依方面采,陰乾。"柏葉煮汁,可以辟穀止饑,輕身益氣,令人耐寒暑,服之使人有長生成仙的意象,並用之沐浴,滌除身心污垢,道教徒以爲"能降真仙"應是沐浴、服水後,令人神清氣爽之感。

零陵香,即屈原賦中屢提及之"蕙"(草)、《山海經》所稱之"熏香",另外有香草、鈴鈴香等別名。《本草綱目》云:"熏草芳香,其氣辛散上達,故心腹惡氣、齒痛、鼻塞皆用之。脾胃喜芳香,芳香可以養鼻是也。"《本草圖經》:"古方但用薰草,而不用零陵香,今合香家及面膏、澡豆諸法皆用之,都下市肆貨之甚多。"可見熏香之流行。《本草圖經》所稱澡豆,是古代洗滌使用,可使人光潤皮膚的一種粉劑。此粉劑,以豆末和諸藥合而制成,故稱澡豆。道教徒沐浴香湯用零陵香,乃與古人以澡豆配方加入零陵香,有脈承關係。

青木香,異名有:馬兜鈴根、土青木香、獨行木根、兜鈴根、獨行木香。《肘後方》、《本草綱目》皆曾提及。道士香湯沐浴用青木香，以爲可“消穢召真”，因其含有揮發油，散發香氣，在怯除污穢之際，又能抒張毛孔，促進皮下毛細血管的血液循環。沐浴者覺通體舒適，自認爲“真人”爲所召致。《本草求真》稱其藥效：“青木香，諸草皆言可升可降，可吐可利。凡人感受惡毒，而致胸膈不快，則可用此上吐，以其氣辛而上達也。感受風濕，而見陰氣上逆，則可用此下降，以其苦能泄熱也。”至於如竹葉、枸杞葉、玄參等亦可爲藥，久爲人所用。此類藥草，可沐浴、可煎服。道流之齋有九食法，《玄門大論》云：“齋法大略有九：一者，麤食；二者，蔬食；三者，節食；四者，服精；五者，服牙；六者，服光；七者，服氣；八者，服元氣；九者，胎食。麤食者，麻麥也。蔬食者，菜茹也。節食者，中食也。服精者，符水及丹英也。服牙者，五方雲牙也。服光者，日月七元三光也。服氣者，六覺之氣，太和四方之妙氣也。服元氣者，一切所稟三元之氣，太和之精在乎太虛也。胎食者，我自所得元精之和，爲肥臟之元，即清虛降四體之氣，不復關外也。麤食，止諸耽嗜。蔬食，棄諸肥腯。節食，除煩濁。服精，其身神體成英帶。服牙，變爲牙。服光，化爲光。服六氣，化爲六氣，遊乎十方。服元氣，化爲元氣，與天地合爲體。服胎氣久，爲嬰童與道混合爲一也。此之變化，運運改易，不復待捨身而更，受身往來死生也。今意方法，未必止是食事，其或是方藥，或按摩等，事可尋也。”道教潔身沐浴法中，已融匯食事、方藥、按摩及咒禁、導引、存思、守一諸方術爲一，此甚值吾人留意者。至於咽津、叩齒等事，今世醫家已試驗證明有益於人健康養生，亦不能以神話視之。

※ 本文原載鄭志明主編《道教文化的精華》，嘉義：南華大學宗教文化研究中心，2000 年。

※ 丁煌，東京大學東洋文化研究所博士班，輔英科技大學人文與社會學院教授。

素食與中國佛教

康　樂

一提起素食，自然就聯想到佛教，對中國人而言，所謂的"出家人"就是"持齋"的人，這是天經地義的事，除了濟公等少數傳說中的人物外，"酒肉和尚"一直到現在還是罵人的話。然而，佛教僧侶是否一定得喫素，實際上的情況似乎並非如此，除了中國佛教外，其他的佛教，例如藏傳佛教、東南亞一帶的南傳佛教、日本佛教等等，並不忌諱喫葷。

其實，即使是中國佛教，僧侶的全面素食（禁斷酒肉）也是在佛教傳入中國將近五百年以後的事，而一手導演此一佛教史上劃時代事件的關鍵人物則是南朝的梁武帝（502～549）。梁武帝的動機何在？此一事件的歷史意義如何？這是本文主旨所在。

一、肉食者鄙？

在《潔净、身份與素食》一文裏，[1] 筆者曾提到過，肉食對古代中國人而言算是"美食"，實際上也是較爲珍貴的食物，最直接的一個證據莫過於《論語》裏的一段記載：

> 子在齊聞韶，三月不知肉味，曰："不圖爲樂之至於斯也。"[2]

以"肉味"比擬音樂之美妙，肉食在當時中國人心目中的地位可想而知。此外，印度社會雖然崇尚素食，然而，除了大乘佛教此一系統外，印度佛教僧侶基本上並不忌諱肉食——只要是"净肉"即可。因此，從印度傳入中國的佛教會轉變成一個如此堅持素食的宗教，顯然是件饒富趣味的事。

我們首先要答復的一個問題是：中國人原先對素食（蔬食、菜食）是抱持怎樣的一種態度？在上述一文裏，筆者曾經提到中國人

〔1〕《大陸雜誌》102 卷 1 期（2001），頁 15～46。
〔2〕《論語・述而第七》。

在居喪與齋戒的場合裏，是有素食的規定；此外，遇到饑荒時，統治者往往也會以素食的方式來表示對享受的暫時節制。因此，素食對古代中國人而言，幾乎就是"粗食"的同義辭。[3]

> 子曰："飯疏食飲水，曲肱而枕之，樂亦在其中矣。"
> （注：疏食，粗飯也。）[4]

> 丞相史曰："孝莫大以天下一國養，次祿養，下以力。故王公人君，上也，卿大夫，次也。夫以家人言之，有賢子當路於世者，高堂邃宇，安車大馬，衣輕暖，食甘毳。無者，褐衣皮冠，窮居陋巷，有旦無暮，食蔬糲葷茹，腶膢而後見肉。老親之腹非唐園，唯菜是盛。夫蔬糲，乞者所不取，而子以養親，雖欲以禮，非其貴也。"[5]

漢魏史書中所見"布衣蔬食"一辭，若非形容某人貧困，否則即描述其生活節儉：

> （東漢安帝）永初中，三輔遭羌寇，（竇）章避難東國，家於外黃。居貧，蓬戶蔬食，躬勤孝養，然講讀不輟。[6]

> （費）禕別傳曰："禕雅性謙素，家不積財。兒子皆令布衣素食，出入不從車騎，無異凡人。[7]

此外，當然也有因為守喪時特別延長蔬食布衣的期間，從而博得留名青史的機會，只是服喪而蔬食本即中國古來禮法，這樣的蔬食自無新意可言：

> 孟陋字少孤，武昌人也……陋少而貞立，清操絕倫，布衣蔬食，以文籍自娛，口不及世事，未曾交遊，時或弋釣，孤興獨往，雖家人亦不知其所之也。喪母，毀瘠殆於滅性，不飲酒食肉十有餘年。親族迭謂之曰："少孤！誰無父母？誰有父母！聖人制禮，令賢者俯就，不肖企及。若使毀性無嗣，更為不孝也。"陋感此言，然後從吉。由是名著海內。[8]

〔3〕凡草菜可食者通名為"蔬"，本作"疏"，漢魏間始改為"蔬"。因此，不管是"蔬食"或"疏食"，皆為"素食"，根據《中文辭源》的解釋，則有"粗食"之義。此外，素食另有"尸位素餐"之義，不過，此義並非本文所要探討者，姑且置之不論。
〔4〕《論語集注·述而第七》。
〔5〕《鹽鐵論校注》卷五《二十五孝養》，頁179。
〔6〕《後漢書》卷二三《竇章傳》，頁821。
〔7〕《三國志·蜀書》卷四四《費禕傳》，頁1062。
〔8〕《晉書》卷九四《孟陋傳》，頁2442～2443。

《鹽鐵論》裏丞相史所説的："夫蔬糲，乞者所不取"，或許誇張了些，古代中國人對素食没有太大的好感，卻也是個不争的事實。只是佛教的傳入卻逐漸扭轉了這個觀念。

二、不殺生戒的影響

法輪東轉之初，中國的僧人是否就採取了徹底的素食主義？答案似乎是否定的。推測寫成於東漢末年的牟子《理惑篇》雖然提到過"佛道以酒肉爲上誡",[9] 個别的僧人想來也有力行素食者，然而並没有成爲整個僧伽的制度，否則後來的梁武帝就没有必要大張旗鼓地属行禁酒肉的戒令，而《高僧傳》裏也没有必要將當時某個僧人的持久蔬食列爲一件特殊的行徑，慎重其事地記載下來,[10] 就像今天的臺灣大概不會有人想要特别去强調某個比丘或比丘尼"素食"一樣。

其實，由於入華傳法的僧侶來源複雜（地域上有西域、印度之分，宗派上則大小乘兼具），所奉行的戒律自然也有不少出入。公元401 年，翻譯大師鳩摩羅什入長安，秦主姚興賜予妓女十人，於是不住僧坊。[11] 不管《高僧傳》裏提出的藉口是甚麼，"淫欲爲障道法"，佛陀當年列爲第一重戒（波羅夷），犯者逐出教團。這是不管大小乘都須遵守的，連這個重戒都可以放棄，肉食與否似乎也不是那麼重要了。[12]

不過，佛教的傳入終究將不殺生的觀念介紹到中國來，雖然我

---

〔9〕 《大正新修大藏經·弘明集》52：2102：1，頁6。

〔10〕 《高僧傳》與《續高僧傳》提到蔬食（或魚肉葷辛）者共有69 處，其中62 人在隋唐以前，隋唐則僅有7 人，可見自梁武帝禁斷僧伽酒肉後，素食逐漸成爲中國佛教僧團的一個傳統，故隋唐僧人素食已被視爲當然而毋庸再特别記載（詳見下節）。
　　　附帶説明一點的是，諏訪義純曾作過《高僧傳》裏（隋唐以前）素食者的統計表，他的數目是68 人，與筆者的統計有些出入，這是由於某些資料的解讀不同之故。根據諏訪義純的統計，素食者68 人佔所有《高僧傳》僧侶數（497 人）的13％弱，可見比率實在不高。此外，《比丘尼傳》裏素食者（自東晉至梁），根據諏訪義純的統計共有28 人，佔32％。詳見諏訪義純《中國中世佛教史研究》（東京，1988），頁46～57。

〔11〕 《大正新修大藏經·高僧傳》50：2059：2，頁332。

〔12〕 鳩摩羅什之外，公元五世紀初活躍於河西走廊（北涼）的曇無讖行徑也差不多：始罽賓沙門曰曇無讖，東入鄯善，自云"能使鬼治病，令婦人多子"，與鄯善王妹曼頭陀林私通。發覺，亡奔涼州。蒙遜寵之，號曰"聖人"。曇元讖以男女交接之術教授婦人，蒙遜諸女、子婦皆往受法（《魏書》卷九九，頁2208）。

們尚無法確定此一觀念落實到甚麼程度。只是，隨著大乘經典的陸續譯出，特別是"食肉傷大慈種"等一類理論不斷的引介和宣傳的結果，中國的佛教信徒、甚至一般民間社會也逐漸將"肉食"（血食）與"殺生"等同起來，雖然並不見得就此即全盤接受了素食的主張，然而傳統的蔬食一辭，卻也因此增加了另一層宗教性的意涵。魏晉以後的史書提到蔬食時，有時已與佛教的素食有關：

> 周續之字道祖，雁門廣武人也……既而閑居讀老、易，入廬山事沙門釋慧遠……以爲身不可遣，餘累宜絕，遂終身不娶妻，布衣蔬食。[13]

> 永明十一年(493)，上(武帝)不豫……詔曰："我識滅之後……祭敬之典，本在因心，東鄰殺牛，不如西家禴祭。我靈上慎勿以牲爲祭，唯設餅、茶飲、乾飯、酒脯而已。天下貴賤，咸同此制。未山陵前，朔望設菜食。"[14]

> (到)溉家門雍睦，兄弟特相友愛。初與弟洽常共居一齋，洽卒後，便舍爲寺，因斷腥膻，終身蔬食，別營小室，朝夕從僧徒禮誦。[15]

類似的、自發且終身性的素食開始在中國出現，儘管其普遍性尚有待考察，而且可以上溯至何時也不得而知，除此之外，更爲普遍的或許是短期的齋戒，例如前一篇曾提到過的八關齋。東晉時郗超(336～377)的《奉法要》裏，對於佛教徒一般性的修齋也有詳細的説明：

> 已行五戒便修歲三月六齋。歲三齋者，正月一日至十五日，五月一日至十五日，九月一日至十五日。月六齋者，月八日、十四日、十五日、二十三日、二十九日、三十日。凡齋日皆當魚肉不御，迎中而食，既中之後，甘香美味一不得嘗，洗心念道歸命三尊，悔過自責行四等心，遠離房室不著六欲，不得鞭撻罵詈、乘駕牛馬、帶持兵仗，婦人則兼去香花脂粉之飾。[16]

在齋戒期間，素食當然是最基本的要求。只是，這似乎還是屬於傳統

---

〔13〕《宋書》卷九三《周續之傳》，頁2280。
〔14〕《南齊書》卷三《武帝蕭本紀》，頁61。
〔15〕《梁書》卷四〇《到溉傳》，頁569。
〔16〕《大正新修大藏經·弘明集》52: 2102: 13，頁86。

舊有的齋戒性素食的範疇——即暫時地避免一切美好事物（包括美食）的誘惑。

然而，源自於印度不殺生戒的新素食觀還是在中國生根苗壯起來，殺生與肉食則開始被賦予負面的意義，只是，當時強調的重點似乎還是放在"不殺生"的理念。上引蕭齊武帝（483～493）的詔書裏所説的："東鄰殺牛，不如西家禴祭，我靈上慎勿以牲爲祭"，著重的是"勿以牲爲祭"這句話；因此，雖然他也要求在未出殯前，朔望祭祀時必須供設菜食（素食），然而平時供桌上陳設"酒脯（臘肉）"卻也無妨。《高僧傳》裏釋法度（436～500）的一則故事，同樣説明了當時佛教僧侶的態度：

> 釋法度，黃龍人，少出家……（劉）宋末遊於京師，高士齊郡明僧紹……隱居瑯琊之攝山……及亡舍所居山爲棲霞精舍，請（法）度居之，先有道士欲以寺地爲館，住者輒死，及後爲寺，猶多恐動，自（法）度居之群妖皆息。住經歲許，忽聞人馬鼓角之聲，俄見一人持名紙通（法）度曰：靳尚。（法）度前之，（靳）尚形甚都雅羽衛亦嚴。致敬已乃言：弟子，王有此山七百餘年，神道有法物不得干，前諸栖托或非真正，故死病繼之，亦其命也，法師道德所歸，謹舍以奉給，並願受五戒，永結來緣。（法）度曰：人神道殊無容相屈，且檀越血食世祀，此最五戒所禁。（靳）尚曰：若備門徒輒先去殺。於是辭……至月十五日（法）度爲設會，（靳）尚又來同衆，禮拜行道受戒而去。攝山廟巫夢神告曰：吾已受戒於度法師，祠祀勿得殺戮。由是廟用薦止菜脯而已。[17]

釋法度強調的是"去殺"，因此山神靳尚對廟巫的指示也只是祭祀時"勿得殺戮"，至於供奉臘肉（脯）卻是無所謂。嚴格説來，這倒是符合佛陀當年有關"净肉"的規定——只要不是爲了某一目的而刻意宰殺的即可。

不過，隨著"不殺生戒"的強調，新素食觀卻也逐漸風行起來。卒於梁武帝天監八年（509）的顧憲之，雖然不是佛教信徒，死前卻交代其子孫歲時祭祀："唯下素饌，勿用牲牢……祠先人自有舊典，不可有闕，自吾已下，祠止用蔬食時果，勿同於上世。"[18] 類似新素食觀的實踐

---

〔17〕《大正新修大藏經·高僧傳》50：2059：8，頁380。

〔18〕《梁書》卷五二，頁760。

者想必還有不少，至於其代表性論點則可見之於《廣弘明集》裏所收集的《究竟慈悲論》（沈約）、《與何胤書論止殺》（周顒）與《誡殺家訓》（顏之推）。[19] 文中所復而言，不外乎"素食即不殺生，不殺生即慈悲"之意。最有趣的是沈約的《究竟慈悲論》，孟子所說的"五畝之宅，樹之以桑，五十者可以衣帛矣；雞豚狗彘之畜，無失其時，七十者可以食肉矣"，[20]講的是"爲政之道"，最終目標當然是希望每個人都能"衣帛食肉"；然而在沈約（441～513）的解釋下，卻轉變成了"慈悲之道"："然則五（四？）十九年已前，所衣宜布矣；六十九年已前，所食宜蔬矣"。不僅要求素食，連"衣帛"（絲織品）皆在禁止之列，因爲取絲不免要傷害蠶繭，有殺生之嫌；問題是，這個要求可是連一些大乘經典——包括普遍被素食主義者（例如梁武帝）視爲理論根據來源的《大般涅槃經》——都强烈反對的。[21]

佛教徒對於新素食觀的擁護自不足爲奇，有趣的是，連道教——最爲本土性的宗教——創始者之一的葛洪也接受了這個觀點：

> 凡小山皆無正神爲主，多是木石之精，千歲老物，血食之鬼，此輩皆邪魘，不念爲人作福，但能作禍。[22]

> 又諸妖道百餘種，皆煞生血食，獨有李家道無爲爲小差。[23]

> 若有山川社廟血食惡神能作福禍者，以印封泥，斷其道路，則不復能神矣。[24]

---

〔19〕 《大正新修大藏經·廣弘明集》52：2103：26。
〔20〕 《孟子·梁惠王（上）》。
〔21〕 絲織的衣服在印度稱爲"憍奢耶"，而不管是在律典或大乘經典裏都沒有禁止僧侶穿著絲織品的規定。"佛在舍衛國……有一比丘白佛：聽我著憍施耶衣。佛言：聽汝著憍施耶衣，何以故？憍施耶衣不妨得道，知足少欲乃至隨涅槃。"（大正新修大藏經·十誦律》23：1435：27，頁197）"迦葉復言：'如來若制不食肉者，彼五種味乳酪、酪漿、生蘇、熱蘇、胡麻油等，及諸衣服憍奢耶衣、珂貝、皮革、金銀盂器，如是等物亦不應受'。'善男子，不應同彼尼乾所見……'"（《大正新修大藏經·大般涅槃經》12：375：4，頁626）；"我唯聽食五種牛味及油蜜等，聽著革屣憍奢耶衣。"（《大正新修大藏經·大般涅槃經》12：375：7，頁647）因此沈約的鼓吹未免有點矯枉過正，只是後來唐代著名戒律僧（號稱南山律宗之祖）的道宣强烈要求僧侶不得著用絲織品，一時頗有影響。義凈在《南海寄歸內法傳》裏對於此事即曾大力抨擊："凡論絁絹，乃是聖開，何事强遮，徒爲節目，斷之以意，欲省招繁。五天四部並皆著用，詎可棄易求之絹絁，覓難得之細布，妨道之極，其在斯乎。非制强制，即其類也。"（《大正新修大藏經·南海寄歸內法傳》54：2125，頁212）有關這方面的討論，詳見諏訪義純《中國中世佛教史研究》，頁92～128。
〔22〕 《抱朴子內篇校釋》卷四《金丹》。
〔23〕 《抱朴子內篇校釋》卷九《道意》。
〔24〕 《抱朴子內篇校釋》卷一七《登涉》。

凡是"血食"的鬼神一律被套上"邪鬼"、"惡神"的稱謂,採取牲祭的道士則是"妖道"——儘管在中國傳統裏,鬼神本來就該是血食的。《抱朴子》的作者葛洪活躍於公元四世紀初,可見當時"殺(煞)生血食"的負面印象已相當深入民間,雖然葛洪並沒有因此而提出全面素食的主張。[25] 相傳爲寇謙之所撰的《老君音誦誡經》雖然規定教徒在舉行厨會(齋會)祈福消災時,"素飯菜,一日食米三升,斷房室,五辛生菜諸肉盡斷",[26] 只是,這似乎還是傳統齋戒性的素食。劉宋三天弟子徐氏《三天内解經》卷上所説的"治病療疾,不得飲酒食肉",[27] 似乎也屬於同樣性質的飲食禁忌。

然而,劉宋時陸修静(406~477)批評當時道士生活的一段話:"五辛之菜,六畜之肉,道之至忌,噉之已自犯禁,乃復宰殺鷄豚鵝鴨,飲酒洪醉"[28] 所反映的毋寧説,已是一種新的,基本上來自大乘佛教的素食觀——"五辛六畜"之類的食物已被視爲"不净"(道之至忌)",而"殺生"當然更被賦予負面的價值。[29] 可惜的是,儘管陸修静早在梁武帝建立王朝之前,就已經在道教内部提出新素食觀的要求,他的期望終究沒有能夠實現,否則,也許我們今天提到"喫齋者"的時候,浮現在腦海裏的就應該是道士、而非僧侣的形象了。[30] 陸修静之所以失敗的原因有二:第一道教並不像大乘佛教一樣,擁有由"不殺之戒"引申而來的一整套有關素食的理論基礎;其次是,陸修静雖然曾經在劉宋一朝名動公卿,他終究還是一介凡民,而不像梁武帝一樣直接掌控著帝王的權力。

---

〔25〕 道教有"木食、辟穀"之術,諏訪義純義認爲即爲"素食"(《中國中世佛教史研究》,頁64)。問題是,道教的"木食、辟穀"之術主要是希望能做到餐風飲露,完全不食人間煙火(包括五穀),以達到神仙的境界,與素食其實無關。

〔26〕 《正統道藏·老君音誦誡經》(臺北:新文豐影本,1976)30,頁0535。

〔27〕 《道藏·三天内解經》48,頁0081。

〔28〕 《正統道藏·道門科略》41,頁0731。上述引文乃是"恣貪慾之性,而耽酒嗜食"的旁註。

〔29〕 唯一例外的是飲酒,飲酒在佛教列爲基本的"五戒"之一,然而道教並不禁酒,相反的,在某些場合,酒還是必備的,例如厨會時"應下三槃,初小食,中酒,後飯"(《正統道藏·老君音誦誡經》30,頁0535)。陸修静也只能抱怨當時的道士"耽酒嗜食,飲酒洪醉",要求應有節制。

〔30〕 其實,根據陳國符《道藏源流考·道學傳輯佚》裏的記載來看,南北朝時期還是有不少道士是終身素食的,這應當也是在新素食觀影響之下發展起來的,只是始終没能成爲一個普遍性的戒律,其原因將在下文另行討論。陳國符《道藏源流考》(臺北:古亭書屋影本,1975)

　　只是,當俗衆與道教宗師都已如此服膺於新素食觀,身爲此一理念之始作俑者的佛教出家衆又怎能落於人後?[31] 這是公元六世紀初梁武帝要求僧伽全面素食時所面臨的基本壓力。

三、梁武帝

　　梁武帝(464～549,502～549年在位)是中國史上著名的佛教徒,以帝王之尊而皈依佛教者在歷史上固不乏其人,然而像梁武帝這麼虔誠的倒是罕得一見。有關梁武帝的生平事業,相關論著甚多,此處即不贅言。[32] 這裏想探討的是有關僧伽全面素食的問題,也就是"禁斷酒肉"事件。

　　我們先叙述一下事件的始末。有趣的是,梁武帝的《斷酒肉文》在史上雖享有盛名,詳細的年代卻始終無法確定,或許是《廣弘明集》的編纂者道宣在篤信佛教之餘,[33] 也順帶接受了古印度人漠視時間的傳統。不過,根據一些學者的考訂,再參考梁武帝時郭祖深上表抨擊佛教一文裏的兩句話:"陛下皇基兆運二十餘載"與"僧尼皆令蔬食",[34] 我們認爲普通四年(523)的五月廿三與廿九,應該是比較可靠的日期。[35]

　　廿三與廿九分別是佛教每月的六齋日之一,[36] 挑選這個日子自然是有過一番思量的。經過仔細佈置與安排後,梁武帝首先在五月

---

[31]　有關中國佛教與素食的關係,詳見 John Kieschnick(柯嘉豪), *The Eminent Monk*: *Buddhist Ideals in Medieval Chinese Hagiography*(Honolulu,1997), pp. 22～28. Richard Mather,"The Bonze's Begging Bowl: Eating Practices in Buddhist Monasteries of Medieval India and China," *Journal of the American Oriental Society* 101:4(Oct. ～ Dec. 1981), pp. 417～424. 道端良秀《中國佛教思想史の研究》(京都,1979),頁 271～309;諏訪義純《中國中世佛教史研究》,頁 39～91,183～201。

[32]　新近出版且與本文較有關連的請參見顏尚文《梁武帝》(臺北:臺灣東大圖書公司,1999)。

[33]　《斷酒肉文》全文詳見《大正新修大藏經·廣弘明集》52:2103:26,頁 294～303。

[34]　《南史》卷七〇《郭祖深傳》,頁 1721～1722。

[35]　一些學者認爲確定的年代已無法詳究,大致上是在天監十六年(517)至普通四年(523)之間某一年的五月廿三與廿九。諏訪義純《中國中世佛教史研究》,頁80。顏尚文認爲此一事件應在梁武帝受菩薩戒之後,亦即天監十八年(519)四月初八以後的事(《梁武帝》,頁 230～231)。

[36]　也就是前面提到的郗超在《奉法要》一文所說的《歲三月六齋》裏的"月六齋"。根據古印度傳統,鬼神常於每月初八、十四、十五、廿三、廿九與三十這六日內伺機害人,故於這些日子裏必須沐浴斷食。佛教沿襲此一傳統,規定此六日爲"齋日",僧衆在此日須集會一處,布薩説戒;在家衆則於此日受持一日一夜的八關齋。

二十三這一天召集了僧尼代表 1448 人在華林園的華林殿舉行大會，先由"都講"慧明誦唱《大般涅槃經・四相品》裏禁斷肉食的相關經文，[37] 再由"法師"法雲講解其中"食肉者斷大慈種"之義，這是當時各寺院講經的一般形式，倒也不足爲奇；不過，重頭戲卻是在這開場白之後，由道澄代表梁武帝所宣讀的《斷酒肉文》。題目雖有"酒"字，在這篇長達六七千字的演講裏，提到酒的地方卻很少，這是因爲律典裏本來就有禁酒的戒令：

> 佛告阿難：凡飲酒者有十過失……佛告阿難：自今以去以我爲師者，乃至不得以草木頭内著酒中而入口。爾時世尊以無數方便呵責婆伽陀比丘已，告諸比丘：此婆伽陀比丘癡人，多種有漏處最初犯戒，自今已去與比丘結戒，集十句義乃至正法久住，欲說戒者當如是説，若比丘飲酒者波逸提。[38]

犯"波逸提"者須於布薩僧中懺悔，雖然不算是太嚴重的罪行，只是既已明載於律典，這樣的行爲終究缺乏正當性可言，梁武帝自然毋須對此多費唇舌。相形之下，既然律典裏佛陀已明言"净肉"可食，想要禁止僧侶食肉無疑是要麻煩多了。梁武帝其實也想不出更好的方法，因此在講稿裏，他除了引經據典苦口婆心地勸告出家衆不要喫肉外，還不惜以身作則發下重誓：

> 弟子今日昌言此事，僧尼必當有不平色，設令刳心擲地以示僧與數片肉無以取信，古人有言非知之難其在行之，弟子蕭衍雖在居家不持戒，今日當先自爲誓以明本心：弟子蕭衍從今以去至于道場，若飲酒放逸起諸婬欲，欺誑妄語噉食衆生，乃至飲於乳蜜及以蘇酪，願一切有大力鬼神，先當苦治蕭衍身，然後將付地獄閻羅王與種種苦，乃至衆生皆成佛盡，弟子蕭衍，猶在阿鼻地獄中。

出家衆相對地當然也要受到同樣的約束："僧尼若有飲酒噉魚肉者而不悔過，一切大力鬼神亦應如此治問。"只是，梁武帝也瞭解到，幽冥的果報若是有效，出家衆的食肉早就不該成爲問題。更何況，他們還可以利用大小乘經典的自相矛盾作爲藉口，以解脱良心的譴責。國家力量（王法）的介入至此成爲不得已的手段：

---

[37] 詳見《大正新修大藏經・大般涅槃經》12：374：4，頁 386。
[38] 《大正新修大藏經・四分律》22：1428：16，頁 672。

今日大德僧尼，今日義學僧尼，今日寺官，宜自警戒嚴淨徒衆，若其懈怠不遵佛教，猶是梁國編戶一民，弟子今日力能治制，若猶不依佛法，是諸僧官宜依法問。

弟子蕭衍於十方一切諸佛前，於十方一切尊法前，於十方一切聖僧前，與諸僧尼共申約誓，今日僧衆還寺已後，各各檢勒使依佛教。若復飲酒噉肉不如法者，弟子當依王法治問，諸僧尼若被如來衣不行如來行，是假名僧，與賊盜不異，如是行者猶是弟子國中編戶一民，今日以王力足相治問，若爲外司聽察所得，若爲寺家自相糾舉，不問年時老少，不問門徒多少，弟子當令寺官集僧衆鳴捷槌，捨戒還俗著在家服，依涅槃經還俗策使，唯取老舊者，最多門徒者，此二種人最宜先問，何以故？治一無行小僧，不足以改革物心，治如是一大僧，足以驚動視聽。

僧尼若有飲酒噉魚肉者而不悔過，一切大力鬼神亦應如此治問，增廣善衆清淨佛道。若未爲幽司之所治問猶在世者，弟子蕭衍，當加法治問，驅令還俗與居家衣隨時役使。

在佛教律法裏，逐出教團是最重的懲罰，稱爲"波羅夷"；只有少數幾項罪行，例如犯了淫戒、殺人等，才會遭受到如此嚴厲的處罰。梁武帝下令僧侶若違反酒肉禁令即逐出教團，可説是法外加刑，即使是在《梵網經》裏，"食肉"也只不過被列爲"四十八輕垢"之一。此外，根據律典的規定，僧侶違反戒律也只能接受僧團的處置，外人其實不得干涉；梁武帝在這裏當然是決定以法王的身份親自處理此事，雖然有違佛教規定，卻也可看出梁武帝對此事注重的程度。只是，完全仰賴高壓的手段當然也不成。當時人們或出家衆反對徹底素食的理由之一其實是與健康有關的——蔬食會導致人體"虛冷"。蔬食是否真的有礙健康？坦白説，這是一個直到今日爲止也還無法完全以現代醫學確定的問題。我們曉得，流傳於東南亞一帶的南傳佛教一向並不忌諱肉食，不過近年來，在西方素食運動的影響下，斯里蘭卡（Sri Lanka）年輕一輩的僧侶確也有人提出全面素食的主張，只是理所當然地遭到强烈的反對，反對的理由除了"不合戒律"外，有礙健康亦是主要訴求之一。[39] 實際上，

[39] Bandu Masakorala, "The Vegetarian Movement in Sri Lanka", 33rd World Vegetarian Congress (Chiang Mai, Thailand, January 4~10, 1999)

一直到梁武帝的時代爲止，根據史書上的記載，此一觀點可説是相
當深入人心的，甚至連佛門中人都有這樣的看法：

> （弘微）兄曜歷御史中丞，彭城王義康驃騎長史，元嘉四
> 年卒。弘微蔬食積時，哀戚過禮，服雖除，猶不噉魚肉。沙門
> 釋慧琳詣弘微，弘微與之共食，猶獨蔬素。慧琳曰：“檀越素
> 既多疾，頃者肌色微損，即吉之後，猶未復膳。若以無益傷
> 生，豈所望於得理。”[40]

> （陳文帝）又以（虞荔）蔬食積久，非羸疾所堪，乃敕曰：
> “卿年事已多，氣力稍減，方欲仗委，良須克壯。今給卿魚肉，
> 不得固從所執。”荔終不從。[41]

> 植之少善莊、老，能玄言……少遭父憂，因菜食二十三
> 載，後得風冷疾，乃止。[42]

即使是梁武帝自己在初行素食時，也曾經因爲“菜食未習體過
黃羸”。[43] 可見素食有礙健康在當時幾乎已成爲一種共識。梁武帝
素食的緣由，下面會再論及，只是他既然要求僧侶素食，《斷酒肉
文》自然要針對這一點作出回應：

> 凡不能離魚肉者皆云：菜蔬冷於人虛乏，魚肉溫於人
> 補益。作如是説皆是倒見。今試復粗言，其事不爾。若久
> 食菜人榮衛流通，凡如此人法多患熱，榮衛流通則能飲食，
> 以飲食故氣力充滿。是則菜蔬不冷能有補益。諸苦行人亦
> 皆菜蔬，多悉患熱類皆堅强，神明清爽少於昏疲。凡魚爲
> 性類皆多冷，血腥爲法增長百疾，所以食魚肉者神明理當
> 昏濁……此豈非惑者用心各有所執。甘魚肉者便謂爲溫爲
> 補，此是倒見事不可信。復有一種人，食菜以爲冷便復解
> 素，此是行者未得菜意。菜與魚肉如水與火，食菜裁欲得
> 力，復噉魚肉，魚肉腥燥能減菜力，所以惑者云，菜爲性
> 冷。凡數解素人，進不得菜蔬之力，退不得魚肉邪益，法
> 多羸冷少有堪能。

---

〔40〕《宋書》卷五八《謝弘微傳》，頁1592。
〔41〕《南史》卷六九《虞荔傳》，頁1680。
〔42〕《梁書》卷四八《嚴植之傳》，頁671。
〔43〕《大正新修大藏經・廣弘明集・淨業賦》52：2103：29，頁336。

梁武帝自己顯然是克服了此一問題，他雖然喫素，卻還是健康活潑地活到八十二歲（要不是侯景之亂説不定還可以活得更久），只是就他上述的説辭而言，似乎也没有太大的説服力。這倒不能怪他，以當時的醫學水準無法對此問題提供一個肯定的答案，似乎也是理所當然的。不過他的用心良苦，從這番言論倒是可見一斑。

除此之外，爲了説服群僧素食乃是大勢所趨，梁武帝甚至還舉例説明當時其他一般的民間信仰，在祭祀時供品也都已經採取素食：

> 北山蔣帝猶且去殺，若以不殺祈願輒得上教，若以殺祈願輒不得教想。今日大衆已應聞知，弟子已勒諸廟祀及以百姓凡諸群祀，若有祈報者皆不得薦生類，各盡誠心止修蔬供。蔣帝今日行菩薩道，諸出家人云何反食衆生行諸魔行。一日北山爲蔣帝齋，所以皆請菜食僧者，正以幽靈悉能鑑見，若不菜食僧作菜食往，將恐蔣帝惡賤佛法怪望弟子。

這裏所説的蔣帝指的是流行於南北朝時期的"蔣子文信仰"。至於蔣子文是否真正顯靈要求信衆供奉素食？或者僅只是在梁武帝的詔令下不得不改爲喫素？我們自然是不得而知了。[44]

然而，在這次大會之後不過幾天，梁武帝就發現事情的發展並没有如他所想像的那麼樂觀。起因之一是，在法會中當法雲講解涅槃經斷肉事時，掌管全國僧伽事務的僧正慧超與宣武寺的法寵就曾質疑：若照經文禁斷一切肉食，乃至自死者皆不得食，那麼，這與耆那教徒（尼揵）禁止使用皮革，因此也不得著皮鞋的規定又有何差異？再説，既然佛陀已準許僧侣著皮鞋，就没有理由不準食肉。[45] 雖然法雲當場已針對此一問難作出答復（《斷酒肉文》並没有記載答復的内容），梁武帝認爲還不够清楚，"恐諸小僧，執以爲疑，方成巨蔽"。其次是，即使在這樣的苦心勸服與威嚇之下，廿三日的法會結束之後，梁武帝還是聽到了不少抱怨與不服之語：

> 諸僧尼或猶云："律中無斷肉事及懺悔食肉法。"

以此，廿九日梁武帝再度召集僧尼代表一百九十八人於華光殿

---

〔44〕 有關蔣子文信仰的演變，詳見林富士《中國六朝時期的蔣子文信仰》，《遺跡崇拜與聖者崇拜》（臺北：允晨文化實業公司，1999）。

〔45〕 詳見註〔21〕。

舉行第二次的法會，人數減少了這麼多，可見已是全國僧團的領導階層。這次他的態度明顯地嚴峻許多，當場直接與僧尼辯駁，而凡是對禁斷肉食一事存有絲毫懷疑之心、或者本身平時就無法力行素食者，例如僧辯、寶度與法寵等人，都遭到梁武帝毫不留情的駁斥。在這次法會中被點名批判的幾個人，可說都屬於僧團裏全國性的人物，與梁武帝也有特殊的關係，例如慧超與法寵都是梁武帝的家僧，慧超還身兼全國僧團總管，權位之重在僧團中可說是無與倫比；至於僧辯，《續高僧傳》中說他"威德冠衆解行高物，傳業之盛獨步江表"，無疑也是個領導者。這麼高階的僧侶當場遭到毫不留情的申斥，對於其他在場旁觀的僧團代表而言，無疑是場極具威嚇效果的震撼教育。

梁武帝禁斷僧團酒肉的回響如何，史無明言，不過在當時客觀環境的要求下，南方僧團大概就此接受了。剩下來的問題就是：北方的僧團又是在什麼時候採取了全面素食的主張？關於這一點，可惜的是我們並沒有像梁武帝的《斷酒肉文》那樣清楚而直接的證據。也可能北方的僧團並不像南方那樣，在帝王的一紙詔令下改弦易轍，而是逐步地走上全面素食的道路。只是這應當不會早於梁武帝禁斷南方僧團酒肉之前，否則他就不必那麼大費周章了。當然，由於北方的政治力量對於佛教僧團的管制一向遠比南方要來得更積極（南北朝兩次的滅佛事件皆出之於北方即可想見）；因此，北方僧團的全面素食如果是出之於當時政治力量的運作自然也是極有可能的。從這個角度來觀察，北齊的文宣帝（550～559）倒是相當符合我們的標準——換言之，北方的僧團似乎是有可能在他的統治時期接受了全面素食的戒律。

天保二年（551），文宣帝在釋僧稠的感召下成爲佛教信徒。[46]只是，嚴格說來，文宣帝實在算不上是個多麼值得稱道的皇帝，從他的一些作爲裏（尤其是晚年），我們也看不出他真正接受了多少佛教的教誨，至少在與梁武帝相形之下確是如此。《北齊書》的《帝紀》對他最後的評論是這樣的：

> 既征伐四克，威振戎夏，六七年後，以功業自矜，遂

---

[46] 《大正新修大藏經·續高僧傳》50: 2026: 16，頁 554。

留連耽湎，肆行淫暴。或躬自鼓舞，歌謳不息，從旦通宵，以夜繼晝。或袒露形體，塗傅粉黛，散髮胡服，雜衣錦彩。拔刃張弓，遊於市肆……徵集淫嫗，分付從官，朝夕臨視，以爲娛樂。凡諸殺害，多令支解，或焚之於火，或投之於河。沉酗既久，彌以狂惑，至於末年，每言見諸鬼物，亦云聞異音聲。情有蒂芥，必在誅戮，諸元宗室咸加屠勦……自餘酷濫，不可勝紀。朝野懍懍，各懷怨毒……又多所營繕，百役繁興，舉國騷擾，公私勞弊。凡諸賞賚，無復節限，府藏之積，遂至空虛。自皇太后諸王及內外勳舊，愁懼危悚，計無所出。暨于末年，不能進食，唯數飲酒，麴糵成災，因而致斃。[47]

既然是“情有蒂芥，必在誅戮”，文宣帝在歷史上會得到個殘暴好殺的惡評自不令人意外。然而，這只是對人如此，對於其他的生物可就不然了。根據《北齊書》的記載：

天保七年（556），帝以肉爲斷慈，遂不復食。[48]

天保八年，詔諸取蝦蟹蜆蛤之類，悉令停斷，唯聽捕魚……詔公私鷹鷂俱亦禁絕。[49]

天保八年，詔丘、郊、禘、祫、時祀，皆仰市取，少牢不得剖割，有司監視，必令豐備；農社先蠶，酒肉而已；雩、禖、風、雨、司民、司禄、靈星、雜祀，果餅酒脯。唯當務盡誠敬，義同如在。[50]

天保九年，詔限仲冬一月燎野，不得他時行火，損昆蟲草木。[51]

這可完全是遵照佛教慈悲爲懷的教誨了，最後一道詔令還擴大及於昆蟲草木。《續高僧傳》裏也説他：

率土之內，禁斷酒肉，放捨鷹犬，畋漁屠殺，普國不

---

〔47〕《北齊書》卷四，頁67～68。

〔48〕《北齊書》卷四，頁61。

〔49〕《北齊書》卷四，頁63。

〔50〕《北齊書》卷四，頁64。這應該就是《北齊書》裏所説的“宗廟不血食”一事：“（高）元海好亂樂禍，然詐仁慈，不飲酒喫肉。文宣天保末年敬信內法，乃至宗廟不血食，皆元海所謀。”（卷一四，頁184）這裏似乎也可以看出文宣帝在關於佛教信仰的作爲上，確實有些模仿梁武帝的痕跡，雖然並不容易找到直接的證據。

〔51〕《北齊書》卷四，頁64。

行；年三月六,[52] 勸民齋戒，公私葷菜，悉滅除之。[53]

換言之，新素食觀的奉行甚至普及到一般民間（雖然難免有些誇張），在這樣的背景下，再加上梁武帝要求南方僧團全面禁斷酒食距離當時也不過才三十年，因此，我們是否可以合理地推測：北方僧團的全面採行素食應該就在文宣帝的統治時期。道宣在《續高僧傳》的一篇論述中曾説過：“且夫佛教道東，世稱弘播，論其榮茂，勿盛梁齊”，而在南北朝的衆多帝王裏，他也只推崇梁武帝和北齊文宣帝兩人對佛教的貢獻——雖然我們從歷史文獻中委實很難發現文宣帝對佛教的具體貢獻究竟如何，只是，其中想必有其深意在。[54]

不管怎麼説，我們所能確定的是：在梁武帝的《斷酒肉文》宣佈後，素食自此成爲中國佛教徒的普遍戒律，肉食（不管“净肉”與否）則被視爲一種“不正當”的行爲，一直到今天爲止仍然如此。

梁武帝禁斷僧團酒肉後，實際上的成效究竟如何？這裏先舉個具體的例子。曾因滅佛而名列中國佛教史上“三武之禍”的北周武帝（560～578）——其他兩個分別是北魏太武帝和唐武宗——在建德三年（574）的宗教大會上批判佛法的不净時，居然以“經律中準許僧尼受食三種净肉”爲佛教三大不净之一。[55] 換言之，由於梁武帝的禁斷僧團酒肉（距此時也只不過是半個世紀的光景），在北周武帝的觀念裏，佛教僧團的素食根本就是天經地義的，殊不知除了佛陀沒有禁止僧尼肉食外，即使是中國的僧團，一直到梁武帝禁斷酒肉爲止，也是不忌腥膻的。

佛教史料也可以提供給我們一些線索。在慧皎的《高僧傳》（成書於梁武帝時期，六世紀初）與道宣的《續高僧傳》（成書於唐太宗晚年，七世紀中葉）裏，提到終身持素者共有六十九人，其中六十二人在隋唐以前，隋唐則僅有七人，可見自梁武帝禁斷僧伽酒肉後，素食逐漸成爲中國佛教僧團的一個傳統，因此隋唐僧人的素食已被視爲當然而毋庸再特別記載。至於僧傳裏提到隋唐僧人素食的場合也相當有意思：

---

〔52〕 即郗超在《奉法要》裏所説的“歲三月六齋”。
〔53〕 《大正新修大藏經·續高僧傳》50:2060:15，頁549。
〔54〕 《大正新修大藏經·續高僧傳》50:2026:15，頁548～549。
〔55〕 《大正新修大藏經·續高僧傳》50:2060:23，頁631。

（隋）那連提黎耶舍，隋言尊稱，北天竺烏場國人……
又往突厥客館，勸持六齋，羊料放生受行素食。[56]

（唐）釋善伏，一名等照，姓蔣，常州義興人，生即白
首，性知遠離，五歲於安國寺兄才法師邊出家，布衣蔬食
日誦經卷……後共暉才二師，入桑梓山行慈悲觀，又爲鬼
神受戒莫噉肉，神又降巫者，令召伏受戒，巫者殺生祀神，
神打之次死，降語曰：吾已於伏闍梨受戒，誓不食肉，如
何爲吾殺生，愍爾愚痴且恕汝命，後更爾者必加至死。自
後諸祀永絕膻腥。常婺州二人，同載績麻爲貨至江神所，
一以蔬祭，一欲殺生，而未行，其麻並濕，前蔬祭麻並乾
燥，於是行人忌憚無敢肉祭。故其授戒功驗，人神敬仰，
有陵犯者立見禍害，江淮間屠販魚肉，鵝鴨雞猪之屬，受
法開放，市無行肆。[57]

換言之，當時的僧侶不僅自己素食，甚至還有意更進一步推廣
到一般的民間大衆，包括鬼神祭祀、乃至突厥人（遊牧民族），這倒
是頗具雄心壯志的。在素食主義的鼓舞之下，有些僧侶甚至還企圖
將這份用心推展爲民間全面性的戒酒運動：

釋玄鑑，俗姓焦，澤州高平人（今山西高平）也。天
性仁慈志樂清潔，酒肉葷辛自然厭離……行值飲噉非法，
無不面諫訶毀，極言過狀不避強御。或與語不受者，便碎
之酒器，不酬其費。故諸俗士聚集醼飲，聞鑑來至並即奔
散。由是七衆尊虔，敬其嚴屬重其清貞。數有繕造，工匠
繁多，豪族之人或遺酒食。鑑云：“吾今所營，必令如法，
乍可不造，理無飲酒。”遂即止之。[58]

比之二十世紀三十年代美國清教徒轟轟烈烈的禁酒運動，似乎
也不遑多讓。

話說回來，是否自從梁武帝禁斷僧團酒肉後，中國的僧侶就真

---

[56] 《大正新修大藏經·續高僧傳》50：2060：2，頁432。
[57] 《大正新修大藏經·續高僧傳》50：2060：26，頁602～603。我們可以注意到，同樣
是山神受戒，在前引《高僧傳》釋法度的例子裏（第二節），山神只被要求“勿得
殺戮”，因此祭祀時還可供奉臘肉，此處則更進一步要求“莫噉肉”、“諸祀永絕膻
腥”，換言之，連臘肉都不被允許。
[58] 《大正新修大藏經·續高僧傳》50：2060：15，頁542。

的再也不沾酒肉，事情當然没有這麼理想。唐代名僧同時也是書法名家的懷素（737～?）就曾留下著名的《食魚帖》，日常生活飲食也不忌諱酒肉，這點從他的詩文即可發現。[59] 當時與他來往的一些詩人墨客似乎也夷然不以爲異。不過，懷素的故事大概只能算是個特例，對於一般的僧尼而言，禁絶酒肉仍然是他們必須遵守的戒律之一，這也是社會一般人對他們的期待。然而，人非聖賢，戒律再怎麼嚴格，犯戒的僧侶還是在所難免，再加上敵視佛教的人也不斷製造僧尼違反清規、飲酒喫肉的傳聞。有時則對僧尼的素食出之以嘲諷的態度，例如《東坡志林》卷二"道釋"項即有這麼一條的記載："僧謂酒爲般若湯，謂魚爲水梭花，鷄爲鑽籬菜，竟無所益，但欺而已，世常笑之。"面對這樣的指控或確實存在的現象，佛教史傳的作者基本上確立了三項處理的方針。

第一，爲長者諱，雖然這意味著有時不得不掩飾真相。例如在梁武帝禁斷僧團酒肉之前，中國僧侶肉食根本算不上什麼大不了的問題。因此，隋代的費長房在《歷代三寶記》卷一一裏就記載了下述的故事：梁武帝的家僧僧伽婆羅來自東南亞一帶，有一次到臨川王府，臨川王問他素食還是肉食，他答道"菜食，病時解素。"又問："今日何如?""由四種元素所構成的凡人之軀，那有不生病的時候?"臨川王大樂，即刻爲他準備宴席——當然是治病所需的肉食。[60] 然而，等到唐代道宣編寫《續高僧傳》時，在卷一的僧伽婆羅傳裏，對於上述這段故事，除了"太尉臨川王宏，接遇隆重"一句外，其他則隻字不提。[61]

其次，佛教史傳既以"高僧"爲名，記述的照説應當是一些立德、立功、立言，足以流芳百世的僧人。道宣在《續高僧傳》序言裏即明白列出"譯經、解義、護法"等十項品德或業績作爲入傳的標準，而百分之九十九以上的僧傳的確也都能符合上述這些標準中的某一項，然而其中卻也有些僧傳，傳主所爲完全不合序言所列出的標準，例如卷二五的釋明解傳。據傳中所言，釋明解日常飲食即

---

〔59〕 John Kieschnick, *The Eminent Monk: Buddhist Ideals in Medieval Chinese Hagiography* (Honolulu, 1997), p. 64.

〔60〕 《大正新修大藏經·歷代三寶記》49:2034:11，頁98。

〔61〕 《大正新修大藏經·續高僧傳》50:2060:1，頁426。

不守清規，更於酒後賦詩詆毀佛教，故死後墜入惡道，受飢渴之苦。[62] 這個傳記擺明了是當反面教材用的，換言之，是以冥報或轉生惡趣來恐嚇那些違反清規的僧人。其實，類似的手法早在南北朝時就已有人採用過。同樣是道宣編纂的《廣弘明集》裏即收錄有顏之推的《誡殺訓》，幾則小故事翻來覆去不外是説明"去殺之事必勉行之，見好殺之人臨死報驗，子孫殃禍其數甚多。"[63]

最有創意的是第三種對策。慧皎在梁武帝時編寫《高僧傳》，雖然刻意褒揚終身持素的僧侶，對於某些飲酒喫肉的僧人卻也照實記載，有意思的是這些僧人，例如杯度、釋慧通、釋保（寶）誌等人，碰巧都出現在卷一〇"神異"的類別裏，雖然他並沒有特別説明"飲酒喫肉"究竟與"神異"有著什麼樣的關係，卻巧妙地給讀者留下不少想像的空間。這個想像空間在道宣的《續高僧傳》裏終於有了進一步的落實：

> 香闍梨者，莫測其來，以梁初至益州青城山飛赴寺，欣然有終志。時俗每至三月三日，必往山遊賞，多將酒肉共相酣樂，前後勸喻曾未能斷。後年三月，又如前集，例坐已了，香（闍梨）令人於座穿坑方丈，人莫知意。謂人曰："檀越等恒自飲噉，未曾與香（闍梨），今日爲衆須餐一頓"。諸人爭奉肴酒，隨得隨盡，若填巨壑，識者怪之。至晚曰："我大醉飽，扶我就坑，不爾污地。"及至坑所，張口大吐，鷄肉自口出，即能飛鳴，羊肉自口出，即馳走。酒食亂出，將欲滿坑。魚鮮鵝鴨游泳交錯，衆咸驚嗟，誓斷辛殺。迄今酒肉，永絕上山，此香（闍梨）之風德也。[64]

有意思的是，《高僧傳》的作者慧皎在記述釋保誌的"神異"時，也曾經提到釋保誌有一次忽然要求喫活魚，信徒即刻爲他辦妥，結果等到釋保誌喫飽離去，那人回頭一瞧，"盆中魚游活如故"[65]。只不過，慧皎並沒有針對這個"奇蹟"多作解釋，解釋的工作還得

---

[62] 《大正新修大藏經・續高僧傳》50: 2060: 25，頁 665。
[63] 《大正新修大藏經・廣弘明集》52: 2103: 26，頁 294。
[64] 《大正新修大藏經・續高僧傳》50: 2060: 25，頁 657。
[65] 《大正新修大藏經・高僧傳》50: 2059: 10，頁 394。

留待道宣來完成，而"飲酒喫肉"與"神異"也才有了個完美的結合——僧人的"飲酒喫肉"原來是爲了要達成讓一般俗衆不再飲酒喫肉的手段。正如《大般涅槃經》裏所説的："是故菩薩不習食肉，爲度衆生示現食肉，雖現食之其實不食。"[66] 算得上是用心良苦了。

贊寧在《宋高僧傳》裏也如法炮製，例如《唐興元府梁山寺上座亡名傳》：

> 釋亡名者，不知何許人也。居襄城西數十里，號中梁山……行終詭異言語不常……平常酷嗜酒而食肉。又綱任衆事且多折中，僧亦畏焉，號爲上座。時群緇伍一皆倣習，唯此無懼。上座察知而興嘆曰："未住淨心地，何敢逆行，逆行非諸人境界，且世云，金以火試。待吾一日一時試過。"開成中（836～840）忽作大餅招集徒衆曰："與汝曹遊尸陀林去。"蓋城外山野多墳塚，人所棄屍於此，故云也。上座踞地舒餅，裹腐爛死屍向口便啖，俊快之狀頗嘉。同遊諸僧皆掩鼻唾地而走，上座大叫曰："汝等能餧此肉，方可餧他肉也已。"自此緇徒警悟，化成精苦焉，遠近歸信。[67]

旋律不變，只是這次"聖僧"示化的對象不是一般的俗衆，而是他座下的僧侶。不過，"腐爛屍肉"固然不容易喫，比起讓喫下去的鷄羊復活，似乎可行性還是要高些。贊寧大概也想到了這個神話的破綻：萬一哪個僧人真的狠下心來，喫起"腐爛屍肉"，然後宣稱自己"得道"，豈不是要搞得天下大亂。因此，他特別在傳後加了一段警語："如有妄云得果此例而行，則如何野干鳴擬學獅子吼者乎？"[68]

是否真有哪個僧人不自量力東施效顰學起獅子吼來，我們不得而知。不過，從《續高僧傳》與《宋高僧傳》裏所描述的這些"聖僧"的神跡看來，中國民間社會所神化了的濟顛（濟公）——"酒肉和尚"兼"聖僧"的代表性人物——似乎都可以在此找到其原始的雛型。

梁武帝爲何要如此大費苦心地推動佛教僧團的素食運動？而當時的佛教僧團又爲何願意如此配合？"王力足相治問"固然是個重要

---

[66] 《大正新修大藏經·大般涅槃經》12: 374: 4，頁 386。

[67] 《大正新修大藏經·宋高僧傳》50: 2061: 21，頁 847。

[68] 有關僧傳中"酒肉和尚"與"聖僧"之間關係的討論，詳見 John Kieschnick, The Eminent Monk, pp. 51～66。

因素,在國家力量的威脅下,梁朝的僧侶不管意願如何,大概也没有太多選擇餘地。只是,《斷酒肉文》頒佈之後不過三四十年,梁朝即已滅亡(557),其他的君主不見得有梁武帝那樣的虔誠,想要嚴格地執行僧團素食的規定。再説,就算梁武帝對僧團素食的意願如何堅定,當時他所能掌控的領土不過只及於淮河以南,北方的僧團並不在他統治之下,就算後來得到北齊文宣帝的支持,文宣帝的統治時期更爲短暫(只有九年),爲何北方僧團仍然接受了素食的要求?這些問題的解答必須從更爲廣闊的政治、社會與經濟的背景去尋找。

梁武帝登基時(502),佛教傳入中國已有四五個世紀之久,教團的人數也持續不斷地擴張,根據一份粗略的估計,當時南方的僧尼數約在八萬人上下,北方則應在十萬人以上。相對於當時中國全體人口而言(約三四千萬),比率可説相當低,如果這些人都分散在山野與世隔離的話,中國社會或許根本就感覺不到這群人的存在。問題是,佛教從一進入中國開始,就是個城市的宗教。這點倒也不足爲奇,城市從來就是個人群聚集的地方,因此,也只有城市才能提供給傳教者最爲便利廣大的市場與充沛的資源。這也是爲何所有的世界性宗教(例如佛教、基督教與回教),毫無例外的,打從一開始就都是從城市開展其宣教事業的。中國的寺院、僧侶當然也有許多是處於山野之中的,然而就算是廬山慧遠(334~416)那樣離塵出世的高僧,儘管終身不出虎溪一步,與當時京師權貴的交往卻也相當頻繁,這點只要翻翻他的傳記,看看《弘明集》裏他所留下來的一些書信即可瞭然。慧遠如此,其他僧侶就更不用説了。

出家衆既然無法避免與中國世俗社會的交涉,本身又是一個外來的宗教,彼此之間的爭執衝突自然在所難免。從東漢末年牟子的《理惑篇》開始,一直到梁武帝時,這個論爭已持續了幾個世紀:舉凡從彼世形而上的生死輪廻、靈魂之有無,一直到此世政治上的君主與僧侶之分際,經濟上的坐食者身份,生活上的服飾舉止、飲食習慣等,都成爲僧俗間爭論的議題。有關這些論爭的原始文獻,皆收集在梁代僧佑(445~518)與唐代道宣(596~667)所編輯的《弘明集》與《廣弘明集》裏,[69] 湯用彤的《漢魏兩晉南北朝佛教

---

〔69〕 收入《大正新修大藏經》第52册。

史》裏也有詳盡的討論,[70] 此處即不贅言。

這些論爭有的或許只是士大夫之間一種哲理性的探討,例如生死輪迴與靈魂有無之類的問題,也頗爲契合當時流行的清談玄學之風。然而其他比較具體與世俗性的爭論,例如君主與僧侶之分際乃至生計衣著等等問題,最終其實可以歸納成一個原則性的問題,那就是:出家衆究竟要在這個社會扮演什麼樣的角色? 説得更具體些,在傳統中國士農工商的四民社會裏,出家衆到底屬於那一個階層? 換言之,出家衆的"身份"問題,即使在佛教已經傳入中國將近五百年之後,仍然沒有得到一個根本的解決,然而,不管對出家衆或是世俗社會而言,這都是一個極具關鍵性、也是梁武帝想要徹底解決的問題。

在《斷酒肉文》一開始,梁武帝就明白向參與大會的僧衆指出:佛教僧侶飲酒食肉的話,在社會評價上,不但比不上其他出家人(外道),甚至連在家人都不如,至於會遭到非議的緣故,根據他的觀察則各有九項。梁武帝所指控的這十八項罪狀能否言之成理? 當時的社會大衆是否會認同他的觀點? 這些姑且不論,反正以帝王之尊親口宣示,在當時大概已可視同法律判決。不過,梁武帝真正想警告僧衆的其實是:如果在這個社會上,僧侶既不如其他出家人,又不如在家俗衆,那麼還有他們的立足之地嗎? 換言之,在他看來,除非中國的佛教出家衆有其獨特、且值得尊敬的生活樣式(Lebens-fuehrung),足以讓人一目瞭然地將其與外道和一般俗衆清楚區分開來,換言之,也就是佛教僧團必須塑造出一種屬於自己的形象與身份,否則終究是難以見容於中國社會。這是梁武帝堅持佛教僧侶必須拒絶酒肉的主要緣故。

嚴格説來,梁武帝並非當時第一個有此想法的人,前面曾提到過,劉宋時道教宗師陸修静就曾經想爲道士塑造類似的生活樣式與形象,他的《道門科略》及其他一些有關齋戒儀範的著作,可説都是爲此目的而寫作的。[71] 由此我們亦可瞭解,雖然在《斷酒肉文》中,梁武帝並沒有指明所謂的"外道"到底是何門派,道教無疑是

---

[70] 詳見第十三章《佛教之南統》與第十四章《佛教之北統》。

[71] 湯一介《魏晉南北朝時期的道教》(臺北:臺灣東大圖書公司,1991),頁 273 ~ 290。

浮現在他當時腦海中的；因爲，通貫整個魏晉南北朝時期，與佛教爭奪中國宗教獨尊地位的唯一團體正是道教。實際上，梁武帝在皈依佛教之前，也曾經是個虔誠的道教徒，即使在正式成爲佛教徒之後，他和當代的道教名流如陶弘景等人仍時相往還，[72] 因此，對於當年陸修靜的想法與做法，梁武帝是絕不可能一無所知的。

"飲食男女，人之大欲存焉"，能克服這兩項人類本能的重大誘惑，無疑是可以得到一般人的欽佩與尊敬。梁武帝當年以篡奪的方式從同宗手裏取得帝位，雖說是順天應人，終究難免問心有愧，爲了證明自己之取天下並非貪圖榮華富貴的享受，於是決定斷絕男女之欲："朕又自念，有天下本非宿志……誰知我不貪天下，唯當行人所不能行者，令天下有以知我心。復斷房室，不與嬪侍同屋而處，四十餘年矣。"同樣的，力行素食則是爲了證明他的孝心。這些在他的《淨業賦序》一文裏點點滴滴都有詳細的交代。[73]

"行人所不能行者，令天下有以知我心"，這是梁武帝自己的經驗談，他會想到將親身的經驗轉移到佛教僧團，或許也不是件太令人詫異的事。僧團如果真能如他所期望的那樣，除了"戒淫"（拒絕女色的誘惑）之外，更能"戒酒肉"（拒絕美食的誘惑），[74] 那麼，在中國社會無疑可以一新衆人耳目——我們曉得，在中國世俗社會的禮法裏，只有喪禮與重要的宗教祭典等場合，才會要求參與者暫時性地齋戒（禁絕房事與酒肉），若有人能長期如此，在世俗人眼中實已臻"超凡入聖"的境界（雖然一般人也許並無意於此）。然而，一直到梁武帝的時代爲止，"戒淫"固然已被當時的僧團視爲一項普遍性的規範，"戒酒肉"卻還始終停留在僧侶個人修行的範疇。持齋終身的僧侶在世時自是俗衆崇拜敬仰的對象，身後也可以博得《高僧傳》作者的青睞表揚：只是這種崇拜敬仰，究其實，頂多只能算是修行者個人的自業自得，而與僧團整體的形象並無多大的關係。換言之，單只是一種個人性的修行，並無法使整個僧團與世俗社會

---

〔72〕 陳國符《道藏源流考》，頁 277～278。

〔73〕 《大正新修大藏經·廣弘明集》52：2103：29，頁 336。

〔74〕 梁武帝自己在《淨業賦》中說"及至南面富有天下，遠方珍羞貢獻相繼，海內異食莫不必至，方丈滿前百味盈俎，乃方食輟箸對案流泣，恨不得以及溫清朝夕供養，何心獨甘此膳，因爾蔬食不噉魚肉。"（《大正新修大藏經·廣弘明集》52：336：29，頁 336）可見梁武帝也是將魚肉視爲美食，爲了追思父母而素食。

截然劃分開來，從而取得超然於士農工商之上的一種獨特的"身份"——除非這種修行能成爲佛教僧團一項普遍性的戒律。梁武帝如此雷厲風行地禁斷僧侶酒肉一事的用意，應當可以從這裏找到一個解答。

從這個角度來看，慧皎在梁武帝時開始著手撰寫《高僧傳》，顯然也已體會到當時彌漫在中國社會裏，對於佛教僧侶"身份"的質疑：佛教僧團存在的意義究竟是什麼？僧侶戒慎苦修的目的是爲了什麼？因此，透過 450 年來（67~519）數百位僧侶的現身説法，慧皎希望能向俗世大衆——尤其是貴族士人階級——提供上述這些問題的解答，這是《高僧傳》寫作的目的之一。其次則是，就像梁武帝想借著禁斷僧人酒肉，爲中國僧團塑造出一種新的生活樣式與形象，慧皎也希望能透過《高僧傳》，爲僧侶提供一個行爲模式的規範。慧皎在《高僧傳》裏開宗明義就列出了入傳的十個判準：一、譯經，二、義解，三、神異，四、習禪，五、明律，六、遺身，七、誦經，八、興福，九、經師，十、唱導。換言之，符合這些成就的才可入傳，這倒是有點類似我們今天所謂的"入祀忠烈祠"的意思。基於見賢思齊的原則，《高僧傳》裏的記載無疑給後代的僧侶指點出一個遵循的方向。更重要的是，慧皎在《高僧傳》裏所樹立的準則，除了個別極細微的修正外，成爲此後所有《高僧傳》——包括道宣的《續高僧傳》、贊寧的《宋高僧傳》以及如惺的《大明高僧傳》——的典範，這些傳記對於規範塑造中國僧人的行爲模式無疑發揮了極大的影響力。[75]

羅馬不是一天造成的，歷史當然也不可能只憑一兩個人——就算他們是帝王也罷——的力量就出現大逆轉。在促成中國佛教僧團生活全面素食化這項工作上，梁武帝與文宣帝固然扮演了極具關鍵性的角色，然而，更堅實的基礎卻是在此之前的百餘年間、透過新素食觀在中國社會長期的潛移默化才奠定下來的。

值得注意的是，在這個過程中，"殺生"與"肉（血）食"雖然成功地被賦予某種程度的負面價值，中國人卻始終沒有真正視肉

---

〔75〕 參見 Arthur Wright, "Biography and Hagiography: Hui-chiao's Lives of Eminent Monks," In *Silver Jubilee Volume* (Kyoto University: Jimbun kagaku kenkyu-sho, 1954), pp. 383~432; John Kieschnick, *The Eminent Monk*, pp. 6~15; 139~145.

食爲"不淨"（儘管陸修靜曾說過："六畜之肉，道之至忌"一類的話）。這一方面是由於，"肉食爲美食"在中國已是個根深柢固的傳統觀念；其次則是，中國人對食物並沒有像印度人和猶太人那種宗教性的潔淨觀。因此，梁武帝在說服僧侶力行素食時，著重的是"食肉即殺生，殺生則傷慈，無慈悲心何以爲僧"這樣的一套邏輯，基本上並不刻意去強調肉食是否"不淨"的問題——實際上，當社會一般人仍抱持著"肉食即美食"的觀念時，似乎反而更能凸顯出佛教僧侶"出世"的身份與形象。

除了要求僧侶在修行上能具備作爲一個"人天師"的資格——換言之，也就是爲僧團在中國社會裏取得一種"身份"的認可外，梁武帝顯然也考慮到他們在世俗社會裏能否扮演一些更具體而有實際功用的角色——只有在佛教僧侶成爲中國人日常生活中不可或缺的一分子時，他們才能成功地融入此一社會。宗教儀式自然是梁武帝首先想到的一個點子：水陸法會、盂蘭盆齋、梁皇懺等等這些我們今天所熟悉的薦亡儀式，可說都是梁武帝一手設計出來、再交由佛教僧團來擔綱主持的，[76] 而僧侶也自此逐漸在中國人的喪葬與薦亡儀式中穩穩佔有一席之地。只是，梁武帝的這番設計也不免注定了日後佛教給予中國人的印象——一個趕經懺、做法事，專門照顧

---

〔76〕 《佛祖統紀》卷三三："水陸齋，梁武帝夢神僧告之曰：六道四生受苦無量，何不作水陸大齋以拔濟之。帝以問諸沙門，無知之者。唯（寶）誌公勸帝，廣尋經論，必有因緣。帝即遣迎大藏，積日披覽，創立儀文，三年而後成……天監四年二月十五日，就金山寺，依儀修設。"（《大正新修大藏經·佛祖統紀》49：2035：33，頁321）
　　《佛祖統紀》卷三七：大同四年，帝幸同泰寺，設盂蘭盆齋。"（《大正新修大藏經·佛祖統紀》49：2035：37，頁351）不過，梁武帝初行盂蘭盆齋時，其目的乃爲供養佛僧，一直要到宋代以後，盂蘭盆齋才逐漸轉變成一種薦亡儀式。（《佛光大辭典》4，頁3454）有關盂蘭盆齋的後續發展，參見 Stephen F. Teiser, *The Ghost Festival In Medieval China* (Princeton Univ. Press, 1988). 《梁皇懺》凡十卷，是梁武帝爲了超度其夫人郗氏所製作的慈悲道場懺法，其後也成爲相當通行的薦亡儀式之一。（《佛光大辭典》5，頁4624）
　　梁武帝這些儀式到底源自何處，由於歷經千餘年之久，儀式本身改變在所難免，我們今日實已無從得知。大致而言，原始佛教是不可能的，因爲佛陀根本就不相信祭祀（法事）能產生任何功效，不過，後期的佛教雜有不少印度教的成分，尤其是儀式的部分，因此來自印度的可能性是有的。此外，可能也夾雜有道教的成分，我們可別忘了，道教一向重視儀式，而梁武帝對道教可是有相當研究的。相關研究詳見牧田諦亮《中國における民俗佛教成立の過程》，《水陸會小考》，《中國近世佛教史研究》（京都，1957），頁 51～52，169～193。不過，牧田諦亮對於這些超度儀式乃創自梁武帝的說法表示懷疑，認爲應當是唐宋以後才出現的。

亡魂的宗教。[77]

今天當然有些佛教信徒對於這樣的一種 "形象" 不甚滿意，但是要曉得，未能 "安身"，如何 "立命"？僧團的形象再好，僧侶的修行再高超，終究不是泥塑菩薩，就算每天僅只 "日中一食、食不過鉢" 基本的生活需求終究還是節省不了的。換成是在魏晉南北朝

---

[77] 這當然還得視佛教是否有一套死亡儀式理論來配合，以及中國民間社會對此一理論接受的程度而定，因此其過程自然是相當緩慢的。不過，如就日後發展的情況來看，佛教在這方面的經營顯然算是相當成功的，例如中國民間所熟悉的亡者的 "七七齋"（俗稱 "做七"），其説法即來自佛教。其源頭則可上溯至劉宋時，孝武帝（454～464）寵妃殷淑儀死，三七設會，悉請僧人釋曇宗主持誦經（參見《大正新修大藏經·高僧傳》50: 2059: 13，頁 416；《宋書》卷八〇《始平孝敬王子鸞傳》，頁 2063）。六世紀初，北魏靈太后父親胡國珍崇信佛教，死後，靈太后下詔在七七期間，爲 "設千僧齋，令七人出家，百日設萬人齋，二七人出家"。（《魏書》卷八三下，頁 1834～1835）其理論根據則可參見《梵網經》卷下四十八輕垢："若父母兄弟死亡之日，應請法師講菩薩戒經，福資亡者，得見諸佛，生人天上。若不爾者，犯輕垢罪。"（《大正新修大藏經·梵網經》24: 1484，頁 1006）"父母兄弟和上（尚）阿闍梨亡滅之日，及三七日乃至七七日，亦應讀誦講説大乘經律，齋會求福行來治生。"（《大正新修大藏經·梵網經》24: 1484，頁 1008）有關這方面的研究，詳見道端良秀《中國人の死の觀念と佛教》，《中國佛教思想史の研究》，頁 66～69、110～118。趙翼在《陔餘叢考》卷三二《七七》一文裏，將 "做七" 此一習俗出現的時間定在北魏，並據此推斷應該是源自道教。至於梁武帝當時的法會，主要是針對衆生的超度，而非專爲亡者經營。

佛教儀式的喪禮與中國人日常生活關係之密切，可參考下面的一份資料。根據燕京大學在 1930 年出版的、有關中國河北省清河縣的調查報告中發現，87% 的家庭、或者 16 歲以上人口之中的 89%，都自稱是 "佛教徒"，雖然研究者對此數據表示懷疑："很多和宗教沒有關係的人，都稱自己爲佛教徒，儘管他們對佛教教義毫無理解也不遵從佛教儀式，除了在喪禮時。" 只是，從這段話看來，佛教儀式的喪禮的確是許多中國人對佛教認識的開始。參見張茂桂、林本炫《宗教的社會意象：一個知識社會學的課題》，《中央研究院民族學研究所集刊》74，頁 109。

儒家學者或強調儒家禮教思想的朝代，對此現象當然是極爲不滿，後面會討論到朱熹對此事的批判，只是他也承認無濟於事。明太祖開國後，在整頓綱紀的理念下，頒布一系列禮制（大致上以《朱子家禮》爲本），並輔以強制的手段，雖曾收效一時，日久終究還是難以抵敵佛教在民間社會強大的滲透力。佛教在中國人喪葬儀式中所扮演的角色，可説是歷千年而屹立不移。嚴格説來，喪葬儀式除了照顧亡魂外，另外一個極其重要的作用則在撫慰生者。儒家一向秉持孔子 "未知生，爲知死" 的態度，對死後世界基本上缺乏思考的興趣，自然難以就此提出一套——對一般人而言——淺顯易明首尾一貫且具説服力的理論，更談不上落實到日常的喪葬儀式中，之所以無法與佛教爭奪此一市場實屬必然。有關明代喪葬習俗的研究，參見何淑宜《以禮化俗——晚明士紳的喪俗改革思想及其實踐》，《新史學》11: 3（2000）。

劉淑芬則從中古時期佛教僧侶自己的喪葬儀式（例如林葬、塔葬等），探討對中國人喪葬儀式的影響。詳見劉淑芬《林葬——中古佛教露屍葬研究之一》，《大陸雜誌》96（1998），頁 1～3；《石室瘞窟——中古佛教露屍葬研究之二》，《大陸雜誌》98（1999），2～4；《唐代俗人的塔葬》，《燕京學報》新 7 期。

與隋唐時期，也就是佛教全盛的時期,佛教僧侶自然不用憂心生計問題,梁武帝個人在位時就曾四次捨身同泰寺,捐獻的資財(加上共襄盛舉的貴族卿相)以億萬計,唐初的三階教從事各種各樣的社會慈善事業,正如今天臺灣慈濟功德會的情況一樣,其龐大的財力也是依賴社會各階層源源不絕的捐獻而來。然而,從宋代開始,佛教的盛況已成爲過去,在外來的捐獻不足以糊口的情況下,僧院所幸還有趕經懺做法事的一條生路,這就不得不欽佩梁武帝的高瞻遠矚。[78]

有趣的是,佛教僧侶這份照顧亡魂的事業,嚴格說來與佛陀的教誨其實是背道而馳的。因爲,就佛陀的教義來看,衆生死後輪迴的去向概依其生前本業而定——因果的機制並非任何的超度法事所能爲力。即使是印度人日常生活中的宗教儀式與咒術,佛陀都認爲只是些於"業"無補的痴想幻覺,無益於脫離苦海,更何況是牽涉到一生業報總結算的輪迴大事。因此,當佛陀弟子詢問他:印度人的死亡儀式裏請婆羅門繞行死者誦經,究竟是否有助於死者轉生善趣? 會受到佛陀如此的反問自然不足爲奇:[79]

> "投擲大有一人抱的石頭於水井,然後沿著水井周圍步
> 行,誦唱:'石頭呀! 浮起來吧',則該石頭究竟會浮起來嗎?"
> "不,絕不浮起來。"
> "爲什麼呢?"
> "石頭有下沈的性質所致。"
> "與此同理。人類依據生涯中自己的行爲,決定死後的
> 命運,爲他人所不能變更。"

---

[78] 參見牧田諦亮《アジア佛教史・中國篇(Ⅱ)——民衆の佛教》(東京,1976),頁135~137,特別是討論佛事(法事)種類的一節,文中詳述二次大戰時南京某一寺院各種法事的價碼、焰口普渡的儀式,藉以說明"佛事已爲寺院重要經濟來源之一",中譯本詳見中村元等編《中國佛教發展史(上)》(臺北,1984),頁503~510。
　　上引何淑宜《以禮化俗》一文中,也提到採取佛教儀式雖然花費甚昂,但是對僧尼而言,卻是"創造了極大的市場需求⋯⋯一種有利可圖的事業"。利之所在,競爭衝突在所難免,有些地區的寺院爲了避免爭執傷害到僧侶"出世"的形象,於是劃分勢力範圍以求利益均沾,只是一旦分配不均或侵犯他人地盤,衝突還是難以避免,至於形象的問題當然也就顧不得了。《吳江志・風俗篇》即有一段有趣的記載:"凡僧寺各有房分,每房佔定邑人户若干,謂之門徒。凡修齋作福之類,他僧不得而預焉,私請私赴者,僧必興訟。"詳見何淑宜《以禮化俗》,《新史學》11:3,頁59~60。
[79] 渡邊照宏著、陳世昌譯《佛教》(臺北:協志出版社,1966),頁69~70。《中阿含經》亦有類似的比喻,不過是在阿私羅天之子伽彌尼向佛陀問法的場合(《佛光大藏經・中阿含》3:17,頁110)。

其實,除了爲佛教僧侶争取到照顧亡魂的事業外,梁武帝對中國佛教的影響顯然還不止於此。例如,根據《廣弘明集》卷一九的記載:

> 上(梁武帝)造十三種無盡藏,有放生布施二科。此藏利益已爲無限,而每月齋會,復於諸寺施財施食。又別敕至到張文休,日往屠肆,命切鼎俎,即時救贖,濟免億數,以此爲常……文休既蒙嘉貸,未嘗暫怠,日中或不得食,而足不得息,周遍京邑,行步如飛,擊鼓揚幢,負擔馳逐,家禽野獸,殫四生之品,無不放捨焉。是時朝臣至于民庶,並各隨喜。[80]

叙述的是梁武帝設置特定的庫藏以支應“布施”與“放生”兩項慈善事業所需。這裏的“布施”對象指的是寺院中的僧侶,基本上仍不脱原始布施的範疇,此處姑且置之不論。然而“放生”一項——尤其是到市場買禽獸來放生的“善舉”——卻成爲此後千餘年來中國人所熟悉的佛教信徒的行爲模式,[81]一直到目前的臺灣依然如此。

對於他的佛教改革事業,梁武帝無疑是抱有極大的決心與期許的。也因此,當他對佛教僧團的改造工作逐步接近尾聲之際,我們發現他對外界針對佛教所提出的批判就表現得愈發敏感與不容忍。前面曾提到,在梁武帝下令禁斷僧團酒肉之前,參軍郭祖深曾上書抨擊時事,其中對於佛教的批評尤爲用力:

> 都下佛寺五百餘所,窮極宏麗。僧尼十餘萬,資産豐沃。所在郡縣,不可勝言。道人又有白徒,尼則皆畜養女,皆不貫人籍,天下户口幾亡其半。而僧尼多非法,養女皆服羅紈,其蠹俗傷法,抑由於此。請精加檢括,若無道行,四十已下,皆使還俗附農。罷白徒養女,聽畜奴婢,婢唯著青布衣。僧尼皆令蔬食。如此,則法興俗盛,國富人殷。不然,恐方來處處成寺,家家剃落,尺土一人,非復國有。[82]

由於深知此一舉動大大觸犯梁武帝的忌諱,郭祖深在上書時還特

---

〔80〕《大正新修大藏經·廣弘明集》52:2103:19,頁237。

〔81〕“放生”的經典依據可參見《梵網經》:“若佛子以慈心故,行放生業。一切男子是我父,一切女人是我母。我生生無不從之受生,故六道衆生皆是我父母,而殺而食者,即殺我父母,亦殺我故身。一切地水是我先身,一切風火是我本體,故常行放生……若見世人殺畜生時,應方便救護,解其苦難。”(《大正新修大藏經·梵網經》24:1484,頁1006)相關研究詳見道端良秀《中國佛教思想史の研究》,頁225~248。

〔82〕《南史》卷七〇《郭祖深傳》,頁1722。

別備好棺木(所謂"輿櫬詣闕上封事"),以便隨時從容就義。只是,出乎意外的,梁武帝不但沒有處罰他,反而"嘉其正直,擢爲豫章鍾陵令,員外散騎常侍";甚至日後的禁斷僧團酒肉一事,説不定也是從郭祖深的批評中──"僧尼皆令蔬食"一句話──得來的靈感。

然而,十餘年後同樣就佛教的問題提出抨擊、内容也不見得比郭祖深嚴屬了多少的荀濟,所遭逢的命運可就有天壤之别。根據《廣弘明集》所載:"書奏,梁武(帝)大怒,集朝士將加顯戮",迫得荀濟只好從此亡命東魏。[83] 前後相隔不過十餘年,爲何待遇卻是如此截然不同? 其間的關鍵就在於:經過這一段時期的改革,在梁武帝看來,佛教應該已經能爲國人所接受,因此,若再有批評無疑就是惡意的詆毁與攻訐,他覺得似乎再也沒有忍受的必要。

四、新素食觀的風行

梁武帝是成功的,具體表現當然是中國佛教僧團的徹底素食化。不過,他對中國社會的影響並不止於此,由於新素食觀深入人心,更由於佛教僧團全面素食,素食在中國社會已被神聖化,或者説,已成爲一種宗教資質的判準。這使得以後想要在中國這塊宗教市場上爭取信徒的教派,都面臨了素食與否的挑戰,正如當年發生在印度社會的情況一樣。

首先採取行動的是道教徒。前面曾提到過,南北朝時期其實還是有不少道士在新素食觀的影響下終身持素的,只是這樣的一種行爲始終只限於個別的道士(或者再加上門徒),陸修静就是個著名的例子,此外如梁武帝時代的東鄉宗超:

> 東鄉宗超,字逸倫……幼而離俗,不涉婚宦……日中而餐,餐止麻麥……乃捨所居舊宅爲希玄道觀……梁武帝三教兼弘,制皆菜食。雖有詔敕,罕能遵用。逸倫奉行,於是館中法衆,莫不菜蔬。私有犯觸,即加斥遣。乃至厨醞不血味,遠近嗟稱,獨爲清素也。[84]

─────────

〔83〕《大正新修大藏經·廣弘明集》52: 2103: 7,頁 128~131。有關郭祖深與荀濟的事蹟,詳見湯用彤《漢魏兩晉南北朝佛教史》,頁 480~482。郭祖深上書應當在公元 520 年左右,荀濟的上書當在東魏成立(534)之後,故兩者相去約有十餘年。

〔84〕陳國符《道藏源流考·道學傳輯佚》,頁 472。

梁武帝雖然力行不殺生戒，國家祭典皆不許用牲，天監十二年(513)甚至下令禁止京都附近一帶(丹陽瑯琊)的漁獵活動，[85] 然而上述引文中"三教(儒釋道)兼弘，制皆菜食"恐怕還非他力所能及。不過，從這一段記載我們也可以得知梁武帝當時禁斷佛教僧團酒肉對道教的確帶來相當大的衝擊，道士起而效法自不足爲奇。照東鄉宗超的傳記看來，他的生活模式已幾乎是完全以佛教僧侶爲典範(獨身、素食)。可惜的是，這樣的理想終究還是只能行之於他自己的道館內，而無法擴展成一種全面性的運動。

崛起於十二世紀下半葉的華北而有"新道教"之稱的全真教，也有類似的改革，因爲全真教的創始人王重陽(1113～1170)，其實也是以仿效佛教的出家——長住道觀、獨身、素食——作爲改革道教的第一步。[86] 不過，王重陽在道教史上的地位比起東鄉宗超可是重要得多了，因爲他的幾個弟子，例如馬丹陽、丘處機等都是非常傑出的宗教家，全真教也因此一度成爲華北地區最興盛的道教教團，延續至今仍爲道教最主要教派之一。只是，儘管王重陽的努力確曾取得一時的成功，一般世人對道士的認識並沒有因此而清晰起來：因爲，有的道士固然是居觀獨身持素，有的卻仍是娶妻生子葷酒不拘。換言之，整個道士教團並沒有一個統一而確定的生活樣式，在此情況下，道士的身份與形象無法像佛教僧侶一樣成功地被塑造出來，自也不足爲奇。

爲何道士教團無法整體一致地——就像佛教僧團一樣——服膺於一個統一的生活規範？這點牽涉到中國道教本身的分歧性——不管是在經典還是在組織上。就拿全真教來說好了，就算是在華北，其他小教派仍然持續存在，而且不管是在教義經典或禮儀規範上也還堅持自己原有的傳承，全真教對此都無能爲力，更別提遠在正一教盛行的南方了。正一教傳自江西龍虎山張天師一系(又稱龍虎宗)，世代相襲，根本就談不上出家，與北方的全真教自然是南轅北轍。可是它們卻都同屬道教的一支，而且不管是民間故事稗官野史，一提到請道士驅鬼捉妖，出場的總是張天師。雖然這是因爲道教有鍊養派與符籙科儀派之分，卻是足以混淆世人對道教的認識，而其身份自然也就很難

---

[85] 梁武帝《斷殺絕宗廟犧牲詔(并表請)》，詳見《大正新修大藏經·廣弘明集》52：2103：26，頁293～294。

[86] 《中華文化通志·道教志》(上海，1998)，頁90～92，159。

取得一致的認同。[87] 因此,就本文探討的角度來看,"道士"與其説是
一種"身份",毋寧説是一種"職業"或許還更貼切些。[88] 由於道教的
問題並非本文主旨所在,我們就討論到這裏。

不管怎麽説,全真教對素食的提倡還是很堅持的。一直到今天
爲止,只要還承認自己是隸屬於全真教系統的道觀,道士基本上仍
必須遵守長住道觀獨身持素等種種清規,佛教的影響於此清晰可見。
日本學者吉岡義豐在第二次世界大戰期間 (1940~1946),曾對北京
西郊的白雲觀作過長期的田野調查,衆所周知,白雲觀歷史悠久,
是全真教龍門派祖庭,目前則是中國道教協會所在地。[89] 根據他的
實地觀察,道觀對觀中道士獨身持素的清規的確非常堅持:道士不
准夜不歸宿、喫葷飲酒,違者逐出道觀,連不假外出都要受罰。[90]
吉岡義豐也承認,雖然白雲觀的素食名聞北京,觀中一般道士日常
的伙食卻相當粗糙,初食者的確不易適應。[91] 只是,由於素食乃至
獨身在道教本身並沒有得到一致性的認同——換言之,當社會上一
般人對於道士究竟是否應該素食仍處於沒有定見的情況下,即使是
全真教的道士,在偶然的一些場合裏,對於新素食觀的堅持有時也
不免會有所讓步。吉岡義豐在同一調查裏也有如下的記載:

> 當我在北京時,只要一有空就造訪白雲觀,而且可以
> 隨意逗留。主持安世霖也曾到北京拜訪我。記得他第一次
> 來訪時,我有點猶豫要如何招待一位只喫素的道士,最後
> 只好直截了當地問他:"魚和肉能喫嗎?""在道觀裏,我們
> 嚴守清規,外出時就比較有彈性。有時候,道士必須要離
> 觀出差半個月或甚至一個月,要是仍然堅持素食(精進料
> 理),萬一找不到合適的食堂,豈不是要餓死。就算只是來

[87] 《中華文化通志·道教志》,頁 203~204。
[88] 此處所謂"身份"與"職業"的不同主要在於:作爲一個"身份團體"的一分子有其一致
的生活樣式(Lebensfuehrung),而從事某一"職業"的人則不一定須要一種共同的生活
樣式。
[89] 白雲觀原名天長觀,建於唐玄宗年間(713~755),元初長春真人丘處機受封國師
之後即長駐於此。丘處機爲王重陽弟子,全真教龍門派開山祖師。道觀於明初改名
白雲觀。
[90] 《中華文化通志·道教志》,頁 161。
[91] Yoshitoyo Yoshioka(吉岡義豐),"Taoist Monastic Life," *Facets of Taoism*(New Ha-
ven, 1979),pp. 240~241, 247,原文詳見,吉岡義豐《永生への願い》,《吉岡義
豐著作集》第四卷(東京,1989),頁 1~159。

城裏一天，由於找一家素食館子並不容易，豈不是得整天
都沒得喫。平心而論，離開道觀外出後，要想嚴守清規是
不可能的。"面對他這麼坦然的陳述，我不禁爲自己的愚蠢
的教條主義深感自責。[92]

不管怎麼説，十二世紀末從道教内部進行的改革運動，還是具
體説明了新素食觀以及梁武帝所重新塑造出來的佛教僧團對中國社
會的強大衝擊。其實，早在全真教之前，中國境内已經出現過一些
以素食聞名於當時的民間宗教，更重要的是，這些教派對素食的要
求是及於教派全體成員的（包括教士與信徒），而我們曉得，即使是
佛教與全真教，素食的戒律基本上也僅止於其僧侶和道士，對於一
般信徒則還是處於道德勸説的階段。這些以素食爲號召的新興教派
到底起源於何時，史無明言，不過，最早見之於史料的是後梁貞明
六年（920）的一段記載：

> 陳州（河南淮陽）末尼黨類立母乙爲天子，發兵討之。生
> 擒母乙，餘黨械送闕下，斬於都市。初陳州里俗喜習左道，依
> 浮圖之教，自立一宗，號上上乘。不食葷茹，誘化庸民，糅雜
> 淫穢，宵集晝散。因刺史惠王友能動多不法，由是妖賊嘯聚，
> 累討未平，及貞明中，誅斬方盡。後唐石晉時，復潛興。[93]

到了宋代，類似的"不食葷茹，宵集晝散"的教派宛如雨後春
筍般紛紛在江南一帶出現。官方原先對這些新興教派並沒有太大的
興趣，僅將之視爲一般的民間信仰，一直要等到北宋宣和二年
（1120）方臘在江浙一帶起事，有不少這類教派的信徒參與，這才引
起政府的注意，而地方官員也開始上報他們的動靜：

> （宣和二年）十一月四日，臣僚言：溫州等狂悖之人，
> 自稱明教，號爲行者。今來，明教行者各於所居鄉村，建
> 立屋宇，號爲齋堂。如溫州共有四十餘處並是私建無名額
> 佛堂。每年正月内，取歷中密日聚集侍者、聽者、姑婆、
> 齋姊等人，建設道場。鼓扇愚民男女，夜聚曉散。[94]

---

[92] Yoshitoyo Yoshioka, "Taoist Monastic Life," *Facets of Taoism*, p. 248. 《永生への願い》，《吉岡義豐著作集》第四卷，頁129。

[93] 《大正新修大藏經·大宋僧史略》54: 2126: 3，頁253。

[94] 《宋會要輯稿·刑法》二之七八。

引文中的"明教"即以前的摩尼教（或作"末尼"）。只是當時並無法令可以取締這些新興教派的信徒，尚書省遂於宣和三年（1121）閏五月七日上書：

> 契勘江浙喫菜事魔之徒，習以成風。自來雖有禁止傳習妖教刑賞，既無止絕喫菜事魔之文。即州縣監司不爲禁止，民間無由告捕，遂致事魔之人聚衆山谷。一日竊發，倍費經畫。若不重立禁約，即難以止絕，乞修立條，從之。[95]

爲了有效遏阻這些教派勢力的擴張，宋代官方的確是從重量刑：

> 諸喫菜事魔或夜聚曉散、傳習妖教者絞，從者配三千里，婦女千里編管。托幻變術者減一等，皆配千里，婦人五百里編管。情赦不順者絞。以上不以赦降原減。情理重者奏裁。非傳習妖教，流三千里。許人捕至死。財産備賞，有餘没官。其本非徒侶而被誑惑，不曾傳授他人者，各減二等。[96]

引的雖然是南宋紹興年間的敕令，應該只是重申宣和年間的舊律，想來不致有太大的出入。

這是"喫菜事魔"一詞首見於官方文書。"事魔"自然是統治者的污衊，因爲古今中外没有一個教派會自稱爲"邪教"或"魔教"，並承認自己所信仰的對象是"惡魔"。[97] 不過，這個"魔"字指的究竟是不是摩尼教的創始人摩尼（Mani），我們一時似乎也還無法給個確切的答案。[98] 姑且不論這些教派的信仰內容如何，當時

---

[95] 《宋會要輯稿·刑法》二之八一。

[96] 《宋會要輯稿·刑法》二之一一二。

[97] 其實這些教派的信徒有的是自稱爲"道民"的：嘉泰二年（1202），白雲庵沈智元自稱道民，進狀乞額。臣寮言：道民者，喫菜事魔，所謂姦民者也。（《大正新修大藏經·佛祖統紀》49：2035：54，頁475）浙右有所謂道民，實喫菜事魔之流，而竊自託於佛老，以掩物議。既非僧道，又非童行，輒於編戶之外，別爲一族。姦淫行穢甚於常人，而以屏妻孥斷葷酒爲戒法。貪冒貨賄甚於常人，而以建祠廟修橋梁爲功行。一鄉一聚，各有魁宿。平居暇日，公爲結集，曰燒香，曰燃燈，曰設齋，曰誦經，千百爲群，倏聚忽散。（《宋會要輯稿·刑法》二之一三〇）

[98] 自從王國維發表《摩尼教流行中國考》一文以來，摩尼教（明教）、方臘之亂與宋代的"喫菜事魔黨徒"之間的關係，就一直是史學界爭論不休的問題。有關此一問題，比較新且全面性的探討，詳見王見川《從摩尼教到明教》（臺北：新文豐出版公司，1992）。

人們所能確認的是：這些新興教派是以"素食"（喫菜）爲號召，且其信徒普遍禁絕酒肉，聚會的方式則是"夜聚曉散"。這也成爲後來官方取締的最重要依據。從史實來看，自從方臘起事後，所謂的"喫菜事魔之徒"似乎就一直是宋代地方治安上相當頭痛的問題，以至於在當時的官方文書、私人筆記裏都留下了不少的記錄。爲何這些以素食爲號召的教派會成爲宋代治安的問題？其間的因素自然是相當複雜的。不過，由於這個問題並非本文主旨所在，而且相關研究也甚多，這裏就不再贅述。

不管怎麼説，照史料看來我們所能確認的一點——這也是本文的重點——是：從五代以來，在中原地區已出現了相當數量的、長期持齋的信徒，到了宋代，這種風氣更蔓延到江南和福建一帶，並形成當時政府的一大困擾。這些在當時文獻裏被統稱爲"喫菜事魔"的信徒到底是屬於哪些教派？關於這一點，宋代佛教史家宗鑑的《釋門正統》與志磐的《佛祖統紀》或許可以提供給我們一些線索。

> 嘗考《夷堅志》云：喫菜事魔，三山尤熾。爲首者紫帽寬衫，婦人黑冠白服，稱爲明教會，所事佛衣白。[99]

> 末尼火祆者，初，波斯國有蘇魯支，行火祆教，弟子來化中國……梁貞明六年，陳州末尼反，立母乙爲天子，朝廷發兵禽斬之。其徒以不茹葷飲酒，夜聚淫穢，畫魔王踞坐，佛爲洗足。云佛止大乘，我乃上上乘。[100]

> 白雲菜者，（宋）徽宗大觀（1107～1110）間，西京寶應寺僧孔清覺居杭（州）之白雲菴，立四果十地，造論數篇，教於流俗，亦曰十地菜……有司流恩州。嘉泰二年（1202），白雲菴沈智元自稱道民，進狀乞額。臣寮言：道民者，喫菜事魔，所謂姦民者也。[101]

> 宋高宗紹興（1131～1162）初，吳郡延祥院僧茅子元，初學於梵法主，依放（天）臺宗出圓融四土圖……勸諸男女同修淨業。自稱白蓮道師，坐受衆拜。謹葱乳，不殺，不飲酒，號白蓮菜。受其邪教者，謂之傳道。與之通淫者，

---

〔99〕《大正新修大藏經·佛祖統紀》49：2035：48，頁431。
〔100〕《大正新修大藏經·佛祖統紀》49：2035：54，頁474。
〔101〕《大正新修大藏經·佛祖統紀》49：2035：54，頁474～475。

謂之佛法……有論於有司者，正以事魔之罪，流於江州。
然其餘黨效習，至今爲盛。[102]

良渚（宗鑑）曰：此三者皆假名佛教，以誑愚俗，猶
五行之有沴氣也。今摩尼尚扇於三山，而白蓮白雲處處有
習之者。大氐不事葷酒，故易於裕足。不殺物命，故近於
爲善。愚民無知，皆樂趨之，故其黨不勸而自盛。[103]

文章中極盡攻訐詆毀之能事。這也難怪，因爲不管是白蓮宗、
還是白雲宗，打出的旗號都是佛教，吸引信徒的手段也不外乎“素
食、不殺生”等等，作爲一個正統的佛教信徒（宗鑑與志磐），在市
場競爭的原則下，自然是無法忍受，所謂“惡紫之奪朱”大概就是
這個意思。宗鑑甚至還想訴諸政治及社會的壓力，除了給這些素食
主義的信徒加上“喫菜事魔”的惡名外，還大聲疾呼：“以修懺念佛
爲名，而實通姦穢，有識士夫宜加禁止”（雖説“修懺念佛、素食與
不殺生”本來就是佛教一貫的訴求）。不過，從他們氣急敗壞的抨
擊、以及他們一再強調“其黨日盛”的説辭看來，這些教派顯然已
對當時的正統佛教構成了莫大的威脅。[104]

不過，宗鑑將摩尼教與白雲宗、白蓮宗一律列爲佛教異端（“假名
佛教”）顯然是有問題的。白雲與白蓮宗的開山始祖固然出自佛教，摩
尼教卻是個如假包換的外來宗教，而且——更有意思的是——他們從
一開始就是個強調素食的宗教。[105]

根據史料，波斯人摩尼於公元三世紀中葉創摩尼教，他的戒律
中有所謂的“五令”和“三封”。“五令”指的是：“尊敬聖靈，樂
於齋戒、祈求和施捨”；“樂於遵守不説謊、不殺生、不喫肉的律
則”；“樂於遵守潔净、安貧的律則”；“尊敬謙讓、仁慈”。“三封”
則是：口封，手封和胸封。所謂的“口封”是：禁止褻瀆言語、喫
肉和飲酒。“手封”是：禁止僧侶從事耕田、收穫和殺害任何動植物
的事情。“胸封”是指禁止性交之事，因爲性交被視爲是惡魔通姦的

〔102〕 《大正新修大藏經·佛祖統紀（引自釋門正統）》49：2035：47，頁425。
〔103〕 《大正新修大藏經·佛祖統紀》49：2035：54，頁475。
〔104〕 除了《佛祖統紀》中列舉的這三個教派外，根據王見川的研究，當時還有所謂“金
剛禪”、“二會子”、“白佛”等佛教異端團體，應該才是“喫菜事魔”的主要構成
分子。詳見王見川《從摩尼教到明教》，頁234～258。
〔105〕 王見川《從摩尼教到明教》，頁110～112。

模仿，會導致物質的生殖。

嚴格説來，這些戒律與古印度的傳統“五戒”實相去不遠。不過，移居印度的雅利安人本來就與移入波斯的雅利安人同樣來自高加索一帶，擁有類似的倫理觀應當也是意料中事。[106] 再説，摩尼本人也曾經拜訪過印度，親身體驗到當時印度社會强調不殺生與素食的宗教價值實亦不足爲奇。[107] 只是，這裏我們要强調的是：摩尼教固然有如此的戒律，其對象卻僅只限於僧侶階層。因爲，如果一般人也完全遵守這些規定，則無疑會導致人類全體的餓死及滅絕。因此，這些規定只適用於摩尼教中的出家者（僧侶），而不及於一般信徒。一般信徒所要遵守的只是下列的十誡：一、不拜偶像，二、不謊語，三、不貪，四、不殺，五、不淫，六、不盜，七、不行邪道巫術，八、不二見（懷疑），九、不惰，十、每日四時（或七時）祈禱。

摩尼死後（277），摩尼教開始往東方傳教，而在唐高宗時（650～683）傳入中國。安史之亂後，由於一些歷史機緣的巧合，摩尼教一度成爲迴紇人的國教。[108]《九姓迴鶻可汗碑》第八行記錄如下：

> 而受明教，熏血異俗，化爲蔬飯之鄉，宰殺邦家，變
> 爲勸善之國。

這個碑文當然是有點誇張。因爲，迴紇爲遊牧民族，要他們完全採取素食可不是件容易的事。再説，摩尼教除了納入選民的僧侶階層外，本來也並不要求一般信徒持素。不過，由此碑的記載，我們大致亦可瞭解他們對素食的重視。

隨著迴紇人勢力的消退，唐武宗在公元 843 年借著滅佛的機會一並消滅摩尼教。根據史書所載：

> 武宗會昌三年（843），敕天下摩尼寺並廢入宫。京城女摩尼
> 七十二人死。及在此國迴紇諸摩尼等配流諸道，死者大半。[109]

> （會昌三年）四月中旬敕，令煞（殺）天下摩尼師，剃髮、
> 令著袈裟作沙門形而煞之。摩尼師即迴鶻所崇重也。[110]

---

〔106〕 參見高楠順次郎、木村泰賢著，高觀廬譯《印度哲學宗教史》（臺北：臺灣商務印書館，1971），頁 6～10。
〔107〕 王見川《從摩尼教到明教》，頁 79。
〔108〕 王見川《從摩尼教到明教》，頁 119～170。
〔109〕 《大正新修大藏經·大宋僧史略》54:2126:3，頁 253。
〔110〕 圓仁《入唐求法巡禮行記》卷三，頁 91。

摩尼教此後在中國歷史上即暫告銷聲匿跡。然而，等到它再度出現時，卻已是個信徒全面素食——相對於以前只有僧侶階層素食——的教派，而且被列入"喫菜事魔"的行列。這就是歷史上鼎鼎有名的明教。由於出身背景與白雲宗、白蓮宗的不同，我們認爲摩尼教的素食應該是有其歷史淵源的，不過，它之所以走上全面素食的道路則可能與當時中國的特殊環境有關。

新素食觀之所以盛行，佛教的不殺生戒當然是扮演了啓動的角色。然而，除此之外，我們也可別忘了當時中國一般物資條件的配合。這裏所謂的"物資條件"其實就是當時中國社會的相對匱乏的現象。

除了少數幾個被視爲"太平盛世"的時期外，歷史上的中國基本上是個貧窮的國家，呈現在日常生活上就是肉食的匱乏。對於生活在當今富裕社會的人來説，或許很難想像"一肉難求"的時代。只是這樣的時代確曾在中國歷史上存在過（遊牧地區除外），而且還持續了相當長久的時間。也就是在這樣的條件下，宗鑑才會説："不事葷酒，故易於裕足。"更詳盡的説明則來自南宋高宗時的起居舍人王居正。王居正在紹興四年（1134）曾就"喫菜事魔"黨徒爲何始終無法根絶一事提出自己的看法：

> 伏見兩浙州縣，有喫菜事魔之俗……臣聞事魔者每鄉或村，有一二桀黠者，謂之魔頭。盡録其鄉村之人姓氏名字，相與詛盟，爲事魔之黨。凡事魔者不肉食，而一家有事，同黨之人皆出力以相賑恤。蓋不食肉則費省，故易足。同黨則相親，相親故相恤，而事易濟。民愚無知，以魔頭之説爲皆可信，而爭趨歸之。此所以法禁愈嚴而愈不可勝禁。[111]

除了指出宗教可以提供給信衆一種共同體意識外（"同黨則相親，相親故相恤，而事易濟"），還特別説明"不食肉則費省，故易足"。摩尼教或許也就是在這樣的一個環境下，才會決定將其素食的主張貫徹到一般的信徒。就此而言，南宋中葉李守謙在《戒事魔詩》裏所説的"肉味魚腥喫不妨"，就不免充滿了反諷的味道。[112]

類似的物資條件一直到五六百年後，西方傳教士開始踏足中國時，仍没有太大的變化。法國史家布勞代爾（F. Braude1）就曾在其

---

〔111〕 李心傳《建炎以來繫年要録》卷七六，頁 3～5。
〔112〕 李守謙的詩詳見王見川《從摩尼教到明教》，頁 243～244。

名著《15 至 18 世紀的物質文明、經濟和資本主義》(第一卷)裏以"肉食者的歐洲"一辭,來形容歷史上歐洲人所能享用的肉食分量普遍要遠超過中國、印度、日本與中東一帶的民眾。根據他的叙述:

> 中國人喫肉很少。幾乎没有爲屠宰而飼養的家畜……拉斯戈台斯神父説,這些爲數不多的動物不能滿足一個天性愛食肉的民族(指歐洲人)的需要。除了蒙古人習慣喫煮羊肉,中國人喫肉總要加點别的東西。肉切成能一口吞下的小塊,有時甚至剁成餡,作爲"菜"的配料使用。按照傳統,中國人喫飯時有許多小盒裝"菜",其中的魚或肉配著蔬菜,佐以醬油和其他調料。不管這種烹調事實上多麽講究,多麽精打細算,它還是叫歐洲人喫驚:在歐洲人眼裏它仍是太少了。拉斯戈台斯神父寫道:即使有錢人,也不過"好像只是爲了增加食慾才夾幾塊猪肉、鷄肉或别的肉喫……不管他們多麽有錢,地位有多高,他們消費的肉食爲數甚微。如果他們像我們歐洲人一樣喫肉,他們擁有的各種肉食無論如何不够他們的需要……會把整個國家喫窮的"。那不勒斯人熱梅利·卡勒里曾從廣州到北京又從北京回廣州穿行中國,1696 年(康熙三十五年)他對客店供應的素菜大爲惱火,按他的口味這些菜索然寡味。他不得不在宿處附近和在集市上碰運氣另購食物:鷄、蛋、野鷄、兔子、火腿、山鶉……1735 年(雍正十三年)左右,一位歐洲觀察家斷定:"中國人很少大塊喫肉",他接着説:"他們因而只用很少的土地來飼養家畜"。四十年以後,一位在北京工作的傳教士説得更加明確:"歐洲近代哲學家們没有想到人口過多帶來的種種不便和後果",而人口過多卻迫使中國人"不養牛羊,因爲供牛羊生活的土地必需用來養活人"。於是"田裏缺少肥料,飯桌上缺少肉,打仗缺少馬","爲收穫同等數量的糧食需要付出更多的勞動,使用更多的人"。他總結説:"相對而言,法國與中國的養牛數量至少爲十比一。"[113]

---

[113] 詳見 Fernand Braudel, *The Structures of Everyday Life: Civilization & Capitalism*, *15th - 18th Century*, vol. 1 (New York, 1981), pp. 199～200; 中譯本見顧良、施康强譯《15 至 18 世紀的物質文明、經濟和資本主義》第一卷(北京,1992),頁 230～231。

　　就此而言，我們或許可以重新回頭思考當初梁武帝禁斷僧團酒肉之得以成功的因素。換言之，以中國南北朝當時的物資條件來看，即使梁武帝統治的時期大致上算得上是個盛世，當年在京城建康的僧團裏，恐怕也只有極少數高階的僧侶能有較多的機會享用肉食。其他地區的僧團想來亦是如此。這也是爲何梁武帝決定要處罰違反禁止酒肉戒律的僧侶時："唯取老舊者，最多門徒者，此二種人最宜先問，何以故？治一無行小僧，不足以改革物心，治如是一大僧，足以驚動視聽。"其實，除了打蒼蠅不如打老虎的效果外，更重要的原因則是——要逮到一般小僧犯戒飲酒喫肉的機會並不容易。既然僧團中大多數的僧侶平時皆已習於素食，梁武帝要求禁斷酒肉，他們可是找不出反對的理由。梁武帝顯然也已洞悉其中奧妙，所以才會在第二次集會時，特別針對一些大德高僧施予震撼教育，因爲只有他們，才是真正需要警告的一群。

　　不管怎麼說，儘管宋代官方不斷的鎮壓與污名化，這些以素食爲號召的新興教派還是堅强地存活了下來。而且，除了摩尼教（明教）、白蓮教、白雲宗外，舉凡此後由中國土壤自發性產生、或由上述教派衍伸發展出來的民間宗教，例如羅教（齋教）、一貫道等等，幾乎無一例外皆以素食爲號召。雖然這些宗教基本上都沒有出家衆的團體，對素食究竟堅持到什麼程度可能也都還有疑問，新素食觀的風靡天下確已是個不爭的事實。

　　本土性的宗教團體幾乎清一色地向佛教靠攏，以佛教僧團的生活規範爲其學習對象，作爲中國社會最主要身份團體的儒家士人又是如何看待此一現象？儒釋道三家的爭論綿延已有一千五百年以上，可説是中國思想史上最重要課題之一，相關論述算得上汗牛充棟，這裏就不再贅述。我們還是回到佛教僧團的生活樣式（出家與素食）、特別是素食的問題來談。

　　從儒家的倫理來看，出家乃是無君無父的行爲，而且"不孝有三，無後爲大"，因此完全沒有商量的餘地，唯一可以容忍的大概只有年老出家，就像印度婆羅門的想法一樣。至於素食的問題，在《潔淨、身份與素食》一文裏，筆者曾提到過，儒家原本即有素食的規定，只不過是局限在齋戒的場合，因此，對於佛教徒大事宣傳"肉食即殺生，素食即慈悲"、等於將素食無限上綱的做法，自然是大不以爲然。在儒家看來，除了人類之外，其他衆生（包括所有動植物）存在的唯一價值就是供給人類利用——不管是提供食物、能源或勞動力。遵照的還是——坦白説——弱肉强食的基本原則，正如《摩奴法論》所言：“不動物爲動物之食，無牙者爲有牙者之食，無手者爲有手者之食，膽小者爲膽大者之食”。[114] 當然，人類也不會愚蠢到採取竭澤而漁的手段，所謂的“厚生利用”就是儒家對待衆生的基本態度，“數罟不入洿池，魚鼈不可勝食也；斧斤以時入山，材木不可勝用也”，《孟子·梁惠王篇》的這句話可説是此一辭彙最好的解釋。平心而論，這也是幾乎所有——除了堅持不殺生戒的印度人之外——民族的共通態度。宋代理學家朱熹（1130～1200）對佛教的一段評論最能代表儒家上述的觀點：

> 釋老稱其有見，只是見得箇空虛寂滅。真是虛，真是寂無處，不知他所謂見者見箇甚底？莫親於父子，卻棄了父子；莫重於君臣，卻絶了君臣；以至民生彝倫之間不可闕者，它一皆去之。所謂見者見箇甚物？且如聖人“親親而仁民，仁民而愛物”；他卻不親親，而劇地要仁民愛物。愛物時，也則是食之有時，用之有節；見生不忍見死，聞聲不忍食肉；如仲春之月，犧牲無用牝，不麛，不卵，不殺胎，不覆巢之類，如此而已。他則不食肉，不茹葷，以至投身施虎，此是何理？[115]

在討論鬼神之事時，他曾説了段故事，其中也稍稍開了素食一個小玩笑，藉以説明徹底素食之不可行，尤其是在宗教祭祀的場合：

> 蜀中灌口二郎廟，當初是李冰因開離堆有功，立廟。今來現許多靈怪，乃是他第二兒子出來。初間封爲王，後來（宋）徽宗好道，謂他是甚麼真君，遂改封爲真君。向張魏公（浚）用兵禱於其廟，夜夢神語云：“我向來封爲王，有血食之奉，故威福用得行。今號爲‘真君’，雖尊，凡祭我以素食，無血食之養，故無威福之靈。今須復我封爲王，當有威靈。”魏公遂乞復其封。不知魏公是有此夢，還復一時用兵，托爲此説。今逐年人户賽祭，殺數萬來頭

---

[114] 《摩奴法論》5:29，頁93。
[115] 《朱子語類》卷一二六，頁3014。

羊，廟前積骨如山，州府亦得此一項稅錢。利路又有梓潼神，極靈。今二箇神似乎割據了兩川。大抵鬼神用生物祭者，皆是假此生氣爲靈。古人釁鐘、釁龜，皆此意。[116]

他的弟子王過也批評過當時士大夫流行請僧侶做法事的習俗，重點還是擱在祖先"血食"與否的問題，這應該也是朱熹的觀點：

(王)過每論士大夫家忌日用浮屠誦經追薦，鄙俚可怪。既無此理，是使其先不血食也。[117]

有趣的是，儘管朱熹本人對佛教毫無好感，有時甚至激烈到主張"釋老之學盡當毀廢。"[118]然而，對於素食的問題，他始終沒有提出正面的抨擊，他的批評嚴格說來實在是軟弱無力的，只能在祭祀一類的事務上發出微弱的抗議之聲。其中的因素在於：除非他肯訴諸赤裸裸的"弱肉强食"的原則，否則面對"肉食即殺生，殺生則傷慈"的指控，實在是無招架之力，這似乎也是所有自命爲"文明"的人所面臨的窘境。然而，要朱熹這樣的儒家信徒放棄自己的堅持，轉而接受佛教全面不殺生素食的主張，卻也有其實際爲難之處。

因爲，第一，這牽涉到宗教信仰的問題，也就是儒家所堅持的祖先血食——包括國家祭典裏獻祭太牢、少牢——與否的問題；其次是，素食乃至獨身，對中國佛教僧侶而言，實關係到他們的"身份"問題。正如我們在《潔淨、身份與素食》一文裏討論印度人的素食時所提到的，印度人是否採取素食主要得看他們各自確認的"身份"而定，"如果某個地區裏面素食者與婆羅門之間的競爭並不明顯的話，或者是有些婆羅門自己已接受某種比較低下的地位的話，他們就會喫肉"。反之，爲了維持身份的尊貴，就必須喫素。因此，只有"徹底素食的婆羅門"才會被承認爲"最尊貴的婆羅門。"[119]中國佛教僧侶的"身份"也是按照這樣一套邏輯掙來的。就此而言，當新素食觀在中國民間社會已取得普遍認同時，儒家的士人團體如果還想要維持其在中國社會原有的優勢地位（包括精神思想層面的

〔116〕《朱子語類》卷三，頁53。
〔117〕《朱子語類》卷九〇，頁2322。
〔118〕《朱子語類》卷一二五，頁3005。
〔119〕 Louis Dumont, *Homo Hierarchicus: The Caste System and Its Implications*, Chicago, 1980；中譯本見杜蒙著、王志明譯《階序人——卡斯特體系及其衍生現象》（臺北：遠流出版社，1992），頁227，455。

領導甚至是壟斷的地位），採取跟進的方式似乎不失爲一條可行之策，也才有可與佛教教團互相競争的本錢。問題是中國的士人團體所面臨的問題要遠比印度的婆羅門更爲複雜。單只素食不殺生、甚至戒酒都還好商量，因爲儒家本來也有節制飲食的規範。然而，要不要同樣爲了競争，也效法僧侶遵守獨身的戒律？遵守的話，傳宗接代怎麼辦？"不孝有三，無後爲大"可是儒家自古以來最重要的明訓之一。此外，是否也學僧侶一樣，拒絶出仕以示遠離紅塵？是的話，那儒家所謂"士以天下爲己任"的抱負到底還維不維持？換言之，儒家安身立命的基礎本來跟佛教就是南轅北轍的。

其實，就算士人團體既戒酒肉、又禁絶女色，做到像佛教僧團一樣"超凡入聖"的境界，也沒有可能取代僧侶而成爲一般社會大衆在精神、乃至靈魂上的"導師"。這並不是説儒家的士人團體無法擔當起指導衆人的責任，事實遠非如此，在俗世社會的日常生活、家族人倫規範乃至經國治世的事務上，士人團體在中國社會擔綱扮演"作之師"的角色，至少已有兩千年以上的歷史。只是，儒家關注的是現世，在"未知生焉知死"、"敬鬼神而遠之"等等孔老夫子的明訓下，士人團體對於彼世，原則上是採取存而不論的態度。正如德國社會學者韋伯（Max Weber）在《中國的宗教》一書裏所説的："無論如何，儒教總是彌漫著一股絶對的不可知論以及根本上的否定氣氛，反對任何對於彼世的冀望，"[120] "儒教倫理中並没有救贖的觀念。儒教徒當然没有被‘拯救’的欲望：不管是從（佛教）靈魂的輪廻，還是從（基督教）彼世的懲罰當中被拯救。這兩個觀念都是爲儒教所不知的。儒教徒無意於棄絶生命的救贖，因爲生命是被肯定的；也無意於擺脱社會現世的救贖，因爲社會現世是既有而被接受的。他只想透過自制而謹慎地掌握住此世的種種機運。他没有從（基督教徒式的）原罪或人的墮落中——這是他所不知的——被拯救出來的渴望。他希望被拯救的，没有別的，或許只有無尊嚴可言的粗野不文。只有侵害到作爲社會基本義務的恭順時，才構成儒教徒的‘罪’"，[121] 在此限制下，儒家根本就不可能發展出一套首尾一貫、言之成理的觀念來解釋彼世——有關生死、輪廻乃至鬼

〔120〕 韋伯著、簡惠美譯《中國的宗教：儒教與道教》，頁227。
〔121〕 《中國的宗教：儒教與道教》，頁243～244。

神——的一切，遠比不上佛教在這方面的優而爲之。就此而言，即使是多方抄襲佛教理論的道教，至少也還有個"成仙之道"可以提供給世人對彼世的一份憧憬與幻想。

在《古代印度的王權觀念》一文裏，杜蒙曾對古代印度種姓秩序裏、刹帝利與婆羅門的關係，或更具體的說，君主與祭司階層的關係——因爲刹帝利與婆羅門的關係，無疑是以君主與祭司的關係爲其典範——作過一個扼要的説明：

> （印度）宗教精神原則與王權原則之間的關係可從一個制度獲得完全的瞭解，這個制度把此關係具體呈現爲人與人的關係，把抽象的理念相當完整的表現出來。國王不只是要雇請婆羅門從事公共祭儀，他還必須與某一個婆羅門建立起固定的、私人的關係，這個婆羅門即是國王的王家祭師（purohita，字面意思是"在其前面者"）……它的意思是指一種精神上的代表或前鋒，幾乎是國王的"大我"。眾神拒絕享用沒有王家祭師的國王所獻的祭品……不僅如此，國王一生中的一切行動也都要依靠他，因爲沒有他就不能成功……其關係像婚姻一樣緊密。正如《黎俱吠陀》早已説過的："他富足的住在其宮中，大地供應他各種禮物，人民自然服從他，他是一個婆羅門永遠走在他前面的國王。"俗世的權威之所以獲得保障，是因爲國王以私人身份嚮化身爲王家祭師的靈性權威表示順從。[122]

梁武帝是否曾想爲佛教的僧侶在中國這塊土地上、爭取到類似古印度婆羅門的身份與待遇？這點我們不得而知。不過，就算他有過這樣的想法，顯然也不太可能實現。梁武帝個人的崇佛禮僧，自是毋庸置疑，在他統治時期僧侶往往自由進出宮禁無所忌憚，曾有一度朝中大臣爲了壓抑僧侶的氣焰，決議"御坐之法，唯天子所升，沙門一不需預"，消息一傳出去，名僧智藏即刻進宮直入大殿坐上皇帝寶座，梁武帝也只好下令前議作廢。[123] 然而即使受到如此尊崇的待遇，在傳統的國家祭典裏，佛教僧侶還是沒有能夠扮演任何的角色——儘管這些祭典中的犧牲，早就在佛教不殺生戒的感召下被梁

〔122〕 杜蒙《古代印度的王權觀念》之《階序人》，頁478。
〔123〕《大正新修大藏經·續高僧傳》50：2060：5，頁466。

武帝赦免了。實際上，就算是梁武帝對此也無能爲力，在中國歷史上（除了少數異族征服王朝外），不管歷代君主個人宗教的傾向如何，傳統的國家祭典基本上總是在固有——也就是儒家禮儀——的規範下進行的，佛教和其他宗教是與此無緣的。這一點直到現在還是如此。傳統的國家祭典都如此，一般有關國計民生、軍國大事就更非其他宗教人士所能插手；果真有這種情況出現，在中國歷史上即會被視爲典型的"朝政紊亂"的象徵。

然而，對於在此之外的、一切屬於幽冥世界、生死之關以及似有若無之間的領域，換言之，屬於彼世——超自然或宗教性——的一些事務，儒家的士人團體就無能爲力了，而不得不拱手交給其他的宗教團體來擔綱。這也是爲何就算像朱熹那樣的大儒，在一段有關鬼神的語錄中，也不得不承認佛教僧侶確實有制服鬼神的本事，並將這種能力歸之於僧侶由於出家素食苦行而得到的卡理斯瑪（charisma）：

> 世人所謂鬼神，亦多是喫酒喫肉漢，見他（僧侶）戒行精潔，方寸無累底人，如何不生欽敬。[124]

也因此，當我們發現他在整整一卷數十頁抨擊佛教言論的結尾，會洩氣地說出如下的一段話，或許就不至於感到太過驚奇：

> 釋氏之教，其盛如此，其勢如何拗得他轉？吾人家守得一世再世，不崇尚他者，已自難得。三世之後，亦必被他轉了。不知大聖人出，"所過者化，所存者神"時，又如何？[125]

聖人不出，其奈天下蒼生何？朱熹對這份神聖的使命顯然還是有些期待的，而他的理想在明太祖朱元璋的統治時期的確也曾短暫地實現過。由於對佛教在中國民間社會的影響力——尤其是佛教喪葬儀式——的不滿，明太祖開國後，在整頓綱紀的理念下，頒佈了一系列大致上以《朱子家禮》爲本的禮制改革，並輔之以強制的手段，譬如說"修薦求福一切禁絕"，而火葬更被列爲大忌，重者依發塚律處斬，輕者（如果是遵照亡者遺囑）則杖一百。[126] 在嚴刑重罰

---

[124] 《朱子語類》卷一二六，頁3028。
[125] 《朱子語類》卷一二六，頁3041。
[126] 詳見何淑宜《以禮化俗》，《新史學》11：3，頁52~54。

的威嚇下，明太祖的政策確實也曾收效一時。然而，如從日後明清社會乃至今日臺灣一般民間日常生活習俗來看，不管是朱熹的理想還是朱元璋的强制手段，最終似乎還是難以抵敵佛教在中國民間社會的强大滲透力。

五、結　論

公元紀年初發生在亞洲大陸上的"法輪東轉"的現象，套句佛教的辭彙，無疑是人類文明史上的"一大事因緣"。在傳抵中國數百年之後，佛教終於成功地融入當地社會，成爲中國人生活中不可或缺的一部分，而在同時——我們別忘了——佛教也還在繼續其改造中國社會的艱鉅工程。換言之，隨著佛教而來的印度文化與中國文化就是在這樣一個不斷互動的過程中融合起來，中國佛教的徹底素食化以及新素食觀的深入中國民間就是最好的例子。

佛教初入中國時，雖然帶來了印度傳統戒殺生的觀念，然而僧團本身並沒有將此一觀念與素食視爲一體，儘管有個別的僧侶堅持素食，民間社會與道士起而效法者亦不乏其人，新素食觀在中國民間社會的光環，還遠及不上其日後來得神聖與璀璨。梁武帝禁斷僧團酒肉的歷史意義就在這裏：首先，第一個全面素食的佛教僧團就此在中國出現，[127] 而且成爲此後中國佛教最主要的特徵，僧侶終身持素乃是天經地義的事。素食的戒律貫徹得如此嚴格，以至於梁武帝改革後只不過百年，唐僧義淨（635～713）就必須要等到抵達印度留學後，才發現事實並非全然如此，還爲了素食與肉食的問題在《南海寄歸內法傳》裏發了一頓牢騷。[128] 換言之，傳入中國的印度佛教，在梁武帝禁斷酒肉的詔令下出現了劇烈的變化，顯然是無庸置疑的。就此而言，我們的確可以放心使用"佛教的中國化"這樣一個概念。

---

〔127〕　嚴格說來，佛陀的堂兄弟提婆達多領導的教團才是第一個純粹素食的教團。不過，提婆達多被佛陀逐出教團，因此他到底還算不算是個佛教徒可能都還有爭論。此外，有關他的教團資料太少；影響也不大。玄奘等人到印度留學時，印度的大乘教團應該也是素食的。可惜的是，相關的資料仍然不足，而且印度的大乘教團也早就滅亡了。就此而言，將中國的佛教教團視爲第一個——或者應該說是僅存的——徹底素食的佛教團體應當是可以接受的。有關提婆達多的事蹟，參見筆者《潔淨、身份與素食》一文。

〔128〕　詳見《潔淨、身份與素食》，《大陸雜誌》102 卷 1 期，頁 28。

其次，經過梁武帝這番劇烈的改造後，不殺生、慈悲等觀念已和素食完美的結合起來，並透過中國的佛教僧團具體地呈現出來，對中國民間社會的說服力無疑倍數也擴大了，這一點可以解釋爲何此後中國本土性的新興宗教無不高舉——不管落實到什麼程度——"素食"這面大旗。而這些宗教的推波助瀾，反過來卻又強化了新素食觀在中國人心目中的地位——對於絕大多數的中國人而言（不管他是否佛教信徒），素食的正當性幾乎是無可辯駁的，雖然他自己多半並不是個素食者。就此而言，儘管梁武帝在公元六世紀初的改革僅是針對佛教僧團而發，影響所及的卻是中國社會觀念的激烈改造，而且我們最好也別忘了，掀起這番思想改造的核心觀念——不殺生——卻正是源自遙遠古老的印度。

※ 本文原載周質平、Willard J. Peterson 編，《國史浮海開新錄：余英時教授榮退論文集》，臺北：聯經出版事業公司，2002 年。

※ 康樂，美國耶魯大學博士，中央研究院歷史語言研究所研究員。

後漢三國西晉時代佛教寺院之分布

顏尚文

一、前　言

　　佛教寺院是佛教徒崇奉佛塔、佛像等神聖象徵的殿堂，是供僧侶居住、修道與宏揚佛法的場所。寺院的建立需要當地社會人士的贊助，政治當局的承認，經濟資源的充分供應等條件，才能成就的。各寺院中佛教徒的活動，即形成一種社會團體。探討寺院團體與區域社會之間的相互關係，可藉以瞭解孕育宗教的這個社會的某種特性，以及寺院活動背後的社會意義。寺院僧侶與王室、官府等人物來往，從事某些特定活動，可藉以探討其間的各種政治需求。寺院香火能否歷久不衰，有賴經濟上源源不斷地供給等條件而定。寺院是否由依附社會經濟而漸趨獨立，乃自形成經濟體系，進而與城鄉社區密切結合，這種演變亦有助於瞭解區域經濟等各種發展。寺院是佛教義理、儀式傳承的據點，佛教的理念借著寺院的各項活動才能傳佈到社會中。所以，佛教與中國思想、文化的交互影響，也以寺院爲中心。因此我們可以把佛教寺院視爲一個研究單位，透過這個較具體的對象——有固定的地點與存在較長久的個體，或許能夠將佛教與社會、政治、經濟、思想之間的相互影響，乃至其間的整合程度，有更清楚的認識。

　　佛教於兩漢之際傳入中國，到了魏晉南北朝時期，寺院由數百所至三萬餘所，[1] 雖歷經三武一宗等的毀佛破壞，到了民國初年，

---

〔1〕“西晉二京，合寺一百八十所，僧尼三千七百餘人……東晉一百四載，合寺一千七百六十八所，僧尼二萬四千人……梁世合寺二千八百四十六所，僧尼八萬二千七百餘人。”〔唐〕法琳《辯正論》卷三，《大正藏》五二冊，頁502下~503中。“自興光（454）至此（476），京城內寺新舊且百所，僧尼二千餘人，四方諸寺六千四百七十八，僧尼七萬七千二百五十八人……延昌中（512~515），天下州郡僧尼寺，積有一萬三千七百二十七所，徒侶逾衆……（魏末）略而計之，僧尼大衆二百萬矣，其寺三萬有餘。”魏收《魏書》卷一一四《釋老志》（臺北：鼎文書局），頁3039~3048。

仍有數十萬所之多。[2] 寺院既然與政治、社會、經濟、思想之間有密切的關係，那麼寺院的分布、擴展，必定在中國歷史、文化的演變上佔有重要的位置。寺院史的研究，值得吾人傾力探討。有關寺院的研究，可以分爲寺院建築、寺院團體、寺院組織、寺院制度、寺院經濟、寺院與政治、文化關係等課題。然而，如果將寺院放在整個中國歷史的演變上來看，寺院的地理分布，無寧是一個必須先建立的骨架。

有關寺院研究的論文與專書相當多，[3] 但是偏重於寺院分布的論著則甚爲缺乏。與本文關係較密切的有：服部克彥《北魏洛陽の社會と文化》二冊，以寺院爲中心，探討洛陽地區的文化與社會情形。那波利貞《白馬寺の沿革に關する疑問》以及鎌田茂雄《中國佛教の寺と歷史》等這一類之論文與專書的研究不少，但大部分針對單一寺院或某一小區域寺院的探討，未能顧及全國性的瞭解。[4] 有關佛教地理分布方面的論著較少，山崎宏的《支那中世佛教の展開》是代表作，此書以高僧的分布爲主，對漢魏兩晉南北朝隋唐的佛教，從點、線、面、群的展開，有詳細的探討。井上以智爲《六朝時代に於ける佛教の分布に就いて》，鈴木啓造等的共同研究《六朝隋唐時代における江南傳教の展開》等論文，仍不出以高僧的分布爲研究中心。何師啓民的《佛教入華初期傳佈地理考》，[5] 就佛教始入中國之途徑、漢末三國佛教之傳播、西晉佛教之地理分布等，有較深入的探討。然而，這些地理分布，並未以寺院爲主建立完整

---

[2] 民國初年"中國佛教會"保守的估計，全國約二十萬座寺院，張曼濤認爲各地寺院庵堂，當在數十萬座以上。張曼濤《中國佛教寺塔史志》編輯旨趣，收在《現代佛教學術叢刊》第59冊（臺北：大乘文化出版社，1978年），頁1。

[3] 中央研究院歷史語言研究所和經濟研究所，於1984年12月26日至1985年1月3日，舉辦"第三屆社會經濟史討論會"，筆者宣讀的"六朝揚州地區的佛教寺院"研究計劃，就六朝時期有關寺院的形式，佛教的地理分布，宗教史與寺院史，宗教與社會關係等三十餘種論文或專書，作摘要的評述，本文不再贅述。

[4] 服部克彥《北魏洛陽の社會と文化》，《續北魏洛陽の社會と文化》（京都：ミネルヴァ書房1965、1968年）。那波利貞《白馬寺の沿革に關する疑問》，《史林》第5卷第1期，1920年，頁45～62。鎌田茂雄《中國佛教の寺と歷史》（東京：大法輪閣，1982）。此外《支那佛教史學》雜誌等刊物收有不少寺院論文，可作研究參考。

[5] 山崎宏《支那中世佛教の展開》（東京：清水書店，1942年），井上以智爲《六朝時代に於ける佛教の分布に就いて》（《歷史と地理》第27卷第1號），鈴木啓造等《六朝隋唐時代における江南佛教の展開》（《立正史學》21卷22期），何師啓民《佛教入華初期傳佈地理考》，收在《現代佛教學術叢刊》第5冊。

的架構。寺院是釋迦教化的代表，與歷史的各個層面有密切的關係。因此，上下兩千年普及於全國各地的佛教寺院之分布與演變情形，應該徹底地確實地加以探討。

中國佛教史的演變，以兩漢之際爲起點，到了隋唐時代宗派建立，乃達到最高峰。唐季會昌法難的嚴重打擊，使佛教由盛極轉衰，宋元以後漸趨微弱。高雄義堅以會昌法難爲準，將中國佛教史分爲前後兩期。因此，前期的漢唐間佛教史，在整個中國佛教史上居於先決的地位，爲大多數學者所熱衷研究。漢唐間的佛教史，常盤大定、鎌田茂雄等人將它分成三期。第一期，從前漢末年（前2）到東晉釋道安（312～385）時代，稱爲初期傳譯時代，或稱爲傳譯時期。第二期，從鳩摩羅什入長安（401），至南北朝末年，稱爲準備育成時代，或稱爲研究時期。第一、二期的劃分係因爲釋道安總結了早期佛教的發展，鳩摩羅什則開啓了佛教的新時代。第三期，隋唐時代，稱爲諸宗成立時代，或稱爲建設時期。這三期係就思想的演變而言。如果從量的變化上來觀察，則兩晉之際亦爲一轉變期，東晉以前佛教的傳佈緩慢，東晉以後則成長快速。山崎宏的《支那中世佛教の展開》分爲“漢三國西晉時代”、“東晉五胡時代”、“南北朝時代”、“隋唐時代”，以高僧的人數及分布等爲指標，探討佛教的發展。[6] 筆者針對佛教史發展的特性與寺院分布情形，擬分爲《後漢三國西晉時代佛教寺院之分布》、《東晉五胡時代佛教寺院之分布》、《南北朝時代佛教寺院之分布》、《隋唐時代佛教寺院之分布》等文，加以詳實的探討，藉以建立較完整的寺院分布架構。本文爲這一系列研究的起步，上起後漢明帝永平年間（公元58～75），下迄愍帝建興四年（316）西晉滅亡爲止。

大凡一種歷史現象肇始的時代，往往是最曖昧難考的，本文也免不了有此種限制。基本史料非常稀少，主要的有《梁高僧傳》、《出三藏記集》、《水經注》、《後漢書》、《三國志》、《晉書》、《魏書》、《歷代三寶記》等。而後人對佛教初傳期的描述，論證的著作，

---

[6] 鎌田茂雄《中國佛教史》第一卷《初傳期の佛教》序章，第七節“中國佛教史の時代區分”（東京：東京大學出版會，1982年），頁63～74，引高雄義堅《宋代佛教史の研究》，常盤大定《支那佛教の研究》第一。又見山崎宏《支那中世佛教の展開》第一部。

卻非常多，聚訟紛紜，莫衷一是。由於史料不足，使許多基本問題，至今都無法圓滿的解決，獲得令人滿意的定論。從這些稀少而真偽難辨的資料裏，爬梳寺院史料的隻鱗片爪，參酌前賢的看法，本文希望先探討下面的幾個問題，作爲往後各個時代佛教寺院分布等研究的基礎。(1)佛教寺院在什麼時候，傳入中國的什麼地區？它的名稱以及建築形式是什麼？即寺院是什麼？有什麼標準可以判定何者是寺院？什麼情況下，可視爲寺院的存在？(2)後漢三國西晉時代，那些地區先後出現了那些寺院？即佛寺的地理分布爲何？(3)佛教寺院的分布爲什麼只出現在這幾個地區，而不出現在其他的地區？佛寺分布的據點以及依循的路線，呈現著什麼意義？佛寺的發展受到政治上的壓制或贊助之影響爲何？佛寺的維持受到那些社會階層的資助？佛寺從事那些活動？這些活動對我國的宗教開展有何影響？佛寺從事佛教經典的翻譯、研究、講解對中國學術的發展產生什麼影響？以下，按照問題的論證過程，分爲三個章節，加以探討。

二、佛教寺院的傳入

要探討佛教寺院的傳入問題，必須先瞭解寺院在印度是怎麼形成的，其演變過程爲何？寺院的名稱與內涵爲何？寺院建築的主要格局爲何？由那些基本因素所構成？初期佛教主要是經過今日的中亞、新疆等地，沿著絲路傳入中國。那麼，在這些地區，佛寺的傳佈情形，也應該有一些基本的認識。

（一）印度佛寺的形成與傳播

印度佛教由釋迦牟尼創立，當時已具備了教義、教團組織以及寺院等初期的形態。其後，隨著佛教的流傳，教團與寺院等形制更趨完備。釋迦牟尼悟道之後，雲遊各地傳教，獲得許多弟子的敬信和追隨，而組成了教團。佛教的教團，包括比丘、比丘尼、優婆塞（男居士）、優婆夷（女居士）等四衆。佛陀率領著出家僧侶（Saṃgha），離開家庭束縛，居無定所，過著遊行於各個山林、聚落的生活，並接受各地信徒的供養與布施。然而，印度雨季長達三四個月，逐漸擴展的僧團無法長期露宿樹下，或石窟中。佛陀首先接受頻毘娑羅王所布施的王舍城郊外的竹林（Veṇuvana），作爲僧團的遊園（Ārāma），叫做竹林遊園（Veṇuvana-ārāma）。後來又接受舍衛城的祇園等布施，這些土地上也興建一些房舍等建築物，作爲雨季或短期休憩及宏法的場所。遊園是布施給僧伽的，所以叫做"僧伽遊園"（Saṃgha-ārāma），音譯爲"僧伽藍"（Saṃghārāma），簡稱"伽藍"。僧伽藍這名詞，也就成爲伽藍、寺院、精舍等稱呼的來源。祇園的園林土地屬於祇陀太子所有，爲須達多長者以黃金佈地祈求購地的熱誠所感動，兩人遂合建了規模宏偉的祇園精舍，布施給佛陀。這個故事成爲佛教的美談，後來祇園精舍的規模與僧徒修行、宏法的盛況，成爲中國佛教寺院創建與從事各種活動的理想典範。[7] 僧伽藍中僧侶們共住而有互相切磋琢磨的風氣，以及維護團體生活的紀律，因此具備了修道院組織的初期形態。佛陀滅後，遊行活動漸少，定住的習慣形成，修道院的形式也跟著確立下來，修道院被稱爲僧院（lena）或精舍（Vihāra）。僧院爲了聚衆講經、誦戒、研究與教育僧侶，必須具備僧房與集會堂兩項要素。

佛陀滅後，遺體火化變成許多舍利，由在家信徒們分別帶回各地建塔供奉著。塔（stūpa）本爲一種墳墓的形式，由於供奉著佛舍利而莊嚴神聖化，爲信徒們所虔誠禮拜。佛教教團由出家僧侶與在家信徒組成，具有教化和贊助的親密關係，所以佛塔與僧院也逐漸結合在同一個伽藍中，呈現著以佛塔爲中心，周圍繞著僧房的寺院形態。公元後一世紀間，佛像發明了，也成爲教徒敬奉的新對象。佛像漸爲比丘們所接受，在僧院中也有了佛殿或佛堂等建築物。[8] 高田修認爲後期的精舍構成的兩個要素是：具有祭祀與禮拜對象的堂塔和僧房。[9] 也就是要有佛堂或佛塔，以及僧房兩項要素，才能構成精舍、僧伽藍。

公元前 260 年頃，阿育王不但在印度境內廣建佛塔和伽藍，且派遣傳教師向印度以外的諸國傳教。伽藍的建置也隨著佛教的擴展而遍及中亞、錫蘭等地。羽溪了諦認爲公元前 56 年頃，佛教由迦濕

〔7〕〔唐〕道宣《中天竺舍衛國祇洹寺圖經》，《大正藏》卷四五，頁 882～896。

〔8〕參見長尾雅人《佛教教團の原始形態》，日本佛教學會編，收在《佛教教團の諸問題》（平樂寺書店，1974），頁 1～19。塚本啓祥《初期佛教教團史の研究》（山喜房），頁 305～323。

〔9〕高田修《僧院と佛塔——インドにおける伽藍の形成》，收在氏著《佛教美術史論考》（中央公論美術出版，1969 年），頁 64。

彌羅國（今喀什米爾）的高僧傳佈到今天新疆的于闐一帶。[10] 法顯於公元401年到于闐國時，見到家家門前小塔以及伽藍規模宏偉的景象，他爲此停留三個月，作詳細的觀察。

彼國人民家家門前皆起小塔，最小者可高二丈許。作四方僧房，供給客僧及餘所須。國主安堵法顯等於僧伽藍。僧伽藍名瞿摩帝，是大乘寺。三千僧共揵槌食……城西七八里有僧伽藍，名王新寺。作來八十年，經三王方成。（塔）可高二十五丈，雕文刻鏤，金銀覆上，衆寶合成。塔後作佛堂，莊嚴妙好，梁柱、戶扇、窗牖，皆以金薄。別作僧房，亦嚴麗整食餝，非言可盡。[11]

于闐的僧伽藍繼承印度的形式，有高二十五丈的佛塔，塔後爲佛堂，周圍則爲僧房。這種僧伽藍形式的遺跡，經由考古發掘，文獻的記載，可以肯定在公元一至二世紀間，曾經分布在印度、中亞及新疆等地。[12]

（二）後漢佛寺的傳入

漢代中印間的交通途徑有三：一、經由西域的陸路。二、經由海上的交通。三、經由雲南入四川。其中以張騫鑿空所打開的絲路，對佛教的傳播貢獻最大。[13] 中外使節、商旅絡繹往來於中國與西域各國，其中不乏信佛的佛教徒，乃至於遊行各地傳法的僧侶。張騫通西域後，佛教當逐漸傳佈到中國。但是有關佛教於何時經由何地傳入中國，在文獻上有各種不同的傳說與記載。根據中外學者對於佛教入華傳說及文獻的研究。[14] 以西漢哀帝元壽元年（前2）伊存口授佛經說，最爲可信，也被公認爲佛教入華最早的年代。魚豢《魏略西戎傳》：

天竺又有神人名沙律，昔漢哀帝元壽元年，博士弟子

〔10〕 羽溪了諦著、許敦谷譯《西域佛教之研究》，《燕京學報》第4期，頁668。
〔11〕 足立喜六《考證法顯傳》（東京：三省堂，1936年），頁15～16。
〔12〕 參見足立喜六《考證法顯傳》對印度、中亞、西域等各地佛寺遺跡及文獻的考古或考證。又見玄奘撰《大唐西域記》精校本，收在藍吉富編《現代佛學大系》第10冊（臺北：彌勒出版社，1982）。
〔13〕 何師啓民《佛教入華初期傳佈地理考》，頁79～91。
〔14〕 參見湯用彤《漢魏兩晉南北朝佛教史》（臺北：鼎文書局，1975），頁1～46。鎌田茂雄《中國佛教史》（東京：東京大學出版會，1982）第一卷《初傳期の佛教》第一章"佛教の中國傳播"，頁75～166。

景盧，受大月氏王使伊存口授浮屠經，曰復立者，其人也。
浮屠所載臨蒲塞、桑門、伯聞、疏問、白疏聞、比丘、晨
門，皆弟子號也。[15]

湯用彤認爲魚豢或《魏中經》的作者，有可能看到曹魏宮廷所
藏的佛經，而比較他處所言之"沙律"，實即伊存經中之"復立"，
由此更加確定佛教入華至少在西漢末葉。前此的"周世佛法已來"，
"孔子與佛"，"秦始皇與佛教"，"漢武帝祭金人（佛像）"等説法，
皆牽强附會，比不上"伊存授經"説的可靠。[16]

兩漢之際，佛教雖已傳入洛陽、長安等地，但並沒有專門興建
佛寺，而在漢明帝時佛教進一步留傳之後，逐漸興建佛寺，是佛教
發展的必然趨勢。

後漢明帝永平年間（公元 58～75），遣使往西域求法，是六朝
隋唐時人，所公認爲佛教入中國之始。這種説法較早且較完整的記
載於後漢末年的《牟子理惑論》。[17]

　　昔孝明皇帝，夢見神人，身有日光，飛在殿前。欣然
悦之。明日，博問群臣，此爲何神。有通人傅毅曰：臣聞
天竺有得道者號曰佛，飛行虛空，身有日光，殆將其神也。
於是上寤。遣中郎蔡愔、羽林郎中秦景、博士弟子王遵等
十八人，於大月氏寫佛經四十二章，藏在蘭台石室第十四
間。時於洛陽城西雍門外起佛寺，於其壁畫千乘萬騎繞塔
三匝，又於南宮清凉台，及開陽城門上作佛像。明帝時豫
修造壽陵，陵曰顯節，亦於其上作佛圖像。時國豐民寧，
遠夷慕義，學者由此而滋。[18]

南齊王琰《冥祥記》以洛陽城西雍門外的佛寺爲"白馬寺"，
從此"白馬寺"被公認爲中國的第一座佛教寺院。由於此項説法關
係到佛教初傳的建築、美術、翻譯、思想等問題，所以學者們研究

〔15〕《三國志》卷三〇，裴松之注引《魏略西戎傳》（鼎文本），頁859。
〔16〕湯用彤《佛教史》，頁 1～51。
〔17〕有關《牟子理惑論》有各種不同看法，有一派主張爲東晉劉宋間人僞作，另一派主
　　張確爲後漢時代作品，只不過有摻入後代人的文字與思想。主張前説有梁啓超、常
　　槃大定、馬伯樂等人，主張後説者爲孫詒讓、周叔迦、湯用彤等人。本文採取後一
　　派説法。參見周一良《牟子理惑論時代考》，收在氏著《魏晉南北朝史論集》頁
　　288、303。以及湯用彤《佛教史》，頁 73～80。
〔18〕《牟子理惑論》，《大正藏》卷五二，頁 5～6。

的專論也不少。[19] 綜合各家的意見，就文獻資料論述於後。北魏楊衒之的《洛陽伽藍記》卷四：

> 白馬寺，漢明帝所立也，教入中國之始寺，在西陽門外三里御道南。帝夢金神，長丈六，項背日月光明，胡神號曰佛。遣使向西域求之，乃得金像焉。時以白馬負經而來，因以爲名。[20]

北魏酈道元《水經注》卷一六"穀水又南逕白馬寺東"條，[21] 北齊魏收《魏書》卷一一四《釋老志》"漢因立白馬寺於洛城雍門西"[22] 等記載都以明帝時在洛陽城西邊的城門外建白馬寺。但是，梁僧佑的《出三藏記集》卻不見白馬寺之語。[23] 梁慧皎《高僧傳》提到在城西門外建精舍，卻不謂白馬寺，只述及：有記云：今之洛陽城西雍門外之白馬寺即此是。"[24] 鐮田茂雄認爲有關明帝建白馬寺的傳說，是從北魏之際以北朝佛教爲中心，逐漸才得以鞏固下來。[25] 但是東漢末年的《牟子理惑論》謂"時於洛陽城西雍門外起佛寺"，[26] 出於東漢桓帝之前的《四十二章經序》也記載"登起立塔寺，於是道法流布"。[27] 可見在東漢末年洛陽西門外有佛寺。而且西晉武帝太康十年（289），竺法護於洛陽白馬寺中譯《文殊師利淨律經》、《魔逆經》。[28] 可見至少在西晉初年，洛陽西門外就有白馬寺。湯用彤認爲漢末或許已經以"白馬"命名此明帝以來的古寺。[29] 如果撇開漢明感夢建白馬寺的說法，直接探討明帝時是否可

---

〔19〕 鐮田茂雄《中國佛教史》第一卷，第一章，有關漢明求法與白馬寺的傳說，引用的論文與論著有常盤大定《漢明求法說の研究》、松本文三郎《漢明求法の紀年に就いて》、春日禮智《支那佛教初傳に關する論研究》、山內晉卿《支那佛教史之研究》、伊藤義賢《支那佛教正史》上卷、境野黃洋《支那佛教史講話》上卷、塚本善隆《中國佛教通史》第一卷等。

〔20〕 周祖謨《洛陽伽藍記校釋》，《現代佛學大系》第 10 冊，頁 150～152。

〔21〕 〔北魏〕酈道元《水經注》（臺北：世界書局）卷一六，頁 217。

〔22〕 〔北齊〕魏收《魏書》（鼎文本）卷一一四《釋老志》，頁 3026。

〔23〕 〔梁〕僧佑《出三藏記集》卷二，《大正藏》卷五五，頁 5 上。

〔24〕 〔梁〕慧皎《高僧傳》卷一"攝摩騰傳"《大正藏》卷五〇，頁 322～323 上。以下簡稱《梁高僧傳》。

〔25〕 鐮田茂雄著、關世謙譯《中國佛教史》（臺北：新文豐出版公司，1982），頁 9。

〔26〕 《牟子理惑論》，收在《弘明集》，《大正藏》卷五二，頁 5 上。

〔27〕 《四十二章經序》，《大正藏》卷一七，頁 722 上。

〔28〕 《出三藏記集》卷七《魔逆經記第十五》、《文殊師利淨律經記第十八》，《大正藏》卷五五，頁 51 中。

〔29〕 湯用彤《佛教史》，頁 25。

能出現佛寺，則可以從層累造成的傳說，獲得進一步的澄清。《後漢紀》明帝永平十三年（公元70）條：

英好游俠，交通賓客，晚節喜黃老，修浮屠祠。[30]

《後漢書》卷四二《楚王英傳》：

楚王英，以建武十五年（公元39）封爲楚公，十七年進爵爲王，二十八年就國……英少時好游俠，交通賓客，晚節更喜黃老，學爲浮屠齋戒祭祀。（永平）八年（公元65），詔令天下死罪皆入縑贖。英遣郎中令奉黃縑白紈三十匹詣國相曰："托在蕃輔，過惡累積，歡喜大恩，奉送縑帛，以贖愆罪。"國相以聞。詔報曰："楚王誦黃老之微言，尚浮屠之仁祠，絜齋三月，與神爲誓，何嫌何疑、當有悔吝？其還贖，以助伊蒲塞（男居士）、桑門（沙門）之盛饌。"因以班示諸國中傅。[31]

楚王英於建武十五年（公元39）至永平八年（公元65）之間，在彭城（今江蘇省銅山縣）"修浮屠祠"、"尚浮屠之仁祠"。周一良的《能仁與仁祠》一文，認爲"仁祠"是能仁的祠廟，能仁爲釋迦牟尼之意譯，換句話說"仁祠"就是"牟尼廟"。[32] 又"浮屠"爲Buddha的音譯，後來譯爲"佛陀"，所以"浮屠祠"是"佛陀祠"，簡稱"佛祠"。"佛祠"後來轉變爲"佛寺"，下文再詳細探討。總之，楚王英的周圍有沙門僧侶與居士信徒，並且遵守"絜齋三月"的佛教戒律，這些説明了楚王英所轄的彭城等八城，即徐州地區，約跨今蘇皖豫齊諸省，已經有佛教的流傳。楚王英的治所彭城，也有"佛祠"的建立。《後漢書》記載楚王英爲漢明帝所寵愛，"自顯宗爲太子時，英常獨歸附太子，太子特親愛之，及即位，數受賞賜。"[33] 又在永平二年、六年、十一年數度回洛陽見明帝。明帝對他的奉佛舉動没有感到特別的訝異，反而向全國班示詔書，推崇楚王英"尚浮屠之仁祠"的行爲。石趙時王度奏曰："往漢明感夢，初傳其道，唯聽西域人立寺都邑以奉其神，其漢人皆不聽出家。"[34] 王度是排佛論者，從他的奏書中，可以間接肯定漢明帝時的"都邑"

〔30〕〔晉〕袁宏《後漢紀》卷一〇（臺北：商務印書館，1975），頁121。
〔31〕〔劉宋〕范曄《後漢書》卷四二（臺北：鼎文本），頁1428。
〔32〕周一良《能仁與仁祠》，氏著《魏晉南北朝史論集》，頁304～313。
〔33〕《後漢書》卷四二《楚王英傳》，頁1428。
〔34〕《晉書》（鼎文本）卷九五《佛圖澄傳》，頁2487。

有"佛寺"存在。洛陽是後漢翻譯佛經的唯一重鎮，西域人以及西域僧侶絕大部分聚居的城市。明帝時，彭城有佛寺的存在，那麼作爲絲路終點，後漢的首都，全國文化、政治、交通中心的洛陽，有佛寺的存在，是非常可能的。

《牟子理惑論》、《四十二章經序》等各種關於漢明帝永平年間求法的記載，都採取追述的形式，没有一種是原始記錄或原始記錄的轉述。越到後來的記載，情節也越多越詳盡，作者都把所在時代的見聞或想像增添上去。但無論如何，我們仍能從這些繁雜的記載中，清理出漢明求法説的基本情節，這些情節大體是一致的。即(1)漢明帝時曾派出使節去西域尋求佛經。(2)從大月氏抄寫佛經四十二章回來，放在蘭臺石室中。(3)從此以後，外來僧人增多，並爲興建佛寺，佛教在社會上獲得迅速傳播。這三個基本情節，至今還是不能輕易否定的。[35] 從而對中國的第一座佛寺——洛陽白馬寺，可以得到如下的看法：明帝時已有佛教的傳佈，彭城已有"佛祠"的建立，明帝接待外國僧侶的客館或爲其所建的房舍，可能就是白馬寺的原型。漢末洛陽城西門外有寺院的存在，應該没問題。至於命名爲"白馬寺"至少在西晉武帝時，即見諸史實。而將此白馬寺附會上明帝求法説，完成一套佛教始入華建寺的神話體系，可能在北魏時完成。[36]

除了明帝求法建寺説之外，另有古阿育王寺的説法。認爲公元前260年頃，印度孔雀王朝的阿育王於全世界造八萬四千塔寺，中國的洛陽、彭城、姑臧、臨淄皆有古阿育王寺。《魏書·釋老志》：

> 有王阿育，以神力分佛舍利，役諸鬼神，造八萬四千塔，佈於世界，皆同日而就。今洛陽、彭城、姑臧、臨淄皆有阿育王寺，蓋承其遺跡焉。[37]

劉宋宗炳《明佛論》以及《廣弘明集》卷一五"列塔像神瑞跡"等都有古阿育王寺的説法。這是因爲阿育王宏揚佛法非常成功，後世佛書所載阿育王神跡甚多。佛教入華後，西晉安法欽譯有《阿

〔35〕 任繼愈《中國佛教史》第一卷，頁103。

〔36〕 有關白馬寺傳説之考證，白馬寺之命名等，參見那波利貞《白馬寺の沿革に關する》；大谷勝真《支那に於ける佛寺造立の起原に就いて》；《東洋學報》卷11，頁76～81；鎌田茂雄《中國佛教史》卷一，頁106～120。

〔37〕 《魏書》（鼎文本）卷一一四《釋老志》，頁3028。

育王傳》五卷，梁僧伽婆羅譯有《阿育王經》十卷等説法，引起的
一種信仰。阿育王造塔八萬四千，按諸史實，並無其事。佛陀造像
在阿育王時，印度尚無其事。六朝佛教徒在各地掘出的各種基壙，
認爲是阿育王古塔，必出於教徒迷信，也不必多加考辨。[38] 可注意
的是，洛陽與彭城二地，爲古阿育王寺出現的地區，可見其地自古
有佛寺的存在。

　　因此，我們可以推測佛教寺院在東漢明帝永平年間，傳入中國
的洛陽與彭城等地區。可是這時候的佛教寺院之形態，史料不足無
法究明。到了後漢末年這兩個地區先後出現佛寺較明確記載的史料，
即洛陽的菩薩寺，笮融在徐州所建的浮屠祠等。有建築形式，法會
活動的完整描述。如果要對佛教寺院傳入情形作進一步的瞭解，仍
有待於初期佛寺的名稱與建築形式等方面，作較精確的探討。

（三）初期佛寺的名稱與建築形式

　　《望月佛教大辭典》僧伽藍條：僧伽藍（Samghārāma），梵語、
巴利語。又翻譯爲僧伽羅摩、僧伽羅磨，略譯爲伽藍，意譯爲衆園，
或者梵漢並譯爲僧園、僧院。指由應該是建設作爲僧侶居住的房舍
（毘訶羅）的園地，轉爲包含土地及建造物的寺院的總稱。[39]《法苑
珠林》卷三九《伽藍篇》謂"原夫伽藍者，寶塔蘊其光明，精舍圖
其形象，遍滿三千之界，住持一萬之年。"[40]

　　《望月佛教大辭典》寺條：安置佛像，居住僧尼的屋宇稱爲寺。
又稱爲寺刹、佛寺、僧寺，或稱爲精舍、道場、伽藍、蘭若、梵刹、
净利等。[41]《佛學大辭典》寺院條：寺者，僧園之總名，院者，寺
內之別舍，總稱曰：寺院。[42]

　　宋贊寧的《大宋僧史略》創造伽藍條，綜合以前寺院的稱呼爲：

　　　　經像來思，僧徒庋止。次原爰處，必宅净方，是以法
　　輪轉須依地也，故立寺宇焉。（攝摩）騰、（竺法）蘭二人
　　角力既勝，（後漢）明帝忻悦，初於鴻臚寺延禮之。鴻臚寺

---

[38]　參見湯用彤《佛教史》，頁6。
[39]　望月信亨《望月佛教大辭典》，頁3040。
[40]　〔唐〕道世《法苑珠林》卷三九《伽藍編》第三十六，《大正藏》卷五二，頁591
　　　上。
[41]　同註〔40〕，頁1710。
[42]　《佛學大辭典》，頁941。

者，本禮四夷遠國之邸舍也。尋令別擇洛陽西雍門外蓋一精舍，以白馬馱經之故，用白馬爲題也。寺者，釋名曰寺嗣也，治事者相嗣續於其內也。本是司名，西僧乍來，權止公司，移入別居，不忘其本，還標寺號，僧寺之名始於此也。僧伽藍者，譯爲衆園，謂衆人所居，在乎圍圃，生殖之所。佛弟子則生殖道芽聖果也，故經中有祇園，皆是西域之寺舍也……後魏太武帝始光元年，創立伽藍爲招提之號。隋煬帝大業中，改天下寺爲道場，至唐復爲寺也。案（隋）靈裕法師寺誥，凡有十名寺：一曰寺，二曰淨住，三曰法同舍，四曰出世舍，五曰精舍，六曰清淨圍，七曰金剛刹，八曰寂滅道場，九曰遠離處，十曰親近處……今義如六種：一名窟，如後魏鑿山爲窟，安置聖像及僧居是也。二名院，今禪宗住持多用此名。三名林，經中有逝多林也。四曰廟，如善見律中瞿曇廟。五蘭若，無院相者。六普通，今五台山有多所普通院也。[43]

從宋贊寧的叙述裏可以得知寺院的稱呼有：寺，伽藍，精舍，道場，窟，院，廟，蘭若等。而以寺爲主要的稱呼。從《望月佛教大辭典》、《佛學大辭典》等可以得知中國主要用"寺"來稱呼印度佛教寺院的"僧伽藍"。由於翻譯，佛教寺院的形態，包含的意義之差別，而有許多的稱呼。但是如果從史料裏面去探討，卻發現西晉以前的寺院很少稱呼爲"寺"，大部分稱爲"祠"。西晉以後"寺"的稱呼才確立下來，不再稱爲"祠"。例如：前引的《後漢紀》明帝永平十三年條："英好游俠，交通賓客，晚節喜黃老，修浮屠祠。"《後漢書》卷四三《楚王英傳》："楚王誦黃老之微言，尚浮屠之仁祠。"

《後漢書》卷三〇《襄楷傳》：

> 延熹九年（166）楷自家詣闕上疏……書奏不省。十餘日復上書曰……又聞宮中立黃老浮屠之祠。[44]

《三國志》卷四九《劉繇傳》：

> 笮融者，丹楊人，初聚衆數百，往依徐州牧陶謙。謙

---

〔43〕〔宋〕贊寧《大宋僧史略》卷上，《大正藏》卷五四，頁236下～237上。

〔44〕《後漢書》卷三〇《襄楷傳》，頁1082。

使督廣陵、彭城運漕，遂放縱擅殺，坐斷三郡（廣陵、下
邳、彭城），委輸以自入，乃大起浮圖祠。"[45]

《三國志》卷六四《孫綝傳》：

> 綝意彌漫，侮慢民神，遂燒大橋頭伍子胥廟，又壞浮
屠祠，斬道人。[46]

小川貫弌認爲佛教因其具有廣大的包融特性，在其傳播中國等
地的初期，會與本土的祠堂等神廟形成某種程度的融合現象。東漢
時代，對於外來佛教的建築稱爲浮屠祠，與祭祀黃老等祠廟有
關。[47] 周一良的《能仁與仁祠》一文，即以"仁祠"爲能仁的祠
廟，並直呼爲"牟尼廟"。遠自周朝，神廟、社祠就遍佈各地。兩漢
之際，佛教傳入中國，也以中國固有的祠廟爲附著點，逐漸發展完
成寺院的規模與功能。這個問題，另文再探討。[48] 楚王英的"誦黃
老之微言，尚浮屠之仁祠"，對於黃帝、老子與佛陀都同樣奉爲大
神，而虔誠祭祀著。桓帝時代，對黃老的信仰和祭祀比起楚王英時
已有很大的發展，桓帝不僅在宮中用祭天的儀式祭祀黃老和"浮屠
祠"，且派人到苦縣等地祭祀老子。又楚王英和桓帝的祭祀都將黃老
與浮屠連稱，可能是合祀黃老與浮屠的祠廟，而未分開爲"黃老
祠"、"浮屠祠"，史料缺乏尚難判定。到了後漢末年，笮融約於靈帝
中平五年（188）至獻帝興平二年（195）之間，在彭城、廣陵間興
建單獨奉佛的"浮圖祠"。浮屠因屠字的忌諱而改爲同音的浮圖祠。
而記載同一項史實的《後漢書》，卻改爲"浮屠寺"。[49]

"寺"字代替"祠"字。原來"寺"是官舍、官署的名稱，三
公所居稱府，九卿所居稱寺。《後漢書》卷四《和帝紀》"幸洛陽
寺，錄囚徒，舉冤獄"。章懷太子注：

---

[45] 《三國志》卷四九《劉繇傳》，頁1185。
[46] 《三國志》卷六四《孫綝傳》，頁1449。
[47] 參見小川貫弌《浮屠祠と祠堂》，《印度學佛教學研究》第19卷第2期，1974。
[48] 祠廟是中國固有的宗教中心，與漢代以後佛、道、新宗教的興起應有相當的關係。
參見宮川尚志《水經注に見えた祠廟》，收在氏著《六朝史研究——宗教篇》（京
都：平樂寺書店，1977），頁366～390；凌純聲《中國古代社之源流》，《秦漢時代
之時》，《中央研究院民族學研究所集刊》第17、18期；勞榦《漢代社祀的源流》，
《中央研究院歷史語言研究所集刊》第11本。筆者對此問題甚感興趣，正搜集資料
中，他日擬專文探討。
[49] 《後漢書》卷七三《陶謙傳》，頁2368。

寺，官舍也。《風俗通》云："寺，嗣也。理事之吏，
嗣續於其中。"[50]

田中豐藏認爲佛教寺院的構造具有外廊圍繞的庭院，與官署的
庭院、牢獄的中廷相似，所以由古代的"佛祠"轉爲"佛寺"。[51]
笮融所建的浮屠寺就具備著這種形態，《後漢書》卷七三：

浮屠寺，上累金盤，下爲重樓，又堂閣周回，可容三
千許人，作黃金塗像，衣以錦綵。

配合《三國志》的記載，可以得到更清楚的認識：

浮圖祠，以銅爲人，黃金塗身，衣以錦采。垂銅槃九
重。下爲重樓。閣道可容三千餘人。[52]

這浮屠寺内有金銅佛像，有九個相輪的閣樓式木塔，[53] 在四周
具有僧房性質的堂閣周迴圍繞著，顯現出一幅可容三千人之大規模
的佛寺景象。中國建築的平面部署主要特徵，係由若干座個別的主
要建築物，如殿堂、廳舍、樓閣等，配合附屬建築物，如廊廡、院
門、圍墻等，周繞聯繫，中留空地爲庭院。[54] 印度僧伽藍則以佛塔
爲中心，周圍爲僧房圍遶著，中間也有庭院。[55] 笮融的浮屠寺在中
國的建築部署中，融入了印度伽藍的特徵，顯現了中國佛教寺院的
原始形式。

《梁高僧傳》卷一《康僧會傳》，詳述寺院的興立過程：

時吳地初染大法，風化未全。僧會欲使道振江左，興
立圖寺，乃杖錫東遊。以吳赤烏十年（247）初達建業。營
立茅茨，設像行道……（孫權）召會詰問，有何靈驗。會
曰：如來遷跡，忽逾千載，遺骨舍利，神曜無方，昔阿育
王起塔，乃八萬四千，夫塔寺之興，以表遺化也。權以爲

---

〔50〕《後漢書》卷四《和帝紀》，頁179。
〔51〕田中豐藏《中國佛寺的原始形式》，氏著《中國美術史の研究》（二玄社，1964），
頁108～110。又《大宋僧史略》等記載，認爲東漢明帝時，西域僧侶初來館於鴻臚
寺，其後遷移新居，以不忘本故，借名所居爲寺。但是，漢代未有"鴻臚寺"的連
稱，恐怕是後世附會之説。
〔52〕《三國志》卷四九《劉繇傳》，頁1185、《後漢書》卷七三《陶謙傳》，頁2368。
〔53〕劉敦楨等編《中國古代建築史》（臺北：明文書店，1983），頁86。
〔54〕梁思成《敦煌壁畫中所見的中國古代建築》，收在氏著《梁思成文集》（一）（臺
北：明文書店，1984），頁2。
〔55〕田中豐藏《中國佛寺的原始形式》，氏著《中國美術史の研究》（二玄社，1964）
前引田中豐藏文，頁115。

誇誕。乃謂會曰：若能得舍利，當爲造塔，如其虛妄，國
有常刑。會請期七日……燒香禮請……果獲舍利，明旦呈
權……權大嘆服，即爲建塔。以始有佛寺，故號建初寺，
因名其地爲佛陀里，由是江左，大法遂興。[56]

康僧會祖先是康居人，世居天竺，其父因商賈移于交趾。僧會
年十餘歲即父母雙亡，乃出家追隨安世高弟子南陽韓林、潁川皮業、
會稽陳慧等三賢學道。[57] 他到江南傳法的第一項要務乃是建立寺
院，康僧會首先建立茅屋小寺，供奉佛像而宣揚佛教。其後，孫權
詰問佛法的靈驗與否，康僧會乃虔誠祈禱，獲得舍利。孫權嘆服之
餘爲建佛塔。因是江南第一座佛寺，故名爲建初寺。由此可見佛塔
也可以代表佛寺，且能單獨存在。早期佛教建築以佛塔爲寺院中心，
故稱呼寺院爲塔或塔寺。六朝隋唐專門記載佛教寺院的書籍就稱爲
"塔寺記"。例如：《梁高僧傳》卷一《安世高傳》所引的曇京《塔
寺記》，以及唐段成式所撰的《寺塔記》一卷。[58]

由以上的探討可以知道，後漢初年的佛教寺院稱爲"浮屠祠"，
係模仿中國固有的宗教信仰之"祠廟"而來。到了後漢末年，漸有
以"寺"代"祠"的記載出現，如《般舟三昧經記》："建安十三年
（208）於佛寺中校定悉具足。"又言，"建安三年（198）歲在戊子
八月八日於許昌寺校定。"[59]《後漢書》乃改笮融的"浮圖祠"爲
"浮屠寺"。但是曹魏明帝時的寺院有稱"官寺"爲"官佛圖精舍"
者。[60] 有孫綝的"大毀浮屠祠"。因此，漢末三國時代，寺院稱呼
仍未固定爲"寺"，到了西晉時代寺院的名稱，乃漸以"寺"爲主，
看不到"祠"的字眼，佛寺脫離了附著於傳統的"祠廟"走向代表
佛教的"佛寺"了。

初期佛寺也從"祠廟"的形態，逐漸參照中國府廷宮殿式建築
格局，加入佛寺的特徵"佛塔"。完成了在中國府庭建築格局中，融
入了印度伽藍的佛塔、僧房，而完成了中國佛教寺院的原始形
式——"塔寺"。塔寺建築盛行於漢末與六朝時期，如笮融的"浮屠

〔56〕《梁高僧傳》卷一《康僧會傳》，頁325中。
〔57〕《出三藏記集》卷六，康僧會撰《安般守意經序》，頁43中。
〔58〕〔唐〕段成式《寺塔記》一卷，《大正藏》卷五一，頁1022～1024。
〔59〕《出三藏記集》卷七，未詳作者；《般舟三昧經記》，頁48下。
〔60〕〔唐〕道宣《集神州三寶感通錄》卷上，《大正藏》卷五二，頁410中。

寺"以及北魏洛陽的"永寧寺"都是以佛塔爲中心，周圍繞以僧房
的基本形式。唐代禪宗盛行，大寺中又分爲許多院。禪宗喜用"院"
的稱呼，因此由"塔寺"而漸改稱爲"寺院"，至今塔已淪爲寺院
後山供人寄放骨灰的塔而已，大雄寶殿成爲寺院的中心。此種寺院
形式的轉變，以後，當另文予以探討。

綜合本章的探討，可以獲得寺院的基本概念，即作爲判別何者
爲寺院的標準。凡是供奉佛像或佛舍利等神聖象徵，且有佛教活動
的"浮屠祠"、"佛塔"、"佛寺"、"塔寺"等建築場所，都可以稱爲
寺院。在史料上，凡是記載爲"浮屠祠"、"佛塔"、"佛寺"、"寺"、
"塔寺"等稱呼，以及有佛教活動者就可以判定爲有"寺院"的存
在。相反的，儘管有非常衆多的僧侶或興盛的佛教活動，但未標明
"寺院"的名詞，爲了避免錯誤起見，仍不能認爲有寺院的存在。廣
義的寺院，包含未完全獨立的"浮屠祠"，類似一般信仰的社祀、祠
廟等，也包含還沒有正式的僧侶所參與的"浮屠寺"，只由信徒從事
奉佛等佛教活動。它們是寺院的雛形，沒有理由加以排斥在寺院概
念之外。獨立而建全的寺院是我們研究的主要對象，它們有完整的
佛塔、佛堂（殿）、僧房等建築，有嚴密的組織和制度，從事許多佛
教活動，是研究佛教與中國文化社會之間各種交互影響，最理想的
個案，此種寺院可視爲標準寺院。後期或民間的寺院又融入了各種
民間信仰的神祇，雖然不純粹，但仍然屬於寺院史的研究範圍。有
了以上的認識，我們可以進行佛教寺院的分布等問題之探討。

三、佛教寺院的地理分布

由於佛教徒信仰的虔誠，往往將當代的佛寺，託始於古代，或
者附會某時於某地有某寺，這些缺乏證據的寺院記載不少。本文以
寺院的基本概念，以嚴格的歷史考證方法，本寧缺勿濫的態度，捨
棄各種缺乏他證的傳說，而應用比較可靠的資料，論述早期佛教寺
院的分布。本章以地區爲主，就每一地區的時代先後，而條列各個
寺院，即詳究每個寺院出現的時間與地點，下一章再作佛教寺院的
分布與活動之探討。

（一）洛陽

洛陽是後漢的首都，爲西域商賈、移民聚居之地，遠自明帝永

平年間就有佛教寺院雛形的建立，桓、靈以來不但宮中有浮屠祠，城內也有佛寺譯經的記載。現在史料上所見到的記載來看，洛陽是漢代翻譯佛經唯一之重鎮。曹魏、西晉都相繼建都於洛陽，遂使此地的佛寺，冠於全國。漢魏晉洛陽故城在今天洛陽市東北二十里，近來考古已發掘其城址。[61] 以下按寺院出現的時間先後，分別條舉考辨各資料於後。

1. 白馬寺

從第二章第二節，後漢佛寺的傳入，可以確定，後漢明帝永平年間（58—75）接待外國僧侶的客館或爲他們所建的房舍，可能就是白馬寺的原型。從《牟子理惑論》、《四十二章經序》，以及《梁高僧傳》等，可以確定在漢末洛陽城西門外有佛寺的存在，且後來被稱爲白馬寺。到了曹魏時代，《歷代三寶記》記載，曇柯迦羅、康僧鎧、白延等人在白馬寺的譯經工作。

> 魏僧祇《戒本》一卷（初出見竺道祖《魏世録》），中天竺國沙門曇柯迦羅……誦大小乘經及諸佛藏，遊化至洛……以嘉平年（250）於白馬寺出此《戒本》一卷，且備朝夕，中夏戒法，始自此焉……郁伽長者所問經二卷，《無量壽經》二卷，右二部合四卷，天竺國沙門康僧鎧，齊王世嘉平年（252）於洛陽白馬寺譯……《首楞嚴經》二卷、《無量清淨平等覺經》二卷、《又須賴經》一卷、《除災患經》一卷、《平等覺經》一卷、《菩薩修行經》一卷，右六部合八卷，高貴鄉公世，西域沙門白延，懷道遊化。甘露年中（258）來屆洛陽止白馬寺，衆請譯焉。[62]

梁慧皎的《高僧傳》卷一，也記載曇柯迦羅等三人來洛陽譯經，爲中夏戒律之始。[63] 但並未明言在白馬寺譯經。《歷代三寶記》爲隋代費長房所編撰，也許加上北朝人託始白馬寺傳說的影響，而引用白馬寺的傳說。因此，白馬寺的譯經因無其他史料佐證，暫且存疑。但是，在洛陽某一寺院內譯經。甚至在後來的白馬寺譯經並非

---

〔61〕 詳見馬先醒著《中國古代城市論集》的《漢代洛陽之城池與城門》、《後漢京師南北東宮之位置與其門闕》、《漢代兩京研究緒說》等文（臺北：簡牘學會，1980 年）頁 81 ~ 130。

〔62〕 隋費長房《歷代三寶記》第五，《大正藏》卷四九，頁 56 中。

〔63〕 《梁高僧傳》卷一《曇柯迦羅傳》，頁 324 下 ~ 325 上。

不可能。

進入了西晉時代，白馬寺有眾多的僧侶與信徒參與譯經、聽經以及舉行法會等各項記載。白馬寺之存在，名實相符而確然無疑了。南齊王琰《冥祥記》：

> 晉闕公則，趙人也。恬放蕭然，唯勤法事。晉武之世，死於雒陽，道俗同志爲設會於白馬寺中，其夕轉經。[64]

《文殊師利淨律經記》詳記竺法護的譯經情形：

> 經後記云：沙門竺法護……太康十年（289）四月八日，白馬寺中，聶道真對筆受，勸助者劉元謀、傅公信、侯彥長等。[65]

同年，竺法護等人在白馬寺中口譯、筆受、抄寫《魔逆經》，使該經廣爲流布：

> 太康十年（289）十二月二日，月支菩薩法護，手執梵書口宣晉言，聶道真筆受，於洛陽城西白馬寺中始出，折顯元寫，使功德流布，一切蒙福度脫。[66]

除了譯經之外，尚有講經活動，未詳作者的《正法華經後記》：

> 永熙元年（290）八月二十八日，比丘康那律，於洛陽寫《正法華品》竟。時與清戒界節優婆塞張季博、董景玄、劉長武、長文等，手執經本詣白馬寺，對與法護，口校古訓，講出深義。[67]

今天的白馬寺，由於洛陽都城西移，反而位於現在洛陽城東二十五里的義井鋪。宋淳化三年（992）。元至順四年（1333），明洪武二十三年（1390），嘉靖三十五年（1556）等歷代先後增修。康熙五十二年（1713）重修。現在還保有白馬寺正門、不二法門、觀音殿、大雄殿、伽藍殿、昆盧閣等主要建築，呈現出古樸森嚴的風格。寺中還保留有《洛京白馬寺祖庭記》、《大宋重修白馬寺碑》、《重修大刹白馬禪寺記》、《重修祖庭釋源大白馬寺佛殿記》、《重修白馬寺碑記》、《清穆宗同治六年四月銘》、《清穆宗同治十三年四月刻銘》等碑銘。我們可以根據

---

[64] 收在〔唐〕道世《法苑珠林》卷四二，《大正藏》卷五三，頁616中。
[65] 《出三藏記集》卷七《文殊師利淨律經記第十八》，頁51中。
[66] 《出三藏記集》卷七《魔逆經記第十五》，頁50中。
[67] 《出三藏記集》卷八《正法華經後記第七》，頁56下。

有關史料及遺留之建築、碑銘等，研究這近二千年之佛教始傳古寺。由於超出本文範圍，他日當另文探討。[68]

2. 東牛寺

《正法華經後記》在敘述永熙元年八月二十八日，康那律等人赴白馬寺，請竺法護講出深義後，接著在九月十四日，於東牛寺大會中講誦此經。

> 以九月本齋十四日，於東牛寺中施檀大會講誦此經，
> 竟日盡夜無不咸歡，重已校定。[69]

由以上這些經典的"後記"，可看出洛陽城內白馬寺、東牛寺的譯經、講經之盛況。大谷勝真認爲白馬寺受道教思想的影響，而以老子騎青牛西出關之故，乃有白馬負經東來建白馬寺的史實，而東牛寺也相對地出現在洛陽城中。[70]

3. 桓帝的浮屠祠

《後漢書》卷三〇《襄楷傳》：

> 延熹九年（166），楷自家詣闕上疏……書奏不省。十
> 餘日復上書曰……又聞宮中立黃老浮屠之祠。[71]

《後漢書》卷七《桓帝紀》：

> 論曰：前史稱，桓帝好音樂、善琴笙。飾芳林而考濯
> 龍之宮，設華蓋以祠浮圖、老子，斯將所謂聽於神乎。[72]

可見漢桓帝延熹九年（166）之前，宮廷中有浮圖祠的存在。

4. 某寺

漢桓帝、靈帝以來，有安世高、支讖、竺佛朔等的翻譯佛經，從各種翻譯記序裏，可以知道洛陽佛寺的存在。《般舟三昧經記》第八：

> 《般舟三昧經》，光和二年（179）十月八日，天竺菩
> 薩竺佛朔於洛陽出。菩薩法護。時傳言者月支菩薩支讖。
> 授與河南洛陽孟福字元士。隨侍菩薩，張蓮字少安筆受，
> 令後普著在。建安十三年（208）於佛寺中校定悉具足。後

〔68〕 參見常盤大定《中國文化史跡解說》卷五，頁39。《圖版》（京都：法藏館，1975）
　　　卷五，頁43～45。
〔69〕《出三藏記集》卷八《正法華經後記第七》，頁56下。
〔70〕 大谷勝真前引文，頁80。
〔71〕《後漢書》卷三〇《襄楷傳》，頁1082。
〔72〕《後漢書》卷七《桓帝紀》，頁320。

有寫者，皆得南無佛。又言，建安三年（198）歲在戊子八
月八日於許昌寺校定。[73]

許昌是楚王英的舅子，永平元年（公元 58）被封爲龍舒侯。馬
伯樂（Henri Maspero）認爲許昌寺的建立者以許昌之人名來命寺名。
此事與楚王英所留傳下來的佛教信仰有關。[74] 但是，細讀文意，經
在洛陽出，建安十三年於佛寺中校定，則此佛寺應在洛陽。而建安
三年於許昌寺校定，可能是位於許昌的許昌寺，不是指在洛陽爲紀
念一百多年前的許昌，而以人名所立的寺。無論如何建安十三年的
佛寺中校定，依前在洛陽出，後在洛陽佛寺中校定的這個佛寺，必
定位於洛陽。而建安三年的許昌寺則不一定在洛陽。

5. 菩薩寺

《道行經後記》記載洛陽城西菩薩寺的譯經情形：

> 光和二年（179）十月八日，河南洛陽孟元士，口授天
> 竺菩薩竺朔佛，時傳言譯者月支菩薩支讖，時侍者南陽張
> 少安、南海子碧，勸助者孫和、周提立。正光二年九月十
> 五日洛陽城西菩薩寺中沙門佛大寫之。[75]

此文爲梁僧佑（445～518）所收編，而正光二年（521）爲其
死後三年，故年號可能誤寫。菩薩寺依文意當在漢末即已存在，惜
沙門佛大，無資料可考，否則當可獲得進一步的證明。

6. 魏明帝的官佛圖精舍

《魏書·釋老志》記載：

> 魏明帝，曾欲壞宮西佛圖，外國沙門乃金盤盛水置於
> 殿前，以佛舍利投之於水，乃有五色光起，於是帝歎曰：
> 自非靈異，安得爾乎？遂徙於道東，爲作周閣百間。[76]

《集神州三寶感通録》卷上：

> 魏明帝洛城中本有三寺，其一在宮之西，每繫幡刹頭，

---

〔73〕《出三藏記集》卷七，未詳作者《般舟三昧經記》，頁48下。
〔74〕宮川尚志《晉書佛教史料稿——附後漢書·三國志》，《岡大法文紀》第十九，
　　　1964，頁78。引 Henri Maspero：Les Origines de la Communaute' bouddhiste de Lo-Yang
　　　（J. A. Tome 225, 1934）.
〔75〕《出三藏記集》卷七，未詳作者《道行經後記》，頁47下。
〔76〕《魏書》卷一一四《釋老志》，頁3028。

輒斥見宮內，帝患之，將毀除壞……乃於道東造周閭百間，

名爲官佛圖精舍。[77]

魏明帝欲壞佛寺，卻因佛舍利的靈異，反而爲之徙建"官佛圖精
舍"。如果根據《洛陽伽藍記》序中記述：西晉永嘉年間（307～312）洛
陽一地即有佛寺四十二所。[78] 以初期佛寺成長的情形，曹魏明帝時
洛陽城中有三寺，其中有官立的"官寺"存在，是非常可能的，至於因靈
異現象而建"官寺"，另有政治與宗教的背景，下章再予詳究。

7. 愍懷太子浮圖

愍懷太子遹字熙祖，西晉惠帝長子（278～300），幼年聰慧，爲
武帝所喜愛，後爲賈后所害，年二十三歲。《水經注》因白馬寺而提
到"愍懷太子浮圖"，應該是爲了紀念愍懷太子而立的。

穀水又南逕白馬寺東，昔漢明帝……於是發使天竺寫致
經像，始以榆欓盛經，白馬負表之中夏，故以白馬爲寺名，此
榆欓後移在城內愍懷太子浮圖中，近世復還此寺。[79]

浮圖中能容榆欓等物，因此，愍懷太子浮圖決不是佛像，但可
能是佛塔或佛寺。

8. 滿水寺

《梁高僧傳》卷一〇《耆域傳》：

耆域者，天竺人也……以晉惠之末至于洛陽……時衡陽
太守南陽滕永文在洛，寄住滿水寺。得病經年不差，兩脚攣
屈不能起行，域往看之曰：君欲病得差不。因取淨水一杯，楊
柳一枝……即起行步如故。此寺中有思惟樹數十枝枯死
……域即向樹呪如呪永文法，樹尋荑發，扶疏榮茂。[80]

晉惠帝時，洛陽城內有滿水寺，可供太守等高官借住養病，庭
院中又有數十枝思惟樹，規模當不小。

9. 大市寺

《梁高僧傳》卷一〇《安慧則傳》：

安慧則，工正書善談吐，晉永嘉中……後止洛陽大市

---

〔77〕 〔唐〕道宣《集神州三寶感通錄》卷上，《大正藏》卷五二，頁410中。

〔78〕 楊衒之《洛陽伽藍記》，《大正藏》卷五一，頁999上。

〔79〕 〔北魏〕酈道元《水經注》卷一六（臺北：世界書局），頁217。

〔80〕 《梁高僧傳》卷一〇《耆域傳》，頁388。

寺，手自細書黃縑，寫《大品經》一部，合爲一卷，字小
如豆，而分明可識，凡十餘本。[81]

西晉末年，洛陽當有大市寺之存在。

10. 宮城西門法始立寺

第一位比丘尼的出現與本寺有密切的關係《晉竹林寺浄檢尼傳》：

> 浄檢，本姓仲，名令儀，彭城人也。父誕，武威太守。
> 檢少好學，早寡家貧，常爲貴遊子女教授琴書，聞法信樂，
> 莫由諮稟。後遇沙門法始，經道通達。晉建興中（313～
> 316）於宮城西門立寺。檢乃造之，始爲説法，檢因大悟。
> 念及强壯以求法利，從始借經，遂達旨趣。他日謂始曰：
> 經中云比丘比丘尼，願見濟度……檢即剃落從和上受十
> 戒……晉土有比丘尼，亦檢爲始也。[82]

11. 竹林寺

浄檢成爲比丘尼後，創立了第一座尼寺。《浄檢尼傳》有詳細的
記述：

> 檢即剃落從和上受十戒，同其志者二十四人，於宮城
> 西門共立竹林寺。未有尼師，共諮浄檢，過於成德……檢
> 蓄養徒衆，清雅有則，説法教化，如風靡草。[83]

12. 槃鵄山寺

洛陽除了城内及城門旁的寺院外，距離一百餘里的山林也有寺
院存在。《犍陀勒傳》：

> 犍陀勒者，本西域人，來至洛陽積年……謂衆僧曰：
> 洛東南有槃鵄山，山有古寺廟處。基塸猶存，可共修立。
> 衆未之信，試逐檢視，入山到一處，四面平坦……示講堂、
> 僧房處，如言皆驗。衆咸驚嘆，因共修立，以勒爲寺主。
> 寺去洛城一百餘里，朝朝至洛陽諸寺赴中，暮輒乞油一鉢
> 還寺燃燈，以此爲常。[84]

後漢三國西晉時代洛陽佛寺可考者，有白馬寺、東牛寺、桓帝

---

[81] 《梁高僧傳》卷一〇《安慧則傳》，頁 389 中。

[82] 〔梁〕寶唱《比丘尼傳》卷一《浄檢尼傳》，《大正藏》卷五〇，頁 934 下。

[83] 同註〔82〕。

[84] 《梁高僧傳》卷一〇《犍陀勒傳》，頁 388 下。

的浮屠祠，某佛寺、菩薩寺、魏明帝的官佛圖精舍，愍懷太子浮圖、滿水寺、大市寺，宮城西門法始立寺、竹林寺、槃鵄山寺等十二所，此外黃懺華《西晉佛教》一文，尚列有"石塔寺"一所，因不知出處，故不予列舉。[85]

（二）彭城

1. 楚王英的浮屠祠

從第二章第二節所引的《後漢紀》明帝永平十三年條："英好游俠，交通賓客，晚節喜黃老，修浮屠祠。"《後漢書》卷四二《楚王英傳》："楚王誦黃老之微言，尚浮屠之仁祠。"可以推知，楚王英在建武十五年（公元39）至永平八年（公元65）之間，在彭城（即今天的江蘇省銅山縣）修建有浮屠祠。雖然，楚王英的信仰是佛道並列，有可能是合祀黃老與佛陀在一起的祠堂，但細究文意，上句屬於喜歡黃老的思想，下句則修建或崇尚祭祀佛陀的祠堂。不論"佛祠"是否單獨存在，仍可視爲本地已有佛教寺院雛型之出現。楚王英的佛教信仰，留傳在徐州地區。徐州的臨淮（即下邳國）到了漢靈帝時有嚴浮調出家，並往洛陽譯經，成爲中國佛教徒之第一人。且笮融在下邳建浮屠祠，也是目前史料上記載佛教寺院較早且較完備者。

（三）下邳

1. 笮融的浮屠祠

《後漢書》卷七三《陶謙傳》謂：

> 初，同郡人（丹陽郡）笮融，聚衆數百，往依於謙，謙使督廣陵、下邳、彭城運糧，遂斷三郡委輸，大起浮屠寺。[86]

《三國志》卷四六《孫策傳》注引《江表傳》謂：

> 時彭城相薛禮，下邳相笮融依縣爲盟主。[87]

陶謙於靈帝中平五年（188）爲徐州刺史，而笮融死於獻帝興平二年（195）。笮融之起佛寺，當在此數年間，其地點可能在下邳郡，故城在今江蘇邳縣東三里。由第二章第三節的探討，可知笮融的浮屠祠，已有佛像、佛塔，且周圍繞以堂閣，可容三千餘人的佛寺，

---

〔85〕 參見黃懺華等著《中國佛教史略》，收在《中國佛教總論》（臺北：木鐸出版社，1983），頁16。

〔86〕《後漢書》卷七三《陶謙傳》，頁2368。

〔87〕《三國志》卷四六《孫策傳》注引《江表傳》，頁1103。

可説是史料上所能見到的最古老的佛寺原始形式了。

（四）許昌

1. 許昌寺

本章的洛陽某寺中,已經討論過不詳作者的《般舟三昧經記》第八,記載"《般舟三昧經》,光和二年(179)十月八日,天竺菩薩竺佛朔於洛陽出……建安三年(198)歲在戊子八月八日於許昌寺校定。"其中的許昌寺,有可能是在洛陽爲紀念楚王英的舅子許昌所立的。但是,以早期佛寺命名的習慣以地名居多來看,應是位於許昌的許昌寺才對。而且建安元年(196)曹操已經迎獻帝都許(今河南許昌縣),以早期佛寺大都盛行於國家的都城來看(下章另詳),則許昌中有許昌寺的可能性相當大,湯用彤也認爲許昌寺位於許昌。[88]

（五）建業

1. 建初寺

第二章第三節叙述康僧會於吳赤烏十年（247）建立茅屋小寺而奉佛行道之後,孫權因舍利的靈驗,爲其建立佛塔,起名爲建初寺。[89] 到了孫綝時一度遭受毀壞浮屠祠的威脅,又在孫皓主政時(264～280）受到宗教壓迫,康僧會乃奮力與孫皓、張昱等力爭,終使建初寺得以保存。到了西晉初年,乃能在本寺中完成佛經的翻譯、注解、梵誦等宏法工作。《梁高僧傳》卷一《康僧會傳》:

> 孫皓即政,法令苛虐,廢棄淫祠,乃及佛寺,並欲毀壞……皓遣張昱詣寺詰會。昱雅有才辯,難問縱橫,會應機騁詞,文理鋒出,自旦之夕,昱不能屈……（皓）乃於會所住,更加修飾,宣示宗室,莫不畢奉……會於建初寺譯出衆經,所謂《阿難念彌陀經》、《鏡面王》、《察微王》、《梵皇經》等,又出《小品》及《六度集》、《雜譬喻》等。並妙得經體,文氣允正。又傳泥洹貝聲,清靡哀亮,一代模式。又注《安般守意》、《法鏡》、《道樹》等三經,並製經序,辭趣雅便,義旨微密,並見於世。吳天紀四年

---

[88] 湯用彤《佛教史》,頁82。

[89] 本寺有人懷疑爲孫權所創立,認爲是一種神話,但是孫綝曾有"壞浮屠祠"的記載。孫吳時已有佛寺存在,無庸置疑。且孫吳末年,康僧會在本寺從事翻譯,注解佛經等各種活動。本寺創於孫權時代的可能性很大。

（280）四月，皓降晉，九月會遘疾而終，是歲晉武太康元
年也。[90]

永嘉之亂後，本寺乃爲北方僧侶避亂南來所棲止之處。《帛尸梨
密多羅傳》謂：

> 帛尸梨密多羅，此云吉友，西域人，時人呼爲高座。
> 傳云，國王之子，當承繼世，而以國讓弟……晉永嘉中，
> 始到中國，值亂乃過江，止建初寺。[91]

高座道人止建初寺後，爲東晉丞相王導、太尉庾元規、光禄周伯
仁、太常謝幼輿、廷尉桓茂倫等名士所敬重。帛尸梨密多羅死後，東晉
成帝乃“樹剎塚所”，而有另一個寺院“高座寺”的建立。東晉咸和中，
蘇峻亂，塔焚，司空何充復爲修復。平西將軍趙誘，又於寺東立小塔。
宋元嘉中有鳳凰翔集於此山，因建鳳凰臺於寺側。南朝高僧如支曇
籥、道儒、僧祐皆居此寺，又有璩法師，護持像法，汲引人倫。即卒，陳
江總爲之作碑。逮唐貞觀初，嬾融和尚亦卒於是。宋改名法性寺。建
炎火，寺廢，法性舊額僅存。及寺復建，析爲三，在東曰石佛院，在西曰
前法性寺、後法性寺。元末猶存，至明遂無傳。[92] 江南第一座佛寺，
歷時一千多年，可惜今天已不存在了。

（六）倉垣

倉垣，在今河南省開封縣。《水經注》“汲水東經倉垣城西”，即指
此地。[93]《出三藏記集》卷七《放光經記》以其地有水南寺、水北寺。

1. 水南寺

> 惟昔大魏潁川朱士行，……後至陳留界倉垣水南寺，以
> 元康元年（291）五月十五日，衆賢者共集議，晉書正寫。[94]

2. 水北寺

《放光經記》續記載著：

> 經義深奧，又前從寫者，參校不能善悉。至太安二年
> （303）十一月十五日沙門竺法寂來至倉垣水北寺，求經本

〔90〕《梁高僧傳》卷一《康僧會傳》，頁325下~326上。
〔91〕《梁高僧傳》卷一《帛尸梨密多羅傳》，頁327下。
〔92〕清劉世珩《南朝寺考》，收在《中國佛寺志》第二輯第二册（臺北：明文書局，1980），頁8。
〔93〕《中國歷史地名大辭典》第一卷（臺北：三通圖書公司，1984），頁151。
〔94〕《出三藏記集》卷七《放光經記第三》，頁47下。

寫時，檢取現品五部並胡本，與竺叔蘭更共考校書寫。

（七）長安

佛教之初來，經過西域，以達洛陽，途中所經過的，如敦煌、天水、長安等地，應早有佛法流佈才對。但是在西晉以前，很少有史料稱引，可能事蹟較少，或無新奇的史實，足資留傳。但是，僧傳上所見，長安在西晉時，已成爲佛教重鎮之一。以下，條列幾個見之記載的寺院。

1. 白馬寺

白馬寺爲佛教入華托始傳說的第一座佛寺，各地也都有白馬寺的建立。竺法護是西晉時譯經最多，彰明大乘佛教最力之僧侶，因此被世人尊爲佛教玄學之首。[95]《須真天子經紀》謂：

> 《須真天子經》，泰始二年（266）十一月八日，於長安青門内白馬寺中，天竺菩薩曇摩羅刹（此云竺法護）口授出之。時傳言者，安文惠、帛元信。手受者，聶承遠、張玄伯、孫休達。十二月三十日未時記。[96]

2. 青門外某寺

《竺法護傳》：

> 立寺於長安青門外，精勤行道，於是德化遐布，聲蓋四遠，僧徒數千，咸所宗事。[97]

法護既道被關中，因此寺院資財亦殷富，曾慨然允借長安某甲族求錢二十萬，獲得該族一宗百餘口的受戒敬奉。《竺法乘傳》謂：

> （竺法護）既道被關中，且資財殷富。時長安有甲族欲奉大法，試護道德，僞往告急，求錢二十萬。乘年十三，侍在師側，即語曰：和上意已相許矣。客退後乘曰：觀此人神色非實求錢，將以觀和上道德何如耳，護曰吾亦以爲然。明日此客率其一宗百餘口，詣護請受戒具，謝求錢之意，於是師資名布遐邇。[98]

3. 西寺

---

[95]《梁高僧傳》謂竺法護譯經有 165 部之多，湯用彤認爲現存者仍有 95 部，故湯氏對竺法護甚爲欽崇，見氏著前引書，頁 157～164。
[96]《出三藏記集》卷七《須真天子經記第七》，頁 48 中。
[97]《梁高僧傳》卷一《竺法護傳》，頁 326 下。
[98]《梁高僧傳》卷四《竺法乘傳》，頁 347 中。

《漸備經十住胡名并書叙》謂竺法護於元康七年（297）在長安西寺譯出本經：

> 元康七年十一月二十一日，沙門法護在長安市西寺中出《漸備經》，手執胡本譯爲晉言……出經時人云聶承遠筆受，帛元信，沙門法度，此人，皆長安人也，以此推之，略當必在長安出。[99]

《歷代三寶記》亦以此年法護在西寺譯出《金剛薩菩薩行經》一卷：

> 《金剛薩菩薩行經》一卷，元康七年於長安市西寺譯，出《華嚴》第二十二卷。[100]

4. 某精舍

佛教興起後，免不了與道教發生衝突。佛道乃各創新説，互爭長短。西晉時的帛遠與祭酒王浮，每爭佛道之邪正，王浮屢屈，乃作《老子化胡經》以誣謗佛法。不過，帛遠不僅能注經、翻譯佛經，且能建築精舍，故獲得近千人的信奉，乃至爲河間王顒所敬重。《帛遠傳》謂：

> 帛遠字法祖，本姓萬氏，河內人，父威達，以儒雅知名，州府辟命皆不赴……乃於長安造築精舍，以講習爲業，白雲宗稟，幾且千人。晉惠之末，太宰河間王顒鎮關中，虛心敬重，待以師友之敬。每至閑辰靖夜，輒談講道德，于時西府初建，後又甚盛，能言之士，咸服其遠達。[101]

本寺以帛遠的講習經典爲主，且兼爲能言之士玄談道德之所。

（八）天水

竺法護世居敦煌郡，以"寺廟圖像雖崇京邑，而方等深經蘊在西域。"法護乃隨師至西域，遊歷諸國，獲大量胡本回到中夏，自燉煌至長安，沿路傳譯。天水（今甘肅省天水縣西六十里）是譯經地點之一。

1. 天水寺

《普曜經記》謂竺法護在永嘉二年（308）在本寺譯出該經：

---

[99] 《出三藏記集》卷九《漸備經十住胡名并書叙第三》，頁62中。
[100] 《歷代三寶記》卷六，頁62下。
[101] 《梁高僧傳》卷一《帛遠傳》，頁327上。

《普曜經》，永嘉二年太歲在戌辰五月，本齋菩薩沙門法護，在天水寺，手執胡本口宣晉言，時筆受者，沙門康殊，帛法巨。[102]

（九）燉煌

竺法護的徒弟竺法乘，在長安幫助其師贏得大族的信奉後，回到燉煌（今甘肅省敦煌縣）建立寺院，傳佈佛學，使佛教盛行於河西。《竺法乘傳》謂：

竺法乘……後西到燉煌立寺延學，忘身為道，誨而不倦，使夫豺狼革心，戎狄知禮，大化西行，乘之力也，後終於所住。[103]

（十）吳縣

吳縣（今江蘇省吳縣）是六朝的三吳富庶地區，也為高僧與名士清談之地。早在西晉時就有寺院留傳在史料中。

1. 東雲寺

東晉孝武帝寧康中（373～375）釋慧達往丹陽、會稽、吳郡覓阿育王塔像。他東遊吳縣時所禮拜的石像，係出於西晉建興元年（313）之時。《釋慧達傳》：

像於西晉將末，建興元年癸酉之歲，浮在吳松江滬瀆（今上海）口。漁人疑為海神，延巫祝以迎之，於是風濤俱盛，駭懼而還……後有奉佛居士吳縣民朱應，聞而嘆曰：將非大覺之垂應乎？乃潔齋共東雲寺帛尼及信者數人到滬瀆口，稽首盡虔，歌唄至德。即風潮調靜，遙見二人浮江而至，乃是石像，背有銘志，一名惟衛，二名迦葉。[104]

2. 通玄寺

東雲寺的僧徒獲得石像後，接還安置於吳縣的通玄寺。《釋慧達傳》續謂：

即接還安置通玄寺，吳中士庶，嗟其靈異，歸心者眾矣。（釋慧達）停止通玄寺，首尾三年，晝夜虔禮，未嘗暫廢。

從通玄寺佛像被經年虔誠禮拜的情形，可以上推六十年前，在

〔102〕《出三藏記集》卷七《普曜經記第六》，頁48中。
〔103〕《梁高僧傳》卷四《竺法乘傳》，頁347下。
〔104〕《梁高僧傳》卷一〇《釋慧達傳》，頁409下。

滬瀆口發現的說法是真確的。因此，東雲寺與通玄寺至少在西晉時就已被建立。吳縣能有兩座寺院見於史料上，亦可推測三吳地區當有不少佛寺存在。

以上十個地區二十六座寺院，由於記載的史料距離佛寺出現的時代較接近，且衡諸時代背景也都能符合，故比較可信。底下所記載的寺院，未出現在較早的記錄裏，而出現在唐宋以後的記載裏，且衡諸各種判斷，較不可信，但仍條列於後，作爲參考。

《水經注》卷二三《汳水》記載著：

　　襄鄉浮圖也，汳水逕其南，漢熹平中，某君所立，死，

　　因葬之。其弟刻石樹碑以旌厥德。[105]

襄鄉，今河南省商邱縣東北，我們從《水經注》中，只能判斷它可能爲平民所建立的一座佛塔或佛祠，甚至只是一尊佛像，也看不出有佛教活動，所以不能視爲佛寺之一。後漢時代，江南地區尚未有佛教寺院的遺跡或文獻等記載。孫吳時期，江南地區卻有不少寺院的記載。例如：南宋咸淳五年（1269）志磐的《佛祖統紀》載孫吳初年武昌有"昌樂寺"、"慧寶寺"。四明有"德潤寺"等。[106] 東晉以前，佛寺的命名大都以地名方位，如長安西寺、天水寺。人名：愍懷太子浮圖。或紀念某事物，如白馬寺。至於較抽象的寺名，乃東晉以後才漸漸形成。[107]《佛祖統紀》以及明、葛寅亮《金陵梵刹志》所記的金陵"瑞相院"、"保寧寺"等，[108] 皆缺乏其他史料的佐證，故不予論述。西晉時代，有湘州麓山寺的記載。湘州是現在湖南省的長沙縣。《佛祖統紀》卷三六謂"晉武帝泰始四年（268）沙門竺法崇，至湘州麓山，廟神請授净戒，舍廟爲寺。"[109] 而《梁高僧傳》卷四《竺法崇傳》卻謂：

　　竺法崇，未詳何人……嘗遊湘州麓山，山精化爲夫人，

　　詣崇請戒。舍所住山以爲寺，崇居之少時，化洽湘土。[110]

《梁高僧傳》卷一四的目錄，題爲"晉剡葛峴山竺法崇"。我們看

---

〔105〕《水經注》卷二三《汳水注》，頁298。
〔106〕〔宋〕志磐《佛祖統紀》卷三五，《大正藏》卷四九，頁331。
〔107〕大谷勝真前引文，頁101。
〔108〕〔明〕葛寅亮《金陵梵刹志》卷三九《碧峰寺起止記略》、卷四八《保寧寺舊序》，收在《中國佛寺志彙刊》第1輯第5冊（臺北：明文書店，1980），頁1300，1392。
〔109〕《佛祖統紀》卷三六，頁238中。
〔110〕《梁高僧傳》卷四《法崇傳》，頁350下。

不出竺法崇是否的確在晉武帝泰始十年，以山神的祠廟改建爲寺院，爲愼重起見，不擬放在西晉時代討論。此外，西晉時代在《佛祖統紀》卷三六還記載，太康二年（281）明州鄞縣建阿育王塔，永康元年（300）會稽建靈寶寺，這些資料都缺乏佐證，只能存而不論了。

四、佛教寺院分布與活動之探討

北魏楊衒之《洛陽伽藍記》：西晉永嘉年間（307—312）洛陽有寺四十二所。唐法琳《辯正論》卷三《十代奉佛篇》對西晉的寺院情形記載如下：“西晉二京，合寺一百八十所，譯經一十三人，七十三部，僧尼三千七百餘人。”[111] 如果楊衒之的洛陽佛寺四十二所是實際調查的數目，而法琳的西晉二京合寺一百八十所，係泛指全國而言，那麼，西晉時代全國佛寺當在二百所左右，如法琳認爲單就洛陽與長安就有一百八十所寺院，則全國佛寺，當在三百所以上。從本文所引用的各項史料中，仔細考證出二十六所較爲可信的寺院，事隔近二千年之久，且佛寺在初期傳佈的矇昧草創中，以及史料殘缺的情形來衡量，這些隻鱗片爪的寺院史實，應當具有某種程度的代表性，可做以下各種推論的基礎。

（一）佛寺分布與都市、交通之關係

從第三章，佛教寺院的地理分布，我們可以看出佛寺分布在洛陽、彭城、下邳、許昌、建業、倉垣、長安、天水、敦煌、吳縣。這幾個地區，都在大的都市以及交通幹線上。佛寺分布爲何出現在交通幹線上的幾個大都市，而未出現在其他地區呢？佛寺的出現與都市、交通有何關係？值得進一步探討。

二十六所寺院中，洛陽佔了十二所，將近二分之一。長安有四所，佔百分之十五。其餘地區都爲一所或兩所。洛陽居天下之中，因此東制江淮，西通秦隴，南控襄樊，北接趙魏，恰係一海內交通輻輳之焦點，又是後漢、曹魏、西晉的首都。西域的使節、商旅，以及僧侶也以洛陽爲他們東來從事各種活動之目的地。後趙時著作郎王度上奏曰：“佛，外國之神，非諸華所應祠奉，漢代初傳其道，惟聽西域人得立寺都邑，以奉其神，漢人皆不聽出家。”[112] 由此奏

---

〔111〕 〔唐〕法琳《辯正論》卷三，《大正藏》卷五二，頁502下。

〔112〕 《晉書》卷九五《佛圖澄傳》（鼎文本），頁2487。

書可看出漢末洛陽，准許西域人建立佛寺以奉佛。呂澂認爲在支讖從事譯經的年代中，有一批月支的僑民數百人入了中國籍。月支人信仰佛教較早，他們依照原來的習俗，立寺、齋僧，舉行各種宗教活動。這對後來佛學傳佈而逐漸接近真相，起了相當作用。[113] 曹魏時與西域的交通亦甚頻繁，文帝即位的元年（220），焉耆、于闐等諸國曾遣使朝貢。黃初三年（222）鄯善、龜茲、于闐也都有入貢之舉。更在明帝太和三年（229）"大月氏王波調遣使奉獻，以調爲親魏大月氏王。"[114] 由於魏王朝和貴霜王朝的交流，使西域以西的印度僧侶易於來華。佛經的翻譯以及寺院的活動乃漸行增益。例如：曇柯迦羅在魏嘉平中來到洛陽，譯出《僧祇戒心》，爲中夏戒律之始。此外，有康居國沙門康僧鎧、安息國沙門曇帝、西域沙門帛延在曹魏末年，相繼來洛陽譯出各種經典。[115] 洛陽爲全國之首都，交通上爲全國之中心，不但爲我國第一座佛寺創始之所在，也衍生出第一座尼寺——竹林寺。二十五座佛寺都是在城市里，只有檊鵄山寺，位於洛陽東南百餘里的山中。可見，東晉以前寺院絕大部分建立在都市中，也唯有洛陽等大都市才能發展出山寺來。由前一章，檊鵄山寺所引的資料來看，山林古寺院基址，雖有講堂、僧房等規模，且犍陀勒被推爲寺主，但是他每天仍到洛陽諸寺進中餐，且從城內獲得燈油的供應，可見山寺仍未能獨立自主，仍需依附都市的經濟供應，都市寺院仍爲主流。

長安爲前漢的首都，是絲路的東端，我國與西域交通的重要據點。但是受到王莽末年之亂，又經董卓之亂，受到很大的破壞，因此在人口以及經濟的繁榮上，都比不上洛陽，政治中心的地位也被洛陽取代。所以，後漢、三國時代未有佛寺的出現。雖然如此，長安仍不失爲一大都市，西晉時代長安就有四座佛寺的記載，而竺法護所立的"長安門外某寺"已經是"德化遐佈，聲蓋四遠，僧徒數千，咸所宗事"。帛遠的某精舍"白黑宗稟，幾且千人"。寺院也應有相當的規模。長安、洛陽爲我國古代兩大中心，首都不在洛陽，則在長安，且爲全國交通輻輳之所在。外來佛教的傳播有賴交通的

---

〔113〕　呂澂《支婁迦讖》，收在《中國佛教人物與制度》，《現代佛學大系》第二五册，頁 7。

〔114〕　《三國志》卷三《魏書·明帝紀》太和三年，頁 97。

〔115〕　《梁高僧傳》卷一《曇柯迦羅傳》，頁 324～325 上。

便利，也以大都市具有較大的包容性，能接受外國人及其宗教，也因此佛寺首先建立在大都市中，且興建數目比別的地區還要多。

彭城在後漢初就有楚王英的浮屠祠，北魏《水經注》卷二三《獲水條》，也有"阿育王寺"的存在。[116] 項羽消滅秦朝主力軍隊，威震群雄後，竟然火燒咸陽，也不建都洛陽，而定都彭城，號西楚霸王。彭城在漢晉時期，爲楚國的治所，或者徐州的州治所在，是東方的大都市。下邳在彭城的東方，前漢初年韓信爲楚王所建都之地，其後改爲臨淮郡，後漢改爲下邳國，笮融任下邳相時，建立了頗具規模的浮屠祠。倉垣，在今天的開封縣北二十里。西晉永嘉五年（311）五月（劉曜、王彌、石勒陷洛陽造成"永嘉之禍"的前一個月），大將軍苟晞表遷都倉垣，帝將從之。[117] 倉垣能爲永嘉之禍前，作爲從洛陽遷都的地點，可見在西晉時爲一重要城市。從前章中，可看到西晉初年，本城的水南寺、水北寺，爲《放光般若經》的梵本由于闐，經洛陽、許昌等地，歷時十年，最後才翻譯，考校書寫出漢文本的所在。更值得注意的是，《水經注》的汳水，經過倉垣，襄鄉浮圖，而獲水又出汳水，而流經彭城。獲水再注入泗水、汴渠，又流經下邳。[118] 汳水、獲水、泗水、汴渠屬於同一條水系，是兩漢貫通黃河與長江的鴻溝水系之主要渠道，爲洛陽通江南的幹道。[119] 其上有倉垣、襄鄉、彭城、下邳等寺院、浮圖之建立，不能說是巧合吧！許昌早在後漢建安元年（196），就成爲曹操迎獻帝所建都之地。而建安三年（198）竺佛朔等於許昌的許昌寺校定《般舟三昧經》。則佛寺建立地點，與都城或大都市的關係，可說極爲密切。馬先醒認爲兩漢時代的主城（Primate Cities）均處於北方，且均處於黃河流域。[120] 洛陽、長安、彭城、下邳、倉垣、許昌等，都可以說在北方，且在黃河流域附近。佛寺建立不先在南方或長江流域，而盛行在北方黃河流域的幾個主要城市，也許能提供人文地理學的另一種參考。

---

[116] 楊守敬、熊會貞撰《楊熊合撰水經注疏》（臺北：臺灣中華書局），頁2904。

[117] 《晉書》卷五《懷帝紀》，頁122。

[118] 楊守敬、熊會貞撰《楊熊合撰水經注疏》（臺北：臺灣中華書局），頁2860～2911。

[119] 參見程光裕等編《中國歷史地圖》下冊《兩漢水利工程圖》、《兩漢鴻溝水系圖》（臺北：文化大學出版部，1984），頁35，38。

[120] 馬先醒前引書，頁118。

　　春秋至兩漢時期中國已經向南方發展,尤其在長江下游已經獲得卓越的成果。[121] 孫吳時代曾以京口、武昌爲都,最後確定以建業爲永久首都,六朝也皆以建業爲國都。其原因爲建業城具備了政治、軍事、商業、交通及農業等多種功能,其條件的優越,超過了江南地方任何城市。建業是太湖流域水陸交通網輻輳中心,透過淮水、破崗瀆及漕河等水道系統,可經由丹徒、江都而與邗溝、鴻溝水系連結,直通黃河流域。吳縣是吳郡的郡治,自春秋吳國建都以來,即是江南名城之一,孫吳時代又是吳國的文化中心,吳姓大族聚居之地。吳縣又位於運河古水道的中間地點,能溝通淮南,建業及浙江流域的各個城市,因此也是江南地方,僅次於建業的農業、商業、交通、政治及文化之中心。[122] 建業有江南第一座佛寺——建初寺,吳縣在西晉末年有東雲寺、通玄寺的記載,與此種交通及重要城市的特性有密切關係。此外,天水靠近長安,爲絲路必經之地,敦煌爲河西走廊出西域之門户,張騫鑿空以來,中西交通必經的重要城市,因此,西晉末年兩地都有佛寺的出現。

　　從佛寺分布與都市、交通之關係來看,十個佛寺分布區,全部位於絲路、黃河、鴻溝與邗溝等古水道系統上。也都是首都,諸侯國的國都,或可作爲首都的重要城市,或交通孔道的重要地點。如果,從佛教分布的發展來看,首先在後漢初年由核心地區的洛陽,擴展到彭城、下邳、許昌等鄰近地區,到了三國時期,沿著古水道系統到建業。西晉時代,也以洛陽爲中心再發展到絲路必經之地的長安、天水、敦煌,以及南鄰的倉垣等地。江南則以建業爲核心,再分布到吳縣等大城市。

(二)佛寺發展之探討

　　佛教在前漢哀帝元壽元年(前2)傳入中國,到後漢明帝永平年間(58~75)的洛陽已有佛寺的建立,同時在彭城也有楚王英的浮屠祠。此時,寺院尚未定型,楚王英的信仰,充滿黃老方術色彩,祭祀佛陀也如同祀黃老一般。此後約一百年,佛教與佛寺皆未見於記載中,直到桓帝延熹九年(166)從襄楷的奏摺中才看到宮中有"浮屠祠",桓帝宮廷中的浮屠祠並未完全獨立,仍與黃老合祀著。佛陀被當做神明般崇奉,未有僧侶等宏法記載,够不上獨立寺院的條件。但是宮廷内道場

---

[121]　參見蕭璠《春秋至兩漢時期中國向南方的發展》(臺大文史叢刊,1973)。
[122]　參見劉淑芬《六朝時代的建康》(臺大博士論文,未刊本)、黃淑梅《六朝太湖流域的發展》(師大歷史研究所專刊,1980),頁82~91。

的存在,東晉以後甚爲盛行,爲寺院的另一種形態。因此,桓帝的浮屠祠可爲宫寺、官寺以及家族墳寺之先聲。此外,桓帝祀浮圖、老子,對佛教漸流行於平民中仍有其影響。《後漢書》卷八八《西域傳》論曰:"楚王英始信其術,中國因此頗有奉其道者。後桓帝好神,數祠浮圖、老子。百姓稍有奉者,後遂轉盛。"[123] 漢靈帝熹平年間(172～177)某君所立的"襄鄉浮圖",可作爲佛教流行民間的一個案例。桓靈之世,安世高、支讖等譯經大師相繼來洛陽,釋迦之教化乃有明確的根據。尤其安世高於桓帝建和二年(148)至靈帝建寧中(168～171)二十餘年,譯出三十餘部經。[124] 奠定小乘及禪學的基礎。支讖及竺佛朔等多人在靈帝、獻帝時更譯出《般若經》等大乘經典。在洛陽也就留下菩薩寺與某佛寺的譯經記録。附近的許昌之許昌寺,也有校定佛經的記載。以漢末佛經翻譯之盛,必定還有其他的佛寺存在,可惜未見於留傳的史料中。笮融於靈帝、獻帝時(約188～195)在下邳所建的浮屠祠,已經有課讀佛經、浴佛法會、佈施酒飯等佛教活動,且有多至萬人參與佛事的記録,可見漢末佛寺的發展已達相當的程度。

三國時代,魏文帝、明帝秉承曹操以來的禁教——"儒家祠典以外"的禁教政策。文帝詔曰:"其敢設非祀之祭、巫祝之言,皆以執左道論,著于令典。"明帝"詔諸郡國山川,不在祠典者,勿祠"。[125] 但是《魏書·釋老志》卻記載魏明帝欲壞佛寺,卻因佛舍利的靈異,反而爲之徙建"官佛圖精舍"。這可能是北朝産生的傳說,顯示在曹魏初年嚴禁宗教政策下,佛寺仍得以保留。傳說可能是虚妄的,但仍可反映出一些史實。官佛圖精舍的存在,即官方允許洛陽城中存在佛寺的事實,不一定是子虚烏有。曹魏時代北方只有洛陽的官佛圖精舍及白馬寺兩座佛寺見之史料,而白馬寺是漢代的古寺,且白馬寺譯經還可能出於後人之附會,可見曹魏時,佛寺並未得到進一步的發展,這可能與政府的嚴禁宗教政策有關。

後漢時代,因爲楚王英的放逐江南,以及笮融在廣陵和彭城間的大興浮屠祠,使得佛教漸次流傳到南方。漢末的荒亂,促使人民

---

〔123〕 《後漢書》卷八八《西域傳》,頁2932。
〔124〕 《梁高僧傳》卷一《安清傳》,頁323～324。
〔125〕 《三國志》卷二《魏書·文帝紀》黄初五年,頁84;卷三《魏書·明帝紀》青龍元年,頁99。

向南方大量遷移，間接地使漢族文化南移。同時，南海交通發達，交廣等地也有佛教的傳播。吳都建業因華北南下的佛教，和自交廣北上的佛教會合在一起，所以綻開了佛教的文化之花。在南下的僧人中，當以月支人支謙爲代表；北上僧人中則以從交趾來的康僧會爲主腦。[126]

《梁高僧傳》卷一《康僧會傳》附《支謙傳》描述孫吳佛教開展的情形：

> 時孫權已制江左，而佛教未行，先有優婆塞支謙，字恭明，一名越，本月支人，來遊漢境。初漢桓靈之世有支讖，譯出衆經，有支亮字紀明，資學於讖，讖又受業於亮，博覽經籍莫不精究……漢獻末，避地于吳……從吳黃武元年（222）至建興中（253），所出《維摩》……並注《了本生死經》等，皆行於世。[127]

佛教由漢末洛陽傳佈到吳地的歷程，由本傳中斑斑可考。等到佛教傳佈到某一程度，寺院乃因康僧會等人的努力，得以在建業興造江南第一座佛寺——建初寺。

孫權一向迷信，取關羽的荊州時，即命虞翻卜筮，又與張昭論及神仙。[128]《三國志》卷四七《孫權傳》太元元年（251）條，爲神巫於蒼龍門外立第舍，數使近臣齋酒食往。[129] 因此，康僧會到建業營建佛寺，且以舍利的靈驗，爲他建佛塔，創立建初寺是可能的。康僧會的佛學仍得自於洛陽安世高的系統。他到江南傳法的第一項要務乃是建立寺院，因爲"夫塔寺之興，以表遺化也"。印度阿育王興盛佛教，則廣建八萬四千塔寺於各地。晉懷帝永嘉四年（310）竺佛圖澄不遠千里而來，其目的也在"欲於洛陽立寺"，雖世亂不果，但到後趙時"所歷州郡，興立佛寺八百九十三所，弘法之盛，莫與先矣。"[130] 可見僧侶傳佈佛教，除譯經之外，建立寺院也是他們重要的任務之一。僧侶創造佛寺爲寺院發展的重要動力之一。如果有帝王或大臣的幫助，則佛寺興建的速度更快。建初寺雖經孫吳末年，孫綝"大毀浮屠祠，斬道人。"孫皓

〔126〕 參見鐮田茂雄《中國佛教史》，頁 23。
〔127〕 《梁高僧傳》卷一《康僧會傳》，頁 325 上。
〔128〕 《三國志》卷五七《虞翻傳》，頁 130～131。
〔129〕 《三國志》卷四七《孫權傳》，頁 1148。
〔130〕 《梁高僧傳》卷九《竺佛圖澄傳》，頁 383 中，387 上。

的宗教壓迫,仍能屹立不墜,到東晉時成爲名僧與名士清談之中心,且衍生出高座寺等佛寺。此外,吳縣的東雲寺、通玄寺,應是隨著建初寺的創立才能興建完成的。因此,佛寺之發展與僧侶獲得政治當局的贊助或承認,有密切的關係。

西晉時代,洛陽一地就有佛寺四十二所。佛寺增加,流弊也産生,當時社會彌漫著武帝以來的驕奢淫逸之風,僧衆著華服,不符佛教精神也是理所當然的現象。因此,由印度經扶南、交州、廣州、襄陽而到達洛陽滿水寺的耆域,即針對這種情形而提出切中時弊的批評。《耆域傳》:

> 耆域者,天竺人也,周流華戎,靡有常所……自發天竺至于扶南,經諸海濱爰及交廣……以晉惠之末至於洛陽。諸道人悉爲作禮,域胡跪晏然不動容色……又譏衆僧,謂衣服華麗,不應素法。[131]

雖然佛寺增加,佛教的經義以及戒律尚未普遍化,或經過研究而提升到較高的層次。但是也由於佛寺的增加,而更與社會各階層接觸,獲得更多的助力。竺法護立寺於長安青門外,因精勤傳道,"於是德化遐佈,聲蓋四遠,僧徒數千,咸宗宗事。"也因此多得布施而"資財殷富",又感化長安某甲族,獲得這大族一宗百餘口的信奉,使寺院的社會、經濟基礎更加鞏固。此外,帛遠出身士族,遁入空門後"乃於長安造築精舍,以講習爲業,白黑宗稟,幾且千人。"又在晉惠帝末年,得到太宰河間王顒的"虛心敬重,待以師友之敬"。帛遠不但獲得社會大衆的敬奉,且獲得王侯的幫助,能與官宦之士談講道德,而使佛教進一步獲得士族階層的認識與嘆服。

佛寺在西晉時代因與更多社會階層人物接觸,獲得他們經濟上的幫助與精神上的敬重,乃得到更進一步之發展。從本文所考證出的二十六所佛寺中,漢代有八所,三國有二所,西晉時多達十六所。可見佛寺到西晉時,開始加速其發展的脚步了。且分布的區域,由後漢的洛陽、彭城、下邳、許昌。三國時代的洛陽、建業。到西晉時代則分布到洛陽、建業、倉垣、長安、天水、燉煌、吳縣等地,其地域也擴大了許多。佛寺增加了,社會經濟基礎也增進了,那麼

---

[131] 《梁高僧傳》卷一〇《耆域傳》,頁388。

佛寺的活動與發展出的功能也必定多元化，且加深其影響程度。

（三）佛寺活動之影響

楚王英的浮屠祠與桓帝宮中的浮屠祠，表現佛道混合信仰的形態。外來佛教與本土宗教混合的信仰，爲漢代以後流傳民間的一種信仰方式，這方面的資料甚少，但值得探討。筝融的浮屠祠，《三國志》記載其主要的活動：

> 可容三千餘人，悉課讀佛經，令界內及旁郡人有好佛者聽受道，復其他役以招致之，由此遠近前後至者五千餘人戶。每浴佛，多設酒飯，布席於路，經數十里，民人來觀及就食且萬人，費以巨億計。[132]

佛寺內有讀經、說法、浴佛法會等活動，動輒千、萬人之衆，費以巨億計。該寺對於彭城、廣陵間的社會、經濟等當有部分的影響。西晉惠帝時，《耆域傳》記載：

> 時衡陽太守南陽滕永文在洛，寄住滿水寺。得病經年不差，兩腳攣屈不能起行，域往看之曰：君欲病得差不。因取淨水一杯，楊柳一枝……即起行步如故。此寺中有思惟樹數十枝枯死……域即向樹呪如呪永文法，樹尋荑發，扶疏榮茂……洛陽兵亂，辭還天竺。洛中沙門竺法行者，高足僧也。時人方之樂令，因請域曰：上人既得道高僧，願留一言以爲永誡。域曰：可普會衆人也。衆既集，域升高座曰：守口攝身意，慎莫犯衆惡，修行一切善，如是得度世。言訖便禪默然。[133]

耆域以他的呪術在滿水寺醫治寄住在寺中的衡陽太守滕永文之病，又使寺中數十枝思惟樹復活，以及醫治犯癥將死的求治者，表現佛寺的養病醫病之功能。並且面對洛陽僧侶的奢華，於兵亂欲回天竺之際，升高座向求法的大衆誡以"守口攝身意，止惡修善"之基本佛理，具有普遍教化民衆之作用。同時，洛陽還有宮城西門法始立寺，有豐富的藏經，其說法教化也產生了第一位比丘尼，並且因而創立第一座尼寺，而"清雅有則，說法教化，如風靡草。"長安青門外某寺"德化遐布，聲蓋四遠，僧徒數千。"而法護的弟子竺法

---

〔132〕《三國志》卷四九《劉繇傳》，頁1185。
〔133〕《梁高僧傳》卷一〇《耆域傳》，頁388。

乘還回到燉煌"立寺延學，忘身爲道，誨而不倦，使夫豺狼革心，戎狄知禮，大化西行。"寺院除了發揮説法教化、養病醫病等社會服務功能外，爲了使佛教傳佈更久遠，也有一種細字供養經的信仰方式。《安慧則傳》：

> 止洛陽大市寺，手自細書黃縑，寫《大品經》一部，合爲一卷，字如小豆，而分明可識，凡十餘本。以一本與汝南周仲智妻胡母氏供養，胡母過江齎經自隨……此經今在京師（建康）簡靖寺首尼處。[134]

永嘉中（307～312）洛城大市寺的"細字經"被供養在梁慧皎（497～554）時代的建康城内簡靖寺首尼處，其留傳事蹟斑斑可考，由此可見當時佛教信仰的虔誠與傳佈的久遠了。

佛教徒死後，寺院也提供爲法會、轉經的服務。南齊王琰《冥祥記》：

> 晉、闕公則，趙人也。恬放蕭然，唯勤法事。晉武之世，死於雒陽，道俗同志爲設會於白馬寺中，其夕轉經。[135]

吳縣的東雲寺、通玄寺的佛像是教徒虔誠禮拜的對象，從他們虔誠的態度，可看出佛教對人們心靈影響之深了。例如："奉佛居士吳縣民朱膺……潔齋共東雲寺帛尼及信者數人到滬瀆口，稽首盡虔，歌唄至德……即接還（佛像）安置通玄寺，吳中士庶，嗟其靈異，歸心者衆矣。（釋慧達）停止通玄寺，首尾三年，晝夜虔禮，未嘗暫廢。"[136]

佛寺的各種活動中，應以翻譯佛經、注釋佛經、講解轉讀佛經的活動貢獻最大，影響最深遠了。梁啓超以爲"佛教爲外來之學，其旅長託命在翻譯，自然之數也。"又認爲佛典翻譯可分爲三期，自後漢至西晉，則第一期也。本期雖爲啓蒙時代，但是有關大乘經論之部的華嚴、方等、方等密部、般若、法華涅槃、大乘論；小乘經論的小乘經；以及律部等都已經有全本或略本的翻譯，奠定了佛教

---

[134] 《梁高僧傳》卷一〇《安慧則傳》，頁389中。
[135] 收在《法苑珠林》卷四二，《大正藏》卷五三，頁616中。
[136] 《梁高僧傳》卷一〇《釋慧達傳》，頁409下。

在中國開展的基礎。[137]

漢末最初的譯經大師是安世高與支讖。安世高所譯多屬小乘，偏重習禪方法，罕涉理論，但未看到在寺院中譯經的記載。支讖所譯半屬大乘，華嚴、般若、寶積、涅槃皆有抽譯，且有寺院中譯經的記錄。這兩位大師，隱然開創此後譯家的兩大派。在佛教之流傳上，安世高的養生成神與漢代道術相合，重禪法也與道家養氣成仙說相近，爲佛教融入民間宗教之肇端。支讖主神與道合而重智慧，大乘般若直探人生之本真，與老莊玄學相合。大乘般若等經典，史料上可見到在寺院中翻譯宏傳甚力。例如，支讖與竺佛朔在洛陽譯出《般舟三昧經》三卷，建安三年（198）在許昌寺校定，建安十三年（208）在洛陽佛寺校定悉具足。支讖又與竺佛朔於光和二年（179）在洛陽譯出《道行般若經》十卷，沙門佛大在洛陽城西菩薩寺中抄寫。

因《道行般若經》的翻譯未盡精善，乃有朱士行往西域尋原本，是爲我國西行求法運動的第一人。朱士行，潁川人，出家以後起初"在洛陽講《道行般若經》，覺文意隱質，諸未盡周"，爲了尋求完整的原本，乃於甘露五年（260）前往于闐，求得《放光般若經》原本，遣弟子弗如檀（法饒）將原本送回洛陽。元康元年（291），在于闐沙門無羅叉與河南居士竺叔蘭等的主持下，在陳留水南寺譯出《放光般若經》二十卷。有關本經原本的獲得、傳達以及翻譯的過程，《放光經記》有詳細的記載：

> 惟昔大魏潁川朱士行……出塞西至于闐國，寫得正品梵書胡本九十章，六十萬餘言，以太康三年（282）遣弟子弗如檀，晉字法饒，送經胡本至洛陽，住三年，復至許昌二年，後至陳留界倉垣水南寺，以元康元年（291）五月十五日，衆賢者共集議，晉書正寫。時執胡本者于闐沙門無叉羅，優婆塞竺叔蘭口傳，祝太玄、周玄明共筆受，正書九十章，凡二十萬七千六百二十一言。時倉垣諸賢者等，大小皆勸助供養，至其年十二月二十四日，寫都訖。[138]

早期的佛經翻譯須有口傳、筆受、校對、抄寫等人選，更需當

〔137〕 梁啓超《佛典之翻譯》，氏著《佛學研究十八篇》（臺北：臺灣中華書局，1966）。
〔138〕 《出三藏記集》卷七《放光經記第三》，頁47下。

地人士的經費等贊助。從"水南寺"譯出的《放光般若經》，尚需在以後的"水北寺"等寺院不斷地考校書寫。可見得佛經翻譯過程的繁複，以及寺院在譯經工作中的重要性。同前所引《放光經記》續謂：

> 經義深奧，又前從寫者，參校不能善悉。至太安二年（303）十一月十五日沙門竺法寂來至倉垣水北寺，求經本寫時，檢取現品五部并胡本，與竺叔蘭更共考校書寫。永安元年四月二日訖，於前後所寫檢，最爲差定。

自朱士行的《道行般若經》譯後，般若學逐漸流行，成爲佛教義學之大宗。

本期翻譯之健將，在西晉時代以竺法護貢獻最多。法護亦名曇摩羅刹，系出月支，世居燉煌，故亦爲燉煌人。通三十六國語文，中國人能直接自譯梵文，實自護始。其所譯，各部咸有。寶積四十九會，譯得十六會，華嚴三十九品，譯得五品，般若則譯光贊三十卷，所謂大品般若者，此其首譯也。其他諸大乘經，尚三十餘種，小乘將百種，大乘論、小乘論各一種。而其中以《正法華經》十卷，尤爲法華輸入之第一功。從《正法華經記》可看到本經在洛陽白馬寺翻譯、筆受、參校、書寫情形。[139] 又從《正法華經後記》可看到在白馬寺講解經典深義，然後在東牛寺施檀大法會上，講誦《法華經》。這對日後天台法華宗的形成，應有先決性的影響。

> 永熙元年（290）八月二十八日，比丘康那律，於洛陽寫《正法華品》竟。時與清戒界節優婆塞張季博、董景玄、劉長武、長文等，手執經本詣白馬寺，對與法護，口校古訓，講出深義。以九月本齋十四日，於東牛寺中施檀大會講誦此法，竟日盡夜無不咸歡，重已校定。[140]

此外，見於寺院史料的還有竺法護在洛陽白馬寺譯《文殊師利淨律經》、《魔逆經》，在長安白馬寺譯《須真天子經》，西寺譯《漸備經》、《金剛薩菩薩行經》，天水寺譯《普曜經》。康僧會在建業建初寺譯出衆經，注解經典，並製經序，又傳泥洹貝聲等。由此可見寺院充分地發揮佛教經典的翻譯、作序、注釋、講解、梵誦等功能。

---

〔139〕《出三藏記集》卷八《正法華經記》，頁 56 下。
〔140〕《出三藏記集》卷八《正法華經後記第七》，頁 56 下。

由於般若等經典漸多，不但奠定佛教的理論、戒律、制度基礎，且因佛理直探本體，與魏晉玄學風氣相近，寺院乃進一步成爲清談玄理之所。《帛遠傳》：

> 誦經日八九千言，研味方等（大乘），妙入幽微，世俗墳素多所該貫。乃於長安造築精舍，以講習爲業，白黑宗稟，幾且千人。晉惠之末，太宰河間王顯鎮關中，虛心敬重，待以師友之敬。每至閑辰靖夜，輒談講道德，于時西府初建，後又甚盛，能言之士，咸服其遠達。

五、結　　論

由前文的考證與探討，可以得到下面幾點認識：

（一）佛教寺院肇始於印度釋迦牟尼時代，當時就有伽藍的基本形態。佛滅後由出家僧侶的僧院，逐漸加入在家信徒的佛塔、佛像，完成具有佛塔、佛堂、僧房等要素的寺院。公元一世紀前後，此種寺院形式已經傳入中亞以及西域于闐等地。前漢哀帝元壽元年（前2）佛教傳入中國，到了後漢明帝永平年間（58～75）佛寺出現在洛陽與彭城兩個地區，也就是洛陽白馬寺的前身以及楚王英的浮屠祠。

（二）後漢三國的寺院大都稱爲"浮屠祠"，這是佛教初傳以中國先秦固有的祠廟爲附著，採借的對象而產生的，後漢末年漸有"寺"的稱呼，可能是模仿中國府庭宮殿建築而來。笮融的浮屠祠以及北魏永寧寺的建築可以説是在中國宮殿式建築格局中，融入印度伽藍的特徵而產生以佛塔爲中心，周圍繞以僧房，中留庭院的佛寺建築形式。西晉以後，佛寺大都稱爲"寺"、"塔寺"，可以説寺院的名稱及建築形式已經確立了。

（三）從寺院的內涵及建築基本形態來看，可以獲得寺院的基本概念。凡是供奉佛像或佛舍利等神聖象徵，且有佛教活動的浮屠祠、塔、塔寺、寺、精舍、蘭若、院、廟、道場等建築場所，都可以稱爲寺院。從而獲得判定寺院存在的標準。在史料上，凡是有浮屠祠、塔寺、精舍等佛教寺院之稱呼，有佛教活動者，就可以判定有寺院之存在。

（四）根據寺院的基本概念，應用歷史方法，探討各項史料，確定在後漢時代：有洛陽的白馬寺、桓帝的浮屠祠、某佛寺、菩薩寺；

彭城的楚王英浮屠祠；下邳的笮融浮屠祠；許昌的許昌寺。而江南尚未有佛寺的記載。三國時代：曹魏洛陽的白馬寺，魏明帝的官佛圖精舍；建業的建初寺。西晉時代，洛陽的白馬寺、東牛寺、愍懷太子浮圖、滿水寺、大市寺、宮城西門法始立寺、竹林寺、槃鵄山寺；倉垣的水南寺、水北寺；長安的白馬寺、青門外某寺、西寺、帛遠的精舍；天水的天水寺；燉煌的法乘立寺；建業的建初寺；吳縣的東雲寺、通玄寺等十個地區二十六所寺院。

（五）所有的寺院都位於大的都城中，只有洛陽附近出現一所山林寺院，但是仍依附洛陽而未能獨立。洛陽佛寺幾乎佔了一半，且有第一座僧寺、尼寺、山寺的出現。洛陽是後漢、曹魏、西晉首都，居天下之中，爲政治、文化、經濟之中心，西域人聚居之地，是以佛寺也最多。長安因董卓之亂等破壞，到了西晉才有佛寺記載，但仍僅次於洛陽，有四所佛寺。彭城、下邳、倉垣、許昌都曾經爲諸侯王的都城，或是可作爲國都的城市，最重要的是都位於鴻溝、汴渠、邗溝水系上，在溝通黄河、長江的交通幹道之上。建業、吳縣是這條幹道的南端、燉煌、天水爲絲路的重要城市。佛寺初期出現在黄河流域的主要城市，且全部分布在絲路、黄河、鴻溝水系的交通幹線上。顯示外來的佛教文化與中國文化接觸後，首先將這種新文化堡壘——佛寺，創立在最主要的交通幹線上的幾個重要城市裏。

（六）佛寺在後漢傳入，因楚王英、桓帝、笮融等的信仰而建立，此點與後漢方術神仙信仰有關，也與西域佛教徒東來傳教立寺有關。三國時受到政治的壓制，寺院創立得很少。西晉時，寺院的社會基礎較爲擴大，有世族及王侯的贊助，經濟的支持，乃得以進一步的開展。整個來看，寺院由洛陽的核心地區，沿著交通幹道及其上的重要都城，例如彭城、建業、長安等地，逐漸擴展到吳縣、燉煌等邊陲地區，係跳躍式的重點式的前進，與中國文化、社會的發展有密切的關係。如能建立全國佛寺分布之架構，相信能提供探討中國歷史發展的一種指標，有別於行政體系、宗教擴展等其他指標，而提供吾國文化社會演變歷程的另一種角度之參考。

（七）兩漢學術的末流漸走向陰陽五行的迷信化、章句繁瑣化，佛教寺院的法會教化，社會服務等活動，在中國傳統宗教信仰上，注入一股新血液，對吾國宗教發展有相當大的助力，道教以及民間宗教受到佛教很大的影響。此外，佛寺大量經典的翻譯、研究、講解；而且名僧與名士之玄談也在西晉時代露出端倪；尤其《般若經》的傳譯，使得魏晉以來的玄談，增加了新資料、新方法與新觀點。不但使佛教躋身中華學術之林，也使中國學術由魏晉玄學，經南北朝之判教，而產生中國式的隋唐佛教宗派。佛寺作爲佛教之據點，其與中國文化社會的交互影響，不可說不深遠了。後漢三國西晉時代，只是一個開始，雖然佛寺在各方面的作用都很微弱，但是以肇始開創的觀點而言，已經爲後代佛寺的發展奠定一個良好的基礎。

※ 本文原載《國立師範大學歷史學報》第 13 期，1985 年。
※ 顏尚文，國立臺灣師範大學歷史研究所博士，國立中正大學歷史系教授。

五至六世紀華北鄉村的佛教信仰

劉淑芬

一、前　　言

　　中國中古時代（三至九世紀），是佛教信仰從廣爲傳播流行到極爲興盛的時期，從帝王公卿、貴族百官、到庶民奴婢，都沉浸在虔敬的宗教信仰裏；佛教的教義、儀式深深地影響人們，並且融入其日常生活。然而，迄今關於中國佛教史的研究多偏重於上層階級的討論，貴族、官員和高僧所熱衷的教義禪觀、朝廷對佛教的政策等方面。何以造成這種偏差？這大半要歸因於其所使用資料的緣故。關於此一時期正史中，《魏書・釋老志》雖然對佛教傳入中國以迄於六世紀末的發展有簡略的敘述，不過，其中並沒有關於平民佛教信仰方面的記載；至於集佛資料之大成的《大藏經》也很少有相關的材料。許理和（Zürcher）認爲：《大藏經》係數個世紀佛教僧侶審查（censorship）下的產物，因此不能顯現中國佛教的全貌。他舉兩點爲例：一、無論就翻譯的經典，或佛典的譯註而言，只有一小部分是出自私人之手，而絕大多數係帝王贊助的。二、以高僧傳來說，僅以少數高僧的傳記，實不足以反映實際上數百萬僧尼的事蹟，而只能視爲冰山之一角；同時，那些高僧多爲僧尼中的知識分子，也是宗教宣傳家，因此不能反映多數出身平民階層、識字不多僧尼的活動。[1] 除了 Zürcher 所舉的例子之外，我覺得佛藏也多偏重於城市寺院及在其間活動僧尼的記載，如《洛陽伽藍記》、《梁京寺記》，而很少有鄉村方面佛教的記錄。幸而，有一類沒有收錄在《大藏經》裏的佛教信徒造像、造經的資料——特別是造像記，卻蘊含著不少鄉村佛教和平民信徒的資料。

　　所謂的造像記，是鐫刻在佛像的臺座、光背、或石窟裏靠近佛

---

〔1〕　Erik Zürcher, "Perspectives in the Study of Chinese Buddhixm, "*Journal of the Royal Asiatic Society* (1982), pp. 161 ~ 167.

像石壁上的銘文。自佛教於漢代傳到中國來以後，便有佛像、佛畫的造作，近年來，考古發掘出土漢代的器物和孔望山摩崖造像，就是明證。[2] 佛教徒除了彩繪、刺綉佛像之外，又以金、銅、石、木、泥、磚、象牙等塑像，以及夾紵造像，其中只有金、銅像和石佛像是刻有造像銘記的。造像記的內容繁簡不一，有的只簡略地記錄造像的年代日期和出資造像者的姓名；有的則較詳細，包括佛教義理、造像的緣起、造像者的祈願、造像者所屬的宗教信仰團體，參與造像的人數，以及所有捐資造像者的姓名。金銅像一般形制都較小，銘文也多很簡短；至於石像的規模則較大，有的石碑像甚至超過兩公尺，其銘記有長有短，有的長達數百或數千字，還附有一個很長的造像者名單。迄今所知最早的造像記是鐫於西晉太康六年（285）金銅像上的銘文，[3] 五胡十六國時代也有少量造像記遺存；不過，仍以北朝時期佔絕對的多數，特別是自五世紀後半以降爲多。[4]

　　魏晉南北朝時期，佛教無論在城市或鄉村都極爲興盛流行。關於此一時期城市裏的佛教的狀況，可從《洛陽伽藍記》一書見其梗概，作者楊衒之曾以華美生動的文筆，描繪五世紀末至六世紀中葉洛陽的寺院、佛教的行事與活動。至於鄉村地區的佛教，則沒有這類專書或有系統編纂的記述；在此情況下，鄉村居民捐資造像的造像銘記，便成爲瞭解鄉村佛教最直接而珍貴的資料。

　　本文係以五至六世紀華北村落——出自於今日陝西、山西、河北、河南、山東省鄉村地區的佛教造像記爲主，探討其時鄉村居民的宗教活動與儀式，以及佛教在鄉村社會所發揮的功能。由於本文以造像記爲主要資料，因而有必要首先就其時造像風氣之盛行作一番敘述，並且探討其蓬勃開展的原因。其次，再就北朝鄉村佛教的信仰狀況、佛教對鄉村居民生活的影響、以及佛教在鄉村社會的作用，逐一討論。

───────────────

〔2〕　楊泓《國內現存最古的幾尊佛教造像實物》，《現代佛學》1952 年第 4 期。

〔3〕　《十二齋金石過眼錄》卷四《張揚刺造像記》，但此件佛像下落不明；現存最早有銘記的佛像是後趙建武四年（338）的金銅像，藏於舊金山 The Asian Art Museum of San Francisco.

〔4〕　佐藤智水《北朝造像銘考》，《史學雜誌》第 86 編第 10 卷。作者將他所收集到南北朝以前 2500 餘造像記，作一統計，其中北朝造像佔了 1360 件。

二、北朝的造像風氣及其興盛的原因

北朝佛教徒熱中於建造佛像，係受以下幾個因素的影響：佛教經典的鼓勵造像、"觀佛"的修行方法、浴佛、行像、行道等佛教儀式的需要、以及用佛像做爲中心布置爲"道場"，形同寺院，可在此舉行儀式和法會。

（一）北朝的造像活動

自五世紀迄六世紀，中國建造佛像的風氣大盛，唐代的僧人法琳對其時造像數目，曾提出驚人的數據：在隋文帝統治時代（581～605），曾建造金、銅、檀香、夾紵、牙、石像等大小像一十萬六千五百八十軀，修治故像一百五十萬八千九百四十餘軀。[5] 也就是説，在隋文帝以前，至少已經建造了一百五十餘萬尊佛像，這的確是一個龐大的數字，有些學者甚至認爲它過於龐大而不可信的。[6] 不過，根據下列兩個理由，我認爲這個數字至少可反映其時造像數量的衆多。

首先，我們必須先瞭解中古時期人們計算造像數目的方法。從造像銘記看來，當時人係以鐫刻在金銅佛、石碑像、摩崖上、石窟裏大小佛、菩薩的總數而計。他們經常不只造一尊佛像，其造像常以一佛二菩薩、一佛二菩薩二弟子等形式出現。如《羅江海造一佛二菩薩象》記稱："開皇八年（588）七月廿日羅江海敬造一佛二菩薩。"[7] 又基於過去七佛和賢劫千佛的信仰，在主尊佛像之外，也常雕有七佛，或以許多小的佛像代表千佛，凡此都可使造像的數目變得十分驚人。如在山西孟縣千佛山摩崖佛岩壁上，除了佛龕的主像外，雕有許多小佛，即所謂的"千佛"；在右方佛龕下有這樣的題記："千像主趙郡太守嘉、殷州刺史河間邢生，興和三年（541）六月八日。"此"千像主"係指建造千佛的施主。[8] 惟其如此，所以個人或團體可能造像達數千，甚至數萬，如北齊唐邕個人就曾造佛像二萬二千軀。[9] 六世紀末，鄭元伯發願建

〔5〕《辯正論》卷三《十代奉佛篇》，收入《大正新修大藏經》第52冊，頁509中。

〔6〕《北朝造像銘考》，頁2。

〔7〕 北京魯迅博物館、上海魯迅紀念館《魯迅輯校石刻手稿》（上海：上海書畫出版社，1987）2函5冊，頁1077。

〔8〕 道端良秀《山西於に於ける新出の六朝摩崖佛調查記》，《支那佛教史學》6卷3號，頁36。

〔9〕 大村西崖《支那美術史雕塑篇》（東京：佛書刊行會圖像部，1915），頁353。

造八萬四千佛像，功未成而身先辭世，由其女道貴及其弟子等承繼此願，終於在開皇四年（584）完成。[10] 若不是以大、小佛像的總數計算，以個人微薄的力量是難以完成建造八萬四千軀佛像的心願。

第二，以模型鑄造泥質佛像的方法，便於複製大量的佛像，也是促成其時佛像數量龐大的一個原因。今人談北朝造多指金銅或石造佛像，而很少注意到泥製佛像；事實上，北魏已有泥製佛像，只是因其易於破損，以致傳世者甚少。《尊古齋陶佛留真》卷上就著錄有紀年北魏孝昌元年（525）、西魏大統八年（542）兩件泥佛像；西安單灘亦曾出土北魏泥佛百餘件。[11]

由以上的論證，可知隋文帝修治故像一百五十餘萬這個數字不是誇大，也非衍誤。雖然這個數字不是指一百五十餘萬個單立的佛像，而是指大小佛像之總和；不過，它仍可反映北朝造像活動的興隆，以及其時佛像數量之龐大。

關於北朝造像的數目，確實難以估算。上述一百五十餘萬這數字係指其時修復破損的佛像的數目，並沒有包括當時完好無缺的像。年代久遠，造像實物歷經歲月湮埋，加以人為的破壞，所存者已不知僅是當時的若干分之一而已。今日我們所知的北朝造像，除了部分有銘記的佛像可見諸於金石著錄、或方志的記載之外，從清末迄今，各地仍陸續有佛像的出土與發現。如 1953 至 1954 年，河北曲陽修德寺出土北魏迄唐佛像計二千二百餘件，其中有年款者有二百四十七件，屬於北朝者計一百五十八件。[12] 至於那些沒有銘記的造像，或是其銘記文字不夠雅致而為金石家割捨者，則湮沒難尋。關於這一點，《陝西金石志》描述得最為清楚：

> 按元魏以來，造像滋多……然迄今千數百年，渭北各縣荒村廢寺，此種古物猶累百盈千，惟文字欠雅馴，且漫漶過甚，不堪著錄。[13]

文字欠雅馴，正是多數鄉村造像的特色之一；本文主要依據村

〔10〕《魯迅輯校石刻手稿》2 函 5 冊，頁 105。

〔11〕 陳直《西安出土隋唐泥佛像通考》，《現代佛學》1963 年第 3 期，頁 42。

〔12〕 楊伯達《曲陽修德寺出土紀年造像的藝術風格與特徵》，《故宮博物院院刊》第 2 期，頁 43～49。

〔13〕《陝西金石志》（《石刻史料新編》第 1 輯第 22 冊，臺北：新文豐出版公司，1977）卷六，頁 18。

落的造像銘記，探討鄉村地區的佛教信仰。

（二）造像風氣興盛的原因

五、六世紀之際，何以造像風氣會如此地熾烈興盛？

王昶首先在《北朝造像總論》文中認爲：此係由於自西晉永嘉以後戰亂連連，人民苦於干戈亂離，從而歸心佛教，傾力造像。湯用彤亦引其説以解釋北朝造像的盛行。[14] 此説固然不錯，不過，僅從政治社會的角度觀察，似乎不足以完全理解其時如火如荼般開展的造像活動。除此之外，另有學者從佛教經典鼓勵造像這方面來解釋。就造像風氣的蓬勃興盛而言，政治社會的動盪不安顯係外在因素，而佛教的教儀、儀式方爲促成此風氣的内部因素。以下擬就此一内部因素，作更進一步地討論。

1. 佛教經典的鼓勵造像。

建造佛像風氣之大盛與大乘佛教的隆興有關，中、日學者的研究早已指出這一點。[15] 一些大乘經典中提及造像可獲得許多功德和福報，從東漢以來陸續譯出的大乘經典，如東漢月氏沙門支婁迦讖於靈帝光和二年（179）譯出的《道行般若經》（大·224）、《般舟三昧經》（大·418）中，就已宣揚造像的功德。《般舟三昧經》卷上四事品："菩薩復有四事能疾得是（般舟）三昧，何等爲四，一者作佛形像若作畫……"[16] 西晉時竺法護譯的《賢劫經》（大·425）第一四事品，亦有相同的説法。[17]《道行般若經》第十曇無竭菩薩品裏提及：佛涅槃後，使人作佛像的目的在於透過人們對佛像的供養，使之得到福德。

> 譬如佛般泥洹後，有人作佛形像，人見佛形像，無不跪拜供養者，其像端正姝好，如佛無有異，人見莫不稱歎，莫不持華香繒彩供養者。賢者呼佛，神在像中耶？薩陀波倫菩薩報言：不在中，所以作佛像者，但欲使人得其福耳……佛般泥洹後，念佛故作佛像，欲使世間人供養得其福。[18]

〔14〕 王昶《金石萃編》（《石刻史料新編》第 1 輯第 1 册）卷三九，頁 16～17《北朝造像總論》。湯用彤《漢魏兩晉南北朝佛教史》（上海，1938），頁 509～510。

〔15〕 望月信亨《佛像造立の起原と大乘佛教》，氏著《佛教史諸研究》（東京佛教研究所，1927），頁 53～59。谷響《談造像》，《現代佛學》1956 年第 8 期，頁 14。

〔16〕《大正新修大藏經》册 13，頁 906。

〔17〕 同前書，册 14，頁 6 下～7 上。

〔18〕 同前書，册 8，頁 476 中。

姚秦時，鳩摩羅什譯出《妙法蓮華經》（大·262）中，備述各種發心起造佛像的功德，對人們極具鼓勵之作用。

> 若人為佛故，建立諸形像，刻雕成眾相，皆已成佛道。
> 或以七寶成，鍮石赤白銅，白鑞及鉛錫，鐵木及與泥，或
> 以膠漆布，嚴飾作佛像，如是諸人等，皆已成佛道。彩畫
> 作佛像，百福莊嚴相，自作若使人，皆已成佛道。乃至童
> 子戲，若草木及筆，或以指爪甲，而畫作佛像，如是諸人
> 等，漸漸積功德，具足大悲心，皆已成佛道。[19]

另有專為宣揚造像功德的經典。在唐代以前，有兩本特別倡導造像功德的經典，皆失譯者姓名，一為《佛說作佛形像經》（大·692），傳為後漢時譯出；一為《佛說造立形像福報經》（大·693），傳係東晉時所譯。此二經為同本異譯，內容大抵相同，只有後者多了偈贊。這兩部經的內容是敘述佛至佛拘鹽惟國時，回答其國王優填王所問造作佛像的福佑好處，盛稱造作佛像者死後不墮惡道，後世可生富貴豪家，其後無數劫會當得涅槃。

以上經典對北朝時人們造立佛像的影響有多大呢？這從其時造像的題材和經典的關連，可見一斑。前面提及《法華經》亟稱造作佛像的功德，它同時也是北魏時最為流行的經典之一；從敦煌到雲岡石窟，乃至於金銅佛、單立石像中，有許多釋迦、多寶佛並坐的形像，此係表現《法華經》中《見寶塔品》之一景，由此可見經典和造像有相輔相成的關係。[20]

2. "觀佛"修行方法。

佛經上說："觀佛"是一種消除減滅人們罪業、獲得功德的修行方法。所謂"觀佛"——即觀像念佛，或觀想念佛，係佛指示人們於佛涅槃之後，目觀佛像，繫心思惟、憶念佛之形容相好，乃至於體念佛心，進入三昧，定中見佛，可以獲致減滅罪業及他種福報。觀佛的對象除了釋迦牟尼佛之外，也可以包括過去七佛及三世十方一切諸佛。從四世紀後半葉至五世紀中葉，中國譯出一些冠以"觀"字的經典，今尚存六種，其中有些經典講到觀佛的好處以及觀佛的

〔19〕《大正新修大藏經》冊9，頁8下~9上。
〔20〕 塚本善隆《塚本善隆著作集第二卷·北朝佛教史研究》（東京：大東出版社，1974）
　　　 第七《龍門石窟に現れたる北魏佛教》，頁384。

方法。[21] 如《觀無量壽佛經》（大·365）、《觀佛三昧海經》（大·643），對於如何觀想念佛，有詳細的描述。

就此修行方法而言，佛像是十分必要的；由於繫心思惟佛的相好及諸佛的境界，須透過對佛像的觀想，因此《觀佛三昧海經》中也兼叙及造立佛像的福報：

> 佛告阿難：汝從今日持如來語遍告弟子，佛滅度後，造好形像令身相足，亦作無量化佛色像，及通身光及畫佛跡，以微妙彩及頗梨珠安白毫處，令諸衆生得見是相，但見此相心生歡喜，此人除卻百億那由他恒河沙劫生死之罪。
>
> 時優填王，戀慕世尊鑄金爲像，聞佛當下，象載金像來迎世尊……爾時世尊而語像言：汝於來世大作佛事，我滅度後，我諸弟子以付囑汝……若有衆生於佛滅後造立形像，幡花衆香持用供養，是人來世必得念佛清淨三昧。[22]

從下列三點，可以看出觀佛的經典影響及佛像的造立。

（1）石窟造像。印度早在紀元前二世紀就開始開鑿佛教石窟，爾後，隨著佛教向東傳佈，從中亞到中國都有石窟的開鑿。由東晉僧人慧遠在廬山營築淡彩繪形佛影的龕室，並撰《佛影銘》一文之事，充分反映了經典的影響。[23]《觀佛三昧海經》卷七《四威儀品第六之餘》中，提及觀佛的方法之一"觀佛影"，即佛滅度後若欲知佛坐相，當觀佛影。此緣於佛至那乾訶羅國降伏毒龍和羅刹女之後，龍王以羅刹石窟奉佛，佛在二度入龍王石窟中坐時，踊身入石；佛趺坐在石壁之內，而其影映現於外，時衆生及諸天皆供養佛影。佛指示欲觀佛影者須先觀佛像，然後想像作一石窟，想像佛在石窟中趺坐，乃至於佛影的顯現。同卷經文中，也提及羅刹女和龍王爲佛之四大弟子尊者阿難，造五石窟。[24] 由此可知，慧遠築佛影龕室和上述經典的密切關連。

（2）石窟之內除了佛像之外，有許多佛本生和佛本行故事的雕刻和繪畫，這些也是觀想念佛的一部分。《觀佛三昧海經》卷一《序觀地品第二》中，叙述佛的前世種種事蹟和佛陀的傳記，都可以是佛教徒繫

---

[21] 小丸真司《般舟三昧經と觀佛三昧》，《印度學佛教學研究》32卷2期。
[22] 《觀佛三昧海經》(《大正新修大藏經》第15冊)卷六，頁675,678下。
[23] 《高僧傳》(《大正新修大藏經》第50冊)卷六，頁358中。
[24] 《觀佛三昧海經》卷六，頁679中～681中。

念觀想的對象：

> 佛告父王：佛涅槃後，若四部衆及諸天龍夜叉等，欲繫念者、欲思惟者、欲行禪者、欲得三昧正受者，佛告父王：云何名繫念，自有衆生樂觀如來具足身相……自有衆生樂觀如來初生者，自有衆生樂觀如來納妃時者，自有衆生樂觀如來出家時者，自有衆生樂觀如來苦行時者，自有衆生樂觀如來降魔時者，自有衆生樂觀如來成佛時者……如是父王，我涅槃後諸衆生等，業行若干，意想若干，所識不同，隨彼衆生心想所見，應當次第教其繫念。[25]

有些石碑像上雕有佛本生或佛本行故事的場景，它們當然也可以是觀佛的對象。如東魏僧人道穎於武定四年（546）所造的石碑像上，就鐫有釋迦牟尼出生的數個場景。（見圖一）

（3）在佛像光背裏常出現七佛的圖形或雕刻，此亦典出《觀佛三昧海經》中觀菩薩降魔白毫相之一景："諸菩薩頂有妙蓮華其華金色，過去七佛在其華上。"又，卷一〇中説："佛告阿難，若有衆生觀像心成，次當復觀過去七佛像。"[26]

關於造像和觀佛之間的關連，最直接而具體的證據是造像銘文。北朝時《常岳等造石碑象記》文中，就明白地提到觀佛。

> 今佛弟子常岳等謂知四毒之分段，五蔭之盡庚，遂率邑義一百餘人，寄財於三寶，託果於娑婆，罄竭家珍，敬造石碑像一區。其石像也，乃運玉石於他山，採浮磬於今浦；既如天上降來，又似地中湧出，致史跛看之徒樂善忘歸，矚目之莫，不覺日落。觀拔難周，尋形叵遍。[27]

在北齊河清二年（563），陽阿故縣村居民所造的石碑像上的銘文，更有下列數種觀佛的銘記：

> □□□神通□□聞□□□□時，□□□□□□□□不壞信時，□□相□□□生一切……□□□□□□□□時，六觀十二□□集无散時，七觀十八界一切法合相時，八觀因果无生无滅一合相時，九觀佛法僧諦□般若解脱无二相，

[25]《觀佛三昧海經》卷一，頁 647 中、下。
[26]《觀佛三昧海經》卷二，頁 653 中，693 上。
[27]《魯迅輯校石刻手稿》2 函 1 册，頁 229。並見《八瓊室金石裱正》卷一六，頁 18。

十觀以自在慧□一切眾生……，□□侍佛時，二觀金剛海藏所謂千善，三觀八如幼三昧所謂□門禪，四觀□觀□□□□卅七道品，……[28]

3. 以佛像爲中心佈置"道場"，形同寺院，可在此舉行儀式和法會。

北朝人建造單立石碑像、金銅佛像其功用有三：一是置於家中，供家人常時禮拜供養。二是放在寺院中，供僧侶信徒致敬供養。三是置於大道通衢之中，供來往信徒禮敬，兼以感化過路行人。四是以佛像作成一個"道場"，代替寺院，在此舉行宗教活動。後者對於鄉村地區尤其重要，特別是在偏遠的地區，居民住家分布零散，尚未建有寺院；或者即使有寺院而寺域狹小，不敷舉行儀式法會時，以佛像佈置道場，應當是很普遍的。敦煌發現的《敦煌寫本某地方佛教教團制規》，據學者推測可能係從北魏至隨唐時實行於華北的僧團制規，其中就提到四月八日佛像出行，至偏遠鄉村，可以佛像佈置道場，以便舉行"行道"的儀式。

> 然則嚴飾尊像，無量利益，奉載四出，亦贗同見，爾時四衆，皆願供養，但寺舍臨狹，或復僻遠，行者供養，必不周普。自今已後，諸佛弟子、道俗衆等，宜預擇寬平清潔之地，脩爲道場，於先一日，各送象集此，種種伎樂、香花供養，令一切人物，得同會行道。[29]

六世紀華北鄉村的造像銘記裏，在造像者題名中就有"道場主"這樣的頭銜，以及在此道場中所作儀式、法會相關的記載，凡此將在下文討論。

4. 浴佛、行像、行道等佛教儀式的需要。

在釋迦牟尼的生辰，佛教徒舉行浴洗佛像"浴佛"，以及佛像出行的儀式"行像"；此外，於法會中常舉行"行道"的儀式，在這些儀式裏，佛像是不可或缺的。漢末，中國佛教徒已於佛誕日舉行浴佛的儀典；三國時，康僧會開始在吳都建業"設像行道"；北魏洛陽在四月八日前後，都有大規模的行像活動。[30]

---

[28] 《山右石刻叢編》（收入：《石刻史料新編》第 1 輯第 21 冊，新文豐出版公司，1977）卷二，頁 13，《陽阿故縣造像記》。

[29] 塚本善隆《塚本善隆著作集（第三卷）· 中國中世佛教史論考》（東京：大東出版社，1975），《敦煌本·中國佛教教團制規》，頁 288。

[30] 《吳志》卷四《劉繇傳》云笮融奉佛事。《高僧傳》卷一《康僧會傳》，頁 325 中。范祥雍校注《洛陽伽藍記校注》（上海：古典文學出版社，1958），頁 132～133。

三、北朝鄉村佛教信仰的情況

由於本文主要討論華北鄉村的佛教信仰,所以必得先瞭解當時鄉村概況。關於六朝時的村,多位學者已有專文討論,如宮崎市定、宮川尚志、福島繁次郎、越智重明等;不過,他們的研究多著重六朝村制的起源和形成方面。[31] 此處僅擬描繪北朝鄉村的約略面貌,特別是牽涉到理解鄉村造像有關的問題,如村落的規模、範圍以及村落的居民等方面。

(一)北朝鄉村的狀況

北朝村落的規模如何? 村落自然是有大有小,北朝大的村落戶口數甚爲可觀,有達千戶或百戶以上者;小的村落則有小至幾十家者。《續高僧傳》卷二四《釋明瞻傳》裏提到:北朝末年時,恒州石邑(今河北)龍貴村住有二千餘家。從現存造像銘記看來,這個數目也不是太誇張,在山西介休縣荒榛草莽中發現北齊天保十年(559)所造的"禪慧寺佛幢",係由比丘法悅及信徒一千餘人捐建的。[32] 又,如北魏孝莊帝永安三年(530),位於今日山西省稷山縣的三交村居民薛鳳規等人造的佛像碑上,可辨識信徒的姓名有四百九十人以上。[33] 村落裏有能力捐資造像的人數達數百人之多,則其居民戶口數有可能在千人以上。不過,如《北史》卷八六《公孫景茂傳》稱其時"大村或數百戶",這樣的村落,應該是較爲普遍的。如北魏景明四年(503),幽州范陽郡涿縣(今河北涿縣)當陌村的居民有兩個造像活動,分別由劉雄頭領銜的四百人,以及高伏德領銜的三百人兩個集團捐資造像;前者由於碑文字跡漶散,難以統計捐資者確實的數目,而後者可辨識的人名有二百六十五人。[34] 雖然在以上兩個碑記裏,可辨識出有一些人同時參加了兩個造像活動,即使如此,一個村落有三四百人有能力捐資,那麼這

---

[31]　宮崎市定《中國における村制の成立》,《アジア史論考》中卷(東京:朝日新聞社,1976)。宮川尚志《六朝史研究》(京都:平樂寺書店,1977年復製一刷)第七章《六朝時代の村について》。福島繁次郎《魏晉南北朝史研究》(東京:名著出版社,1979)。

[32]　《山右石刻叢編》卷二《禪慧寺佛幢》,頁8～9。

[33]　《薛鳳規等造像碑》,見《支那美術史雕塑篇》,頁241～242;並見《魯迅輯校石刻手稿》2函1冊,頁179～200,此書題作《薩鳳顏造像碑》。然周錚據此一造像碑之實物考證(今在北京中國歷史博物館),"薩鳳顏"作"薛鳳規",見《北魏薛鳳規造像碑考》,《文物》1990年第8期,今依此。

[34]　《劉雄頭等四百人造像記》,見北京圖書館金石組編《北京圖書館藏中國歷代石刻拓本匯編》(鄭州:中州古籍出版社,1989)冊3,頁61。《高伏德三百人等造像記》,《魯迅輯校石刻手稿》2函1冊,頁62～63。

個村落的居民人數至少應有五六百人,甚或更多。至於小的村落,則僅有數十家;如當時陳留郡襄邑縣(今河南睢縣附近)謀等村只有"三十家,男丁一百三十七人,女弱一百六十二口"[35]。

村的範圍:如上所述,從幾十家的小村,乃至於數百家、甚或千家的大村。大皆有一定的範圍:其所在位置或是倚山傍水,有自然形勢作爲屏障;或是位於平野,而有人工樊籬作爲界線。村民耕種的田地多在村外,出入村落須經過村門。[36] 從三世紀以後,由於華北多戰亂,村落多設有塢壁以自保,村落也常稱之爲"村塢"。如《晉書》卷八九云麴允爲人仁厚,無威斷,常賜屬下以厚爵,"村塢主帥小者,猶假以銀青、將軍之號";《魏書》卷八七《孫道登傳》説他於北魏和梁朝交戰中被俘,梁軍將他"面縛臨刃,巡遠村塢,令其招降鄉曲",孫道登是彭城呂縣人,可知其時在蘇北一帶有武裝自保的村落。北魏時河南、山西等地的村落也多是村塢,《魏書》卷七四《爾朱榮傳》叙述葛榮之亂時,其軍過汲郡(今河南省新鄉)"所在村塢悉被殘略"。同書,卷一四《元天穆傳》説邢杲謀反"旬朔之間,衆踰十萬,劫掠村塢,毒害民人,齊人號之爲'齛榆賊'。先是,河南人常笑河北人好食榆葉,故因以號之。"又,《北史》卷七六《樊子蓋傳》叙述他討絳郡賊敬槃陀時,不加分別善惡,將"汾水北村塢盡焚之"。不過,也有一些村落是不設防的,如隴西地區的村落。[37]

至於其時華北村落的居民,則不全盡是漢人;有的係漢人村落,有的是非漢族所住的"胡村",有的村落則是胡、漢雜居。[38] 由於東漢以來便有北方遊牧及半遊牧部族陸續南遷,加上五胡十六國時期各政權的紛競爭奪,北朝時代的華北其實是一個多民族共居的世界;當然,仍以漢人爲多數。胡、漢混居的情況,視地域而有程度上的差別;如陝西一帶就是胡、漢混居相當普遍的地區,西晉初年,關中的居民已是"戎

[35] 《宋書》卷四五《劉粹傳》。
[36] 《冥報記》下:"隋開皇初,冀州外邑中,有小兒年十三,常盜鄰家鷄卵,燒而食之。後早朝村人未起……使者曰不須也。因引兒出村門。村南舊是桑田,耕訖未下種……"
[37] 《隋書》卷五三《賀婁子乾傳》:"高祖以隴西頻被寇掠,甚患之。彼俗不設村塢,敕子乾勒民爲堡,營田積穀,以備不虞。"
[38] 《北史》卷六〇《侯莫陳悦傳》:"周武帝時,從滕王擊龍泉叛胡……先是稽胡叛亂,輒路邀邊人爲奴婢。至是詔,胡有厭匿良人者誅,籍没其妻子,有人言爲胡村所隱匿者,勸將誅之。"

狄居半",[39]這個情形一直延續到六世紀末,馬長壽根據二十五個前秦
到隋初的佛教造像銘記,研究鮮卑雜胡人關後的聚居狀況以及陝西各州
胡人的漢化過程,將其地胡漢雜居的情形描述得很透徹。[40] 從現存造
像記看來,山東、山西、河南、河北地區鄉村的造像碑記上造像者的題名,
顯示其地多是漢人村落,而陝西則多胡、漢混居的村落,或是胡人村落。

(二)遊化鄉村的僧人

巡遊四處佈教的僧尼,是佛教在鄉村地區興盛流行的功臣,此和
北魏自明元帝(409~423)開始以僧尼敷導民俗的政策有關;此外,在
武帝毀滅佛法時,許多僧尼匿居潛藏鄉間,則可能是促使佛教在鄉村
地區更廣為流佈的因素之一。

由於自四世紀開始,先後割據部分華北土地建國的幾個政權的
提倡,華北佛教甚為流行;因此,四世紀初北魏在太武帝拓跋珪建
國時,便不得不認清此一事實,而尊崇佛教。至太宗明元帝拓跋嗣
之世 (409~423),更以佛教的僧尼來綏集被征服地區的民衆。塚本
善隆《北魏建國時代の佛教政策と河北の佛教》一文,對此一過程
有詳細的論述。茲略述其大要:其時華北地區佛教特別興盛之地,
首數河北和關中,這是因為後趙、前秦的君主受佛圖澄、道安等高
僧的影響,篤信佛教,上尤下效,佛教因而日益昌盛;尤以後趙都
城所在的河北地區,和前秦苻氏初基的長安,佛教尤為興隆。拓跋
珪在建國以前,曾以質子的身份,到後趙都城襄國,也曾至前秦都
城長安,目睹此二地佛教興盛的情況,也體認到河北、山西地區佛
教的流行;及他起自山西,東向河北拓地時,便令其軍隊對所經之
處的寺院、所遇見的僧人,皆不能侵犯,並加禮敬。明元帝時,北
魏領土更向南擴展至河南,他仍沿用前此尊崇佛教的政策,以期收
服民心,《魏書·釋老志》稱:"太宗踐位,遵太祖之業,亦好黃老,
又崇佛法,京邑四方,建立圖像,仍令沙門敷導民俗。"[41]

在明元帝之後,北魏仍繼續實施以沙門敷導民俗的政策,而其
範圍應不限於京邑附近,在北魏領地的城市與鄉村,都有僧尼駐寺

〔39〕《晉書》卷五六《江統傳》。
〔40〕 馬長壽《碑銘所見前秦至隋初的關中部族》(北京:中華書局,1985)。
〔41〕 塚本善隆《塚本善隆著作集第二卷·北朝佛教史》第一《北魏建國時代の佛教政策
と河北の佛教》,頁1~26。

或遊走傳道。然而，北魏太武帝拓跋燾於太平真君七年（446），下令廢佛毀釋，此一禁令使得僧徒潛匿鄉村，深入荒僻，對於佛教在廣大鄉村地區的傳佈，具有重大的影響。太武帝毀廢佛教的詔令極爲嚴刻，其內容包括：禁止人民建造佛像、信奉佛教，焚燒佛經，毀壞寺院及佛像，誅殺僧人。

> ……其一切蕩除胡神，滅其蹤跡，庶無謝於風氏矣。自今以後，敢有事胡神及造形像泥人、銅人者，門誅……有司宣告征鎮諸軍、刺史，諸有佛圖形像及胡經，盡皆擊破焚燒，沙門無少長悉坑之。[42]

據《魏書‧釋老志》，此廢佛令在都城平城一帶的確曾徹底實行；不過，在都城及其他較大的城市如長安等地以外的區域，此一禁令並未嚴格實施，佛教仍然有生存的空間。這是由於當時擔任監國、總理萬機的人，係爲篤信佛教的太子拓跋晃的緣故；他預先示警，緩下詔書，四處僧徒多得藏匿走避，至於佛像和經典，則爲信徒所隱藏匿跡，也多獲得保全。僅有佛教的寺院寶塔因無從遁形，而遭到全面性的破壞。

> 時恭宗爲太子監國，素敬佛道。頻上表，陳刑殺沙門之濫，又非圖像之罪。今罷其道，杜諸寺門，世不修奉，土木丹青，自然毀滅。如是再三，不許……恭宗言雖不用，然猶緩宣詔書，遠近皆豫聞知，得各爲計。四方沙門，多亡匿獲免，在京邑者，亦蒙全濟。金銀寶像及諸經論，大得秘藏。而土木宮塔，聲教所及，莫不畢毀矣。[43]

在此禁令下，大多數僧人都還俗，以避免受到迫害；雖然他們外形上不再是緇衣剃髮的出家人形像，但是，亡匿鄉野村落的僧人們，卻仍然指導信徒與舉行佛教儀式。《釋老志》稱：“佛淪廢終帝（太武帝）世，積七八年。然禁稍寬弛，篤信之家，得密奉事，沙門專至者，猶竊法服誦習焉。唯不得顯行於京都矣。”[44]

---

〔42〕 《魏書》卷一一四《釋老志》。
〔43〕 同上。
〔44〕 此處説佛法淪廢七八年，按太武帝於紀元446年正式下令毀禁佛法，不過，在此之前二年，他已先有壓抑佛教的詔令，太平真君五年（444），下令禁止私養沙門。迄北魏於452年興復佛法，前後八年。《魏書‧釋老志》：“先，沙門曇曜有操尚，又爲恭宗所知禮。佛法之滅，沙門多以餘能自效，還俗求見。曇曜欲守死，恭宗親加勸喻，至於再三，不得已，乃止。密持法服器物，不暫離身，聞者歎重之。”

及太武帝去世,文成帝即位,於興安元年(452)下詔復興佛法;潛藏的佛教在很短的時間裏,便重新恢復昔日的盛況:"天下承風,朝不及夕,往時所毀圖寺,仍還修矣。佛像經論,皆得復顯。"[45] 而在毀法時期還俗的僧人,也多重新落髮,復爲僧人。

可能由於滅佛時期很多僧人匿居鄉村,在北魏興復佛教之後,在鄉村遊化度衆的僧尼人數便大增。這從孝文帝於延興二年(472)下的詔書,可知在鄉村遊化的僧人已成爲朝廷關切的問題。

> 比丘不在寺舍,遊涉村落,交通姦滑,經歷年歲。令民間
> 五五相保,不得容止。無籍之僧,精加隱括,有者送付州鎮,
> 其在畿郡,送付本曹。若爲三寶巡民教化者,在外齎州鎮維
> 那文移,在臺者齎都維那等印牒,然後聽行。違者加罪。[46]

由此可知,在鄉野村落遊化的僧尼人數相當多,其中包括一些自行剃度的無籍之僧。北魏早自道武帝拓跋珪皇始中(396~397),就已設立僧官以管理僧人;其後在各州、鎮、郡都設有僧官以統攝僧徒,維那即僧官之首。[47] 不過,僧官僅設在州、鎮、郡的層級,對於鄉村地區的管理難免鞭長莫及。又,無籍之僧原已是僧官難以掌握、管理者,在鄉村遊化的無籍之僧更成爲北魏政權不容易控制的對象。原先,北魏建國初年採取以"沙門敷導民俗"的政策,係借僧人對鄉村社會的影響力,以達到使衆多鄉村人民歸心的目的;而迄孝文帝之時,許多遊化於地域遼闊鄉野之地的僧人反倒成爲朝廷棘手的問題。因此,孝文帝這道詔令主要透過民間伍保制度相互監察,不允許村落居民收容止宿遊化的僧人,並借此檢括出無籍之僧,交付州、鎮或京畿的僧官處置;同時,明令規定欲至鄉村巡行遊化的僧徒必須有其所屬地僧官發給的印牒或文件,作爲他們在鄉村佈教的通行證。

孝文帝這道詔令是否確實付諸執行?其成效如何?由於文獻不足,無法得知其詳情。不過,太和十年(486)官員奏稱:循前所發佈的詔令,諸州還俗僧尼共計1327人。[48] 這個數字偏低,就檢括無籍之僧這一點而言,似乎並未徹底執行。又,以僧人遊化村落的問

---

〔45〕 《魏書》卷一一四《釋老志》。
〔46〕 同上。
〔47〕 同上。
〔48〕 同上。

題來説，亦復相同。宣武帝永平二年（509），擔任僧官之首沙門統
的僧人惠深奏言中，就將其時有些僧人遊止民間列爲不遵守禁典的
僧人，宜加管理：“或有不安寺舍，遊止民間，亂道生過，皆由此
等。若有犯者，脱服還民。”[49]

一些鄉村造像記顯示：六世紀華北鄉村有許多僧人遊走四方，
傳佈佛教。在若干單一個村落的造像者題名裏，甚至出現了數十位
僧人的名字，如北魏孝莊帝永安三年（530），三交村《薛鳳規等造
像碑》中，題名可識者 494 人，其中 59 名是僧尼。[50] 又，新王村
（位於今山東濰坊市西北、臨朐東北）村民王貳郎等二百人於東魏孝
靜帝武定二年（544）所造佛像碑上，造像者題名可識者 191 人，比
丘僧、比丘尼題名者計 45 人，約佔總數近 1/4。[51] 北齊後主武平三
年（572），電水村（不詳所在）僧人曇禪師等五十人造阿彌陀像的
碑記上，題名者共五十人，其中比丘 13 人、比丘尼 13 名，居造像
者之半。[52]《魏書·釋老志》記載北魏孝明帝正光（520～525）以
後，天下多事，賦役增加，許多人民爲逃避調役而爲僧人，其時僧
尼人數約有二百萬人。這是一個驚人的數字，有點令人難以置信，
不過，從出現在造像記題裏的衆多僧尼這點看來，當時華北村落中
確有許多僧人，上述數目也是可能的。

事實上，僧人遊化村落本來就是佛教在鄉村地區傳佈最主要的方
式，要完全禁絕僧人遊化村落其實是未體察村落的實際情況與需要；
同時，因爲有些僧人志願在山居林野清修，他們也常就近感化附近村
落的居民。由於在許多貧窮或荒僻的村落中，居民無力興建寺院，以
供僧人駐寺弘法；因此，在鄉村地區傳教佈道的僧人也多係從一個村
落，遊走至另一個村落的遊化僧。這些遊化僧可能由於鄉村居民的邀
請而暫時在某一村落居住，爲村民講經説法，或者爲他們主持宗教儀

〔49〕《魏書》卷一一四《釋老志》。
〔50〕《薛鳳規等造像碑》，見《支那美術史雕塑篇》，頁 241～242；並見《魯迅輯校石刻
手稿》2 函 1 冊，頁 179～200，此書題作《薩鳳顏造像碑》。然周錚據此一造像碑
之實物考證（今在北京中國歷史博物館），“薩鳳顏”作“薛鳳規”，見《北魏薛鳳
規造像碑考》，《文物》1990 年第 8 期，今依此。
〔51〕《陶齋臧石記》卷九，頁 1～4，《王貳郎等造佛菩薩記》。
〔52〕《曇禪師等造阿彌陀像記》，拓本見《北京圖書館所藏歷代石刻拓本匯編》第 8 冊，
頁 43 至 44。錄文見《支那美術史雕塑編》，頁 348～349；《魯迅輯校石刻手稿》2
函 4 冊，頁 847～849。

式,甚至領導村民建造佛像,指導村人修習佛法。如六世紀下半葉僧人釋普安"依本山居,守素林壑,時行村聚,惠益生靈",後來他居於子午、虎林兩谷合澗的龕庵,時常遊化附近四五個的村落,包括在其所居龕之西的魏村及其龕南的村落、程郭村、大萬村。[53] 又,也有僧人以遊化鄉村爲其目標,如釋道紀"又復勸人,奉持八戒,行法社齋。不許屠殺,所期既了,又轉至前,還依上事,周歷行化。數年之間,繞鄴林郊,奉其教者,十室而九。"[54]

何以僧人在鄉村地區傳教如此普遍,而佛教亦披靡華北的郊野村落? 這和僧人在傳教之時,同時也肩負社會救濟或醫療工作有關。首先,在北魏末年的戰亂流離中,村落也常遭戰火波及,村民喪亂窮乏,僧人常在此時伸出援手。[55] 《續高僧傳》記隋末唐初釋神照對鄉村的救濟工作:"宇內初定,糇粒未充,照巡村邑,負糧周給,年經六祀,勞而無倦。供衆之暇,夜講法華、勝鬘經。"[56] 同書也敘述隋初長安的僧人釋德美的樂善好施:"故悲、敬兩田,年常一施,或給衣服,或濟糇糧,及諸造福處,多有匱竭,皆來祈造,通皆賑給。"[57] 第二,僧人在當時鄉村的醫療方面扮演一個重要的角色。五世紀中,在陝西活動的僧人道恒(? ~417)在他所著的《釋駁論》中,引述時人對於僧人行事的批評攻詰,並且一一予以反駁;當時人攻擊僧人的條目裏列有:"或矜恃醫道,輕作寒暑;或機巧異端,以濟生業;或占相孤虛,妄論吉凶。"[58] 不論當時人的批評是否允當,不過,它正是反映了部分僧人的活動受到印度醫學和佛經中(特別是律藏)對醫療方法的影響,許多僧人熟諳醫道,可以爲人治病。[59] 如《魏書·釋老志》裏記載太武帝滅佛時期,僧人師賢"假爲醫術還俗,而守道不改"。另外,在醫療條件不足的僻遠鄉村,

〔53〕 《續高僧傳》卷二七《釋普安傳》,頁681中、下。
〔54〕 同前書,卷三〇《釋道紀傳》,頁701中。
〔55〕 關於村落屢經兵火,見宮川尚志《六朝時代の村について》。
〔56〕 《續高僧傳》卷一三《釋神照傳》,總頁528下~529上。
〔57〕 同前書,卷二九《釋德美傳》,總頁697上。
〔58〕 《廣弘明集》(《大正新修大藏經》第五二冊)卷六,頁35。
〔59〕 山崎宏《中國佛教·文化史の研究》(京都:法藏館,1981)第二章《中國醫學的特質》。林子青《印度醫學對中國醫學的影響》,《現代佛學》1956年第6期。道端良秀著、關世謙譯《中國佛教與社會福利事業》(高雄:佛光出版社,1986年再版),頁92~98。

五世紀時譯出的一些經咒，如《佛説咒齒經》（大・1327）、《囉縛拏説救療小兒疾病經》（大・1330）等，[60] 或可成爲無處投醫的村民的一個寄託；能不能治好病，那是另外一回事。凡此都有助於佛教在村落地區的傳播。

（三）佛教在鄉村的傳佈

對於大多數不識字的鄉村居民，僧人如何向他們傳述佛教的教義和佛經的内容？要回答這個問題，我們必須先瞭解：見諸於《高僧傳》、《續高僧傳》的高僧或名僧，大多是在城市裏活動，和帝王、貴族論説講道；而活躍在都市的平民階層和鄉村地區者，則多爲一些比較講求坐禪修行的僧人。[61] 這些務實修行的僧人對鄉村社會的佈教除了講説基本的佛理之外，又時常帶領村民組織以俗人爲主要成員的宗教組織，成爲此宗教組織的指導者，而被稱爲“邑師”。邑師及其他僧人除了領導村民舉辦共同修習的齋會、法會之外，有時並帶領村民建造佛像，或做一些修橋、鋪路、造井等社會公益事業。這些活動將在下一節討論，此處僅就僧人的傳教，以及村民所建造的佛石碑像上的圖像，爲僧人用以輔助其傳道的教材這兩點而論。

每年四月十五至七月十五日是僧人“安居”時期，也是他們傳教講經的時期。雖然前面提及孝文帝延興二年的詔令，規定僧人不得隨意遊涉村落，如僧人欲往鄉村傳道者，須有州、鎮、都維那的文件；但仍然有不少的僧人在鄉村遊走勸化。不過，孝文帝曾一度下令僧人可在安居時期“數處講説”，《帝令諸州衆僧安居講説詔》：“可敕諸州令此夏安居清衆，大州三百人，中州二百人，小州一百人，任其數處講説，皆僧祇粟供備，若粟甚、徒寡不充此數者，可令昭玄量減還聞。”[62] 由此可知，在某些時期政府允許僧人四處講經。此詔令發佈的年代不詳，是否此後年年如此，不得而知。

村落居民所建的石碑像上，時有佛本生故事、佛本行故事，以及經變的圖像，這些除了裝飾的功能之外，也可提供僧人作爲輔助其傳教、講經之用。（見圖一、二）這從在鄉村所造的石碑像上圖像之旁的題

---

〔60〕 見《大藏經》第二一册。又，另有《佛説咒目經》（大・1328）、《佛説咒小兒經》（大・1329）。
〔61〕 服部克彦《續北魏洛陽の社會と文化》（京都：ミネルヴ書房，1965），頁 100～105。
〔62〕 《廣弘明集》卷二四，頁 272 下。

記,可窺其梗概。如東魏孝静帝武定元年(543)河南省河内縣北孔村道俗九十人的造像碑的碑陰上,有三層計十一幅畫面的線刻畫,描繪佛傳故事和須達挐本生故事,在每一畫面之左側有叙述此畫面的題記。(見圖三、四)第一層三個畫面之旁的題記分别爲:"太子得道,諸天送刀與太子剔"、"定光佛入國,童菩薩花時"、"如童菩薩賣銀錢與王女買花",可知所繪的是《修行本起經》和《過去現在因果經》裏的佛本生故事。中層四幅所繪的是釋迦牟尼佛出生的情景,其題記分别作:"摩耶夫人生太子,九龍吐水洗"、"想師瞻太子得想時"、"黄羊生黄羔,白馬生白駒"。下層四幅的題記:"五百夫人皆送太子向檀毒山辭去時"、"隨太子乞馬時"、"婆羅門乞得馬時"、"太子值大水得度時",可知其所繪的是須達挐本生故事。[63] 長廣敏雄的研究指出,此一故事畫的線刻畫係以六朝時代佛傳及本生故事的長軸畫卷作爲粉本;漢魏六朝時爲了能使漢譯佛經能够普及流傳,在僧人的指導下展開了寫經事業,而此種畫卷即是伴隨着寫經,描繪經典故事,使傳教更爲生動容易。[64] 本文認爲在石碑像上的故事畫,一則可作爲信徒觀想之對象,二則可作爲僧人傳教説法的輔助。信徒可據石碑像上的場景,觀想佛前生或佛傳故事中的某些片斷;僧人在叙述佛傳或佛本生故事時,可以將石碑像上的畫面串連成完整的故事。以下再舉數例,就此觀點作進一步的説明。

如西魏文帝大統六年(540),山西省稷山縣巨始光等人所造的四面碑上同時刻有取材自三本經典的圖像,是顯示造像碑上之圖像和經典關係密切最好的一個例子;其圖像旁邊的題記可看做是僧人説法之輔助。正面之佛龕内雕刻釋迦佛與多寶佛並坐説法相,兩像左右各有一脅侍菩薩,兩旁龕柱上的題記分别爲:"左相多保佛塔,證有法華經"、"右相釋迦佛説法華經"。[65] 此釋迦、多寶佛並坐之場景爲《妙法

---

〔63〕《八瓊室金石補正》(《石刻史料新編》第一輯第七册)卷一九《道俗九十人造像讚碑并兩側》,頁19～22。

〔64〕長廣敏雄《六朝時代美術の研究》(東京:美術出版社,1969)第三章《搖籃期の佛教説話畫卷——東魏武定元年造像碑の線刻畫》,頁84～88。

〔65〕周錚《西魏巨始光造像碑考釋》,《中國歷史博物館館刊》第7期。又,《賢愚經》(大·202)卷七:"爾時世尊晨與阿難入城乞食,見群小兒于道中戲,各聚土地,用作宫室及倉、藏財寶、五谷,有一小兒遥見佛來,見佛光相,敬心内發,歡喜踴躍,生布施心,即取倉中名爲谷者,即以手探,欲用施佛,身小不逮,語一小兒:我登汝上,以谷布施,小兒歡喜,報言可爾。即躡肩上以土奉佛。佛即下缽,低頭受土。"

蓮華經》中之一景，習稱"法華變"，典出《妙法蓮華經·見寶塔品》：

　　爾時佛前有七寶塔，高五百由旬，縱二百五十由旬，從地踊出，住在空中，種種寶物而莊校之……爾時佛告大樂説菩薩："此寶塔中有如來全身，乃往過去東方無量千萬億阿僧祇世界，國名寶净，彼中有佛號曰多寶。其佛行菩薩道時，作大誓願：'若我成佛，滅度之後，於十方國土有説法華經處，我之塔廟，爲聽是經故，踊現其前，爲作證明，讚言善哉。'彼佛成道已，臨滅度時，於天人大衆中，告諸比丘：'我滅度後，欲供養我全身者，應起一大塔，其佛以神通願力，十方世界在在處處，若有説法華經者，彼之寶塔皆踊出其前，全身在於塔中，讚言善哉。'善哉大樂説，今多寶如來塔，聞説法華經故，從地踊出。"[66]

　　由於這圖像和題記與經典的關係是如此地貼切，僧人在説法時正可以此作爲輔助説明。此一石碑像的背面也有一龕，龕内爲文殊菩薩與維摩詰居士並坐的圖像，像的左右各有一脅侍菩薩，兩旁龕柱上的題記分别是："文殊師利説法時"、"維摩吉□大□利時"。這是表現《維摩詰經》(大·754)中的《問疾品》，文殊菩薩前去探視維摩詰居士之疾，兩人展開一段精彩哲理的辯論。又，此碑背面中央亦有一帷幕龕，中有立佛一尊，其左有三小兒作欲攀登狀，其右有一跪著的小兒，龕左的題記爲："此是定光佛教化三小兒補施，皆得須陀洹道"，這是本於《賢愚經》中描繪阿育王施土因緣的故事。[67]　另外，在今山西芮城附近村落居民於北周武帝天和元年(566)建造的石碑像，其碑陰下半截雕有佛涅槃像，亦有題字，可惜今已漫滅不可識。[68]

　　北魏孝武帝太昌元年(532)，北地郡高□縣東嚮魯川(今陝西省)樊奴子造像碑的碑陰上，刻有地獄變相，旁有題記。今此碑下落不明，然而《關中石刻文字新編》對此變相及題記有詳細的記録：

[66]　《妙法蓮華經》(《大正新修大藏經》第九册)，頁32中、下。
[67]　周錚《西魏巨始光造像碑考釋》，《中國歷史博物館館刊》第7期。又，《賢愚經》(大·202)卷三，阿輸迦施土品第十："爾時世尊晨與阿難入城乞食，見群小兒於道中戲，各聚地土，用作宫舍及作倉，藏財寶、五穀。有一小兒遥見佛來，見佛光相，敬心内發，歡喜踊躍，生布施心，即取倉中名爲穀者，即以手掬，欲用施佛，身小不逮，語一小兒：我登汝上，以穀布施。小兒歡喜，報言可爾，即躡肩上以土奉佛。佛即下鉢，低頭受土。"
[68]　《魯迅輯校石刻手稿》二函五册，頁969～973，《合村長幼造像記》。

　　第三列畫像一屋無四壁,古所謂堂無四壁曰"皇"是也,室中榻上坐一神人,作鞫獄狀,其右題云:"此是閻羅王治□";神座之前,畫二羊作跪訴狀,又畫一人縛于架上,一人持刀屠割之,題字云:"此是屠仁今常羊命"(碑中屠人之"仁",當作"人";常羊命之"常",當作"償")。又畫一人縛於柱上,題字云:"此是□道大神□罪人"。又畫二人裸身荷長枷,題字云:"此人是盗今□此人加頭部"。又畫一神人坐胡床上,手執長戈,前畫六道輪迴像。[69]

陝西耀州吳標兄弟父叔所造的碑像上,也刻有地獄變相。[70]

　　以此類圖像來作爲傳教、講經之輔佐教材,似乎可收到很好的效果。《續高僧傳》卷二三《釋靜藹傳》記載靜藹從一介儒生轉而投入僧人行列的關鍵,繫於他遊觀寺院的地獄變相壁畫:"釋靜藹,姓鄭氏,滎陽人也……甫爲書生,博志經史。諸鄭魁岸者咸皆異之,謂興吾宗黨其此兒矣。與同伍遊寺,觀地獄圖變,顧諸生曰:'異哉!審業理之必然,誰有免於斯酷者?'便強違切諫,二親不能奪志,鄭宗固留,藹决烈愛縛,情分若石,遂獨住百官寺,依和禪師而出家。"寺院裏的變相壁畫可感動一個出自名門大族的儒生,從而出家爲僧,投入釋氏佛門,由此可知以圖像佈教可獲致良好的成效。我們也可想像當僧人在鄉間對那些大皆不識字、或識字不多的鄉村居民傳道佈教時,若伴以生動的圖像作爲説明,必能收到宏大的效果。

　　在六世紀以後,此一以圖像作爲講經傳道之輔助説明的做法,可能爲變文的講説者所取則。Victor Mair 研究唐代變文,指出其時叙述變文者通常使用一幅畫卷,作爲輔助説明。[71] 又,他在另一篇關於變相研究的論文中也認爲:寺院壁畫的經變可能常爲僧人或在家的佛教徒引用,以幫助其傳道。[72] 無論是變相或變文,此一利用取材自佛教經典、佛傳故事某些場景的圖像,以輔助其講經傳道的做法,可上溯自六世紀僧人使用造像碑上的圖像佈道講説,以宣揚佛理。

〔69〕　毛子林輯、顧燮光校印《關中石刻文字新編》(《石刻史料新編》第 1 輯第 22 册)卷一,頁 10~11《都督樊奴子造像記》。亦見於《關中文字存逸考》卷七。

〔70〕　《魯迅輯校石刻手稿》2 函 5 册,頁 1015。

〔71〕　Victor Mair, *T'ang Transformation Texts* (Harvard, 1989), pp. 71~72, 152~170.

〔72〕　Victor Mair, "Records of Transformation Tableaux (*pien-hsiang*)", *T'oung pao* 72 (1986), pp. 3~43.

四、佛教與鄉村居民的生活

五六世紀時，佛教深深地浸透華北鄉村社會，它對鄉村居民的生活造成何等的影響？這不但是一個饒有興味的課題，同時也是極少數可藉以瞭解其時平民生活的視角之一。

從鄉村造像記看來，佛教對鄉村生活影響之深，顯現在以下幾方面：一、鄉村居民因信仰佛教而組織一種叫做"義邑"或"法義"的宗教信仰團體，以便共同修習佛教的儀式，或從事和佛教有關的社會活動。二、在農業生活之外，佛教的儀式和法會等宗教生活是鄉村人民主要的活動。三、佛教的幾個節慶是村落居民一年生活中的大事。

（一）佛教信仰的團體：義邑、法義

關於中國中古時期佛教徒所組織的信仰團體，數位學者已有專文討論，並且獲得很好的成績，其中，以小笠原宣秀、高雄義堅、塚本善隆、山崎宏、那波利貞的論文之討論較為深入。[73] 不過，他們並未針對鄉村的信仰團體進行討論。本文僅就鄉村造像記中所見的信仰團體而言。

首先，就此等團體的組成分子而言，有僧人、也有俗眾。其組成的過程或是由一位乃至於數位僧人發起，領導俗人信徒組織而成的；或是由在家信徒主動組織信眾，再邀請僧人作為其組織之指導者。前者如北齊文宣帝天保元年（550），洛音村的造像記稱："大魏天保元年五月卅日，洛音村□信邑義長幼僧哲等卅人，自□生長閻浮，長在三界……"係由僧人主導者。[74] 這是一個很典型的鄉村造像的例子，按公元550年即東魏孝靜帝武定八年，這一年五月，高洋代魏，改元天保；不過，此一碑記仍稱大魏，另一方面，又用北齊的年號，顯示出鄉村造像記在記述方面時常不夠嚴謹的特性。又，從北齊後主武平三年（572），黿水村由比丘暈禪師領導的造像活動的碑記中可看得更清楚：

---

[73] 小笠原宣秀《中國淨土教家の研究》（京都：平樂寺書店，1951年），一、《盧山慧遠の結社事情》，頁1～21。高雄義堅《中國佛教史論》（京都：平樂寺書店，1952），《北魏佛教教團の發達》，頁25～36。塚本善隆《龍門石窟に現れたる北魏佛教》。山崎宏《支那中世佛教の展開》（東京：清水書房，1947年再版）第四章《隋唐時代に於ける義邑及法社》，頁675～831。那波利貞《佛教信仰に基きて組織せられたる中晚期唐五代の社邑に就きて》（上、下），《史林》第24卷第3、4號。

[74] 《北京圖書館所藏歷代石刻拓本匯編》第7冊，頁1。

"其净行比丘量禪師率領邑義四部五十人等,乃殖良緣,廣脩寶業,敬造阿彌陀玉像一區……"。[75] 至於以俗衆主導者,如隋李阿昌等二十家先自行組織義邑,再請僧人作爲指導者:

> 維開皇元年,歲□丑四月庚寅朔廿三日壬寅,佛弟子李阿昌等廿家,去歲之秋,合爲仲契,每月設齋,吉凶相逮,今蒙皇家之明德,開興二教,然諸人等謹請比邱僧欽爲師,徒名曰大邑……[76]

第二,就此類佛教信仰團體的名稱而言,有的稱爲"義邑",有的叫做"法義"(或作"法儀")。此信仰團體因爲需要宗教上的實踐,所以每每敦請一位或一位以上的僧人、尼師,作爲其指導者,尊稱爲"邑師",其中義邑中俗人成員皆稱爲"邑子"或"邑義",法義中俗人成員皆稱爲"法義"。[77]

如北齊山西安鹿交村的一個造像記有:

> 唯大齊皇建二年,歲次辛巳,五月丙午朔,廿五日庚午,并州樂平郡石艾縣安鹿交村邑義陳神忻合率邑子七十二人等,敬造石像一區……[78]

又,如山東高柳村法義造像記稱:

> 大魏永安三年歲次庚戌,八月甲辰朔,九日壬子,青州齊郡臨淄縣高柳村比丘惠輔、比丘僧□、比丘僧詳、比丘惠彌、維那李槃、維那李元伯法義兄弟姊妹一百五十人等敬造彌勒尊像二軀……[79]

第三,在造像記題名中出現一些不同的頭銜,其種類達數十種:有的是和管理此團體有關的職稱,有的則是和造像活動有關的稱號,有的是和舉行法會、儀式有關的稱謂,有的名稱則迄今尚不明是何意。[80]

---

[75] 同前書,册8,頁43~44。並見《魯迅輯校石刻手稿》2函1册,頁847~849。

[76] 《隴石金石録》(《石刻史料新編》第1輯第21册)卷一,頁54《隋李阿昌造像碑》。原件今藏於甘肅省博物館。

[77] 山崎宏《隋唐時代に於ける義邑及法社》。黃懺華《北朝佛教》,收入中國佛教協會編《中國佛教》(北京:知識出版社,1980),頁51。

[78] 《山右石刻叢編》卷二,頁9~11,《陳神忻七十人等造像記》。

[79] 《魯迅輯校石刻手稿》2函1册,頁175。

[80] 高雄義堅《北魏佛教教團の發達》一文中將一些頭銜分類,唯有些並不恰當,如將光明主認爲是供養主等。山崎宏《隋唐時代に於ける義邑及法社》文中的分類則較清楚正確。載禾《義邑制度述略》(《世界宗教史研究》1982年第2期)的分類亦不盡正確。

此處只談和此團體的管理有關的幾個頭銜：邑主、都邑主、維那、都維那、典坐、典錄；這些稱謂有的係模仿政府僧官或職官之名，有的則借用寺院僧人職事之名。邑主之銜是易於瞭解的，爲此一團體之首，極可能是發起者；也有可能是在鄉里之中較孚衆望或較爲富有的人。"維那"係梵文"磨羯陀那"（karma-dana）的簡稱，又稱爲"悦衆"，本來是早期佛教制度裏掌管僧衆之雜事的人。中國自姚秦時便以悦衆爲僧官之名，北魏以維那爲僧官的名稱之一，從北魏宣武帝永平二年（509）沙門統惠深上書中，可知在各州、鎮、郡設有維那、上坐、寺主的僧官；另外，在都城則設有都維那。[81]在義邑、法義裏的維那應是負責管理此團體一般性的事務，都維那則是總理其事者。

典坐原意是典床坐之意，係掌理衆僧禮拜的九件事：床坐、房舍、衣物、香花、瓜果、飲水的序分，以及請會的差次，也就是管理一切雜事；在隋代以後，上座、維那和典坐成爲寺院的三綱。[82]因此，邑義裏的典坐可能借用寺院職事的名稱，其職掌殆係管理此一團體中在舉行法會時有關上述雜事。

至於邑正這個頭銜，山崎宏認爲此係借用魏晉南北朝時九品官人法中的中正官之名，邑正乃邑中正、都邑中正之略稱，史書中雖然沒有邑里中正之記載，但造像銘記所見的邑正大概原是村裏小職役的名稱。[83]不過，由於沒有其他線索可資追尋，邑正在義邑中扮演的角色不詳。

第四，義邑、法義信仰團體組織的目的和緣起關係到其活動的內容，山崎宏認爲此係北魏初期華北在家佛教徒爲主而組成的信仰團體，他們營造佛像、窟院，或舉行齋會、寫經、誦經等行事，特別是爲造像、設齋等出資的組合。[84]除此之外，也有是爲了修橋鋪路、造井種樹、捐造義塚、施食予貧人等興福積德之事而組成的，關於這一點將在下一章討論。

---

〔81〕《魏書》卷一一四《釋老志》。

〔82〕《大宋僧史略》（大·2126，收入：《大正新修大藏經》第54冊）卷二，三十五雜任職員："……次典座者，謂典主床座。凡事舉座，一色以攝之，乃通典雜事也。"頁245上。

〔83〕山崎宏《隋唐時代に於ける義邑及法社》。

〔84〕山崎宏《隋唐時代に於ける義邑及法社》，頁767～768。

第五,此處要特別指出的是:鄉村婦女在這類的信仰團體裏非常地活躍,有些義邑甚至除了僧人之外,清一色地由婦女組成。我至少收集到自六世紀以後七個全由婦女組成的信仰團體及其造像活動的造像記,其中有兩個注有鄉村的名稱:公孫村和大交村(不詳所在)。

> 大齊天保四年二月廿日,公孫村母人合卅一人等,敬造
> 白玉象一區,生者願在佛左右,往過者妙樂□,各得成佛。[85]

天保四年即公元553年,在此碑記之後有三十餘造像者的題名,其中有七人名字上冠有“維那”的頭銜,可知這是一個由婦女組合而成的信仰團體所造的像。又,北齊廢帝乾明元年(560)大交村的造像記,也顯示此係一個純粹婦女義邑的造像活動。

> 乾明元年四月十五日,大交村邑義母人七十五人等,
> 敬造雙觀世音像一軀,上爲皇帝陛下,師僧父母,法界衆
> 生,俱共成佛。[86]

以下造像者題名計七十四人,有兩位比丘尼,其餘皆是婦女,有三人係擔任維那之職。

婦女信仰團體的人數有數十位,也有多達一百餘人者,如東魏孝靜帝元象元年在山西有合邑諸母一百人造佛像碑。[87] 對於婦女信仰團體最具體的描繪是東魏孝靜帝武定三年(545)鄭清等六十人,這個婦女義邑造像記的銘頌:

> 奇哉邑母,識知无常,緣鄉勸化,造石金剛,捨此穢
> 形,杲登天堂。合邑諸母,善根宿殖,晝夜憂惶,造像永
> 託,釋迦已過,彌勒願殖。[88]

六世紀中,顏之推撰《顏氏家訓》一書,其中描述北齊都城鄴城婦女的地位較當時南方城市婦女爲高,她們在家中地位較高,不但掌管人事外務,且常爲家庭的利益在外奔走營求。[89] 從華北婦女

---

〔85〕《陶齋藏石記》卷一一,頁3至4,《公孫村母卅一人造像記》。《支那美術史雕塑篇》,頁316~317,“各得成佛”作“居時成佛”。
〔86〕《支那美術史雕塑篇》,頁327~328。
〔87〕同前書,頁257。
〔88〕《支那美術史雕塑篇》,頁267。
〔89〕顏之推撰、王利器集解《顏氏家訓集解》卷一《治家第五》:“江東婦女,略無交遊,其婚姻之家,或十數年間,未相識者,惟以信命贈遺,致殷勤焉。鄴下風俗,專以婦持門戶,爭訟曲直,造請逢迎,車乘填街衢,綺羅盈府寺,代子求官,爲夫訴屈。此乃恒、代之遺風乎?”

集結自身的信仰團體，捐資造像，以及時常參加佛教徒共修的法會、
齋會，也顯示北方婦女在經濟方面也有較大的自主性。《顏氏家訓》
卷一《治家第五》："河北婦人，織紝組紃之事，錦綉羅綺之工，大
優於江東也。"華北婦女在紡織方面的才幹，也意謂着她們在家庭手
工業方面以及對家庭經濟方面的貢獻，這可能是婦女有能力以婦女
義邑捐資造像的重要因素。

此外，華北婦女在社會上也較活躍，使得她們有能力組織婦女
的義邑。顏之推説："河北人事，多由内政。"[90] 雖然他形容的是城
市的婦女，但從鄉村婦女組成屬於自己的信仰團體這一點看來，似
乎一般北方婦女——無論是城市或鄉村的婦女，在社會上都較活躍。
如北齊天保十年，周雙仁爲了替其亡夫造像一區，然因財力不足，
於是勸化七十一人，組成義邑，而得償所願。[91]

（二）和造像有關的儀式、齋會與法會

今日我們如欲瞭解五六世紀鄉村佛教徒的宗教生活，唯一的線
索是造像記上有關造像前後佛教徒的活動。從多數造像銘記中簡短
的記錄，可知在造像活動完成前後，信徒會舉行齋會、八關齋會，
以及行道等儀式；在佛像落成之日，還要舉行佛像開光的儀式。

1. 佛像的開光

六世紀的造像銘記中出現了"開光明主"或"開佛光明主"這
樣的名詞，顯示了在佛像落成之日有開光的儀式；而值得注意的是，
不論在佛教或道教的資料裏，此是開光儀式最早見諸於記載者。

開光這個儀式的作用是爲了把佛、菩薩等像的神靈引進所建造
的佛像裏，正如北魏孝明帝正光五年（524）杜文慶等造像記的銘贊
稱："妙像開光，誰云不善？孰云不靈？"[92] 由於要透過開光儀式方
能使佛像有靈，因此在造像碑上每一尊佛、菩薩、佛弟子，乃至於
金剛、力士等像都要一一開光，如北魏孝莊帝永安三年（530），山
西三交村薛鳳規等人所造的石碑像上，便記有"釋迦佛開明主張
羊"、"第四拘樓秦佛開明主楊□□"、"第六迦葉佛開明主沈通"、

---

[90] 同注〔89〕。
[91] 《魯迅輯校石刻手稿》2函4册，頁717，《周雙仁等造像碑》。並見《支那美術史雕
     塑篇》，頁326～327。
[92] 《魯迅輯校石刻手稿》2函1册，頁131，《杜文慶等造天宮記》。

"第七釋迦牟尼佛開明化主楊洪成"、"第一唯越佛開明主三□壁音張男"等各佛開光的資料。[93] 又，北周武帝天和二年（567）山西芮城附近村落居民造的石碑像上分別鐫有"開思維像光明主陳□邕"、"開思維像主□北令陳高貴"、"開□□佛光明主□寇將軍"、"開加葉光明主□道桂"、"開阿難光明主□□□"、"開金剛光明主□□□"、"開金剛像主陳元嚮"，[94] 可見每一尊像都須分別開光。

有的造像碑是僅在正面造像，有的在正面和背面造像，有的則是四面皆造像，開光儀式也要各面各像舉行，這一點在造像銘文中也可看出來。如北齊後主天統三年（567），宋買廿二人等造的石碑像上就刻有"開東面光明主李妙勝"、"開西面像光明主馬王容"等字，[95] 可知各面各像皆要開光。

前面提及出現在六世紀佛教造像碑上的開光儀式，是迄今所知這個儀式最早舉行的時期，而諸多造像碑記這類的記載顯示其時這個儀式已經普遍施行了。不過，造像記上只告訴我們當時舉行了佛像開光的儀式，但此一儀式是如何做的？則不得而知。上面所舉的例子裏，"開光明主"都非出家人，而是俗眾；他們在開光儀式中扮演什麼角色？真正給佛像點眼開光者是何許人？要回答這些問題並不是很容易，幸而八世紀時日本奈良東大寺盧舍那佛"大佛開眼"儀典若干細節的記錄，猶可提供一些比對的資料。此一則因東大寺是日本華嚴宗最重要的寺院，它和唐朝華嚴宗有很密切的關係。因華嚴宗重要的經典及注本曾經由高麗僧人審祥傳至東大寺；審祥早先曾至中國留學，爲唐代華嚴宗之宗師法藏的弟子，他後來到了日本，於公元736年在東大寺講華嚴經。從那時起，東大寺便成爲日本華嚴宗主要的寺院。[96] 二則八世紀東大寺大佛開眼的儀式可能和其時唐代佛像的開光儀式相類。因東大寺的開光儀典中有來自中國的僧人道璿參與，道璿在那個儀式中擔任咒願師，和任開眼師的印度僧人菩提僊那，講華嚴經的講師隆律尊師，以及"讀師"延福法師，同爲此一儀式中重要的四個宗教專家。[97] 以此之故，可以推斷

〔93〕《魯迅輯校石刻手稿》2函1冊，頁188，《薩鳳顏規等造像碑》。
〔94〕同前書，2函5冊，頁969～973，《合村長幼造像記》。
〔95〕同前書，3函4冊，頁777～780，《宋買廿二人等造天宮石像記》。
〔96〕《本朝高僧傳》（收入《大日本佛教全書》第102冊，東京：1932）卷一之一，頁9。
〔97〕《東大寺要録》（大阪：全國書房，1934）卷三，頁46～48。

東大寺的大佛開眼儀式和八世紀唐代佛像的開光儀式必定有某種程度相似之處。

如依東大寺開眼的儀典看來，給佛像點眼開光者是僧人；因此，六世紀中國佛像開光者也應當是僧人，而非那些出現在造像碑上冠以"開光明主"的俗家信徒。根據《東大寺要錄》的記載，日本孝謙天皇天平勝寶四年（752）四月九日，奈良東大寺盧舍那佛大像舉行的開光儀式，實際上係由僧人點佛眼開光。當日，聖武太上天皇、孝謙天皇、以及文武百官皆蒞臨參加，另外有一千餘名僧侶也在場，開光的儀式是由印度僧人"開眼師"菩提僊那執筆點佛眼，而自開眼師的筆有絲線連接，在絲線上又綁了許多筆，使參加者各執一筆，作象徵性的開眼。[98] 在中國六世紀的開光儀式中，那些作爲開光明主的俗家信徒也有可能作此象徵性的開光，而非實際上給佛像點眼。不過，在造像碑上有的冠以開光明主頭銜者是亡過者的姓名，如東魏孝靜帝天平四年（537）唯那卅人等所造的佛碑像上，便鐫著"光明主命過王□僧"、"菩薩光明主命過張承伯"，這又該如何解釋呢？[99]

本文認爲：光明主或開光明主可能是因其負責給予主持開光儀典的僧人的嚫施，而被賦予這個頭銜。據《東大寺要錄》的記載，公元752年東大寺大佛開眼儀典中，天皇對於參加此一儀式的僧人皆各有布施，其中給予上述四位僧人的物品特別多，各給開眼師、咒願師、讀師絁十疋，綿十屯，布十端；而施予講師絁三百疋，綿三百屯，布三百端。[100] 因此，我們可以推斷：出現在造像銘記上冠以"開光明主"或"開明主"那些人，也應是出資供給此一儀式僧人嚫施的施主。惟其如此，所以透過亡者的親屬之捐資布施，那些命過壽終之人才有可能成爲"光明主"或"開光明主"，並以此爲他們祈求冥福。

2. 齋會、八關齋會

從出現在造像記上冠以"齋主"、"八關齋主"施主的題名，可

---

〔98〕 川村知行《東大寺》I古代（保育社，1986）（序、大佛開眼），頁3～6。
〔99〕 《支那美術史雕塑篇》，頁255。按命過即亡過之人。《陶齋藏石記》卷一三《高僑爲妻王江妃造木版》："齊武平四年歲次癸巳，七月乙丑朔，六日庚午……高僑元出冀州勃海郡，因宦仍居青州齊郡益都縣瀝□裹，其妻江妃年七十七，遇患積瘠，醫療每損，忽以今月六日命過壽終，上辭三光，下□蒿里……"
〔100〕 《東大寺要錄》卷二《供養章第三》，頁49～50。

知佛像開光落成典禮的前後，還舉行齋會和八關齋會。山崎宏《隋唐時代の佛徒の齋會》一文，對於隋唐時期各種齋會有詳細的討論，他依據齋會舉辦的性質將僧、俗人舉行的齋會分爲：一、爲修道目的而舉行的齋會，這是以在家人爲主體的義邑、法社信仰團體的活動，其中亦有僧人參加；他們或是定期或是不定期地讀經、寫經、建齋、造像。二、係在諸種佛教儀式結束之時，抑或申致感謝祝賀的情況下舉行的齋會；其中儀式方面如建寺塔碑、造畫佛像、寫經、譯經、授戒等；表達謝忱如病癒等。在以上所舉的各種情況中，以佛像、佛畫完成的例子甚多。[101] 在造像記上所見的齋會，顯然是因造像完成而舉行的齋會；不過，以造像而結合的義邑在此像落成之後，仍然會以此佛像爲中心定期或不定期舉行法會、儀式和齋會。

"齋主"當是指供參加齋會者飲食的施主，他們可能同時也須負責在齋會後給予僧侶嚫施；另外，如果齋會不是在一個公共場合舉行，則是在齋主家裏舉行。[102]

齋會原來係指供養僧侶飲食之意，後來有時也包括對一般俗人飲食的供養。此處的齋會因係和佛像落成有關，所有出資造像者應當都會參與，所以此一齋會供養飲食的對象可能包括僧人及俗眾。山崎宏研究唐代的齋會，發現齋會的施主以俗人居多，但亦有寺院、僧尼爲施主的情形。[103] 然而，在五六世紀造像碑上出現的齋主題名者全是俗人。

由造像題記上的"八關齋主"這個頭銜，可知參與造像義邑的成員在造像前後也舉行了"八關齋會"。所謂的八關齋會是指俗眾信徒於一日一夜間遵守佛教的八個戒律，此八戒是：不殺生、不貪、不淫、不妄語、不飲酒、不爲歌舞倡樂、不坐高廣之床、以及過午不食。[104] 佛經裏說持八戒齋的功德很大，《優陂夷墮舍迦經》裏佛告知優陂夷墮舍迦持八戒齋的功德是："持八戒齋一日一夜不失者，勝持金銀珠璣施與比丘僧也。"又說："佛正齋法有八戒，使人得度

〔101〕 山崎宏《支那中世佛教の展開》第三章《隋唐時代の佛徒の齋會》，頁 737～747。
〔102〕 同前注，頁 757，引法國國立圖書館藏《敦煌文書》第 562 號紙背齋琬文，記在家的齋法。
〔103〕 同前注，頁 752。
〔104〕 《佛說齋經》（大·87），《大正新修大藏經》第 1 册，頁 911 下。

世道，不復墮三惡處，所生常有福祐，亦從八戒本因緣致成佛。"[105]
而《齋經》也稱八戒齋之功德："奉持八戒習五思念，爲佛法齋，與
天參德，滅惡興善，後生天上，終得泥洹。"[106] 至於八關齋主的角
色和齋主相似，爲提供飲食、修習場所，以及施與參加八關齋會之
僧人的嚫施。[107]

小笠原宣秀研究中國中世人民的佛教生活，認爲六朝時代八關
齋會非常盛行，一般是在個人家中舉行；在南朝從皇室到貴族階級
時常舉行此種齋會。[108] 誠然，東晉時支遁覓得同道二十四人在吳縣
土山墓下，舉行一日一夜的八關齋會，而且寫了記叙其時其景的
《八關齋詩序》，令人自然會認爲八關齋會在南朝上層社會非常地流
行。[109] 不過，如果參照華北造像銘記，便可發現六朝華北八關齋會
相當盛行，甚至有特爲定期舉辦此種齋會而組織的義邑。北周武帝
保定二年（562）張操等人的造像記上，便清楚地交代他們是先組織
一個"八關邑"，而後才建造佛像。如建於北周武帝保定二年的釋迦
像銘云：

> 昔有像主張道元□□及四部大衆一百人等，體別心同，
> 建八關邑。半月懺悔，行籌布薩，夙宵不眠，慚愧自責，
> 宗列五情，心居□念，改往脩來，志超彼岸，故能各捨己
> 珍，慕崇真趣，於周武成二季歲次庚辰，仰爲皇帝陛下、
> 晉國公、群僚百辟、及法界有形，造無量壽像一區……至
> 保定二季歲次壬午，像主張操□復帥合造釋迦像一
> 區……[110]

八關齋會在鄉村地區亦甚爲盛行，這從造像銘記上"八關齋主"的
題記可以得到清晰的印象。如東魏孝靜帝興和四年（542）建於鄉村的
《李氏合邑造像碑》中，就列有"八關齋主李市買"、"八關齋主李龍
雲"、"大八關齋主殿中將軍李醜胡"等五個八關齋主的姓名。[111] 數個

---

〔105〕《優陂夷墮舍迦經》（大·88），《大正新修大藏經》第 1 册，頁 912 上。

〔106〕《佛說齋經》（大·87），《大正新修大藏經》第 1 册，頁 911 下。

〔107〕八關齋會有僧人參加，如東晉支遁在吳縣營八關齋會，便有"道士白衣凡二十四
人"參與。見《廣弘明集》卷三〇，支遁《八關齋詩序》，頁 350 上。

〔108〕小笠原宣秀《中國中世佛教生活》，《印度學佛教學研究》第 2 卷第 1 號，頁 68。

〔109〕山崎宏《支那中世佛教の展開》第三章《隋唐時代の佛徒の齋會》，頁 752。

〔110〕《魯迅輯校石刻手稿》2 函 5 册，頁 939，《張操造像記》。

〔111〕同前書，2 函 2 册，頁 313～324，《李氏合邑造像碑》。

齋主或八關齋主可能共同分擔一個齋會或八關齋會的費用，或者是個別地負責舉辦一個齋會或八關齋會。

另外，和齋會相關的一個儀式是"行道"。行道係指以人之右肩向著佛塔或佛像，旋繞塔、像，以表達尊敬之意的儀式。行道有時和齋會一同舉行，稱之為"設齋行道"。[112] 六世紀造像記上有"行道主"或"行道四面像主"的題名，可知所造之像也是用以舉行"行道"之用的。[113] 而從《續高僧傳》的一則記載，得知若有僧人參與行道，在此儀式之後須給各個僧人嚫施：

> 釋德美……後還京輦住慧雲寺，值默禪師，又從請業……常於興善(寺)千僧行道，期滿嚫奉，人別十縑。[114]

由上可知，出現在造像記上冠以和儀式有關的頭銜，如"開光明主"或"開光主"、"齋主"、"八關齋主"、"行道主"、"行道四面像主"的施主們，其對此儀式主要之貢獻是財物上的布施；當然，他們也有可能因此而在此義邑中取得較高的地位。

3. 佛教的節慶

一年之中，二月初八日、四月初八日、七月十五日這三個佛教的節日是佛教徒舉行不同儀式和慶典的日子。《洛陽伽藍記》一書主要是記叙六世紀時洛陽的寺院及其活動，關於其時佛教的節慶和活動，它僅描述四月初八日盛大的行像活動，甚至沒有提到當日浴佛的儀式，至於其他的佛教節日則隻字未提。幸而從同一時代成書的《荊楚歲時記》裏關於節慶的記載，我們猶可覓得當時人們在佛教節日裏從事的活動和慶典之蹤跡。此書雖然是以荊楚之地的風俗歲時為主，不過，由於其時中國南、北方都沈浸在虔誠的佛教信仰裏，在慶祝佛教節日的儀式和習俗方面應沒有明顯的差異。本文除了引用此書的記叙之外，並且參照造像記的資料，以瞭解五六世紀華北佛教節日的活動。

從鄉村造像記上所列的日期，可以得知有些造像是在前述三個節日完成的。

---

〔112〕《續高僧傳》卷二六《釋慧藏傳》："仁壽中年，敕召置塔于歡州，初至塔寺，行道設齋。"

〔113〕《魯迅輯校石刻手稿》2 函 2 冊，頁 313~324，"行道主李瑛族"、"行道四面像主李仲賢"。

〔114〕《續高僧傳》卷二九《釋德美傳》，頁 697 上。

二月初八日：關於釋迦牟尼的生日有二月初八日及四月初八日兩種不同的説法，從歷史的記載看來，北朝多以四月初八日爲佛陀的生辰。[115] 根據《荆楚歲時記》，六世紀的人是在四月初八日這一天舉行慶祝佛陀誕辰的活動，而以二月初八日爲釋迦牟尼成道紀念日，也有慶賀的儀式。

> 二月八日，釋氏下生之日，迦文成道之時，信捨之家，
> 建八關齋戒，車輪寶蓋，七變八會之燈，平旦執香花繞城
> 一匝，謂之"行城"。[116]

信徒執香花，伴以車輪寶蓋及變幻奇異的燈飾，繞城一匝，這種行城的儀式，當係城市居民慶祝釋迦成道紀念日的活動。至於鄉村信徒可能只舉行八關齋會，或者使其建造的佛像在這一天落成，舉行開光儀式和齋會。

鄉村信徒慶祝四月初八日佛誕日的主要活動是"浴佛"。根據東晉僧人法顯西行求法的經歷《佛國記》一書的記載，在于闐慶祝四月初八日佛誕日所舉行各寺院佛像出巡的遊行，稱之爲"行像"；這個活動係自四月初一日延續至十四日，歷時近半個月之久。[117] 而依《洛陽伽藍記》的叙述，在四月初八日的前幾日就有慶典活動；每年四月初四日，長秋寺的釋迦像外出行像，隨行者還有各種雜技百戲；四月初七日，洛陽各寺院的佛像都齊集景明寺，以便四月初八日當天大規模的行像。[118] 雖然這一天在洛陽城内有盛大的行像，但此種活動在鄉間不易施行，一則因鄉村原野範圍遼闊、居民分散，故佛像不可能繞境遊行；二則洛陽的行像伴隨着百戲雜技，這也非鄉村居民負擔得起的。六世紀時荆、楚地區的人係在寺院設齋，並且舉行浴佛的儀典：

> 四月八日，諸寺設齋，以五色香水浴佛，共作龍華會。[119]

---

〔115〕 這是由於在印度南、北傳的佛傳裏記載佛陀誕生、出家、成道、涅槃日期不一致的緣故。見中國佛教協會編《中國佛教》（北京：知識出版社，1982）第二輯《九、浴佛》，頁 371～372。

〔116〕 足立喜六著，何健民、張小柳譯《法顯傳考證》（國立編譯館，1937），頁 41～43。守屋美都雄《中國古歲時記の研究》（東京：帝國書院，1963）第二篇"四、荆楚歲時記"（寶顏堂秘笈本校注），頁 340。

〔117〕 《法顯傳考證》，頁 41～43。

〔118〕 楊衒之撰、范祥雍校注《洛陽伽藍記校注》（上海：商務印書館，1958）卷一長秋寺條，頁 43；卷三景明寺條，頁 132～133。

〔119〕 《中國古歲時記の研究》，頁 349。

　　我們有理由相信其時不只荊楚之人有浴佛的習俗，在華北很多地區也在四月初八日這一天做浴佛的儀式。早在十六國時代，石勒就曾做浴佛的儀式，為其子祈福。[120] 又造像記更提供第一手的材料，顯示六世紀華北的信徒不只在寺院為寺裏的佛像舉行浴佛典禮，也為其所造的佛碑像做浴佛的儀式，如北魏孝明帝孝昌三年（527）劉平周等人所造的石碑像記，便説明其浴佛時用了若干絹布："……天宮洗□□□，合用絹一伯（佰）午拾疋，市綵雇……"[121] 此處説"天宮"，係因北魏後期盛行造石碑像，有時是造多面像或塔像，其銘文記作"塔"、"浮圖"或"天宮"。[122] 根據佛經的説法，須以五色香水浴佛像，再用絹布擦拭。西秦沙門釋聖堅譯的《佛説摩訶刹頭經》（又名《灌佛形像經》，大 696）裏提到四月初八日浴佛法：

　　　　四月八日浴佛法：都梁、霍香、艾納，合三種草香接而漬之，此則青色水；若香少可以紺黛秦皮代之矣。鬱金香手接而漬之於水中，接之以作赤水；若香少乏無者，可以面色權代之。丘隆香搗而後漬之，以作白色水；香少可以胡粉足之，若乏無者，可以白粉權代之。白附子搗而後漬之，以作黃色水；若乏無白附子者，可以梔子權代之，玄水為黑色，最後為清淨，今見井華水名玄水耳。

　　　　右五色水灌如上疏。

　　　　以水清淨灌像訖，以白練若白綿拭之矣。斷後自占更灌，名曰清淨灌，其福與第一福無異也。[123]

而依《荊楚歲時記》的記載，當時的人確實遵造佛經所記的浴佛法，以五色香水浴佛，四月初八日條：

　　　　按高僧傳，四月八日浴佛，以都梁香為青色水，鬱金香為赤色水，丘隆香為白色水，附子香為黃色水，安息香為黑色水，以灌佛頂。[124]

此處雖然沒有提及在以五色香水浴洗佛像後，再以白練或白綿

---

〔120〕《高僧傳》卷九《竺佛圖澄傳》："每至四月八日，（石）勒躬自詣寺灌佛，為兒發願。"

〔121〕《魯迅輯校石刻手稿》2 函 1 冊，頁 150《劉平周等造像記》。

〔122〕《北朝造像銘考》，頁 3。

〔123〕《佛説摩訶刹頭經》，《大正新修大藏經》第 16 冊，頁 798 中。

〔124〕守屋美都雄《中國古歲時記の研究》（東京：帝國書院，1963）第二篇 "四、第二部《荊楚歲時記》"（寶顏堂秘笈本校注），頁 340。

擦拭像身，不過，若和上述劉平周等人所造像之銘記：“用天宮洗，合用絹一伯午拾疋。”兩相對照，便可得到一個和佛經所記完全相同完整的圖像。

七月十五日是舉行盂蘭盆會的日子，此乃爲追薦祖先，使其得脫死後之苦難。根據西晉月氏國沙門竺法護譯的《般泥洹後灌臘經》（大·391），在四月初八日及七月十五日兩個日子都須行浴佛（又稱“灌臘”）的儀式，而在七月十五日舉行盂蘭盆會所依據的《佛説盂蘭盆經》（大·685），卻是較晚譯出的經典，它約在五世紀才被譯成漢文。[125] 然而，《荆楚歲時記》關於七月十五日活動的記載僅提到盂蘭盆會，而沒有談到浴佛。不論在《盂蘭盆經》譯出之前七月十五日有無浴佛的儀式，至少在此經出現之後，它對這個節日的儀式有全面的影響力。

> 七月十五日，僧尼道俗，悉營盆供諸仙（寺）。
>
> 按《盂蘭盆經》云：有七葉功德，並幡花歌鼓果食送之，蓋由此也。經又云：目連見其亡母生餓鬼中，即以鉢盛飯，往餉其母，食未入口，化成火炭，遂不得食。目連大叫，馳還白佛，佛言汝母罪重，非汝一人所奈何，當須十方衆僧威神之力，至七月十五日，當爲七代父母厄難中者，具百味五果，以著盆中，供養十方大德，佛敕衆僧，皆爲施主，祝願七代父母，行禪定意，然後受食。是時目連母，得脫一切餓鬼之苦。目連白佛，未來世佛弟子，行孝順者，亦應奉盂蘭盆供養。佛言大善。故後人因此廣爲華飾，乃至刻木割竹，飴蠟剪彩，模花葉之形，極工妙之巧。[126]

無論是佛教的那一種儀式，僧侶都扮演了一個重要的角色，他們都可得到信徒給予的嚫施，這些收入使僧侶有能力捐資，參與造像的活動。《佛説摩訶剎頭經》裏就明白規定：僧人必須以從浴佛儀式中得到的部分嚫施，用以建造佛像和修建塔寺。

> 灌佛形像所得多少，當作三分分之。一者爲佛錢，二者爲法錢，三者爲比丘僧錢。佛錢繕作佛形像，若金若銅

[125] Stephen F. Teiser, *The Ghost Festival in Medieval China*, (Princeton Univeersity Press, 1988), pp. 48 ~ 49.

[126] 《中國古歲時記の研究》第二篇“四、《荆楚歲時記》”（寶顏堂秘笈本校注），頁 359 ~ 361。

若木若泥若素若畫，以佛錢修治之。法錢者，架立樓塔精
舍籬落牆壁內外屋，是爲法錢。比丘僧有萬錢，千比丘當
共分之。若無衆比丘但一分作有，以一分給與法錢，數人
亦三分分之，出以一分，持後法錢僧錢。[127]

由此我們亦可以理解：在鄉村的造像活動中，何以有許多僧侶
參與其間，以及其費用的來源。

五、佛教在鄉村社會的作用

五六世紀時期，佛教無論在城市或鄉村都極爲興盛流行，在社
會上造成很大的影響。就鄉村地區而言，信徒透過造像、組織義邑
或法義這樣的宗教信仰團體，以及因宗教動機而興造的公共建設、
慈善事業，無形中對社會整合有相當的助益，也促進了鄉村地方的
公共建設，解決一些社會問題。同時，由於佛教深入浸透人民的日
常生活，也影響及其價值標準。

（一）社會整合的功能

佛教有促進鄉村社會整合的作用，顯現在村落之內不同姓族的
連結、村落與村落之間的聯繫、以及縮小社會差距三個方面。

五六世紀時華北有一些村落是以一個姓氏的同姓聚落爲主的村
落，有的村落則是由幾個姓氏爲主要居民的聚落；有的村落里居民全
是漢人，有的則是胡、漢人混雜交錯居住的。同姓的村民很容易經由
血緣、宗親的關係結合在一起，組織義邑，從事造像等宗教活動、公共
建設、或社會福利事業。如東魏孝靜帝時以李次、李顯族等一百餘李
姓族人組成的義邑，他們基於宗教的情懷，首先在村中建造一座寺院，
次則在其村對外交通要道上，掘一口井，並且在井旁種樹，以供疲倦乾
渴的行人止渴休歇；三則在井旁樹立佛碑像。[128] 現存的一些鄉村造
像銘記顯示：在以一個或數個姓氏居民爲主的村落，上述的宗教活動
是將不同姓氏的村民凝聚在一起的因素。這裏我們以兩個村落爲例，
一是河北涿縣當陌村，一是山西平定安（阿）鹿交村；這兩個村落都各
造有三個佛碑像，留下了可供比對寶貴的資料。

當陌村的居民在北魏宣武帝景明四年（503）至正始元年

---

[127] 《佛説摩訶刹頭經》，頁798上。
[128] 《魯迅輯校石刻手稿》2函2冊，頁313～324。

（504）前後約一年裏，建造三個佛碑像。從可辨識的造像題名之中，一則可發現此村的居民係以高姓爲主，另外雜有張、劉、王等姓的少數居民；藉着造像活動以及相關的儀式、齋會，讓那些少數姓氏的村民可以參與村裏主要姓氏、同時也是多數居民的活動。這三個造像分別由三組人捐建：一、在北魏景明四年（503）三月廿一日完成者，係由劉雄頭這個少數姓氏者和高伏德、高道隆等四百人所造的；可辨識的造像者題名僅有十餘個僧尼的名字。[129]（見圖二）二、在北魏景明四年（503）四月初二日落成者，是由高伏德、劉雄（頭）等三百人所組成團體捐建的；造像題名可識者 265 人，其中七人係僧尼。[130]（見圖四）三、在正始元年（504）三月初九日完工者，是由高洛周等七十人所組成叫做法義的宗教團體出資的；題名可識者計 121 人，比碑額上所記的七十人多出了五十一人。[131] 前兩個造像日期相差不到半個月，本來是比對此二宗教團體成員很好的機會，可惜題名者資料不夠完整；不過，從可識的第二、三兩組造像者題名中，仍可看出兩個現象：一則由於村民對佛教的虔敬信仰，不同社群的人可借宗教活動而結合在一起；二則少數姓氏如劉氏的劉雄頭甚至可能因爲和多數姓高氏同爲造像活動的發起人，或者因爲在此造像活動出資較多，而得以和高姓之首的高伏德、高道隆並列爲造像者的代表，此事除了使劉姓在此二造像活動及相關宗教儀式中扮演較重要的角色之外，可能也有助於提高劉姓在村中的地位。

從安鹿交村的三件造像題名裏，顯示一個有趣的現象：即其姓氏爲較少居民者似乎有意藉比其他居民出錢出力較多、領導一個造像活動的方式，以提高其姓在村內的重要性。安鹿交村三個造像活動爲：一、東魏孝靜帝武定五年（547），由王法現等廿四人的造像；題名者計三十一人，以衞、張、王三姓者居多數，衞、張二姓各佔了九人，而領銜者王法現所屬的王姓只有六人。[132] 二、北齊孝昭帝皇建二年（561），陳神忻率邑子七十二人造石室佛像；題名者七十

---

[129] 《北京圖書館藏中國歷代石刻拓本匯編》（中州古籍出版社，1989）册 3，頁 61，《劉雄頭等四百人造像記》。

[130] 《魯迅輯校石刻手稿》2 函 1 册，頁 43～46，《高伏德三百人等造像記》。

[131] 《魯迅輯校石刻手稿》2 函 1 册，頁 47～52，《高洛周七十人等造像記》，《匋齋藏石記》卷六，頁 8～10。

[132] 《山右石刻叢編》卷一，頁 19～20，《安鹿交村二十四人造像記》。

四人之中，仍以衛、張、王姓爲多，衛姓者佔了二十六人，張姓十六人，王姓十人，至於陳姓者僅領銜者陳神忻一人而已。[133] 三、北齊武成帝河清二年（563），安鹿交村義邑成員七十位邑子共同出資造像，没有領銜者的姓名，但出資造正面龕主像的"當陽像主"是韓知悦。[134] 韓姓在此村中並非居民佔多數的姓氏，而更值得注意的是：韓知悦參加了上述三個造像活動。由這些現象，可以看出少數姓的居民似乎熱衷於在造像活動裏，扮演主要的角色。

在漢、胡人民，或是不同種姓的胡人雜居共處的村落裏，佛教也是消泯民族界線、促進民族融合的功臣。馬長壽在《碑銘所見秦至隋初的關中部族》一書中指出：居住在關内的北方諸族隨所在村邑的漢族或羌族建立佛像。如在咸陽發現的《王妙暉等五十人造像銘》裏，便可見到鮮卑和漢人的名字並列，邑主呼延蠻獠，呼延氏在漢代爲匈奴大姓，後屬鮮卑；又如邑子慕容妃，慕容氏爲鮮卑族。另外，從《昨和拔祖等一百廿八人造像記》裏，也顯示此是胡、漢人民共同捐資所建的。[135] 胡、漢人民協力共造佛像這個事實，在隋開皇五年（585）八月十五日七帝寺所造的佛像銘文裏說得最爲清楚："胡漢士女邑義1500人，三邑併心，四方並助。"[136]

在那個上自帝王、下達庶民幾乎全都篤信佛教的時代，佛教成爲不同階層的人們之間思想和文化的公分母；透過造像這樣的活動，也縮小了社會階層的差距。雖然鄉村居民絕大多數都是平民，但在鄉村的造像裏也有少數官員參加；他們有的原來是村落的居民，而有的則是官員領導村民造像。如北齊武成帝河清二年（563）五月，陽阿故縣村（今山西晉城附近）的造像題名可識者計189人，其中四位是僧尼，十七人有官銜。[137] 又，北周武帝天和元年山西一個村落的造像銘記裏，題名可識者共九十五人，其中八人是官員。[138] 至於官員領導村民造像的情況，如前面提到的薛鳳規等人的造像，薛鳳規其人便是個武官，其銘文云："大魏永安三年……是以佛弟子比丘僧智、比丘道行、比丘曇演、直後羽

〔133〕 同前書，卷二，頁9～10，《陳神忻七十人等造像記》。
〔134〕 《山右石刻叢編》卷二，頁16～18，《阿鹿交村七十人等造像記》。
〔135〕 馬長壽《碑銘所見前秦至隋初的關中部族》，（北京，中華書局，1985）頁54～55。
〔136〕 《魯迅輯校石刻手稿》2函5冊，《七帝寺造象記》，頁1045。
〔137〕 《山右石刻叢編》卷二《陽阿故縣造像記》，頁11～16。
〔138〕 《魯迅輯校石刻手稿》2函5冊，《合村長幼造像記》，頁969～973。

林鑑安陽男薛鳳規道俗等……各竭家珍,建造石像一區……。"[139]

由於造像活動不僅止於建造佛像而已,還包括若干儀式和法會,如開光、行道、齋會、八關齋會等;因此官員和平民共同參與一項造像活動的涵意就不只是聯合出資造像而已,也意謂着不同階層的人共同參與一些宗教活動。如衆所熟知,正史記載下的中國南北朝時期是一個階層區分嚴明的社會;不過,若仔細審視那些資料,便可發現嚴格界劃家族地位差異的恐怕只限於貴族之間,因爲那牽涉到仕宦機會的優劣,所以不得不努力界分清楚。至於不同階層之間原已有明顯的劃分,一則沒有上述的顧慮,二則佛教作爲不同階層之間共同信仰的基礎,兩者得以協力從事宗教活動。三則藉着共同參與活動,官員也易於得到人民的愛戴與合作,這和北魏建國初年"以僧人敷導民俗"政策所收的效果是一樣的。

村落之際的聯合:村落之間以佛教信仰作爲彼此聯繫的基礎,組織宗教團體義邑或法義,從事造像和一些公共建設如造橋、修路等;藉着這些活動,村落與村落之間有較爲密切的往來。如東魏孝靜帝武定七年(549),山西孟縣附近高嶺以東數個村落居民便共同建立法儀,修路並造像。

> 唯大魏武定七年歲在己巳,四月丙戌朔,八日癸巳,肆州永安郡定襄縣高嶺以東諸村邑儀道俗等,敬白十方諸佛、一切賢聖、過□□善,生遭季運,前不值釋加初興,後未遭彌勒三會,二聖中間,日有□歡。先有願共相契約,建立法儀,造像一區,平治道路,刊石立碑。以此之功,上爲皇帝陛下、渤海大王延祚無窮,三寶永隆,累級師僧□世父母,現存眷屬,復願生生之處,遭賢遇聖,值佛聞法,常修善業,□至菩提,誓不退轉,願法界含生,同獲此願,一時成道。[140]

在造像者題名中,有"州沙門都僧觀",州級僧官列名其間,可知僧

---

〔139〕 《薛鳳規等造象碑》,見《支那美術史雕塑篇》,頁241~242;並見《魯迅輯校石刻手稿》2函1冊,頁179~200,此書題作《薩鳳顔造像碑》。然周錚據此一造像碑之實物考證(今在北京中國歷史博物館),"薩鳳顔"作"薛鳳規",見《北魏薛鳳規造像碑考》,《文物》1990年第8期,今依此。

〔140〕 《金石續編》卷二《興化寺高嶺諸村造像記》頁19。並見《魯迅輯校石刻手稿》2函2冊,頁465~466,《高嶺以東諸村邑儀道俗造象記》。

官在此一村落之間的聯合中扮演一個重要的角色。又例，隋文帝開皇九年(589)，山東兩個村落的義邑成員二十一人造橋一座，並建交龍石碑像一區；由於此一碑係殘碑，造像者之題名已不存。[141]

對村落居民而言，造橋修路以便村落之間的交通往來，是一種實際上的需要，佛教在此間便成爲促進兩個或更多村落並肩合作、修橋造路一個串連的因子。

(二) 日常生活和價值標準

由於鄉村居民篤信佛教，佛教的戒律也影響了他們的日常生活；有些村民受了戒，佛教的戒律便成爲其日常生活中的制約。佛教的戒律中有五戒、六戒、八戒、十戒、具足戒等，對於在家的佛教徒而言，最常受的戒律是五戒和八戒。不過，在北齊武成帝河清二年陽阿故縣村長幼居民所建的石碑像上，卻顯示了在此村落的居民修習更多的戒法，其造像者題名中便有下列的記載：“二脩五戒法像主□苗玉、□楊□道明”、“三脩八戒法像主胡□縣令劉天哥”、“四脩六戒法像主張何勝、息張□”、“五脩施戒法像主高都太守王法□、妻張”、“六脩持戒法像主賈要、劉□法□”、“七脩忍戒法像主劉僧敬、妻□□、女僧□”、“八脩精進戒法像主王文標、息洪建”、“九脩禪定戒法像主□要女、女淨唯”、“十脩般若戒法像主衛定祖、妻□□、女僧□”。[142]

佛教成爲鄉村居民生活的一個重要成分，因此致力於宏揚佛教、特別是捐財獻力以從事社會福利，成爲鄉村社會美德的重要標準之一；有此行爲者也成爲鄉人標舉“孝義”的對象。

朝廷下令民間舉孝義，始於北魏孝文帝太和十八年：“十有一月辛未朔，詔冀、定二州民：……孝義廉貞、文武應求者，具以名聞。”[143] 舉孝義一直延續至北朝末年，北魏時汲郡山陽人門文愛事其伯父母至孝，鄉人魏中賢等相與標其孝義。[144] 《周書·孝義傳》中所列舉的人物事蹟之中，有張元、皇甫遐二人之所以受到褒揚，都是和佛教有關的行事。

〔141〕 《魯迅輯校石刻手稿》1 函 7 册，頁 1199～1201，《兩村法義廿一人造橋碑》。《王法現廿四人等造石室象記》。
〔142〕 《山右石刻叢編》卷二《陽阿故縣造像記》，頁 14。
〔143〕 《魏書》卷七下《高祖紀下》。
〔144〕 同前書，卷八七《節義傳·門文慶》。

張元字孝始，河北芮城人也……及元年十六，其祖喪明三年，元恒憂泣，晝夜讀佛經，禮拜以祈福祐。後讀藥師經，見盲者得視之言，遂請七僧，燃七燈，七日七夜，轉藥師經行道……居三日，祖果自明。

皇甫遐字永覽，河東汾陰人也……保定末，又遭母喪，乃廬於墓側，負土爲墳。後於墓南作一禪窟，陰雨則穿窟，晴霽則營墓，曉夕勤力，未嘗暫停。積以歲年，墳高數丈，周回五十餘步。禪窟重臺兩匝，總成十有二室，中間行道，可容百人……遠近聞其至孝，競以米麵遺之。遐皆受而不食，悉以營佛齋焉。郡縣表上其狀，有詔旌異之。[145]

由於佛教在其時人們生活中佔有重要地位，而影響及其價值標準；致力於弘揚佛教、特別是捐財獻力以從事社會福利，成爲鄉村社會美德的重要標準之一。佛教的價值標準和孝義之間的關連，在《大齊鄉老舉孝義雋脩羅之碑》的銘記中顯現得最爲清楚。（見圖五）此碑刻於北齊孝昭帝皇建元年（560），清乾隆年間在山東泗水縣城東五十里的韓家村天明寺出土，據《光緒泗水縣志》，形容此碑的形制爲：“碑首鐫石龕，中嵌佛象，下勒《維摩詰經》，碑陰書雋脩羅孝義事。”由此可知，此碑係一個佛像碑，碑的正面雕有佛像，並刻了部分《維摩詰經》的經文；在碑陰才鐫刻《大齊鄉老舉孝義雋脩羅之碑》的銘文。此碑文額題即：“大齊鄉老舉孝義雋脩羅之碑”，至於其內容除了褒揚雋敬的孝行之外，也敘及他營造佛寺和從事社會救濟工作。

唯皇祚□，大齊受命，引軒轅之高□，紹唐虞之遐統，應孝義以改物，楊人風以布則。於是□熙前緒，照顯上世。雋敬，字脩羅，鑽土長安，食菜勃海，前漢帝臣雋不疑公之遺孫，九世祖朗遷官於魯，遂住洙源。幼傾乾蔭，唯母偏居。易色承顏，董生未必過其行；守信志忠，投杼豈能著其心？捨田立寺，願在菩提；醞味養僧，縷絡匪愒；救濟飢寒，傾壺等意。少行忠孝，長在仁倫，可欽可美，莫復是過。蓋聞詮賢舉德，古今通尚，慝秀蔽才，錐囊自現。

---

[145] 《魏書》卷八七《節義傳》；《周書》卷四六《孝義傳》。

余等鄉老壹伯餘人，目睹其事，寧容嘿焉？敢刊石立搜，
以彰孝義，非但樹名今世，亦勸後生義夫節婦。詔令所行，
其辭曰……[146]

此碑文一方面可看做是佛教徒借着表彰雋敬的行爲，用以宣揚
建造寺院、供養僧侶、救濟饑寒爲良好的德行；另一方面，則恰適
反映了鄉村居民的價值標準。其文中敘述雋敬的孝行是“孝”，而有
關他營造佛寺以及從事社會福利工作則是“義”，因此文末説“敢刊
石立搜，以彰孝義，非但樹名今世，亦勸後生義夫節婦”。

從“義”字在北朝鄉村社會的涵意，可以看出佛教對其時鄉村
的影響力之大。漢朝時的“行義”係指忠孝仁篤之類的義行美德，
顯爲儒家的道德標準。[147] 然而，至北魏時期由於佛教的盛行，雖然
標準孝義者有些仍依儒家的標準，而佛教的捨田建寺、敬僧營齋、
救濟飢寒等社會工作，也成爲義行美德之一，有此行爲者也成爲鄉
人標舉孝義的對象。[148] 由此可見，佛教之浸透深入人心。

六、結　語

五六世紀時佛教在華北鄉村地區非常興盛流行，由於佛教經典
的鼓勵造像，以及佛教的修行方法和儀式上的需要，所以歸心佛教
的村落居民便傾力造像。千餘年之後，爲數衆多的鄉村造像碑記成
爲我們瞭解其時鄉村社會及其佛教信仰寶貴的資料。

其時四處巡走、遊化村落的僧人是促使佛教深透華北鄉村地區
的主要原因。此一則和北魏建國以來的尊崇佛教、特別是明元帝下
令以僧尼敷導民俗的政策有關，二則和五世紀中葉太武帝毀滅佛教
期間，許多僧人爲逃避迫害而匿居鄉間有關；在北魏復興佛教之後，
那些避居村野的僧人多又落髮爲僧，巡化村落，使得在鄉村地區遊
化佈教的僧尼人數大爲增加，對於佛教的深入荒僻、廣爲流佈傳播，
有很大的影響。

對於絕大多數不識字或識字不多的村落居民，僧人如何向他們

[146] 《魯迅輯校石刻手稿》1 函 6 冊，《雋敬碑》，頁 995～996。
[147] 邢義田《論漢代的以貌舉人——從“行義”舊注説起》，收入《慶祝高去尋先生八
十大壽論文集》（臺北：正中書局，1991）。
[148] 《魏書》卷八七《節義傳》；《周書》卷四六《孝義傳》。

傳述佛教的教義和佛經的内容？有證據顯示：佛碑像上的圖像中有佛本行、佛本生故事的片斷場景，以及經變的圖像，是僧人作爲其傳教講經的輔助教材。五六世紀中僧人用圖像作爲傳道佈教之輔助說明的作法，可能影響了唐代變文的講述，唐代變文講述者通常使用一幅畫卷作爲其輔助説明。

鄉村居民基於宗教上的虔敬，他們組織了叫做“義邑”或“法義”的信仰團體，以僧人作爲指導者，以從事建造佛像、寺院，興辦公共建設和慈善活動，並且共同修習佛法、舉辦及參與齋會和一些佛教儀式。

從造像記上“齋主”、“八關齋主”、“行道主”的題名，可知在佛像建造完工的前後，鄉村居民會舉行齋會、八關齋會，行道等儀式。另外，在佛像落成之日，還要舉行佛像開光的儀式。值得注意的是：六世紀的造像記上出現“光明主”、“開光明主”這種頭銜的題名，是迄今——包括佛教與道教開光儀式最早的記錄。

由於佛教在華北村落的深透流行，因此對鄉村社會造成很大的影響。鄉村的佛教徒組織義邑、法義這樣的信仰團體，以從事造像、公共建設和修習佛法等活動，無形中促進了社會的整合，縮小了社會階層之間的差距。又，佛教不但深深地影響着鄉村信徒的日常生活，也反映在他們的價值標準上：人們常透過佛教的行事來表達其孝思忠忱，同時致力弘揚佛教、捨田立寺、從事救濟飢寒等社會福利事業的行逕，也成爲鄉村社會重視的美德之一，有此等行爲者甚且成爲鄉人標舉孝義的對象。

五六世紀華北鄉村佛教徒還經常從事一些造橋、修路等公共建設，以及建造義塚、供應義餐等社會福利事業，這也是佛教對鄉村社會所發揮的作用和影響的又一例證，關於這一點，筆者將另以專文討論。

※ 本文原載《中央研究院歷史語言研究所集刊》第 63 本第 3 分，1993 年。

※ 劉淑芬，國立臺灣大學歷史研究所博士，中央研究院歷史語言研究所研究員。

圖一:《道穎等造像記》,東魏孝靜帝武定四年(546),河南沁陽。此石碑像有釋迦牟尼出生的幾個場景。(《北京圖書館藏歷代石刻拓本匯編》第6冊,頁133)

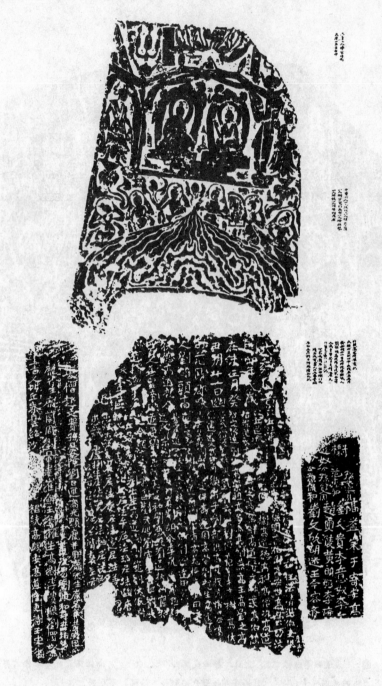

圖二：《劉雄頭四百人造像記》，北魏宣武帝景明四年（503），河北。此石碑像有《法華經》中釋迦、多寶佛並坐之一場景。（《北京圖書館藏歷代石刻拓本匯編》第3冊，頁61）

　　圖三：《道俗九十人等造像碑》，東魏孝靜帝武定元年（543），河南。（《北京圖書館藏歷代石刻拓本匯編》第6冊，頁95）

圖四：圖三之細部。（長廣敏雄《六朝時代美術の研究》，頁 73，76）

圖五:《雋敬碑》,北齊孝昭帝皇建元年(560),山東。(《北京圖書館藏歷代石刻拓本匯編》第 7 冊,頁 103)

宋代佛教寺院與地方公益事業

黄敏枝

本文將分爲宋代佛教與地方建設事業和宋代佛教與慈善救濟事業二部分來探討佛教與地方社會的關係，藉以説明佛教在宋代社會所扮演的積極角色，肯定佛教對於社會的正面功能和意義。宋代佛教僧侣的僞濫和不法誠然是事實俱在，不過僅是少數分子如此，絶大多數的僧侶熱心地方公益事業，積極參與地方各種建設和慈善救濟事業，如果没有僧侣們的熱心參與和推動，宋代的地方公益事業或許無法順利的進行，而其成果也將會遜色不少。

一、橋樑的興建與維修

宋代是高度極權中央的政體，地方上的財賦收入全部輦運中央，留給地方的則僅供地方政府的度支經費而已，這是與唐代地方財政有留州、送使、上供之別迥然不同。[1] 所以，自宋代開始，很多建設皆因地方財政窘迫需要責成本地之士紳或宗教團體來擔任其事，楊聯陞先生在他的《從經濟角度看帝制中國的公共工程》長文裏，[2] 已指出宗教團體對於地方公益事業的卓越表現，這是因爲修橋鋪路被當作善舉，僧人或道士從事這些義舉，必能得到善報，所以能和果報的思想相呼應。當佛教盛行於中國的時期，特別在宋朝，我們可以看到許多僧侣致力於公共工程的建設。由於一般人視僧人、道士爲大公無私，因此他們不難向官吏與一般民衆尋求金錢和人力上的資助，所以地方公共工程能夠有效且迅速的達成。在宋代有許多木橋或浮樑改建爲石橋，這些石橋有不少即是由僧人完成的，以下根據史料列舉一些實例來加以説明。

---

〔1〕《國史大綱》第31章，頁376。宋代地方政府權力式微，中央極權高漲，中央對地方的控制，尤其是對地方財政的控制更是一步也不放鬆，州縣政府幾乎没有足夠的基金來從事大規模的建設工程。

〔2〕中譯收在氏著《國史探微》（臺北：聯經出版事業公司，1983），頁198～199, 202, 204 及原注22。

撫州樂安縣安浦橋原為木橋，屢建屢毀。理宗端平二年（1235）又毀於水，郡守黃焌主張改建為石橋，乃責成綠源寺僧日章負責督造；疊石址三，上鋪以木板，木板之上又鋪石版，石版上面則鋪層磚，覆以屋十一間，費錢一千五百緡則來自官府。[3] 南昌府治的程公橋乃仁宗嘉祐中（1056～1063）僧人所建。進賢縣通濟大石橋則是仁宗皇祐中（1049～1054）僧法澄、法淨所造，並建屋其上。奉新縣和豐橋，孝宗淳熙五年（1178）縣令王正邦重建，董其役者為兩僧人，費時約九個月。[4] 信州貴溪縣楊林溪，秋夏時大水奔湊，甚難通涉。孝宗淳熙間（1174～1189）有僧允懷築為浮梁。入元後，為求永久之計，龍虎山道士傅某、章某首出資倡為石橋，元英宗至治元年（1321）完工。[5] 桐廬縣客星橋，淳熙十年僧清式改為石橋，長一百五十尺，傍有石欄，凡六年方完工。[6] 粵西全州清湘縣之西，兩山峙立，懸崖峭壁，其下則水瀑飛泉，道路險阻，控桂林之要衝，為湖湘往來之孔道，行旅視為畏途。自唐即鑿石構木為橋，歲久即壞，以舟楫渡人，卻時有沉溺。徽宗大觀二年（1108）九月僧永玦乃化緣丐人，募工鑿山，築木橋二十間，並砌石路者幾百步，雖遇江崩水墊，仍終歲增築，終成坦路，政和三年（1113）三月完工，前後費時五年。永玦堅忍成就，誠勇於立事，猛於修行者。[7] 建康上元縣于孝宗乾道五年（1169）十一月重建鎮淮和飲虹二橋，次年正月竣工。鎮淮橋長一十六丈，有二亭，廣三十六尺，跨秦淮河上，適據府會要衝。飲虹橋長一十三丈，屋一十六楹，廣亦三十六尺。二橋之規劃建造皆出自於浮圖氏致勝、法才。[8] 四川銅山縣的挂金魚橋，長一百三十尺，廣五尺，架梁一十二道，興造於寧宗嘉定三年（1210），董其役者乃比丘道全、鐘璉、妙超、智森。[9] 連絡成都、簡州、陵州之通惠橋，也是成於鄉僧士賢之手。舊橋經長江江水飄蕩無存，士賢即根據舊址廣架石磴，又疊石為長堤凡數

〔3〕《光緒撫州府志》卷八《津梁》，頁25上～下，引〔宋〕蕭崱《新修安浦橋記》（嘉熙二年〔1238〕，原書誤為嘉定二年）。

〔4〕《同治南昌府志》卷四《橋樑》，頁43上。

〔5〕《清容居士集》卷一九《信州貴溪縣楊林橋記》，頁300下～301上。

〔6〕〔南宋〕孫應時《燭湖集》（《四庫全書》）卷九《客星橋記》，頁27下。

〔7〕林高《修橋路記》，《粵西金石略》卷六，頁6上～下。

〔8〕《景定建康志》卷一六《橋梁》，頁26上。

〔9〕《金石苑》卷六《宋挂金魚橋記》。

十尋，經費亦由他化緣而成，官司未嘗預聞，經始於徽宗崇寧三年
（1104）十月，落成於大觀元年（1107）二月。[10] 嚴州百丈橋，跨
淳安縣南大溪，旁連衢、信、甌、閩諸郡以趨吳、越，平常商旅往
來櫛比，朝夕不絕，濱溪邑民端賴貿易維生，一日不渡則生理俱息。
舊有浮橋，舟腐板杇，一遇夏秋霪雨，更是阻礙不通。淳熙六年
（1179）邑令乃捐俸金以倡，邑人亦出錢、材木以應，命僧如海總其
事。如海精力強幹，費時五個月而完成。橋南北長百丈，故以百丈
命名。橋成之後三十年間三毀於水，嘉定元年（1208）重修改名嘉
定橋，水淺處築長橋十九節，累石爲基址，水深處則改以浮橋二十
八節，以鐵鍊聯舟。負責此項工程的除士人汪萬石、周仁外，就是
僧人師亮、法蓮。[11] 湖州武康縣有十二座橋是宋代僧侶所建，其名
稱是（1）崇武橋，是紹興間僧智堅建，（2）萬安橋和（3）南津橋
皆紹興間僧善誠建，（4）念佛橋是開禧時僧傑大翁建，（5）華嚴橋
是元祐時僧通建，（6）禺山橋則是嘉定時僧智德建，（7）普安橋乃
紹興間僧淨玉建，（8）衆善橋是嘉定間僧妙智建，（9）善利橋是淳
熙時僧善利建，（10）黃山橋和（11）永安橋皆是紹興時僧法詞所
建，（12）郭林橋則僧道益於建炎間建。[12] 福州長樂縣有八座橋亦
成於宋僧之手，包括（1）善炤橋：治平間僧光覺造，明嘉靖重修。
（2）㺜橋：嘉定間僧人造，凡三間，長三丈，闊八尺，明正德重建。
（3）延祥斗門橋：淳化時延祥寺僧造，長一丈四尺，有閘以蓄延祥
湖水。（4）仙橋：淳祐二年新城寺僧造，凡三間，長六丈，闊八尺，
清乾隆重修。（5）靈源橋：元祐二年甘泉寺僧造，一間，長二丈二
尺，寬五尺。（6）溪上橋：元祐二年僧造，凡四間，雍正時重修。
（7）資福橋：宣和三年資福寺僧造，凡二間，長二丈，寬八尺。
（8）望河橋：紹聖二年甘泉寺僧淳照募建。[13] 這八座橋規模皆小，
而這些橋均不見於其他志書，只存於縣志，遂一併補充。平江府吳
江縣長江橋於紹興四年（1134）重建，則是由知縣委託給十個僧人
負責，每個僧人負責其中一部分。這些僧人分別從富室獲得金錢上

〔10〕 袁輝《通惠橋記》（《大觀元年記》），《成都文類》卷二五，頁 7 上～下。
〔11〕 胡南逢《百丈橋記》、鄭湜《嘉定橋記》，《嘉靖淳安縣志》卷一五《文翰》，頁 14
　　　 上～下，19 下。
〔12〕 《嘉靖武康縣志》卷三《橋樑》，頁 15 上～17。
〔13〕 《民國長樂縣志》卷五《橋樑》。

的資助。[14]

以上這些例子若與宋代橋樑的興建數量相比較當然微不足道，不足以説明僧人對於興建橋樑的貢獻，而且幾乎都是由地方官來發動，然後才責成僧人負責工程事宜。但是我們若不健忘的話，僧人在兩浙路和福建路皆是修建橋樑的領導人物，不僅出力而且出錢，厥功甚偉，事實俱在，不容否認。

佛教僧侶的熱心參與橋樑興建，誠如上文所述，但是在浙右（即浙西）則恐怕一部分是出自於所謂道民。他們以建祠廟、修橋爲功行，每遇營造，陰相部勒，跨縣連州，工匠役徒，悉是其黨，什器資糧隨即備具。[15]

宋代習慣於橋上設庵守橋，以田養庵，以庵養僧，以僧養橋。如上饒縣善濟橋舊爲浮梁，里人葉澤改建爲石橋，自嘉定十四年（1221）到寶慶三年（1227）始竣工。橋枕溪百餘丈，凡爲屋五十四間，費錢幾十萬緡，旁建僧廬以職守視，割田立庵以備繕修。[16] 建州（？）諸溪橋，紹興間郡守林公改建爲石，亦買田以爲歲修之費，乃以田租（歲爲米二十五石）屬之廣教院。百餘年間廣教院主僧去來不常，悉以田租爲緇徒之粥食。於是乃將田租歸官，存五分之一以瞻掌橋道者。[17] 撫州臨川縣文昌橋，理宗寶慶元年（1225）毀於火。郡守薛師旦命僧妙嚴持簿募捐改建，橋上建亭三，一亭備迎送，西亭爲神祠，東亭爲佛廬，取金谿縣東山寺廢額匾之，並給予閑田、棄地，俾妙嚴率其徒領寺守橋，以時視察而補治之。從洪武四年（1371）馬文璧所撰《重修文昌橋記》，知道該橋尚有守橋僧。[18] 嚴州遂安縣南有鐘義橋，有宋邑人王總得捐田五十畝給永濟庵僧人主掌，負責該橋修造，隨圮隨修，後庵廢橋亦毀，乃返其田，仍爲浮橋。[19] 衢州石塘橋時葺時毀，郡守袁甫乃責成能仁院僧道融置簿籍主其事，並將藥師院歲收田租百石併歸能仁院（因百石僅給

〔14〕〔宋〕張端義《貴耳集》，《學津討源》卷下，頁26上。
〔15〕竺沙雅章《宋代佛教社會史研究》第七章《浙西の道民について》，頁261～292。
〔16〕《真文正公集》卷二五《上饒縣善濟橋記》，頁395上。
〔17〕〔南宋〕汪應辰《文定集》（《四庫全書》）卷九《諸溪橋記》，頁18上～19上。
〔18〕《光緒撫州府志》卷七《津梁》引〔宋〕李劉《文昌橋記》，頁2下～4下。
〔19〕《景定嚴州續志》卷八《寺觀》，頁5下，僅寥寥數語。《古今圖書集成·職方典》卷一〇一八，頁267下則有詳盡資料以資比對。

藥師一僧，而僧又老耄）。[20]

二、水利事業的修建和維護

有關寺院或僧人參預水利的建設，當然也以福建路和兩浙路最多，貢獻也最大，因此相關的文獻也較豐富，至於其他地區則僅有零星的資料而已。

湖北隨州大洪山保壽禪院是當地名剎，樞密劉奉世（1041～1113）于元祐七年（1092）簽書樞密院事，曾捨俸金買芙蓉湖田，並延請道楷（1043～1118）住持，四方衲子歸之若市，俄成叢林，賜額興化。先是芙蓉湖水匯聚彌漫百有餘里，道楷認為若決湖水入川，可得良田數千頃。常平使在聽到道楷的說法之後，乃命邑令前往禪師處受教，並規劃如何進行。後來鑿渠疏導，悉如師說。昔時沮洳之地頓成沃壤，鄉人亦分享其利，乃相率捨田入寺以報答之。寺院歲入既豐，師乃將所餘以與馬鞍山，亦能贍養百人，而保壽則有禪衲二千，其後嗣有長蘆清了和普照正覺，亦有眾千人，曹洞宗風為之大振。[21] 廢湖為田是否明智之舉，宋代即頗多爭議，姑且不論。然以道楷禪師之擘劃，將芙蓉湖決水為田，得良田數千頃，使鄰近之鄉人亦能耕田於湖，同時為了表示感激，遂將田捨入禪院，當時到底有多少田被捨入不得而知。因為保壽禪院在這次廢湖為田的行動中是最積極的，此次開墾所得湖田應該不少，可惜資料不全。

其次鄱陽中番城有澹浦湖，湖與陸地有橋、堤相連，仁宗景祐中（1034～1038）范仲淹命名為慶善橋。經過一百零七年，橋堤俱圮。又過了八年，浮圖法照勸募民財治堤。法照卒後，惠才、德滿又繼續興建終於完成。[22]

建康府治東門外土橋之東有一條小新河，河道淺狹，寧宗嘉定八年（1215）因旱蝗為災，飢民荐至，時真德秀為江東運副欲因役以濟民饑。乃撥下錢米，令蔣山寺主首繼心差遣本寺僧行募五縣丁

〔20〕〔南宋〕袁甫《蒙齋集》（《四庫全書》本）卷一二《衢州石塘橋院記》，頁16下～上。

〔21〕王彬《隨州大洪山崇寧保壽禪院十方第二代楷禪師塔銘》，《湖北金石志》卷一〇，頁34下～36上。

〔22〕〔南宋〕洪邁《盤洲文集》（《四庫全書》）卷三一《慶善橋記》，頁10上～11下。

夫開挖河道,直通蔣山寺,半途遇石阻路,不可掘方止。[23] 該項工程並沒有竣事,但是真德秀欲以修河工程增加就業機會,來解決飢民問題則是師法范仲淹的以工代賑。[24]

另外,我們還可以舉出與地方建設無甚關係,但卻有助於地方開發的水利建設的例子。廬山諸刹例皆以石渠接引溪流灌溉寺田,有長十餘里者。李綱(1083~1140)在北宋末葉曾遊廬山,有詩云:"僧坊有能事,致遠勞汲取,鑿石爲通渠,計里不計步……沛然飲灌餘,灌溉及園圃。"[25] 其中像山北之江州崇勝禪院,其土田皆上腴肥沃,有二百五十餘丈之石渠,歲入更勝於山南之承宗歸宗禪院。[26] 歸宗禪院屬南康軍,爲山南第一巨刹。院東有鸞溪,石渠流泉二百餘丈,並設有水磴,濆圃栽蔬皆有可觀。[27] 衡岳寺在長老純粹住持三年間,數罹旱暵。寺田有溪流,無法截流灌溉。純粹攀爬絕壁,勘察地形,視其上源可接引之處,乃親率僧行,鐫鑿石渠,引水漑田完工,是年秋,寺田即大豐收。[28]

三、道路的修築與其他項目

有關築路的實例較少見。句容縣介於萬山之中,舟楫不通,商賈皆賴車轂運輸各地。英宗治平初年(1064)本邑僧明慶曾勸募民財砌築縣城之街道,鋪以磚石。後磚石路面長久以來因輪轂之交馳不休而碎裂。理宗淳祐六年(1246)秋,縣令以砌街事責成興教院(或寺)之僧覺先。覺先欣然應命,率其徒師皎相與募緣,並擇市民之謹厚者主持錢穀之出入,而縣署皆不參與其事。共修築街面二百四十二丈,費錢二萬二千六百五十六緡,米一百零六石,次年夏天完工。[29] 可見句容街衢前後兩次的修砌皆由僧徒負責,官方並不干預其事,而兩次的砌築,經費也是全由僧徒勸募,官府袖手旁觀而已。嘉興崇德縣自東

---

〔23〕《景定建康志》卷一三《山川志》,頁3下。

〔24〕楊聯陞《國史探微·佚糜論——傳統中國一種不尋常的思想》,頁181~182。

〔25〕〔南宋〕李綱《梁谿集》(《四庫全書》)卷一七《諸刹皆以石渠道水有至十餘里者感之賦詩》,頁20上~下。

〔26〕《廬山記》卷一,頁1031下。

〔27〕《廬山記》卷二,頁1032中。

〔28〕〔南宋〕胡寅《斐然集》(《四庫全書》)卷二〇《衡岳寺新開石渠記》,頁17上~下。

〔29〕張榘《砌街記》(淳祐七年,1247),《句容金石志》卷五,頁24下~25上。

興以來至沙渚,徒步或挽舟皆經過田塍路,若遇風雨冰雪,則相率陷於泥路。演教寺僧思齊、蘊常先已築成三里石路,尚餘二十多里未築,乃請崇勝寺道琛、文達招致道民張智、圓富、道崇、余智、超論等共同負責,經費則出於崇勝會和寺僧邑老、道民等 30 餘人,設伊蒲之饌,隨能力捐錢與化緣,僦舟運石,自寧宗嘉定十六年(1223)冬季到理宗寶慶二年(1226)春季始竣事。這裏特別提到道民參與地方建設。[30] 長沙縣之通衢大道,街面雖甃以磚石,然久已頹壞不堪,車馬往來艱難。僧願興乃掩泥負土使道路平坦。[31] 而南昌柳塘山之路乃僧崇璉所築。[32] 范成大入蜀,路過歸州麻縣堆下,昔時需登極天下之險的山路,後經浮屠法寶於山腳刊木開路後,就避開這段險厄之山路,時孝宗淳熙四年(1177)。[33] 筠州之街衢重新砌築,是得力於僧體謙。體謙募緣得錢一千萬,其中有施三十萬到一萬錢者,一萬錢以下者不可勝數。街道北斷於江,南、西側則圍繞闤闠,中間橫渠暗溝則築橋加以溝通。體謙麻衣草鞋董其役,夙夜匪懈,饑餐於施者,暮宿於瓦舍,一毫之錢不入於私,皆交由某氏主掌,朱出墨入,凡若干年始竣事,時治平元年(1064)。[34] 紹興十九年,靖州初設郡,百廢待舉,地方官劉、王乃責成進士陳大有及僧世遂、祖能負責鋪築州之通衢七百餘丈,費用乃出於劉、王二人之俸及四方捐輸,而秋毫無及於民。[35]

僧侶也熱心參與其他的建設項目,如廣州清海軍的福全門爲浮屠福資所建。[36]

宋代僧寺對旅遊者提供宿食,這是大家所熟悉的事。宋代士庶於寺院中休息、遊觀、住宿、喫食、飲酒、宴客、沐浴等等不一而足,僧寺所提供之功能已超過今日之旅社、旅館。宋代有專門爲接待遊僧而設之接待院,或接待朝拜佛教聖地士庶如五臺山之普通院等,這也是我們所耳熟能詳之事。宋代官府也注意到寺院的這種功能,因此,在一些險要山區素乏驛傳之路上,興建庵舍接待過客,

〔30〕 莫若冲《橋道記》(寶慶二年四月記),《至元嘉禾志》卷二六,頁 11 上~13 上。
〔31〕 〔北宋〕釋惠洪《石門文字禪》卷二八《長沙甃街》,頁 316 上。
〔32〕 〔南宋〕釋道璨《柳塘外集》(《四庫全書》)卷二《疎山砌路記》,頁 25 下。
〔33〕 《吳船錄》卷下,頁 11 上。
〔34〕 《武溪集》卷七《筠州新砌街記》,頁 1 上~2 下。
〔35〕 〔南宋〕汪藻《浮溪文粹》(《四庫全書》)卷一九《靖州營造記》(紹興二十一年),頁 5 上~7 上。
〔36〕 《劉後村大全集》卷九〇《廣州重建清海軍軍雙門記》,頁 771 上~772 上。

不僅使旅遊者有歇息住宿之處，同時因爲庵舍之存在而使作奸犯科之宵小斂跡，維持地方上的治安。例如由潮州至惠州，由漳州至潮州南路 100 里至漳浦縣有僊雲驛，又南行 190 里有臨水澤，路遠驛少，無寸木滴水，行人寄宿無所，有司乃斟酌道里遠近隨舖立庵，命僧主之，以待過客，且置田贍僧，俾僧守庵。於是南路共有 13 庵，包括木棉舖庵、甘棠舖庵、橫章舖庵、仙雲驛庵、梅林庵、無象庵、黃土庵、雲霄庵、徑心善護庵、大悲舖庵、半沙舖庵、臨水庵、竹林庵，皆郡守傅伯壽所創置，時孝宗淳熙末年（1189）。其後伯壽姪壅嗣爲守，又創東路。東路有通源舖庵（爲第三舖），爲郡守方淙所設，亦贍以田；另有龍江庵（即第五舖）。由漳州往東至泉州同安縣，有魚孚庵。以上一共 16 所，除魚孚庵外，皆在漳州屬境。諸庵創置之初，皆爲十方院，因有司更迭主僧無常，寺田爲巨室豪家所佔，時日一久，庵圮僧亡。至郡守黃朴，[37] 除於東路創置鶴鳴庵（第二舖），置田以贍僧，並重建半沙、雲霄、僊雲、魚孚諸庵，其中魚孚庵雖屬泉州，費用仍由漳州支付，其他 12 所庵亦加以裝修一番。經過黃朴的一番整頓後，昔時行旅視爲畏途，今則與行經中州通都大邑無異，同時爲了避免過去僧逃庵荒的結果，黃朴向朝廷建議，將 17 庵皆改以甲乙相承，庶免再遭覆轍，以圖長存。朝廷亦予同意。[38] 而杭州富陽縣胡鼻山山勢峻峭，下瞰大江，路窄而險，行者深以爲患，山路復有亡賴之徒作奸犯科，甚不平靜。孝宗乾道時（1165～1173）縣令陸楠下令闢路，沿山路建庵以僧守之，人稱便利。後庵壞僧散，旅者行走其間皆惴惴不安。寧宗嘉定九年（1216）郡守曾治鳳又重修山上石路，並葺庵以存僧。自從有庵僧之後，奸人爲之銷聲匿跡。[39]

　　像這種守庵以僧，贍庵以田，借庵僧達到守護山路的功能，我們在宋代橋梁、水利的維修和巡邏等方面，都可以看到相同的作法，就是宋代的功德墳寺也同樣是借庵僧來達到守墳之目的。

---

〔37〕 方杰人師《宋代佛教對旅遊之貢獻》，原載《東方雜誌》復刊 5 卷 3 期（1971），頁 33～44。今收入《方豪六十至六十四自選待定稿》，本文所用爲抽印本。

〔38〕《光緒漳州府志》卷三《疆域》，引《正德府志》，頁 9 下～10 上，《後村先生大全集》卷八九《漳州鶴鳴庵記》，頁 764 下～765 上。又見《閩書》卷三七《建置》，頁 13 上。

〔39〕《咸淳臨安志》卷二七《山川》，頁 2 下～3 下，引陳震記文。

　　宋代寺院對於泉源的開發與維護，已有前輩學者著文探討，[40]
無需贅言；此處特別指出另一項殊少人注意的事，即宋代寺院對於
森林保育的貢獻。

　　宋代寺院多位於郊區或山區，以避塵世之喧囂擾攘，故有不少
僧人即在寺院附近種植松杉林木，種植林木的目的或許多少爲了寺
院本身的利益著想，因爲可以樵薪或出售圖利，但是，此舉對於森
林的保育和水土的維持應有相當正面意義，這是不容否認的事實。

　　根據劉渭於徽宗崇寧元年（1102）所撰記文，永净住持明州象
山縣蓬萊山壽聖禪院時，除鼎新堂宇殿門之外，又開墾三百畝田以
贍僧供，並植松十萬本以助衆山之森秀，其徒慧初、義琛與郡豪吳
驥亦相助而成。[41] 永净的植松十萬本很明顯的是爲了森林的維護，
與寺院的私利無關。仁宗慶曆元年（1041）衡山福嚴禪院長老省憍
及其徒環院百里種杉十萬棵，宋祁還特別撰文記述此事。[42] 廬山山
南屬南康軍有一所萬杉院，是真宗景德二年（1005）僧太超所建，
太超並於山上植杉萬本，事聞於朝，乃賜錢、土田、佛像、御容等，
而該院亦因此於仁宗天聖中（1023～1032）改寺額爲萬杉院。[43] 同
屬山南南康軍的羅漢禪院，祥符三年（1010）祖印大師行林繼任，
乃沿官道十里植松，直達軍壁，遂使行人往來如織，該院爲之應接
不暇，楊大年並撰有《栽松記》。[44] 孝宗淳熙十年（1183）屬簡州
僧希問住錫泰州石莊明僖禪院，時院圮廢不堪，希問悉捐衣鉢募工
重建，院近江邊，易爲囓盪，乃環院植松柏數千以煞水勢。[45] 江寧
縣方山上定林寺，孝宗乾道時（1165～1173）僧善鑑開始在山經營
土木，疏泉蒔松。[46] 又湖州烏程縣菁山有一所普明寺，紹興五年
（1135）閩僧觀禪師始來結庵。淳熙五年（1178）觀師卒，師弟了

〔40〕　方杰人師《宋代佛教對泉源之開發與維護》，原載《大陸雜誌》42 卷 7 期（1971），
　　　　頁 1～9，今收入《方豪六十至六十四自選待定稿》，本文所用爲抽印本。
〔41〕　《乾道四明圖經》卷一〇《記》，頁 16 上～17 上。
〔42〕　《景文集》卷四八《福嚴院種杉述》，頁 8 下～9 下。
〔43〕　《廬山記》卷二，頁 1034 中。
〔44〕　《廬山記》卷二，頁 1035 中。
〔45〕　〔南宋〕孫應時《燭湖記》（《四庫全書》）卷九《泰州石莊明僖禪院記》，頁 21
　　　　上～下。
〔46〕　《江蘇金石志》卷一五，朱舜庸《方山上定林寺記》（嘉定十三年〔1202〕），頁 10
　　　　上～下。

庵審公繼嗣。了庵三傳柏庭，柏庭五傳斷江，皆以甲乙相傳。元文宗天曆二年（1329）寺凋敝已久，莊田多質押於富室，住持玉林妙瓊以己資盡復所質莊田，並修佛殿、法堂，院外則築牆圍繞，並樹巨木五十萬株。[47] 此爲入元之事，仍可取爲資料，以俾研究之用。

有關寺院對於森林的保育所作出的努力和貢獻，就資料來說實在不多，僅能舉出以上數例而已，實不能與寺院對於泉源的開發和維護相提並論，方杰人師生前曾有意撰寫《宋代寺院對於古木的維護》一文，與本節應有關連，惜方師未能及時撰就。

四、救濟事業——養老、濟貧、賑饑、慈幼、醫療

佛教與社會救濟有密切關係。中國佛教屬大乘佛教，即是所謂菩薩佛教，以修菩薩行爲主，在四弘誓願與大波羅蜜行之下，以弘布大乘菩薩的精神爲根本理念，對於疾病治療、災害救濟、貧民救助皆視爲佛教徒的當然任務。

佛教社會福祉事業的指導理念是發揚佛的慈悲，對有需要者行布施，加上《福田經》、《梵綱經》的宣傳，使悲田敬田的福田思想充分顯現。有所謂二福田、三福田到七福田、八福田説法，《梵綱經》八福田中，以看病福田爲第一。

對於社會福祉事業的熱忱參與，本是佛教徒在人世間修練的必然過程，也是人格的完成中應該努力去做的事。内在修爲的完成與外在社會幸福的達到，内外雙修乃爲功德圓滿。

僧傳中不乏高僧致力於社會福祉事業的例子，較制度化的則有北魏的僧祇户、僧祇粟、佛圖户等，這些都是著例。對於一般庶民的金融救濟事業則有唐三階教化度寺的無盡藏制度。

至於唐代的悲田養病坊，對於貧困者施予救濟和醫療，這也是大家耳熟能詳的事。悲田養病坊半官方半民營的經營方式，成效爲政府所認同，故武宗滅佛時，特給予寺田以示獎勵，以免悲田養病乏人料理而中斷。

中國大乘佛教所具有的社會教化精神，和佛教出家隱遁思想似乎殊異，但是對於社會所體現的正面意義是值得肯定和宏揚，故僧人積極參與社會福祉事業，這是事實也是值得效法的。

[47]《金華黃先生文集》卷一一《菁山普明寺記》，頁1145。

中國農村的貧困生活，一遇天災，饑民充斥，餓殍遍野，爲政者亦想盡辦法籌謀對策。有關救災史大體上也詳述政府的救荒政策，如鄧雲特《中國救災史》、馮柳堂《中國食糧政策史》等，但是對於佛教所參與的救濟卻隻字不提，未嘗不是憾事，是故有必要加以補充説明。而且學者們在探討宋代的救濟事業也偏重官方的措施和政策，多少忽略佛教教團的貢獻，因此，也需加以彰顯，使宋代佛教寺院和社會的關係有更清楚的脈絡和環節。

宋代對於救濟事業的措施基本上是沿襲著唐代悲田養病舊制而來，但是在制度、組織和精神等方面都加以強化而超邁唐代，而且也是宋代以後各朝代所難以望其項背的。所以，宋代政府對於恤政這一政策的執行和管理是相當出色和成功的，這也是近代學者一致公認的事實。[48] 本文不想重複論述這些史實，而是要特別指出宋代政府所推動的這些救濟措施與佛教教團的關係到底如何？ 僧人又居間扮演何種角色和功能？ 除了官方所辦的救濟事業以外，私人所舉辦的救濟事業與佛教教團的關係又如何？ 這些問題才是本文所要探討的主題和焦點。

宋初因襲唐代悲田養病舊制在京師設東、西福田院（受佛教福田思想影響，遂以命名）。英宗時增置南北福田院，共四福田院。宋代福田院亦由僧人負責，因爲根據范祖禹哲宗元祐二年（1087）十二月二十日《乞不限人數收養貧民劄子》所云：

> 臣竊見四福院條例，逐院每年特與僧一名紫衣，行者
> 三人剃度，推恩至厚……亦乞詳酌立定分數，每存活若干
> 人即與剃度一名，如死損及若干人即減剃度一名。[49]

當時四福田院每院只以三百人爲額，范祖禹乞奏不限人數，並且請求訂立考績程規，俾對職司其事之僧行有所獎懲。舊制每所福田院逐年給予僧人紫衣一名，和剃度行者三名，皆依慣例辦理，並無獎懲辦法。元祐二年紫衣和度牒早已公開出售。崇寧元年（1102）福田院改名居養院，名稱雖易，職責當無甚更革。地方亦設有類似機

---

〔48〕 金中樞《宋代幾種社會福利制度——居養院、安濟坊、漏澤園》，刊《新亞學術年刊》第 10 期 (1968)，頁 127～169。王德毅《宋代的養老與慈幼》，原載《中央圖書館館刊特刊：慶祝蔣慰堂先生七十榮慶論文集》(1968)。今收入同氏著《宋史研究論集》第 2 輯（臺北：鼎文書局，1972），頁 371～401。

〔49〕 范祖禹《范太史集》（《四庫全書》）卷一四《乞不限人數收養貧民劄子》，頁 6 下～8 下。

構，但名目各異耳，亦由僧行主管。[50] 南宋以後，有關居養院的資料較多，可以略窺其制。

徽州於紹興元年太守徐誼創居養院，其制與元符體制大略相同，有如小蘭若，置田三百畝以養之，命僧主其事。[51] 吳興於紹興三年置利濟院，撥田養之，歲收租米贍養，差遣僧、行各一名主管收支事宜。[52] 嚴州淳化縣有安養院，是由舊的安老坊改建擴充而成。先由道士江如海負責灑掃，未久即責成彌陀院道者童師總出入。並有僧了勤捨仁壽鄉田五畝，四向院僧支久捨太平鄉田十畝及其他官田、沙地等。歲收穀一千三百二十八斤，米一石五斗，錢六千八百文，絹五疋，並有砧基簿交付西隅官汪萬石收掌，由官代為催收，而命傳教寺僧師亮負責收支出入，以備灑掃和修葺之用。[53] 可知這所安養院是由彌陀道者童師總其成，但是院田之催收則由西隅官汪萬石負責，會計出入則交給傳教寺僧師亮，各有職司，以免弊端。吳興有利濟院，知州王回復於紹興三年置，亦撥田租養贍，差僧行各一名主管收支。[54]

另外建康則設有養濟院，嘉定五年（1212）黃公度所創，規模小，收養不多，景定時於城南北並置二所居養院，每院度一僧掌之，收養貧民以五百人為限，並取得宋興寺廢寺額，擇僧住持，總督其事。撥戶絕田五百九十餘，山五百十九畝以供僧行，又捐錢千緡就宋興寺置質庫，以其贏餘每三年買祠部度牒作為有功之行者剃度之用，俾掌兩院事務。[55] 所以建康府之居養院共有二所，每所居養院除由一僧主掌外，另有宋興寺僧行負責，統籌辦理二所居養院的一般事務，所以官方就撥戶絕田山以供宋興寺僧行齋粥，並特以現錢置質庫以為該寺行者將來剃度購買度牒之用，俾有所承繼，以免後繼乏人，立意甚佳。和州除由僧行看管居養院外，還有兼具居養安濟之意的養濟院，創置於寧宗嘉泰元年（1201），亦輪差僧行各一

---

〔50〕《宋會要輯稿·食貨》六〇之四。
〔51〕《弘治徽州府志》（《天一閣明代方志選刊》）卷五《恤政》，頁51上。
〔52〕《弘治徽州府志》卷五《恤政》，頁51上。
〔53〕《嘉靖淳化縣志》（《天一閣明代方志選刊》）卷一四《文翰》，引石宗萬於開禧二年（1206）所撰《安養院記》，頁18下～19下。
〔54〕《嘉泰吳興志》卷八《公廨》，頁6下～7上。
〔55〕《景定建康志》卷二三《城闕志》，頁34下～上。

名，主掌點檢粥食。[56] 明州於理宗寶祐五年（1257）設有廣惠院，以收容寡孤廢疾者，其規式是管院行者月支米一碩，鹽菜錢十五貫；監董行者以三年爲限，於見管錢內撥充買度牒披剃。披剃後或留或去隨意。[57]

南宋寧宗以後，地方多設慈幼莊、慈幼局、嬰兒局等，專門收養棄兒或貧兒撫育之，如建康慈幼莊是嘉定十年（1217）真德秀所創，並措置到諸州縣没官田産立爲莊，管莊人係蔣山、保寧、清涼、天禧四寺每歲輪差僧一人、行者二人負責，管幹莊務收支並給散糧種，每月共支米五石，香油錢十貫。[58] 慈幼莊的經費來源是没官田莊，而田莊的經營和收支則由四寺僧行輪流當差。故僧人雖然不參與慈幼莊之撫育工作（事實上也不大可能參與），但還是經管它的莊田收支。

以上之福田院、居養院、慈幼莊等都是由官方經辦，有一定組織和程規，相當制度化的救濟制度。至於臨時遭遇災害而造成饑民餓殍充斥時，地方官隨時安排的救濟工作也都與僧人有密切關連。如孝宗乾道八年（1172）五月二十八日饒州知州王秬言奉詔賑饑，而責成僧紹禧、行者智修煮粥，供贍五萬一千三百六十五人；另有僧法傳、行者法聚供贍三萬八千五百十六人，詔令僧紹禧、法傳各賜紫衣，行者智修、法聚各賜度牒（時每道價四百貫）披剃。[59]

以上官方所主辦的救濟事業，多責成僧行負責其中的庶務行政工作，到於庶人所發動的賑饑，有時候也是找僧人來擔任最繁重的庶務和行政。最好的實例是南宋中葉的劉宰（1165～1238）。有關劉宰的賑饑據劉子健先生的研究，[60] 劉於嘉定二年（1209）首次賑饑，掌事的有三位鄉人，一位茅山道士石元朴，而主要是龍泉布金寺主僧祖傳。其中石元朴中途以私事退出，祖傳則自始至終參與。布金寺原爲廢寺，僅存茅舍。曾布後人吏部尚書曾喚加以重建，劉家亦可能捐助。這個重建的布金寺，即由曾家選僧祖傳主持。這次

---

〔56〕 《宋會要輯稿·食貨》六〇之二。

〔57〕 《開慶四明續志》卷四，頁26上～下。

〔58〕 《景定建康志》卷二三《城闕志》，頁39下～40下。

〔59〕 《宋會要輯稿·道釋》一之三六。

〔60〕 劉子健《劉宰和賑饑》，原載《北京大學學報》（1979）第3期，頁53～61。今收入氏著《兩宋史研究彙編》（臺北：聯經出版事業公司，1987），頁307～359。

賑饑主要是針對棄兒。劉宰並撰有《嘉定己巳金壇粥局記》，詳細記載賑饑源起、目的、作法、費用等等，資料相當珍貴。

嘉定十七年（1224）第二次賑饑，規模最大，並撰《金壇縣嘉定甲申粥局記》，主其事的是龍泉布金寺僧慧鑑，慧鑑是祖傳的徒弟。這一次共救濟饑民多達一萬五千人，這是歷史記錄。[61] 四年後又開辦第三次粥局，但是是否仍由僧人主其事不得而知，但是根據他所撰《戊子粥局謝岳祠祝文》"乃用甲申故事"來看，或許還是委託僧人負責，何況又有前兩次的豐富經驗，這種可能性極大。

佛教與醫療頗有淵源，佛教經典中如《金光明最勝王經》的《除病品》即完全是醫書；將醫科分爲八科，並詳細討論病因與療法。而《華嚴經》、《涅槃經》、《法華經》、《維摩經》也都有治病的説法。

《大正藏》中有不少與醫藥有關的經典，如吳竺律炎譯《佛説佛醫經》（《大正藏》一七），東晉曇無蘭譯《佛説咒目經》、《佛説小兒經》（《大正藏》二一）等；至於中國僧人所選的醫書，保存在《隋書·經籍志》中就有不少，如道洪《寒食散對療》一卷，智斌《梁解散論》二卷，慧義《寒食解雜論》七卷和《解散方》一卷，曇鸞《療百病雜丸方》三卷和《論氣治療方》一卷等。[62]

病院的設立最有名的是唐代的悲田養病坊，部分寺院則設有病院收容貧病者。洪昉禪師在陝州城中龍光寺建病坊，經常收容病者數百人，甚至惠及癘疾、癩病患者。癩癘者所發出之惡臭污穢，人們掩鼻避之唯恐不及，僧人不僅收容而且親自爲之洗滌、吸膿，如唐初蜀地福成寺道積，和唐初石頭城的智嚴即是著例。[63]

宋代官方先設有福田院以兼收容疾病者，崇寧元年（1102）八月專設安濟坊以照顧有疾者，但是在此之前地方亦置有類似安濟坊機構，如蘇軾知杭州時，因杭爲水陸要樞，故疫病遠比他處多，元祐四年（1089）十一月，即設有安樂坊，以僧主持，三年醫愈百（千?）人，給紫衣和度牒一道。其後因專設安濟坊，遂改安樂爲安濟。但仍然由僧人主掌，以三年爲期，醫愈滿千人，即賜紫衣和祠

〔61〕 劉子健前引文，頁348～353。
〔62〕 道端良秀《中國佛教社會經濟史の研究》，頁337～362。
〔63〕 道端良秀《唐代佛教史の研究》第四章第三節《悲田養病坊について》，頁388～402。

部度牒一道。[64] 當時各州縣所設的安濟坊或不止一所，皆以僧人掌管其事。僧人主要是負責庶務性的工作，如收容病患、登錄造册、煎煮藥末、看顧病人等，但是也有親自參加醫療的醫僧。[65] 南渡後，多合居養、安濟爲一，名爲養濟院，院中除醫官二名外，另有童行二名煎煮湯藥，照管粥食。[66]

至於僧人私自的醫療行爲也不少，一些證據顯示有些僧人即全以醫療爲主，故被冠以醫僧之名。[67] 這些醫僧大體皆能秉持以救人疾苦爲素志，雖然也有少數藉以牟利者，其中較著名的例子是醫僧宗可，俗性張，原爲金壇大族，父以子多而貧，命可出家，禮醫僧文範爲師，盡傳師學，以醫招請必往，用藥謹慎，不因貧富有所差別。[68] 這些醫僧是否參加安濟坊的醫療工作不得而知，但是他們卻有因醫療濟世而賜紫衣的實例。[69]

由寺院開辦的藥局、藥療則以龍門勝善寺最爲有名。寺爲文彦博于熙寧七年所置，爲功德墳寺。文彦博憫庶民疾苦，不得醫治，乃擇僧之知醫者主掌藥寮，並捐出珍藏醫書數百卷、良藥珍方和藥器具，並自撰藥寮記以説明原委。[70] 丹陽普寧寺爲邑中第一大寺，高宗南渡時曾宿寺之醫藥院。最初寺之醫藥院由慈濟師和神濟師負責。歲月一久，慈濟早已絕嗣，院亦淪爲官舍，神濟則一脈相傳，其法嗣普清與徒福山皆能以醫術所得，全力重建鼎新。[71]

五、慈善事業——漏澤園、義塚、浴室

宋代寺院對於慈善事業的投入是相當全面性的，尤其是漏澤園

---

〔64〕《宋會要輯稿·食貨》六〇之四。《清波雜誌》卷上，頁 14 上～下。《咸淳臨安志》
　　卷四〇，頁 7 上；同書卷八八，頁 2 上～下。《續資治通鑑長編》卷四三五，頁 20
　　上～下。

〔65〕《渭南文集》卷二五《書安濟法後》，頁 226。

〔66〕《宋會要輯稿·食貨》六〇之八。

〔67〕《欒城集》卷一三《贈醫僧鑑清二絕》和《贈醫僧善正》，頁 162 下～163 上。

〔68〕劉宰《漫塘文集》（《四庫全書》）卷三一《醫僧宗可塔銘》，頁 33 上～下。

〔69〕〔北宋〕沈遼《雲巢集》卷七《廣照大師塔銘》，頁 7 下～9 上。《弘治徽州府志》
　　卷一〇，頁 65 下，"祁門縣雲平庵有僧慶修賜紫衣，號佛光無礙大師，其徒總恭亦
　　名醫，賜紫衣，號普覺圓照大師。"

〔70〕《范太史集》卷三六，元豐六年（1083），《龍門山勝善寺藥寮記》，頁 1 上～3 上。
　　有關寺院所開設的藥局，亦請參考拙作《宋代佛教社會經濟史論集·宋代佛教寺院
　　與工商業經營》一章。

〔71〕《黃氏日抄》卷八六《普寧寺修造記》，頁 7 下～8 下。

（公共墳場）更是僧行的專利品，在宋代以前根本没有漏澤園這一制度，僅有私人或官方出面義葬流民，並無制度化。宋代以後的漏澤園大體上也承襲宋代的體制，仍由僧人主管，所以漏澤園與佛教寺院關係密切。

徽宗崇寧三年（1104）二月三日蔡京推廣義葬流民之事，立漏澤園制度，以官地收葬無主及窮乏骸骨，並令州縣一體仿照施行。[72] 漏澤園的全面設立與宋代火葬習俗的流行有關，政府希望提供墳地給那些無力土葬者掩埋，一方面借此戢止火化的盛行，並革除親人死後十數年尚不得安葬，寄樍於僧寺之惡習。[73]

漏澤園外有藩牆限隔，葬埋法是人給地八尺或九尺，以爲墓地，方磚二口，以千字文爲號，記死者姓名、鄉貫、年月日以爲標誌，及棺木、絮、紙、酒、仵作行下工食錢以資斂葬，並置屋以爲祭奠之所，聽親屬享祭追薦。[74] 宣和二年（1120）罷齋醮等事，餘如故。[75] 然南渡之後，春冬醮祭猶存。縣及園各置圖籍，置櫃封鎖，縣令遷轉時亦需點檢移交。[76]

漏澤園經費取自常平錢米，杭州仁和、錢塘兩縣原來只有三所，咸淳時增加爲十二所，官府委有德行僧二員主管，月各支常平錢五貫、米一石。[77]

主管漏澤園之僧行政府訂有獎勵辦法，紹興十四年恢復漏澤法，臨安規定每瘞及二百人，官府保明申奏朝廷，賜紫衣一道。[78] 其他地方可能也是如此。

自蔡京於汴京創置漏澤園後，各州縣皆能稟持中央旨意，在很短時間內覓地籌設。[79] 各地漏澤園規模大小不一，有些則因人口衆多

---

[72] 《宋會要輯稿·食貨》六〇之三。

[73] 見拙作《中國的火葬習俗》一文，刊《傅樂成教授紀念論文集中國史新論》（臺北，1985），頁 691～739。

[74] 《宋會要輯稿·食貨》六〇之四。

[75] 《宋會要輯稿·食貨》六〇之七。

[76] 《宋會要輯稿·食貨》六〇之四。

[77] 《夢粱錄》卷一八《恩霈軍民》，頁 293～294。《咸淳臨安志》卷八八，頁 3 上～下。《淳祐臨安志》卷七，頁 23 下～24 下。

[78] 《宋會要輯稿·食貨》六〇之九。

[79] 明州各縣漏澤園多在崇寧三年、四年即先後建置，分別見卷一四，頁 7 下；卷一六，頁 11 上；卷一八，頁 11 下；卷二〇，頁 7 上；卷二一，頁 10 上。台州僊居縣有漏澤院，崇寧三年建，見《嘉定赤城志》卷二九，頁 7 上。

而不只一二所,如杭州仁和、錢塘兩縣由原來的三所,到咸淳時擴增爲
十二所。漏澤園大多選擇高亢不毛之地三五十畝,但是也有較大空間
者。錢塘縣原有的二所皆在惠民鄉,各闊 40 餘畝,仁和縣一所在仁和
縣芳林鄉,闊 70 餘畝。漏澤園在全面設置後,也是廢立不一,所以端
賴地方官振蔽起廢。如台州府治之漏澤園乃奉旨創建,地止三十餘
畝,守僧又護持不力,百姓遂在道路隨意掩埋。寧宗嘉定四年(1211)
郡守黃𥄎重新規劃,除重葺舊園外,又於園外另覓土地,得庵三所建置
爲新園。舊園外築有圍牆,牆內分若干層,每牆分若干穴,每穴廣七
尺,長一丈,葬時掘深五尺;每三層橫穿一溝,溝廣二尺,深六尺以排
水,約可埋一千五百四十八人。新園則可掩埋二千五百人。有地無力
者,由官方接濟費用,宗室及士大人給五千,小孩給二千,餘則大人三
千,小孩一千五百。火葬者亦許瘞骨灰。[80] 宜興縣的漏澤園根據劉
宰記文,似在紹定時另徵收戶絕田一百六十三畝,除建寺以居守僧外,
爲屋十八楹,復買田歲收米一百四十八石以食守者。[81] 瀘州有舊園、
新園二所。新園是孝宗淳熙九年(1182)郡守趙雄所置,命開如、真如
寺二僧主掌安葬饑民,事畢上奏,賜給二僧紫衣、師號。[82]

　　全國所設置之漏澤園有一定的程規和管理辦法,較少彈性。所
以在遇到特殊狀況如兵災時疫或許不能發揮功能。因此,某些州縣
在漏澤園之外,又另設有義阡或義塚來因應需要,這些義阡或義塚
也是由僧人負責。

　　建炎二年,金兵南下,建康遭蹂躪,死者達十分之四。葉夢得
召募僧道斂葬,累數二百得度牒一道。於是召募到行者二十人,包
括華藏寺五人,能仁寺五人,保寧寺五人,清涼寺三人,壽寧寺二
人共築義塚 8 所,掩埋遺骸全體者四千六百八十七,不全者七八萬。
計費穀二百斛,錢三百萬。[83] 理宗端平三年(1236)制置使陳韡調
兵江北剿金兵,戰死者甚多,乃於建康北門外覆舟山龍光寺側開築
二義塚收埋陣歿骸骨。並給牒度二僧守塚,給田四百五十畝,以租
入供追薦。[84]

---

〔80〕 《嘉定赤城志》卷五《公廨門》,頁 9 上～10 上。
〔81〕 《漫塘文集》卷二三《宜興縣漏澤園記》,頁 28 上～30 下。
〔82〕 《永樂大典》卷二二一七《園》條。
〔83〕 〔南宋〕葉夢得《石林居士建康集》(《四庫全書》)卷四《建康掩骸記》,頁 5 下～8 上。
〔84〕 《景定建康志》卷四三《義塚》,頁 48 上～下。

　　建康除義塚外，還有義阡。真德秀於寧宗嘉定八年（1215）於南北兩門外置立南北義阡，差僧道看管。南義阡造庵一所，有屋三間，由鄰近殊勝寺輪差僧行各一人在庵專一看守，早晚焚修，每月支錢三貫，米一石，設立之初係僧道明、行者濮了茂主掌。北義阡則由後湖真武廟道士孫守清看管。真德秀並立下規約，如每穴限深五尺，長一丈，看管僧道不得擅離職守，否則不支給錢米。若義阡已遍滿，則申官司掘出火化等。但是後來義阡因無垣牆，遭牛羊逐踏，軍民雜葬，骸骨暴露。理宗開慶元年（1259）馬光祖再守建康，乃重新修築成四所義阡。四周圍以垣牆，嚴密鎖鑰，非喪祭不啓。委上元、江寧兩縣尉負責。兩縣尉又遴選義阡附近之寺僧主管，東阡是半山寺，南阡是宋興寺，西阡是清涼寺，北阡是永慶寺，月各支給十八界六貫，米一石。其中因顧慮半山寺距離東阡較遠，乃另創庵三間，由寺選僧行各一名守視。又於清涼寺西偏得地三十餘畝以擴充西阡之空地。[85]

　　孝宗淳熙八年（1181）臨安遭時疫，有地之家惑於取利，往往發掘舊塚以掩埋新骸，遂致骸骨遺棄暴露於外，不得掩埋。官府乃令在府城四門外作義塚四處，每處委僧十人，童行三十人負責，僧行食錢令本府支給。[86] 嘉興海鹽縣因濱海關係，多有溺死者，隨海潮漂至沙灘上。淳熙二年縣令陸竣乃於縣北蕩山置義塚，令僧師俊董其役。依山勢高下分爲三級，廣五畝，外環以垣牆，凡瘞一百四十六人。[87] 常熟縣除漏澤園外另有義阡，是理宗嘉熙元年（1237）令王瀹所置，命報慈寺僧主管，另創庵三間以居住，又買田六十二畝，米四十二石，以歲收爲給養之費，以遏止火化之流習。[88]

　　另外，還有稱爲普同墳者，普同即普通，與普通院相同，指一般民衆皆可利用，這與義塚、義阡之義字意義相同。如福州懷安縣於紹興十一年所築即稱爲普同墳。時丞相張浚令芙蓉寺僧主掌，於北門外營四穴，男左女右，各廣二丈二尺，深二丈。乾道元年，另於天王院東作三墳，則稱之爲義塚。[89] 漳州也於紹興十六年至廿年

〔85〕《景定建康志》卷四三《義塚》，頁45下~49下。
〔86〕《宋會要輯稿·食貨》五八之一四、一五。
〔87〕《至元嘉禾志》卷二四，陸竣《叢塚》，頁9下~10下。
〔88〕《琴川志》卷一《義阡》，頁24上~下。
〔89〕《淳熙三山志》卷三《地里類》，頁16上。

在城北築二大塚，命名爲普同，時郡守劉才邵下令凡郡人有喪而不能葬者皆埋於普同墳，嘉定十六年（1223）郡守危積又作三大塚，一在南山外，一在西中峰院前，一在北門外，每塚塋域大可容百十墳，凡葬二千二百具左右，積並撰文記述其事。漳州俗尚親死不葬，皆殯寄僧寺，有長達三四十年甚或二三代者，故郡守特置普同墳、義塚以矯其習。[90]

以上所提及的漏澤園、義塚或普同墳，其實皆是由官方主辦，費用也是由官方支援，不過實際的工作卻是交給僧人負責。這種做法在漏澤園未正式設置以前已有，可說淵源流長。如神宗曾詔令開封府各縣撥官地三五頃以掩埋無主或貧不能葬者，並令葬及三千人以上度僧一名，三年與紫衣或改賜師號，再領事三年，期滿去留自便。[91]

至於出於僧徒自發自願的也不少。丹徒縣有金山龍游寺長老净信與其他僧行二十人，當紹興初年，金兵渡江，屍骨遍野，乃加以收屍埋藏。洪邁於淳熙十四年（1187）記文特別追記。[92]紹興元年，官方委託僧宗華負責養濟院死者及外地流移死亡者遺骸之掩埋。僧宗華雇人抬棺出城掩瘞，縣尉置歷檢視並登錄簿籍再申報朝廷，朝廷規定每二百人給度牒一道。[93]湖州馬墩鎮行者祝道誠收埋運河遺骸一千二百六十餘具，乾道三年（1167）六月廿一日詔賜度牒並給紫衣。[94]不過，收葬遺骸最多的可能是一位日智比丘，他於建炎紹興間共埋葬罹兵災者幾及十萬之多。[95]

收瘞遺骸這種工作是一般人避之唯恐不及的，但是宋代僧人基於宗教淑世精神卻熱心參與，不辭辛苦，不避污穢，心無畏懼，令人欽佩。事實上，宋代佛教與養生送死中之送死關係非比尋常。僧人爲死者誦經、做齋會、做水陸道場及死後的誦經、超度亡魂、安葬等，連火葬也都是由寺院一手包辦，僧人替人守墳在宋、元是相

〔90〕《萬曆漳州府志》卷六《義塚》，並參考方杰人師《宋代佛教與骸骨之收瘞》，頁 12~14。
〔91〕《宋會要輯稿·食貨》六〇之三。
〔92〕《至順鎮江志》卷九，洪邁《重建（龍游寺）佛殿記》，頁 11 上。
〔93〕《宋會要輯稿·食貨》六〇之八。
〔94〕《宋會要輯稿·道釋》一之三六。
〔95〕〔南宋〕李彌遜《筠溪集》（《四庫全書》）卷二二《宣州涇縣銅鋒瑞應塔記》，頁 19 上~20 上。

當盛行的。而且宋代僧人也替人看風水，仍是送死之事。劉後村先生有一首《贈風水僧》詩相當有意思：[96]

> 向人説葬又談空，郭璞瞿雲（曇）併入宗。背得山經如頌咒，頂將禪笠去尋龍。偏（遍？）爲檀越裁生壙，預定公侯出某峰；想亦自營歸寂處，一邱卯（卯）塔種青松。

僧人爲人占卜説災祥歷代皆有禁令，恐其惑衆滋事。由占卜而占風水亦自然之事也。

宋代寺院頗多附設浴室，供僧俗沐浴除垢，並祛病療疾，誠爲善舉之一，有些寺院更以“浴室院”爲名。[97]

爲僧俗提供一處洗滌塵垢之浴室，既需薪炭，更需鐵鑊，所費不貲，或出於寺院之經營，或出於僧人之自營，其意義則同。以下試舉出較著名之數例來説明。

後唐洛陽中灘浴院智暉，乾化四年來洛州，見洛陽諸寺無所不備，唯浴室有闕，遂鑿戶爲浴室，並葺南北岸數畝地爲院，浴具僧坊皆煥然具備後，榜示各地，使僧徒皆來此除垢洗塵云：[98]

> 由是洛城緇伍道觀上流至者如歸，來者無阻。每以合朔後五日一開洗滌，曾無間然，一歲則七十有餘會矣。一浴則遠近都集三二千僧矣。暉躬執役，未嘗言倦……加復運司奇巧，造輪汲水，神速無比。復構應真浴室。

智暉所構築的浴室規模宏大，每次來此澡浴的僧人就有二三千之多，其他俗人尚不在內，每年有七十餘會，每月合計有六次浴會供應，而且後來智暉又想出以機器汲水，效率神速，並另建應真浴室。要維持這樣規模的浴院，所需財力勢必相當可觀。

另一規模可與智暉相提並論的是宋汴京普凈院常覺（896～971）。常覺所營造的浴室是每月三、八日供養全京城僧人沐浴，“其或香湯汲注，樵蒸失供，覺必令徹小屋、抽榱桷而助爨焉。”常覺自後唐天成三年到後漢乾祐中（928～950）每月費錢約一百三十六萬，二十多年間，總數則千萬矣。經費雖説來自檀施，但若無常覺的化導之功，則事亦不成。由於他的利行濟物，被推薦紫衣，他亦堅拒

---

〔96〕《劉後村先生集》卷二《贈風水僧》，頁14上。此詩寫於寧宗嘉定十二年（1219）以後。

〔97〕方杰人師《宋代佛教對旅遊之貢獻》，頁42～44。

〔98〕《宋高僧傳》卷二八《智暉》，頁883下。

不受。[99]

其次有陝西扶風法門寺之浴室院，則自唐僖宗乾符年間（875）迄宋太宗太平興國三年（978），百年間每日供僧俗千人沐浴，未嘗中斷過。浴室院並有浴室社長（時社長爲王重順）與社衆，可見經費來源即出自於這些社衆。[100] 法門寺是當地名刹，此浴室院能提供每日千人沐浴，其規模應不下於智暉、常覺。韶州開元寺，爲當地望刹，寺衆最多，附郭之居舍皆無浴室，慶曆時開元寺乃創建浴室，主其事者爲比丘延吉。延吉修頭陀行，勸化大衆，于寺之東南創建浴室八間，委僧爨負責登錄簿籍，每五日開浴室一次。延吉並將跨二江之浮橋改建，以大木和鐵鏈聯結，使昔日易於漂浮之浮梁頓成康莊大道，而延吉亦因此被聘請爲寺之住持。[101]

凡浴院之設必有大鑊，雁蕩山能仁寺嘉福院之鐵鑊重 3700 斛，爲清信弟子劉化晟閤家於哲宗元祐五年（1090）謹施浴室之用。[102] 負責鐵鑊的僧人名爲知浴僧宗。湖州飛英寺浴院是僧判官表師以醫術所得錢一百萬，勸募得錢二百萬營建，落成於仁宗嘉祐三年（1058）。共分成二堂，冬用暖堂，夏用凉堂，並分設二級以供少長之用，開鉅爐以燥衣，建大釜（鑊）以化湯，築方井以汲水。請僧元載、宗願負責浴室院之工作，擊鼓以爲進退，故雖大衆雜沓而無喧嘩之虞。[103]

六、結　語

1985 年 11 月 9 日至 10 日，日本《中外日報》社爲紀念創刊九十周年，特在京都舉辦中日佛教學術會議，其中日本學者中村元氏撰寫《日本佛教的服務精神》一文，[104] 特別標榜日本佛教與社會福利事業的緊密關連。

對日本佛教徒來説，最重要的經典是《法華經》。《法華經》被

---

〔99〕《宋高僧傳》卷二八《常覺》，頁 886 下。
〔100〕《金石續編》卷一三《法門寺浴室院靈異記》，頁 25 下～26 下。
〔101〕《武溪集》卷七《韶州開元寺新建浴室記》頁 13 上～14 上。
〔102〕《東甌金石志》卷五《嘉福院浴鑊》，頁 12 上。
〔103〕《吳興金石記》卷六《飛英寺浴院碑》，頁 17 上～下，記撰於神宗熙寧元年（1068）。
〔104〕 譯文刊《世界宗教研究》1986 年第 2 期，頁 1～6。

認爲是一部教導勤勞的經典，《法師功德品第十九》即說："如人說已悟到《法華經》的真旨趣的話，'諸所說法，隨其義趣，皆與實相，不相違背。若說俗間經書，治世語言，資生業等，皆順正法。'"接受《法華經》這種服務的精神，爲社會福利事業而奉獻的宗旨即風行起來。

因此，聖德太子的政府就很有組織的推動社會福利事項。大阪的四天王院和元興寺可說是日本最早的寺院，內設有四個院，即敬田、悲田、施藥、療病四院，由它的名稱就可以知道它的性質。

與唐代約略同時的奈良時代（710～784），民間的僧侶也嚮應這種號召，鑿井泉、設津濟、造橋樑、備渡船等，其中最有名的是行基（668～749）。行基之後，繼起的是弘法大師空海（774～835）。這樣犧牲奉獻的慈悲精神一直被持續下來。與宋代約略同時之鎌倉時代（1192～1333），則有許多律僧致力於服務人群，社會福祉事業同樣盛行。

中村元氏的說法更可以印證宋代社會公益事業與佛教環環相扣的緊密關係，而且《法華經》在中國一直是唐宋僧尼試經的最重要經典，這種巧合是很有深意的。

宋代佛教教團的猥濫和不法誠然是事實俱在，不容否認，政府也三令五申希望從各種層面和角度來加以控制，以期臻於建立一套完整而周延的制度，但是教團人數多達數十萬人，寺院數量亦一再膨漲增加，管理誠非易事；職此之故，僧侶之僞濫實無法根絕。但是不法者僅屬少數，絕大部分的僧侶則奉公守法並且熱心公益事業；他們對於地方公益事業的努力和貢獻是相當廣泛而且深入，如果沒有僧侶的熱誠參與，宋代地方公益事業一定無法順利推動，而其成果亦將遜色不少。

僧侶對於地方公益事業的積極介入，雖然與佛教之因果報應和福田思想有密切的關係，但是宋代佛教寺院之世俗化與社會化應該也是重要的因素。因爲，宋代佛教僧侶在社會上原就扮演著舉足輕重的角色和領導地位，佛教僧侶之堅忍情操和寺院經濟之富厚，使得他們有能力來承擔重責大任。宋代地方財政困難，公益事業無法順利展開，而要仰賴地方之士紳和宗教團體之協助，其中佛教教團之努力和貢獻是相當明顯的。

　　宋代佛教教團所積極參與的公益事業項目繁多，舉凡橋樑、水利、道路的修築和巡邏等，都不辭辛勞的出錢、出力，誠然令人感動。至於地方上之救濟事業如養老、濟貧、賑饑、慈幼和醫療等項目，大體上也由官方責成寺院之僧侶負責行政和庶務工作，使得宋代官辦救濟事業更臻完善。同時僧侶也接辦地方之慈善事業如漏澤園、義塚、浴室等項目，其中如漏澤園和義塚一般人心生畏懼不敢介入，僧侶則基於宗教之精神而毫無難色的全權負責。宋代之救濟和慈善事業制度尚稱完美，應該和宋代僧侶的積極參與有密切關係。即連私人所舉辦之救濟、慈善事業也與僧侶息息相關。藉由宋代佛教寺院與地方公益事業之緊密關係，更加肯定宋代佛教寺院在社會上所扮演的積極角色，同時也彰顯宋代佛教對社會的正面功能和意義。

※　本文原載氏著《宋代佛教社會經濟史論叢》，臺北：臺灣學生書局，1989 年。
※　黃敏枝，國立臺灣大學歷史學博士，國立清華大學歷史學研究所教授。

十二三世紀蒙古族的宗教信仰

胡其德

一、前　言

　　關於“宗教”的定義，東西學者界說不一。西方學者著重“第一根源”（上帝）、“最終目的”（救贖）與教會，[1] 東方學者則著重宗教修持與儀式。[2] 這兩個不同的著眼點，正好點出了布魯格（Brugger）所謂“超越性宗教”與“內在性宗教”[3] 的特色。

　　本文對“宗教”的看法採廣義，與東方學者所持者較爲接近。本文並不打算對“宗教”下一個條舉式的或範疇式的定義，而是嘗試從“體系”的觀點來看宗教，先把宗教當作一個整體看待，再將此一體系細分成“觀念體系”、“信仰體系”與“崇拜體系”三個部分。（詳見圖一〔287頁〕）任何一種東西只要能兼攝涵蓋此三體系，即可視之爲“宗教”。至於各體系的內涵，則各宗教之間自有相異處，也有吻合處。而且內涵會隨著各教派之間的融合與相互影響，而有所改變。易言之，內涵因時因教派而異，但三體系爲任何宗教所必須具備者。用此種方法來定義宗教或解釋宗教，或許可以解決或避開一些不必要的論爭，或許也可以給宗教研究在方法上開闢另

---

〔1〕 布魯格《西洋哲學辭典》云：“宗教的本質，一言以蔽之，是重新與第一根源及最終目的相聯繫。”（頁353）法國學者涂爾幹（Durkheim）認爲“宗教”是“能把所有信奉者都團結在所謂教會這樣一個精神團體之中的、信仰與儀式的完整體系。”（涂爾幹《宗教生活的基本方式》，轉引自葛兆光著《道教與中國文化》，頁136～137。）

〔2〕 有關東方學者對“宗教”所下的定義，可參考小口偉一和堀一郎合著的《宗教學辭典》，頁255～256。內云：“宗”是指祭神的建築物或祭祖靈的靈廟。佛教所言的“宗”是指因爲掌握佛教根本真理而達到的究極的、至高的境地；所謂“教”是指從各種角度引人到達“宗”的境地的言語說教。因此，所謂“宗教”就是“宗與教”或是“人宗之教。”日本學者中村元對“宗教”所下的定義，實與上述定義相若。可參考中村元《世界の諸傳統における哲學と宗教の意義》（蔡彥仁《晚近歐美宗教研究方法學評介》手稿轉引）。

〔3〕 布魯格著、項退結譯《西洋哲學辭典》，國立編譯館，頁353。

一蹊徑。

俄國學者普列漢諾夫說：“宗教是觀念、情緒和活動的相當嚴整的體系：觀念是宗教的神話因素，情緒屬於宗教感情領域，而活動則屬於宗教禮拜方面，換句話說，屬於宗教儀式方面。”[4] 他也是從“體系”的角度來看宗教，只是他的第二個體系與我所建構的不同。我所提出的“信仰體系”比他的“感情領域”涵蓋面要來得廣，而且有更大的包容性。因爲“感情”（應譯作“情感”較妥）只是宗教信仰的根源之一而已。[5] 當然，它是相當重要的一個根源，這是不能否認的。

兹將我所建構的宗教三體系圖解如下：

這三個體系中的每一個體系均分爲“主體”、“中介”與“客體”三部分，彼此之間有縱的關係。這裏所謂“主體”、“客體”是借用哲學上的名詞，唯意義略有擴充。“主體”就是“指向一個對象（客體）的自我或群體”，是觀念、信仰或崇拜的承載者，擁有者或執行者。“客體”與“主體”相對立，在本文指涉的是觀念的内涵，以及信仰、崇拜的對象。所謂“中介”指的是主體感受客體以及主客之間互相溝通的媒介人或物。觀念、信仰、崇拜三體系又可以重叠起來，變成一個廣義的宗教信仰體系（即上文所謂“宗教體系”）。此三體系之間又有橫的關係：觀念體系經過神職人員的鼓吹或由於社會習俗、禁忌等因素，會更加具體化、系統化、普及化，而形成“信仰體系”，而後者又有保存原始的、模糊的觀念之功能。“崇拜體系”一方面體現了“信仰”，另一方面具有強化信仰體系的功能。易言之：透過各種宗教儀式，使人們對“神”（或“超自然物”、“超自然性”）的信仰更加深了一層。

在這三個體系之中，以“信仰體系”爲中心。所謂宗教信仰，不論視其爲“神的恩賜”[6] 或視其爲“個人的最高興趣”[7] 或

---

〔4〕 普列漢諾夫《論俄國的宗教探討》，轉引自葛兆光《道教與中國文化》，上海：上海人民出版社，1987 年，頁 136。
〔5〕 鳥格里諾維奇著、沈翼鵬譯《宗教心理學》，北京：社會科學文獻出版社，1989 年，頁 31～32。
〔6〕 此爲基督教神學家的看法，見前引書，頁 68。
〔7〕 此爲蒂利希之說，見前引書，頁 69。

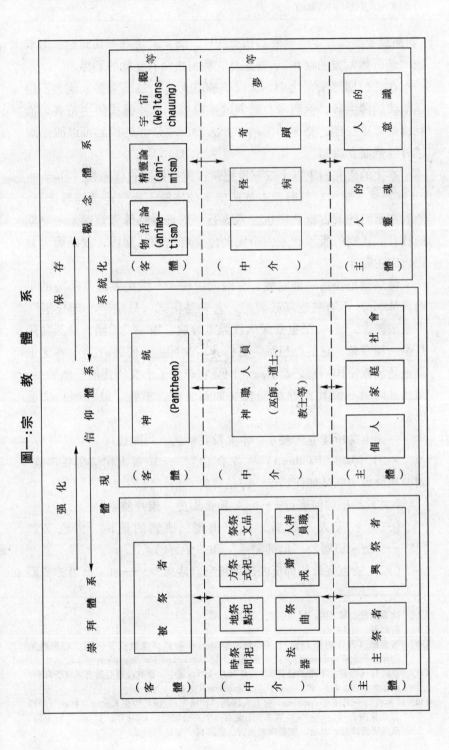

圖一：宗教體系系統

崇拜體系　　　　　強化　　　　　信仰體系　　　　　保存　　　　　觀念體系

崇拜體系　　現體　　　　　信仰體系　　　　　保存　　　　系統化　觀念體系

崇拜體系

（客體）
被　祭　者

（中　介）
時祭間祀　地祭點祀　法器
齋戒　祭曲
祭武祀方　祭文品　人神員職

（主體）
主祭者　　　興祭者

信仰體系

（客體）
神　統
（Pantheon）

（中　介）
神　職　人　員
（巫師、道士、教士等）

（主體）
個人　家庭　社會

觀念體系

（客體）
物活論（animatism）　精靈論（animism）　宇宙觀（Weltanschauung）等

（中　介）
怪病　奇蹟　夢等

（主體）
人的靈魂　人的意識

"對超驗物的存在主義的真誠信念"[8]，諸家説法有一共同點：即承認"超自然本質的存在"，並認爲它與人之間有互動的關係。[9]

在"信仰體系"之中，又以"神職人員"最爲重要。他們不但是信仰的催生者、保護者，教義的編纂者，禮拜儀式的主持者，而且也是遊乎三界，交通神明的中介人物。故宗教的探討可以説是環繞著他們而立論的。

本文的研究對象以十二三世紀蒙古族所信仰的薩滿教（Shamanism）爲主，當然，彼時蒙古族所信奉的宗教不僅僅是薩滿教而已，景教在當時的蒙古社會裏也非常流行。只是因爲薩滿教與蒙古早期的社會，後期的發展和蒙古帝國的建立有密切的關係，故以薩滿教爲研究主題。

薩滿教是否爲一種宗教，有兩派説法：一派主張薩滿所施的巫術（Magic）不過跡近宗教而已，它只是儀式，只是"心理技術"，不是宗教。[10] 另一派主張薩滿教雖無經典、廟宇、教團，然其功用是像一種宗教，它的思想系統是哲學，並且是一種醫術。[11] 本文也是把薩滿教當作一種宗教看待，因爲它包含了上文所述的三個體系，雖然其內涵不像其他進步宗教（如基督教、佛教、道教等）那麼成熟。

依循上文所建立的體系，本文旨在解決下列問題：

（一）神統（Pantheon）[12] 如何建立——蒙古人相信哪些神靈？諸神地位與功能又如何？這一節是屬於"信仰體系"。

（二）祭祀如何進行——這一節是屬於"崇拜體系"。

（三）告天人（薩滿）如何出現？他們的地位、角色又如何？——這一節屬於"信仰體系"和"崇拜體系"。

（四）蒙古宗教信仰反映出何種宗教觀念？——這一節屬於"觀

[8] 此爲帕尼卡爾之説，見《宗教心理學》，頁70。

[9] 前引書，頁141。

[10] 布魯格《西洋哲學辭典》，頁353，A. Lommel 認爲薩滿教只是一種"心理技術（psychological technique)"，而不是宗教（見 *Shamanism-The Beginnings of Art*）.

[11] 凌純聲《松花江下游的赫哲族》，頁104～105（《中央研究院歷史語言研究所專刊》甲種之十四，1934年，南京）引 Shirokogoroff 之説。

[12] "神統"一詞譯自 Pantheon，也有人譯爲"神譜"。我採用佐佐木宏幹"神統"的譯名（見氏著《シャーマニズム》，東京：中央公論社，1980年，頁50，73，77），只是沿用成習。其實，就薩滿教而言，應譯爲"靈統"較妥。

念體系"。

在探討過程中，每一節均注意到"時間"的因素（縱的因素），也就是注意到歷史發展過程中，各體系內涵的演變。另外，也兼顧到橫的因素，也就是其他宗教對薩滿教的影響。

二、神統的建立與演變

（一）天與天神——從"騰格里"（ţngri）到"庫穆斯塔"（khormus-da）。

以"騰格里"來指涉"天"，自匈奴始。匈奴人稱"單于"為"撐犂孤塗"（ţngri qutu），意思是指"天子"。"撐犂"即"騰格里"，意思是"天"；"孤塗"意思是"子"。[13]"騰格里"的語源，Hommel 認為來自蘇美語的 Dingir，李豐楙教授認為是漢語"重黎"的音轉。[14]迄無定論。匈奴人已有祭天之舉，《史記·匈奴列傳》云：

> 歲正月，諸長小會單于庭祠。五月，大會龍城，祭其
> 先、天地、鬼神。秋，馬肥，大會蹛林，課校人畜計。

《後漢書·南匈奴傳》也有類似的記載：

> 匈奴俗：歲有三龍祠，常以正月五月九月戊日祭天神。
> 南匈奴既內附，兼祠漢帝。因會諸部，議國事，走馬及駱
> 駝為樂。[15]

以上這兩條記載很明顯地證明了匈奴人的確行祭天之儀式。而且所祭者，不僅僅是自然的"天"，更把它神格化，當作"天神"加以崇拜。不過匈奴人並未賦予"天神"一個名字，它仍然與自然"天"共用 ţngri 這個稱呼；匈奴人也尚未把"天神"偶像化。《漢書·匈奴傳》有一段休屠王以金人祭天的記載：

> 明年（漢武帝元狩二年，公元前 121 年）春，漢使票
> 騎將軍去病將萬騎出隴西，過焉耆山千餘里，得胡首虜八

---

〔13〕 陳師慶隆《從借字看突厥、迴紇的漢化》，《中央研究院歷史語言研究所集刊》第
47 本第 3 分，1976 年，頁 434。
〔14〕 Eliade, *Patterns of Comparative Religion* 1958，p. 64. 李豐楙《神話的故鄉——山海
經》，臺北：時報文化出版公司，1984 年，頁 255～256。
〔15〕 《史記》卷一一〇《匈奴列傳》，頁 2892。《後漢書》（臺北：鼎文書局）卷八九
《南匈奴傳》，頁 2944。

千餘級，得休屠王祭天金人。[16]

這裏所謂"祭天金人"，有的說是"祭天主"（顏師古），有的說是指佛像（張晏、崔浩），但據白鳥庫吉的研究，休屠王的祭天金人是仿秦始皇十二金人而製，象徵北極紫微宮十二星擁太一神（天神），"金人"指涉的是星體，而非上天。[17] 白鳥之說甚有見地。匈奴人心中的天神，只是把自然天奉爲神祇加以崇拜而已，既無名字，亦未偶像化。

匈奴單于自認爲是天地所生，是"天之子"。冒頓單于致漢文帝書，自稱"天所立匈奴大單于"，[18] 老上單于致漢文帝書，也說自己是"天地所生，日月所置匈奴大單于"。[19] 二十世紀在内蒙包頭出土的瓦當上有"天降單于"的字樣。[20] 這些文獻與考古資料，都足以證明匈奴單于的天命觀念，且單于既爲"天之子"，祭天實際上亦爲一種祭祖的表現。不過，匈奴人對於"天"與"日、月"的崇拜，未見有何高下之別。老上單于自稱"天地所生、日月所置匈奴大單于"，"天地"與"日月"的職掌似有別，可是冒頓單于又說他是"天所立"，由此可見在匈奴人的觀念中，"天"與"日"是沒有什麼區別的。所別者：一較抽象，一較具體而已。不僅匈奴人如此，突厥、迴鶻（Uyǧur）人亦是如此。觀下文所引突厥可汗、迴鶻可敦即位的記載可知。即使是漢族，也曾有過類似的情形。《儀禮·覲禮》云：

祭天燔柴，祭山丘陵升，祭川沈，祭地瘞。

鄭玄注：燔柴祭天，謂祭日也。柴爲祭日，則祭地瘞者，祭月也。日月而云天地，靈之也。賈公彥疏：鄭（玄）引此諸文者，欲證此經祭天燔柴是祭日，非正祭天神，以其日亦是天神，故以祭天言之。[21]《禮記·郊特牲》祭天"旂十有二旒，龍章而設日月，以象天地"。[22] 天與日等量齊觀，並且合祭，或許是宗教發展的一個普

---

〔16〕《漢書·匈奴傳》（臺北：鼎文書局）卷九四，頁3768。
〔17〕白鳥庫吉《匈奴の休屠王の領域と其の祭天の金人とについて》，收入《白鳥庫吉全集》第五册，頁340，346，348。
〔18〕《史記》（臺北：鼎文書局）卷一一〇《匈奴列傳》，頁2896。
〔19〕同上註，頁2899。
〔20〕護雅夫《遊牧騎馬民族國家》（東京：講談社，1967），頁175。
〔21〕以上引文見阮元《十三經注疏·儀禮》（臺北：大化書局）卷二七，頁2363。
〔22〕《十三經注疏·禮記》（臺北：大化書局）卷二六，頁3143。

遍現象。遼、金、元三朝諸帝的龍袍上也都繡有日月圖案，忽必烈甚至下令臣民禁"繒段織日月龍虎及以龍犀飾馬鞍"[23]。這些都是以日月來象徵没有具體形象的"天"，而且爲北亞遊牧民族入主中原的天子所專用。元憲宗二年八月八日，祭天於日月山而且相沿成習。[24] 此"日月山"，蒙古語曰"納剌赤剌温山"（Nara Čilagun），意思是"日石"，這也是太陽與天被等量齊觀的一佐證。

根據米開羅夫（Mikhajlov）的説法，"蒼天"（Kök Tngri）的觀念公元前五世紀即已形成，[25] 可是在有關匈奴（公元前三世紀末崛起）的文獻中，並未出現"蒼天"字樣。或許匈奴真有此觀念，只因文獻不足徵耳！Kök Tngri 的字眼在突厥人文獻中則經常出現，[26] 可見此觀念在突厥人心中已根深蒂固。

突厥人崇拜天地與太陽。突厥可汗自認爲是天所生，是天意的代表。天是蒼色的，因此突厥人自稱 Kök Turk。[27]

突厥族系的太陽崇拜與拜天是混在一起的，在《北史·突厥傳》與《舊唐書·回鶻傳》中可以找到線索。《北史·突厥傳》云：

> 其主初立，近侍重臣等輿之以氈，隨日轉九回，每回臣下皆拜。[28]

《舊唐書·迴鶻傳》云：

> 既至虜廷，乃擇吉日，冊公主爲迴鶻可敦（中略）。相者引公主升輿，迴紇九姓相分負其輿，隨日右轉於庭者九。公主乃降輿升樓，與可汗俱東向坐。[29]

繞日九轉，正反映出東突厥、迴鶻"九重天"的觀念（詳下文）。

---

〔23〕 《元史》卷七《世祖本紀》，頁47（中華大典編印會），S. Cammann, *China's Dragon Robes*, The Ronald Press Co. N. Y. 1952. p. 6.

〔24〕 屠寄《蒙兀兒史記》（臺北：鼎文書局）卷六，頁224。

〔25〕 Mikhajlov, "Evolution of Early Forms of Religion", 收入 *Shamanism in Eurasia* 一書，p. 97.

〔26〕 Chen, Ching-lung "Concepts Regarding Numbers, Colors and the Cardinal Points Among the Turkic Peoples", *Proceedings of the 28th Permanent International Altaistic Conference*, Wiesbaden, 1989, p. 52.

〔27〕 同上注，頁52～53。苾伽可汗碑云："朕是同天及天生突厥苾伽可汗。"（見 H. N. Orkun, "*Eski Turk Yazitlari*" 第一册 pp. 56～73 與林幹《突厥的習俗和宗教》一文，頁227。

〔28〕 《北史》卷九九《突厥傳》（臺北：鼎文書局），頁3287。《周書·突厥傳》也有相同的記載。

〔29〕 《舊唐書》卷一九五《迴鶻傳》（臺北：鼎文書局），頁5212～5213。

突厥人是否已賦予 "天神" 以名字？吾人從突厥文的碑文中找不出來，但在西突厥 Oǧuz 族（居中亞裏海與鹹海之間）稱最高的神（天神）爲 Bai Ülgen（意思是 "富貴的 Ülgen"），此天神位在天上界的第九層（最高一層）（詳下文）。《周書·突厥傳》則記載突厥人稱呼 "地神" 爲 "勃登凝黎"（Put Tngri, Budun Inli），[30] 此所謂 "突厥" 不知是指東突厥，還是西突厥，我推測是後者。

契丹的柴册儀（皇帝即位儀式），積薪爲壇，新皇帝受群臣玉册，在全部儀式過程中，要行 "再生儀"，也要拜日。禮畢，則燔柴祀天，[31] "祭山儀" 中，則 "設天神、地祇位於木葉山，東向；中立君樹，前植群樹，以像朝班（中略）皇帝、皇后詣天神、地祇位，致奠……"[32] 這一段文字顯示出契丹的 "祭山儀" 也要祭天神、地祇。樹木正象徵著通天之途徑。

蒙古族與其他北亞遊牧民族一樣，也崇拜天神，而且天的崇拜與太陽崇拜亦無明顯的區分。在祭天的時間、地點、方式、祭品等方面，顯然比匈奴、突厥、迴鶻、契丹要來得完整而繁複（詳下文）。而且在某些方面很明顯地受到北亞早期遊牧民族的影響。例如：成吉思汗即位時，坐在黑氈上，由七位領袖持舉之，[33] 這顯然是北魏拓跋氏與突厥、迴鶻即位典禮的翻版。護雅夫認爲可汗即位典禮所用的氈，與薩滿成巫式（initiation）所用的氈具有同樣的含義，象徵死後再生的聖具，是人轉成神靈的神聖場所，也是神靈降臨人間界的憑藉，也暗示可汗權力來自天上的神靈。[34] "氈" 是否象徵再生，尚待商榷；不過，它是人神之間的憑藉，則毫無疑義。"氈" 應是象徵薩滿或可汗升天的坐騎。原始宗教有以局部代表整體者，毛氈是動物的一部分，被用來代表整隻坐騎，此解或得真諦。《多桑蒙古史》記載窩闊臺，貴由汗、蒙哥汗即位時，蒞會人員都對新君九拜，新君再率臣下出帳對日三拜，[35] 此亦受突厥影響，只是

〔30〕 《周書》（臺北：鼎文書局）卷五〇《突厥傳》，頁910。Budun Inli 譯名引自陳慶隆師 Concepts Among the Turkic Peoples 一文，頁52。

〔31〕 《遼史》卷四九《禮志》，頁836。《國語解》（臺北：鼎文書局）頁1536。

〔32〕 同上注，頁834。

〔33〕 護雅夫《遊牧騎馬民族國家》，頁100。

〔34〕 前引書，頁104～106，頁117。

〔35〕 馮承鈞譯《多桑蒙古史》，商務印書館，頁192，248，264。

略加改良而已。對蒙古人而言，氈亦具有其象徵意義。凡后妃姙娠或帝后病危，皆移居於外氈帳房。宮車晏駕時，輿車用白氈青緣納失失爲簾。[36]

《蒙韃備録》云："（蒙古人）其俗最敬天地，每事必稱天。"[37] 蒙古人敬天、禮天，是十分明顯的。蒙古人對天的崇拜，受到北亞其他遊牧民族的影響，已如前述。唯於十三世紀以後，開始有差異，有進一步的發展。這可從幾方面加以討論：

1. 在"天"之上，發展出"長生天"（Möngke Tngri）的觀念。（詳下文"宗教觀念"）。

2. 賦予"長生天"以名字——庫穆斯塔（Khormusda）。

3. "騰格里"（天）開始分化，多達九十九個甚至一〇二個之多。各個"騰格里"皆有其獨特的功能，然亦有重疊處。

4. 諸神之間的地位，開始有階層化（Stratification）的趨向。

5. "九重天"的觀念正式確立。"九"變成"天"的屬性之一。（詳下文）。

茲先就二、三、四項加以探究。

"長生天"這個語彙，最早出現在 1240 年左右成書的《蒙古秘史》（Mongol-un Niǧuca Tobčiyan），以後迭出不窮。而"庫穆斯塔"一語在蒙古地區出現的時間，有三種説法：俄國學者 Banzaroff 推測它是在公元六世紀以前，隨著拜火教自波斯傳入北亞；[38] Mikhajlov 則認爲 Khormusda 的崇拜在成吉思汗與忽必烈（即十三世紀）時代，逐漸形成中；法國學者格魯塞（Grousset）認爲 Khormusda 源自波斯語 Ormuzd，經粟特人（Sogdians）、維吾爾人（Uyǧurs），傳給蒙古人。[39] 後二者的説法較爲可靠。因爲 Khormusda 一語出現在 1431 年編成的一本蒙文書裏，[40] 後來陸續出現在很多蒙文史料裏，像成書於十六七世紀之間的《黄金史》（Altan Tobči Nova）、1662 年成書的《蒙古源流》（Erdeni Yin Tobči）、十八世紀編成的西蒙古厄魯特

---

〔36〕《元史》卷七七《祭祀志》，頁 728。

〔37〕 王國維《蒙韃備録箋證》，頁 5017。

〔38〕 白鳥庫吉譯，Banzaroff 著《黑教》，頁 15。

〔39〕 前引 Mikhajlov 之文，頁 103，馮承鈞譯，格魯塞（Grousset）著《蒙古史》，商務印書館，頁 51。

〔40〕 Heissig, *La Religion de la Mongolie*, Payot, Paris, 1973, p. 406.

(Ölöt) 祖先神話中，均出現該字。但是在《蒙古秘史》或拉施特哀丁的《史集》（十三世紀末成書）中均未出現。由此可見：Khormusda 即使在十三世紀已經出現，仍不普遍流行。我推測它進入蒙古薩滿教的咒文中，最早不會早於十三世紀中葉。忽必烈統治時代（1260～1294），各教人士齊集汗廷，彼此互相接觸，互相影響，Khormusda 可能就在這時自畏兀兒人或喇嘛傳給薩滿。而且 Khormusda 既為諸騰格里之首，因此它之進入薩滿教的體系，當與騰格里之分化（詳下文）同時或稍後。最晚在十四世紀初，Khormusda 這個名字已進入薩滿的咒文中，先是口傳，然後形諸文字，載入書中。文宗至順元年（1330）編纂成書的《白史》（Chagan Teüke）[41] 出現了「庫爾穆斯塔」一詞，而《彰所知論》的作者八思巴，極可能就是把庫爾穆斯塔引入蒙古宮廷信仰的人。[42]

次論「騰格里」的分化與「階層化」。如前所論，「騰格里」本指自然天，後指「天神」，但最初「騰格里」只有一個；易言之，在「騰格里」之前，並未冠上任何名詞或形容詞。最初在「騰格里」之前冠上名詞的是《蒙古秘史》中的「帖卜·騰格里」（Teb Tngri）。[43] 有關「帖卜」這個字的解釋，學者解說不一：秋浦主編的《薩滿教研究》一書，認為是「天使」之意；[44] 术外尼（Juvaini）《世界征服者史》（The History of the World Conqueror）一書把它解作 Most Heavenly；[45] 拉施特哀丁的《史集》一書則謂「帖卜·騰格里」的名字為 Bout Tngri，[46]（Bout = put = But）Bout 在鄂圖曼土耳其語中為「偶像」之意。[47] 那珂通世將「帖卜·騰格里」解釋成

---

[41] 哈日赤認為《白史》的作者是必蘭納識里，而不是德國學者所考訂的忽必烈，白史正文也不是忽必烈時代寫成，而是必蘭納識里引用忽必烈所制定的法門正典。哈日赤之説是《查干圖和的作者寫成書年代》一文，《內蒙古社會科學》1985 年第 2 期，頁 30～33；Sagaster 之説，見 Die Weisse Geschichte 一書，頁 57，392，Wiesbaden，1976。

[42] 胡其德《蒙古族騰格里觀念的演變》，頁 13，蒙藏專題研究叢書之 81，蒙藏委員會印行，1997。

[43] 陳師慶隆在 Concepts Regarding Numbers, Colors, and the Cardinal Points Among the Turkic Peoples 一文中，曾談到突厥人的地神稱為 Put Tngri。這可能就是潘世憲所云「博·騰格里」（《額博考》，頁 441～442）。

[44] 《薩滿教研究》，頁 94。

[45] Juvaini, "The History of the World Conqueror", p. 39.

[46] D'Hosson, "L'Histoire des Mongols", La Haye et Amsterdam, 1834, p. 99.

[47] Türkc, e Sözlük, (Ankara 1966). Redhouse Sözlügü, Türkc, e-ingilizce p. 941, 603.

“神巫”，道潤梯布則認爲“帖卜”即“透、通”，“帖卜騰格里”爲
“通天巫”；哈勘楚倫教授則引用維吾爾語 Tiib 與阿拉伯語 Tebib，認
爲“帖卜”乃“醫生”之謂，“帖卜騰格里”即“天醫”或“御
醫”。[48] Heissig 之説與 Juvaini 頗爲接近，他認爲帖卜·騰格里乃
“The Fully-heavenly”之意。[49] Cleaves 亦曾撰寫“Teb Tenggeri”一文，
可惜我手邊没有。要在這麽多解釋中找出一個真解，實在不容易。大
抵而言，上述解説可分成兩派：一派將“帖卜”視爲名詞，另一派則視爲
形容詞或由動詞轉化而成的形容詞。我個人比較傾向前者。因爲“騰
格里”分化以後，諸騰格里的名稱，其造法絶大部分是名詞加上“騰格
里”，[50] 而且西突厥有一神名 Put Tngri，[51] 與《史集》的 Bout Tngri
完全相同。至於“帖卜”的意思是否與 Put 一樣，爲“偶像”之意，
尚待進一步的研究。蒙文史料《金輪千幅》記載成吉思汗亦封邱處
機爲“帖卜·騰格里”，[52] 我推測此稱呼蓋有“諸告天人之長”之
意。1223 年螯屋重陽萬壽宮聖旨碑記載成吉思汗給邱處機的一道聖
旨，内云：“教天下應有底出家人都管著者”，可作爲旁證。

德國學者 Heissig 在《蒙古的宗教》（*La Religion de la Mongolie*）
一書中列舉了將近一百個騰格里的名字，並對其中幾個的來龍去脈
加以詳述。他又説：騰格里經常由好幾個組成一組，例如“四隅騰
格里”（Dörben Jobkis-un tngri）、“五風騰格里”（Kei-Yin Tabun Tn-
gri）、“五門騰格里”（Qagalgan-u Tabun Tngri）、“五閃電騰格里”
（Čakilgan-u Tabun Tngri）、“九黄騰格里”（Sirabur Yisün Tngri）等
皆是。而且這些騰格里譜系與遊牧經濟有密切的關係。[53] Heissig 之
説甚有見地。除此之外，吾人對於“騰格里”的分化尚有幾點認識：

1. 諸“騰格里”的出現，是多種文化融合的結果，因此“騰格
里”的名字中，經常出現來自不同文化背景的語彙，尤以喇嘛教最
多。例如：Bisnu（Visnu）Tngri, Burgan（Buddha）Tngri, Bisman Tn-

[48] 以上三説皆見哈勘楚倫教授《成吉思汗的宗教觀》一文。
[49] Heissig, *Shaman Myth and Clan-Epic*, *Shamanism in Eurasia*, 1984 年, p. 319.
[50] Heissig, *La Religion de la Mongolie* pp. 405～459.
[51] 陳師慶隆在 Concepts Regarding Numbers, Colors, and the Cardinal Points Among the Tur-
kic Peoples 一文中，曾談到突厥人的地神稱爲 Put Tngri。這可能就是潘世憲所云
“博·騰格里”（《額博考》，頁5）。
[52] 《金輪千幅》卷二，頁4下。（轉引自札奇斯欽《談蒙文史料：金輪千幅》）
[53] Heissig, *La Religion de la Mongolie*, Payot, Paris, 1973, pp. 406～412.

gri（＝Vaisravana）等皆是，[54] 而 "五風騰格里"、"五門騰格里"、"五閃電騰格里" 顯然受到道教的影響。

2. 諸騰格里的功能仍有重叠的現象。其共同的功能是保護向他們祈禱祭祀的人。[55]

3. 隨著騰格里的分化，騰格里數目的增加，勢必帶來諸神地位的 "階層化"。（Stratification）．Khomusda 變成了諸騰格里之首，它既是三十三騰格里之首，又是九十九騰格里之首。[56] 蒙古原有的神，如旗神（Sulde）、火神（Gal）等在 "騰格里化" 之後（稱爲 Sülde Tngri, Gal Tngri），都變成了 Khormusda 的屬下或子民了。Khormusda 與 "長生天"（Möngke Tngri）變成了同義詞。與它們相對應的是人世間的可汗（Khagan, Khan, Qagan, Qan, Xan）。

4. 分化後的騰格里，除了 Khormusda Tngri, Möngke Tngri 等少數幾個之外，其餘的 "騰格里" 已喪失原有的 "天" 的意義，而應解爲 "神靈"，或者被視爲 "天" 的 "靈體"。

（二）地與地神

北亞遊牧民族早期的宗教裏，天地經常合稱合祭。這自匈奴族以來已然如此，契丹人也是如此（如上文所述）。居中的突厥人大概也有合祭天地的場合，雖然祭地神的大典在鳥德犍（Ütügen）西五百里處舉行，[57] 但祭地的地點當不僅限於該處而已。不過，突厥人已把 "天" 與 "地" 慢慢分開，而賦予不同的屬性；"天" 是偉大的、蒼色的；"地" 是神聖的、可怕的，與 "黑色" 結合在一起。[58]

作爲自然界一部分的 "天" 與 "地"，是同時存在的，但是神格化的 "天神" 與 "地神"，則形成的時間並不一致。據蔡志純的説法，"地神" 概念形成的時間可能要早於 "天神"。[59] 這種説法，從人類社會發展的過程來看，是相當合理的推測。人類先有母系社

---

〔54〕 所引諸《騰格里》，見 Heissig, *"La Religion de la Mongolie"*.

〔55〕 所引諸《騰格里》，見 Heissig, *"La Religion de la Mongolie"*, p. 417.

〔56〕 所引諸《騰格里》，見 Heissig, *"La Religion de la Mongolie"*, p. 406.

〔57〕 《周書》（臺北：鼎文書局）卷五〇《突厥傳》，頁 910。

〔58〕 Chen, Ching-lung "Concepts Regarding Numbers, Colors and the Cardinal Points Among the Turkic Peoples", *Proceedings of the 28th Permanent International Altaistic Conference*, Wiesbaden, 1989, pp. 52～53.

〔59〕 蔡志純《蒙古薩滿教變革初探》（《世界宗教研究》第 4 期，中國社會科學出版社，1988）。

會，再進入父系社會，而且"地"距離人類較近，又能生長萬物，這使人很容易把它與母親聯想在一起，構成"地母"的概念。"地神"的性別也一直是女性。

至於"天神"與"地神"地位的高低如何，實難判斷。依常理推測，在匈奴（公元前三世紀）、古突厥帝國（公元六世紀左右）時代，"地神"的地位當不下於"天神"，甚至超越天神。不過，自十三世紀初，蒙古帝國建立之後，"天神"的地位顯然凌駕於"地神"之上，尤其是在"長生天"出現之後，更是如此。John de Mandeville 認爲"地神"（itoga）爲蒙古人之最高神，[60] 此說恐怕不能用於十三世紀之後。

蒙古人將他們所崇拜的地神稱作 Etügen。十三世紀中葉出使貴由汗廷的勃朗嘉賓（Plano Carpini）說蒙古人信仰 itoga（Palladius 將 itoga 視作 etugen）。[61] 馬可波羅（Marco Polo）則將地神稱作 Nacigay。[62] 日本學者羽田亨認爲 etugen 就是女薩滿（idughan/udughan/udaghan），[63] 馬可波羅所說的 Nacigay 就是勃朗嘉賓所說的 itoga。因爲在某些蒙古語中，有 n 無 n，意義相同。例如 nimagan = imagan（羊），nagasi = inagasi（迄今、自從、從此）皆是。而 itoga 就是 idughan，迄今達呼爾方言猶呼女薩滿爲 idughan 或 Yadhan。[64] 綜合以上所論，馬可波羅、Palladius、羽田亨三人皆視 idughan（ = udughan = udaghan = itoga = nacigay）爲 etügen。唯俄國學者 Banzaroff 持不同的看法，他認爲 etügen 與 idughan 無關。[65] 針對這個問題，我認爲羽田亨三人的說法頗爲可信。就語言學的觀點而論，etügen 與 idughan 只是陰性元音與陽性元音的轉換，這在蒙古語中不少例子。例如 bida = bide（我們）、Sigira = Sigere（脛骨）、Simarga = Simergen（雪堆）Sob = Söb（獺）、tirang = teireng（財富神）、nais =

---

〔60〕 Banzaroff 著，白鳥庫吉譯《黑教》，頁23。

〔61〕 馮承鈞譯《馬可波羅行紀》（商務印書館），頁250。又見 *Journey of William of Rubruck*, p. 246. note of Rockhill.

〔62〕 前引書，頁246，"彼等有神，名稱納赤該（Natigay），謂是地神，而保佑其子女牲畜田麥者，大受禮敬"。

〔63〕 羽田亨《北方民族の間に於ける巫について》，（收入羽田博士《史學論文集》，頁461～489）。

〔64〕 哈勘楚倫、胡格金臺合著《達呼爾方言與滿蒙語之異同比較》（臺北：學海出版社），頁172。

〔65〕 許明銀譯、Banzaroff 著《黑教》，頁6。

neis（和諧）、ečihu = očixu（去）、tamtarixu = temterihü（接觸）。就社會學的觀點而論，人類先有母系氏族社會，再有父系氏族社會。而最初擔任薩滿者，均屬女性。[66] 東北鄂温克薩滿在禱詞中追述薩滿的源流時，念誦九十九個阿巴戈爾迪（Abagurdai）與七十七個奧德根（Udagan），[67] 而地之靈體有七十七個，是"奧德根"與"地神"（etügen）爲同義詞。薩滿是神的代言人，在施行法術時，被視爲神，因此，"地神"與"女薩滿"用同一個字，順理成章。

邵循正認爲《馬可波羅行記》所説的 Načigay，即勃朗嘉賓所説的 itoga / ičoga（這個觀點與前文所論一樣），又等於《元朝秘史》所説的"亦思該"（isgai/ esegei/ isegei），意思是"遮風氈"或"蓋馬氈"。[68] 這是把地神崇拜與祖神（祖靈，蒙古語作 Ongghon，複數作 Ongghot）崇拜，混爲一談。所以會造成此種混淆，是因爲蒙古人有時候把地神與祖神合祭而且祭祀方式一樣所致。勃朗嘉賓記行云："他們（指蒙古人）禮敬日、月、火、水和土地，每天早上飲食前，先以飲食祀之。"[69] 這種禮拜方式與蒙古人禮敬氈製偶像（即"翁昆"）的方式完全一樣（詳下文）。再加上"氈"（isegei）的語音與"地神"（ičoga / itoga / etügen）的語音非常接近，遂導致此種混淆。

蒙古人的祖先崇拜是伴隨地神崇拜的，[70] 祖神概念要比地神晚出。而在蒙古氏族社會裏，每一個氏族各有其地神和祖神作爲守護靈，[71] 兩者也經常合祭。可是演變到後來，地神崇拜逐漸納入祖神崇拜的體系之中，祖神的地位漸漸凌駕地神之上。到了十六世紀，東蒙人最禮敬的神靈是天神與"翁昆"（祖神），[72] 地神已不若以前那麽重要了。

（三）日月崇拜

前文已論及：由於日月是顯而易見的天體，因此經常用來象徵"天"、代表"天"。它們也常常與"天地"同時出現在文獻與禱詞

---

〔66〕《薩滿教研究》，頁 55。

〔67〕《薩滿教研究》，頁 57。

〔68〕 邵循正《釋 Natigai, Nacigai》，收入元史研究會編《元史論叢》第一輯，北京：中華書局，1982 年。

〔69〕 Dawson, *The Mongol Mission*, Sheed and Ward, London and New York, 1955, p. 10.

〔70〕 羽藤秀利《成吉思汗建國當時の宗教形相》，頁 13。

〔71〕 前引書，頁 24。

〔72〕 Heissig, *La Religion de la Mongolie*, pp. 353 ~ 354.

中。對匈奴人而言，日月具有某種特殊的力量，可以作爲舉事的參考。《史記·匈奴列傳》云：「單于朝出營，拜日之始生，夕拜月。」[73] 這是每天對日月的崇拜。同書同傳又說：「舉事而候星月，月盛壯則攻戰，月虧則退兵。」[74] 這是以月之盈虧作爲舉事與否的依據。這裏面反映出原始宗教中「月亮」主殺的觀念。

突厥族系的太陽崇拜，在《北史·突厥傳》的可汗即位典禮與《舊唐書·迴鶻傳》的可敦冊立典禮（詳上文）中，表露無遺。太陽崇拜與拜天也常混在一起。

突厥族的方位觀念與太陽密不可分。他們以日升日落的途徑來決定方位名稱：太陽上升的東方，就是前方；日落之處——西方，就是後方；山向陽的一面（向陽坡）是南方，也就是近方；背陽坡稱北方，也就是上方。就語源上而言，突厥語「東方」（Toǧu）源自「太陽升起」（toy-）；「西方」（batï）源自「太陽落下」（batï-）；「南方」（Küney）源自「向陽面」（Kün + ey），「北方」（Kuzay）源自「背陽面」（Kuz + ay）。[75] 由此可見：「太陽」在突厥族的心目中，佔有十分重要的地位。同樣的，它在突厥族宗教信仰中，亦居主要地位。突厥可汗即位典禮的繞日九轉，充分反映出這個事實。

蒙古族的日月崇拜，在前文所引勃朗嘉賓記行的一段話以及蒙古可汗即位典禮中可見。另外，在《多桑蒙古史》（*L'Histoire des Mongols*）一書中，也有很清楚的記載。內云：「他們崇拜日月山河五行之屬。出帳南向，對日跪拜，奠酒於地，以酹天體五行。」[76] 這條記載除了顯示蒙古人對日月的崇拜之外，還有三點值得研究：

第一，對日跪拜，爲何是「南向」，而不是像突厥族一樣「東向」？

這個問題並不容易解決，吾人只能借諸旁證。《黑韃事略》記載：「其營必擇高阜，主將駐帳必向東南。」[77] 這裏談到蒙古軍主將營帳的門開向東南，蒙古可汗營帳的門大概也是如此。元世祖命劉

---

〔73〕 《史記·匈奴列傳》（臺北：鼎文書局）卷一一〇，頁2892。

〔74〕 同上。

〔75〕 Chen, Ching-lung "Concepts Regarding Numbers, Colors and the Cardinal Points Among the Turkic Peoples", *Proceedings of the 28th Permanent International Altaistic Conference*, Wiesbaden, 1989, p. 53。

〔76〕 D'Hosson, *L'Histoire des Mongols*, p. 16. 馮承鈞譯文，見頁33（臺北：臺灣商務印書館）。

〔77〕 王國維《黑韃事略箋證》，頁5066。

秉忠設計大都城時，亦加入己見，在大内東南方設"太乙神壇"，作為祭太乙神的地方。"太乙神"是漢族信奉的天神，不是蒙古族的神，但祭天神的方位設在東南，應是別有用意。蒙古可汗拜天拜日面臨的方向極可能就是東南方，而《多桑蒙古史》所謂"出帳南向"（Vers le midi），應是東南方的略説。

第二，"奠酒於地"的"酒"，《多桑蒙古史》原文寫作（boissons），這個法文字固然有"酒"之意，但通常指一般飲料而言。我認爲多桑書中的 boissons 就是"馬湩"（Kumiss），我們從很多記載中，可以得到證明。《蒙古秘史》第 103 節云：

> 帖木真從不兒罕山下來，捶著胸説……説了就面向太
> 陽灑奠祝禱，跪拜了九次。[78]

札奇斯欽注："灑奠"原總譯作"將馬奶子灑奠了"，可能當時灑奠必用馬湩（馬奶子）。又引《元史‧祭祀志》"國俗舊禮"條"太僕卿以朱漆盂，奉馬乳酹奠。"[79]

《黄金史》（Altan Tobci Nova）記載成吉思汗即位時（1206），"用馬湩向長生天灑奠祭祖，立起九斿白纛，龍王向可汗獻美玉寶璽。"[80]《黑韃事略》也記載蒙古族的飲食方式："賴馬而乳，須羊而食。"[81] 又載："其軍糧：羊與沛馬（手捻其乳曰沛）。馬之初乳，日則聽其駒之食；夜則聚之以沛，貯以革器。湏洞數宿，味微酸，始可飲，謂之馬嬭子。"[82]

從以上記載可知：馬湩是用在祭天、拜日及日常生活上，因此多桑書所謂"奠酒於地"指的是"馬湩"無疑。

第三，以灑馬湩於地的方式，即以"澆祭"（libation）的方式來祭天拜日，是蒙古族特有的。此點留待下文"祭祀"這一節再討論。

蒙古族與匈奴族一樣，以月之盈虧作爲行事的依據。《黑韃事略》云："其擇日行事，則視月盈虧以爲進止，見新月必拜。"[83] 木華黎（Muxali）國王（成吉思汗"四犬"之一）的軍旗上亦有一

---

〔78〕 札奇斯欽《蒙古秘史新譯並注釋》（臺北：聯經出版事業公司），頁 110。
〔79〕 《元史》卷七七《祭祀志》，頁 728。
〔80〕 札奇斯欽譯《黄金史》（臺北：聯經出版事業公司）上册，頁 71。
〔81〕 王國維《黑韃事略箋證》，頁 5064。
〔82〕 前引書，頁 5066。
〔83〕 前引書，頁 5041。

"黑月",[84] 這使我們聯想到突厥族把黑色作爲"地神"的屬性,兩者之間似有關係。根據法國學者 Eliade 的説法,"地"與"月"具有下列共同象徵屬性:①繁衍,②死亡,③再生,④生命的泉源。[85] 易言之,他們有共同的質素。

勃朗嘉賓説:"韃靼人(指蒙古人)呼月爲大皇帝。"[86] 這是把 Kham(咸、薩滿)與 Khan(汗、可汗)混爲一談所致。不過,令人感到困惑的是:他爲何將月亮與 Kham,Khan 扯在一起? 這俟諸後日的研究。

關於蒙古族的日月崇拜,還有一點值得注意的是:雖然在十二三世紀文獻裏也經常提到禮敬日月,但是它們的地位已不如從前,尤其是突厥族所特重的太陽崇拜,已讓位給天神騰格里,尤其是在"長生天"的觀念已定型(十三世紀)之後。我們從史料中,可以找到一些蛛絲馬跡:

1. 禮拜太陽從"東向"改爲"東南向"(或南向)。南向正是天子臨朝聽政的方向。"東向"以太陽爲主、"南向"則以天子爲主,拜日方向的改變,正反映出天神地位的提高。

2. 比較突厥可汗與蒙古可汗即位典禮的過程,我們會發現一個有趣的現象:前者是君臣皆繞日九轉,後者是臣子先對新君九拜,新君再率臣下出帳對日三拜。這正是象徵著代表上天的可汗地位已經提升了不少。

3.《蒙韃備録》云:"(蒙古人)其俗最敬天地,每事必稱天。"[87]

4. 蒙古人祭天的日子比起匈奴突厥族要繁複得多(詳下文),這也反映出對天神的重視。

5. 十四世紀以後的祈禱文中,呼一切的諸神,但没有提到太陽及月亮,[88] 太陽崇拜已經納入天神崇拜系統之中。

(四)祖先崇拜

祖先崇拜有兩個來源:一是從"鬼魂崇拜"發展而來,一是從"自然崇拜"、"圖騰崇拜"衍生出來。就發生先後次序而言,後者早於前者。

匈奴人已有祖先崇拜(如上文所述),但是否將死去的祖先製成偶

〔84〕 王國維《蒙韃備録箋證》。

〔85〕 Eliade, *Patterns of Comparative Religion*, pp. 104~105.

〔86〕 *Journey of William of Rubruck*, p. 246 引 PianCarpini 之言。

〔87〕 王國維《蒙韃備録箋證》,頁 5017。

〔88〕 Banzaroff 著,許明銀譯《黑教》,頁 5~6。

像,加以膜拜,則史料不足徵。突厥人的祭祖活動,出現在《周書·突厥傳》與《隋唐·西突厥傳》中。[89] 他們是否將祖先製成偶像,亦無從考查。唯《酉陽雜俎》記載:“突厥事祆神,無祠廟,刻氈爲形,盛於皮袋。行動之處,以脂蘇塗之,或繫之竿上,四時祀之。”[90] 這裏的“刻氈爲形”是否就是蒙古族“翁昆”(Ongghon,木製、石製或氈製的偶像)的前身,尚待考證。有一點可以確定的是此“刻氈爲形”乃爲“事祆神”而作,與祖先崇拜無關。我推測“翁昆”的製作,大概自十二三世紀的蒙古人開始(也許從突厥人事祆神一事得到靈感),因爲在祭祖時,習以動物作爲犧牲,不一定要有“翁昆”作爲膜拜對象。例如遼、金、元三朝的“燒飯”(蒙古語作 inerü)祭祖儀式,並無翁昆。[91]

“翁昆”是從初期單純的祖先崇拜演變而來,[92] 因此翁昆之被視爲“祖靈”加以膜拜,是在祖先崇拜發展到相當成熟的階段,才有可能,我把時間定在十二三世紀時。在氏族社會裏,每一個氏族體都有一定的土地神和祖神,作爲守護神。蒙古人的祖先崇拜也是與土地神崇拜結合在一起,[93] 由薩滿主祭(詳下文)。祖神(祖靈)之所以被崇拜,是因爲人們相信它們能助人抵抗來自大自然的威脅,而薩滿的出現(詳下節)是與祖靈崇拜密切相關。[94]

“翁昆”如何出現在祖先崇拜的體系之內?欲解此問題,必先追究“翁昆”最初是如何製作的。根據策·達賴的說法,最早的翁昆是“人們把自己認爲最凶惡的東西的形狀,用木頭或石頭仿製出來,用草或毛繩捆起來,磕碩,因而産生了神像”。[95] 這個說法反映出一個意義:被製成翁昆的是惡靈或惡形惡狀的東西,具有特殊的能力,人們透過膜拜,將敬畏心理轉化成祈求保護的心理。蒙古人將死去的祖先奉爲神靈,也稱作“翁昆”,[96] 也是基於同樣的心理轉換過程。

---

[89] 《周書》卷五〇《突厥傳》:“(可汗)每歲率諸貴人祭其先窟。”(頁 910)《隋書》卷八四《西突厥傳》:“每五月八日相聚祭神,歲遣重臣向其先世所居之窟致祭。”(頁 1876～1877,鼎文書局)

[90] 段成式《酉陽雜俎》前集卷四,頁 31(商務印書館),《四部叢刊》初編子部二七册。

[91] 札奇斯欽《蒙古秘史新譯并注釋》(臺北:聯經出版事業公司)頁 72～73。

[92] 許明銀譯、Banzaroff 著《黑教》,頁 10。

[93] 羽藤秀利《成吉思汗建國當時の宗教形相》,頁 13, 24。

[94] Heissig, *La Religion de la Mongolie*, Payot, Paris, 1973, p. 354～355.

[95] 蔡志純《蒙古薩滿教變革初探》,《世界宗教研究》1988 年第 4 期,引策·達賴著《蒙古薩滿教簡史》,頁 58(中國社會科學院民族研究所油印本)。

[96] 許明銀譯、Banzaroff 著《黑教》,頁 6。

　　除此之外，蒙古人也把死去的薩滿當作"翁昆"，因此蒙古人的"翁昆"實包含兩個含義：祖靈（家庭守護靈）與薩滿靈。而且能夠決定什麼人的靈魂死後能當翁昆的，只有薩滿。[97] 祖靈憑附的對象，也是薩滿。這些發展反映出薩滿掌握了祖先崇拜與翁昆崇拜。

　　雖然我們不知道第一個"翁昆"的製作時間，但祖先崇拜的"翁昆化"（也就是"偶像化"）勢必對其他神靈的崇拜產生影響，而帶動某些神靈的偶像化。（當然，其中包含了其他宗教的影響。）例如蒙古人的 Sülde 本來只是軍旗的神靈，後來卻被描繪成戰神的模樣。Dayičin 與 Čagan ebügen（白髮仙翁）也是如此。[98] 這些都是相當晚期的發展，已超出本文研究範圍，因此點到為止。

　　"翁昆"與漢族的"翁仲"語音非常接近，製作材料亦有雷同處（前者為木製、石製、氈製及銅製多種，後者為金製、銅製、石製），放置地點亦相若（前者置於蒙古包門的左右，後者置於宮門外或墓門），也都有鎮邪守護的作用。因此"翁昆"的語源可能來自漢族，唯此尚待進一步的研究。

（五）火與火神

　　"火"在人類文明史上佔有極重要的地位，而在各民族宗教信仰體系中，"火"被當作"火神"加以膜拜，也出現得很早。瑣羅亞斯德（Zoroaster）所創的"祆教"，即以禮拜聖火為主要儀式，[99] 時間在公元前七世紀以前。另外，據 Poppe 的研究，中亞遊牧民族在公元前六七世紀時，已有火神崇拜。[100] 至於北亞遊牧民族的火神崇拜，則自突厥人始，時間約在公元六世紀。這借自突厥的蒙古語 Odqan（od/ ot 突厥語"火"，qan"可汗"、"汗"、"王"，Odqan 意思是"火王"、"火神"）這個字，[101] 以及突厥的鍛鐵傳說，[102] 可以得到證明。另外，西突厥人事火神，在文獻上也有證據可尋。公元六世紀中葉，室點密可汗在位時，東羅馬使臣蔡馬庫斯（Zemarchus）出使西突厥，在行抵中亞索格底亞

〔97〕　Heissig, *La Religion de la Mongolie*, p. 354.

〔98〕　前引書，頁 438～459，430～431。

〔99〕　許明銀譯、Banzaroff 著《黑教》，頁 8。林幹《突厥的習俗和宗教》，頁 228（《蒙古史論文選集》）。

〔100〕　Heissig, *La Religion de la Mongolie*, pp. 430～431.

〔101〕　同前注。

〔102〕　護雅夫《遊牧騎馬民族國家》。

（Sogdia，即粟特）境時，有突厥人來言：能驅逐魔鬼，預阻不祥之兆。於是圍繞蔡馬庫斯及從人，取其行李置衆人之中，搖鈴擊鼓于其上。又有手持香者，火勢熊熊，來往繞走，狀類瘋狂，指天畫地，幾若魔鬼誠被其驅逐者。咒既讀畢，乃請蔡馬庫斯經過兩火間，其人亦自皆陸續走過兩火間。謂如是則妖魔悉可洗净也。[103]《大唐大慈恩寺三藏法師傳》卷二記載玄奘在中亞見"突厥事火"，[104] 這是七世紀初的事情。

"火"可以驅邪净身的習俗，爲蒙古人所承襲，使臣在晉見蒙古可汗、諸王前，須從兩火之間通過，以潔其身。[105] 蒙古人對於火，也有許多禁忌，例如嚴禁從火上跨越，禁止以刀觸火，禁止唾口水於火，[106] 也不能讓火爐（golumta）中的火熄滅等等。

北亞遊牧民族的"火神"崇拜與鍛鐵的發明，有密切的關係。北亞遊牧民族約在公元五六世紀時，進入鐵器時代，相當於突厥族崛起的時候。突厥的鍛鐵出山傳説與除夕鍛鐵儀式，[107] 都反映出突厥人已開始用鐵。這與前文所述突厥人崇拜火神，在時間上是吻合的。吾人從《遼史》得知：契丹人最晚於九世紀初已進入鐵器時代，[108] 同樣地，契丹人也有在除夕夜拜火神的儀式，[109] 蒙古人則有篝火熔鐵出山的傳説與除夕召鐵工至内廷捶鐵的儀式。[110] 以上這些記載，都足以證明"火神"的崇拜與鐵的發明密切相關。

"火神"的性別最初爲女性，因此它被突厥人、蒙古人稱作 od galaqan eke（火母）或 gal-un eke（火母）；性別轉爲男性時，則被稱作 odqan（火王）、qal-un qan（火王）或 gal ṭngri（火騰格里），[111] 火神性別轉變的時間是在十二三世紀蒙古人崛起時。因爲在這個時候，火神的

〔103〕 林幹《突厥的習俗和宗教》，頁 226，引張星烺《中西交通史料彙編》。

〔104〕 慧立本《大唐大慈恩寺三藏法師傳》卷二，頁 227，《大正藏》第五十册史傳部（新文豐出版社）。

〔105〕 *Journey of John of Pian de Carpine*，p. 9.《多桑蒙古史》，頁 33。

〔106〕 許明銀譯，Banzaroff 撰《黑教》，頁 8。蔡志純文，頁 115～116。

〔107〕 Heissig, *La Religion de la Mongolie*，p. 430.

〔108〕 《遼史》卷二《太祖本紀》云："玄祖生撒剌的，仁民愛物，始置鐵冶，教民鼓鑄，是爲德祖，即太祖（阿保機）之父也。"（臺北：鼎文書局，頁 24）按：阿保機生於公元 872 年，則德祖撒剌的應生於九世紀初。

〔109〕 《遼史》卷四九《禮志》，"歲除儀"條："初夕，敕使及夷離畢率執事郎君至殿前，以鹽及羊膏置爐中燎之。巫及大巫以次贊祝火神訖。閤門使贊皇帝面火再拜。"（臺北：鼎文書局，頁 838）。

〔110〕 馮承鈞譯《多桑蒙古史》（商務印書館），頁 35。

〔111〕 Heissig, *La Religion de la Mongolie*，pp. 431～433.

稱呼是男女並用。"火神"崇拜受到喇嘛教影響之後,多依梵文取名,這已超出本文討論範圍,故略去不論。"火神"最初的性別是女性,這與最初的薩滿是女性可能有關。因爲火神的崇拜都由薩滿主其事,火神又被認爲具有繁衍的功能。

十六世紀以後的祭火神的祈禱文中,火神被認爲是"自母 etügen (即地神)之足跡生,依 tngri (天神)等之所造",又被視爲"太陽和月亮的一部分",[112] 則火神的地位已降低矣!

除了上述諸神之外,蒙古人還崇拜許多神祇,如山神、川神、雷神、雨神、旗神等。尤其是旗神 (Sülde) 對於蒙古帝國的崛起與擴張,發揮了相當的作用。而且對旗神的禱詞尤能反映出遊牧經濟的色彩,[113] 當另文論之。

綜合以上所論,吾人對於十二三世紀蒙古的宗教信仰中,神統的形成、神格的轉變以及神的地位的變遷諸方面,可作如下的結論:

1. 越是晚出的神,其地位反而後來居上。例如日、月、山、川、風雨諸神出現比地神早,反居地神之下;天神概念形成的時間要比地神晚,但演變到後來,卻凌駕於地神之上。祖神比地神晚出,但在蒙古帝國時代,祖先崇拜盛況已可與地神崇拜等量齊觀。

2. 有具體形象的自然神,讓位給沒有具體形象的神或杳不可測的天神和祖神。在突厥時代(公元六世紀),太陽崇拜非常重要,但是到了十三世紀,太陽神的地位已經讓給了天神,地神崇拜則漸漸納入祖先崇拜。隨著蒙古帝國的擴張,蒙古族的宗教信仰漸漸分成"天神崇拜"與"祖先崇拜"兩大系統,前者的人間代表是可汗,後者是薩滿。

3. 神的性別由女性轉成男性,火神性別的轉變就是一個顯著的例子。雅庫特人 (Yakuts)、布里雅特人 (Buryats) 的火神皆爲男性。[114] 相對應的是:女薩滿的地位漸漸被男薩滿取代。(詳下文)

4. 蒙古文化是北亞諸文化的融合結果,這使北亞民族共用的"騰格里"在蒙古帝國時代開始分化。隨著騰格里的分化,諸神地位也開始"階層化"。"騰格里"的意義也由原來的"天"、"天神"轉變成"神靈"之意。

---

[112] 許明銀譯《黑教》,頁 8。蔡家麒《中國北方民族的薩滿教》,頁 15。
[113] Heissig, *La Religion de la Mongolie*, p. 451.
[114] 托卡列夫《世界各民族歷史上的宗教》,頁 185。

5. "翁昆" 崇拜帶動了某些神靈的偶像化。

6. 某些神祇崇拜經過三個階段：自然物、自然神與人格神。給神取一個不同於大自然的名字或是用人的觀念去瞭解神，都是神的 "人格化" 的一種表現。

三、祭祀的展開

在研究祭祀體系（即 "崇拜體系"）時，除了要注意祭者（主體）、被祭者（客體）與祭祀的中介之外，仍須注意三者之間的對應關係（縱的關係），並且它要考慮到該祭祀體系與信仰體系之間的關係（橫的關係），如此才能窺其堂奧。

有關北亞遊牧民族的祭儀，留下來的資料並不多，尤其是沒有文字留下來的匈奴族，更是如此。突厥族雖有碑文留下，但可資利用者仍嫌少。蒙古族有文字，留下來的史料也不少，只是紛亂如麻，不容易理出一個頭緒來。下文僅能就研究架構作一個概括性的分析，還談不上十分縝密。

先就北亞各遊牧民族祭祀時間、地點、被祭者三項製成一表，加以說明。（祭祀地點在中原者，不列入本表。）

表一：北亞遊牧民族祭祀時間地點對象一覽表

族名	祭祀時間	祭祀地點	被祭者	祭品或犧牲	資料來源
匈奴	正月	單于庭祠			史記匈奴列傳
匈奴	正月戊日	單于龍祠	天神		後漢書南匈奴傳
契丹	正月		天地		遼史太祖、太宗本紀
契丹	正月		天地	青牛白馬	遼史聖宗本紀
蒙古	正月一日		天神		蒙韃備錄
契丹	二月		天地	青牛白馬	遼史太祖本紀一次、景宗四次
契丹	三月		天	酒（穆宗）、鴇（聖宗）	遼史太祖一次、穆宗兩次、聖宗一次
契丹	三月		天地	青牛白馬	遼史聖宗本紀
契丹	四月		日神		遼史聖宗本紀
蒙古	四月八日	舊桓州西北	天神	灑馬湩	元史、蒙兀兒史記
蒙古	四月九日	和林河	天神	灑馬湩	塞北紀行

續表

族名	祭祀時間	祭祀地點	被祭者	祭品或犧牲	資料來源
蒙古	四月十六日（紅圓光日）	外蒙	天、日、祖先、旗神		蒙古秘史
匈奴	五月	龍城	祖先、天地、鬼神		史記匈奴列傳
匈奴	五月戊日	單于龍祠	天神		後漢書南匈奴傳
突厥	五月中旬	他人水	天神		周書突厥傳
西突厥	五月八日		神		隋書西突厥傳
契丹	五月五日		天		金史禮志
契丹	五月八日		天地	青牛白馬	遼史聖宗本紀
蒙古	五月五日		天神		蒙韃備錄
蒙古	五月九日		神		盧布魯克遊記
契丹	六月		天地		遼史興宗本紀
契丹	七月	黑山	天地	酒脯	遼史穆宗本紀
契丹	七月		天地	青牛白馬	遼史聖宗本紀
契丹	七月		天	黑白羊	遼史道宗本紀
契丹	七月十五日		天		金史禮志
蒙古	七月七日或九日		祖先		元史
契丹	八月	烏孤山	天	鵝	遼史太祖本紀
契丹	八月		天地		遼史太宗本紀
契丹	八月		天地	青牛白馬、黑白羊	遼史聖宗本紀
蒙古	八月八日	日月山	天神		蒙兀兒史記
蒙古	八月廿四日	上都開平	祖先	灑馬奶、馬一、羊八、綵緞練絹各九匹、黑白羊毛纏若穗九、貂鼠皮三	元史
蒙古	八月廿八日至九月初一		神		馬可波羅行紀
匈奴	九月戊日	龍祠	天神		後漢書南匈奴傳
契丹	九月	蹛林	日神		遼史太祖本紀
契丹	九月		天地	赤牛青馬	遼史太祖本紀
契丹	九月		天地	白黑羊、酒	遼史穆宗本紀

續表

族名	祭祀時間	祭祀地點	被祭者	祭品或犧牲	資料來源
契丹	九月		天地	青牛白馬	遼史穆宗一次、聖宗一次
契丹	九月	小山	天地		遼史穆宗本紀
契丹	九月九日	高水	天		遼史聖宗本紀
蒙古	九月九日	外蒙	祭所奉祀之神靈	灑馬乳	塞北紀行
蒙古	九月		祖先	燒飯(inerü)	元史
蒙古	秋天	軍腦兒(Gün Naǧur)	天神	灑馬乳	元史、蒙兀兒史記
契丹	十月		天地、軍神		遼史景宗本紀
契丹	十月		天地	青牛白馬	遼史景宗一次、聖宗一次
契丹	十月		天地	黑白羊	遼史聖宗三次
契丹	十一月		日神		遼史穆宗本紀
契丹	十一月		天地	青牛白馬	遼史聖宗二次、興宗二次
蒙古	十一月	日月山	天神		蒙兀兒史記
契丹	十二月		天地		遼史太宗本紀
契丹	十二月		天地祖先		遼史穆宗本紀
契丹	十二月		天地	青牛白馬(景宗)黑白二牲(聖宗)	遼史景宗本紀、聖宗本紀
契丹	十二月		日月		遼史聖宗本紀
契丹	十二月除夕		火神		遼史禮志
蒙古	十二月十六日以後	宮廷	祖先	燒飯、馬一、羊三黑白羊毛線纏身	元史祭祀志"國俗舊禮"
蒙古	十二月除夕	宮廷	天、火		蒙兀兒史記
突厥	(時間不詳,可能在五月)	於都斤(ötügen)西五百里	地神		周書突厥傳
突厥	(時間不詳)	祖居地	祖先		周書突厥傳、隋書西突厥傳
突厥蒙古	可汗即位時(時間不定)	即位地	天、日		正史突厥傳,多桑蒙古史
蒙古	可汗祭日	祖陵所在地	祖先		元史、蒙兀兒史記
蒙古	(時間不定)	不兒罕山	天神、祖先	灑馬乳酒	蒙古秘史
蒙古	每年四次	太廟	祖先	奠馬乳	元史祭祀志

上表記載雖然不夠周詳，但有些是可以確定的：

①以 “青牛白馬” 或 “黑白羊” 祭天地是契丹族特有的，因爲契丹族自認爲是青牛白馬的後裔。 “黑白羊” 祭天地，是遼穆宗定下的規矩。若撇開這兩項，我們會發現祭祀月份以正月、五月（含四月）、九月、十二月爲最多。這與北亞地理環境是吻合的：正月爲歲首，四五月草已青，九月秋高馬肥，十二月爲歲末。若以日期論，則以戊日、八日、九日爲多。其中 “戊日” 受漢族影響，[115] 八日或九日（尤其是九日）可能與薩滿信仰有關。

②以 “被祭者” 而論，則以天神（天日或天地）與 “祖先” 爲兩大系統，這種現象在蒙古帝國時代尤其明顯。這也反映天神、祖神地位提升。

③就蒙古人而言，祭天神的地方常在固定的山（如日月山或不兒罕山），因爲 “山” 在原始宗教裏，被視爲 “天地交會之處”。

另外，蒙古人視 “紅圓光日” （Khula’an tergel edür）爲非常吉祥的日子，很多大事在這一天舉行。《蒙古秘史》第一一八節記載帖木真與札木合在紅圓光日那一天起營出發，[116] 第一九三節記載帖木真在 1204 年的紅圓光日灑馬奶子祭大纛旗（Sülde）出發征乃蠻。[117] 吾人從《秘史》的記載，只知道蒙古人祭旗神。札奇斯欽推測它可能是祭祖的重要節日，[118] Heissig 則認爲它是夏至日（Solstice d’été），也是一大宗教節日。[119] Heissig 之說有待商榷，因爲夏至日在陽曆六月廿一日或廿二日，陰曆應是五月，不可能早到四月十六日。反過來講，四月十六日換成陽曆，亦無晚至 6 月 21 日者。我認爲 “紅圓光日” 的慶祝，應以太陽爲主要對象，兼及祭祖祭旗。顧名思義， “紅圓光日” 這一天的太陽應是既紅又圓， “紅色” 在原始宗教中一向被視爲 “再生”，泰亦赤烏惕（Taiči’ud，蒙古族一支）的慶祝活動，直到日落才散，[120] 可見這是爲慶祝太陽再生而舉行

〔115〕 Ching-lung Chen, *Chinese Symbolism in the Huns* p. 67（Proceedings of the 27th Meeting of the Permanent International Conference, 1984）.

〔116〕 札奇斯欽《蒙古秘史新譯并注釋》，頁 133。

〔117〕 前引書，頁 262。

〔118〕 前引書，頁 88。

〔119〕 Heissig 前引書，頁 352。

〔120〕 同註〔114〕。

的。而以這一天爲祭旗神出征或拔營的日子，也是視其爲新生命的開始。陰曆四月在漢族觀念中，是陽氣、善氣最盛的時候，[121] 蒙古族的"紅圓光日"與漢族觀念是否有關，尚待進一步的研究。

次論祭品、犧牲與祭祀方式。

匈奴族用何種祭品、何種動物作犧牲，以何種方式祭祖先、天地、鬼神，史料甚少，僅有一條"刑白馬祀天"的記載。至於休屠王的"祭天金人"受漢族影響，不是匈奴族所固有的，前文已論及。日本學者江上波夫把匈奴五月大會之地"蘢城"解釋爲"以自然林木、樹木、柴薪堆積搭建而成的祭壇"，此與薩滿祭儀所用的樹林具有同樣的意義。[122] 江上波夫之説有待商榷。即使江上之説能够成立，吾人亦不能證明匈奴族與契丹族一樣有"燔柴"之舉。突厥族用何種祭品或何種動物作犧牲，史無明文。契丹族祭天地，則以"青牛白馬"或"黑白羊"爲主要之犧牲，間亦有用酒或酒脯或鳥者（詳上表）。蒙古族祭天則以奠馬湩於地爲主，祭祖則以奠馬湩或燒飯爲主。"燒飯"（inenü）承自遼金舊習，[123] 而祭祖時供奉"黑白羊毛纏若穗者九"，[124] 或"黑白羊毛線纏身"，[125] 我認爲是從遼朝祭天地所用的"黑白羊"脱胎而來。至於黑白羊所具有的象徵意義，尚待進一步的研究。質言之，祭天時，奠馬湩於地，爲蒙古人所特有。此種"澆祭"（libation）既不同於漢族的"祭天燔柴"，也迥異於契丹族柴册儀的"燔柴祀天"，頗值得吾人注意。

蒙古人非常重視馬湩，嚴禁把酒或酸馬乳（即"馬湩"）灑在地上；他們認爲這樣做，閃電會打在家畜（尤其是馬）身上或打到他們家裏。[126] 何以他們在祭天或祭祖時常用馬湩？按：波斯人與印度人祭太陽神時，重要之供犧皆爲馬，且常在野外薦酒於其神。[127] 波斯人、印度人所薦的酒是否爲馬奶酒，吾人不得而知，唯從宗教

---

[121] 《太平經鈔》丙部卷三："四月巳德在上九，到於六遠八境，盛德八方，善氣陽氣莫不響相應。"

[122] 護雅夫《遊牧騎馬民族國家》，頁189～190。

[123] 札奇斯欽《蒙古新譯并注釋》引姚從吾説。

[124] 《元史》卷七七《祭祀志》"國俗舊禮"條，頁728。國防研究院《蒙兀兒史記》（臺北：鼎文書局）卷七七，頁1924。

[125] 同上注。

[126] Rashid-ed-Din 著、周建奇、余大鈞譯《史集》第1卷第1册，頁256～257。

[127] 加藤玄智著、鐵錚譯《世界宗教史》（商務印書館，1972年3版），頁184。

的禮拜儀式來看，薦酒於地正是最原始的方式。蒙古人在山上灑馬奶酒，一方面認爲山爲天地交會之處，最接近天，另一方面也反映出最原始的宗教信仰——地神崇拜雖已讓位給天神崇拜，然仍留其痕跡在。至今雅庫特人（Yakuts）春秋兩季都舉行 Kumiss 祭，面向東方，行灑奠儀式，祭畢還向地神祈禱可作旁證。[128]

　　蒙古人除了以"澆祭"的方式祭天之外，也有以竿懸肉祭天的儀式，蒙古語稱之爲 Jugeli（主格黎）。依札奇氏之見，Jugeli 爲薩滿教儀之一。在十二世紀，此種祭祀乃全氏族主要大典，全體氏族成員集合對其祖先或氏族神祭祀之前，先行祭天。Jugeli 所用的竿木，[129] 即象徵著"世界軸"（Axis mundi）、宇宙的中心點。[130] 此外，蒙古人也用石塊、沙土堆成圓形土包，稱作"額包"（Obo），亦爲祭天神的場所。[131] 我認爲"額包"是人造的、具體而微的假山，與固定的聖山，具有同樣的象徵意義。

　　蒙古人對於"翁昆"的禮敬方式是每天清晨飲食前，先以馬、牛、羊之初乳塗其口，[132] 這是每天必須做的簡單禮拜活動。"翁昆"體積小，便於攜帶或移動。"翁昆"崇拜十足地反映了遊牧經濟生活方式。而以初乳塗"翁昆"之口，與巴布亞人（Papua）以第一批採摘的果實供奉祖先，[133] 具有同樣的象徵意義。

　　蒙古人祭天用的供品或犧牲，常呈九數，這與蒙古人"九重天"的觀念有密切的關係，容下文再論。至於主祭者、與祭者是薩滿、族長還是可汗、皇族，則在下一節論之。

　　蒙古每一年祭太廟四次，是由薩滿以蒙古語告神，[134] 歲末"射草狗"儀式，只限於某些氏族的人參加。"祭畢，帝后及太子嬪妃併射者，各解所配衣，俾蒙古巫覡祝讚之。祝讚畢，遂以與之，名曰脫災。"[135] 蒙古的射草狗與契丹巫覡之磔犬以制邪，[136] 具有相同的象徵意義。

---

〔128〕　潘世憲《額博考》，《蒙古史論文選集》第5輯，頁447。

〔129〕　札奇斯欽《蒙古秘史新譯並注釋》，頁3。

〔130〕　可參考 M. Eliade, *The Patterns of Comparative Religion*.

〔131〕　蔡志純《蒙古薩滿教變革初探》，1988年，頁117。又見護雅夫《遊牧騎馬民族國家》。

〔132〕　Heissig, *La Religion de la Mongolie*, Payot, Paris, 1973, pp. 352～353.

〔133〕　烏格里諾維奇著，沈翼鵬譯《宗教心理學》，頁154。

〔134〕　《元史》卷七七《祭祀志》"國俗舊禮"條，頁728。

〔135〕　《元史》卷七七《祭祀志》"國俗舊禮"條，頁728。

〔136〕　張正明《契丹史略》（帛書出版社），頁163～165。

四、告天人的出現

所謂"告天人"是指人神的中介，各民族稱法不一：通古斯語謂之 Šaman；阿爾泰語、維吾爾語稱之爲 Kham；蒙古語叫做 bo'e；古突厥人稱爲 Šaman。[137] 而漢字把它寫作"薩滿"或"薩滿"或"珊蠻"，都是 Šaman 的對音。其語源，有認爲來自梵語的 Šramana，[138] 有認爲來自中亞者。[139] 我在《成吉思汗即位前後的政教關係》一文中，曾提出質疑：假如 Šaman 源自梵語，何以東傳的過程中，只在通古斯語中保存，卻不在蒙古語中流行，亦不在維吾爾語、阿爾泰語中出現？[140] Banzaroff 也認爲 Šaman 一語不來自印度，因爲在十六世紀以前，佛教並未深入蒙古民間，梵語不可能傳入。[141] 我推測 Šaman 本通古斯語，傳給柔然人（突厥族系），到了12、十三世紀蒙古人崛起時，只保留女薩滿的通古斯發音（即 ida-kon／idughan／udughan），而男薩滿則改稱 bo'e（孛額）（該語的起源，詳下文）。至於梵語的 Šramana（意爲"禁欲者"）與 Šaman 音近，恐係巧合。從另一個角度來看，薩滿教源於森林狩獵民族，而通古斯族的居地，正是森林地帶，故 Šaman 源自通古斯語，應屬合理的推測。日本學者中村元認爲漢譯"沙門"一辭，並非梵語 Šramana 的譯音，可能是龜兹語 Shamane 或粟特語 Shaman 的同音異譯。[142] 我個人認爲：漢語"沙門"不管是來自梵語，或來自龜兹語、粟特語，皆與"薩滿"無涉。

"薩滿"作法術之事，最早出現在漢文文獻者，應推《魏書·蠕蠕（柔然）傳》，[143] 時間是公元六世紀初。而"珊蠻"（薩滿）一詞的出現，則最早在十二世紀徐夢莘《三朝北盟會編》一書。卷三云：

> 兀室奸滑而有才，自製女真法律文字，成其一國，國

〔137〕 蔡家麒《中國北方民族的薩滿教》，頁 20。
〔138〕 羽田亨《北方民族の間に於ける巫に就いて》，頁 482（羽田博士《史學論文集》）。Eliade, *Shamanism-Archaic Techniques of Ecstasy*, pp. 236～237.
〔139〕 Banzaroff 著，白鳥庫吉譯《黑教》，頁 46。
〔140〕 拙著《成吉思汗即位前後的政教關係》，《師大歷史學報》第 15 期（1987 年），頁 148。
〔141〕 同註〔137〕，頁 44。
〔142〕 中村元著，余萬居譯《中國佛教發展史》（臺北：天華出版公司，1984），頁 22。
〔143〕 《魏書》卷一○三《蠕蠕傳》（臺北：鼎文書局），頁 2297～2298。

人號爲珊蠻。珊蠻者，女真語巫嫗也。以其通變如神，粘

罕以下皆莫能及。[144]

"薩滿"這個詞彙出現在文獻上的時間雖然很晚，但薩滿作爲預言者、占卜者、主祭者或治病者，則出現得很早。據秋浦主編的《薩滿教研究》一書所云：薩滿是母系氏族社會的産物，[145]法國學者 Hamayon 認爲"薩滿教與氏族組織之間有密切的關係"，[146]德國學者 Heissig 則認爲"薩滿教源於祖先崇拜"、"薩滿職位與功能是爲了確保原始經濟社會的穩定與安全而設。"[147]這三種説法有一個共同點，那就是：薩滿起源於氏族社會。進一步而言，從最初的薩滿是女性來看，在母系氏族社會應該就有薩滿。從母系氏族社會進入父系氏族社會以後，男女薩滿依然扮演極爲重要的角色。就北亞遊牧民族而言，在匈奴冒頓單于崛起時（公元前三世紀），薩滿早已存在了。護雅夫説："新石器時代營遊牧生活的各氏族的族長是薩滿。"[148]薩滿與族長的關係如何，兩者是否爲一，下文再論。唯薩滿起源於氏族社會，是鐵的事實。因爲各氏族的守護靈需要憑藉薩滿才能溝通。

西方學者試圖對 Šaman 下定義。Shirokogoroff 説："男女薩滿是那些已經馴服神靈的人。他們能够引神靈入其身，並施行法術，召喚這些神靈來相助，尤其是幫助那些受惡靈折騰的人。"[149]Lewis 對薩滿下的定義是："受到啓示的先知與治病者。一個具有 Charisma 的宗教人士，他們常以化身爲神靈的方式控制之。假如神靈透過他而發言，他亦能從事神秘的搏鬥以及其他身外的體驗。"[150]佐佐木宏幹認爲"薩滿具有與神靈直接接觸的能力，並實行之，完成任務。在行使能力時，經常處在異常狀態之下。"[151]這三個定義有一個共同點：任何薩滿均有其助靈，均可與彼等交通，薩滿藉之以治病、預言或升天入地。易言之，薩滿與萬靈信仰（animism）是分不開的。

---

[144]　徐夢莘《三朝北盟會編》（臺北：文海出版社）卷三，頁10，總頁數第36。

[145]　《薩滿教研究》（上海：上海人民出版社），頁55。

[146]　R. Hamayon, "Is There a Typical Female Exercise of Shamanism in Patrilinear Societies Such as the Buryat?"*Shamanism in Eurasia*, pp. 310~311.

[147]　Heissig,*La Religion de la Mongolie*,pp. 355~357.

[148]　護雅夫《遊牧騎馬民族國家》，頁184。

[149]　Lewis, "What is Shamanism" p. 7,9.

[150]　同上。

[151]　佐佐木宏幹《シャーマニズム——エクスタシーと憑靈の文化》，頁26~27。

《多桑蒙古史》云："珊蠻者，其幼稚宗教之教師也，兼幻人（magicien）、解夢人、卜人、星者、醫師於一身。此輩自以各有其親狎之神靈，告彼以過去、現在、未來之秘密。擊鼓誦咒，逐漸激昂，以至迷罔。及神靈之附身也，則舞躍瞑眩，妄言吉凶。人生大事皆詢此輩巫師，信之甚切。設其預言不實，則謂有使其術無效之原因，人亦信之。"[152] 這一段話頗能顯示薩滿的功能：他可以是一個魔術師、解說者、預言者，也可以是一個占卜者、主祭者與治病者。在北亞遊牧社會裏，預言、占卜、治病皆薩滿所專有，他人不得預焉。尤其是治病更能顯示薩滿的特色：在治病時，他借重各種法器（如神鼓、護鏡、神帽、神裙以及象徵性的座騎），擊鼓誦咒，進入迷惘狀態，或脫魂（ecstasy）升天入地；或神靈入其身（spirit possession），與神交通，口出神言，覓回病者失落之靈，或找出病因，以達到治病的效果。薩滿也因為與神交通的方式不同，而分為"脫魂型"與"憑靈型"兩種。前者又稱為"移動型"，後者又可細分成"自發性的憑靈"與"非自發性的憑靈"兩類。[153] 北亞遊牧民族的薩滿多屬"脫魂型"，這與遊牧經濟似乎有關係。若以出身而分類，薩滿可以分成"召命型"、"世襲型"、"修行型"三類。"召命型"的薩滿對社會的影響力極強；"修行型"的薩滿對社會的影響力較弱。[154] 十二三世紀蒙古的薩滿多屬召命型，即使是世襲，也要經過召命型的成巫過程。從《蒙古秘史》第 204 節、第 245 節、第 246 節可知：晃豁壇（Honggutan）氏為世襲的薩滿。

在較為成熟的社會裏，"薩滿"與"祭司"兩者的功能有嚴格的區別。美國人類學家 Mandelbaum 從功能說立論，對於此二者有詳盡的說明，[155] 本文不擬贅述。在十二三世紀的蒙古社會裏，薩滿仍兼祭司角色，擔任一部分的祭祀活動（尤其是祭祖神、地神）。

以下論薩滿與氏族長、可汗之間的關係。

在討論這個問題時，須先考慮三者的特質與主要功能，再考慮歷史的發展，才能釐清三者之間分分合合的關係。茲以圖表示如下：

---

[152] 馮承鈞譯《多桑蒙古史》，頁 33。D'Hosson, *L'Histoire des Mongols*, p. 17.

[153] 佐佐木宏幹，前引書，頁 32，35，50。

[154] 佐佐木宏幹前引書，頁 101～102。M. Eliade. *Shamanism-Archaic Techniques of Ecstasy*, p. 250.

[155] 佐佐木宏幹前引書，頁 143。

表二：薩滿、族長、可汗主要功能表

人物	主　　要　　功　　能	産　生　方　式
薩滿	預言、祭祀、與神靈交通、治病、占卜	世襲
族長	主持氏族會議、全族經濟活動、祭祀	世襲
可汗	戰時統帥	非世襲（選舉），帝國建立後，改爲世襲

　　從上表可知：薩滿功能以祭祀、治病爲主，族長掌理氏族平時事務爲主，可汗則負責戰時之征伐。薩滿與族長的主要共同點是：職位世襲。族長若爲薩滿則亦兼祭祀工作。族長與可汗最大的區別在於；一主平時，重血緣關係；一主戰時，不重血緣關係。契丹建國前的“辱紇主”與“莫賀弗”這兩個稱呼正反映出“族長”與“可汗”這兩種身份，[156] 氏族瓦解，帝國建立後，族長併入可汗。

　　就北亞遊牧民族而論，各氏族族長兼薩滿，有過一段長時間的歷史。匈奴族留下的史料不多，無從證實。匈奴於五月舉行的龍城祭典，由誰主持，不得而知。不過，從“龍城”、“蹛林”這些字眼來看，確有薩滿參與其事。[157] 突厥族、蒙古族這些民族的氏族長有過曾經是薩滿的例子。[158] 蒙古族留下的史料較多。茲就蒙古族而論，在公元十二世紀蒙古氏族社會尚未分化解體以前，蒙古各氏族的族長尤其是林本中百姓蔑兒乞惕（Merkid）與斡亦剌惕（Oirad）的族長，都有過兼薩滿的例子，如兀孫老人（usun ebügen）和豁兒赤（Khorči）皆是。[159] 族長與薩滿共用“別乞”的稱呼，[160] 早期的布里雅特人（Buryat）曾有過被少數薩滿統治的時代，[161] 蒙古帝國締建後，祭祖仍由薩滿主持，頗能反映早先族長就是薩滿的時代。

　　十二世紀以後，蒙古氏族社會進入分化解體的階段，經過“草

[156] 愛宕松男著，邢復禮譯《契丹古代史研究》（呼和浩特：内蒙古人民出版社，1987），頁 113～116。

[157] 護雅夫《遊牧騎馬民族國家》，頁 189, 190, 196。

[158] 前引書，頁 115～116。

[159] 札奇斯欽《蒙古的宗教》（收入《蒙古史論叢》，頁 77）。

[160] 拙作《成吉思汗即位前後的政教關係》，頁 3～5。

[161] Vladimirtzov 著，張興唐、烏占坤合譯《蒙古社會制度史》，中華文化出版事業委員會，1957 年，頁 57。

原貴族制"時代（此時出現"混合氏族"〔obog〕），到十三世紀初，帖木眞建號"成吉思汗"之後，帝國正式建立，氏族完全解體，族長的權力爲可汗所取代；可汗不再只是戰時統帥而已，他也是平時的領袖人物了，[162] 這時開始進入"可汗"與"薩滿"對抗的時期，成吉思汗設計殺害薩滿帖卜·騰格里，並制訂"札薩"（Jasag）約束薩滿之後，"薩滿"才完全屈服於"可汗"之下，專責祭祀。

護雅夫在《遊牧騎馬民族國家》一書中，一再强調突厥、蒙古等族可汗的遠祖是薩滿，[163] 這些可汗的遠祖是一氏族族長，他們兼薩滿是常有之事。只是北亞遊牧社會在進入"帝國"體制時（也就是氏族瓦解時），可汗與薩滿勢必要分開。契丹人在建立遼帝國之後，可汗與薩滿也是各有人選、各有專司。契丹皇帝的"再生儀"與"歲除儀"，都由薩滿主其事。[164]《遼史·景宗本紀》亦明白記載："乾亨二年冬十月辛未朔，命巫者祠天地及兵神。"[165] 而帖木眞兩次即位（公元 1189 與 1206 年），更是得力於薩滿豁兒赤與帖卜·騰格里之假借天命，這在《蒙古秘史》記載得非常詳細。質言之，由於薩滿所擁有的特殊能力與氏族守護靈密切結合，使他們在氏族社會裏擁有極高的地位。在帝國時代，雖然屈居可汗之下，但其某些功能仍是不可取代的。

至於北亞遊牧民族的鍛鐵師與薩滿的關係，護雅夫認爲鍛鐵師不僅鍛鐵，而且製造薩滿修儀所用的祭具，他們因爲經常接觸薩滿的祭具，結果體會了祭具所賦有的靈力，自身亦成爲薩滿。[166] 我個人認爲鍛鐵師或有成爲薩滿的可能，"達爾罕"（Darkhan，意爲"鐵匠"、"自在人"）之用在薩滿身上，正足以反映出此種可能。但若說北亞遊牧民族的君長皆起源於鍛鐵師，或說成吉思汗年輕時當爲鐵匠，[167] 則有待商榷。因爲就出現的次序而言，族長最早，其次爲薩滿，再其次爲可汗，最後才是鍛鐵師。因此，與其說是鍛鐵師成

---

[162] 拙作《成吉思汗即位前後的政教關係》。
[163] 護雅夫《遊牧騎馬民族國家》，頁 115～116。
[164]《遼史》卷四九《禮志一》"歲除儀"，頁 838。《遼史》卷五三《禮志六》"再生儀"，頁 879～880。
[165]《遼史》卷九《景宗本紀》（臺北：鼎文書局），頁 103。
[166] 護雅夫前引書，頁 128。
[167] 前引書，頁 119。

爲薩滿，不如説是薩滿兼鍛鐵工作，較合乎史實。至於成吉思汗年輕時曾爲鍛鐵師的傳説，[168] Rockhill 已駁其爲非。他説此傳説之錯誤乃由於將成吉思汗的名字帖木真（Temüjin）與突厥語"鐵匠"（Temürji）混爲一談所致。Rockhill 之説甚是。

在"自然崇拜"時期，人類各自膜拜天、地、日、月、山川、風雷及各種動植物神，各人皆有其守護靈，並未有專職的薩滿出現，亦無大規模的、定期的祭典。圖騰崇拜（totemism）與薩滿信奉（即薩滿教 Shamanism）亦有別：前者是以"氏族祖神秘世界的逗留爲特徵，只崇拜與氏族祖有關的唯一的屬於圖騰種的動物"；後者是以"靈界巡視爲特徵，相信一切動物都有精靈，所以不加區別地加以崇拜。"[169] 愛岩松男這個區分，甚爲敏鋭。因此，吾人可以斷言：薩滿應自祖先崇拜才有，而非如某些學者所説的起於圖騰崇拜。

綜合本節與上一節所論，吾人可仿羽藤秀利之法，[170] 製一"神統"、"祭祀體系"、"社會發展"的對照表：

表三：神統、祭祀體系、社會形態、宗教形態對照表

主　　　體		客　　　體		
社會形態	主祭者	被　祭　者	宗教形態	祭祀的意義
原始社會	個　人	守護神、自然物	自然崇拜時期	個人的幸福
氏族社會	薩滿兼族長	祖神、天地及其他守護神	祖先崇拜時期	全氏族的繁榮與福祉
帝國社會	薩蠻	一般天神、祖神爲主	祖先崇拜諸神階層化時期	薩滿爲可汗、帝國效勞
	可　汗	長　生　天		

[168] 《遼史》（臺北：鼎文書局）卷九《景宗本紀》，頁 119。

[169] 邢復禮譯、愛宕松男著《契丹古代史研究》，頁 74～75。

[170] 羽藤秀利在《成吉思汗建國當時的宗教形相》一文中（頁 29），曾把蒙古人的祭祀體系，製成下表：

體	靈	祭　的　意　義
個人	守護神	本分
氏族	祖神、土地神	部族生活（地方政治）
國家	大元靈	國政

羽藤氏所謂"體"，就是我所説的"主體"，"靈"就是我所説的"客體"，"大元靈"就是"長生天"。

附帶要説明的是：宗教發展即使到了最成熟的階段，自然崇拜仍然持續著。此外，北亞各民族社會發展的速度並不一致，因此宗教形態演變的時間並不一致。而且"長生天"爲蒙古族所特有，其他遊牧民族即使建立帝國，也未發展出"長生天"。

薩滿的性別亦值得研究。早期母系社會時代，薩滿皆爲女性，已爲學者所共認。進入父系社會以後，男薩滿的地位逐漸提高，甚至以男薩滿爲主。關於這點，我們在文獻中亦可得到證實。《梁書》上記載"狗國"云："天監六年，有普安人渡海，爲風所飄至一島，登岸，有人居止。女則如中國，而言語不可曉；男則人身而狗頭，其聲如吠。"[171] 此所謂"人身而狗頭"正是男薩滿著狗面具作法的描寫。而女真族有名的薩滿兀室（即完顏希尹），[172] 亦爲男性。《蒙古秘史》中出現的薩滿，如豁兒赤、兀孫老人以及鼎鼎大名的帖卜·騰格里，也都是男性。這些都反映出男薩滿的地位已凌駕於女薩滿之上。不過，男薩滿在作法時仍著女服，這是承襲傳統而來。

五、蒙古族宗教信仰所反映出的宗教觀念及其演變

人、動物和大自然之間，"靈"的交流是可能的，此意識形態是原始宗教精靈觀、世界觀的基調，[173] 而薩滿教的觀念正是以"精靈觀"（animism，即"萬物皆有靈論"）爲中心。"精靈觀"是以"物活論"（animatism，萬物皆有神秘意志論)[174] 發展而來，但比後者更進一步。底下先就精靈觀加以探究。

（一）精靈觀——從"守護靈"到"翁昆"

英國人類學家泰勒（Tylor）在論宗教的起源與本質時，提出"靈的存在"（Spiritual beings）的觀念。此"靈的存在"包含"靈魂"（soul）、"死靈"（ghost）、精靈（spirits）三種。所謂"精靈"，就是超乎人類之外、浮游於空中的靈的存在。[175] 北亞的薩滿也把人

---

〔171〕《梁書》（臺北：鼎文書局）卷五四《諸夷傳》，頁809。《元史》卷一三《世祖本紀》記載"命開元等路宣慰司造船百艘，付狗國戍軍"。地望與《梁書》所云相符，足證狗國的確存在。

〔172〕陶晉生《邊疆史研究集——宋金時期》（商務印書館，1971），頁114。

〔173〕佐佐木宏幹，前引書，頁81。

〔174〕此譯名採自愛宕松男《契丹古代史研究》一書，頁74。

〔175〕小口偉一、堀一郎合編《宗教學辭典》，頁491。

死後的"靈魂"視爲精靈。對葉尼塞族薩滿而言，最重要以精靈就是他的祖靈。[176] 蒙古人認爲神靈是充滿於宇宙之間，也相信死者之靈對生者會降禍福。[177] 本文則把"精靈"與"神靈"視爲同義詞，包含三者。前面所用的天神、地神、日神、月神、祖神等名稱，正確地説，應是"天靈"、"地靈"、"日靈"、"月靈"、"祖靈"等，所以使用前者，只是約定俗成而已。本文所用的"神"，與西方一神教的"神"的觀念迥不相侔。下文在討論"長生天"的觀念時，會再作進一步的説明。

薩滿之所以成爲薩滿，在於他們具有與神靈交通的能力。但是在薩滿未出現在人類社會以前，每個人都擁有守護靈，也都有靈力（蒙古語作 udxa）。薩滿出現以後，他們之所以異於別人者，在於他們能够將天賦的靈力發揮特殊的功能，[178] 因此演變到後來，"靈力"與"守護靈"變成爲薩滿所專有。薩滿的"靈力"藉著血緣傳給後代，多半是傳兒子，這也是男薩滿地位高於女薩滿的原因之一，也是薩滿世襲的原因。此外，"靈力"是藉陰莖或肚臍而傳。[179]

在氏族社會裏，各氏族皆有其祖靈和守護靈，薩滿的職責就是和他們交通。蒙古人更認爲氏族之間的爭權奪利，就是雙方氏族靈之間的搏鬥。《蒙古秘史》記載札木合被帖木真擊敗之後，説："我爲有天命的安答（Anda，蒙古語"朋友"）所勝（中略），我生來另有源流，可是被生來多福的安答的威靈所壓服。"[180] 札木合與帖木真分屬於不同的氏族，故有是語。甲氏族併吞乙氏族之後，就可以把對方的氏族靈據爲己有。擁有更多的神靈，則更能保障本氏族的安全與壯大。這也是爲什麼北亞遊牧民族在作戰前，都要請薩滿作法，祈求天地、祖先、軍神保佑的緣故。

"翁昆"的崇拜反映出蒙古族已有靈魂不滅的觀念。某些薩滿、領袖或特殊人物死後，變成翁昆，他們的靈魂對生人有影響力，可

---

〔176〕 護雅夫《遊牧騎馬民族國家》，頁 152。

〔177〕 Banzaroff 著，許明銀譯《黑教》，頁 10。

〔178〕 羽藤秀利《成吉思汗建國當時的宗教形相》，頁 23～24。

〔179〕 "靈力"一語引自 R. Hamayon 前引文，頁 320。A. Lommel, *Shamanism-the Beginnings of Art*，pp. 99～100. 托卡列夫認爲 udxa 意即"薩滿之根柢"（見《世界各民族歷史上的宗教》中譯本，頁 179。

〔180〕 札奇斯欽《蒙古新譯并注釋》，頁 285。

以降福，也可能爲禍。翁昆的崇拜，其目的即在祈福禳災。[181]

蒙古人又將神靈分成善惡兩類，翁昆也分成善惡兩類。本來翁昆崇拜僅限於自己的祖先，對本族人加以保護，後來演變成崇拜與己毫無關係的翁昆，[182] 這正是氏族不斷分化、不斷爭奪的結果，也是“血族復仇”衍生出的觀念。某一強大的氏族在併吞別氏族之後，可以崇拜很多翁昆；相反地，被消滅的氏族屬下的人民，則被迫崇拜他族的翁昆。而敵對的氏族（即被消滅的氏族）的翁昆，被視爲“惡靈”而加以崇拜。因爲不管是善靈或是惡靈，皆被視爲强有力的，都可引來相助。茲以成吉思汗在征金前的禱詞爲例，加以説明：

> 長生之天，阿勒壇汗（Altan Khan，指金朝皇帝）辱殺
> 我諸父別兒罕、俺巴孩二人。脱汝許我復仇，請以臂助；
> 並命下地之人類以及善惡諸神聯合輔我。[183]

北亞的薩滿是如何與神靈溝通的呢？關於這個問題，在法國學者Eliade名著 Shamanism: Archaic Techniques of Ecstasy（薩滿教——古代脱魂術）與佐佐木宏幹“シャーマニズム——エクスタシと憑靈の文化”（薩滿教——脱魂與憑靈文化）、Heissig《蒙古宗教》（La Religion de la Mongolie）、A. Lommel《薩滿教——藝術的起源》（Shamanism-The Beginnings of Art）四本書中描述得非常詳細，本文不擬再贅述。大抵而言，薩滿借重各種法器，或模仿動物的叫聲、動作或帶動物面具，或口誦咒文，所有這些舉動無非都要與動物精靈接近，或象徵性地變成動物精靈本身。薩滿如欲升天，則必須假借樹枝、木杖、黑氈（或白氈）或羽毛衣，[184] 這些東西或象徵蛇，或象徵馬，或象徵飛禽，或鵝。不管升天或入地，薩滿都要帶一些象徵性的禮物或信物或可以驅邪（驅逐障礙）的東西。薩滿作法時，常呼喚他自己的守護靈前來相助。守護靈越多的薩滿，法力越強。

（二）宇宙觀（世界觀，Weltanschauung）

世界各地的薩滿都認爲宇宙由“天上界”、“地上界”與“地下界”組成。北亞的薩滿也不例外。薩滿教對於“地下界”的結構没

---

[181] 許明銀譯、Banzaroff 著《黑教》，頁6。
[182] 許明銀譯、Banzaroff 著《黑教》，頁10～11。
[183] 馮承鈞譯《多桑蒙古史》，頁69。
[184] A. Lommel, *Shamanism-The Beginnings of Art*, pp. 84～99. M. Eliade, *Shamanism-Archaic Techniques of Ecstasy*.

有像“天上界”那麼成熟，那麼有系統。東北亞女真族的傳說“尼山薩滿傳”記載薩滿如何到地下界尋找病人的靈魂，[185] 但在北亞薩滿信仰裏，有關薩滿入地下界的記載較少，[186] 這應當是宗教發展到了晚期，天神地位提高所導致的結果，在宗教最原始的階段，地神（或地母）地位極爲重要的時候，有關薩滿入地的傳說應當不少。最高神從地神轉到天神，薩滿脫魂從入地到升天，薩滿的化身從“魚”，到“馬”，到“金鷹”，[187] 此三者之間彼此可以互相對照，它們都透露出同一個訊息：諸神地位的轉變。

天上界到底有幾重？我們從突厥與蒙古的薩滿入巫儀式或祭祀儀式或可汗即位儀式，可以看出早在古突厥時代，北亞遊牧民族已有“九重天”的觀念。關於突厥可汗即位時“繞日九轉”之事，前文已指出：它象徵著“九重天”。而突厥於每年刑白馬一隻祭天，典禮持續三夜。立一帳，中有樺樹，樹上刻有九個凹痕，象徵九重天，最高天住著天神 Ülgen，薩滿行法術，登上九重天，觀見 Ülgen，獻上祭品，取回失落之靈。[188] 布里亞特蒙古族薩滿的成巫式（initiation）中有“昇天儀式”，新薩滿坐於毛氈上，繞著立於帳外的九棵樺樹轉九次，每爬上一棵樹，於其上鑿九凹痕。在每一棵樹的頂端，他陷入迷惘（trance），這九棵樹如同九道凹痕一樣，象徵著九重天。[189] 芬蘭學者 Harva 認爲布里亞特蒙古薩滿的成巫式，很可能脫胎於波斯的 Mithra 神話。該神話將天分爲七層：第一層是土星，第二層是金星，第三層是木星，第四層是水星，第五層是火星，第六層是月亮，第七層是太陽。[190] Eliade 認爲 Harva 的假設似乎可以成立，因爲中亞地區的神話裏有很多波斯神話的因子，波斯文化透過粟特人（Sogdians）從中亞傳入蒙古。[191] 我個人認爲 Harva 與 Eliade 的推測都很合理。因爲至今阿爾泰地區的蒙古薩滿每年祭最高神

〔185〕　莊吉發師譯註《尼山薩滿傳》，臺北：文史哲出版社，1977 年。

〔186〕　A. Lommel 前引書記載薩滿祈求地母賦予婦女性慾的儀式。

〔187〕　亞美尼亞史家 Grigor of Akan'c 所著《弓手國族史》云：“上帝的使者化作金鷹，將上帝的旨意傳給了他們的領袖鐵木真。”（轉引自札奇斯欽《蒙古黃金史譯註》，頁 22）

〔188〕　M. Eliade, *Patterns of Comparative Religion*, pp. 105～106.

〔189〕　M. Eliade, *Shamanism-Archaic Techniques of Ecstasy*, pp. 119～120. *Patterns of Comparative Religion*, p. 105.

〔190〕　前引書，頁 121。

〔191〕　前引書，頁 122。

Ülgen 時，薩滿也是爬上樺樹，象徵登天，天第六重就是月亮，第七重就是太陽，再往上升，一直到蒼穹最高點，就可以見到 Ülgen。這與前述波斯之 Mithra 神話諸星體（即諸神）的位置完全吻合。波斯地區天文學極爲發達，波斯人已把七大行星神格化，並予以安排層位。而中亞的粟特人擅長經商，往來於中亞與北亞之間，因此把波斯神話傳入蒙古地區是相當可能的。只是 Harva 與 Eliade 兩人留下兩個問題没有解決：①粟特人在何時把波斯"七重天"的觀念傳入蒙古？②波斯"七重天"的觀念傳入蒙古地區之後，如何演變成"九重天"？

關於第一個問題，吾人可以從粟特人東來經商的歷史加以考察。根據掛田良雄博士論文《粟特的研究》，得知粟特人早在漢代已到中國，至魏晉南北朝時代，仍繼續東來。在隋唐時代，粟特人東來的人數達於極盛，[192] 讓我們再回憶一下《北史·突厥傳》與《舊唐書·迴鶻傳》中所記載的可汗即位儀式與可敦册立儀式，我們似乎可以説：粟特人把波斯"七重天"的觀念帶到北亞，應在魏晉南北朝時代，最晚不會晚於唐代。

第二個問題殊難解決，因爲牽涉到文化一元論或多元論。衆所周知，漢族"乾九"的觀念早在上古時代就已形成。漢族的觀念經由與遊牧民族接觸的結果，把"乾九"的觀念傳入北亞，是可以設想的，只是我們在文獻上，在傳統上，找不到任何證據。而且漢族有以十二象天，如《禮記》所云者。因此，到目前爲止，我們無法判定北亞蒙古的"九重天"的觀念是否受到漢族影響。忽必烈入主中原以後，採行漢制，引用漢族"乾九坤六"的觀念，則是顯而易見的事實。或許，北亞遊牧民族將波斯的"七重天"觀念自行衍成"九重天"的觀念，亦未可知。

無論如何，"九重天"的觀念在突厥族崛起時代已定型，傳給十二三世紀蒙古人，一直流傳至今。而在十三世紀初，蒙古帝國崛起之後，"九"遂爲可汗（天子）所專用，[193] 這顯然是從"九重天"的觀念演變而來，天既有九重，"九"遂成爲天之屬性，可汗爲天之子，遂能與"天"一樣，共用"九"數。

---

〔192〕 掛田良雄《粟特的研究》，國立臺灣師範大學歷史研究所博士論文，1988 年。
〔193〕 拙著《十三、十四世紀蒙古族數字觀初探——以三、九爲中心》，頁 8～9。

薩滿雖有空間觀念(宇宙觀),但他們的時間觀念卻極爲模糊。原始民族通常没有强烈的時間觀念:他們只生活在"現在"與"過去"(即"原始時代")。"現在"的生活是奠基於不斷重複"原始的過去"的事情。而"原始的過去"的象徵就是薩滿,他們不僅生活在"現在",也生活在"過去",因爲"過去"的創生力仍在他體内活躍著。[194] Heissig 也説薩滿没有來世的觀念。[195] 職是以觀:薩滿的宇宙觀就是"過去"的凝結——一個"人神可以直接交通"的原始的過去。薩滿的升天入地,只是重複過去所發生的,人人皆可爲的事情。易言之,薩滿教的"時間"觀念是藉著"宇宙"觀念來體現的。

(三) 天志觀與天命觀

蒙古人既敬天,又畏天。此種敬畏的情緒,一方面表現在他們的風俗習慣、禁忌之中,另一方面也表現在他們的敬天儀式上。《蒙韃備録》記載蒙古人,"其常談必曰:托著長生天底氣力、皇帝底福蔭。彼所欲爲之事,則曰天教恁地;人所已爲之事,則曰天識著(tngri či mede),無一事不歸之天。自韃主至其民無不然。"[196] 蒙古人也嚴禁把酒或酸馬奶倒在地上,認爲這樣做會遭到天譴:閃電會打在家畜身上或他們家裏。蒙古人以最好的祭品與供犧來拜天,前文已述及,兹不贅言。質言之,蒙古人認爲上天有意志,能够行賞罰,降禍福,主宰人的命運。此觀念,本文姑以"天志"名之。

"天志"觀進一步發展,會演變成"天命"觀。但並不是每一個人都會有此種觀念。大抵而言,"天命觀"的承載者多半是領袖人物。就北亞遊牧民族而言,文獻上最早有"天命"觀念的是公元前三世紀的匈奴單于,他們自認爲是"天地所生,日月所置",又自以爲是"天降",如前文所述者。突厥可汗也有"天命"的觀念,這在突厥碑文中可以明顯地看出來。如苾伽可汗碑云:"朕是同天及天生突厥苾伽可汗。"[197] 闕特勤碑云:"尊樏梨(tngri)之□□,受屠

---

[194] A. Lommel, *Shamanism-The Beginnings of Art*, p. 75.

[195] Heissig, *La Religion de la Mongolie*, p. 363.

[196] 王國維《蒙韃備録箋注》(收入《王觀堂先生合集》第 12 册),文華出版社。

[197] Chen, Ching-lung "Concepts Regarding Numbers, Colors and the Cardinal Points Among the Turkic Peoples", *Proceedings of the 28th Permanent International Altaistic Conference*, Wiesbaden, 1989, pp. 52~53. 苾伽可汗碑云:"朕是同天及天生突厥苾伽可汗。"(見 H. N. Orkun, "*Eski Turk Yazitlari*" 第一册 pp. 56~73 與林幹《突厥的習俗和宗教》一文,頁 227。

耆之寵任。"[198] 契丹族的遼太祖自號天皇王,[199] 其中含有天命觀,蒙古可汗也有"天命"的觀念。此"天命"蒙古語叫做 Jayaga,這在《蒙古秘史》與《黃金史》中可以找到很多資料,例如第一節云:"成吉思汗的先世,是奉上天之命而生的孛兒帖赤那(Borte Cinua),[200] 第一二一節云:"天地商議好,要叫帖木真作國家之主。"[201] 第二○節記載阿蘭·豁阿說她晚出的三子"顯然是上天的子息"。[202]《黃金史》記載成吉思汗擊敗泰亦赤烏人之後說:"我並非靠體力過人,做了國主;我是靠了我父上天的恩命才當的。我不是靠我賢明異常做了可汗,我是靠著皇天我父的恩命才當的。"[203]

蒙古可汗更把"天命"觀念進一步衍生爲"長生天"的觀念。這是蒙古可汗所特有的,匈奴單于與突厥可汗均未有此觀念。蒙古可汗自何時開始有此種觀念呢?吾人從《蒙古秘史》與蒙古可汗白話碑中,可以尋其端倪。

《蒙古秘史》有關 1189 年至 1206 年之間的記載,帖木真有時用"上天"、"天父"字眼,有時用"長生天"字眼。[204] 在 1206 年以後,則頻頻出現"長生天"字樣,光是《蒙古秘史》就出現八次之多。[205] 這八次之中,只有第二四四節那一次是薩滿帖卜·騰格里說的,時間是 1206 年成吉思汗建號即位不久。彼時薩滿權力仍大,迨成吉思汗設計殺害帖卜·騰格里之後,不再有任何人能用"長生天"字眼。

我們如將 1206 年以後 1295 年以前的蒙古白話碑彙集,作一比較,會發現其中有規則存在。我把它們歸納成三種模式:

第一種:可汗(皇帝)的聖旨,一律冠以"長生天氣力裏",或直言"皇帝聖旨"。這種情況在下列碑文中可見:1223 年鰲屋重

---

[198] 唐玄宗御製"故闕特勤碑"(收入鈴木氏餐菊軒印行闕特勤碑譯文,1935)。其中"屠耆"一語,Grousset 認爲源自突厥語 doghri(正直的),見 *The Empire of the Steppes*, p. 20.

[199] 《遼史》(臺北:鼎文書局)卷一《太祖本紀》,頁 10。

[200] 札奇斯欽《蒙古秘史新譯并注釋》(臺北:聯經出版事業公司),頁 1。

[201] 前引書。

[202] 前引書。

[203] 札奇斯欽譯註《黃金史》(臺北:聯經出版事業公司),頁 30。

[204] 《蒙古秘史》第一七二、一八七、一九九、三節。

[205] 《蒙古秘史》第二○三、二○八、二二四、二四○、二四四、二五六、二六五、二六七節。

陽萬壽宮聖旨碑、1235 年同宮聖旨碑、1240 年濟源十方大紫微宮聖
旨碑、1252 年安邑長春觀道教真人剳碑、1252 年平遙崇聖宮給文
碑、1261 年鹿邑太清宮聖旨碑、同年林縣寶嚴寺聖旨碑、忽必烈皇
帝聖旨、1268 年鰲屋重陽萬壽宮聖旨碑、1275 年龍門禹王廟聖旨
碑、1280 年虛仙飛泉觀碑、1281 年忽必烈皇帝聖旨等。[206]

第二種：諸王令旨，則冠以"天地底氣力裏"。見 1243 年鄠縣
草堂寺闊端太子令旨碑、1245 年鰲屋重陽萬壽宮聖旨碑（此碑實際
上是闊端太子令旨碑）、1250 年鰲屋重陽萬壽宮聖旨碑（此碑實際
上是彌里杲帶太子令旨碑）等。[207]

第三種：諸王令旨前，如加上"（某）皇帝福蔭裏"字樣，則
令旨開頭可冠以"長生天氣力裏"，合起來變成"長生天氣力裏，
（某）皇帝福蔭裏（某）王太子令旨"。這種情況在下列碑文中可
見：1257 年鹿邑太清宮令旨碑、1258 年忽必烈（當時尚未即位）令
旨、1276 年龍門禹王廟令旨碑、1277 年鰲屋重陽萬壽宮聖旨碑。[208]

綜合以上所論，我們可以斷言：在帖卜·騰格里被鏟除之後，
蒙古帝國境內，已經沒有任何人的權力足與可汗分庭抗禮。"長生
天"變成可汗的專用語，沒有例外。成吉思汗以後，雖然陸續有薩
滿弄權之事，但他們都是在可汗的卵翼之下才得以弄權，而他們的
最終命運，都是被新可汗處死（詳下文）。誠如蒙古學者烏恩所言，
"長生天"的觀念是在成吉思汗時代形成的，[209] 它反映出可汗權威
的至高無上。

蒙古可汗既有強烈的"長生天"的觀念，則彼等有替天行道的
想法，就不足為奇了。1220 年成吉思汗攻下不花剌（Bokhara）之
後，對居民說："我為上帝之災，設汝曹無大罪，上帝曷降災於汝曹
之首？"[210] 1246 年貴由汗覆教皇書則說："上天之神威，眾生之君
王，朕致書大教皇。（中略）爾知上天究欲加恩於何人乎？朕等亦信
上天，賴上天之力，將自東徂西，征服全世界也。如此非上天之力，

〔206〕 蔡美彪《元代白話碑集錄》，上海：科學出版社，1955。
〔207〕 同上。
〔208〕 同上。
〔209〕 烏恩《淺論蒙古族長生天思想產生及演變的根源》，載於《蒙古族哲學思想史論集》
（北京：民族出版社，1984），頁 175～176。
〔210〕 馮承鈞譯《多桑蒙古史》，頁 105。

人又有何力耶?"[211] 蒙哥可汗致法國國王路易九世（Louis IX）的國書上說："長生天的旨意是：天上只有一個長生天，地上只有一個君王——成吉思汗、天之子。"[212] 這裏很露骨地將地上的可汗與天上的"長生天"比附在一起。可汗是長生天的"權威的直接體現者",[213] 天意的代言人。

前引蒙哥可汗國書中，西方學者把"天"（騰格里）譯成"神"，把"長生天"譯成"永生神"（拉丁文寫作 Deusetenus，法文寫成 Dieu éternel,[214] 導致某些西方學者誤解蒙古可汗爲一神教（monotheism）信徒。[215] 西方學者之所以把"騰格里"譯成"神"，把"長生天"視爲西方"上帝"，是因爲他們用基督教的眼光來看待蒙古宗教所致。其實，蒙古可汗的"長生天"只是一抽象的概念,[216] 它是從"自然天"經過"天神"（騰格里）的階段而發展出來的，象徵諸天（諸騰格里）之首，蒙古可汗並未將它偶像化；在"庫穆斯塔"（Khormusta）沒有被引進蒙古宗教體系以前，此"長生天"甚至連名字都沒有。而且成吉思汗與蒙哥汗皆酷信薩滿教，膜拜各種神，並非一神教徒。法國學者施博爾教授（Prof. Schipper）說上帝是"一獨特的、排他的神"（un dieu unique, exclusif）。以此來觀蒙古可汗的"長生天"，則"長生天"不等於西方的"上帝"，其理至明。

六、結　論

綜合以上所論，我們可以就十二三世紀蒙古族的宗教信仰的三大體系，作一初步的結論：

一、就觀念體系而言——以"精靈觀"與"宇宙觀"爲主，時

[211] P. Pelliot, "Les Mongols et la Papauté", *Revue de l'Orient Chrétien* 3 série Nos. 1～2. 1922～1923. Paris, pp. 17～21.

[212] Van den Wyngaert, *Sinica Franciscana*, Vol. I. Firenze. 1929, p. 307.

[213] 羽藤秀利前引文，頁30。

[214] Sinica Franciscana p. 307. Demieville "La Situation Religieuse en Chine au Temps de Marco Polo" p. 194.

[215] Demieville 前引文，頁194。

[216] 札奇斯欽亦持同樣的看法，見《蒙古文化與社會》（臺北：商務印書館，1987年），頁152。蒙古學者亦鄰真也認爲"長生天是蒙古人心中宇宙最高主宰，是自然崇拜的產物，不等於基督教的上帝。（見《讀1276年龍門禹王廟八思巴字令旨碑》，頁369，載於《蒙古史論文選集》第4輯。)

間觀念並不明顯，也無來世觀念。而隱藏在"精靈觀"與"宇宙觀"底層的意識形態爲"靈的交流是可能的"。"宇宙觀"的演變，則從注重"地下界"演變到注重"天上界"；天上界又由"七重天"演進到"九重天"。"天"的觀念在單于可汗腦海裏，又把它引申成"天命觀"，這是把"宇宙觀"與人事變化結合在一起了，易言之，就是"天上界"與"人間界"的對話。如果説薩滿是人間派到天上的代表，可汗就是天意的直接體現者。（易言之，天命從薩滿傳達，轉變成可汗直接體現。）到了十二三世紀之交，蒙古可汗又把"天命觀"衍爲"長生天"。

二、就信仰體系而言——在"神統"方面，我們發現：①越是晚出的神，其地位反而後來居上。天神地位之高於地神，就是一個明顯的例子。②有具體形象的自然神，讓位給没有具體形象的或杳不可測的神。太陽崇拜之納入天神崇拜，地神崇拜之與祖先崇拜合併，皆爲著例。③隨著騰格里的分化，諸神地位也開始階層化。在信仰的承載者方面，從薩滿是唯一能與神靈交通的人，演變到可汗與薩滿分享天神崇拜與祖先崇拜。

三、就崇拜體系而言——在祭祀時間方面，以正月、五月、九月、十二月爲主，在祭祀地點方面，天神崇拜多在山上或額包舉行，祖先崇拜多在宮廷祖居地與祖陵所在地。在祭品與供犠方面，祭天用者，多呈九數，並奠馬湩；祭祖則以奠馬湩、燒飯爲主，祭品中包含"黑白羊毛線"爲其特色。在祭祀方面，仍以"澆祭"爲主，亦有用"竿肉祭"（Jügeli）與燔祭。就"主祭者"而論，亦呈二分現象：祖先崇拜以薩滿主其事，天神崇拜以可汗主其事，皇族參與。

我們如果從歷史發展的角度來看蒙古宗教信仰的演變，會發現十二三世紀之交正是一個轉捩點，此時期正是蒙古社會由氏族社會形態逐漸轉變成封建社會（帝國社會）、族長地位讓給可汗的時候，而此時期在宗教信仰體系的轉變上，發生幾件大事：①"長生天"觀念形成。②諸神開始階層化。③崇拜體系有二分爲"天神崇拜"與"祖先崇拜"兩大系統的趨勢。④翁昆出現。⑤可汗解消薩滿在祭祀的壟斷權。這些宗教信仰的轉變不能説與蒙古政治、社會的演變毫無關係。相反地，我們可以説：蒙古政治、社會體制的演變，影響了宗教體系的轉變。

　　蒙古族的薩滿信仰與其遊牧狩獵經濟形態密切相關。這可從幾方面來看：

　　1. 氈的廣泛使用及其象徵意義——可汗即位典禮用氈、翁昆用氈製、后妃妊身與帝后病危時移居外氈帳房、輿車用白氈青緣納失失爲簾，以及防風氈、蓋馬氈等，在在皆顯示氈具有靈性，而其靈性源自其所從出之動物。氈的廣泛使用及其豐富的象徵意義，正凸顯出遊牧經濟的特色。

　　2. 祭祀的方式以澆祭（灑馬奶）爲主，這與農業社會之以燔祭爲主，恰成強烈的對比。灑馬奶、犧牲用馬、視"風馬"（Kei Mori）爲幸運的象徵，[217] 這些都反映出馬在蒙古宗教信仰中的地位。

　　3. 以狗的吼叫聲判定吉凶，以及歲末射草狗儀式，這些與契丹的磔犬以制邪一樣，頗能反映出"狗"在蒙古宗教信仰中的地位，而狗正是早期狩獵社會極爲重視者。不過，從契丹的"磔犬以制邪"到蒙古的"射草狗"，似反映出狩獵變成次要的經濟活動。

　　4. 軍旗的旄斿以及對旗神的禱告詞，亦反映出遊牧經濟的需要。不僅對旗神的禱告詞如此，對其他神的禱告詞也常透露出對牲畜繁衍與安全的迫切需要。

　　5. 蒙古薩滿與北亞其他遊牧民族一樣，多屬"脫魂型"，這與遊牧經濟有關。

　　蒙古族的薩滿信仰既與遊牧社會經濟密切相關，則薩滿的出現正是爲了確保原始社會經濟的穩定與安全，是社會的"安全瓣"。而隨著原始社會經濟形態的轉變，薩滿的地位與角色亦隨之而變。"孛額"、"別乞"、"達爾罕"這些名稱，正反映出此種現象。

※ 本文原載《國立臺灣師範大學歷史學報》第 18 期，1990 年。
※ 胡其德，國立臺灣師範大學歷史研究所博士，國立臺灣師範大學歷史學系教授。

---

[217] Heissig, *La Religion de la Mongolie*, p. 461.

明末中西文化衝突之析探

——以天主教徒王徵娶妾和殉國爲例*

黃一農

一、前　言

明末，後金的崛起和流寇的猖獗使得許多有識之士更大力提倡實學，[1] 希冀能借此富國強兵，以挽救日益衰頹的國勢。同時，中歐兩文明出現近代頭一次大規模接觸，入華傳教的耶穌會士在實學的思潮之下，乃積極將西方以曆算、火炮和制器之學爲主的科技文明傳入，吸引了知識界的廣泛注意，許多士大夫更因此對西方的哲學和宗教思想產生濃厚興趣，並有進而領洗入天主教者（如徐光啓、李之藻、楊廷筠、孫元化、韓霖、王徵等）。[2]

如以天啓二年（1622；本文主角王徵登科之年）及前後各三科的進士爲例，在筆者曾過眼的文獻中，即可見至少有十九人嘗爲與西學西教相關的書籍撰寫序跋（參見表一）。[3] 此外，在此七科進

* 筆者感謝臺北臺灣大學的古偉瀛教授、臺北中央研究院的管東貴和邢義田教授、新竹清華大學的黃寬重教授、西安西北大學的李之勤和任大援教授、西安電子科技大學的陳宏喜教授，以及中央研究院傅斯年圖書館、臺北輔仁大學神學院圖書館、巴黎法國國家圖書館，在本文撰寫過程中所提供的熱情協助和寶貴意見。本研究受國科會"明末中歐文明的接觸與衝突"計劃（NSC 85－2411－H－007－002）支持，特此志謝。

[1] 參見陳鼓應、辛冠潔、葛榮晉主編《明清實學思潮史》中卷（濟南：齊魯書社，1989）。

[2] 裴德生（Willard J. Peterson）、朱鴻林《徐光啓、李之藻、楊廷筠成爲天主教徒試釋》，《明史研究論叢》第 5 輯（1991），頁 477～497。

[3] 表一中所列諸序，除見於韓霖的《鐸書》（輔仁大學神學院圖書館藏崇禎十四年序刊本）和《守圉全書》（傅斯年圖書館藏明末刊本）之外，均收入徐宗澤的《明清間耶穌會士譯著提要》（臺北：臺灣中華書局，1949）以及《天學集解》（蘇俄聖彼得堡 OLSAA 圖書館藏鈔本）中。《天學集解》一書共收錄近三百篇天主教著作的序跋，其中大多爲未奉教的士大夫所撰，相關的介紹，可參閱 Adrian Dudink, "The Rediscovery of a Seventeenth-century Collection of Chinese Christian Texts: The Manuscript *Tianxue Jijie*," *Sino-Western Cultural Relations Journal*, no. 15 (1993), pp. 1～26.

士當中，孔貞時、周希令、鹿善繼、張溥均爲徐光啓的門生；[4] 張
國維和張溥嘗序徐光啓的《農政全書》；[5] 蔣德璟閱艾儒略的《西
方答問》；[6] 錢士升嘗譽天主教"足爲吾儒補亡"；[7] 馮銓則於順
治元年協助耶穌會士湯若望獲得管欽天監事的職務；[8] 朱大典和沈
榮曾分別被徐光啓推舉爲適合修曆和仿製西洋大炮的人選；李天經
則由徐光啓推薦入曆局，並在徐氏死後完成《崇禎曆書》的編纂和
進呈工作，有謂其曾領洗入教；[9] 方孔炤嘗與同官熊明遇暢論西
學，其子以智和其孫中通且均曾向傳教士問學；[10] 曾櫻與耶穌會士
艾儒略相熟，並嘗在福建護持西教西人；[11] 來復爲王徵的摯友；[12]
耶穌會士利瑪竇常與縉紳往來於袁中道二哥宏道之衙舍；[13] 李建泰
和侯峒曾分別爲天主教徒韓霖和孫元化的姻親；[14] 蔡懋德嘗在崇禎
十六年出任山西巡撫時，聘韓霖以其戰守和火攻的能力協助防守太
原，李建泰也於十七年正月自請領兵攻李自成時，聘韓霖擔任軍前
贊畫；[15] 袁崇煥曾與孫元化共事遼東，並借西洋火器的威力締造寧

〔4〕 參見《天學集解》之目錄；陳鉽編《鹿忠節公年譜》（《百部叢書集成·畿輔叢書》
　　　本）卷上，頁7。

〔5〕 徐光啓撰，石聲漢校注《農政全書校注》（上海：上海古籍出版社，1979）。

〔6〕 徐宗澤《明清耶穌會士譯著提要》，頁299～301。

〔7〕 孟儒望（João Monteiro，1602～1648）《天學略義》（臺北：學生書局《天主教東傳
　　　文獻續編》本），頁16。

〔8〕 拙文《湯若望與清初西曆之正統化》，收入吳嘉麗、葉鴻灑主編《新編中國科技史》
　　　下冊（臺北：銀禾文化事業公司，1990），頁465～490。

〔9〕 朱大典與李天經事，參見方豪《中國天主教史人物傳》中冊（香港：公敎真理學
　　　會，1970），頁16～23。沈榮之事，則請參見徐光啓撰、王重民輯校《徐光啓集》
　　　（上海：上海古籍出版社，1984），頁175。

〔10〕 Willard J. Peterson, "From Interest to Indifference: Fang I-Chih and Westem Learning,"
　　　Ch'ing-shih Wen-t'i, vol. 3, no. 5 (1976), pp. 72～85.

〔11〕 潘鳳娟《西來孔子──明末入華耶穌會士艾儒略》（新竹：清華大學歷史研究所，
　　　1994年碩士論文），頁75～76。

〔12〕 參見宋伯胤《明涇陽王徵先生年譜》（西安：陝西師範大學出版社，1990），頁30～
　　　38。

〔13〕 袁中道著、錢伯城點校《珂雪齋集》（上海：上海古籍出版社，1989），頁1200～
　　　1201。

〔14〕 李建泰在爲韓霖《守圉全書》一書作序時，嘗自稱爲"眷年弟"。又，侯峒曾的姪
　　　子侯涵娶孫元化之女爲妻，且孫元化的次子和斗更於峒曾抗清死難後，代其經理家
　　　事。參見佚名《江東志》（上海：上海書店，影印上海圖書館藏清鈔本）卷九，頁
　　　15～17；梁蒲貴、吳康壽修，朱延射、潘履祥纂《寶山縣志》（上海：上海書店，
　　　影印光緒八年刊本）卷一〇，頁66。

〔15〕 載廷栻《半可集》卷一；轉引自傅山《傅山全書》第7冊（太原：山西人民出版
　　　社，1991），頁5258～5261。

遠大捷，且數推薦孫元化出任要職；[16] 瞿式耜、金聲、王鐸、薛所蘊、胡世安和金之俊均與傳教士頗多往來，其中瞿式耜的二伯汝夔和堂弟式穀且均領洗，而薛所蘊則有入教之想，唯以有妾而未能如願；[17] 劉宇亮曾提供傳教士許多協助；[18] 阮大鋮、徐景濂、曾楚卿、莊際昌、周廷鑨、鄭之玄、鄭鳳來和周之夔也嘗贈詩耶穌會士；[19] 史可法曾薦授徐光啓的外甥兼門人陳于階為南京欽天監博士，以天文官擔任造砲之責，並嘗招艾儒略共商赴澳借兵且購求火器之事；[20] 魏大中之子學濂和佟卜年之子國器均領洗入教；[21] 又，教史中也有謂畢拱辰和丁魁楚為天主教徒者。[22]

透過前述的事實，可知在萬曆四十一年（1613）至崇禎四年所取這七科進士或其師友親戚當中，不乏對西學西教抱持友善態度者，然而他們大都僅將西學西教視為一有助經國濟世或有益世道人心的外來學問，王徵作為其中極少數確知曾領洗入教之人，則必須面對如何在儒家傳統與天主教文化之間取得調適的難題。

王徵，字葵心，又字良甫，自號了一道人、了一子、支離叟，陝西涇陽縣魯橋鎮人。清初學者張炳璿、查繼佐、屈大均、萬斯同等人均曾為其作傳，[23] 然其焦點多集中在王徵的宦蹟和德行兩方面，當中尤以其表弟張炳璿所撰的《明進士、奉政大夫、山東按察

---

〔16〕 拙文《孫元化——落實徐光啓軍事改革政策的一位天主教徒》，曾於 1995 年 3 月法國巴黎舉行的 "Xu Guangqi (1562～1633), Chinese Scholar and Statesman" 會議上宣讀。

〔17〕 拙文《王鐸書贈湯若望詩翰研究——兼論清初貳臣與耶穌會士的交往》，《故宮學術季刊》第 12 卷第 1 期（1994），頁 1～30；拙文《揚教心態與天主教傳華史研究——以南明重臣屢被錯認為教徒為例》，《清華學報》新 24 卷第 3 期（1995），頁 269～295。

〔18〕 李祖白《天學傳概》（臺北：學生書局《天主教東傳文獻續編》本），頁 6。

〔19〕 阮大鋮《詠懷堂丙子詩》（傅斯年圖書館藏民國十七年盍山精舍本）卷上，頁 13；《熙朝崇正集》（臺北：學生書局《天主教東傳文獻》本），頁 3～5，18，20。

〔20〕 陳垣《明末殉國者陳於階傳》，《輔仁學志》第 10 卷第 1～2 期（1941），頁 45～49；李嗣玄《泰西思及艾先生行述》（法國國家圖書館藏，編號為 Courant 1017），頁 6。

〔21〕 談遷原撰、張宗祥標點《國榷》（北京：古籍出版社，1958）卷一〇〇，頁 6060；方豪《中國天主教史人物傳》中冊，頁 49～54。

〔22〕 參見方豪《中國天主教史人物傳》上冊（香港：公教真理學會；臺中：光啓出版社，1967），頁 218～220 及 287～288。唯因方豪未注出處，且中國文獻中似不見蛛絲馬跡，故待考。

〔23〕 諸傳均收入宋伯胤的《明涇陽王徵先生年譜》一書當中。

司僉事、奉敕監遼海軍務、端節先生葵心王公傳》一文，内容最爲詳實。

至於近代學者對王徵的興趣，則或以黄節爲最先，他在光緒三十一年（1905）所撰的《王徵傳》長文中，[24] 用大部分的篇幅表彰王徵在制器之學上的貢獻，嘗曰：

泰西近百年來物質之進步，無一不資於重學，吾國則如徵其人者，已不可多得，而當時以爲曲藝……今有言徵者，舉國將驚而疑之，且不知徵之爲何人……使後之人有如徵者，由重學而發明萬匯物體物質之變，於此三百年間，吾國實應當不至窳敗若是……設徵不遇國變死，則其所以饗後世者，亦復何限，乃僅僅得此！而後之論之者，又謂其荒誕恣肆，不足究詰（《四庫全書總目》），詆之唯恐不力。悲夫！

表一：1613～1631 年間登科之進士所曾序跋的與西學西教相關的書籍

作者（奉教人士）⁺	書　名	序跋者（登科之年）
陽瑪諾（Manuel Diaz, 1574～1659）	《天問略》	王應熊（1613）
陽瑪諾	《天問略》	孔貞時（1613）
陽瑪諾	《天問略》	周希令（1613）
鄧玉函（Johann Terrenz Schreck, 1576～1630）	《泰西人身説概》	畢拱辰（1616）
高一志（Aflonso Vagnone, 1566～1640）	《斐録答匯》	畢拱辰（1616）
羅雅谷（Jacques Rhó, 1592～1638）	《聖記百言》	汪秉元（1616）
陸若漢（Jōao Rodrigues, 1561～1633）	《公沙效忠紀》	汪秉元（1616）
艾儒略（Jules Aleni, 1582～1649）	《性學觕述》	瞿式耜（1616）
韓霖	《鐸書》	李政修（1616）
艾儒略	《性學觕述》	邵捷春（1619）
韓霖	《守圉全書》	吴阿衡（1619）
王徵（1571～1644）	《畏天愛人極論》	鄭鄤（1622）
金尼閣（Nicolas Trigault, 1577～1628）	《四儒耳目資》	王徵（1622）

[24] 原刊於《國粹學報·史篇》第1卷第6期（1905），轉引自宋伯胤《明涇陽王徵先生年譜》，頁421～430。

續表一

作者（奉教人士）[+]	書　　名	序跋者（登科之年）
楊廷筠	《代疑編》	王徵（1622）
鄧玉函	《奇器圖説》	王徵（1622）
艾儒略	《三山論學記》	黃景昉（1625）
韓霖	《鐸書》	黃景昉（1625）
韓霖	《守圉全書》	李建泰（1625）
利類思（Lodovico Buglio, 1606～1682）	《超性學要》	胡世安（1628）
湯若望（Adam Schall von Bell, 1591～1666）	《民曆鋪注解惑》	胡世安（1628）
利瑪竇（Matteo Ricci, 1552～1610）	《畸人十篇》	吳載鰲（1628）
畢方濟（Francesco Sambiasi, 1582～1649）	《畫答》	諸葛羲（1628）
艾儒略	《幾何要法》	鄭洪猷（1628）
高一志	《斐錄答匯》	梁雲搆（1628）
韓霖	《守圉全書》	張克儉（1631）

本文中所提及的明清之際入華的西士，如未另加説明，均指耶穌會士，其西名和生卒年則參考 Joseph Dehergne, S. J., *Répertoire des Jésuites de Chine de* 1552 à 1800（Roma：Institutum Historicum S. I., 1973）。

　　黃節顯然因清末國勢日弱而心生感慨，並希望能促使國人重視王徵在科學技術方面的成就。

　　1933 年，陳垣（1880～1971）在其北平輔仁大學校長任內，撰就《涇陽王徵傳》一文，[25] 其內容除叙及王徵的宦蹟外，著重於表揚其西學造詣並突顯其宗教信仰，因此方豪（1911～1980）嘗稱該文"洵足光輝基督"。[26] 在二十世紀三四十年代間，還有許多學者發表有關王徵的短文，其內容則大多涉及新發現的史料。[27] 相關的研究，在方豪發表《王徵之事蹟及其輸入西洋學術之貢獻》（1964）一文之後，[28] 達到高峰，此文綜合了前人積累的成果，並引用了許多罕見的原典。

　　其後，學術界研究王徵的論著漸少，然而在資料搜集方面，卻

---

[25] 發表於《國立北平圖書館館刊》第 8 卷第 6 號（1934），頁 13～15。
[26] 參見陳智超《陳垣來往書信集》（上海：上海古籍出版社，1990），頁 287～288。
[27] 李之勤《解放前後報刊上發表的關於王徵生平事蹟及其著作的文章目錄》，收入氏編《王徵遺著》（西安：陝西人民出版社，1987），頁 348～351。
[28] 發表於《文史哲學報（臺灣大學文學院）》第 13 期（1964），頁 31～96。

成果倍出，分別有李之勤的《王徵遺著》（1987）以及宋伯胤的
《明涇陽王徵先生年譜》（1990）二書問世，將現存幾乎所有重要的
王徵著述和前人的研究成果均匯集整理出。唯這些豐富的資料尚未
能爲學術界所充分利用。

　　王徵早年信佛，但在其母於萬曆二十一年過世後，因偶見道書
中有"一子成仙，九祖昇天"之語，思欲借悟道以報親恩，乃轉而
篤信道教達二十餘年，並編撰有《周易參同契註》、《百字牌》、《辨
道篇》、《元眞人傳》、《下學》、《了心丹》等道教書籍。[29] 萬曆四
十二年十月，龐迪我（Diego Pantoja, 1571～1681）序刊其《七克》
一書，此書闡述應如何克制天主所禁的驕傲、嫉妒、慳吝、忿怒、
迷飲食、迷色、懈惰于善等七罪，每罪並在解說之後，列舉聖師的
言論以及先聖先賢修德的故事，王徵自友人處獲贈一部，閱後認爲
此乃"不愧不怍之準繩"，深受感動，甚至"日取《七克》置床頭
展玩"。四十四年，王徵赴京會試落第，但卻得親炙龐氏，並與他時
相過從，習學天主教"畏天愛人"之理。王氏教名爲斐理伯（Phil-
ippe），確切受洗的時間不詳，僅知應在其會晤龐迪我之後，且又不
遲於天啓元年。[30]

　　王徵是最早研習拉丁文的中國人，嘗撰有《新制諸器圖說》、《額辣
濟亞牖造諸器圖說》等有關機械或工程的著作，且譯繪鄧玉函口授的
《遠西奇器圖說錄最》，並協助刊行金尼閣的拉漢字典——《西儒耳目
資》。此外，他還撰有《畏天愛人極論》、《仁會》、《崇正述略》、《事天實
學》、《眞福直指》、《聖經要略彙集》以及《聖經直解》等衆多闡揚天主
教義理的書籍，[31] 並協助翻譯方德望（Etienne Faber, 1597～1657）的
《杜奧定先生東來渡海苦跡》和湯若望的《崇一堂日記隨筆》，因此許
多近代學者往往將王徵和徐光啓（1562～1633）等奉教名士相提並論，
視他爲會通中西科技與文化的一代耆英。

　　相對於先前學者偏重於表揚王徵的科技成就或突顯其宗教信仰，

---

〔29〕　王徵《畏天愛人極論》（Courant 6868），頁1～2；王徵《兩理略序》，收入柏堃輯
　　　《涇獻文存》（傅斯年圖書館藏民國十四年刊本）卷七，頁10～11。

〔30〕　此段內容均請參見宋伯胤《明涇陽王徵先生年譜》，頁40～47。

〔31〕　除《畏天愛人極論》和《仁會》（Courant 7348）外，餘書似均已佚；王介《涇陽魯橋鎮志》
　　　（南京：江蘇古籍出版社，影印道光元年刊本）經籍志，頁6～8。由於王介乃爲王徵的
　　　六世孫，此故在《涇陽魯橋鎮志》中所記有關王徵家族的事蹟頗爲詳細。

本文將嘗試探討王徵如何在奉教之後，因無繼嗣而私娶一妾，旋又痛自追悔。[32] 並將討論王徵在甲申之變後，爲何毅然違反"十誡"不許自殺的規條，絕粒七日而死。筆者希望能透過此一角度，幫助我們瞭解近代頭一批的奉教士人，在試圖融合中國傳統與天主教文化的過程當中，如何處理兩者間的衝突並找尋個人的定位。此一方向在先前有關王徵的研究論著中，幾乎不曾被學者觸及。至於資料方面，除引用李之勤和宋伯胤所輯印的豐富材料之外，筆者還盡可能涉獵國內外現藏明清之際所撰的天主教文獻，並詳細查考和參閱了相關的詩文別集以及王徵故里的縣志和鎮志。

二、入華天主教對納妾的態度

在中國傳統的富貴人家，置妾相當普遍。[33] 雖然法令上的限制頗嚴，如明律中規定親王娶妾不得逾十人，且以奏選一次爲限，其他皇親則均須在超過某一年齡（依其地位而定）且嫡配無出之後始得納妾，而允許蓄妾的數目，乃依其地位和年齡而異，至於庶民，則必須年逾四十且無子者，始得置側室，但在明末的中國社會，此一規定已行同具文。[34] 當時的蓄妾之風相當普遍，如揚州地方即有許多人家將女兒養大供人做妾，這些女子被稱爲"瘦馬"，而揚州專靠買賣"瘦馬"喫飯的就有數百人。[35] 許多讀書人在中了進士之後，也往往會在自我的意願或親朋的慫恿之下娶妾，以符合其新的社會地位。如在李漁（1611~1680）《風箏誤》一劇的對白中，即有云："你做狀元的人，三妻四妾，任憑再娶，誰人敢來阻擋。"[36]

一些儒者更通過婦德的大帽子，勸誡正室不僅不應敵視或欺負小妾，且在絕嗣時更應主動勸夫納妾，如呂坤（1534~1616）在其

---

〔32〕 或爲賢者諱，在宋伯胤所撰征引詳實且長達 170 餘頁的王徵年譜中，竟然對此事無隻字紀述！

〔33〕 有關中國古代社會中妾的研究，參見 Sheieh Bau Hwa, *Concubines in Chinese Society from the Fourteenth to the Seventeenth Centuries* (Champaign: University of Illinois, 1992, Ph. D. thesis).

〔34〕 李東陽等纂、申時行等重修《大明會典》（臺北：新文豐出版公司，影印萬曆十五年刊本）卷一六〇，頁 6~7 及卷一六三，頁 18；徐泓《明代的婚姻制度》，《大陸雜誌》78 卷 1 期（1989），頁 26~37。

〔35〕 張岱《陶菴夢憶》（《百部叢書集成·粵雅堂叢書》本）卷五，頁 12~14。

〔36〕 李漁原著，佐榮、陳慶惠點校《李漁全集》（杭州：浙江古籍出版社，1990）卷四，頁 188。

《女小兒語》中，即有云："久不生長，勸夫娶妾。妾若生子，你也不絕……"而在當時的女學著作中，也往往將"寬容婢妾"視爲二十四條女德之一，並將"莫嫉妒婢妾"當作八十條女戒之一。[37]

然而，明清之際也有一些知識分子開始注重婦女意識，[38]不太贊同納妾的行爲。如以李贄(1527～1602)爲例，他在二十九歲那年喪長子，其餘三子也相繼病死，依照通常的倫理觀念，他理應納妾以延續香火，但伉儷情深的李贄卻不願如此，他選擇了招贅，視婿如子。[39]

明清之際的大儒顧炎武(1613～1682)，五十三歲喪子，無繼嗣，年近六十時，遇精岐黃的好友傅山爲他診脈，稱其尚可得子，且力勸他置妾，後遂買一妾。唯因恃筋力尚壯，亟於求子，不一二年即衆疾交侵，始瞿然自悔，而立侄爲嗣，並出妾嫁之。顧炎武後嘗與友人論及傅山的爲人，贊其爲"大雅君子"，友人則對曰："豈有勸六十老人娶妾，而可爲君子者乎？"炎武無以爲辯。[40]

康熙十九年(1680)，顧炎武嘗作書規勸摯友王弘撰(1622～1702)不應納妾，他除以自己的經驗相告外，還舉友人楊子常爲例，稱其素有目疾，且年逾六十，卻仍買妾二人，以致三五年間遂失明，而其原已成童之子，或亦因其娶妾之事有違天理而不幸夭折。又稱朱誼泩有《好人嘆》一詩，記一西安府之人，有子有孫，甚且有曾孫，但仍復買妾，結果遭天譴，顧炎武於是以"足下之年五十九，同於弟；有目疾，同於子常；有曾孫，同於西安之'好人'"等理由相勸。[41]

傳宗接代在中國社會一直被視爲對孝道的重要體現，故即使李贄和顧炎武等人反對蓄妾，但他們仍無法完全擺脫傳統對繼嗣的價值觀，而必須採取過繼族子或招贅女婿等權宜方式以解決此一問題。

在天主教於明末入華之後，傳教士們對中國社會的蓄妾行爲就十分在意，[42]首位獲準居留的羅明堅(Michele Ruggieri,1543～1607)，即

〔37〕 陳宏謀編《教女遺規》(傅斯年圖書館藏光緒十六年重刻乾隆七年初刊本)，頁59～64。

〔38〕 鄭培凱《晚明士大夫對婦女意識的注意》，《九州學刊》第6卷第2期(1994)，頁27～43。

〔39〕 孫官生《姚安知府李贄思想研究》(昆明：雲南大學出版社,1991)，頁84。

〔40〕 顧炎武著、華忱之點校《顧亭林詩文集》(北京：中華書局,1983年第2版)，頁136～138。

〔41〕 顧炎武《顧亭林詩文集》，頁136～138。

〔42〕 參見矢沢利彦《西洋人の見に十六～十八世紀の中國女性》(東京：東方書店,1990)，頁48～56；許敏《西方傳教士對明清之際中國婚姻的論述》，《中國史研究》1994年第3期，頁62～72。

明白指出蓄妾行爲有違"十誠"中"勿行邪淫"的規條,羅氏質曰:

> 一女不得有二男,一男獨得有二女乎? 大婦以相信故相
> 結,信失而結解矣! 況夫婦乖,妻妾嫡庶爭,無一可者,此所
> 以有罪也。[43]

由於在當時傳教士中人數居多的耶穌會士,一直以上層社會爲傳教的
重點,而此一階層中的蓄妾現象相當普遍,以致相當程度地影響到天
主教在士大夫間的發展。

如孫元化在天啓六年爲高一志的《則聖十篇》作序時,即嘗指出天
主教在華傳教最難令人接受者,乃爲"戒色"一事,其言曰:

> 夫色於令人爲最溺,故最難;亦最習,故最駁。曲證力
> 推,要不過取徵於舜降二、文娶九而已,夫娶二、娶九,則殷殷
> 記之,諄諄道之,不得忘,而亦有中古中士,不棄醜、不再娶、
> 不御嬖、不易糟糠者,獨秘而諱之,莫或及焉。[44]

孫元化抨擊衆人往往以古聖虞舜和周文王兩人均多妻之事,以印證納
妾的正當性,但對歷史上那些夫妻始終從一的可敬事蹟,卻有意忽視。
龐迪我在其《七克》一書中,更以西國爲例,辯稱古聖娶妾乃爲奉天主
之意所採行的權宜之計,其言曰:

> 我西國上古聖人娶二妻者,亦有二三輩,緣爾時人少,天
> 主欲興其家,蕃衍其子孫,以廣傳聖教於世,又知其德清且堅
> 甚,必不因多而淫,故寬娶一之經,使得娶二耳。是古聖配
> 多,非經也,權也! 其所以然之故,亦至重不輕矣! 且非己私
> 意,乃奉天主命焉![45]

由於中國傳統社會主張"不孝有三,無後爲大",若因無嗣而娶妾,雖符
合傳統的孝道和天主教"十誠"中第四條的"孝敬父母",卻和"十誠"
第六條"勿行邪淫"中所主張的一夫一婦婚姻發生衝突。艾儒略即嘗
在黃姓友人以此事相詢時加以細辯,其對話如下:

> 文學(筆者按:指黃氏)曰:"承教十誠,大道炳如矣! 然
> 第六誠禁人娶妾,人當中年無子,不娶妾則恐陷不孝之名,將
> 奈何?"先生(按:指艾儒略)詰曰:"若娶妾而復無子,將奈

〔43〕 羅明堅《天主聖教實錄》(《天主教東傳文獻續編》本),頁35。
〔44〕 高一志《則聖十篇》(Courant 7191),孫元化前序。
〔45〕 龐迪我《七克》(臺北:學生書局,1965年影印《天學初函》本)卷六,頁26。

何?"文學曰:"至此則亦聽其自然耳!"先生曰:"若娶妾而無子,亦聽其自然,何如不娶妾而聽其自然之爲愈也。夫娶妻,正道也;娶妾,枉道也。無論娶妾而未必有子,即偶得子,所損實多矣!大都人之艱厥嗣者,雖多病在婦,亦有病在夫者。如病在婦,而夫必借孝名,另娶一婦,設若病在夫,而婦亦借孝名,以另嫁一夫,可乎不可乎……且人之孝不孝正不係子之有無耳!"[46]

艾儒略在此則以男女對等的立場,説明娶妾之舉的不合理。

即使是被天主教會尊爲"明末三大柱石"的徐光啓、李之藻(1565~1630)和楊廷筠(1557~1627)三人,在奉教之初也均遭逢此一困窘。如徐光啓嘗稱:"十誡無難守,獨不娶妾一款爲難。"萬曆三十一年,徐氏因僅有獨子而無孫,本欲納側室以廣嗣,但因耶穌會士羅儒望(Joao da Rocha,1565~1623)勸之曰:"有子無子,咸出於天主之命。況既有子,則後來繁盛,亦未可知。"遂未娶妾,並領洗入教。[47]

李之藻雖與利瑪竇相交甚密,且對西學西教十分傾心,也以有妾的緣故,遲遲未領洗。直到萬曆三十八年二月,因在京重病,在利氏力勸其奉教於生死之際的情況下,始幡然受洗,不久,病且愈。[48] 至於其妾的出處,則未見文獻提及,也不見教史叙及。[49]

萬曆三十九年,李之藻因丁憂回籍,並邀郭居静(Lazzaro Cattaneo,1560~1640)和金尼閣至杭州開教。楊廷筠因前往李家致吊而欣然得聆天主教義理,並延金尼閣至家。廷筠當時雖有意領洗,同樣也因有妾而遭拒絕,已遂私謂李之藻曰:"泰西先生乃奇甚,僕以御史而事先生,夫豈不可,而獨不能容吾妾。若僧家者流,必不如是。"李之藻嘆曰:"於此知泰西先生正非僧徒比也……先生思救人而不欲奉己,思挽流俗而不敢辱教規……君知過而不改,從之何益乎?"廷筠因此猛省,痛悔前非,並"諭妾異處,躬行教戒",金尼閣於是爲其付洗。[50]

〔46〕 艾儒略等《口鐸日抄》(傅斯年圖書館藏明刊本)卷二,頁28~29。
〔47〕 艾儒略著,向達校《合校本大西西泰利先生行跡》(北平:上智編譯館,1947),頁16;柏應理(Philippe Couplet,1623~1963)《徐光啓行略》,收入張星曜編《通鑑紀事本末補·附編》(Courant 1023)。
〔48〕 方豪《中國天主教史人物傳》上册,頁112~124。
〔49〕 如見方豪《李之藻研究》(臺北:臺灣商務印書館,1986),頁28~30。
〔50〕 丁志麟《楊淇園先生事蹟》(Courant 1016Ⅳ)頁4~5;N. Standaert, *Yang Tingyun, Confucian and Christian in Late Ming China* (Leiden:E. J. Brill,1988), pp. 53~59。

　　由於楊廷筠先前乃因無嗣而娶側室賈氏,並育有兩子,[51] 故在人情世故的考量之下,所謂的"異處",應不致於指休妾。事實上,從天主教的觀點而言,楊廷筠與賈氏之間的婚姻關係本就不被承認,故兩人或許只要不再同居且不再有肌膚之親,應即可不違"十誡"的教規。

　　至於明末的瞿汝夔和清初的理學名臣魏裔介,雖早存入教之念,唯以妻妾同堂,故均待其妾因正室過世而扶正後,始得領洗。[52] 韓霖嘗爲入教而將姬妾遣去。[53] 佟國器則是在晚年休妾後,始率正室和三百餘家人一同領洗。[54]

　　明末知名的反教人士許大受即嘗對奉教人士出妾的行爲有所抨擊,他舉友人周國祥爲例,[55] 稱其老而無子,在買一妾後舉一子,才兩歲,然周氏因聽傳教士勸曰:"吾國以不妾爲賢,不以無後爲大。"遂逐其子之母,許氏於是質稱:"今不知此子活否?"從人道的立場表達他對此類出妾行爲的批判。

　　徐光啓的曾外孫許纘曾,也嘗爲娶妾一事而屢見挣扎。許氏自出生後就被外家撫養,一歲時,即由徐光啓將其抱至天主堂洗禮入教,但纘曾自十七歲中舉後,就分出外家居住,並不再供奉天主,且在授官後未久蓄妾。[56] 然許纘曾晚年似又悔悟,他在雲南按察使任內,有同官謂其曰:"老先生既不遠迎夫人,又不娶一伴侶,似此寂寥,沽名太甚。"答曰:

　　　　昔聖百爾納曰:"人思所從来,甚可愧恥;思今所在,甚可涕哭;思所從往,甚可戰慄。"我亦人也,何以異于人,惟思吾罪不足以補,是可畏也。尚敢耽聲色之樂,受當世之虛譽耶![57]

---

〔51〕　陳繼儒《武林楊母呂恭人傳》,收入氏著《陳眉公先生全集》(臺北中央圖書館藏明末刊本)卷四五,頁14～16。

〔52〕　拙文《瞿汝夔(太素)家世與生平考》,《大陸雜誌》89卷5期(1994),頁8～10;拙文《張宸生平及其與楊光先間的衝突》,《九州學刊》第6卷第1期(1993),頁71～93。

〔53〕　韓霖好友黃景昉嘗賦詩稱韓霖:"籌邊屢詢廢將,學道特遣瑤姬,似此肝腸鐵石,誰知韻宇蘭芝。"參見黃景昉《鹿鳩咏》(中央圖書館藏明鈔本)卷二,頁8。

〔54〕　柏應理原著、徐允希譯《一位中國奉教太太——許母徐太大人甘第大傳略》(臺中:光啓出版社,1965年刪改自1938年原譯本),頁74。

〔55〕　收入徐昌治輯《聖朝破邪集》(京都:中文出版社,1984年影印安政三年重刻崇禎十三年初刊本)卷四,頁18。

〔56〕　此出自許纘曾在"曆獄"時的口供,參見滿文《密本檔》(中國第一歷史檔案館藏)卷一三七,頁296～309,康熙三年十二月十九日題本。筆者感謝安雙成先生提供此一資料。

〔57〕　柏應理《徐光啓行略》。

由其摘引天主教聖人之語且有悔罪之意等事,似乎他後來又回歸天主教的懷抱。[58]

天主教的"十誡"規條在"三宮六院"的内廷中,更是尷尬難行。隆武元年(1645),受命赴澳門求援的"宣諭使"畢方濟,即曾利用皇帝對他的倚重及其與皇帝的私交,而上呈《修齊治平頌》,勸皇帝無邪思、無二婦、勤仁政、敬上帝,隆武帝在代答的詩中,有"借旅安世後,太昊委來真"句,應允在借兵成就大業之後,將許西士在華傳天主(太昊)之教,但對畢方濟所提行一夫一妻制的勸告,則無任何回應。[59]

至於瞿紗微(Andreas Xavier Koffler, 1603~1651),雖然成功地在永曆内廷中付洗了王太后(熹宗之妃,正后死,進位爲后,教名烈納)、馬太后(永曆帝生母,原爲其父之次妃,教名瑪利亞)、王皇后(教名亞納)以及太子慈烜(教名當定)等皇族,[60]但瞿紗微顯然是在考量教會在華推展的整體利益以後,而有意不去面對内廷中所實行的嬪妃制度。然而並非所有的傳教士均願意在相類的狀況下妥協,如利類思和安文思(Gabriel deMagalhães, 1611~1677)曾在四川付洗張獻忠某一側室娘家的三十二口人,該側室雖篤信天主,唯由於其婚姻有違"十誡"的教規,即因此未獲允入教。[61]

除了前述瞿紗微在永曆内廷所採取的遷就態度外,部分傳教士爲了教務的發展,也往往會對一些社會地位較高的奉教人士另眼相待,此故許大受即嘗抨擊教士曰:"督其徒使出妾,而他高足之蓄妾者至數人。"[62]又,耶穌會士李明(Louis-Daniel Le Comte, 1655~1728)嘗記稱當時傳教士允許從教之人在其正妻拒絶成爲教徒時,改娶其妾之一

〔58〕 有關許氏的事蹟,另請參見陳垣《華亭許續曾傳》,收入葉德禄輯《民元以來天主教史論集》(北平:輔仁大學出版社,1943),頁91~95,原文發表於《真光雜誌》第5卷第6期(1927)。

〔59〕 畢方濟的《修齊治平頌》以及隆武帝的贈詩,均收入《皇帝御製詩》(Courant 1323)。西方資料中有稱隆武帝當時欲授畢方濟封疆王號,並命其爲軍事大員,甚至願與他共治國家,唯畢氏堅不受命,僅求隆武帝頒佈保教敕書;參見沙不列(Robert Chabrié)原撰,馮承鈞譯《明末奉使羅馬教廷耶穌會士卜彌格傳》(長沙:商務印書館,1941),頁31~32,該書原名爲 Michel Boym, Jésuite polonais et la fin des Ming en Chine (1646~1662) (Paris: Pierre Bossuet, 1933)

〔60〕 方豪《中國天主教史人物傳》上册,頁294~301。

〔61〕 古洛東(Gourdon)《聖教入川記》(成都:四川人民出版社,1981年重印1918年本),頁20~36。

〔62〕 收入徐昌治輯《聖朝破邪集》卷四,頁30。

（仍須遵守一夫一妻制），[63]但由於中國法律禁止在無正當理由的情形下以妾爲妻，傳教士所容許的妥協方式，對大多數人而言，顯然並不太行得通。

三、王徵娶妾和殉國事蹟考

萬曆十三年，年方十五的王徵娶舅母尚氏的侄女爲妻。[64] 王徵自幼即與外家的關係相當密切，其舅父張鑑乃爲關中理學名儒，而王徵從七歲起，就住讀在外家，此故其晚年嘗稱："衣我、食我、教誨我，則惟我舅師督運使君曁宜人是依。"[65] 萬曆二十二年，王徵中舉，但在"十上公車"之後，始於天啓二年登三甲進士，時年五十二。由於其時王徵已領洗奉教，此故他在中進士之後，隨即致書家人，戒勿爲其娶妾，稱："今日登第，皆天主之賜，敢以天主所賜者而反獲罪於天主乎?"[66]由於他參加會試十次始博得一第，且又發生在其領洗後不久，此故王徵深信自己的登科乃歸功於天主的默佑。

天啓二年六月，王徵授直隸廣平府推官。稍後，舉家均同往。其妻尚氏雖曾育有多男，卻均以出痘殤，僅二女存，[67]王徵在"妻女踧懇，弟姪環泣，父命嚴諭"的情形下，遂心意鬆動，而於天啓三、四年之交，在不公開的情形下，娶入年僅十五的申氏爲妾，希望能生子以延續香火。[68] 年應已逾五十的尚氏，在婦德的教育和要求之下，鼓動丈夫娶入一比自己女兒年紀都要來得小的女子爲偏房，其內心想必有些怨苦。

天啓四年三月，王徵因繼母喪而丁憂歸里。五年春，王徵邀金尼閣至關中開教，並爲其家人付洗。[69] 由於娶妾一直是被在華天主教

---

〔63〕 參見 Jacques Gernet, *China and the Christian Impact*, tr. Janet Lloyd（Combridge: Cambridge University Press, 1985）, pp. 189～190.

〔64〕 後文中所涉及之王徵和其妻妾的生平事蹟，如未另加説明，即請參閱張炳璿《端節先生葵心王公傳》；道光《涇陽魯橋鎮志》，節烈志頁 1～2 及賢孝志頁 1；王徵《祈請解罪啓稿》，收入湯若望譯述，王徵筆記《崇一堂日記隨筆》（臺北：學生書局，《天主教東傳文獻三編》本），頁 35～37。

〔65〕 王徵《祭河東運副張貞惠公元配舅母尚宜人文》，收入《王徵遺著》，頁 253～254。

〔66〕 艾儒略等《口鐸日抄》卷二，頁 4。

〔67〕 王徵《析箸文簿自叙瑣言》，收入《王徵遺著》，頁 226～229。

〔68〕 王徵乃於廣平任內娶妾，唯確切時間不詳，由於王徵在天啓四年三月因繼母喪而丁憂歸里，而其初履任時，"只爲晉謁，書識未及多帶"，並稱："時迫冬寒，恐迎養益遲"，因知他娶妾應在三、四年間。有關其在廣平任內的事蹟，請參見宋伯胤《明涇陽王徵先生年譜》，頁 49～71。

〔69〕 宋伯胤《明涇陽王徵先生年譜》，頁 71～73。

視爲重罪，王徵自覺罪孽深重，乃數請金氏等神父爲其解罪，[70]但均不獲允，且謂其曰："非去犯罪之端，罪難解也。"王徵於是痛自追悔，立意嫁妾以贖罪，但尚氏則力加挽留，而申氏也痛哭幾殞，聲言願進教守貞，誓不肯改嫁。王徵無法，只得因循苟且下去。

雖然金尼閣等神父知道王徵犯了違反"十誡"的重罪，且不同意替其解罪，但王徵或因是奉教國人中的知名人士，故並不曾因此被開除出教。[71]且因王徵對娶妾一事極端保密，許多教會中人甚至屢對其在中進士之後拒絕置妾的行爲稱譽備至。[72]王徵也還在其於崇禎元年所刊行的《畏天愛人極論》一書中，闡述"十誡"的規條。[73]

天啓六年冬，王徵在繼母喪服滿後抵京，偶自龍華民（Niccolò Longobardo，1565～1655）、鄧玉函、湯若望三位耶穌會士處得見西方機械工程方面的書籍，興奮不已，因其年輕時即受舅師張鑑的影響，而對制器之學十分有興趣，嘗自製有虹吸、鶴引、輪壺、代耕、自轉磨以及自行車諸器。遂在鄧玉函的協助下，譯刊《遠西奇器圖說錄最》，在此書的自序中，[74]王徵稱有友人質疑其從事"末流之學"，他答辯曰："學原不問精粗，總期有濟于世人；亦不問中西，總期不違于天。兹所錄者，雖屬技藝末務，而實有益于民生日用、國家興作甚急也。"並稱：

> 有跡之器具，纍可指陳；無形之理譚，猝難究竟。余小子
> 不敏，聊以辦此足矣！若夫西儒義理全書，非木天、石渠諸大
> 手筆，弗克譯也。此固余小子昕夕所深願，而力不逮者，其尚
> 俟之異日。

王徵或因自謙或因其先前曾違背教規，故指稱自己對天主教的義理尚乏透徹的瞭解，唯其新接觸的歐洲物質文明，顯然更加深他對西學西教的醉心。

---

[70] 王徵在其《祈請解罪啓稿》一文中，並未指出他請求解罪的時間以及告解的諸神父之名，唯因廣平當時並無神父住堂，故筆者姑且將其欲解罪一事係於金尼閣至關中之後。

[71] 蕭靜山嘗稱王徵因納妾而遭神父棄絕（今名絕罰），其說應誤，因由王徵於崇禎九年所發表《祈請解罪啓稿》一文的內容（詳見後），知其當時乃以一違犯教規之教徒的身份撰就該文，而王徵在公開該解罪文後，因已斷絕與申氏的夫婦關係，故更不應被棄絕。參見蕭靜山《天主教傳行中國考》（河北獻縣：獻縣天主堂，1931），頁209。

[72] 如見艾儒略等《口鐸日抄》卷二，頁4。

[73] 王徵《畏天愛人極論》，頁43。

[74] 鄧玉函口授、王徵譯繪《遠西奇器圖說錄最》（《百部叢書集成·守山閣叢書》本）。

　　崇禎元年九月，王徵之父病卒。翌年，王徵乞同年鄭鄤爲其父母撰墓誌銘，他在《爲父求墓誌狀稿》一文中，稱已過繼大弟徵之次子永春爲嗣，王徵或以此法擺脱絶嗣的壓力。[75] 王徵稍後又過繼季弟徵的三子永順爲嗣，此故他在崇禎十二年爲分家所撰之文中，即稱己寫有嗣書兩紙，要二子各自珍藏。[76]

　　崇禎四年二月，丁憂服滿的王徵在登萊巡撫孫元化的薦舉下獲授遼海監軍道，協助同爲天主教徒的孫氏練兵。是年，孔有德率部在吴橋叛變，五年正月，且陷登州城。孫元化在自刎未遂後，與王徵等官同遭叛軍所擄。二月，孔有德用耿仲明之計，盡放孫元化和王徵等人還朝。七月，孫元化遭棄市，王徵則很幸運地因友人來于廷加意爲其昭雪，而僅發送附近衛所充軍，于廷其時適以刑部山東司員外郎的身份審理此案，稍後，王徵遇赦還家。[77]

　　王徵赦歸之後，因流寇猖獗，乃在地方募鄉兵以自衛，據《魯橋鎮志》中申氏小傳的記載，他當時"憂深國事，剋意圖賊，夙夜匪懈，終身不入内室"，[78]其實，他"不入内室"的主因，應爲避免加重違反教規之罪。或由於申氏與王徵僅有過相當短的正常婚姻生活，以致她一直不曾生育。

　　崇禎八年，王徵在長安南郊買山，作爲歸隱之所，並爲文稱己終於可以"漸掃三仇濁累，潛伏洞壑，永遵十誡清修"，且稱："此余素懷，而今計可幸愜耳。暫爾行遊，暫寄余心之樂；終焉安止，終成自在之鄉。"[79]其中"三仇"，乃天主教術語，指吾人修德的三大敵：肉身、世俗和魔鬼。至於"終焉安止"一辭，則爲教會追悼亡人的祝辭，語出拉丁文，或譯爲"息止安所。"[80]因知王徵希望能在此清修至死，以彌補先

〔75〕　王徵《爲父求墓誌狀稿》，收入《王徵遺著》，頁254～258。王徵過繼侄子的確切時間不詳，但其舉動應非因其妾不孕所致，此因申氏時年僅二十上下，且新婚不久，故應還無法確定不能生育。

〔76〕　王徵《析箸文簿自叙瑣言》；王徵《涇陽縣盈村里尖擔堡王氏族内一支記世系并記墳墓册》，收入《王徵遺著》，頁308～310。

〔77〕　來于廷與王徵同於萬曆二十二年的陝西鄉試中式，天啓四年，于廷補廣平府照磨，王徵其時任司理，兩人"相得甚歡"，自此深交。參見王徵《五雲太守來公墓誌銘》，收入《王徵遺著》，頁259～265；汪楫等《崇禎長編》（傅斯年圖書館藏清鈔本）卷六一，頁24。

〔78〕　道光《涇陽魯橋鎮志》節烈志，頁1～2。

〔79〕　王徵《簡而文自記》，收入《王徵遺著》，頁194～195。

〔80〕　方豪《了一道人〈山居詠〉箋證》，轉引自《王徵遺著》，頁301～302。

前所犯的娶妾等罪。

王徵在隱居期間，仍日與親朋往復唱和，嘗賦有樂府詞曲三闋，其中有云：“守枯禪單尋智果，戀凡情雙扯仙裾。三仇五濁誰能去？防淫緊似防奔馬，策怠忙如策蹇驢。”[81] 頗能反映娶妾一事對他所產生的衝擊，曲中所稱的“防淫”和“策怠”，應即針對教理中所指的“迷色”和“怠惰”兩惡（五濁其中之二？）而言。[82] 由此詞的内容，顯示王徵亟欲靜修以覓求一解決之道，然而妻妾之情卻牽扯難斷，令其難以將三仇和五濁之惡盡除，以致防淫往往如同阻止奔馬般困難，而策怠則如鞭策跛驢般遲緩。

王徵在崇禎九年秋所撰的《兩理略》前序末，自題爲“支離叟”，此因他先前從一朱姓友人處獲贈一怪木，其狀“有頭有角，若目若口，四足虎跱，一尾後拄”，返家後即洗淨供於案上把玩，有感此木因非金玉鼎彝，以致人皆棄而不取，遂以《莊子》中寓言人物支離叟名此怪木，並以之自號。[83] 此號表面上雖在調侃自己因無用不才而得以在家安養，但或亦爲其當時衰疲紛亂心境之一寫照。

九年十二月，年已六十六歲的王徵，下定決心要將其婚姻問題徹底解決，他公開發表《祈請解罪啓稿》一文，向教會中人承認自己曾因娶妾而違反“十誡”，並稱日前偶讀及《彌格爾張子靈應奇跡》和《口鐸日抄》中有關自己曾宣稱不願娶妾一事，更覺羞愧悔恨，故立誓從今而後，和申氏一如賓友，且斷色以求解罪。但王徵或與楊廷筠一樣，僅將申氏“異處”，而非休棄，此故，申氏仍得於王徵死後被要求爲王家掌理家務（見後文）。

王徵在了斷他與申氏之間的夫婦關係之後，更加清修寡欲，埋首書堆，“日日手自抄録楷書細字”，並於崇禎十一年將其先前聽聞自湯若望的西賢苦修事蹟，整理成《崇一堂日記隨筆》一書，每則後附評贊，其中嘗論一賢者曰：

---

[81] 《王徵遺著》，頁198。
[82] 方豪在其《了一道人〈山居詠〉箋證》一文中，以爲此處“五濁”應爲“七濁”之誤，乃指龐迪我在《七克》中所稱七罪。然因王徵在《活人丹方》一文（收入《天學集解》卷四，頁37～38）中，亦有“三仇五濁”一詞，因知“五濁”應無誤，不知是否即龐迪我所謂七罪當中之五？又，“五濁”一詞，原爲佛教用語，指的是劫濁、煩惱濁、衆生濁、見濁和命濁，佛教徒相信諸佛將在此等惡世出現。
[83] 王徵《怪木供讚》收入《涇獻文存》卷一二，頁6～7。

一鄉黨自好之人，勸善賑貧諸美行，人猶可及，至生子
後，輒能力絕房幃之私，三十年如一日，難矣哉！難矣哉！一
旦赤身飄然，從聖人入山苦修，略無一毫顧盼留連意，則其素
所蓄積絕色一念基之也！如此之人，真是入道如箭。[84]

王徵或希冀能以其人爲標竿，絕欲以贖前罪。十三年，他在寫給表弟
張炳璿的信中，有云：“邇來百無一事于心，三碗飽飯後，一枕黑甜，餘
自立工課，彙輯《西儒標緗要略》，每日手錄五、七葉。”[85] 其心情顯然
已大爲開朗。

崇禎十六年十月，李自成陷西安，王徵聽聞李自成欲其出來做官，
於是先自題墓石曰“有明進士奉政大夫山東按察司僉事奉敕監遼海軍
務了一道人良甫王徵之墓”，又書“精白一心事上帝，全忠全孝更無疑”
等字付其子永春，更引佩刀坐臥家中的天主堂準備自盡，聲言欲“以頸
血謝吾主”。後李自成的使者果至，王徵遂拔所佩高麗刀欲自殺，使者
上前奪刀，拉扯間使者傷手出血，大怒，本欲執王徵以行，經永春哀求，
使者乃繫永春回見自成，[86] 王徵謂其子曰：“兒代我死，死孝；我矢自
死，死忠。雖不能不痛惜，兒願以忠孝死，甘如飴也”。遂從此絕粒不
復食，凡七日，於十七年三月初四日卒。[87]

雖然許多文獻中均提及王徵絕粒而死一事（詳見後），但方豪則主
張王徵未必自盡，方氏聲稱在張炳璿爲王徵所作的傳中，有云：

> 先生屬纊之際，猶緊握張炳璿手，誦所謂“憂國每含雙眼
> 淚，思君獨抱滿腔愁”之句，絕無一語及他。

其中並未言及王徵是自殺的，且在《明史·祝萬齡傳》中，亦記王徵是
“抗節死”。[88] 其實，由於張炳璿也未明指王徵是被殺，且“抗節”僅泛
指堅持節操，故方豪所提及的兩則資料並不與王徵自殺身亡的叙述必

---

〔84〕 湯若望《崇一堂日記隨筆》，頁1~5。

〔85〕 宋伯胤《明涇陽王徵先生年譜》，頁168~169。

〔86〕 據屈大均所撰《贈王永春序》中所述，王永春在見李自成時，曾抗聲曰：“吾父國之方
面，義不可屈，若欲殺之，則有吾永春之首在。”自成因此壯而釋之；參見屈大均《翁山
文鈔》（《廣東叢書》本）卷一，頁27~28。至於道光《涇陽魯橋鎮志》中，則稱鄉人李文
杰率鄉勇數千赴賊營，而永春方慷慨罵賊，賊以其皆義士，盡釋還（城功志，頁2）。

〔87〕 此段中有關王徵殉節事蹟，主要根據張炳璿《端節先生葵心王公傳》，屈大均《贈王永
春序》；屈大均《三原涇陽死節二臣傳》，收入《翁山佚文輯》（《廣東叢書》本）卷上，頁
7~9；道光《涇陽魯橋鎮志》鄉賢志，頁6。又，部分文獻中往往誤指王徵是在聽聞崇禎
皇帝死後始自盡的，其實，王徵卒於三月初四日，北京城破則在是月十九日。

〔88〕 方豪《中國天主教史人物傳》上冊，頁232。

然矛盾。

　　張炳璿在前引文中所稱的"屬纊"一詞，原指人之將死，於其口鼻上放絲綿，以觀察其仍否呼吸的舉動。若王徵確不曾因絕食而逐漸虛弱致死，而是被李自成軍所處死，則他理應死得相當乾脆，亦即張炳璿或不會使用"屬纊之際"一詞，並在王徵臨死前還有機會緊握其手，且靜聽其遺言，故筆者以爲方豪神父的説法或有曲解史實之嫌，其目的乃在爲王徵辯白，因自殺之舉違反"十誡"中第五誡的"勿殺人"，對天主教中人而言顯然不足爲式。

　　再者，時人馬侍輦（崇禎十二年舉人）、王弘撰和史可法分別有詩記其絕食之事。[89] 而明清之際學者鄒漪所撰的《啓禎野乘》、查繼佐（1601～1676）的《罪惟録》、張岱（1597～1684）的《石匱書後集》、吳偉業（1609～1672）的《綏寇紀略》和陳濟生的《天啓崇禎兩朝遺詩小傳》中，也均稱王徵是絕粒而死。[90] 此外，屈大均（1630～1696）在《三原涇陽死節二臣傳》中，亦持相同的説法，屈大均所述王徵的生平乃出自其家屬所提供的一手資料，屈氏曾於康熙五年赴涇陽憑弔王徵，當聽聞永春言其父事蹟時，則悲之淚下，他甚至還曾起意欲"攜家以就永春"，一同隱居。綜前所述，現存文獻應均支持王徵絕粒自殺之説。由於先前在李自成陷西安時，王徵的好友焦源溥與袁養和也都因不從而死節，[91] 故王徵的殉國或亦受其朋儕的影響。

　　王徵死後，申氏也欲絕食以殉夫。是時，永春方代父繫於賊所，[92] 尚氏聞變亦憂憤成疾，奄奄在床，尚氏因而要求申氏"留一線命"，以處理王徵與尚氏的後事，並照顧王家後人。申氏在不得已的情形下，乃勉強進食，但欲毅然斷髮毀容。由於王家已家道中落，申氏於是躬親紡紉以供家用，備嘗艱苦。不數年，尚氏過世。永春也卒於康熙五年，育

〔89〕 劉懋官修、周斯憶纂《涇陽縣志》（臺北：成文出版社，影印宣統三年鉛印本）卷一六，頁40；王存厚《王徵》，收入《王徵遺著》，頁323。

〔90〕 鄒漪《啓禎野乘》（臺北：文海出版社，《明清史料匯編》本）卷一一，頁1～2；查繼佐《罪惟録》（杭州：浙江古籍出版社，1986年標點本）列傳卷一二中，頁1880～1881；張岱撰、黃典權點校《石匱書後集》（臺北：大通書局，《臺灣文獻史料叢刊》本），頁218～219；吳偉業撰、李學穎點校《綏寇紀略》（上海：上海古籍出版社，1992），頁446；陳濟生《天啓崇禎兩朝遺詩小傳》（臺北：明文書局，《明代傳記叢刊》本），頁221～222。

〔91〕 參見屈大均《三原涇陽死節二臣傳》。

〔92〕 屈大均在《贈王永春序》中，稱永春在獲釋返家時，王徵已過世，但屈氏在《三原涇陽死節二臣傳》中，則又稱永春在釋歸時，其父尚絕粒未死。兩説顯然矛盾，今據道光《涇陽魯橋鎮志》中的申氏小傳，姑從前説。

子女各一。[93] 申氏自此獨力撫養兩孫,當其七十大壽時,孫男王瑱延請鄉里名宦爲文祝賀,並奉觴加羹以進,申氏見此卻悲從中來,曰:

> 我爲前朝臣子之妾,嘗食前朝祿養之德,先臣既不食以殉
> 國,獨不能死前朝君臣之難,苟延殘喘,死有餘辱,尚復何心忍
> 啖酒肉耶! 所以偷生人世,以至今日者,不敢違夫人命,故耳!

她聲稱自己先前之所以忍辱偷生,乃因主母托孤,而今責任已了,故竟不食而死。[94] 朝代鼎革和西學東漸此兩大世變對王徵一家的命運和人生造成了重大的影響,而申氏的自殺更將此一事件的悲劇色彩推向了極點。

由於當時許多士大夫(徐光啓、楊廷筠、孫元化等人)在虔誠奉教之後,往往促使其家人亦領洗。但王徵一家或因所受天儒矛盾的衝擊相當大,此故其後人領洗入教者似不多。如王瑱本身雖不喜釋老之書,但當其長子承烈(康熙四十八年進士,歷任刑、工兩部右侍郎)涉獵這方面的書籍時,他不僅不責備,且語帶鼓勵地稱各式的書籍"皆可以拓心胸、長識趣",而瑱的元配王氏則篤信釋道兩家,且平日屢持齋。至於承烈,除娶元配左氏、繼室李氏之外,還納裴氏爲側室,他選擇了他的社會階層所通常擁有的婚姻方式。[95]

四、中西文化的融合與衝突析探

在明清之際中歐兩文明頭一次的大規模接觸中,西學成爲流行的新思潮,許多高級知識分子對西教往往十分友善。如以王徵爲例,在他往來的師友中,除包括徐光啓、李之藻、孫元化等奉教之人外,更遍及當世的許多碩儒名士。[96] 而在其未奉教友人的親朋當中,亦不乏與天主教有直接或間接關係者,如鄭崟二女婿的兄弟許之漸,即曾因

---

[93] 王承烈《魯也府君行述》,收入《涇獻文存》卷一二,頁31~36。魯也爲王瑱之號,承烈則爲瑱之長子。

[94] 道光《涇陽魯橋鎮志》節烈志,頁1~2。

[95] 王承烈《魯也府君行述》;王承烈《王太君行述》,收入《涇獻文存》卷一二,頁36~39。此一情形亦見於天主教徒魏裔介的家庭,其子荔彤後亦娶妾;參見拙文《張宸生平及其與楊光先間的衝突》。

[96] 如在王介的《讀明史甲申之變先端節公殉國略概百韵》中,即指出包括相國何宗彥、朱國祚,塚宰孫丕揚、張問達,大司馬張縉彦、魏學曾,大司寇李世達、韓繼思等六十多位名士,嘗與王徵相友善。該長詩收入柏堂輯《涇獻詩存》(傅斯年圖書館藏民國十四年刊本)卷三,頁13~16。

替教會書籍作序,而於康熙"曆獄"中遭免官,[97] 至於鄭鄤的好友陳繼
儒,則與知名天主教徒楊廷筠相交甚篤,[98] 鄭鄤於萬曆三十六年補常
州府學生員時,楊廷筠即爲其宗師,[99] 鄭鄤也嘗與徐光啓品評當世
人才。[100]

當時一些傳教士和領洗的士大夫,往往憧憬藉天主教的教理以
合儒、補儒甚至超儒,[101] 然而儒家傳統和天主教教義間的部分衝
突,卻令許多奉教國人陷入尷尬的抉擇。王徵的生平事蹟,即爲其
中最突出的一個例子,對其娶妾和自殺此兩件違反"十誡"的行事,
先前學者或一筆略過,或避而不談、或叙述不實,前文即綜合各文
獻中的記載,作了詳細的釐清,下文則將從文化融合與磨擦的角度,
嘗試作更進一步的析探。

王徵因自幼深受儒家傳統的熏陶,此故"天儒合一"一直是其
奉教之後的重要中心思想,如他在天啓六年序金尼閣的《西儒耳目
資》一書時,即表擧金氏"學本事天,與吾儒知天畏天、在帝左右
之旨無二",而其在初授揚州推官時,更撰有祈禱性質的《告神文》,
曰:"惟上帝垂佑我下民,肆神用寵,綏乎茲土,凡官茲土者,實式
憑之……茲將受事之初,爰告衷言,祈神明睨……迄無令徵得罪于
百姓,得罪于朝廷,得罪于垂佑下民之上帝。" 稍後,他也曾因淫雨
不斷而撰《祈晴文》,並於放晴後作《謝神文》。[102] 王徵祭謝神明的
作法,顯然帶有濃厚的傳統色彩,只不過將通常所祭拜的城隍和龍
王等神,改成了"上帝",而在其心目中,中國先秦典籍中所提及的

---

〔97〕 黃道周《鄭鄤年兄暨元配周孺人墓誌》,收入鄭鄤《峚陽草堂文集》(傅斯年圖書館
藏清刊本)附錄,頁 15~19;拙文《張宸生平及其與楊光先間的衝突》。

〔98〕 陳繼儒(字眉公)曾與鄭鄤的《峚陽草堂詩集》(傅斯年圖書館藏清刊本)撰序,鄭鄤亦
有《重訪陳眉公》一詩,記兩知音品茶斗棋之事;參見陳其元等修、熊其英等纂《青浦縣
志》(臺北:成文出版社,影印光緒五年刊本)卷二八,頁 27。有關陳繼儒與楊廷筠間
的關係,可參見 N. Standaert, *Yang Tingyun, Confucian and Christian in Late Ming China*,
pp. 30~31.

〔99〕 鄭鄤《天山自序年譜》,收入《峚陽草堂文集》卷一六,頁 4。

〔100〕 鄭鄤對徐光啓亟稱王徵的德性操守,曰:"予謂富貴利害確然不移者,獨王子(按:指王
徵)其人。"鄭鄤《送王太封翁八十壽序》,收入《峚陽草堂文集》卷六,頁 12~14。

〔101〕 如見陳受頤《明末清初耶穌會士的儒教觀及其反應》,《國學季刊》第 5 卷第 2 號
(1935),頁 147~210;方豪《明末清初天主教比附儒家學說之研究》,《文史哲學
報(臺灣大學文學院)》第 11 期(1962),頁 147~202;陳衛平《明清之際西方傳
教士的天主教儒學化》,《文史哲》1992 年第 2 期,頁 3~10。

〔102〕 《王徵遺著》,頁 108~110。

"上帝"，即等同於泰西所稱的"天主"。[103]

崇禎元年，王徵曾發動邑人捐款，並利用官府的資源在揚州城西北蓋建景天閣，奉十一位名宦鄉賢，中並安放昊天上帝的神位，王徵自稱："閣名景天，蓋取士希賢、賢希聖、聖希天之意。且因崇賢之舉，而旌余夙昔畏天之一念。"[104] 知其或爲避免聳人視聽，乃建景天閣以代天主堂，並以古書中的"昊天上帝"爲天主的代名詞。

王徵此一揉合儒教與天主教的思想，應承襲自楊廷筠等奉教前輩。雖然道明會士黎玉範（Juan Bautista de Morales，1597～1664）和耶穌會士衛匡國（Martino Martini，1614～1661）對楊廷筠均頗爲推許，然而此類試圖將天主教中國化的做法，卻無法獲得所有傳教士的認同，如道明會士閔明我（Domingo Fernandez Navarrete，1618～1689），即嘗嚴辭批評楊氏混淆了天主教的思想，他稱："黎玉範和衛匡國神父以楊廷筠君爲天主教會的棟梁，但假如棟梁不正、教理有虧，那整棟建築又如何能立而不垮呢？"[105] 至於王徵，即使在奉教多年之後，其日常行事也往往還未脫世俗文化的深厚影響，如其在崇禎元年即曾與好友鄭鄤相偕去算命，[106] 此種行爲則是被天主教視作迷信的。[107]

天主教的教理在王徵的心目中，或許主要停留在形而上的思想層次，此故，當其年過半百又乏嗣時，他會屈服於周遭的壓力，私下娶妾，也無怪乎王徵在晚年所撰的《祈請解罪啓稿》一文中，嘗自我批評曰：

> 顧自受教以來，信道雖深，苦不堅；愛主雖真，苦不熱；望天雖殷，苦不純。

由於娶妾一事嚴重違反"十誡"，並不屬於可淡然視之的"小節"，此故王徵在內心中有過激烈的掙扎，旋即痛自追悔，屏妾異

---

〔103〕 利瑪竇在入華後，首將天主教尊崇的造物主 Deus（此爲拉丁文）譯成"天主"，且或爲宣教的目的，主張此即先秦典籍中所載的"于"和"上帝"，然而這一說法在教中曾引發激烈爭執，最後教廷並在康熙末年的"禮儀之爭"中，禁止教徒用"天"和"上帝"等名詞以稱呼天主。參見羅光《教廷與中國使節史》（臺中：光啓出版社，1961），頁83～186。

〔104〕 《王徵遺著》，頁72～74。

〔105〕 N. Standaert, *Yang Tingyun, Confucian and Christian in Late Ming China*, pp. 183～209.

〔106〕 鄭鄤《敕封文林郎揚州府推官澕北王君暨元配敕贈孺人張氏合葬墓誌銘》，收入《坐陽草堂文集》卷一二，頁1～5。

〔107〕 如教會中人在萬曆末年所撰的《醒迷篇》（Courant 7150）中，即分別有專章批判風水地理和命理等事。

處，王徵嘗有一對聯云：

> 空洞中三仇盡掃，十誡恒遵，乃思乃言乃行，念念恪
> 守聖經，敬躋光明聖域；層臺上方慮都清，一誠獨注，所
> 信所望所愛，心心欽崇天主，欣登樂福天鄉。[108]

即明白顯示他在懺悔後欲恪遵"十誡"的意願。

王徵在《和靖節先生歸去來辭》中，也曾清楚表明他痛悔前非的心境：

> 痛已往之迷誤，可仍蹈乎前非？爰洗身於聖水，更袚
> 濯其裳衣。尋上達之正路，莫顯見乎隱微。乃溯天原，望
> 道而奔。首畏天命，歸依孔門。知天事天，日養日存。欽
> 崇一主，惟上帝尊。[109]

但我們從其中"首畏天命，歸依孔門"句，則知儒家思想在其內心中不可動搖的地位。

王徵在處理傳宗接代的問題上，雖出現天儒之間的重大矛盾，唯因娶妾並非唯一的解決方式，此故他得以改用過繼姪子的途徑迴避衝突。然而當他面對國亡的殘酷事實時，王徵不再擁有任何可以迴避的空間，他必須在"大節"和"十誡"之間立作判斷，而深浸於儒家傳統的王徵，毅然選擇了自殺盡節。王徵在面對無嗣與國破的壓力和衝擊時，很無奈地失落在中國傳統和天主教文化之間，黯然承受作爲一個個體在會通天儒的嘗試中所產生的尷尬。

查繼佐嘗在其所撰的《王徵傳》中，論曰："其奉天主教嚴，臨命猶喃喃二語，以此事天，儒教哉！"其中所謂的"二語"，即前文中所提及的"憂國每含雙眼淚，思君獨抱滿腔愁"兩句，[110] 而張炳璿也曾在替王徵作傳時，稱其"孜孜乎畏天愛人，雖似癖耶穌之學，此生平好奇則然。然中之所存，壹以忠孝爲基，一線到底，八風弗移"，查、張兩人顯然均認爲王徵最後仍證明自己實爲一儒教信徒。的確，我們從王徵在違反"十誡"絕粒時，還自許平生所爲是"精白一心事上帝，全忠全孝更無疑"一事，即可發現他或許已經在中

---

[108] 《王徵遺著》，頁280。

[109] 《王徵遺著》，頁275～276。

[110] 查繼佐《罪惟錄》列傳卷一二中，頁1880～1881。唯此傳中將"思君獨抱滿腔愁"句作"思君獨抱百年愁"。

西的道德矛盾中，找到了自我的定位，而其所崇奉的天主教信仰，顯然已因儒家化而漸與教會的正統有所出入。

王徵在皈依天主教後所遭逢的道德矛盾，也出現於其他方面，如"十誡"中勸勉信徒"勿殺人"，但當時較知名的教中人士（如徐光啓、李之藻、孫元化、韓霖、韓雲以及王徵等）卻多致力於"講求火器"，以致遭人譏爲"製造殺人毒器"，王徵雖嘗辯此曰：

> 以殺止殺，從古已然。夫敵加于己，不得已而用之……況我人不傷，而船與車自傷、自戰，用力最捷，而砲與梯可擊、可登，其所默救于衆者，不既多耶？又況偶而出奇，是以破敵人之膽而奪其神，慮無不倒戈而歸命，其所全活于敵人者，或亦多多矣！[111]

但其"以殺止殺"的説辭顯然相當牽強。

此類曲釋天主教教規的態度，促成了儒家化的天主教信仰在某些切入點有一可以發揮的空間，我們因此屢可見有教徒因盡節而違反"十誡"，如徐光啓的外甥陳于階即於清兵攻陷南京時自殺殉國；[112] 魏學濂亦於李自成在北京即帝位時自縊而死；[113] 至於登萊巡撫孫元化，則曾在登州城遭孔有德叛兵攻陷時試圖自刎。[114]

雖然利瑪竇對中國士大夫在國破時殺身成仁的行爲頗爲稱許，[115] 但由於殉節之事與"十誡"發生嚴重衝突，此故在當時教會所出版

---

〔111〕 王徵《〈額辣濟亞牖造諸器圖説〉自記》，收入《王徵遺著》，頁229~232。王徵在《額辣濟亞牖造諸器圖説》一書中介紹了火船、火雷、雲梯、自行兵車、神威炮等武器的規制和用法。

〔112〕 雖然《南疆繹史》等文獻記其自殺殉國，但方豪以《明史》中未言其死狀，且時人樊良樞僅稱其殉節於天主館，而陳氏家傳中亦僅稱其"往鐵塔倉北天主堂默禱畢，從容就義於雞鳴山之觀象臺"，故懷疑他應未自殺。然因陳于階官品不高，故他應不致於成爲當時清兵特意搜捕殺害的對象，且由其至天主堂默禱後再"從容"就義的叙述，亦可知他不是被清兵捕殺的。陳垣在爲陳于階傳時，亦僅略稱其"就義"，而未作進一步的討論。參見方豪《中國天主教史人物傳》上册，頁247~252；陳垣《明末殉國者陳于階傳》，《輔仁學志》10卷1、2期(1941)，頁45~49。

〔113〕 黃宗羲《翰林院庶吉士子—魏先生墓誌銘》，收入氏著《南雷文定》（《四部備要》本）前集卷六，頁2~4。

〔114〕 雖然頗多明清之際的著述中，均提及孫元化自刎一事，但方豪在其《中國天主教史人物傳》的孫元化小傳中（上册，頁234~239），對此事卻全然避而不談。詳細的討論，請參見拙文《孫元化—落實徐光啓軍事改革政策的一位天主教徒》。

〔115〕 Nicolas Trigault, *China in the 16th Century*, *the Journals of Matthew Ricci* 1583~1610, trans. Louis J. Gallagher (New York: Random House, 1953), p.43. 筆者感謝祝平一博士提供此一資料。

的書籍中，多不願面對此事，也少有抨擊此類行爲者，而後世的教會學者在編寫教史時，更往往有意不言他們自殺之事，或逕自改稱爲遇害。[116] 此類出自揚教心態的做法，偶亦可見於先前其他天主教傳華史的研究中。[117]

在遭逢天儒間的衝突以及亡國之痛時，王徵應對的態度其實是相當自我的。王徵選擇娶妾以延續家族的香火，選擇絕粒以突顯自己的忠烈。然而沒有任何選擇權的申氏，卻因嫁入一天主教家庭，而得獨自默然承受因中歐兩大文明接觸時所產生的衝突，悲慘地在王家虛度過寶貴的青春。王徵爲了自身的罪贖，犧牲了申氏的幸福。在前二十年裏，申氏可以說沒有絲毫的家庭地位和名分，也幾乎不曾有過正常的婚姻生活，在食指浩繁的王家中，[118] 她只是一位與大家長王徵關係曖昧的女子，僻居在魯橋鎮上王家大院裏的一間小屋。

申氏很不幸又生逢明末朝代嬗替的變局，當王徵絕食殉國之後，她在王家的名分終於被確認，但代價卻是此後三十五年的含辛茹苦，主母尚氏要求她負起遭逢國難和家變之後的家庭重擔。王徵求死雖難，然而絕粒之苦僅七日，而申氏卻得獨自去承受事後漫長的苦痛。

個性剛毅的申氏，最後終於也在嫁入王家五十五年之後作了一個主動的選擇——仿效其夫絕食以死，此一行爲集烈女與節婦於一身，遠遠超出傳統禮教對她或任何一位女性的要求。王徵和永春父子兩人的忠孝節操，或亦曾對申氏的抉擇產生關鍵的影響或壓力。我們無法知道申氏的自殺究竟有多少出自對"寡情"之王徵的慕念，但她很可能是在驟卸撫孫的重擔之後，驚覺自己的一生竟然是如此無奈、如此凄苦，以致頓然萌發輕生之念的。在文化衝突和鼎革世變的雙重衝擊下，王徵顯然要較其他同時代之人經歷更多的煎熬，並承擔更深的苦痛，而申氏則又更有以過之！

※ 本文原載臺灣大學歷史學系編《世變、群體與個人：第一屆全國歷史學學術討論會論文集》，臺北：國立臺灣大學歷史學系，1996 年。

※ 黃一農，美國哥倫比亞大學博士，清華大學（新竹）歷史所教授。

---

〔116〕 除前引方豪的著述外，另亦見蕭靜山《天主教傳行中國考》，頁 206～209。
〔117〕 參見拙文《明末清初天主教傳華史研究的回顧與展望》，《新史學》7 卷 1 期 (1996)，頁 137～169。
〔118〕 王徵《析箸文簿自叙瑣言》。

民間秘密宗教的經費來源與經費運用

莊吉發

一、民間秘密宗教的經費來源

　　清朝初年以來，民間秘密宗教，日益興盛，到處創生，衍生轉化，枝幹互生，以致教派林立，名目繁多。各教派主要是建立在小傳統的一種社會制度，其成員多以下層社會的信眾為基礎，其經濟地位較低下，多為生計窘迫的善男信女。各教派不僅在文化意識方面有共同感，而且存在著共同的利益關係。清朝政府指摘民間秘密宗教聚眾斂財，聚斂銀錢遂成為官府取締民間秘密宗教的重要原因之一。其實，各教派多屬於一種自力救濟團體，在經濟上自給自足，並非都是聚眾斂錢。例如河南汲縣潞州屯有無生老母廟，信眾做會時，對鄰近村民秋毫無犯。鴻臚寺卿黃爵滋具摺指出，無生老母廟在潞州屯無生老母墳之北，每年正月初八日，遠近信徒百十為群，先二日到墳，繞墳朝拜，至晚即蜂聚廟中，緊閉大門。廟西一大院為廚廁庖湢，中有水井，為做會時取水之用。向來做會時，不用村中一物，即用水，亦不外取。[1] 湖北孝感縣民人李新于等十一名傳習大乘教，每年三月初三、七月初五、十二月初一等日，各出錢八十文給李新于買備香燭供果，同至李新于家做會三次，如有親友身故病歿等事，邀請念經，李新于即率同教前往喪家念經行善，並不收人銀錢。後來有尼僧心友因師父病故，邀請李新于念經超度，李新于等即前往鐵佛寺為尼僧心友師父念經超度，並未收取銀錢。[2] 山東恩縣人王漢實，寄居平原縣，曾拜禹城縣人李成名為師，學習一炷香教。王漢實被捕後供出，一炷香教的信眾，往來各聽自便，

---

〔1〕《月摺檔》（臺北：國立故宮博物院），道光十八年七月二十二日，鴻臚寺卿黃爵滋奏摺抄件。

〔2〕《軍機處檔・月摺包》（臺北：國立故宮博物院）第 2751 箱 28 包 52209 號，嘉慶二十二年六月二十日，湖廣總督阮元等奏摺錄副。

並不相強，所以一炷香教又稱爲如意門。教中每月做道場兩三次，以求消災免難。做道場之時，並不斂錢，各帶乾糧齊集一處，用鼓板敲打念佛歌唱。每次做道場時，都不與婦女見面，並未男女雜處。教中信徒爲人治病，病人痊癒後，亦不許向病人索取謝禮錢文，病人如情願入教者，聽其自便，亦不相強。〔3〕唯就清代直省所取締的民間秘密宗教，有不少教派，確實是爲了生計問題，而有斂錢的現象。

由於下層社會普遍的貧窮，許多窮苦之人，往往藉倡立教門而向善男信女謀取銀錢。善男信女希求消災免禍而拜師入教。河南巡撫方受疇具摺時指出：

> 臣復查豫省民風本係勤於稼穡，樸實椎魯者居多。惟小民畏禍希福，妄信祈求感應之說，所在皆然，因而牟利狡黠之徒，或踵行舊教，或倡立會名，總以入會後雖遇水旱瘟疫，俱可解免，即轉世亦得好處之言，煽誘愚氓，罔知利害，既欲免禍，又圖獲福，是以深信不疑，墮其術中，悉皆願出錢財，拜師從教，以邀福利。所欲錢數，每人不過數十文及二三百文不等。蓋錢少則易於措備，人所勿吝，故願出者衆，而教首薄收廣取，所得轉多。迨被惑之人相信日深，即傾囊相助，亦出情願，及至貧乏，則首犯又將所斂錢文濟助，以爲固結之計，歷辦邪教重犯，究其原委，大率類此。〔4〕

民間秘密宗教的教首，每日生意折本，或生計艱難，而欲藉復行舊教或另創名目而邀人入教，以圖獲取徒弟的布施。教首借收徒傳教，成爲解決貧困的常見社會現象。善男信女爲祈求消災獲福而致送數十文或二、三百文，錢少願出，教首則積少成多。善男信女相信日深，必然慷慨解囊，所謂聚斂錢財，不能忽視他們薄收廣取的經濟效果。

各種形式的宗教，多在創造各種不同概念的社會價值，並藉以直接的達到目的。民間秘密宗教具有補償性的特點，它一方面提出劫變思想，一方面又創造一個避風港。各教派一方面告知世人將有

---

〔3〕 《外紀檔》（臺北：國立故宮博物院）嘉慶二十四年十二月十一日，和寧奏摺抄件。
〔4〕 《軍機處檔·月摺包》第2751箱1包47139號，嘉慶二十一年四月十八日，河南巡撫方受疇奏摺錄副。

水旱瘟疫,一方面又勸人入教,可以免除各種水旱瘟疫。湖北宜都宜縣人張正謨,曾入白蓮教,他被捕後供出入教經過,節錄一段供詞如下:

> 乾隆五十九年四月裏,有房縣的白培相對我説:"山西平陽府樂陽縣王家庄長春觀出了真主,是戊戌年生的,名叫李犬兒,左右兩手有'月'兩字紋,鳳眼龍睛,相貌異人;劉之協是軍師,朱九桃是輔佐他的臣子;因王家庄向有一塊大石,一日忽然迸開,現出一篇經文,內有:一日一夜黑風起,吹死人民無數,白骨堆山,血流成海四句;凡是眾人念熟了這幾句經文,就可免得災難;李犬兒到辰年辰月辰日就要起手;若有人製備槍刀火藥接應他去,將來事成,定有好處。"並勸我出給銀錢,拜他爲師;又叫我廣傳別人,斂得銀錢,給他轉送;並囑各自製備器械。我因聽了他的話,就拜白培相爲師,出給銀八錢。[5]

引文中的"一日一夜黑風起",就是指"黑風劫"。白蓮教教首房縣人白培相一方面指出世上將有黑風劫,吹死人民,白骨堆山,血流成海。這是民間秘密宗教的劫變預言,是一種假設。但他一方面又教人破解之道,通過拜師入教,念誦經文,就可免除災難,告訴善男信女有一個避風港,也是一種補償性的思想。然而其前提是在拜師入教,願出銀錢。民間秘密宗教各教派的教首,輾轉收徒,他們爲了獲得社會資源,創造了許多具有社會價值的宗教術語,名目繁多,使善男信女相信拜師入教可免災病,而情願出錢從教。有清一代,斂財術語的大量創造,遂成爲民間秘密宗教各教派的顯著特色。譬如香錢、香資錢、香油錢、香燭錢、根基錢、福果錢、疊福錢、水錢、線路錢、打丹銀、升丹錢、點化錢、點臘錢、學香錢、品級錢、富貴錢、謝師錢、酬神錢、還願錢、跟賬錢、盤纏錢、如意錢、念經錢、墊盤錢、上供錢、謝禮錢、節禮錢、上信錢等等,不勝枚舉。

祭祀鬼神多用香烟燈火,民間秘密宗教祭祀神祇燒香上供時布施給教首的錢文,稱爲香火錢,簡稱香錢或香資,香油錢、香燭錢等都是香錢。湖北棗陽縣人孫貴遠,復興收元教。孫貴遠被捕後供

---

[5] 《清中期五省白蓮教起義資料》(蘇州:江蘇人民出版社,1981年2月)第5冊,頁35。

出收受香錢的經過，節錄一段內容如下：

> 孫貴遠住居裏、棗二邑交界之區，石匠生理。有已正
> 法之李從呼原入豫省徐國泰收元邪教，孫貴遠於乾隆三十
> 三年八月初二日在李從呼家鑽磨，李從呼言及伊奉收元教，
> 喫齋念經，可以消災免禍，孫貴遠即給錢百文，拜師入教。
> 李從呼口傳"南無天元太寶阿彌陀佛"十字，又"十門有
> 道一口傳，十人共士一子丹，十口合同西江月，開弓射箭
> 到長安"咒語，令其念誦。並將徐國泰原給《九蓮》、《苦
> 難》、《五女傳》邪經各一本、咒語單一紙，給與帶回，囑
> 令勸人入教，可以賺錢。孫貴遠當求講解，李從呼因不識
> 字，稱俟徐國泰前來解說。嗣聞徐國泰、李從呼經豫楚兩
> 省拿獲正法，孫貴遠即將經咒收藏，仍赴各處生理，李從
> 呼等亦未將經咒轉傳孫貴遠情由供出，致被漏網。迨至乾
> 隆四十九年冬間，孫貴遠因病窮苦，憶及李從呼從前有傳
> 教可以騙錢之語，輒起意復行邪，於十二月二十四日路過
> 王易榮家，進內叙談，孫貴遠即告以收元教喫齋念經，可
> 以消災獲福。王易榮信從，即拜孫貴遠為師，隨口傳"南
> 無天元太寶阿彌陀佛"十字，令其每日念誦。次日，復取
> 出原藏邪經三本，同咒語單給與王易榮，囑令抄寫，勸人
> 入教。該犯又招收蕭允題、李尚德、姚應彩為徒，各送錢
> 百文。王易榮隨收彭永升為徒，囑令勸人入教，復將經咒
> 轉給抄錄。彭永升抄畢，復將原本送還。彭永升先後轉收
> 詹正林、李之凡、詹之富、劉起榮、周添才、李學詩、李
> 學菀、張文明、張文金、曹起菀、陶華、蕭英舉、潘宗文、
> 董正倫、游宗典、詹世貴、蕭維綱、周添貴一十八人入教。
> 詹正林亦收嚴廷鳳及嚴黃氏入教，李之凡亦收湯應珍入教。
> 凡入教之人，各出香錢一、二、三百文不等，共收錢三千
> 五百文。彭永升自留錢七百文，餘二千八百文交王易榮轉
> 送孫貴遠收受。孫貴遠分給王易榮錢一千文。[6]

喫齋念經，可以消災免禍，是善男信女的共同信仰。善男信女為祈

---

[6]《清代檔案史料叢編》第9輯（北京：中華書局，1983年6月），頁173，乾隆五十
年四月十一日，特成額等奏摺。

求神祇禳災獲福，必須布施錢文，由教首置備香油或香燭，燒香供奉。孫貴遠、王易榮等人輾轉拜師入教時，都布施錢文，致送教首香錢一、二、三百文不等。湖北隨州人王士廉，種田度日。乾隆四十九年（1784），隨州所屬寇家店居民趙士成至王士廉家，聲言其家有羅祖真經，如能持齋念誦，便可消災獲福。王士廉信以爲真，即致送趙士成香錢三百文，拜趙士成爲師，皈依羅祖教，喫齋念經。自此以後，王士廉時至趙士成家學誦經卷。後來又有鄭必舉等人先後送給香錢，拜趙士成爲師，許願喫齋。[7]

　　法名，習稱法號，又稱戒名。佛教徒受戒時由本師授予的名號，稱爲法號。後世皈依三寶的居士信衆，亦由本師給予法號。民間秘密宗教的信衆拜師入教後，各派教首亦有爲信徒取法名的傳統。本師代取法名時，信徒必須送給教首香資。閩浙總督喀爾吉善等具摺指出，老官齋一教，傳自浙江處州慶元縣姚普益之祖姚文宇，法名普善。老官齋教義思想始於羅祖教，自明代以來，流傳已久，其姚氏子孫分往各地代取法名，仍以“普”字爲排行，信徒每一名致送本師的香資爲銀三錢三分。[8] 湖南衡陽縣人劉偕相傳習大乘教，聲稱習教茹素念經，可以祛病消災，如能出錢一百二十文，即可取法名，其中譚如南、何賢湖各給錢一百二十文，作爲布施香資錢，拜劉偕相爲師。劉偕相爲譚如南取法名普堪，何賢湖取名普瑤，劉偕相口授經語及坐功運氣的方法。浙江蕭山縣人葉禹功傳習長生教，邀得倪錫鳳等拜師入教，葉禹功即爲倪錫鳳等人各取法名，每人送錢二千文。自十月初一日起每逢朔望，即前往葉禹功家念經拜佛，燒香上供，每次各送香錢三百三十文。[9] 有些教派曾因香錢發生過爭執。山東菏澤縣人白相雲傳習離卦教，曾收劉允中爲徒，師徒之間，曾因香資問題而失和。節錄山東巡撫陳預奏摺內容一段如下：

　　十六年五月間，白相雲因母患病，邀劉化安至家醫治。劉化安勸令白相雲習離卦教，消災除病，白相雲應允。劉化安即教其運氣用功，並傳授張懷亮所教之四句咒語，白

〔7〕《軍機處檔·月摺包》第 2778 箱 160 包 38680 號，乾隆五十三年十二月初五日，湖廣總督畢沅等奏摺錄副。
〔8〕《史料旬刊》（臺北：國風出版社，1963 年 6 月）第 28 期，頁 30。
〔9〕《宮中檔》（臺北：國立故宮博物院）第 2706 箱 3 包 338 號，嘉慶元年三月十九日，浙江巡撫覺羅吉慶奏摺。

相雲當給劉化安根基錢一百文。張懷亮在日，白相雲每逢
八月十五日送與劉化安節禮錢七、八十文不等，劉化安轉
交張懷亮收用。嗣白相雲亦收劉允中爲徒。十八年五月間，
白相雲因劉允中欠其香錢未償，赴劉允中家催討。劉允中
告以伊另拜曹縣人朱成貴爲師，改習震卦教，並未還給香
錢，白相雲生氣回家，自後與劉允中並不往來見面。[10]

嘉慶十六年（1811）五月間，白相雲拜劉化安爲師，傳習離卦教，
後來收劉允中爲徒。嘉慶十八年（1813）五月間，劉允中所欠香錢
仍未還清，劉允中改習震卦教以後，雖經本師催討，亦未償付。引
文中除香錢以外，拜師入教後，還要致送教首根基錢、節禮錢等錢
文，成爲各教派的重要財源。

民間秘密宗教的教首爲信徒取法名時，爲表示對本師的敬重，
常致送謝禮。乾隆三十年（1765），天圓教的教首鄒岐山邀人入教
後，替入教信徒代取法名時，俱以“善”字行派，並傳授經懺，信
徒每名各致送銀三錢六分，或四錢，作爲敬師謝禮。善男信女拜師
入教的見面禮，或稱拜師錢，或稱謝禮錢。乾隆三十九年（1774），
河南鹿邑縣人樊明德傳習混元教，他被捕後供出教中議定，每年清
明節、五月十五、九月初十、十二月初一等日，在樊明德家聚會念
經，善男信女入教拜師時，致送錢數百文，作爲拜師錢。每逢會期，
另給樊明德錢三五十文不等。[11] 山西鳳台縣人陳潮玉傳習紅陽教，
揚言所供佛祖靈應，能爲人求福禳病。嘉慶二十年（1815）十月間，
有縣民原廣治因家口患病，邀請陳潮玉醫治。陳潮玉令原廣治備辦
素供，代爲祈禳。原廣治致送謝禮錢一千五百文。同年十一月間，
又有趙大桂因父患病，往求陳潮玉祈禳，致送謝禮錢三千文。山西
巡撫衡齡將陳潮玉所得禳病謝禮錢四千五百文追繳入官。[12] 道光年
間，湖南查辦青蓮教案件，其中教犯胡正元即胡榮奎，曾跟從其叔
學習扶乩，替人開方治病。道光二十三年（1843）四月間，胡正元

〔10〕 《軍機處檔·月摺包》第2751箱8包48628號，嘉慶二十一年七月二十四日，山東
巡撫陳預奏摺錄副。
〔11〕 《清代檔案史料叢編》第9輯，頁168。乾隆四十年五月二十八日，河南巡撫徐績奏
摺。
〔12〕 《軍機處檔·月摺包》第2751箱8包48498號，嘉慶二十一年七月十三日，山西巡
撫衡齡奏摺錄副。

會遇彭依法，聽信喫長齋，學習坐功運氣，拜彭依法爲師，入青蓮教。胡正元與寧鄉縣人熊滿，素相熟識。同年五月間，熊滿之妻患病，胡正元前往扶乩開方醫治，熊滿致送謝銀四兩。[13] 此項謝銀，就是謝禮銀錢。各教派每藉消災治病，收受病患謝禮錢，也成爲各教派的重要經費來源。

民間秘密宗教吸取了佛教的教義，也主張今生修行的成果，是來生修行的基礎，善根福基，即是修行的根基，根基錢就成爲善男信女今生種善根奠福基的實踐。四川夔州府大寧縣人謝添朋等傳習白蓮教，他被捕後供出入教者每人出銀自一、二錢至五、六、七、八錢不等，稱爲根基銀，出了此項銀兩，不但可免災難，而且還可厚植善根福基，[14] 來生將有好處。乾隆五十六年（1791），湖北房縣人祁中耀拜胡立爲師，入白蓮教，出過根基銀一兩。胡立告知祁中耀可以免災，合家平安。湖南新化縣人曾世興，其父曾順武拜姚之富、姚文學爲師，出過根基銀五十兩。曾世興則聽從劉義糾邀，加入白蓮教，出過根基銀五十兩。[15] 乾隆五十九年（1794）四月，湖北穀城縣人童紹虎勸令同縣人王義學習白蓮教，聲稱學會了就可消災獲福。王義就拜童紹虎爲師，給他根基錢五百文。同年十二月，湖北光化縣人趙起才勸令周添祿學習白蓮教，周添祿允從後，即給趙起才根基錢二百文，拜他爲師。乾隆六十年（1795）二月，湖北均州人李林拜均州人王廷章爲師，送給根基錢二百文。王廷章即傳授咒語，教李林念誦"啓稟家鄉掌教師，我佛老母大慈悲"等咒語。[16] 嘉慶年間，各省取締清茶門教，教犯丁祖銀被拏獲後供稱，嘉慶七年（1802）正月間，有江陵縣熊口人張純幗勸令丁祖銀學習清茶門教，可以消災獲福。丁祖銀聽信，就拜張純幗爲師，張純幗傳授三皈五戒及報答四恩等項咒語。丁祖銀送給張純幗根基錢三百文。[17] 郭安是山東金鄉縣人，嘉慶十八年（1813）春間，郭安及其

〔13〕《宮中檔》第2731箱46包8293號，道光二十五年九月三十日，湖南巡撫陸費瑔奏摺。

〔14〕《清中期五省白蓮教起義資料》第1冊（蘇州：江蘇人民出版社，1981年1月），頁2，謝添朋等供詞。

〔15〕《清中期五省白蓮教起義資料》第5冊，頁23～25，祁中耀、曾世興等供詞。

〔16〕《清中期五省白蓮教起義資料》第5冊，頁11～23。

〔17〕《軍機處檔·月摺包》第2751箱12包49459號，嘉慶二十一年九月二十八日，湖廣總督孫玉庭等奏摺錄副。

弟郭榮等先後拜呂華容爲師，致送根基錢各一百五十文，入坤卦教，傳習真空家鄉無生父母八字真言。同年六月間，又有金鄉縣人王子成拜崔士俊爲師入離卦教，崔士俊口授八字真言，並囑王子成早向東，午向南，晚向西，夜向北，一日四次，叩頭念咒。王子成即送給崔士俊大錢二十文，作爲根基錢。[18] 各教派多以致送根基錢的多寡，決定他在教中的地位及其來生富貴的大小。《當陽縣避難記》記載嘉慶間川陝楚白蓮教信徒出錢入教後在教中的地位，"入其教，先輸錢一千，名曰根基錢，遂列名，厥後漸有所加增，推尊權其錢之多寡，多則稱爲掌櫃，婦曰師母"。[19]《道光城口廳志》一書也記載入教如出五兩者，可免一身災難，五十兩至一百兩以上者免劫，後尤有富貴，以根基銀之多少以爲富貴之大小。[20] 道光年間，大乘教的教首魏中沆收徒傳教時，信徒致送根基錢九千文或五千文，揚言"少者來生得福，多者得官"。[21] 青蓮教收徒傳教時也是以銀錢多寡決定他在教中的地位，就是視信徒出錢多寡，分別給與頂航、引恩、保恩、證恩、添恩等名目，信徒須致送本師的謝禮，稱爲領恩錢。道光年間，蒙化廳人孫可功傳習青蓮教，有楊朝臣等人先後拜師習教，各送給孫可功等習教領恩錢自五六百文至二三千文不等。[22] 嘉慶間，大乘教的教首張起坤收徒傳教時，亦視信徒所給根基錢的多寡而傳授不同的教法，信徒中王桂林等人因給過張起坤二千八百六十文，錢數較多，遂傳授四步教法，王秀淙等人各給錢一千文，則傳授三步教法，稱爲傳士，廖義遠等人各給一百四十文，只傳授一步教法，稱爲小乘。老官齋的修行分爲三層功夫，學習第一層功夫，稱爲小乘，念二十八字偈語，須致送香資銀三分三釐；學習第二層功夫，稱爲大乘，念一百零八字偈語，須致送香資銀一錢二分；學習第三層功夫，稱爲上

〔18〕《軍機處檔·月摺包》第 2751 箱 27 包 52016 號，嘉慶二十二年六月十九日，山東巡撫陳預奏摺錄副。

〔19〕彭廷慶著《當陽縣避難記》，見蔣維明編《川湖陝白蓮教起義資料輯錄》（成都：四川人民出版社，1980 年），頁 31。

〔20〕洪錫疇纂《道光城口廳志》，見《中國方志集成—四川府縣志》第 51 輯（成都：巴蜀書社，1992 年）卷一二。

〔21〕《硃批奏摺》（北京：中國第一歷史檔案館）464-1 號，道光十二年三月十二日，兩江總督陶澍奏摺。

〔22〕《宮中檔》第 2731 箱 48 包 8351 號，道光二十五年十月二十一日，祐建巡撫鄭祖琛奏摺。

乘，沒有偈語，單是坐功，須致送香資一兩。嘉慶九年（1804），無爲教的教首柳有賢前往安徽巢縣告知信衆劉元章喫齋拜佛，須領受佛門執儀，禱病懺悔時，方有靈驗，往生以後，有仙童接引。其執儀共有五等：一等批寶法會；二等加修；三等大法眞言；四等金丹；五等會頭。凡領執儀之人，一等需錢五千文，二等四千文，三等、四等各二千文，五等八百文，稱爲禮錢。[23] 從根基錢、香錢、禮錢的多寡劃分等級，反映民間秘密宗教等級觀念的濃厚。

除根基錢以後，又有栽根錢、纍福錢、功果錢、跟賬錢、水錢、線路錢等等名目。栽植福田，是由教首舉行儀式後產生作用的民間信仰，信徒須致送本師謝禮，這種謝禮，或稱根基錢，或稱栽根錢。山東邱縣人馬俊是坎卦教總教頭，道光六年（1826），馬俊收劉杰等人爲徒，劉杰轉收劉日乾等人爲徒。同年八月，馬剛拜劉日乾爲師。道光七年（1827）五月，劉日乾帶領馬剛往見劉杰行禮，劉杰見馬剛口齒伶俐，收爲義子，令其掌管教務，教中公推馬剛爲總教頭。馬剛以坎卦教容易犯案，改爲添柱教，信衆致送總教頭馬剛栽根錢，男人七十二文，女人四十八文。郜添麟又名高道遠，世居河南商邱縣。郜添麟的高祖郜雲隴傳習離卦教，教中舉行儀式時，跪香磕頭，緊閉四門，傳授心法歌訣。信徒即致送本師根基錢，每年春秋兩節另須饋贈本師錢文，稱爲跟賬錢，以出錢多寡，定來生福澤厚薄，出錢多者，來生可得大貴。山東城武縣人劉燕曾拜王敬修爲師，入八卦離字教。直隸長垣縣人崔士俊與劉燕認識，崔士俊被捕後供出八卦離字教入教之始，先給本師根基錢一二百文不等，每逢清明、中秋兩節，隨力致送錢文，稱爲跟賬錢。直隸冀州人崔延孟傳習如意教門，又名一炷香好話摩摩教，是屬於八卦教內離卦教內的一個支派。崔延孟先後收崔文炳等人爲徒。教中宣傳習教可免輪迴，信衆俱於每年四季做會，邀同教人至家唱好話歌，往聽之人各送給京錢二三百文不等，稱爲纍福錢。[24] 青蓮教信衆入教以後，隨時致送功果錢數千文或銀數十兩及百兩不等，所得銀錢要互相接濟。[25] 纍

〔23〕《硃批奏摺》472-1 號，嘉慶十七年五月十六日，安徽巡撫錢楷奏摺。

〔24〕《軍機處檔·月摺包》第 2751 箱 19 包 50647 號，嘉慶二十二年二月十六日，直隸總督方受疇奏摺錄副。

〔25〕《宮中檔》第 2731 箱 41 包 7395 號，道光二十五年四月十五日，湖廣總督裕泰等奏摺。

福錢就是累積善根福基的銀錢，功果錢性質相近，教中獲取功果錢後，即送往雲城，由教首代爲供佛頂禮，降福消災。山東空子教的修行，分爲外承法和内承法，不能閉目捲舌運氣的爲外承法，能坐功運氣閉目捲舌的爲内承法，信衆内承熟悉後，本師即賜給來生大小福品級，信衆即致送本師謝品級錢，教中稱這種品級錢爲走線錢。嘉慶年間，各省嚴查清茶門教。其中湖北清茶門教要犯樊萬興等人被挐獲供出教中每逢初一、十五等日，令各信衆在家敬神，用青錢十文供佛，稱爲水錢，收積一處，候各人師父到來時收去。每逢本師啓程時，信衆另送盤纏錢，不拘多少，稱爲線路錢。線路錢的含義是一線引到家，以爲來世根基，供養師父飯食，轉世歸還，可得富貴。[26] 教首王泳泰即王三顧在湖北傳習清茶門教，他指出三世佛輪管天盤，宣傳劫變思想，凡皈依清茶門教，喫齋念經者，即可避免刀兵水火之劫，各送師父水錢、線路錢，以爲來世根基，可以富貴，善男信女多聽信入教。[27] 河南新野縣人張蒲蘭帶引直隸石佛口王姓到湖北傳清茶門教，湖北襄陽縣人張建謨拜王姓爲師，同縣人張學言則拜張蒲蘭爲師，俱入清茶門教。張建謨等被捕後亦供出王姓宣傳三世佛輪管天盤之說，將來彌勒佛降生於石佛口王姓家内，若給王家線路錢文，以作根基，來世即有好處，入教者須遵三皈五戒，唸誦經咒，可避刀兵水火之劫，張建謨致送本師王姓數百文，張學言等致送本師張蒲蘭三百文，俱作來世根基。[28] 拜師入教，致送本師錢文，來生有好處，可以富貴，通過轉世，輾轉供養，可以歸還錢文，所謂根基錢，就是來世根基錢文的通稱。直隸南皮縣人劉孔厚等傳習離卦教，他被捕後供述入教致送本師富貴錢的經過，節錄一段供詞如下：

> 劉孔厚籍隸南皮縣，生有二子：長名劉照奎，次名劉
> 照元，與劉士玉同籍，馬金城與徐元吉籍隸東光縣，韓守
> 業籍隸交河縣，葛升青與許有得籍隸清河縣。嘉慶元年至

〔26〕《清代檔案史料叢編》第3輯，頁65，嘉慶二十一年正月二十八日，湖廣總督馬慧裕等奏摺。

〔27〕《軍機處檔·月摺包》第2751箱1包47135號，嘉慶二十一年四月十三日，晉昌奏摺錄副。

〔28〕《軍機處檔·月摺包》第2751箱3包47551號，嘉慶二十一年五月十八日，湖廣總督馬慧裕等奏摺錄副。

十六年間，各犯惑於邪說，先後入教。內劉孔厚、劉照奎、劉照元與劉士玉均拜東光縣已故丁幅榮爲師，習離卦教。丁幅榮燒香供茶，率衆磕頭，唸誦真空家鄉無生父母咒語，並尊敬長上，和睦鄉里，不殺生害命等歌詞，各爲行好，圖修來世。徒弟拜師，傳爲當家，師傅呼徒爲善人，如遇同教之人，則稱"在裏"二字。劉孔厚等嘗給丁幅榮大錢數百至數千文不等，名爲富貴錢，來往便有數百千數十千使用。丁幅榮復按四季斂錢做會。[29]

出錢入教，祈福消災，倘若多出錢文，則可加福添壽，今生可避免刀兵水火之劫，來生還有好處，可以富貴。由於期盼來生的榮華富貴，信衆多樂意奉獻富貴錢。

升丹是民間秘密宗教的一種入教儀式，又稱爲打丹。各教派按季爲信衆舉行消災祈福儀式時，也有升丹或打丹的儀式。儀式進行後，教首將信徒的姓名、籍貫等資料寫在黃紙上，然後望空拜佛，念經焚化，以示知會無生老母祈求賜福。升丹時，信徒須致送本師錢文，稱爲升丹銀，或打丹錢。簡七是直隸南宮縣人，乾隆四十六年（1781）正月，簡七拜寧晉縣收元教內分掌兌卦的卦長李成章爲師。李成章臨終前，將教中所藏素紙字本一件，黃紙字片一張，木戳三個面交簡七，囑令如有願意拜師入教者，即用黃紙照抄一張，後填徒弟姓名，望空燒化，令其磕頭爲徒，兼可得受贄禮錢文，告知黃紙內有四相嚴謹五行歸中之語，總說人之視聽言動，不可邪妄，教得好徒弟，愈多愈好，死後可以上昇等語。同年五月，李成章病故。此後兩年之內，簡七收得溫大等六人爲徒，每人致送升丹大錢二百至四百文不等，年節生辰，另須致送食物。[30] 乾隆四十八年（1783），簡七被捕。從他的供詞中，可知升丹或打丹錢文就是信徒入教儀式中致送本師的一種贄禮錢文，多寡不等。四川夔州大寧縣人謝添綉是白蓮教的要犯，他被捕後供出入教升丹的經過。乾隆五十七年（1792）十一月間，有湖北竹谿縣民陳金玉前往大寧，教他學習靈文經咒，揚言將來可免災難。他聽信其言，即致送根基銀三

---

[29]《奏摺檔》（臺北：國立故宮博物院），道光元年十一月，直隸總督方受疇奏摺抄件。

[30]《軍機處檔·月摺包》第 2776 箱 146 包 34875 號，乾隆四十八年十二月初十日，直隸總督劉峩奏摺錄副。

錢，拜陳金玉爲師。教中儀式，凡入教之人，先令過願，傳給靈文，然後升丹。所謂過願，就是賭誓拜師入教，必須上不漏師，下不漏徒，中不漏自身。他曾親至竹谿同陳金玉前往王大烈家升丹一次。陳金玉告知將來到了下元甲子，百姓遭水火風三災，彌勒佛轉世，現已生在河南無影山張家，要保扶牛八起事，牛八即係朱字，入教之人出了根基銀兩，遇後劫數，都能免難。[31] 嘉慶二十年（1815），先天教的葉生寬爲了收徒傳教，見《龍華經》內有"一字爲宗，六字普渡"等字句，於是從經內摘取"平照京天喜動"六字，分給其信徒，並在無生老母神前祝禱焚化，作爲上達天庭的記號，死後免見閻王，也不入畜道，信徒則送給葉生寬升丹錢各數百文不等。

　　湖北襄陽縣人宋之清，有族弟宋文高徙居河南新野縣。乾隆五十四年（1789）正月間，宋文高返回襄陽縣原籍，前往宋之清家，述及素習經咒，並稱將來彌勒佛轉世掌教，有水火瘟疫諸災，念經尊奉，方能躲避。宋之清致送根基錢文，請求宋文高傳授經咒。宋文高囑令宋之清每季送給香資錢文，然後轉送給宋文高的師父姚應彩，以備供佛升丹。宋之清傳習的是西天大乘教，相信拜師入教，可以躲避災難。他先後收齊林、宋相等人爲徒，告以各自收徒，不拘何處，四季升丹，各出錢文，送交宋之清。後來，齊林又輾轉收伍公美等人爲徒。蕭貴也是襄陽縣人，乾隆四十一年（1776），蕭貴前往陝西安康縣滔河地方種地營生。乾隆五十四年（1789）五月，蕭貴的妻弟襄陽縣人樊學鳴前往安康縣探望蕭貴，適值滔河痘疫流行，樊學鳴即替人燒香拜佛禳災治病。乾隆五十七年（1792）六月，蕭貴回到襄陽縣，樊學鳴告知蕭貴，近年來有宋之清、伍公美等傳習西天大乘教，揚言將來有五魔下降水火諸劫，必須尊奉彌勒佛，燒香念經，方能躲避。蕭貴聽信，央求樊學鳴招引入教。樊學鳴令蕭貴發過誓願，先出根基銀一兩，帶至信衆王元兆家，用黃表紙開寫姓名，望空拜佛，念經焚化，稱爲打丹。乾隆五十八年（1793）三月，蕭貴回到安康，起意收徒得錢，先邀平日相好的蕭正杰等六人，告以念經避劫之語，俱招收爲徒，各出根基銀七八錢至一兩不等，先在蕭貴家發過誓願，打丹一次，蕭貴商令幫同行教，將打丹

---

[31]　《清代檔案史料叢編》第9輯，頁179，謝添綉供詞。

餘剩銀錢大家分用。後來又陸續招收善男信女入教，多達七十餘人，俱傳給《太陽經》、靈文合同等件，信徒所出根基銀三、四錢至一兩不等。此外還有打丹銀，每打丹念經一次，都借供佛爲名，收受銀兩。蕭貴將所收根基銀兩送交樊學鳴，至於打丹餘剩銀錢，則由蕭貴與蕭正杰等人零星分用。[32]

河南人樊明德傳習混元教，傳徒王懷玉，王懷玉又轉收劉松爲徒，後來劉松轉收劉之協爲徒，劉松、劉之協改立三陽教。安徽太和縣人阮志儒與劉之協兩人鄰居素好，乾隆五十五年（1790），劉之協勸令阮志儒拜師入教，告知甘肅老教首劉松之子劉四兒是彌勒佛轉世，每年出錢，送往打丹，可免瘟疫水火諸災。阮志儒聽信，即拜劉之協爲師，並傳授靈文口訣、護身咒及《三陽了道經》等經咒語句。阮志儒先後給過打丹錢三千二百文。[33] 善男信女相信升丹或打丹以後，就可免除災難，所以出錢祈福消災。

升丹又作昇單、點燒、書丁，與昇丹或昇丹儀式相近。善男信女相信各教首多能爲信衆祈福保佑，消災除禍，各教首遂利用愚夫愚婦對災禍的恐懼，每藉舉行宗教儀式，而向信衆謀取銀錢。安徽阜陽縣人朱明道先曾隨父朱繼祖習教。乾隆四十七年（1782），朱繼祖被捕充發，朱明道漏網。嘉慶八年（1803），朱明道起意傳習三陽教，同教以朱明道接續其父之教，遂稱爲續燈，尊爲教首。凡入教的信徒，開寫名單，用硃筆點過，將單焚化，稱爲點燒，信衆相信經過點燒的儀式後，就能天榜掛號，地府除名，掃除災禍。信徒對本師須致送點燒錢，每人自三五百文至一二千文不等。[34] 因爲點燒以後，就能天榜掛號，掃除災禍，所以點燒錢又稱爲掛號錢。嘉慶十五年（1810），王三保因貧難度，假藉教主王法僧等在配乏用，起意招徒入教，收受錢文，於是與朱明道等商議傳教。朱明道等人便以王三保是老教主王懷玉的親丁爲名，到處宣揚彌勒佛轉世的思想，凡有拜師入教者，須致送本師香燭錢，又名掛號錢。

尹老須又名尹資源，是直隸清河縣人。他在乾隆末年拜南宮縣

［32］《清代檔案史料叢編》第9輯，頁194，乾隆五十九年九月十四日，陝西巡撫秦承恩奏摺。

［33］《清代檔案史料叢編》第9輯，頁220，乾隆五十九年十一月十二日，蘇凌阿奏摺。

［34］《清代檔案史料叢編》第9輯，頁256，嘉慶二十年十月二十日，兩江總督百齡等奏摺。

人田藎忠爲師，皈依離卦教。田藎忠即傳授功夫，因功夫純熟，田藎忠將尹老須帶往清河縣離卦教總當家劉功家領法，並學習靈文。尹老須因習教日久，積妄生魔，每逢閉目時，仿佛見天上人來往，又似聽到音樂，自謂悟道明心。總當家劉功聞知後，稱許尹老須功夫深透，可以上天至無生老母處辦事，並令尹老須按每年立春、立夏、立秋、立冬日期，在家上供，稱爲四季祭風，每逢三元，也要上供，可以祈福消災。劉功又口授祭文，尹老須臨時照樣書寫黃紙焚化，稱爲昇單。又給與"豐"字作爲記號，昇單時填寫在內，即可昇至無生老母處。尹老須返家後，按照節氣日期上供，並將同教人姓名一併列入單內代求福佑。嘉慶二十一年（1816），教首韓老吉等至尹老須家探望，談及劉功已故，教中無人領導，於是公推尹老須爲總當家。尹老須仿照劉功舊規，按四季三元上供昇單，爲同教信眾祈福消災。隨令同教信眾將姓名開寫，每名出錢數百文，然後彙送尹老須家上供，將各人姓名列入單內昇至無生老母處，稱爲"書丁"，宣稱死後免墮地獄，皆可昇天，[35]因此，昇單錢又稱書丁錢。

　　販售歌單、榜文、合同、紙票、經卷等等，是民間秘密宗教各教派謀取信眾錢文常見的方式。大乘教的教首張保太住在雲南大理府蒼山，後名點蒼山，各地信眾多到蒼山覲見張保太，傳授經卷，給與授記一張，每張取銀一、二錢不等。[36]江西南昌縣人李純佑自幼讀書未成，前往湖廣江陵縣學習裁縫手藝，認識賀坤。賀坤平日喫齋，家中藏有《三官寶卷》、《觀音寶卷》、《雷祖寶卷》、《玉皇寶卷》、《金剛經》、《還鄉寶卷》、《末劫經》、《定劫經》等八部經卷，勸人茹素念經，祈福免災。每年三月初三日、五月十三日、九月初九日等日，各做會一次。乾隆二十五年（1760）五月十三日，李純佑等至賀坤家做會。同年十二月，賀坤身故，其子賀祥因積欠同教黃昌緒錢三百文，無力償還，而將其父賀坤所遺八部經卷交給黃昌緒作爲抵押。黃昌緒因出外謀生，將經卷存放同教呂法振家中。乾隆二十九年（1764）十二月，李純佑至呂法振家探望，見到《末劫經》、《定劫經》兩部經卷，名色新奇，希圖藉它惑眾取財，於是向

〔35〕《軍機處檔·月摺包》第2760箱56包63564號，道光十三年五月初八日，文孚等奏摺錄副。

〔36〕《清高宗純皇帝實錄》卷九〇，頁18。乾隆四年四月戊子，據那蘇圖奏。

呂法振借抄，將《末劫經》改爲《五公末劫經》，並增加“戊亥子丑年大亂，刀兵爭奪。寅卯年，百姓饑荒，人死無數。辰巳年，方見太平”等內容。乾隆三十年（1765）八月，李純佑令木匠羅國太刊刻“報恩堂”三字木圖章一個，正式倡立未來教名色。又由羅國太刻成票版一塊，刷印紙票，將教中信衆姓名填入，以爲憑據，宣稱死後燒化紙票，可免墮地獄。李純佑又假造康熙初年兩道諭旨，叙成《護道榜文》一篇，使人見而信從，並藉刷印紙票、榜文獲得錢文。教中規定每年正月、七月、十月逢十五日做會，不拘男女，入教出錢，自六十、八十文至一百、二百文不等。[37] 直隸蠡縣人董敏，自幼茹素讀書。其故祖遺有《收圓經》、《收元經》、《九蓮救度經》等寶卷，董敏時常唪誦，欲藉誦經爲由，謀取銀錢，於是起意將《收圓經》等寶卷鈔寫成佛曲，以便易於歌唱，並收段雲等人爲徒，成立白陽會友。董敏常率同教信衆爲村民唪誦經文，歌唱佛曲，善男信女多布施香油錢一二十文，隨同入教。山西長子縣有縣民田景盛等刊刷歌單，以四張爲一副，兩張爲合同，兩張爲靈文。董敏宣稱生時唪誦靈文，死後將靈文一半燒化，一半放在胸前，即可成爲善人。乾隆五十一年（1786）六月，完縣人郭林跟同內邱縣人劉進心至山西長子縣，向田景勝買取歌單二十餘副，郭林先將歌單攜回，路遇董敏。董敏欲散賣歌單漁利，即拜郭林爲師。郭林隨將歌單給與董敏持回，賣給村民，每張賣京錢一二百文，每副賣四五百文。[38] 河南林縣人裴錫富素習八卦會震卦教，他撰有歌詞，勸人傳習，以謀取錢文。有馬三元等人先後拜師入教，裴錫富傳授歌詞，信衆各致送香錢數十文至二三百文不等。[39]

　　段文琳原籍猗氏縣，祖居安邑，其嗣祖段思愛傳習收源教，又名源洞教。乾隆十三年（1748），太原縣人梁彩、陽曲縣趙雙印等人先後拜師入教。乾隆三十一年（1766），趙雙印因貧苦難度，起意收徒取財，於是宣稱拜師入教，可以躲避災難，並聲稱佛水可以治病。乾隆四十一年（1776），趙雙印將投身誓詞刊刷合同，註明男人出錢

〔37〕《硃批奏摺》，乾隆三十四年九月二十五日，湖廣總督胡達善奏摺。
〔38〕《上諭檔》，乾隆五十二年三月初二日，和珅奏稿。
〔39〕《宮中檔乾隆朝奏摺》第69輯（1988年1月），頁474。乾隆五十三年九月十三日，署理山西巡撫海寧奏摺。

三百六十文，婦女出錢二百四十文，遇有入教之人，每人填給一張，又以經卷內有"皇極號"字樣，於是刊刻"皇極號"三字，聲稱靈符可以卻病消災。他又從《龍華經》中摘抄妄誕詞句，刻刷小票，同皇極靈符賣錢，信衆購買合同一張，各錢十七文。他被捕時已有男信衆三十一人，婦女二十四人，都各購買合同。[40]

民間相信亡魂赴陰持有陰照，則可順利進行，並享有不同待遇。江蘇江陰縣人陳雲章是長生教信徒，他住在章鄉鎮養老堂，投拜王瑞華爲師。後來陳雲章又轉收陸天甫、周國富等人爲徒，俱入長生教。教首王瑞華遺有陰照一張，聲稱是敕書陰司路引。乾隆二十六年（1761）八月間，陳雲章起意造賣陰照，以獲取錢文。於是用綾絹紙張製造，令買照之人俟身故時將陰照燒燬入殮，聲稱可以帶赴陰司，有神接引，不受地獄之苦。照內開寫"元都教主廣法天尊彌勒尊佛引進"字樣。陳雲章所造陰照，因材質不同，售價有高低之分，其中綾照每張索銀一兩二錢，絹照、紙照的售價，則依次遞減，善男信女多聽信買取陰照。[41]

民間秘密宗教除了售賣歌單、合同、紙票、陰照外，也售賣經卷取得錢文。山西曲沃縣人任進德族伯任景翰，向來傳習金丹門圓頓教。任景翰病故時，任進德年甫二週，經任景翰之妻呂氏承繼撫養，任進德自幼隨嗣母呂氏喫齋習教。乾隆五十七年（1792），任進德因家道貧苦，起意藉傳教謀取銀錢使用，即按照任景翰傳習金丹門圓頓教名目，並自起"樂善堂"名號，收徒習教，並刷印經卷，希冀得價售賣。[42] 此外，也有刷印小佛像出售得錢者。

善男信女相信做會、上供、念經，都可以消災除病，教首每藉做會、上供、念經時向信衆收受錢文。嘉慶六年（1801），悄悄會的信徒石慈等人復興舊教，收徒入教。石慈爲信徒念經時，信徒須致送錢文，每念一經，收受信徒香火錢每人三百、五百文不等。八卦會震卦教稱太陽爲聖帝老爺，以禮拜太陽爲主要的儀式活動，教中

---

〔40〕《軍機處檔·月摺包》第 2764 箱 103 包 22328 號，乾隆四十三年十二月二十二日，山西巡撫覺羅巴延三奏摺錄副。

〔41〕《宮中檔乾隆朝奏摺》第 33 輯（1985 年 1 月），頁 168。乾隆三十四年正月二十二日，江蘇巡撫兼署兩江總督彰寶奏摺。

〔42〕《宮中檔》第 2723 箱 99 包 19418 號，嘉慶二十年七月二十六日，山西巡撫衡齡奏摺。

相信禮拜太陽，即可消災獲福，每當做會、上供時，信眾均須致送
銀錢。據教中信徒林進道供稱，每日三次禮拜太陽，每年五次上供。
河南巡撫畢沅具摺指出：

> 其上供之費，即斂之各徒，自一、二百文至一、二千
> 文不等，上供時復將入教之姓名籍貫，用紙書寫念誦，其
> 不能書者，口誦通誠，名曰稟家門，該犯等哄誘愚民，總
> 說歸教之人，現在邀福，來世轉爲好人，又撰爲勸人行孝
> 鄙俚歌詞，佯稱修善，實則煽惑斂錢，遞相傳播，日引日
> 多，此托名行善，希圖再興劉教，誆騙錢文之原委也。[43]

做會上供的費用，是由信眾負擔，教首收受錢文。江蘇青浦縣監生
李寶善曾入京呈控縣民吳元等人聚眾念經，吳元被捕後，曾供出念
經治病經過，節錄供詞一段內容如下：

> 小的元和縣人，向做織機生理，後來失業。九年十二
> 月裏，有同業的沈隴觀、楊錦三、冷煥揚、馬老士、沈六、
> 徐登雲、范老忝、楊在三同小的一共九人，大家因沒生理，
> 說起向做成衣的袁掄山現在青浦，商量投託尋工。十年正
> 月初三日，到青浦縣觀音堂內尋見袁掄山，他把小的們暫
> 留廟內住宿。沈隴觀見有《心經》，連《金剛經》一本，
> 他平素會念，小的們空閒無事，也同著他隨口念誦。適初
> 四日有郁王氏因幼孫患病，到廟燒香，沈隴觀起意騙錢糊
> 口，就央袁掄山向郁王氏說若叫他們念經求福，便可祈保
> 病愈。郁王氏應允，就叫小的們到家念誦，講定每人給錢
> 五十文。[44]

嘉慶十年（1805），沈隴觀等人因貧苦而起意念經治病，確實是一種
騙錢行爲。王尚春是直隸河間府獻縣人，在縣城外李家莊居住，種
地度日。嘉慶九年（1804），王尚春之父王仲來入紅陽教，拜張廷端
爲師。嘉慶十七年（1812），張廷端病故，王仲來接充教首，共有徒
弟五六十人，每月到王仲來家聚會一次，燒香念咒。每年六月初六

---

[43] 《宮中檔乾隆朝奏摺》第 69 輯（1988 年 1 月），頁 100，乾隆五十三年七月二十八
日，河南巡撫畢沅奏摺。

[44] 《宮中檔》第 2724 箱 74 包 12276 號，嘉慶十三年十月二十二日，江蘇巡撫汪日章奏
摺。

日，在村中韓祖廟內曬經一次，教中人俱至廟內燒一炷香念經，每人出錢一百餘文給王仲來辦齋。[45] 道光二十年（1840），紅陽教的教首張秉乾因傳徒所得拜師香資錢文數量不多，遂與同教商允做會念經，藉此收錢分用。其做會日期定爲正月十五日爲天官會，四月十五日爲火官會，七月十五日爲地官會，十月十五日爲水官會，屆期信衆俱至張秉乾家做會念經，信衆各送香資錢一百、二百文不等。

假藉神諭收受銀錢，是民間秘密宗教獲取社會資源時常見的一種方式。直隸靜海縣安家莊人崔煥，原爲音樂會的成員之一，會中遇村民白事，即前往吹打念經。嘉慶十一、十二年間（1806～1807），崔煥同其父崔文載拜交河縣人崔大功爲師，入未來真教即天門真教。崔煥轉收張柏青、朱明順等十餘人爲徒，張柏青素學過陰法術。未來真教因信衆平日多不肯致送銀錢，崔煥即令張柏青過陰，假藉神佛口諭，指派崔煥爲三宗法子，接管教務，希冀徒衆信服，肯送銀錢，信衆日增。[46]

下層社會，由於生計艱難，有許多貧民每因窮困而起意創立教派，各教派的教主或教首，利用各種儀式及活動，創造各種具有社會價值的宗教信仰術語，以聚衆獲取銀錢的形式，累積財富。由於宗教活動需要經費，許多教派往往假借各種名義向信衆需索錢文，甚至販售歌單、經卷、佛像、合同、照票漁利。江蘇上海縣人徐國泰，官方文書又作徐幗泰，傳習無爲教。河南泌陽縣人李文振是徐國泰案內逸犯。乾隆三十六年（1771）四月，李文振等被捕，供出入教經過，河南巡撫永德具摺奏聞。原摺有一段內容如下：

> 泌陽縣民李文振係徐國泰案內未獲之犯，本由原案擬流之。陳中舜誘引拜徐國泰爲師。事發在逃，事平潛回泌邑，與其徒張成功復興邪教，輾轉訛誘南汝一帶民人入教，即將徐國泰所傳之十字經"南無天元太保阿彌陀佛"，令人每日燒香持頌。妄言自己入教，可免一身之災，轉勸數人入教，可免一家之災。凡入教之人，騙令出錢數百文、百數千文不等，名曰根基錢，謂積下根基錢，今生出一，來

---

〔45〕《軍機處檔·月摺包》第2751箱31包52685號，嘉慶二十二年八月十七日，英和等奏摺。

〔46〕《上諭檔》，嘉慶二十一年三月初三日，托津等奏稿。

世得百。若遇貧人，即以此錢周濟，藉爲蠱惑良善，以致
歸教者比比。每人又另出孝敬錢數十百文與李文振使
用。[47]

善男信女聽信因果輪迴之説，相信拜師入教，致送根基錢文，是種
善根，累積福基的具體表現，所以根基錢又稱福果錢，[48] 希冀消災
獲福，來生富貴，今生出一，來世得百，信衆大多樂意奉獻錢文。

二、教派經費的運用與管理

民間秘密宗教是一種自力救濟的宗教團體，各教派的經費，都
須自行籌措，開闢財源，其中寺廟庵堂的興建維修，都由信衆捐獻。
從明朝末年以來，由於糧船水手與日俱增，爲了解決糧船水手們的
食宿等問題，羅祖教教首曾在運河兩側大量興建庵堂，其中浙江杭
州拱宸橋等處所建羅祖教庵堂，多達七十餘庵。庵堂的修建，主要
在解決流寓外地的糧船水手疾病相扶，意外相助及在異地寓歇的切
身問題，具有社會公益活動的性質。羅祖教由於大規模地興建庵堂，
所需經費較爲龐大，都由羅祖教廣大信衆致送香錢、根基錢等積累
餘剩經費支用。

修橋鋪路是造福鄉里的善舉，民間秘密宗教也有這類善舉，善
男信女相信修橋鋪路行善助人，多積陰功，來生將有善報。山西平
陽府臨汾縣人胡關氏，嫁與胡昌思爲妻。胡昌思傳習無爲教，雍正
年間，無爲教奉旨查禁，胡昌思將無爲教改名橋梁會。胡昌思身故
後，胡關氏踵習橋梁會。教中熱心公益，常爲鄉里修橋鋪路，所謂
橋梁會，就是因教中以修橋鋪路爲善舉而得名。胡關氏被捕後供出
教中經費來源及其開支，節錄供詞要點如下：

> 每年正月二十九日會集病愈之人念經，收取布施錢米，
> 藉爲食用，餘爲修橋補路使費。胡昌思復又捐地募銀，於
> 路傍建蓋茶房五間施茶。嗣因雍正年間嚴禁無爲等教，即
> 改爲橋梁會名色。又有平日因病治痊之秦世禄等並太平縣
> 民梁學雍等俱各布施銀錢，先後入會。胡昌思並給與梁學

---

[47] 《軍機處檔·月摺包》第 2771 箱 83 包 14003 號，乾隆三十六年四月二十六日，河南
    巡撫永德奏摺錄副。
[48] 《上諭檔》，嘉慶二十年十二月二十五日，王克勤供詞。

雍經卷二本，令其誦習，其關綸民之子孫關惟亮、關喜兒
俱不能承習遺教，惟倚傍昌思，借圖衣食。乾隆十二年六
月內，胡昌思物故，伊妻胡關氏無以糊口，即襲夫所爲，
念經治病，踵行做會，募化銀錢，以作施茶修橋使用。賀
永康復又設立疏頭，協力募化，添建茶房三間，爲行人住
足憩息之所。胡關氏即邀貫譚氏作伴，遷住其內。[49]

無爲教或橋梁會修橋補路，建蓋茶房施茶，又可供行人駐足憩息，都是
樂善好施的公益活動，其經費主要是信衆布施及募化而來的銀錢。嘉
慶年間，山西岳陽縣出現橋樑教，教中供奉羅祖、釋迦牟尼，信衆茹素
念經，每逢正月初一日、四月初八日、十月初一、十五等日在縣境東邊
王嶺村念誦羅祖教經卷，希冀消災獲福。道光九年（1829），教首楊幗
泰向信衆募化四十餘千文錢，在寺廟城鎮之間建造木橋，以便利往來
行走。[50] 募化錢文，建造橋樑，就是橋樑教得名的由來。

民間秘密宗教雜揉儒釋道的思想，對社會教化產生了重要的作
用，各教派多以尊崇孔子使傳教活動及宗教團體合理化，藉此吸收信
衆。嘉慶年間，直隸鉅鹿縣人李景幅傳習老佛會，他被捕後供出老佛
會爲孫維儉所興立，教中每逢朔望禮拜龍牌，孫維儉是教主，他派令李
景幅充大教首。嘉慶十三年（1808），老佛會被人指爲邪教，孫維儉同
李景幅等人商量，以孔夫子爲天下正教，前往山東夫子廟內盡點孝心，
人家就不敢說老佛會是邪教了，同年，老佛會募化銀子一千多兩。嘉
慶十四年（1809）正月，孫維儉令同教呂興旺、劉美兔帶了一千多兩銀
子，到曲阜西關，住在姜永全店內，經姜永全帶領引見公府四品執事官
孔傳揚，又由孔傳揚帶去見衍聖公，並謁孔廟，致送贄見銀一百兩及捐
修祭器銀五百兩，俱交孔傳揚收領。呂興旺向孔傳揚商議要修孔廟，
孔傳揚告知孔廟修護是欽工，老佛會信衆修不得，不如修尼山祠。呂
興旺等人覆以回去募銀再商量，於是帶了用剩的銀子返回鉅鹿。同年
十月，孫維儉帶同李景幅等共五人，乘坐大車二輛，小車一輛，用布口
袋作包裝捆，共帶二千多兩銀子到曲阜石家莊孔傳揚家。因孔傳揚已
死，由其弟子孔傳標帶領引見衍聖公，備送贄見禮銀五百兩，包銀五十

〔49〕 《宮中檔乾隆朝奏摺》第 3 輯（1982 年 7 月），頁 485，乾隆十七年七月二十八日，
山西巡撫阿思哈奏摺。
〔50〕 《外紀檔》，道光十九年十二月初五日，山西巡撫楊國楨奏摺抄件。

兩,俱交孔傳標收領。因衍聖公生子,孫維儉等另備緞、匭、綉花靴、四色綾紫金冠等物。孔傳標同張協中、曹秉和帶領孫維儉等人勘估維修尼山祠工程,約需銀五六萬兩。孫維儉等以全修工程浩大,所需經費龐大,只能將大殿墻垣略爲粘補,隨即將銀五百兩交給曹秉和。此外,又送孔傳揚奠儀銀一百兩。後來孔傳標到孫維儉家弔孝,李景幅等又送給他銀四百五六十兩。[51] 老佛會爲捐修孔廟祭器、尼山祠大殿墻垣工程等,兩年之內花費銀二千二百餘兩,但經多次催工,孔傳標俱未動工,竟敢侵没銀子。老佛會將相當可觀的銀兩捐修孔廟祭器及尼山祠,對維護聖蹟的貢獻,是具有意義的。

　　直隸大興縣人周應麒傳習紅陽教,莊中有菩薩廟,每逢正月十四日、五月十三日、六月二十四日、十二月初八日,周應麒俱率領同教在菩薩廟前殿念經祈福。每屆念經之期,信衆俱至菩薩廟內燒香磕頭,助給京錢數十文至一二百文,或麥子、高粱數斗,作爲廟內香火及念經時信衆飯食支出,餘剩錢文,則置辦廟內器具。[52] 道光元年(1821),直隸大興縣人李自榮因見村人染患時疫,多有病故者,並無僧道念經追薦,於是商允田懷得等人創立敬空會,釀錢制備神像、法器等物,念誦《地藏經》等經卷,爲人薦亡,超度亡魂。民間教派衆多,寺廟林立,各寺廟內裝塑神像,製備法器、置辦用具等項,都需要費用,必須得到信衆的支持與贊助,由於各教派的勸募及信衆的布施,始能舉行各種宗教活動,民間秘密宗教雖然教派林立,但都是根據共同的信仰傳統,在自立救濟的經濟基礎上,由共同的祭祀圈所形成的地域化社會共同體。

　　慈善救濟,對貧苦信衆提供經濟援助,同教互相周濟,以及施粥、施藥的活動,頗受民間秘密宗教的重視。乾隆二十九年(1764),王忠順改立白陽教,令王漢九勸人入教。乾隆三十一年(1766),王漢九的伯母出殯,同教多相助喪葬費用,教中周天渠送銀一兩,丁學周等親赴王漢九家送殯,亦各送銀一兩。乾隆三十四年(1769),王忠順之父王懌病故,由王漢九等籌措喪葬費用,王漢九前往揚州,勸令信徒周受南等各送銀四兩,周邦彩等各送銀一兩。[53] 江蘇上海縣人徐國泰傳習

〔51〕《上諭檔》,嘉慶十七年六月初九日,李景幅供詞。

〔52〕《上諭檔》,道光十二年二月初八日,曹振鏞等奏稿。

〔53〕《軍機處檔·月摺包》第2765箱90包16828號,乾隆三十七年四月十九日,署理江蘇巡撫薩載奏摺錄副。

無爲教，河南泌陽縣人李文振等拜徐國泰爲師，李文振後來輾轉收徒
習教，乾隆三十六年（1771）四月，李文振被捕，供認無爲教勸人入教消
災，收受信衆根基錢，見有教中貧人，即將積存根基錢量爲周濟。[54]
李文振曾因徐國泰的弟婦李氏在家貧苦，將積存根基銀提出二十兩，
令王天基等送交李氏，[55]作爲生活費。嘉慶初年，川陝楚白蓮教也實
行經濟互助的措施，教中按貧富出根基錢，多少不等，赤貧者，教首則
周濟他。[56]民間秘密宗教多具有周濟貧窮的共識，使下層社會貧苦
信衆也多願意拜師入教，有利於民間秘密宗教的發展。

民間秘密宗教的師徒關係是父子縱的統屬關係，信衆奉獻的銀
錢，須由本師輾轉呈送老教主。雍正年間，李衛到直隸總督新任後，即
訪得直隸有大成、衣法等教派，大成教內部有老教首、次掌教、小教首
即領頭門徒。衣法教內部也有老教首、次教首、小教首之分。李衛具
摺指出大成、衣法二教，皆始於順治年間（1644～1661），教中以輪迴生
死勸人修來世善果爲名，喫齋念經，每月朔望，各在本家獻茶上供，出
錢十文，或從厚數百文，積至六月初六日，俱至次教首家念佛設供，稱
爲晾經，將所積錢文交割，稱爲上錢糧，次教首轉送老教首處，稱爲解
錢糧，或一、二年一次送到老教首處，每次各有數百金不等。[57]信衆
致送本師銀錢後，仍須轉送次教首，再解送老教首，存庫積貯。大成、
衣法等教派的交割銀錢，稱爲上錢糧或解錢糧，儼若國家正項的撥解。
直隸王姓傳習清茶門教，王克勤等人供認，"我們教裏人稱姓王的師父
爲爺，見了磕頭，送錢稱爲朝上，所給錢文名爲根基錢，又名福果
錢。"[58]以致送根基錢或福果錢，稱爲朝上，它的含義，與大成等教的
上錢糧或解錢糧，頗爲相近。

民間秘密宗教的教產，因各教派規模不同，諸小教派多由教主或
老教首自行管理，其大教派則設有專人掌管。八卦教要犯劉省過被捕

〔54〕《軍機處檔·月摺包》第 2771 箱 84 包 14467 號，乾隆三十六年七月十五日，河南巡撫
　　　何煟奏摺錄副。
〔55〕《軍機處檔·月摺包》第 2771 箱 83 包 14003 號，乾隆三十六年四月二十六日，河南巡
　　　撫永德奏摺錄副。
〔56〕楊延烈纂修《房縣志》，《中國方志叢書》湖北省（臺北：成文出版社，1975 年）卷六，頁
　　　467。
〔57〕《宮中檔雍正朝奏摺》第 20 輯（1979 年 6 月），頁 868，雍正十年十一月二十九日，直隸
　　　總督李衛奏摺。
〔58〕《上諭檔》，嘉慶二十年十二月二十五日，王克勤等供詞。

後供出教中所收信徒分爲八卦，每卦以一人爲卦長，二人爲左干右支，以下俱爲散徒，每卦各自收徒。所收之徒，各出銀錢，送與卦長，卦長彙送與教主，多寡隨便。[59] 江蘇沛縣人楊進被捕後供出，乾隆二十六年（1761），八卦教的要犯山東人高志遠因到沛縣販賣布匹，與楊進彼此熟識，閒談八卦教的好處，每年只要隨各人情願，出錢幾百文，交給傳教師父收存，彙總送與掌教的人，點香上供。教內有全仕、流水等名目，年久了就可充當流水，自行收徒。郭振也是江蘇沛縣人，陳柱是郭振的表兄，他是八卦會震卦教內的理條。乾隆四十三年（1778），陳柱告知郭振，震卦教勸人行好，可以獲福免禍，諸事順利。教中由王中徒弟高志遠管事，其下有全仕、傳仕的名目，每年只要出錢三四百文，就可入教，做了全仕，就可轉收徒弟。郭振聽信後，即拜陳柱爲師。後來，郭振遇見高志遠，高志遠准許郭振做全仕，郭振轉收孫添然等人爲徒，每年各收錢三百文，都全數交給高志遠收管。高志遠身故後，就由沛縣人楊進接手管事，教中銀錢即交楊進掌管。[60]

　　乾隆五十一年（1786），安徽阜陽縣人張效元接管三陽教的教務，教中銀錢都由他掌管。他被捕後供稱：「四川斂來的根基錢，都送與我，我轉交王老保收藏。起初斂得的銀錢尚少，這五六年來每年約有萬餘兩。這些銀兩都爲累年打官司費用及同教的人發遣做盤纏。」[61] 乾隆六十年（1795）五月，湖北宜都縣人聶傑人等拜張宗文爲師，入白蓮教。同年七月，同教的劉盛才告知聶傑人說：「習教的人各出銀兩，交與掌櫃的收下，轉送李犬兒，就在簿內開入名字。日後成事，查對納銀多少，分別封官。」[62] 聶傑人心想做官，就出銀一百兩，交劉盛才收去。劉盛才見聶傑人給銀較多，聲稱可做總督。據聶傑人供稱，教中簿冊就是由劉盛才掌管。教中掌櫃，就是教首，有老掌櫃、大掌櫃及掌櫃之分。例如河南開封府西華縣人王廷詔的祖父王珊，他原習白蓮教，教中知道王廷詔是老師傅王珊的孫子，所以就稱王廷詔爲老掌櫃或大掌櫃。[63]

〔59〕《軍機處檔‧月摺包》第 2765 箱 90 包 16982 號，乾隆三十七年五月初一日，山東按察使國泰奏摺錄副。

〔60〕《乾隆朝上諭檔》第 16 冊，頁 462。乾隆五十六年九月初六日，郭振等供詞。

〔61〕《剿捕檔》（臺北：國立故宮博物院），嘉慶五年九月十三日，張效元供詞。

〔62〕《清中期五省白蓮教起義資料》第 5 冊，頁 1，嘉慶元年二月，聶傑人供詞。

〔63〕《上諭檔》，嘉慶六年五月初二日，王廷詔供詞。

民間秘密宗教的教產或經費,雖然有專人管理,但是,各教派都缺乏收支嚴密管理制度,信衆所致送的銀錢,本師是否轉交老教首或老掌櫃,小教首所收受的錢文,是否按時交割,都缺乏具體辦法,亦難以稽查。例如山東鄒縣人孔玉顯是坎卦的卦長,由教首李文功收受信衆銀錢,轉送孔玉顯,然後再送給老教首,但孔玉顯並未轉送,而據爲己有,私自中飽,擅自挪用。孔玉顯被捕後供稱,自乾隆四十八年(1783)至五十年(1785),其間孔玉顯共收過李文功致送銀三十二兩七錢,孔玉顯並未解京送給老教主劉省過的兒子,竟將所得銀錢自行置地七畝,耕種爲業。[64] 或可藉此數據推知乾隆後期山東鄒縣耕地,每畝平均約計紋銀五兩以下。

三、民間秘密宗教財政來源的特點

明末清初以來,隨著社會經濟結構的整體性變動,各種地域化社會共同體逐漸趨於多元化和複雜化。理學"泛家族主義"的價值系統也更加廣泛的滲入基層社會,許多本來沒有血緣聯繫的群體也利用血緣紐帶的外觀作爲整合手段,[65]形成了形形色色的地域化社會共同體,民間秘密會黨和民間秘密宗教,就是清代下層社會引人矚目的地域化社會共同體,也都是泛家族主義普及化的一種虛擬宗族。秘密會黨是由民間異姓結拜組織發展而來的多元性地域化社會共同體,它以異姓人結拜弟兄或金蘭結義爲群體整合的主要方式,多爲離鄉背井的出外人基於互助的需要而倡立的自力救濟組織,並模擬宗族血緣紐帶的兄弟關係,建立兄弟橫向的平行關係。民間秘密宗教是以宗教信仰作爲群體整合的主要方式,各教派多爲世俗化的佛道宗派衍生轉化而來的新興教派,同時雜儒釋道的思想教義,並模擬宗教血緣紐帶的父子關係,建立師徒縱向的統屬關係。由於社會分化的加深和社會文化價值系統的分裂,在基層社會的地域化社會共同體愈來愈士紳化並納入正統規範的軌道的同時,背離這一軌道的社會組織也逐漸分化出來,民間秘密會黨和秘密宗教的普遍出現,就是雍正、乾隆年間以來中國基層社會的一個重要發展方向。

---

〔64〕 《宮中檔乾隆朝奏摺》第 63 輯(1987 年 7 月),頁 358,乾隆五十二年二月十四日,山東巡撫明興奏摺。

〔65〕 《清代全史》第 5 卷(瀋陽:遼寧人民出版社,1991 年 10 月),頁 432。

雍正、乾隆年間的地域化社會共同體，由於人口流動的頻繁，多已從血緣紐帶演化成以地緣爲紐帶，形成依附式的地方社會共同體，進而演化成以經濟利益爲紐帶，形成合同式的地方社會共同體。民間秘密會黨一方面是以地緣爲紐帶而形成的依附式地方社會共同體；一方面也是以經濟利益爲紐帶而形成的合同式地方社會共同體。其成員的經濟地位都較低下，除了少數的墾戶外，大都爲家無恒產爲生計所迫的流動人口，由於生活陷入困境，而出外謀生，或進入城鎮肩挑負販，尋覓生理，傭工度日。同鄉在異域相逢，多互道出外人的難於立足，每當閒談貧苦孤身無助之時，即起意邀人結拜弟兄，遇事相助，患難與共，免受外人欺侮。離鄉背井的出外人，在新的生態環境裏，傳統宗族社會的血緣紐帶既已被割斷，只有模擬血緣親屬結構的兄弟關係，義結金蘭，倡立會黨，各會黨强調對內的互濟互助，多屬於經濟性的內部互助，會中成員以弟兄相稱，入會時各出定額的會費。雍正四年（1726），臺灣諸羅縣父母會成立的宗旨，是爲父母年老疾病身故籌措喪葬費用而創設的，就是屬於互助性的經濟活動。據父母會成員尾二蔡祖等供稱：“陳斌在湯完家起意招人結父母會，每人出銀一兩拜盟，有父母老了，彼此幫助。”[66]《臺灣舊慣習俗信仰》有一段叙述如下：

> 所謂父母會，就是各會員父母去世時，以父母資助喪葬費用爲目的而組成。他們雖說祭祀神佛，其實等於利用神佛，和現在的“人壽保險”相差無幾。類似父母會的還有孝子會、孝友會、長生會、兄弟會等，名稱雖然不同，但組織幾乎相同。就是當幾十個人創立父母會時，先各自捐出一定的金額，用其利息作爲祭祀神佛之用。又各會員分別指定其尊族中的一人，當此人死亡時，各會員再捐款作爲喪葬費。[67]

早期臺灣移民因生活貧苦，無力辦理喪葬事宜，所以招人結會，成立父母會，會中成員，每人出銀一兩，各自捐出一定的銀額，以其

---

〔66〕《宮中檔雍正朝奏摺》第11輯（1978年9月），頁67，雍正六年八月初十日，福建總督高其倬奏摺。

〔67〕高賢治、馮作民編譯《臺灣舊慣習俗信仰》（臺北：衆文圖書公司，1984年1月），頁55。

利息作爲喪葬祭祀神佛等用途，類似後世的人壽保險。《臺灣私法》
一書，對臺灣父母會的性質，有一段較詳盡的説明，節錄如下：

> 臺灣有稱父母會或孝子會的互助團體，其目的在補助
> 會員的父母、祖父母、伯叔等喪葬及祭祀費。是一種保險
> 團體，因而此等尊屬全部亡故時，該團體原則上要解散。
> 南部地區的父母會，皆不置財產，中部地區的父母會，大
> 多擁有財產。亦有保險對象的尊屬全部亡故後仍不解散而
> 繼續充爲祭祀費者。然而僅依會員協定存續而已，無論何
> 時皆得以解散處分財產，所以亦有在杜賣所屬財產的契字
> 註明："今因孝子會完滿"，表示父母會的目的已達成，將
> 所屬財產處分者。父母會亦有置總理或爐主等管理財產、
> 主持祭祀者。會員對此財產的持分，通常以股份表示，是
> 一種合股組織，其財產爲會員共有。[68]

諸羅縣境内的父母會，是移墾社會裏常見的一種地域化社會共同體，
模擬宗族制度的兄弟關係，會員之間，彼此以兄弟相稱，大哥湯完
與尾弟朱寶是兄弟平行關係，情同手足，合異姓爲一家，使其組織
成爲一種宗族化的虛擬宗族，既是地緣關係的依附式虛擬宗族，也
是一種以經濟利益爲紐帶的合同式虛擬宗族。父母會的成員入會時，
各出銀一兩，都是財產的持有人。會中成員對父母會財產的持分，
通常是以股份表示，屬於一種合股組織，父母會就是一種以地緣關
係及經濟利益爲紐帶的合同式虛擬宗族。類似臺灣父母會的秘密會
黨，並不罕見。乾隆十三年（1748），福建漳州府長泰縣陳巷墟地方
查出居民戴瓜素學習彈唱，是年六月十五日，戴瓜素糾邀林漸等三
十七人，各出錢六十文，聚集彈唱，號爲父母會。其名稱的由來，
或因其目的是爲父母身故念經彈唱儀式而得名。道光二十年（1840）
十月，貴州大定府人汪擺片因素好的友人張老四之母病故，無力殮
埋，於是邀同陳水蟲等二十七人結拜老人會，資助張老四銀錢包穀，
以籌措喪葬費用。[69] 老人會與父母會，名目雖然不同，但其目的卻
相同，都是爲了父母年老身故資助喪葬費用、祭祀神佛、念經彈唱

---

〔68〕 陳金田譯《臺灣私法》（南投：臺灣省文獻會，1990 年 6 月）卷一，頁 560。
〔69〕 《宮中檔》（臺北：國立故宮博物院）第 2719 箱 24 包 3729 號，道光二十一年七月
二十四日，貴州巡撫賀長齡奏摺。

而倡立的合同式虛擬宗族。老吾老以及人之老，患難相助的手足情誼，就是父母會和老人會共同的文化傳統，都是強調內部的互助問題。加入會黨的弟兄各出一定金額的會費，他們對會中財產的持分，既以股份表示，就是一種合股組織，會中財產爲會中弟兄所共有。秘密會黨的財產管理，有其共同特徵，那就是每個弟兄各有一定金額的持分所有權，並以合同的形式確認各自的權利和義務。出外人通過異姓弟兄的資助，可以解決貧窮問題，雖然是自力救濟的互助性質，但在會黨內部的資源分配具有較高的合理性和平等性。

民間宗教信仰中有許多進香活動，各進香團體，多倡立會名，其性質已無異於民間教門，例如直隸山西會，就是以進香爲主要活動的宗教團體。山西會的會首爲牛老，當牛老身故後，由石禄接充會首，每年三月同往西域寺進香一次。嘉慶十二年（1807），因南府人出境燒香，被內務府查禁。嘉慶十四年（1809），仍復起會進香。嘉慶二十二年（1817），又遭取締，石禄等被捕，供出會中成員資料，可據清單列出簡表如下：

嘉慶二十二年（1817）山西會成員簡表

姓　　名	身　　份	住　　址	香資金錢
佛　　保	滿洲正紅旗護軍	安河橋紅旗營	2840 文
劉長太兒	包衣人膳房小蘇拉	雙關帝廟門口	2840 文
俞　　二	包衣人	雙關帝廟門口	2840 文
鄒 二 格	包衣人	掛甲屯月亮門内	2840 文
希 拉 布	包衣人高麗通事	楊家井	2840 文
趙　　大	旗人	香山	2840 文
崔　　貴	儀親王府太監	北海淀太和莊	2840 文
徐　　三	民人，開鐵鋪	北海淀	2840 文
王 興 業	民人，開古玩鋪	北海淀藍靛廠	2840 文
郭 林 祥	民人，開煙鋪	福園門外	2840 文
崔 載 氏		北海淀老宮門口	2840 文
錢 河 氏		馬廠門西三合館	2840 文
金六奶奶		楊家井	2840 文
王 周 氏		掛甲屯	2840 文

資料來源：國立故宮博物院《上諭檔》，方本，嘉慶二十二年六月十四日，頁143。

前列簡表十四人，崔載氏等四人爲婦女，其餘十人內，旗人、包衣、太監共七人，佔多數，另三人爲民人，都是鋪商。十四人都是直隸人，每人每年各出香資京錢都是二千八百四十文，是合資性質的宗教活動。類似這種性質的宗教信仰團體，並不罕見。例如嘉慶二十二年（1817）在直隸通州丁家莊破獲的路燈會，其經費的籌措，也是合資的性質。每年正月，丁家莊合村捐資在村中的觀音庵點設路燈，因路燈是顯著的特徵，所以叫做路燈會。

民間秘密會黨的倡立，基於會中成員的互濟互助，可以暫時解決生計孤苦等現實問題。宗教信仰則注意到生前死後的心理問題，它與巫術活動不同，巫術是一套動作，具有實用的價值，是達到目的之工具；宗教則基於共同的文化意識創造一套社會價值，而直接的達到目的。人類在求生存的過程中，經常遭遇到種種困難與挫折，譬如天災、人禍、疾病、死亡，或者說是生老病死等問題，其中死亡是生命過程中所遭遇的最具破壞性的挫折，往生以後，不轉四牲六道，免除輪迴之苦，不墮無間地獄，得生西方淨土，就是善男信女的心理寄託，民間秘密宗教信仰大都能適時地給予人們某種程度的助力，使他們有信心的生存下去。《大乘大戒經》就指出，"在家修道者，孝順父母，尊敬長上，和睦鄉里，早辦國稅，生不遭王法，死不墮地獄；出家修行者，日則化飯充飢，夜則看經念佛。爲善至勝，爲國家保佑長生，祝延聖壽，理合自然。"承認生活規範的價值，就是一種認知的功能，也具有社會教化的正面意義。民間秘密宗教的宗旨，主要就是戒殺生，戒飲酒。《大乘大戒經》也有幾段經文說："持戒者得生佛道，飲酒食肉者，正是忤逆不孝之人也，入無間地獄。"又說："受戒念佛之人，臨終得生西方淨土，黃金爲地，四邊街道金銀琉璃，受諸快樂。""世間惡人，無心念佛一聲，也當一個銅錢功德；善人念佛一聲，已當十文銅錢功德；持長齋飯三寶，念佛一聲，當一個金錢功德；受五戒之人，念佛一聲，有一萬二千金錢功德；受十誡善知識，念佛一聲，有三十六萬金錢功德。"[70]民間秘密宗教就是以佛教文化的價值觀，對善惡作了詮釋。善者就是菩薩，惡者就是畜牲；善者長生富貴，惡者子孫貧窮；善者孝順，惡者忤逆；善者飽暖，惡者飢寒；善者受戒，惡者破戒；善者受戒持齋，惡者毀謗佛法，世

---

〔70〕《軍機處檔·月摺包》第 2776 箱 147 包 35188 號，乾隆四十八年十二月初八日，《大乘大戒經》。

問善惡，皆有報應。民間秘密宗教的教首師父，度人生死，與人受戒，信衆須盡供養的孝心，恭敬布施，就有功德，生前獲福，亡靈超升。

民間秘密宗教的組織是一種虛擬宗族，各教派模擬血緣宗族制度的父子倫常關係，本師和信徒的關係，就是父子關係，是屬於縱向的統屬關係。善男信女多具有佛道信仰的傾向，大都樂意奉獻積蓄，布施銀錢，供養師父，一方面是做功德，一方面也是盡孝道。各教派信徒認爲"要求來生福，還須今世財"。出錢入教，祈求福報，平日積下根基錢，致送本師，便可修來生富貴，相信"今生出一，來生得百"。反映下層社會善男信女對富貴的渴望。加入會黨，從家庭中游離出來，是個人行爲，洪門機密，父不傳子，兄不傳弟。宗教信仰與會黨不同，往往是一人入教，闔家男女都成爲信徒，有時還按一家丁口同時出錢入教。在傳統社會裏，血緣宗族的家長或族長，是家產或族產的支配者。民間秘密宗教的教產，其處置方式，也接近宗族制度，信徒致送本師的銀錢，必須輾轉交由掌櫃或老教首支配。乾隆年間，山東單縣人劉省過傳習八卦教，他是教主，河南商邱縣人郜三是離卦卦長，各卦輾轉收徒，收受銀錢，由山東人孔萬林等轉交劉省過。乾隆三十七年（1772），破案時，郜三送交劉省過銀計二千二百兩，搜獲劉省過埋藏銀共一萬二千餘兩，[71] 爲數頗多。

信衆供養老教主及其子孫，不僅是一種功德，而且也是一種義務，民間秘密宗教的信衆，就是以奉養父祖的孝道觀念來供養老教主及其後裔。乾隆四十八年（1783），孔萬林的胞侄山東鄒縣人孔玉顯等因聞劉省過的次子劉二洪藏匿京中，於是以贍養劉二洪爲名，復興坎卦教，孔玉顯自稱卦長，收受信衆銀兩。乾隆四十年（1775），河南樊明德傳習混元教，教首劉松因混元教案發被發配甘肅隆德縣。安徽太和縣人劉之協是劉松的徒弟，劉之協轉收湖北襄陽縣宋之清等人爲徒，宋之清轉收伍公美爲徒，伍公美轉收樊學鳴爲徒，樊學鳴又轉收蕭貴爲徒，俱傳習混元教。蕭貴平日所收打丹銀兩，即交本師樊學鳴轉送宋之清收受，宋之清奉劉之協之命，陸續送交劉松配所。據劉松供稱："有舊徒安徽太和縣原香集人劉之協及劉之協之徒宋之清自五十四年起至五十八年，曾到過隆德配所六次，斂取打丹銀兩，陸續送給，至二千兩

〔71〕《軍機處檔·月摺包》第 2765 箱 92 包 17978 號，乾隆三十七年八月二十九日，河南巡撫何煟奏摺錄副。

之多。"[72]這些銀兩後來被官府起出,都是雜碎銀兩,約有市平銀二千兩。乾隆五十九年(1794),劉之協與劉松商議復興三陽教,王法僧與劉松同配,知情不舉。王法僧改發回疆喀什噶爾,發給阿奇木伯克伊布拉依名下爲奴。安徽阜陽縣人張全、張效元父子俱爲三陽教信徒,嘉慶五年(1800),張效元被捕後,供出其父張全曾令張效元攜帶銀兩,前往喀什噶爾探望王法僧,補助王法僧的盤費。山東金鄉縣人侯位南,世代傳習坎卦教,他被捕後供認,"我向衆人哄騙,收斂錢文,換銀五十餘兩,存放趙振基家,我意欲再斂銀錢,送往烏魯木齊給劉教首的子孫。"[73]劉教首就是劉松。

王三保籍隸河南鹿邑,劉之協等復興三陽教一案的要犯王雙喜,就是王三保的堂兄。劉之協曾以王雙喜爲紫微星臨凡,收徒入教。三陽教案發後,王雙喜被發遣黑龍江監禁。嘉慶十五年(1810),王三保藉名紫微星王雙喜之弟,與朱明道等商議傳教收徒,斂取銀錢,送往黑龍江配所。自嘉慶十五年(1810)至十九年(1814)止,約計收取朱明道、李珠、王百川錢四百餘千,徐良璧錢六百餘千,任格錢二十餘千,阮鳳儀錢二十餘千,吳隴雲錢二百餘千,陳定印、王起盛錢一百餘千。王三保留用錢四百餘千,其餘錢一千餘千,易換銀兩,派同教送往配所。嘉慶十六年(1811),換銀二百餘兩,交阮鳳儀等送往黑龍江配所;嘉慶十八年(1813),換銀二百兩,嘉慶十九年(1814),換銀二百餘兩,俱交阮鳳儀等送去。嘉慶二十年(1815),換銀三百五十兩,交王四保等人送去。前後四次,共銀九百五十餘兩,均送至黑龍江,由配所遣犯阮朋齡、劉文魁二人送交王法僧之妻王王氏,分給王雙喜收用。[74]

離卦教當家尹老須接管教務,信徒日益衆多。嘉慶二十五年(1820),尹老須延請同教謝老聞至家教讀,幫辦教中事物,所有前去昇單書丁的信衆,均由謝老聞代記賬單。教中信徒因人數衆多,所以分爲南北兩會。其中山東清平、冠縣等處的信徒共有一千餘人,稱爲南會;高塘、夏津、聊城、邱縣、棠邑等處的信徒,稱爲北會。此外又有狄

〔72〕《清中期五省白蓮教起義資料》第 5 册,頁 28,乾隆五十九年十月十三日,安徽巡撫陳用敷奏摺。

〔73〕《軍機處檔·月摺包》第 2751 箱 30 包 52514 號,嘉慶二十二年八月初一日,山東巡撫陳預奏摺錄副。

〔74〕《清代檔案史料叢編》第 9 輯,頁 256;《軍機處檔·月摺包》第 2751 箱 32 包 52973 號,嘉慶二十年九月初二日,特依順保奏摺錄副。

漢符、狄文奎等頭目分帶蘭山、嶧縣、邳州等處之人,約計二千人前往昇單書丁,俱歸入尹老須教內。尹老須因信徒眾多,斂錢致富,即令其子尹明仁報捐州同職銜,並為尹老須本人捐請六品封典。同時陸續置買田宅,設立鋪業。尹老須因見教務興旺,於是自稱南陽佛,以弘法自居,陸續建造房屋兩所,計一百餘間。以西所為住宅,東所留作接待信眾之所,並取經內"收找元人歸家認母"之義,而將正廳命名為"收元廳",並統稱其寺為飛龍寺。後來又創立大場、小場、朝考、均正、巡香等名目。屆時各做功夫,預備考察。商令教內蕭滋等人假充明眼,聲稱閉目出神,上天問話,以出錢多寡,決定加福等次。並揚言八卦是文王所定,尹老須就是文王轉世,所以充當離卦教教首。又令蕭滋編造將有劫數的謠言,使信眾畏懼,出錢祈福。又令謝老聞書寫傳單,載明某年當有黑風劫,屆時即有妖獸食人等語,遣派韓老吉等將傳單轉送各處信眾。其信眾畏懼,紛紛送錢數千至數十千文,或銀數量至數十兩不等。尹老須接管離卦教的教務以後,信眾多達數千人,教中組織規模擴大,儼若小朝廷。

民間秘密宗教的教產,既歸老教主或總當家支配,就是族長制的管理方式。財富都集中在教主或教首手上,信眾無權過問,是一種集權化的教產管理體制。寺廟庵堂的建造,修橋鋪路,裝設路燈,塑造神像,救濟窮人,以及各項宗教福利措施的支出,多由教主或總當家處置。老教主或總當家由於教中財產的集中和累積而致富,可以置產捐官,各教派所籌措的經費都建立起一套集權化或族長制的管理體制。

秘密會黨內部成員,雖以兄弟相稱,但是只能維持橫向的散漫關係,而且秘密會黨各立山頭,此仆彼起,彼此之間,各不相統屬,倏起倏滅,缺乏延續性,對社會資源的取得較為有限。民間秘密宗教的形態,則屬於師徒縱向的嚴密關係,各教派輾轉衍化,枝幹互生,向下扎根,盤根錯節,具有較持久的延續性,下層社會的有限資源,竟因宗教信仰的普及而被各教派所吸收,對社會資源的集中與分配所產生的負面作用,是值得重視的。

※ 本文原載莊吉發《真空家鄉:清代民間秘密宗教史研究》,臺北:文史哲出版社,2002 年。

※ 莊吉發,國立臺灣大學歷史研究所碩士,國立故宮博物院退休研究員。

清代臺灣的善書與善堂

宋光宇

　　在臺灣各地的廟宇或公共場所，通常都可以看到有一些勸人修行、爲善的小册子，放在一角，供人免費取閱。這種小册子稱之爲"善書"。1991 年 7 月 1 日至 1992 年 6 月 30 日，因執行由國科會支助的研究計劃"儒宗神教——扶乩在臺灣的綜合研究"，廣泛的收集各種善書，共得八百七十三種，九百二十三册。其中確定用扶乩的辦法寫成的善書共有二百二十三種，三百二十九册。絕大部分是 1970、1980 年代的作品，屬於清代或日據初期的作品計有《覺悟選新》八卷和《渡世慈帆》八卷。《覺悟選新》第一卷成書的時間是光緒十七年(1891)，第八卷是在光緒二十九年(1903)，時日本人佔領臺灣已經八年之久。《渡世慈帆》開寫於光緒二十一年(1895)，翌年完成。正值臺灣割讓給日本之際。兩書都是沿用清朝年號，有"不忘故國"之情。這兩本善書可說是"全臺灣最早的善書"。因此，本文探討有關這兩本書的臺灣扶乩的來源、兩本善書內容及其時代背景和它們所表現的社會意義。

一、扶乩的傳入

　　扶乩，又叫扶鸞，是中國一項古老的道術。由乩手（正鸞生）經過"請鸞"儀式後，進入"失神"狀態，用桃枝做成的"Ｙ"形鸞筆，在沙盤上寫字。旁邊有唱鸞生逐字報出，由錄鸞生寫下，就成爲一篇乩文（鸞文）。累積到一定數量之後，就可以集合成書。這就是鸞作善書的源起。

　　臺灣在什麼時候開始有扶鸞活動？臺灣各本方志中，只有光緒十八年林豪所寫的《澎湖縣志》卷九《風俗》"王醮"一項，提到"各澳皆有王廟……神各有乩童，或以乩筆指示，比比皆然。"這段記載只告訴我們，在光緒十八年時，澎湖的扶乩活動已經很普及。並沒有涉及最初的源頭。

　　根據王世慶的考證，大概有幾個源頭：[1]

　　(一)康熙年間説：據光緒二十七年(明治三十四年，1901年)七月，臺北辦務署士林支署長警部朝比奈金三郎的調查，據當地的一位文人説，鸞堂在二百多年前，自中國大陸傳入臺灣。[2] 但此説沒有任何確實的證據，可資佐證。

　　(二)咸豐三年説：據《覺悟選新》卷一的記載，臺灣鸞堂以澎湖爲最早。當時的地方文人秀才爲祈禱消彌災患與匡正社會人心，於咸豐三年(1853)六月三日，在媽宮開立"普勸社"，奉祀南天文衡聖帝(關聖帝君)。初設沙盤木筆，有時扶鸞闡教，有時宣講勸人。其淵源是福建泉州的"公善社"。

　　(三)同治年間説：據日本警察的調查，臺灣本島的鸞堂是同治六、七年時，有澎湖許老太者，在廣東學到扶鸞的辦法，回到臺灣澎湖後，在地方上，爲人祈禱治病。至光緒十三、四年的時候，許老太將此法傳授給宜蘭頭圍街進士楊士芳。並在頭圍創立"喚醒堂"，楊士芳自任堂主，向街民廣傳其法，並祈禱扶鸞施藥方，爲人治病。[3]

　　(四)同治九年説：日人井出季和太的《臺灣治績志》上記載，同治九年間，廣東有扶鸞降神之迷信傳入澎湖。由此迷信者祈禱戒除鴉片煙，一時獲得相當好的效果。但不久又有不少人開戒抽鴉片煙。[4]李騰嶽在《鴉片在臺灣與降筆會的解烟運動》一文中，[5]也是採用井出的説法。但事實上，用扶鸞的辦法來戒除鴉片，是日據初期的事。

　　(五)光緒十九年説：也是根據日本警察之調查，鸞堂的祈禱戒鴉片煙的辦法，是在清光緒年間，起源於廣東惠州府陸豐縣。光緒十九年，宜蘭人吳炳珠、莊國香兩人到廣東陸豐，見有扶鸞戒鴉片的辦法，有益人民，於是效法回臺灣傳法開堂，並與陸豐縣之鸞堂保持聯繫。因此，吳、莊兩人可説是臺灣開設鸞堂從事戒除鴉片煙的鼻祖。

　　光緒二十三年(明治三十年，1897年)六月，樹杞林街(今竹

〔1〕　王世慶《日據初期臺灣之降筆會與戒煙運動》，《臺灣文獻》37：4，1986年，頁112～113。

〔2〕　臺灣總督府公文類纂元臺北縣，明治三十四年，永久保存第四十六卷，第三門警察，高等警察，降筆會案卷。

〔3〕　同註〔2〕。

〔4〕　井出季和太《臺灣治績志》，1937年，頁242～243。

〔5〕　李騰嶽《鴉片在臺灣與降筆會的解烟運動》，《文獻專刊》4：3，4，1953年，頁17～18。

東）的保甲局長彭樹滋，原係廣東惠州人士，爲了戒煙乃赴廣東陸豐五雲洞彭廷華宅，接受祈禱及治療。戒煙成功後，回到樹杞林街，將此事告知新竹辨務署參事彭殿華，極力宣揚扶鸞戒煙的成效。於是從宜蘭請來吳炳珠到樹杞林舉行祈禱、扶鸞及戒煙。但因方法不熟而效果有限。

至光緒二十四年十月，新竹辨務署參事彭殿華出資數百圓，從廣東請來五位鸞生，即彭錫亮、彭錦芳、彭藹珍、彭錫慶、彭錫瓊五人來臺。光緒二十五年二月，在彭殿華的住宅內設立鸞堂，舉行扶鸞戒煙。結果彭殿華及九芎林（今芎林）莊長數十人的鴉片烟癮都告戒除。彭錫亮等人將此法傳授給九芎林的邱潤河、彭阿健、大肚莊的劉家冀、彭阿石等四人，而於光緒二十五年返回廣東。從此以後，扶乩降筆會之祈禱戒煙在臺灣到處盛行。[6]

王世慶所列的五種可能起源，有兩種説法是道聽途説，沒有證據之外，剩下的三種説法分別代表三個不同的來源。兩個源頭源自廣東——宜蘭和新竹，一個源自福建泉州——澎湖。這三種源流到臺灣以後，在日據初期相互影響。本文所要討論分析的兩本善書《覺悟選新》和《渡世慈帆》分別代表澎湖和宜蘭兩個源頭，是這兩個源頭的最早期作品，也都涉及到戒除鴉片煙這件事。以下就分別來分析這兩本書。

二、澎湖最早的善堂——普勸社與一新社

根據《覺悟選新》卷一的記載，澎湖的扶乩活動始自清咸豐三年（1853），澎湖媽宮地方的文人爲禱天消災和匡正人心，開始設立"普勸社"。以宣講聖諭和普遍勸人行善爲宗旨。[7] 到了光緒初年，社員大多凋零，又有中法戰爭之役（光緒十一年，1885年），以致普勸社完全停止活動。

到光緒十三年，地方生員許棼、黃濟時、林介仁、鄭祖年、郭丕謨、高攀等人鳩資重建普勸社。並取用《尚書·胤征》"舊染污俗，咸與維新"之意，改名爲"一新社"。並於次年向地方官府呈文，請求給與告

---

[6] 臺灣總督府公文類纂元臺北縣，明治三十四年，永久保存第四十六卷，第三門警察，高等警察，降筆會案卷。

[7] 《覺悟選新》卷一，1891年，頁1。

示,通告澎湖民衆在宣講期間,要踴躍前往聽講,並應遵守秩序。得到許可。這份官府所給的告示是這樣寫的:

即補清軍府署臺南澎湖海防糧捕分府龍爲出示曉諭事。

本年(光緒十四年戊子)二月二十六日,據生員許棻、黄濟時、林維藩(介仁)、鄭祖年、郭丕謨、高攀等禀稱:"竊我澎各前憲,志在牖民。知有政不可無教,偏隅貴被休風。爰懍遵朝典,朔望宣講上諭之餘,復諭諸士子,設立'普勸社'。勸捐資費,採擇地方公正樂善之人,於晴天月夜,無諭市鎮鄉村,均就神廟潔淨之處,周流講解聖諭及善書,以冀挽回習俗於萬一。見夫讀法紀於周官,辰告垂諸風雅,則勸勉之條,誠有司之不可缺者也。不謂乙酉(光緒十一年)春,兵疫後,普勸社規程俱已泯没,諸講生亦大半淪亡。兹舉遂寢,棻等身列膠庠,頗知見義勇爲,不忍坐視頹廢。乃於去年(光緒十三年丁亥)鳩資重整社中。談用取《尚書》'舊染污俗,咸與維新'之意,更'普勸'曰'一新社'。且遴選樂善不倦、兼以口才素裕,可作講生者,如八品頂戴林陞,及童生郭鶚志、許占魁、高陞、陳秉衡等之數人者,俱有心向善,殊堪勝任愉快。庶乎,數十年之美舉,得勃然興矣。第思勸善之設,雖云法美意良,而際此地方更張之日,正兵民雜處之時。非懇蒙出示布告,當宣講日期,或此欲靜而彼欲譁,豈能肅圜橋之觀聽。且諸講生不奉明諭,其何以藉朝廷之力,振威儀而服衆志哉?於是,再四思維,措理無術,爰相率聯名,瀝情陳請。伏乞恩準,據禀出示曉諭,以新耳目。一面諭講生等,俾專責成……等情。"

據此,除禀批示,併諭飭該講生等知照外,合行出示曉諭。爲此,示仰閤澎衿耆士庶人等知悉。爾等須知宣講聖諭,解析善書,均係勸人爲善,有益身家,務須環聚恭聽,謹奉力行,切勿喧嘩吵鬧,致干查究。切切毋違。特示。

光緒十四年三月初六日

從這份告示,我們可以清楚的認識到以下幾件事實。第一,組織善社,辦理宣講活動,是地方上的知識分子的社會教育活動。第二,宣講善書,在某種意義上,是跟宣講"聖諭"等量齊觀,都是爲官方所重視的。光緒十八年的《澎湖縣志》卷九《士習》條就記載澎湖的宣講活動是規規矩矩的在進行,"而澎海一隅,獨能遵地方官示諭,隨在宣講《聖諭廣訓》及《感應篇》、《陰騭文》諸書，而弗染異説也"。《感應篇》、《陰騭文》都是宋朝以來，流傳最廣的兩本善書。可是在當時，地方士紳在宣講聖諭的時候，也宣講善書。

在有清一朝，順治皇帝曾於順治九年（1652）頒佈《六諭臥碑文》，分行八旗直隸各省。十六年（1659）議准設立鄉約，教令各省地方牧民之官與父老子弟，實行講究。[8] 康熙皇帝在康熙九年頒佈《聖諭》十六條。[9] 雍正二年又頒佈《聖諭廣訓》。[10] 由於清代歷朝屢屢下旨，要地方官確實推行講解聖諭的工作，可見得這種教化政策在執行上並不十分成功。《欽定州縣事宜》更是明白指出清代縣官如何虛應故事：

> 朔望之辰，鳴鑼張鼓，前詣城隍廟中。公服端坐，不發一語，視同木偶。而禮生紳士請頌聖諭一遍，講不悉其義；聽不得其詳。官民雜沓，哄然各散。[11]

何耿繩《學治一得錄》也提到類似的情形：

> 常見州縣每於朔望循序宣講，率皆奉行故事，毫無發明。聽者寥寥，亦復置若罔聞。[12]

於是，地方士人自行組織善堂，以宣講聖諭和善書爲職責，用來彌補地方行政之不足。[13] 戴寶村曾指出："聖諭强調和諧、勤儉，端正風俗，但平民生活艱苦，常受剥削，易投向秘密宗教和結社，以求得生活物資和精神寄託。"是爲宣講聖諭執行不力的原因之一。[14]

證諸澎湖的資料，他的推論是有問題的。實際的情形應該是地方士人在地方官府的"示諭"之下，自行結社，用因果報應故事來宣講"聖諭"。（詳見第五節）

光緒十七年三月十五日在一新社成立"樂善堂"，專門用扶乩的辦法來著作善書。從光緒十七年至二十八年所有的乩文集結成《覺悟選新》八卷，是爲全臺灣最早撰作的勸善書。以後澎湖及臺灣各地起而仿效，紛紛成立各種善堂。

---

〔8〕《欽定大清會典事例》卷三九七《禮部・風俗・講約一》，頁1~2。
〔9〕同註〔8〕。
〔10〕蔣良騏、王先謙纂修《十二朝東華錄・雍正朝》卷二，頁11。
〔11〕引自蔡申之《清代州縣故事》（二），《清代掌故綴錄》。
〔12〕同註〔11〕。
〔13〕陳兆南《臺灣的善書宣講初探》，《本土歷史心理學研究》（中央研究院民族所，1992年2月），頁1~2。
〔14〕戴寶村《聖諭教條與清代社會》，《師大歷史學報》13，1985年，頁315。

三、楊士芳和宜蘭早期的扶乩活動

《渡世慈帆》是目前所見宜蘭地方最早的善書。在引言和例言部分，署名是"進士楊士芳盥手敬撰"。在 1962 年編纂的《宜蘭縣志》卷八《人物志》第一篇《歷代人物篇》的第八章《學藝傳》有楊士芳的略傳：

> 楊士芳，字蘭如，號芸堂，邑人。先世由福建詔安來臺，三遷至宜蘭清水溝柯仔林，後又徙居百聾莊。家貧，幼隨父兄耕作。見新進孝廉黃纘緒還鄉，旂采炫耀，心美之。請於父兄，願讀書。年十七始就外傅。清道光二十四年(1844)甲辰，家遭番害，母死父傷。比侍父病愈，境益窘，乃輟學。嗣賴其兄文才經營，衣食稍給，得復讀。由是矢志力學，文思日進。咸豐癸丑歲(1853)，年二十八，入郡庠。同治元年(1862)壬戌，獲領鄉薦。七年(1868)戊辰，入都會試，中式進士，殿試三甲，分發浙江即用知縣。請假回籍。值父喪不赴任。八年，倡建孔子廟。十三年(1874)，請建延平王專祠，由巡臺大臣沈葆楨轉奏，奉敕照準。光緒元年(1875)，掌教仰山書院。迨日據臺灣，明治二十九年(光緒二十二年，1896年)，任宜蘭廳參事，遂終老焉。

從這篇略傳，我們得知，在扶鸞撰作《渡世慈帆》時，楊士芳已經七十二歲。他對當時的社會風氣頗有不滿之意。在《渡世慈帆》的引言中，清楚的表達他的意思：

> 無如世風日下，習俗相沿，至於今，而人心之壞極矣。惻隱羞惡之全無，辭讓是非之安在。不顧天良，只圖利慾。其奪人財，與盜賊之何異。其奸淫女色，真禽獸之弗如。亂常逆理，靡所不為。其遭逢大劫，亦人世之自召也。

日本人剛剛佔領臺灣的時候，日本軍隊就遭到"霍亂"的襲擊，開到澎湖的軍隊全軍染病，死亡殆盡。同時，鼠疫自香港傳來，隨即暴發流行，死人眾多，日本警察為此展開強力的消毒工作。凡是罹患鼠疫而死的人，都要火葬，患者的住家也要燒掉。這些激烈的防疫手段使得社會徬徨不安。[15] 再加上日本軍隊強力掃蕩殘餘的反抗勢力，強

---

〔15〕 宋光宇《日據初期的瘟疫與迎神》，《高曉梅先生八秩華誕祝壽論文集》，1991 年。

征臺灣青年參加戰役。這些現象看在楊士芳的眼中,真的是"遭逢大劫",是人力不可挽回的事,唯有祈求上天神明垂降憐憫,開恩救渡世人。於是他在引文中接着說:

> 當此刀兵擾攘,疫癘盛行,民也幾無聊生矣。我三恩主(按指關聖帝君——關恩主,孚佑帝君呂純陽——呂恩主,九天司命真君張恩主——即灶君)不忍坐視其殄滅,大發救世之婆心。爰是請旨開堂。急喚斯民之醒悟。並邀衆佛仙神同諸真而下界。至聖先師及群賢而臨鸞,或作詩文以訓之,或作歌賦以懲之。其中無意不周,無詞不備,直爲指示迷津,開其覺路,超回苦海,濟以慈帆。苟能從此悔過遷善,以復其初衷。正心修身,以明其明德。將人人各親其親,各長其長。飭紀敦倫,同登善域,實有厚望焉。是以爲引。

因此,楊士芳在他的晚年主持頭城的喚醒堂(創始於光緒二十一年)和宜蘭市的碧霞宮(創始於光緒二十二年)兩地的鸞務,配合地方上的秀才,積極從事社會教化工作。《渡世慈帆》就成爲楊士芳的社會教化工作的代表作。

四、《覺悟選新》、《渡世慈帆》與《聖諭》之比較

《覺悟選新》和《渡世慈帆》的體例,在基本上,是一種神明對世人的傳達"旨意"。講話的語氣跟皇帝的"聖旨"差不多。因此,將《覺悟選新》、《渡世慈帆》這種勸善書拿來與清聖祖的《聖諭》十六條做對比,自有其特殊的意義。

明清兩代都很注重對國民的社會教化工作。明太祖在洪武二十年(1387)頒佈《修身大誥》三篇;洪武三十年(1397)頒佈《教民榜文》。《教民榜文》的第一條就是《六諭》。其內容爲:

（一）孝順父母　　　　　（二）尊敬長上
（三）和睦鄉里　　　　　（四）教訓子弟
（五）各安生理　　　　　（六）毋做非爲

清承明制,明太祖的《六諭》爲清帝所沿襲。清世祖在入關後不久,順治九年(1652),就頒佈《六諭臥碑文》。清聖祖在康熙九年(1670)又頒佈《聖諭》十六條。其條文內容如下:

（一）敦孝弟以重人倫　　　（二）篤宗族以昭雍睦

　　（三）和鄉黨以息爭訟　　　（四）重農桑以足衣食
　　（五）尚節儉以惜財用　　　（六）隆學校以端士習
　　（七）黜異端以崇正學　　　（八）講法律以儆頑愚
　　（九）明禮讓以厚風俗　　　（十）務本業以定民志
　　（十一）訓子弟以禁非爲　　（十二）息誣告以全善良
　　（十三）誡窩逃以免誅連　　（十四）完錢糧以省科催
　　（十五）聯保甲以弭盜賊　　（十六）解讎忿以重身命

　　蕭公權將《六論》和《聖諭》十六條分成社會關係、教育、生計、安寧與秩序四大項。[16] 可以用下列表格表示之：

範　疇	六　　論	聖諭十六條
社會關係	孝　順　父　母 尊　敬　長　上 和　睦　鄰　里	敦孝弟以重人倫 篤宗族以照雍睦 和鄉黨以息爭訟 明禮讓以厚風俗
教　育	教　訓　子　孫	隆學校以端士習 黜異端以崇正學 訓子弟以禁非爲
生　計	各　安　生　理	重農桑以足衣食 尚節儉以惜財用 務本業以定民志
安寧與秩序	毋　作　非　爲	講法律以儆頑愚 息誣告以全善良 誡窩逃以免誅連 完錢糧以省催科 聯保甲以弭盜賊 解讎忿以重身命

轉錄自載寶村《聖諭教條與清代社會》，頁 308，1985 年。

　　再看《覺悟選新》中所有的乩文，依照蕭公權的分類法來分，則得到以下的分布情形：

[16] Hsiao, Kun-chuan, *RURAL CHINA: IMPERIAL CONTROL IN THE NINETEENTH CEN-TURY*, 1960, p. 187.

社會關係:勸孝(1)、正鄉規(5)、憐孤恤寡(1)、醒世(15)、訓
　　　　俗(1)。

教　　　育:勉勵宣講(2)、訓本堂諸生(5)、婦女訓(2)、交
　　　　友(1)、修身治人(1)、勸世寶訓(1)、勸忠孝廉
　　　　潔(1)、敬灶文(1)、惜字文(1)、三教總論(1)、
　　　　訓士民(1)。

生　　　計:勸勤耕惜款(1)。

安寧與秩序:戒淫(2)、戒嫖(2)、戒賭博(2)、戒械鬥(1)、戒
　　　　兄弟(1)、戒唆人爭訟(1)、戒公門(1)、戒喫鴉
　　　　片(8)、戒酒色財氣(3)、戒溺女賣花(1)、戒停
　　　　柩遲葬(1)、戒世俗謝神(1)、戒惡(1)、戒強梁
　　　　(1)、訓民俗(1)。

　　至於"行述"二十四則,都是由一些"小神"來講他生前是如何積德
行善,死後受封爲神的故事,鼓勵人們起而效法,社會教育意味濃厚。
　　《渡世慈帆》的内容大部分是泛泛勸化世人要一心向善的詩文。
只有少數的歌或賦或論,有特定的題目。可分成下列諸項:

社會關係:戒妯娌不和(1)、勸和衷(1)

安寧與秩序:戒淫(6)、戒鴉片(5)、戒妖僧冒財(1)、戒乩童
　　　　(1)、戒山醫命卜相(1)、戒庸醫(1)、戒運命
　　　　(1)、戒溺女(1)、戒刀槍(1)、戒驕縱(1)、戒媚
　　　　鬼神(1)。

　　拿《覺悟選新》和《渡世慈帆》的内容和康熙皇帝的《聖諭》來對比,
我們可以發現,這兩本善書相當著重社會的安寧與秩序。《聖諭》只是
作綱要式的説明,而這兩本善書則是依照地方上的實際情形,做詳盡的
批判。像械鬥是閩南、臺灣尤爲興盛的風俗。從乾隆到光緒年間,全臺
灣各地分類械鬥層出不窮,大規模的械鬥就有二十八次,死人無數。[17]
　　造成械鬥的起因是由於清代臺灣的漢人移民社會是以地緣關係爲
主。姚瑩在《東槎紀略》中記道:"臺灣之居民,不以族分,而以府爲氣
類;漳人黨漳,泉人黨泉,粵人黨粵,潮雖粵而亦黨漳。"[18]各籍聚落壁壘
分明。一旦有糾紛發生,常聲應氣同。《鳳山采訪册》云:"閩粵之人各分

---

〔17〕　樊信源《清代臺灣民間械鬥歷史之研究》,《臺灣文獻》25:4,1974年,頁90。
〔18〕　姚瑩《東槎紀略》,清代同治元年。

氣類,睚眦之怨,糾鄉眾持白梃以鬥。好事輕生,其習尚然也。"《鳳山縣志》卷七《風俗志漢俗考》也説:"自淡水溪以南,則番漢雜居,而客莊尤夥。好事輕生,健訟樂鬥,從來舊矣。"藍鼎元在《與吳觀察論治臺灣事宜書》中也説:"客莊居民,朋比爲黨。睚眦小故,輒譁然起争,或歐殺人,匿滅其屍。健訟,多竊盗,白晝掠人牛。"由於風俗如此,勸善書中當然要提。

用扶乩的辦法來戒除鴉片烟癮,在臺灣的近代史上是一件大事。

在十九世紀末、二十世紀初,臺灣吸食鴉片的人數大約有十六萬人,佔全部二百六十萬人口的百分之六點五四,是一個相當嚴重的社會問題。[19] 用扶乩的辦法,假關聖帝君之名,來戒除鴉片,並不是從澎湖開始。如第一節的考證,扶乩戒鴉片是光緒十九年(1893)從廣東惠州陸豐縣傳入宜蘭。在《渡世慈帆》的卷五克部有戒洋煙賦和卷六己部有戒洋煙歌四則。内容只是泛泛的陳述鴉片煙毒的厲害,勸吸食者要能即時醒悟。並没有具體可行的戒煙方法。因此,似可佐證這次所傳入的扶鸞戒煙方法不够積極而歸於失敗。

光緒二十四年冬,新竹彭殿華又從廣東陸豐縣邀請鸞生彭錫亮等五人來臺,在今之竹東地方,傳授扶乩祈禱戒鴉片煙的辦法。第二年春就盛行於全臺灣和澎湖。光緒二十七年五月二十九日,一新社用扶乩的辦法公佈戒除鴉片條例六條:

(一)設置磁缸一大壺,排在壇前,明日卯刻大開木蓋,以便和丹。三日後,准有心者乞求飲用。

(二)凡求請之人須在前壇高聲立誓,謂從此心堅意切,改絶鴉片煙,至死不變。若中途異志再喫,願受天誅神譴,如何如何⋯⋯由本堂所派執事一名督觀。另一名專責登記其人何社何名,方准其舉筶。

(三)凡遇有人來求符沙甘露水者,由本堂另派執事一名,專責分與。依先後次序,不致錯蹤。

(四)凡和符水之時,諸生應到齊,跪誦《普賢尊佛心印經》七遍,即焚化之。

(五)凡戒煙之人,其烟具應同時帶來壇前,立誓後繳交。從此一盡除清,以免日夜觀望,復萌烟癮。其所收烟具,另派

〔19〕《覺悟選新》卷七,頁 5~18。

兩名執事,負責登記收清。即在壇前公開打碎,使不能再用。
另擇日分批送到海邊,盡付汪洋,以杜絕後患。

　　(六)凡經本社立誓戒煙之人,如不終身稟遵,半途廢止,
再喫鴉片,而負(關)聖帝之婆心,並諸真之苦口,即上天不爾
諒。神其鑑諸,必應誓誅譴。慎之戒之,勿視爲兒戲也。[20]

《覺悟選新》卷七記載,澎湖各鄉經此辦法而戒掉鴉片烟癮者,數
以千計。在據井出季和太的《臺灣治績志》上的記載,到光緒二十七年
七月十八日止,在十六萬一千三百八七七名特准吸食鴉片煙者中,在
九月底的調查,戒煙者有三萬七千零七十二,其中男子三萬四千七百
四十七人,女子二千三百二十八人。其中自行戒煙者一千四百七十七
人,由扶乩戒煙者高達三萬四千三百七十人。[21]。

　　換而言之,經由扶乩的辦法而戒除鴉片煙者,佔所有戒煙者之百
分之九十二點七;佔全部特准吸食者的百分之二十一點三。由此可見
扶乩戒煙運動的效果相當可觀。

　　日本人佔領臺灣之後,在光緒二十三年(1897)實施鴉片專賣制
度。次年,其鴉片收入就有三百四十六萬七千多元,超過預估的三百
萬元。是當年田賦收入的三四倍。到光緒二十六年(1900)鴉片收益
是四百二十三萬四千多元,而當年的田賦是九十一萬二千多元。由此
可見鴉片收入在臺灣總督府的財政收入之重要性。[22]　二十七年春,
日本殖民政府爲解決財政上的困難,兩次調高鴉片煙的售價,使臺灣
同胞大爲反感。同時,日人據臺之後,各項稅捐雜遝而來,比清朝時期
的稅賦重很多。因此,當扶乩戒鴉片煙運動經地方士人提倡後,就各
地風起雲湧,含有濃厚的"反日"意味。

　　戒煙運動的成功,嚴重影響到日本殖民政府的稅收。臺南縣在光緒
二十七年的地方稅收預算中,鴉片稅額爲三萬一千二百七十四元,由於吸
食者人數從九百二十四人減少爲四百四十一人,稅收正好減少一半。麻豆
地方原可徵收鴉片煙稅九百元,在戒煙運動的影響下,只收到三十元。[23]

〔20〕　井出季和太《臺灣治績志》,1937 年,頁 327~329;李騰岳,《鴉片在臺灣與降筆會的解
　　　　煙運動》,《文獻專刊》4:3、4,1953 年,頁 17~18。
〔21〕　王世慶《日據初期臺灣之降筆會與戒運動》,《臺灣文獻》37:4,頁 127。
〔22〕　王世慶《日據初期臺灣之降筆會與戒運動》,《臺灣文獻》37:4,頁 128。
〔23〕　《臺灣慣習記事》1:10,頁 86~87;王世慶《日據初期臺灣之降筆會與戒運動》,《臺灣
　　　　文獻》37:4,頁 128。

日本殖民政府在這種財稅威脅下，就大力鎮壓各個地方的扶乩活動。當時的民政長官後藤新平接獲各地有關扶乩戒煙的報告後，鑑於主其事者多爲前清的秀才、辦務署的參事、街庄長、保甲局長等地方領袖，下令各地的警察局，以和緩的手段，勸告民衆不要"迷信"，並切實取締扶乩這種"迷信"活動。[24] 於是，這項社會改革運動就被日本殖民政府鎮壓下去。而扶乩也在日據時期變成非法的活動。

綜合來說，清帝的《聖諭》只有一種原則性的提示，像《覺悟選新》、《渡世慈帆》這類勸善書則是實務性質的，假借神明的力量，在社會的基層推行教化的工作。而執行這種地方上的教化工作，是由一些地方上的知識分子來擔負。其組織就是"善堂"，具體的活動就是"宣講"。

五、善堂的組織和宣講活動

以澎湖爲例，善堂是獨立於寺廟之外的一種志願性組織，但是借某個廟宇作爲活動的場所。其任務就是"著善書"（由文乩手在沙盤上寫勸世的文章或詩句）和"濟世"（由武乩童爲人解答各種疑難問題）。

這種善堂組織一旦成立，通常就能維持十幾、二十年。像澎湖馬公的海靈殿現行的善堂已經持續了十六年，三官殿的善堂則成立了二十四年。清代及日據時代的善堂組織情形也應該差不多。

就調查時所見的情形來說，每天晚上所有的乩手和效勞生（服務執事人員）在七點左右就到廟裏。先是叩頭行禮，諷念也是用扶乩的辦法所寫成的《大洞真經》一遍。接下去就由內壇的副乩手們大聲念《請鸞咒》。咒語的內容如下：

謹請本壇諸猛將	列位金剛兩竪尊
鎮天真武大將軍	五部一切響如雷
普賢真人大菩薩	三大金剛下玄壇
觀音水火威顯現	四洲九道展神通
東海泰山同下降	硃砂符印攝升堂
金闕帝君五大聲	八大金剛六天王
香山雪山二大聖	金硃銀朱讀書郎

---

[24]　王世慶《日據初期臺灣之降筆會與戒運動》，《臺灣文獻》37：4，頁 128～129。

都天元師統天兵　　　　哪吒殺鬼救萬人

三大尊佛同下降　　　　十二哪吒降道壇

弟子壇前一心專請拜請

拜請本殿（堂）列位神聖來扶乩

神兵火急如律令　　　　急急如律令

通常念到第三遍的時候，正鸞乩手就已哈欠連連，念到第五遍、第六遍時，乩手就完全進入昏迷狀態，不自主的突然啓動，開始用桃木做成的鸞筆，在塑膠布做成的墊子上寫字。（以前是用白沙做成沙盤，寫一個字就要推平一次，相當耗費時間，而且桃枝寫字近乎飛舞，白沙四濺，常會傷到兩旁報字者的眼睛，於是近二十多年來，澎湖的各個乩壇大都改用塑膠墊子，不僅免去推平沙盤的麻煩，增快寫字的速度，而且也比較安全）旁邊報字的人要全神貫注，看着鸞筆的飛舞，立即報出字來。另一人則逐字記下。寫完之後，再由堂中文學修養較好的先生再順一遍，改正錯字別字，一篇乩文就此告成。通常堂主或某位學問較好的先生會把當天的乩文對殿前的女衆效勞生宣講一遍。

在清代的臺灣，宣講聖諭是一件重要的事情。康熙六十年朱一貴亂事平定之後，治理臺灣的官員已經注意到應該積極從事社會教化工作。藍鼎元在《與吳觀察論治臺灣事宜》中就説：

> 宜設立講約，朔望集紳衿耆庶於公所，宣講《聖諭廣訓》萬言書及古今善惡故事，以警迷頑之知覺。臺灣四鎮及淡水等市鎮村莊多人之處，多設講約，無徒視爲具文。[25]

清廷批准這項建議，並著手實行。臺灣的各本方志中都記載了有關宣講聖諭的事。鄉約宣講因場地不同可分爲"在城宣講"和"四鄉宣講"兩種。在城宣講通常是由縣官主持，而四鄉宣講因地方官無暇下鄉而由當地的鄉約組織辦理。詳細記錄宣講內容，以備地方官隨時抽查。清末，中央的權力已衰，地方官主持的宣講活動日漸僵化，反而是地方士人與宗教團體結合之後，卻能持續運作，成爲清末宣講的主流。上述澎湖和宜蘭的宣講善書活動就是這股時代潮流的一部分。

在臺灣，民間組織善堂來宣講善書和聖諭，並不是始於光緒二十年前後，也不是局限於澎湖和宜蘭，而是同光年間普見於臺灣各地的

---

[25]　藍鼎元《與吳觀察論治臺書》，《鹿洲文集》，清代。

共同現象。在光緒十年新竹的仕紳顏振昆、吳希增、吳淦秋、鄭守恭、鄭養齋、高士元等人在縣城北門外設立"福長社",設立宣講臺,經常講演善書。[26] 也有私人支持宣講活動的例子。如:陳祚年《篇竹遺藝·養吾陳太夫人節略》云:

> (陳氏)好覽《陰騭文》、《感應篇》及古今忠孝善惡果報等書,暇則宣講,聽者環堵。[27]

王松《松陽詩話》卷下云:

> 先慈吳太儒人性善,布施奉佛,兼通經史……又喜讀因果事以勸人,每逢年節朔望,必延明士設壇宣講《聖諭》、《感應篇》等。[28]

清代民間的"秘密宗教",如齋教先天派,在光緒九年,其在臺灣的領導人黃玉階就在臺北大稻埕成立"普願社",宣講聖諭。1912 年時,龍華、金幢和先天三教派聯合成立"齋心社",於朔望宣講清朝的聖諭和前賢處世格言。[29]

至於宣講的排場,澎湖的第一本勸善書《覺悟選新》卷一,就有一幅古式宣講臺的圖樣。(圖一)

圖一:清代的宣講場合,選自《覺悟選新》卷一,1890。

---

〔26〕《臺北市志稿》卷七《教育志》,頁 4。
〔27〕轉引自鄭喜夫《清代臺灣的善書初探》,《臺灣文獻》33:3,1983 年,頁 22。
〔28〕同上。
〔29〕《臺灣通志稿》卷二《人民志宗教篇》,頁 111。

　　圖中,在宣講臺上,供奉關聖帝君(文衡聖帝)的神位。宣講者身穿清代的朝服,很有威嚴的坐在宣講臺的左邊,正正經經的講解善書內容。下面的聽衆不僅有坐位,而且還泡一壺茶。

　　從事宣講活動,也是有許多規矩有待各方人士遵守。一新社有《宣講例言》十六則,如下:

　　　　(一)宣講之期,諸董事、各講生、及有執事效勞之人,務必正衣冠、尊瞻視,使人望而起敬,以立規模。

　　　　(二)督講之人,務切勸止喧嘩,使聽講者得專所聞,以齊志慮。

　　　　(三)凡講生及董事之人,平時宜敦品行,使聽講者心悦誠服,不生訾議。

　　　　(四)凡講生在未講之時,要將所講何書,預先理會,若一登臺上,欲從容開講,句讀明晰,使聽者入耳會心,免得臨時荒唐,以博笑柄。

　　　　(五)宣講時欲引證旁觀,務要出經入典,不得臆説杜撰,妄談鄙俚,使人厭聞。

　　　　(六)凡董理宣講諸人,務要各勤本業,照次輪辦,不得於無事之時,在此閒遊而荒於嬉。

　　　　(七)凡督講之人要靜聽默揣。倘檯上有講錯者,下臺時便當指明,使其日後自知斟酌,不致再錯。

　　　　(八)凡督講、宣講、助講之人,於開宣之時,宜先漱口、盥手,方可翻閱,不可污褻書卷,致干神譴。

　　　　(九)凡宣講、助講諸人,於宣講之時,務宜長幼有序,不得亂行非禮,踰階僭越。

　　　　(十)助講諸人,若自家無事,須於拈香後静坐恭候,敬聽宣講,使諸善録篇篇皆熟。

　　　　(十一)宣講之時或有婦女在旁聽講,凡講至戒淫諸篇,須有嚴正之氣、莊重之色,將顛末略略講通,幸勿道出粗俗醜穢之語,反致不雅。

　　　　(十二)宣講時所供香花茶果,務須潔净,不得潦草塞責,以致不恭。

　　　　(十三)臨講時檯下聽講者,即或未齊,倘有三五群居,亦可先行開講,不必俟俟大眾齊集,以致延緩時刻。

（十四）宣講必須擇篇而講,或談因果報應,或說子臣弟友,要使人易曉,不得高談玄妙,使愚蒙莫知所從。

（十五）宣講時諸講生應當照次輪講,使勞逸平均。

（十六）講生逐期所講何篇,於講畢下檯時,司講之人,務須一一查詢,登錄篇目在簿,來期自當改換別章,免致重覆,使聽者厭常。

陳兆南指出,從清末到日據時代,臺灣的善書宣講事業,在鄉約宣講(指官方的宣講)和教團宣講(指民間以廟宇善堂爲中心的宣講)的交互運用之下,達到頂峰。一直到 1970、1980 年代,由於傳播媒體迅速成長,這種善書宣講事業才逐漸衰落下去。[30] 殘存的宣講活動在規模上就縮小很多。大多以對內部人員宣講爲主。在澎湖的海靈殿由董事長項先生就地在殿內講解。北極殿則是在前庭特別設一個立式小講檯,由一位先生趁著內殿扶乩時,對守候的女眾講解前一天的乩文內容。在臺中的聖賢堂則是在二樓開闢一間很大的講堂,不定時的對前來訪問的香客作宣講。臺北的行天宮原本也是有扶乩活動的善堂,而今,早已不作扶乩,可以宣講的形式尚在。每天上午十點和下午兩點,固定有兩場宣講活動。宣講的內容就不再局限於勸善書,三教經典也是常用的內容。全臺灣有鸞堂八百多間,再加上同樣有扶乩和宣講的一貫道(有兩萬兩千多間道壇),使得扶乩和宣講成爲二十世紀臺灣民間信仰的一大特色。

鸞堂的組織,一般都設有鸞主,在鸞主之下派置有正副鸞生、抄錄生、校正生、迎送生、司香生等三五人,至十數人,或五六十人不等。其規模較大者,則設有正副董事、總司事、正副總經理等職務。職務的分派大多是用扶鸞的辦法,由神明指定,如此一來,就具有相當大的約束力。每個鸞堂都會有堂規來約束堂生的行爲,茲舉澎湖《一新社樂善堂》的堂規十六條爲例:

（一）凡堂生宜敦五倫,行八字(疑是"八德")。諸惡莫作,眾善奉行。以端一生行誼,方堪垂爲榜樣。

（二）凡堂生宜尊五美、屏四惡,誦法是書之外,不可誤染

---

〔30〕 陳兆南《臺灣的善書宣講初探》,《本土歷史心理學研究》(中央研究院民族所,1992 年2 月),頁5。

邪教。可將列聖之覺世真經,感應篇文,時時盥誦,實力奉行。期無負列聖教誡之苦心。其他左道異端,概宜屏絕。

(三)凡堂生、執事人等,宜修身檢察,而洋煙(係指鴉片)誤人不淺,犯者須設法急除,方好對神對人,不可仍循舊轍,違者等於不孝。

(四)凡堂生賭博宜警省,不可視爲無關。雖輸贏無幾,而傾家最易。切莫謂新正(正月初一)無妨,實爲属之階也。

(五)凡堂內諸執事,在壇前效勞,務必小心虔誠,衣冠潔淨,不可奉行故事,以犯神規。

(六)凡堂生所有出言,宜防口過,不得談人閨閫,播弄是非。亦不可輕佻戲謔,蓋戲謔即侮慢之漸也。

(七)凡堂生善則相勸,過則相規。務須忠告時聞,不得背後私議。至於外人之過惡,與我無關者,絕口不談可也。

(八)凡堂生所犯過失,有人密相告者,應當喜悅,不可諱疾忌醫。但良友相規,亦須於無人之時,剴切密語。不可在人前當面搶白,自己沽直,而使人臉上難堪也。

(九)凡堂生務須以和爲貴,不得外托愉容,而心存不滿,使睚眦小過積久而成怨懟。

(十)凡堂生宜各勤本業。若無事之間,宜講究善事、善文,不得聚群結黨,妄說非禮之言。

(十一)凡酗酒漁色等事,堂中雖無其事,亦須時存警覺,有則改之,無則加勉。

(十二)堂內掌賬之人逐月於費用外,尚剩若干文,務須照錄標出,以杜旁議,方能行之久遠。

(十三)凡堂生務必長幼有序,尊卑有別,不得以少凌長,亦不得以下傲上。

(十四)凡堂中諸費宜節用有度,不得濫費。借爲公款,無妨。

(十五)凡社中、堂中有要事,宜公同斟酌,以衷諸一是,不得挾一己之私,偏見自專。

(十六)凡社中、堂中辦公人等,宜實心行實事,不得假公行私,因私廢公,尤要持之有恒,不得始勤終惰。

　　從這十六條堂規來説，基本上，是概括整個在社會上如何爲人處世的基本原則。反過來説，鸞堂也就是訓練及實踐基本社會倫理的地方。直到今天，臺灣本島和澎湖的各個鸞堂還是强調如何真正的實踐基本社會倫理。

六、結　語

　　自民國以來，新派的知識分子一直視扶乩爲一種"迷信"。對於扶乩的研究，也只有許地山的《扶乩迷信的研究》一本薄薄的小册子。使得這一方面宗教活動多少年來一直乏人問津。而今，當我們仔細的翻讀清末在臺灣成書的兩本用扶乩的辦法寫成的善書，配合上當時的社會情勢，就很清楚的看到，扶乩實際上是地方仕紳階層對地方百姓的一項社會教育活動。澎湖是由一批地方的秀才領導這個活動，宜蘭則是由進士楊士芳領導。在新竹則是由日據初期出任保甲和地方行政官員來領導。這種認識可以扭正以前我們對於"扶乩"的一些錯誤印象。進而有助於我們瞭解到爲什麼在 1960、1970 年代，在臺灣科學教育普及的情形下，"扶乩"活動及其所撰作的善書，依然昌盛。

※ 本文原載漢學研究中心編《民間信仰與中國文化國際研討會論文集》，臺北：漢
　　學研究中心，1994 年。
※ 宋光宇，美國賓州大學博士，佛光人文社會學院生命學研究所教授。